纪念

中国第一历史档案馆成立100周年

《歷史檔案》

目录索引

（1981—2025）

中国第一历史档案馆　编

国家图书馆出版社

图书在版编目（CIP）数据

《历史档案》目录索引（1981—2025）/ 中国第一历史档案馆编 . -- 北京 : 国家图书馆出版社 , 2025. 8. -- ISBN 978-7-5013-8569-0

Ⅰ. Z88; K248.06

中国国家版本馆 CIP 数据核字第 2025MF0604 号

书　　名　《历史档案》目录索引（1981—2025）
编　　者　中国第一历史档案馆　编
责任编辑　张珂卿
助理编辑　李奇明
封面设计　徐新状

出版发行　国家图书馆出版社（北京市西城区文津街 7 号　100034）
（原书目文献出版社　北京图书馆出版社）
010-66114536　63802249　nlcpress@nlc. cn（邮购）
网　　址　http://www. nlcpress. com
排　　版　九章文化
印　　装　北京科信印刷有限公司
版次印次　2025 年 8 月第 1 版　2025 年 8 月第 1 次印刷

开　　本　787 × 1092　1/16
印　　张　41.25
字　　数　1500 千字
书　　号　ISBN 978-7-5013-8569-0
定　　价　280.00 元

编 委 会

前　　言

中国第一历史档案馆主办的《历史档案》杂志，自1981年创刊以来已走过近45年的风雨历程。《历史档案》的创办与发展始终紧跟党和国家的决策与时代的号角，顺应学术研究与人民群众的关切与需求。《历史档案》的诞生源于改革开放初期党和国家开放历史档案的重大决策。党的十一届三中全会后，历史研究成为总结历史经验教训、服务现代化建设的重要领域，档案作为历史研究的基石，开放利用需求日益迫切，《历史档案》在此背景下应运而生，并明确了办刊宗旨为“贯彻执行开放历史档案的方针，及时灵活地向社会各界提供具有重要研究价值的历史档案资料，发表学术论文，为加强历史档案届与国内外学术界人士的交流，为繁荣社会主义学术研究服务”。

作为国内最早兼具档案史料公布与学术研究功能的期刊之一，《历史档案》始终以服务国家中心工作、推动学术研究进步为己任。数十年的时间，几代编辑团队始终坚守办刊宗旨，以高度的政治站位和扎实的学术功底，努力打造明清史学界、档案学界的一流刊物。

创刊四十余年来，《历史档案》探索创新的步伐始终没有停止，几代办刊人及时听取读者呼吁，不断总结革新。一是栏目设置上，开设有“档案史料”和“学术论文”两个基本栏目，其他栏目因需要适时调整：2004年，增设“珍档撷英”栏目，刊发珍贵的档案图像；2013年，为促进明清档案业务工作的交流，增设“档案业务”专栏；为配合国家和学术界重大课题的需要，发挥档案资政的作用，2003年增设“纂修清史工程”专栏，2019年增设“明清丝路”专栏。目前，《历史档案》常设栏目共有十余个，包括档案史料、学术论文、史苑杂谈、读档随笔、档房纪事、档案介绍、档案业务、国外档案、书刊评介、学术动态、珍档撷英、新书简讯等，逐渐形成了自己的品牌特色。二是内容选择上，兼顾档案史料的公布与学术论文的刊发，突出资料性、学术性、信息性。公布的史料选题丰富而精炼，篇幅短小而灵活，为历史研究提供了丰富的史料基础，也成为各档案馆、图书馆、博物馆公布其馆藏史料的重要平台。刊发的学术论文涵盖明清史、近代史研究及档案业务各个方面，突出以档证史的鲜明特色，引领了历史研究重视档案的学术风气，在服务史学研究方面作出了独特贡献。

从1981年创刊至2025年之前，《历史档案》已出版176期，总计约4450多万字，刊布档案史料共839个专题，约1800余万字，其中：唐代档案1个专题、明代档案37个专题、清代档案623个专题（包括：综合类42个专题、政治类158个专题、经济类198个专题、军事类28个专题、文教卫生类86个专题、民族类24个专题、人物类87个专题）、民国档案178个专题（包括：综合类18个专题、政治类82个专题、经济类22个专题、军事类24个专题、文教卫生类11个专题、人物类21个专题）。刊发文章共2589篇，约2000余万字，其中：专家论坛35篇，纂修清史工程4篇，明清丝路33篇，学术论文综合类20篇、政治类580篇、经济类276篇、军事类125篇、文教卫生类222篇、民族类38篇、人物类157篇，读档随笔289篇，史苑杂谈178篇，档案介绍152篇，国外中国问题档案47篇，档案馆介绍60篇，档房纪事88篇，档案业务25篇，书刊评介95篇，学术动态147篇，专栏18篇，另有珍档撷英121篇、典章制度辞解178条。

经过数十年的努力，《历史档案》以鲜明的刊物特色和较高的学术质量获得了社会各界的广泛认可。2002年，《历史档案》入选国家新闻出版总署中国期刊方阵“双效期刊”，成为国内档案届同类期刊中唯一获此殊荣的刊物；先后入选北京大学、南京大学、中国社会科学院中国社会科学评价中心等学术评价体系中的全国中文（历史类）核心期刊，并成为中国人民大学复印报刊资料重要来源期刊；入选中国国际图书贸易总公司“中文报刊海外发行最受海外机构欢迎前50名”等。过去的成就是一代代编辑团队心血的结晶，这些荣誉不仅是肯定，更是沉甸甸的责任，我们要在明清档案研究与刊物发展中持续深耕，保持《历史档案》的学术地位与水准，延续良好的声誉和口碑。

2021年，习近平总书记对档案工作作出重要批示，提出了更好地服务党和国家工作大局、服务人民群众的要求和期待。《历史档案》工作将进一步提高政治站位，牢记嘱托，坚守宗旨，更好地发挥学术期刊在意识形态领域阵地的作用。与此同时，数字化浪潮以颠覆性力量重构学术研究与成果传播的传统范式，《历史档案》如何在创新中开拓新局以回应时代之问也是亟待需要思考的问题。我们既要保持知识更新的紧迫感，紧跟数字化趋势，永葆进取心，也要抓住信息时代的机遇，以开放的姿态增进与学界的沟通交流，尝试拓宽学术成果传播的渠道，扩大社会乃至国际影响力，让承载历史记忆的刊物始终焕发时代生命力。

《历史档案》编辑部

2025年8月

凡　　例

在中国第一历史档案馆建馆百年及《历史档案》创刊45周年之际，特编辑此目录索引奉献给读者，以备检索《历史档案》历年刊载档案史料及各栏目文章之用。

一、本目录索引所收录条目，为本刊1981年至2025年前共176期所发表的全部档案史料、学术论文及各专栏文章。

二、本目录索引编排分类，对原刊部分栏目做了适当的调整和归并，分为档案史料、学术论文、史苑杂谈、读档随笔、档房纪事、档案介绍、国外档案、档案业务、专家论坛、明清丝路、纂修清史工程、档案馆介绍、书刊评介、学术动态、专栏、珍档撷英、典章制度辞解17个栏目。

1. 档案史料栏目，分为唐代档案史料、明代档案史料、清代档案史料、民国档案史料等子目。其中，清代档案史料细分为综合、政治、经济、军事、文教卫生、民族、人物七类，民国档案史料细分为综合、政治、经济、军事、文教卫生、人物六类。各子目档案史料以各专题所涉时间为序。每组档案史料专题均依原刊发内容辑录，标题下注明作者、刊期、起始页码及原档收藏单位，详细著录专题下每件档案史料题名，以便查阅。

2. 学术论文栏目，分为综合、政治、经济、军事、文教卫生、民族、人物七类，均以论文主题所涉时间为序。

3. 史苑杂谈、读档随笔栏目，以文章主题所涉时间为序。

4. 档案介绍栏目，以文章主题所涉档案或收藏单位为序。

5. 档案馆介绍栏目，以文章主题所涉地区为序。

6. 档房纪事、国外档案、档案业务、专家论坛、明清丝路、纂修清史工程、书刊评介、学术动态、专栏、珍档撷英各栏目，均以刊期为序。

7. 典章制度辞解按首字笔画为顺，笔画相同的以刊期为序。

三、本目录索引所注各栏目档案史料或文章，包括刊期年份、期号、起始页码，中间用“·”号间隔。如：1992·4·70即表示该文发表于1992年第4期，自第70页始。

由于编辑时间仓促、编者水平有限，疏漏之处在所难免，敬请读者指正。

目　　录

档案史料……（1）

唐代档案史料……（1）

明代档案史料……（1）

清代档案史料……（28）

综合……（28）

政治……（54）

经济……（180）

军事……（309）

文教卫生……（328）

民族……（422）

人物……（437）

民国档案史料……（479）

综合……（479）

政治……（485）

经济……（529）

军事……（541）

文教卫生……（552）

人物……（557）

学术论文……（566）

综合……（566）

政治……（566）

经济……（582）

军事……（589）

文教卫生……（592）

民族……（598）

人物……（599）

档 案 史 料

唐代档案史料

唐代档案

（1982·4·2）　　辽宁省档案馆

明代档案史料

洪武四年户帖

（1983·2·封二）　　中国第一历史档案馆

《明太祖实录》稿部分抄本

刘玉岐　潘国华编选（1985·3·3）　　辽宁省档案馆

洪武二十五年正月

癸巳日　乙未日　丙申日　戊戌日　庚子日　辛丑日　壬寅日　甲辰日　丙午日　丁未日　庚戌日　辛亥日

洪武二十五年二月

初一日壬子日　癸丑日　甲寅日　乙卯日　丁巳日　戊午日　庚申日　辛酉日　壬戌日　癸亥日　甲子日　乙丑日　丙寅日　己巳日　庚午日　辛未日　癸酉日　丙子日　己卯日　庚辰日　辛巳日

洪武二十五年三月

初一日壬午日　癸未日　甲申日　丁亥日　戊子日　己丑日　庚寅日　辛卯日　癸巳日　乙未日　丙申日　戊戌日　壬寅日　癸卯日　甲辰日　庚戊[戌]日

[洪武二十五年]夏四月

初一日壬子日　癸丑日　戊午日　庚申日　癸亥日　丙寅日　丁卯日　戊辰日　辛未日　壬申日　乙亥日　丙子日　戊寅日　癸未日　己丑日　庚寅日　辛卯日　壬辰日　甲午日　乙未日　丁酉日　己亥日　庚子日　辛丑日　癸卯日　甲辰日　丙午日　戊申日　庚戌日

洪武二十五年六月

初一日辛亥日　癸丑日　戊午日　癸亥日　乙丑日　丁卯日　戊辰日　己巳日　辛未日　癸酉日

明朝蝗灾史料辑录

张婧辑录（2020·3·4）

明清崇祀陆秀夫史料选编

王建勇选编（2022·1·4）

广东按察司佥事彭琉上五事疏　　　　正统六年五月十四日

分巡岭西道佥事陶鲁为崇祀忠烈事疏　成化十一年十二月初六日
致仕知府赵善鸣为请祠宋丞相陆秀夫事呈文　嘉靖二十年十月二十日
盐城县儒学训导庞尚鸿为表忠事疏草　万历二十年二月
盐城县知县陈美为宋丞相陆秀夫请谥事申文　万历四十四年
各院道批文
附：本县复勘陆丞相补谥回文
漕运总督王纪为请谥陆秀夫忠烈疏　万历四十七年五月
淮安府绅士金旭昌等为请将宋丞相陆秀夫从祀文庙事呈文　咸丰朝
礼部为议准陆秀夫从祀文庙事奏折　咸丰八年十二月初六日
着准陆秀夫从祀文庙事上谕　咸丰八年十二月初七日

明初李东阳奏疏二则

崔建利辑录（2014·4·4）

急皇储疏　正德五年十二月
谏调边军入卫　正德七年十一月

明嘉靖山西布政司参议王重光佚文

马振颖　魏恒远辑注（2021·4·4）

忠勤公训语
敬事说
督木告永宁山祝嘏词
督木告永宁赤水河祝嘏词
督木告赤水山祝嘏词
集众思虑广忠益论
五刑加减律议
贺张金山母八十一寿引　用卦名
毕节关操和梅翁韵
赤水道中度雪关
永宁闻羿蛮听抚
省中咏鹤
永宁静坐无聊寄诸儿辈读书应乡举六首

登州卫致戚继光公文选

刘玉岐　潘国华编选（1984·2·3）　辽宁省档案馆

登州卫指挥使司为地方赌博事申文　嘉靖三十三年八月初七日
登州卫右所千户张守祖为官银被借受累事呈文　嘉靖三十三年十一月十五日
登州卫指挥使司报还欠张守祖官银事申文　嘉靖三十三年十二月二十五日
阮宽控告刘世昌等盗支俸粮事呈状　嘉靖三十三年十二月初一日
登州卫指挥使司请更换不堪领班官员事申文　嘉靖三十四年正月十九日
登州卫指挥使司为阮宽控告奸豪盗支俸粮事申文　嘉靖三十四年正月二十八日
登州卫镇抚为缢死人命事呈文　嘉靖三十四年五月十一日

登州卫指挥使司为报犯妇王氏等招罪缘由事申文　嘉靖三十四年六月初三日
登州卫请委新官掌管中千户所印信事申文　嘉靖三十四年六月初三日
登州卫指挥使司为比例乞讨贴丁事申文　嘉靖三十四年九月初十日
登州卫指挥使司为拘解听事吏刘希奉事申文　嘉靖三十四年九月二十一日
登州卫为莱阳县盗犯王朝付在监病故案呈文　嘉靖三十四年

明代隆庆年间两淮盐务题本
方裕谨编选（2000・2・3）　中国第一历史档案馆
总理江北等处盐屯右佥都御史庞尚鹏为改正挪移之方法事题本
总理江北等处盐屯右佥都御史庞尚鹏为报私盐贩在海州拒捕杀伤官兵事题本
总理江北等处盐屯右佥都御史庞尚鹏为报两淮盐课侵折太多事题本
总理江北等处盐屯右佥都御史庞尚鹏为久病不能供职恳乞回籍调理事奏本
总理江北等处盐屯右佥都御史庞尚鹏为荐举海防兵备道等官员事题本
总理江北等处盐屯右佥都御史庞尚鹏为举劾淮安府等地官员以昭劝惩事题本
总理江北等处盐屯右佥都御史庞尚鹏为举劾江南官员以饬吏治事题本
总理江北等处盐屯右佥都御史庞尚鹏为循例举劾武职官员以昭劝惩事题本
总理江北等处盐屯右佥都御史庞尚鹏为请暂借余剩银两买盐引以苏商困事题本
总理江北等处盐屯右佥都御史庞尚鹏为清理盐法事题本
总理江北等处盐屯右佥都御史庞尚鹏为议处兴化县民灶粮差以杜纷争事题本
总理江北等处盐屯右佥都御史庞尚鹏为请在两淮盐场地方建立学堂事题本

明万历朝戊戌科状元赵秉忠的殿试卷
孙新生编选（1991・2・3）　山东省青州市博物馆

明万历朝兵部左侍郎杨应聘及夫人墓志铭
李坚怀　孟庆沄辑录（2014・2・4）　安徽省怀远县文物管理所
一、杨应聘墓志
二、杨应聘夫人李淑人墓志

明代都察院稀见文献《台仪辑略》
黄阿明辑录（2023・2・4）
重刻台仪辑略叙
院堂
本院官
各衙门官

出书稿（附入书）（一）
（明）佚名撰　郑会云　王道瑞点校（2010・2・3）　中国第一历史档案馆
与茶台张　八月初六日
回固原道杨
又

回庄浪道胡	八月初六日
回分守西宁道张	
又副启	
又副启	
又副启	
与兵部两堂王　许副启	八月十五日
又副启	
与新院周	八月十八日
与四阁两堂及兵部	
与兵部王许	
与吏部正堂宋	
与东院连	九月初五日
与固原道杨	
与军门梅	
与抚院赵	
与前院徐	
与首相申	
通判宋炣	
安邑侍御陈遇文	
蒲州翰林杨元祥	
山西按院刘怀恕	
高陵主事刘天虞	
又	
茶院张	
又	
抚院赵	
又	
又	
又	
又	
茶院张	
又	
甘肃抚院李	
通判宋炣	
侍御龚龙田	
宪副赵用吾	
又	
侍御秦春晖	
内阁申	
又	
又	

侍御王吾冈
李贞予
户部正堂石
又
兵部右堂许
兵部正堂王
侍御赫卫阳
兵部杨
新乡都御史梁
大理寺丞王怀棘
司务吕师颜
宋师程
侍御徐明宇
真定巡抚宋仕书
真定知府尹应元书
抚院赵可怀书
军门梅友松启
乡宦王嗣美
乡宦李时芳
乡宦杨绍程
乡宦张士佩
总兵张臣
又启

出书稿（附入书）（二）

（明）佚名撰　郑会云　王道瑞点校（2010·3·3）　　中国第一历史档案馆

与山西按院刘　副启
与
与陕西抚院赵　副启
与分巡西宁道朱　副启
回庄浪道胡　副启　　九月初二日
与靖虏道王　副启
与庄浪道胡　　九月初七日
回分守西宁道张　　初九日
与庄浪道胡　　十九日
与岷州卫乡宦朱衣　　二十二日
与抚院赵　副启　　三十日
与甘肃巡抚李　　十月十四日
与兵部正堂王　副启　　十六日
与分巡西宁道朱　　十九日
与大理寺丞吴　　十一月初一日

与分巡西宁道　十八日
与同知秦丹
与河南乡宦边　十一月十七日
与刘霁明
与河南按院毛
与浙江鄞县沈
与礼部尚书朱
与侍郎韩
与平阳推官苏
与甘肃抚院李　二十八日
与分巡西宁道朱
与肃州道袁
与东院连
回分守西宁道张　十二月初五日
与四阁禀及兵部
又与四阁两堂及兵工二部
与四阁及兵工二部戎政
与唐山陈
与南京都察院孙　十二月初十日
与甘肃抚院李　十三日
与庄浪道胡　二十八日
与副总兵陈霞
与河西各厅
与分巡西宁道　二十八日
与肃州道　正月十五日
又副启
回分巡西宁道朱　十七日
又副启
与东院连　二十六日
与庄浪道胡　二十六日
回抚院赵　十五日
又副启
回甘肃抚院李　副启　十八日
回临巩道郭　十八日
回西宁兵备道李
回庄浪道胡
回肃州道袁　二十三日
回分守西宁道张　二十二日
又副启
回洮岷道钱　二十五日
回分巡西宁道朱

回分守西宁道张	
与抚院赵　副启	
又副启　送本案	正月初四日
与军门梅　送本案	
回临巩道郭	正月初五日
与新选侍御郭实等五位　副启	
与兵部正堂王	初六日
与工部正堂石	
与四阁	
与吏部正堂杨　禀	
又副禀与许阁爷	
回临洮府岳知府	十二日
回储部胡	十四日
回庄浪道胡	十八日
回分守西宁道	十八日
与都察院正堂吴　副禀	十九日
回东院连　副启	二十八日
又副启	
回临巩道郭	二十九日
回西宁兵备道李	二月初五日
回分守西宁道	二月十三日
又副启	
回分巡西宁道朱	二月二十一日
又副启	
与唐山侍御陈	
与甘肃抚院李　副启	二十七日
又副启	
又副启	
回副总兵陈霞	二十八日
回分守西宁道张	
与甘肃抚院李　副启	
回分巡陇道马	二十九日
与东院连　副启	三月初一日
与户部尚书石、兵部右堂许　副启	四月二十二日
与许阁爷　副禀	四月二十二日
回分守西宁道	
与四阁三堂及兵工二部	四月初一日
与内阁申　副禀	
又副禀	
与二王阁爷　副禀	
与兵部正堂王	

与阁下王　申　王
迎新院周
又副启
与刘如野
与申阁
与许阁
与山阴王阁
与吏部正堂宋
与兵部戎政郑
与张弘堂
回侍御陈（讳遇文）
回文绿窗
回临巩道郭　六月初一日
回主事何岘屏
回通判宋炣
与兵部王　许
回甘肃李
又副启
与兵部主事申玄渚
与内阁许
与内阁申
又与兵部二堂
与户部石
与部仰遽
回凉州道
回靖虏道王
回凉州道张
回庄浪道胡
回抚院赵
与保定抚院宋及真定知府尹　八月初二日
与兵部王（时在甘州）　五月一日
与内阁申（附兵部二堂）　八月二日
与东院连

出书稿（附入书）（三）

（明）佚名撰　郑会云　王道瑞点校（2010·4·5）　中国第一历史档案馆
回抚院李　送本案　三月十二日
又副启
回军门梅　副启
回分巡关南道郭升任　十五日
回抚院赵　送会稿

与四阁及兵部正堂	十六日
与军门梅　送本案	十六日
与抚院赵　送本案	
回西安府左推官升任	
回甘肃总兵张	十九日
与甘肃抚院李　送本案	二十日
又副启	
回甘肃抚院李　　送下程	二十日
又副启	
又副启	
与盐院秦　复命贺	廿八日
回总兵张	二十九
回曲沃知县柳佐	四月初一
又副启	
回抚院赵　副启	四月初二日
又副启	
回原任肃州道袁　副启	初三日
又副启	
贺都察院正堂吴　考满	
与兵部右堂许	
又副启	
与刑部左堂李	
又副启	
贺刑部右堂魏　考满	
与永年侍御姚	
又副启	
与侍御安、荆　副启	
与太常寺陈隅阳	
贺工部石转户部	
贺都察院右堂邵	以上俱四月初三日
回军门梅　副启	初七日
又副启	
与西宁乡宦张春谷	
又副启	
回肃州府送夏礼	初七日
回甘肃抚院李　至凉州送下程（附张总兵）	十三日
又副启	十四日
又副启	十五日
回各院送寿礼	
回各道贺寿　副启	
与各院回寿	

与各院送端阳
回各院送端阳
回庄浪道胡　端阳（附总兵）
与储部胡　贺寿
回储部胡　寿
回左方伯王　十七日
与原任考功正郎张（山西安邑人）　十八日
与军门梅　送本案　十八日
与抚院赵　十八日
与盐院林　新任贺
与张总兵回贺
回行太仆寺卿李　二十日
又副启
回同知张顺治　升长史　二十日
与太仆寺李　送长夫
回甘肃抚院李　二十日
与军门梅　贺阅视诰命
又答副启
又副启
与四阁三堂及兵部　二十二日
贺吏部正堂宋
贺户部正堂石
与濬县林育庵
与濬县邢霁轩　以上俱四月廿二日
送肃府端阳
回督粮道胡　二十七
与甘肃抚院李　副启　二十八日
回抚院赵　廿八
与抚院李　五月二日
与军门梅　五月二日
回右方伯陈、分巡陇右马　入贺　初九日
回临巩道郭　十三日
回行太仆寺熊
回靖边道李春光
回甘州道朱
回储部胡　副启　十三日
与抚院李　十三日
与分巡西宁道朱
回临巩道郭
与都察院经厅
与刑部主事严

与同年周、徐、邵
又与章、袁
又与任、王
与都察院都事王
与户部尚书石
与兵部正堂王
与兵部右堂许
与侍御朱
与侍御刘　以上俱十三日
与行太仆寺熊　十三日
与分巡西宁道朱　十五日
回抚院赵　送本案　十五日
又副启
与临巩道
回安邑乡宦侍御陈
与兵部左侍郎蹇　十七日
又副启
与抚院赵　送本案　十七日
回甘镇总兵张
回固镇总兵刘　送礼　十九日
回靖虏道王
回甘肃抚院李
与军门梅　送本案
回三水乡宦主事文绿窗
与固原刘总兵　回贺
请抚院李　廿七日
请总兵张
回右方伯陈　六月初五日
回抚院李　饯　六月六日
回工部主事何岘屏　初八日
回分巡陇右道马　初十日
又副启
回宁夏通判宋炣　副启
回军门梅　副启
又副启
又副启
与甘肃抚院李　回下程
回张总兵　送下程
与内阁三堂及兵部　六月十七日
回太仆寺熊　六月十七日
回分守陇右道杨

贺都察院正堂李	十七日
与督抚送揭　副启	十七日
回田序班（名新芳）	十七日
回甘肃抚院李　副启	二十日
又副启	
回抚院李　送下程	
回张总兵　送下程	
回肃府　端阳	
回分守西宁道张　副启	廿五日
贺工部左堂陈	廿七日
又副启	
回甘肃抚院李　送下程	
回张总兵	
回分巡河西道杜	
与兵部王、许　副启	
与湖广宪副赵（号用吾）	
回抚院赵　送揭稿	
请储部胡	廿七日
回盐院林	七月初一日
回军门梅　阅视后　封诰	七月一日
又副启	
又副启	
回洮岷道钱	七月初二日
又副启	十二日
又副启	
回提学道余　送书	
回按察司　送贤否	
回军门梅　送会稿	十二日
又副启	
回苑马寺卿李日强	七月十四日
回真定抚院宋	十五日
又回	
与督抚副启	十五日
与四阁二堂及兵部	十六日
又	
与户部正堂石	十六日
与河南大参部仰蘧	
回抚院赵　副启	
与督抚　送本案	十六日
与军门梅	十六日
迎新院周	十七日

又副启
回布政司　送贤否
回分巡陇右道马　　十七日
回储部胡
与抚院赵　送西行下程
与军门梅　副启　　七月廿一日
又副启
回甘肃巡院李　　廿二日
又副启
回布政使方伯王　送书　　廿二日
回军门梅　　廿四日
与军门梅　抵皋兰送礼
回分巡西宁道朱　　廿五日
回洮岷道钱　　廿七日
回临巩道郭　　廿八日
与保定巡抚宋　回礼　　八月二日
又送谢礼
与陕西乡宦在京者
回徽州知州秘心师
与工部主事沈
又副启
与真定知府尹
与四阁两堂及兵部
与盐院秦　　以上俱八月初二日
与各院送中秋
回临巩道郭
回分巡西宁道朱
又副启
与抚院赵　送本案
又副启
与军门梅　送本案
又副启
又副启
回临巩道郭
与三原评事雒少泾
与泾阳刘健庵
与温一斋　王含宇　孙立山　刘少岚
武功李雨山
与孙立山　副启
与温一斋　副启
与泾阳县彭知县　　以上俱八月初十日

回巩昌知府赵时毓
与甘肃巡院李　八月初九日
又副启
回总兵张臣
又
又
与甘肃抚院李　送中秋
又
回洮岷道钱
与甘肃抚院李　送中秋
回各院　送中秋

出书稿（附入书）（四）

（明）佚名撰　郑会云　王道瑞点校（2011·1·3）　中国第一历史档案馆
与内阁　吏部　都察院
与礼部朱等五位
与礼部朱　副启
与工部石　副启
与洪肖岩　副启
与杨本庵　蹇理庵　副启
与兵部王　副启
与正堂吴　副启
与西王阁
与内阁申、王　礼、兵部朱、王　寿
与内阁太仓王　副启
与各部科及翰林院众位
与于景素　副启
与同乡
与张弘堂　副启
与赵侪鹤　副启
与申玄渚　副启
与王怀棘　副启
与龚润寰等　副启
与吴止庵　副启
与姜蒲汀　副启
与陈隅阳　副启
与陕西各位
与李渐庵等　副启
与吴天德等
与宋等
与刘如野　副启

与衷洪、黄仪庭
与苏怀愚等
与汪渠瀛　副启
与蓟镇军门张　回书
又副启
与军门梅　回书（入关）
与宁夏抚院姚　回书
与甘肃抚院李
又副启
与陕西抚院王
又副启
与王嗣美　回书
又副启
与山西抚院刘　回贺
与陕西抚院王　出关
又送贶
与盐院秦　回贺
又副启
与陕西新抚院赵　迎
与陕西抚院王　回副启
与军门梅　送贺
又副启
答甘肃抚院李　副启
又副启
又副启
与各道
又与各道
与左推官
与三司
与李日强　摄分巡关西
与庄浪道
又
又
与总兵官　回贺
与甘肃抚院李　回贺
与陕西抚院王　回贺
又
又副启
又书
又副启
与宁夏抚院姚　回贺（附甘肃抚院同）

又副启
与甘肃抚院李　副启
与三总兵　回贺
与储部胡　回贺
又副启
与军门梅　回
又送回贺
与储部胡　回
又副启
与东院连　迓
与四川巡抚李
又副启
与东院连　贺
又副启
与肃府
与庄浪道王藻
与分巡西宁道朱正色等
与榆林道房守士
与分守西宁道张思忠
又副启
与宁夏道戴光启
与行太仆寺
又
与分守河西道杨时宁
又
与庄浪道胡维新（先行太仆）
与蒲城金知县　升
肃州道袁弘德
与甘肃抚院李　副启
与分守陇右道杨
与各院　中秋送启
与储部胡（同　换此二句）
与肃府　中秋
又肃府　回贺
与军门梅　秋防
又副启
宁夏抚院姚　寿
又副启
与延绥抚院贾　回贺
与延绥储部张　回
与延绥抚院贾　入关

又贺
与各院　重阳
与东院连（同　惟换此二句）
与甘肃抚院李　副启
与军门梅　回
与盐院秦　回贺
又副启
与河东运判王祺
与安邑陈侍御
与河东运使王碧波
与安邑乡宦南知县邦化
与解州郑封君
与泾阳刘易亭　户部主
与刘葵
与抚院赵　贺
又副启
与通政邵仲禄　册封
与庄浪道胡维新
与宁夏抚院姚　回寿
与云南按院杨绍程
与甘肃巡抚李　副启
与分守关南道李瑱
与肃州道袁弘德
与内阁及都察院禀　以下俱八月十六日
与户部左堂孙　贺
与户部温（同前　惟换此）
与大理蹇（亦同前　惟换此）
又蹇　副启
又温　副启（同前　后接此）
与兵部正堂王　副启
与兵　工部正堂　副启
与户部左堂孙　副启
与原任甘肃抚院曹
又副启
与河南河北道李参议化龙　副启　以上八月十六日
与陕西抚院王　副启　九月初三日
与储部胡　回重阳　又副启　九月初六日
与肃府　吊慰兼祭　九月初七日
又重阳回各院（俱此）
与储部胡　送重阳（书同前各院　又副启）　九月初七日
与肃府　回重阳　初六日

与军门梅　行边至靖虏　九月初七日
又副启
与甘肃抚院李　副启　九月初八日　回答
又副启　回答
与临洮知府岳维华　九月初九日
与延绥抚院贾　储部张　回贺　九月十一日
与延绥总兵杜桐　副启（答知传报）
与西宁兵备道李丁　副启　九月十四日
与四阁　都察院正左堂　兵部　九月十六日
与吏部左堂孙　贺禀　十六日
与考功司正郎张　副启　十六日
与宣府巡抚许　贺
又副启
与大同巡抚王　十六日
与东院连　回贺　十七日
与盐院秦　入秦送下程　十八日
与岷州乡宦朱名衣　送礼　九月二十二日
回临巩道郭　副启　二十二日
回分守关西道房名楠　二十二日
回储部胡　二十二日
回靖边道李　二十二日
回军门　送本稿　二十三日
回肃府　回奉慰　二十八日

明于慎行未刊佚文辑录

范知欧辑（2010・4・43）

瀛海水患策
东阿重修永济桥碑记
《兖州府志》叙
请许张居正奔丧疏
安平镇新城记
新建敬一阁记
《长水沈幼真先生文钞》叙
《陋巷志》叙
明都察院右副都御史刘公墓表
《海岳山房存稿》序
邑侯南禺张公去思碑记
重修新泰县儒学记
遗疏
无题
无题

明万历丙辰科进士同年序齿录
李开升辑录（2014・3・4）
明万历丙辰科进士同年序齿录
目录
正文

明神宗著浙江巡按催解军饷敕谕
房学惠编选（1996・4・3）　旅顺博物馆

晚明兵部尚书张鹤鸣之事略、家传和墓志铭
张明华辑录（2016・4・4）
司马公殉难事略
颍襄先达列传・司马公传
兵部尚书张鹤鸣及元配继配夫人合葬墓志铭

晚明太子太傅张鹤鸣家人所获封赠诰敕
张明华辑录（2018・1・4）
万历三十年封赠张鹤鸣父母制文
万历四十七年封赠张鹤鸣父母制文
天启元年封赠张鹤鸣祖父母制文
天启元年封赠张鹤鸣父母制文
天启元年封赠张鹤鸣继妻制文
崇祯元年封赠张鹤鸣曾祖父母制文
崇祯元年封赠张鹤鸣祖父母制文
崇祯元年封赠张鹤鸣父母制文
崇祯元年封赠张鹤鸣继妻制文

安徽泾县丁家桥丁姓宗祠碑记
曹天生编选（2000・2・22）
都察院右佥都御史徐民式等为重修新丰坝碑题　万历四十年十一月
丁氏族人所立新丰坝碑记　顺治六年十二月
丁永绅与郑季黑等互控新丰坝沟道案碑记　乾隆三十一年三月六日
计开新丰坝沟祖丈册号
计开续买黄张郑胡各业
丁黄两姓为引新丰坝水达成协议碑记　同治四年四月
署理泾县正堂周为颁布禁止毁伤新丰坝规条事示谕　光绪十九年七月十二日
附：公议护坝规条

天启三四年对安邦彦的用兵（上）
方裕谨编选（1983・4・3）　中国第一历史档案馆
兵部为黔督抚不得擅离贵阳行稿　天启三年七月十二日

兵部尚书赵彦为安邦彦举兵反明贵筑益危请拨劲旅救急事题行稿　天启四年四月初三日
兵部尚书赵彦解决黔事之策略题行稿　天启四年四月十五日

天启三四年对安邦彦的用兵（下）

方裕谨编选（1984·1·3）　中国第一历史档案馆
兵部为援黔粤兵去留事行稿　天启四年四月十八日
兵部尚书赵彦为贵州新抚职权事题行稿　天启四年四月二十四日
兵部尚书赵彦为黔事应亟敕济援事题行稿　天启四年五月

明天启崇祯年间澳门问题史料选

张小锐编选（1999·3·3）　中国第一历史档案馆
兵部尚书赵彦等为推补广州海防参将事题行稿　天启三年十二月二十二日
兵部尚书赵彦等为推补广东阳电等地方参将事题行稿　天启四年七月二十三日
兵部为新补广东巡视海道史树德咨请敕书事行稿　天启四年八月十八日
兵部尚书冯嘉会为推补广州海防参将高应毓事题行稿　天启七年二月二十一日
兵部尚书熊明遇等为摘陈广东靖盗等切要事题行稿　崇祯四年八月二十四日
兵部尚书张凤翼等为广东深受澳夷之患等事题行稿　崇祯七年四月二十二日
兵部为纠参通夷纳贿之官员事行稿　崇祯十二年正月三十日

明天启四年经济史料片断

方裕谨编选　（1983·2·3）　中国第一历史档案馆
兵部为刘佐兵丁就近给饷以救援危黔事行稿　天启四年四月初一日
兵部尚书赵彦为备陈滇赋岁额出入之数事题行稿　天启四年四月初三日
兵部为李廷谏捐纳外卫镇抚事行稿　天启四年五月
兵部为郝国儒等捐纳在京卫所署副千户事行稿　天启四年九月十五日
兵部为郧镇议留派饷以增兵卫事行稿　天启四年十一月
兵部为增楚饷以援危黔事行稿　天启五年正月初十日

天启崇祯年间档案史料选载

杜春和　耿来金　张秀清编选（1984·4·3）　中国社会科学院近代史研究所图书资料室
兵部为青州卫班军增加粮银事行稿　天启六年四月十五日
兵部为中都等卫班军借支粮银事行稿　天启七年正月十五日
兵部为御史沈棨参奏守备李世勋驭军无状事题本　崇祯五年正月初三日
兵部为白阳堡被抢惩处将弁事题行稿　崇祯五年三月二十九日
兵部为议查地方官镇压收元教案事行稿　崇祯九年五月初五日
兵部为农民起义军大股南奔等事行稿　崇祯九年七月初三日
兵部为孙惟赤等条陈宿邑种种弊端事行稿　崇祯十二年二月二十九日
兵部为传谕王鳌永归熊文灿调度事行稿　崇祯十二年八月初五日
兵部为调换总理军前督阵官事行稿　崇祯十二年八月十五日
兵部为西宁知县谢天申等纵吏侵索议处事行稿　崇祯十二年九月十三日

兵部为甄叙漕务效力将领官员事题行稿	崇祯十二年十二月初七日
兵部为张铸呈诉被参蒙冤事行稿	崇祯十五年二月十八日
兵部为凤阳巡抚史可法疏请淮属驿递免裁事行稿	崇祯十五年三月十五日
兵部为吴三桂塘报于连山适中一带设防事题行稿	崇祯十五年四月十三日
兵部为守备刘仪求委福建兴化三江游把总事行稿	崇祯十五年八月二十九日
兵部为札发宣府大同防兵粮单事行稿	崇祯十六年三月二十八日
兵部为传谕各级官员限期荐举将材事行稿	崇祯十六年五月二十一日

郑芝龙海上活动片断（上）

方裕谨编选（1981·4·3）　　中国第一历史档案馆

兵部尚书王之臣为郑芝龙进攻铜山中左官兵御战失败事题行稿	天启七年七月
署兵部尚书霍维华为郑芝龙进攻铜山情形事题行稿	天启七年八月
兵部呈为闽抚朱一冯题举将领以守闽海事行稿	天启七年八月十二日
兵部尚书阎鸣泰为查参与郑芝龙交往官员事题行稿	崇祯元年正月

郑芝龙海上活动片断（下）

方裕谨编选（1982·1·2）　　中国第一历史档案馆

兵部呈为兵科给事中李鲁生题请选将募兵以速闽省兵机事题本	崇祯元年二月二十四日
兵部尚书阎鸣春为备陈郑芝龙海上活动事题行稿	崇祯元年二月二十九日
兵部为闽省招抚郑芝龙等事题行稿	崇祯元年十月二十一日

天启崇祯防务档选刊

杜春和　耿来金编选（1988·1·5）　　中国社会科学院近代史研究所图书资料室

署兵部右侍郎霍等为请发赏功银两等事题行稿	天启七年七月十八日
宣府巡抚陈新甲为查究查国宁等玩怯弛防事咨文	崇祯七年十一月初十日
兵部为吴三桂亟宜入关夹剿清兵事行稿	崇祯十六年二月二十五日
兵部为调辽兵飞驰都门事行稿	崇祯十七年二月十五日
兵部为宁武被困急敕宣督解救事题行稿	崇祯十七年三月初五日

明刑部湖广清吏司郎中高默参德藩疏

王学真辑录（1991·2·6）

明崇祯年间驿递制度史料

方裕谨编选（1983·1·3）　　中国第一历史档案馆

兵部呈为江西巡按范复粹题驿站工食之扣减宜酌事本	崇祯三年正月二十五日
兵科给事中刘懋题为查催驿站裁定工食事本	崇祯三年正月三十日
兵部为请给赴任太监勘合旗牌火牌事行稿	崇祯四年十月十八日
兵部为查明延长学驿官印事行稿	崇祯十年四月十一日
兵部尚书杨嗣昌为详报近畿各州县及卫所协济驿站银两完	崇祯十年

欠情形事题行稿
兵部为查报广西各府州县额征驿站银完欠情形事题行稿　崇祯十年
兵部职方清吏司为请讨勘合火牌并乞发随任官丁路费呈文　崇祯十年十二月
附：车驾清吏司为乞发随任官丁路费事致职方清吏司手本
兵部尚书杨嗣昌为南马水夫之协济岁逋日甚事题行稿　崇祯十一年正月
兵部为严参卫弁假持令箭殴索驿官打死人命事行稿　崇祯十一年三月二十九日
为恳乞豁免扶风县协济平凉府牛站银两事题稿　崇祯十一年八月十六日
兵部为驿站银两例无蠲免事行稿　崇祯十一年八月二十二日
兵部为严参锦衣卫百户杨体义借差扰驿事题行稿　崇祯十一年九月十三日
兵部为苏松常镇四府额裁驿站银两应速拨楚抚以充剿饷事行稿　崇祯十二年四月二十八日
兵部为严禁乘驿需索折干等弊事行稿　崇祯十二年五月十一日
兵部为请复骡价以供飞骡军用以畅章奏事题行稿　崇祯十三年闰正月初十日
兵部为量议帮贴楚襄二路及江北诸驿夫价事题行稿　崇祯十三年闰正月十四日
兵部为急整疲驿昌宣两驿两操守归并事题行稿　崇祯十三年闰正月二十三日
兵部为严参广东未完十一年分驿站节裁银两各官事题行稿　崇祯十三年三月二十八日
兵部为请发火牌以速置邮事题行稿　崇祯十三年四月初三日
兵部为着陈大祐变产补解驿站银两事行稿　崇祯十三年十月二十九日
兵部为漕务甚急邮传甚弛请旨严饬事题行稿　崇祯十三年十二月二十一日
兵部为参违禁多骑驿骡骚扰驿递之兵部差官事题行稿　崇祯十五年十月二十一日
兵部为特参西安府属五州县拖逋站银以惩积玩事题行稿　崇祯十六年四月二十五日

明与后金大凌河城之战史料片断
方裕谨编选（1981·1·19）　中国第一历史档案馆
兵部呈为王道直题祖大寿自大凌河城出围事本　崇祯四年十一月初四日
兵部呈为李明臣题明兵偷袭后金适逢祖大寿突围事本　崇祯四年十一月初五日
兵部呈为王应朝题明兵在大凌河城偷营情形本　崇祯四年十一月初五日
兵部呈为丘禾嘉题祖大寿冲出大凌河城情形本　崇祯四年十一月初五日
兵部呈为黄绍杰题请奖劝祖大寿及参与夜袭官兵本　崇祯四年十一月初八日
兵部呈为李梦辰题陈目前机宜事本　崇祯四年十一月初十日
兵部呈为王应朝题祖大寿等并非突围不应奖赏本　崇祯四年十一月十二日
兵部呈为祝世美题祖大寿突围与事实不符本　崇祯四年十一月十三日
兵部呈为吴彦芳题乞严敕边臣早图胜算本　崇祯四年十一月十三日
兵部呈为熊明遇题夷情事本　崇祯四年十一月十五日
兵部呈为王道直题查得祖大寿脱围真实情形本　崇祯四年十一月十五日
兵部呈为马云程等题报后金军队撤出大凌河城本　崇祯四年十一月十五日
兵部呈为王道直题祖大寿出围详情事本　崇祯四年十一月十九日
兵部呈为马云程题报近日后金发兵西来事本　崇祯四年十一月十九日
兵部呈为熊明遇题后金回兵事本　崇祯四年十一月十九日
兵部呈为王道直题再查祖大寿出大凌河城情形本　崇祯四年闰十一月初七日
兵部呈为王道直题请优恤大凌河城战死将士本　崇祯四年闰十一月初七日

兵部呈为王应朝题查明后金拆毁大凌河城情形本　　崇祯四年闰十一月十二日
兵部呈为王道直题报大凌河城之役明军损失情形本　　崇祯四年闰十一月十九日

崇祯七年后金对关内的入扰（一）

方裕谨编选（1982·2·3）　　中国第一历史档案馆

兵部为急请犒赏以济援兵事题行稿　　崇祯七年七月
兵部呈为张凤翼题参侦御全疏之边臣事本　　崇祯七年七月二十一日
兵部呈为王坤题后金兵锋已达延庆之紧急军情事本　　崇祯七年七月二十二日
兵部为后金兵攻入保安屠戮甚惨事题行稿　　崇祯七年七月二十四日
兵部尚书张凤翼为报与后金兵在怀安等地战斗情况事题行稿　　崇祯七年七月二十五日
兵部为趣发援兵事题行稿　　崇祯七年七月二十七日
兵部尚书张凤翼为塘报吴襄率师援宣趋蔚事题行稿　　崇祯七年七月二十七日
兵部尚书张凤翼为捉获奸细并探知后金兵将攻宣府事题行稿　　崇祯七年七月二十七日
兵部为纠参吴襄愎违轻进事题行稿　　崇祯七年七月二十八日
兵部为报后金兵进攻宣府及乞速发援兵事题行稿　　崇祯七年七月二十八日
兵部为报后金兵进攻保安等地情形事题行稿　　崇祯七年七月二十八日
兵部呈为王坤题捉获奸细并探知后金兵将攻宣府事本　　崇祯七年七月二十八日
兵部呈为户部尚书侯恂题速发援师兵饷以解枵腹事本　　崇祯七年七月二十九日
兵部为会备宣兵行粮以便追剿后金兵事题行稿　　崇祯七年七月二十九日
兵部为捉获奸细得知后金兵欲攻宣府事题行稿　　崇祯七年七月
兵部尚书张凤翼为暂缓调辽师入关援宣事题行稿　　崇祯七年七月
兵部为报宣府城郊与后金兵战斗情形事题行稿　　崇祯七年七月

崇祯七年后金对关内的入扰（二）

方裕谨编选（1982·3·3）　　中国第一历史档案馆

兵部尚书张凤翼为给张宣各堡防守疏失之将备拟罪事题行稿　　崇祯七年八月初一日
兵部尚书张凤翼为调辽师大兵援宣事题行稿　　崇祯七年八月
兵部尚书张凤翼为探得后金兵情事题行稿　　崇祯七年八月
兵部尚书张凤翼为报后金兵攻占桃花堡事题行稿　　崇祯七年八月
兵部尚书张凤翼为报后金兵离蔚往西合营事题行稿　　崇祯七年八月初二日
兵部为请援兵随到随发不必取齐并进事题行稿　　崇祯七年八月
兵部为塘报发兵赴大同以会击后金兵事咨行稿　　崇祯七年八月
兵部为援兵布防事咨行稿　　崇祯七年八月初三日
兵部为宣镇危急万分请速遣大将统兵救援事咨行稿　　崇祯七年八月初三日
兵部为密探得投降后金兵丁隐情事咨行稿　　崇祯七年八月
兵部为报后金兵攻破保安城情形事咨行稿　　崇祯七年八月初五日
兵部尚书张凤翼为由田国珠任长安岭堡守备事题行稿　　崇祯七年八月

崇祯七年后金对关内的入扰（三）

方裕谨编选（1982·4·5）　　中国第一历史档案馆

兵部为道臣张维世委非拒阻吴襄援师事题行稿　　崇祯七年八月

兵部呈为山东右布政使张维世奏并未阻碍援兵事本　崇祯七年八月
兵部尚书张凤翼为报张全昌在浑源与后金交战获胜事题行稿　崇祯七年八月初九日
兵部为宣镇防兵不应再调并敕关宁援师速赴云事题行稿　崇祯七年八月
兵部尚书张凤翼为遣人策反已降后金将领事题行稿　崇祯七年八月十五日
兵部为塘报后金舍云犯宣事题行稿　崇祯七年闰八月初四日
兵部尚书张凤翼为后金兵由怀安进逼宣镇事题行稿　崇祯七年闰八月初六日
兵部为塘报后金大营东行事题行稿　崇祯七年闰八月初七日
兵部为报后金兵进攻宣化大同情形事题行稿　崇祯七年闰八月初七日
兵部呈为王坤题报军情事本　崇祯七年闰八月十一日

明军守卫松山等城堡的六件战报

方裕谨编选（1981・2・3）　中国第一历史档案馆

兵部呈为方一藻题松山孤城获全民心屹固事本　崇祯十二年三月十三日
兵部呈为高起潜题松山防卫获胜事本　崇祯十二年三月十四日
兵部呈为高起潜题清兵仍围攻松城应星夜驰援本　崇祯十二年三月十九日
兵部呈为方一藻题中后所击退清兵进攻事本　崇祯十二年三月二十三日
兵部呈为方一藻题讯明清方降兵口供并处理清军投书事本　崇祯十二年三月二十八日
兵部呈为方一藻题应奖励锦州奋勇将士事本　崇祯十二年三月二十九日

崇祯十三年辽东战守明档选（上）

方裕谨编选（1985・1・3）　中国第一历史档案馆

兵部为辽东巡抚方一藻设备防援事行稿　崇祯十三年五月初十日
兵部为辽东署总兵官刘肇期奏报战守机宜事行稿　崇祯十三年五月初十日
兵部为塘报发兵赴杏山进剿日期事题行稿　崇祯十三年五月十一日
兵部为总兵官祖大寿题御敌之策事行稿　崇祯十三年五月十一日
兵部为团练总兵官吴三桂题战守大略事行稿　崇祯十三年五月十一日
兵部为辽东战守调遣兵马转运米豆事题稿　崇祯十三年五月十三日
兵部为辽东巡抚方一藻塘报清营发兵事题行稿　崇祯十三年五月十三日
兵部为辽东巡抚方一藻塘报锦州军情事题行稿　崇祯十三年五月十三日
兵部为茶叶山被清兵攻占拟参镇臣祖大寿事题行稿　崇祯十三年五月十五日
兵部为辽东总兵祖大寿塘报军情事题稿　崇祯十三年五月
兵部为辽督洪承畴题督兵出关日期速发辽镇主客兵饷行盐事行稿　崇祯十三年五月十六日
兵部为辽东巡抚方一藻塘报枣山战况事题行稿　崇祯十三年五月十六日
兵部为辽东巡抚方一藻塘报清兵进犯事行稿　崇祯十三年五月十七日
附：辽东巡抚方一藻为清兵进犯宁远等处塘报　崇祯十三年五月十一日

崇祯十三年辽东战守明档选（下）

方裕谨编选（1985・2・3）　中国第一历史档案馆

兵部为署总兵官刘肇期塘报官兵抵杏山日期事题稿　崇祯十三年五月十七日
兵部为辽东巡抚方一藻塘报官兵赴锦堵击清兵事题行稿　崇祯十三年五月十七日

兵部为辽东巡抚方一藻塘报清军攻占蔡家楼台事题行稿　崇祯十三年五月十九日
兵部为辽东巡抚方一藻塘报清军行踪事题稿　崇祯十三年五月二十一日
兵部为蓟辽总督洪承畴塘报明军布防事宜事题行稿　崇祯十三年五月二十三日
兵部为辽东总兵官祖大寿揭称松锦杏三城急需米豆事题行稿　崇祯十三年五月二十三日
兵部为辽东巡抚方一藻题报清军进攻宁远事行稿　崇祯十三年五月二十四日
兵部塘报官兵奋勇堵回进攻杏山清兵事题本　崇祯十三年五月二十四日
兵部为速报杏山战况事题行稿　崇祯十三年五月二十四日
兵部为辽东诸将应速对清军作战行稿　崇祯十三年五月二十六日
兵部为辽东总兵祖大寿塘报清军分突逼锦事题行稿　崇祯十三年五月二十六日
兵部为辽东团练总兵官吴三桂塘报明清两军松杏大战事题行稿　崇祯十三年五月二十七日
兵部为辽东总兵官祖大寿塘报亮马山战况事题稿　崇祯十三年五月

崇祯十三年明清登莱战防史料

方裕谨编选（1986·2·3）　中国第一历史档案馆

兵部为塘报清兵进攻山东事题行稿　崇祯十三年五月二十九日
兵部为登莱海域明兵布防事行稿　崇祯十三年五月二十九日
兵部为登莱瞭见清兵船队事行稿　崇祯十三年六月初一日
兵部为奖惩有关官员事题行稿　崇祯十三年六月二十五日

崇祯十三年辽东战守明档选（续一）

方裕谨编选（1986·3·3）　中国第一历史档案馆

兵部为奏报布防战守机宜事行稿　崇祯十三年六月初二日
兵部为报夹马山战况事题行稿　崇祯十三年六月
兵部为前线官兵盔甲不堪战阵事行稿　崇祯十三年七月初三日
兵部为清兵船只出没无常事题行稿　崇祯十三年七月初七日
兵部为清兵围攻锦州城事题行稿　崇祯十三年七月
兵部为清兵精骑袭击锦州事题行稿　崇祯十三年七月
兵部为清兵移营锦西事题行稿　崇祯十三年七月初七日
兵部为清兵三面攻击锦州事题行稿　崇祯十三年七月初九日
兵部为清兵以弱换强事题行稿　崇祯十三年七月
兵部为辽抚方一藻病入维肓事题稿　崇祯十三年七月
兵部为重赏斩获清兵哨探事题行稿　崇祯十三年七月十二日
兵部为官兵夜袭壮军台清兵事题行稿　崇祯十三年七月十四日

崇祯十三年辽东战守明档选（续二）

方裕谨编选（1986·4·3）　中国第一历史档案馆

兵部为清兵围攻松山事题行稿　崇祯十三年七月十四日
兵部为密遣官兵至松杏事题行稿　崇祯十三年七月
兵部为探得盖州套清兵情况事题行稿　崇祯十三年七月十四日
兵部为清兵攻打松杏事题行稿　崇祯十三年七月二十日

兵部为应按例给远调官兵安犒行粮事题行稿　崇祯十三年七月
兵部为清兵进犯中左所事题行稿　崇祯十三年七月十九日
兵部为清兵大举进攻锦州城事题行稿　崇祯十三年七月二十二日
兵部为清兵攻占界牌台事题行稿　崇祯十三年七月二十四日
兵部为就近选补辽东紧要将领事题行稿　崇祯十三年七月二十八日
兵部为官兵夜袭杏山得胜事题行稿　崇祯十三年七月
兵部为参处运送粮饷迟滞官员事题行稿　崇祯十三年七月
兵部为清兵诱伏官兵严阵以待事题行稿　崇祯十三年八月初一日
兵部为续调官兵出关事行稿　崇祯十三年八月初一日

崇祯十三年辽东战守明档选（续三）

方裕谨编选（1987・3・3）　中国第一历史档案馆

兵部为清兵屯扎锦昌堡事题行稿　崇祯十三年八月初一日
兵部为亮马山战斗明军获胜事题行稿　崇祯十三年八月初四日
兵部为报锦昌清兵近况事题稿　崇祯十三年十一月
兵部为锦昌清兵已渐北移事题行稿　崇祯十三年十一月
兵部为清兵暗伏抢粮事题行稿　崇祯十三年十一月初七日
兵部为各镇官兵应设伏护运事题行稿　崇祯十三年十一月初七日
兵部为报许定国拟制胜方略事题行稿　崇祯十三年十一月十一日
兵部为清兵抢去粮石事题行稿　崇祯十三年十一月二十一日
兵部为清兵窥犯中左以西事题行稿　崇祯十三年十一月
附：辽东巡抚丘民仰为清兵窥犯中左以西事塘报　崇祯十三年十一月初五日
兵部为议复添调边兵由洪承畴督师征讨事题行稿　崇祯十三年十一月二十日
兵部为报撤兵入关日期等事行稿　崇祯十三年十一月二十五日
兵部为妥议选兵调粮以备出关驱剿事行稿　崇祯十三年十一月二十八日

崇祯十三年畿南备防档

方裕谨编选（1986・1・19）　中国第一历史档案馆

兵部为真定府备战情况题稿　崇祯十三年六月
兵部为奏陈畿南战守机宜事题行稿　崇祯十三年六月二十八日
兵部为宣大三镇薪饷事行稿　崇祯十三年六月二十九日
兵部为大名府备战情况题行稿　崇祯十三年七月二十七日

崇祯十三年祭祀夕月坛禁卫档

方裕谨编选（1999・1・7）　中国第一历史档案馆

兵部为夕月坛祭祀派拨巡军事行稿　崇祯十三年七月二十七日
兵部为祭祀夕月坛礼仪门禁事题行稿　崇祯十三年七月二十九日
兵部为祭祀夕月坛时分守信地官兵不得喧哗冒替事行稿　崇祯十三年七月二十九日

崇祯十三年直隶武强盗贼情形题行稿

方裕谨编选（1999・1・3）　　中国第一历史档案馆

兵部为报直隶武强被贼情形事题行稿　　崇祯十三年七月二十九日

崇祯十三年修筑山西备防工程行稿

方裕谨编选（1993・2・3）　　中国第一历史档案馆

兵部为修山西雁平等三道要工以固疆圉事行稿　　崇祯十四年十二月初一日

崇祯十四年明清战防明档选

方裕谨编选（1988・2・3）　　中国第一历史档案馆

兵部为呈报南征兵马回镇休养即可助辽左事题行稿　　崇祯十四年正月二十八日

兵部为在沧州附近置放鸩酒毒米以毒杀清军事行稿　　崇祯十四年三月二十一日

兵部为塘报清兵在松锦附近扎营事题行稿　　崇祯十四年三月

兵部为报锦州东关清兵将领那木气情形事题行稿　　崇祯十四年四月初三日

兵部为报督臣亲率各镇兵马力图救锦事行稿　　崇祯十四年四月二十八日

兵部为清兵西犯有据上边兵马亟待粮饷事行稿　　崇祯十四年四月

兵部为准戍弁王纯在宣大总督标下效力事行稿　　崇祯十四年四月十三日

兵部尚书陈新甲为云边丰州滩驻牧卜部请求赏事题稿　　崇祯十四年四月二十六日

兵部为拨兵护送山海关等处饷银事行稿　　崇祯十四年九月二十五日

兵部为请发米石及内帑以救援松锦事行稿　　崇祯十四年十月二十二日

兵部为报山西昼夜严防清兵情形事行稿　　崇祯十四年十一月二十五日

有关南明尹三聘的几件史料

谌必民编选（2003・1・3）　　湖南省安化县档案馆

永历帝封赠尹三聘父母官职及名号诰命　　永历五年八月　日

永历帝颁尹三聘等赴安隆扈驾事敕谕　　永历六年正月　日

永历帝授尹三聘官职并封其妻萧氏名号诰命　　永历九年十一月　日

永历帝授尹三聘为兵部左侍郎敕谕　　永历十三年十一月　日

平西王吴三桂发尹三聘家丁往腾越州接取家口照程　　顺治十七年三月二十一日

云南布政使司为奉吴三桂批准尹三聘回籍事发放行信票　　顺治十七年五月二十一日

郭都贤致尹三聘书　　顺治十八年

湖广长沙府为奉吴三桂批安置尹三聘回籍事发安化县宪牌　　康熙元年十二月十三日

尹三聘墓碑铭　　康熙十七年

清代档案史料

综　　合

《天聪谕奏》校注

王钟翰校注（1990·3·73）

天聪五年八旗值月档（一）

关孝廉编译（2000·4·3）　　中国第一历史档案馆

一月（两黄旗值月）

二月（两蓝旗值月）

三月（两白旗值月）

天聪五年八旗值月档（二）

关孝廉编译（2001·1·5）　　中国第一历史档案馆

四月（两红旗值月）

五月（两黄旗值月）

六月（两蓝旗值月）

七月（两白旗值月）

天聪五年八旗值月档（三）

关孝廉编译（2001·2·3）　　中国第一历史档案馆

八月（两红旗值月）

九月（两黄旗值月）

十月（两蓝旗值月）

天聪五年八旗值月档（四）

关孝廉编译（2001·3·9）　　中国第一历史档案馆

十一月（两白旗值月）

天聪五年八旗值月档（五）

关孝廉编译（2001·4·10）　　中国第一历史档案馆

十一月（两白旗值月）

闰十一月（两红旗值月）

十二月（两黄旗值月）

满文国史档选译

关孝廉　郭美兰编译（1982·4·15）　　中国第一历史档案馆

颁狩猎纪律　　天聪七年十一月二十五日

谕免六祖子孙差役　　天聪八年正月初六日

众汉官上书控说差役繁重　　天聪八年正月十六日

为孔有德营建宅第　天聪八年正月二十二日
为耿仲明营建宅第　天聪八年正月二十三日
筹粮安置招抚之民　天聪八年正月二十八日
阵亡绝嗣功臣之妻减免差役　天聪八年正月三十日
定殉葬陪葬之制　天聪八年二月初五日
按照官职赏赐大凌河各官　天聪八年二月初八日
择牛录内殷实之人买补哨兵倒毙之马　天聪八年二月十一日
以所获蒙古人畜赏出征官兵　天聪八年二月十九日
天聪汗敕谕孔有德　天聪八年四月初八日
改汉文官员城邑名号为满文名号　天聪八年四月初九日
分定营伍名色　天聪八年五月初五日
勿隐应献之物　天聪八年六月二十三日
鳌拜等因逾越汗所指往略之地受惩　天聪八年七月初十日
阿济格等以其所获献天聪汗　天聪八年七月二十五日
以察哈尔来归人口牲畜分隶八旗赡养　天聪八年闰八月十六日
严禁毁坏庙宇　天聪八年闰八月二十日
罪失职哨长哨卒　天聪八年九月十九日
征瓦尔喀部所掠人畜物品数目　天聪八年九月十五日
安置俘获之人口　天聪八年九月二十一日
赏大凌河各官及留守诸贝勒台吉等　天聪八年九月三十日
清太祖山陵所造寝殿　天聪八年十月初六日
分定各部游牧地界　天聪八年十一月初十日
坐巴布泰欺君罪　天聪八年十一月十六日
革戴噶喇官职　天聪八年十一月十七日
宣谕狩猎纪律　天聪八年十一月二十三日
皇太极禁烟　天聪八年十二月二十二日
典当由汗所赐之物者治以罪　天聪八年十二月二十八日

许宝蘅先生清代档案摘抄
许恪儒整理（1996·3·73）
一至十二

清崇德三年汉文档案选编
方裕谨编选（1982·2·20）　中国第一历史档案馆
祖可法等奏为请准许各部落参与考试事本　崇德三年正月十五日
祖可法等奏参副将韩大勋监守自盗应速正法事本　崇德三年正月十五日
沈志祥奏为率所属兵丁由黄古岛登岸降清事本　崇德三年二月二十二日
沈志祥奏请速发车马米粮以便启行事本　崇德三年二月二十五日
沈志祥奏报降清官兵确数事本　崇德三年三月初一日
祖可法等奏刑部不应复用已革退之陈七事本　崇德三年四月十四日
祖可法等奏应严敕户部速立四柱文簿事本　崇德三年四月十四日

张春为与明王朝议和事奏言	崇德三年四月十五日
沈志祥奏为叩谢赏赐乘骑粮米事本	崇德三年四月二十六日
张春为与明朝议和事开款直言	崇德三年五月初六日
张福宏奏为请派员赴明议和事本	崇德三年五月二十六日
恭顺王孔有德为照例派兵事致秘书院手本	崇德三年六月十一日
祖可法等为陈七革退后刑部仍复录用揭贴	崇德三年六月十八日
李华国奏与明议和之三策五利事本	崇德三年六月十九日
祖可法等奏参礼部承政祝世昌言语妄诞循私忘公事本	崇德三年七月二十日
祖可法奏礼部不应复用已革处之蔡水年事本	崇德三年七月二十日
沈志祥奏请准备资购马事本	崇德三年八月二十六日
祖可法奏陈攻取山海关内外城池事本	崇德三年九月十九日
智顺王尚可喜为谢赏赐事致秘书院手本	崇德三年九月二十四日
沈志祥奏请随征或另差副将率部从征事本	崇德三年九月二十八日
江云奏乞赏给人口耕牛及田地事本	崇德三年十月初一日
沈志祥奏为叩谢赏赐房屋事本	崇德三年十月初二日
朱邦俊等奏陈抵挡万人敌之法本	崇德三年十月初八日
张存仁奏陈攻取山海关锦州北京等处机宜事本	崇德三年十月初九日
沈志祥奏为敬陈微衷事本	崇德三年十一月二十九日
祖可法奏陈攻取山海关之法事本	崇德三年十二月初三日
张存仁奏陈攻占山海关之法事本	崇德三年十二月初三日
孙定远奏陈攻取锦州宁远等处战略事本	崇德三年十二月初三日
姜新奏陈攻取山海关之法以图北京事本	崇德三年十二月初四日
盛忠奏陈攻取山海关外八城策略事本	崇德三年十二月初五日
陈边务奏陈进图中原计划事本	崇德三年十二月初五日
段学孔奏陈攻取关外八城方略事本	崇德三年十二月初六日
姜新奏陈攻取山海关方法事本	崇德三年十二月二十五日
祖泽润奏为跟役纲国臣全家完聚事本	崇德三年十二月二十七日
沈志祥奏为请安事本	崇德五年八月初十日

沈阳故宫藏诰敕文书

李凤民　李俊兰辑（1999·2·3）　　沈阳故宫博物院

顺治四年封黄宪章诰命
顺治九年封庄尔泰诰命
顺治十四年封额黑尔图及妻诰命
康熙六年封额黑尔兔及妻诰命
康熙二十年授马色饶敕命
雍正十三年赠赫尔布父母诰命
乾隆二十七年封武达奇及妻诰命
乾隆二十六年赠封武达奇父母诰命
乾隆二十六年赠封诺尔布扎史父敕命
嘉庆元年赠封傅森祖父母诰命

嘉庆十四年封阿林泰及妻诰命
道光十四年封富克锦及妻敕命
道光十四年封富克锦父母敕命
道光二十五年封富克锦及妻诰命
道光二十五年赠封富克锦父母诰命
道光三十年封明训及妻诰命
同治四年封富尔丹父母诰命
同治十一年封富尔丹祖父母诰命
光绪十五年授富尔丹及妻诰命
光绪十五年赠封富尔丹曾祖父母诰命
光绪十五年赠富尔丹祖父母诰命
光绪三十四年封曾毓骧父母诰命
民国二年授崇枢荣命

广东问题档案选编

覃波编选（2004·4·3）　　中国第一历史档案馆

广东巡抚李栖凤为请定广东乡试名额派员主考并借光孝寺作场屋事题本	顺治十一年正月十九日
平南王尚可喜为请颁给左右翼镇下中军游击关防事题本	顺治十一年四月二十日
户部尚书车克等为广东进呈《赋役全书》事题本	顺治十七年三月二十日
广东巡抚金俊为请拨饷制造器药事题本	康熙十九年六月十五日
广东布政使郎廷枢为造报康熙二十年通省丁口差钞数目事黄册	康熙二十一年十月初二日
内务府造办处玉作为奉旨查问广东玻璃匠事活计清档	雍正三年十一月初六日
著广东肇高廉罗道驻扎肇庆抚绥黎民勤宣德意事敕谕	雍正七年闰七月二十八日
著闽浙总督喀尔吉善等浙海关加税以使洋船仍归广东贸易事上谕	乾隆二十一年闰九月初十日
两广总督苏昌等为请准瑞典等国商船夹带缎匹出洋事奏折	乾隆二十七年十月二十七日
两广总督阮元等为请设局纂修《广东省通志》事奏折	嘉庆二十三年十一月十五日
户部尚书敬征为请将广东造炮著说之丁拱辰送至京中当差事奏折	道光二十二年七月二十一日
著两广总督叶名琛等密饬各州县确查掘毁各著名会首祖坟事上谕	咸丰三年二月十三日
广州副都统库克吉泰等为广东设立同文馆奉旨选备学生事奏折	同治二年三月二十八日
署两广总督岑春煊为粤汉铁路交商接办选举董事拟具章程事奏折	光绪三十二年九月十六日
两广总督袁树勋为英人在广州西关开设星期报事致外务部等电报	宣统二年六月初一日

刑科给事中张维赤奏章

方裕谨编选（1989·3·3）　　中国第一历史档案馆

清查额编银两以修葺海塘事题本　　顺治十六年闰三月二十八日
宜严厘弊之法以整顿吏治事题本　　顺治十六年闰三月二十八日
严加察究婪赃坏法之署官事题本　　顺治十六年五月十三日
勒限缘事潜京之宪臣回原籍以便严察事题本　　顺治十六年五月十三日
条陈乡兵增设之害事题本　　顺治十六年七月二十九日
严核河工岁修及工程估价以稽冒滥事题本　　顺治十六年六月二十日
定满汉互录口供及内外有司刑杖之条规以杜冤狱事题本　　顺治十六年六月二十日
条陈驿站另设厂夫之害事题本　　顺治十六年七月二十九日
条陈四款作庙算之计以佐固圉事题本　　顺治十九年七月二十九日
条陈采办马草稻谷之害事题本　　顺治十六年七月二十九日
条陈各官均应严察衙蠹以免吞噬之害事题本　　顺治十六年七月二十九日
条陈管理仓务之法四款以重国储事题本　　顺治十六年十月初十日
学巡二道久缺宜速变通铨选事题本　　顺治十六年十月十二日
关盐二税不得掣肘因循以免惰误国课事题本　　顺治十六年十一月初十日
纠参可疑之学道铨曹事题本　　顺治十六年十二月初一日
积欠钱粮官员不得卸责太速以专责成事题本　　顺治十六年十二月初一日
补陈学道铨选可议之端以杜部臣回奏之非事题本　　顺治十七年正月十三日
条陈废斥之武弁应回原籍以销隐患事题本　　顺治十七年四月初四日
督抚应专军需供应之责任事题本　　顺治十七年四月二十五日
严追重惩私折私征漕粮之猾吏积蠹事题本　　顺治十七年四月二十五日

清康熙十年至十八年上谕选载

李松龄编选（1982·1·19）　　中国第一历史档案馆

康熙十年
二月
五月
八月初六日　八月初七日
十二月初五日
康熙十一年
十月十九日
康熙十二年
三月十三日　八月十六日
康熙十三年
正月十八日　二月初十日　十二月十三日　十二月
康熙十四年
正月十四日　正月二十七日
二月初六日
三月十九日
四月初四日

七月初四日
康熙十五年
二月初二日　二月二十日
四月初一日
六月初一日　六月十五日
七月十二日
八月二十二日
九月十九日
十一月十三日
十二月初九日　十二月十一日
康熙十六年
三月初四日　三月二十一日
五月十一日　五月二十四日
六月十三日
七月二十九日
八月十二日　八月十九日
十月二十日
十一月十八日
康熙十七年
正月　正月十四日
二月二十六日
三月
闰三月初二日
五月十五日
六月十日
九月初四日
十二月初九日　十二月二十五日
康熙十八年
正月初七日
七月二十八日　七月二十九日

康熙十六年十二月《南书房记注》

王澈编选（2001・1・24）　　中国第一历史档案馆

康熙十六年

十二月十七日　十八日　十九日　二十日　二十一日　二十二日　二十三日　二十四日　二十五日　二十六日　二十七日　二十八日　三十日

康熙十七年《南书房记注》

王澈编选（1995・3・3）　　中国第一历史档案馆

康熙十七年

正月初一日　十五日　十六日　二十三日　二十八日　二十九日

二月初一日　初二日　初三日　初四日　初五日　初六日　初七日　初八日　初九日　初十日　十二日　十三日　十七日　十八日　十九日　二十日　二十一日　二十二日　二十三日　二十四日　二十五日

闰三月初一日

四月初一日　初二日　初四日　初五日　初六日　初七日　初八日　初十日　十一日　十二日　十三日　十四日　十五日　十七日　十八日　十九日　二十日　二十一日　二十二日　二十三日　二十六日　二十七日　二十八日　三十日

五月初一日　初二日　初三日　初四日　初五日　初八日　初九日　初十日　十一日　十二日　十三日　十五日　十六日　十七日　十八日　十九日　二十日　二十一日　二十二日

六月初一日　初二日　初三日　初五日　初六日　初七日　初八日　初十日　十二日　十四日　十五日　十六日　十九日　二十日　二十一日　二十二日　二十三日　二十四日　二十八日　二十九日

七月初一日　初二日　初三日　初五日　初六日　初七日　初八日　初九日　初十日　十一日　十二日　十三日　十六日　十七日　十八日　十九日　二十日　二十一日　二十二日　二十三日　二十六日　二十七日　二十八日　二十九日　三十日

八月初一日　初二日　初三日　初五日　初六日　初七日　初八日　初九日　十五日　十六日　十八日　十九日　二十日　二十一日　二十二日　二十三日　二十五日　二十六日　二十七日　二十八日　二十九日　三十日

九月初一日　初二日　初五日　初六日　初七日　初八日　初九日

十二月初十日　十一日　十二日　十三日　十四日　十六日　十七日　二十五日　二十六日　二十七日　二十八日　二十九日

康熙十八年《南书房记注》

王澈编选（1996·2·3）　　中国第一历史档案馆

康熙十八年

正月初四日　初五日　初六日　初七日　初八日　初十日　十一日　十二日　十三日　十七日　十八日　十九日　二十日　二十一日　二十二日　二十三日　二十四日　二十五日　二十六日　二十七日　二十八日　二十九日

二月初二日　初四日　初五日　初六日　初七日　初九日　十二日　十三日　十四日　十八日　十九日　二十日　二十一日　二十七日　二十八日　二十九日

三月初一日　十八日　十九日　二十六日　二十七日　二十八日　二十九日

四月初一日　初三日　初四日　初五日　初六日　初七日　初八日　初十日　十一日　十二日　十三日　十四日　十五日　十六日　十九日　二十日　二十一日　二十二日　二十三日　二十四日　二十七日　二十八日　二十九日

五月初一日　初五日　十二日　十三日　十五日　十六日　十七日　十八日　二十日　二十一日　二十三日　二十四日　二十六日　二十七日　二十八日

六月初二日　初四日　初五日　初六日　初七日　初八日　初十日　十三日　十五日　十六日　十八日　十九日

七月十五日　二十二日　二十八日　二十九日

八月初一日　初十日　十七日　二十八日

九月初七日　初八日　初九日　初十日　十一日　十二日　十三日　十四日　十五日　十六

日　十七日　十八日　十九日　二十日　二十二日　二十三日　二十四日　二十六日　二十七日　二十八日　二十九日

十月初一日　初二日　初三日　初四日　初五日　初六日　初六日　十一日　十二日　十三日　十四日　十五日　十六日　十七日　十八日　十九日　二十日　二十一日　二十二日　二十三日　二十四日　二十六日　二十七日　二十八日　二十九日

十一月初一日　初二日　初三日　初四日　初五日　初六日　初七日　初八日　初九日　初十日　十一日　十二日　十三日　十四日　十五日　十六日　十七日　十八日　十九日　二十日　二十一日　二十二日

十二月初六日　十九日　二十日　二十五日　二十六日　二十七日

康熙十九年《南书房记注》（一）

王澈编选（1996·3·1）　　中国第一历史档案馆

康熙十九年

正月初八日　初九日　初十日　十一日　十二日　十九日　二十日　二十七日　二十九日　三十日

二月初一日　初二日　初三日　初四日　初五日　初六日　初七日　二十七日　二十八日　二十九日

三月初一日　初二日　初六日　初七日　初八日　初十日　十一日　十二日　十三日　十四日　十五日　十六日　十七日　二十日　二十一日　二十二日　二十三日　二十四日　二十五日　二十六日　二十八日　二十九日　三十日

四月初一日　初二日　初三日　初四日　初五日　初六日　初七日　初八日　初九日　初十日　十一日　十二日　十三日　十四日　十五日　十六日　十七日　十八日　十九日　二十日　二十一日　二十二日　二十三日　二十四日　二十六日　二十七日　二十八日　二十九日

五月初一日　初二日　初四日　初五日　初六日　初七日　初八日　初九日　初十日　十一日　十二日　十三日　十四日　十五日

康熙十九年《南书房记注》（二）

王澈编选（1996·4·4）　　中国第一历史档案馆

五月十六日　十七日　十八日　十九日　二十日　二十一日　二十二日　二十三日　二十四日　二十五日　二十六日　二十八日　二十九日

六月初一日　初二日　初三日　初四日　初五日　初六日　初七日　初八日　初九日　初十日　十一日　十二日　十四日　十五日　十六日　十七日　十八日　十九日　二十日　二十一日　二十二日　二十三日　二十四日　二十五日　二十六日　二十七日　二十八日　二十九日　三十日

康熙十九年《南书房记注》（三）

王澈编选（1997·1·3）　　中国第一历史档案馆

七月初一日　初二日　初三日　初四日　初五日　初六日　初七日

八月初六日　初七日　初八日　初九日　初十日　十一日　十二日　十三日　十五日　十六日　十七日　十八日　十九日　二十日　二十一日　二十二日　二十三日　二十六日　二十七日　二十八日　二十九日　三十日

闰八月初一日　初二日　初三日　初四日　初五日　初六日　初七日　初八日　初九日　初

十日　二十七日　二十八日　二十九日

九月初一日　初二日　初三日　初四日　初五日　初六日　初八日　初十日　十一日　十二日　十三日　十四日　十五日　十六日　十七日　十八日　十九日　二十日　二十一日　二十二日　二十三日　二十四日　二十六日　二十八日　二十九日　三十日

十月初一日　初二日　十二日　十三日　十四日　十五日　十六日　十九日　二十日　二十一日　二十二日　二十三日　二十六日　二十七日　二十八日　二十九日　三十日

十一月初一日　初二日　初三日　初四日　初五日

清代钦天监初雷观测记录档案

储文娟　吕凌峰辑录（2015·1·4）

钦天监治理历法南怀仁等为四月十八日初雷事题本　康熙十八年四月十九日

钦天监监正安泰等为三月二十七日初雷事题本　康熙十九年三月二十八日

钦天监左监副查尔大等为二月二十九日初雷事题本　康熙二十一年三月二十九日

钦天监治理历法南怀仁等为二月十七日初雷事题本　康熙二十二年二月十八日

钦天监监正安泰等为正月二十八日初雷事题本　康熙二十三年正月二十九日

钦天监监正安泰等为二月十六日初雷事题本　康熙二十四年二月十七日

钦天监监正安泰等为三月十四日初雷事题本　康熙二十五年三月十五日

钦天监监正安泰等为三月二十五日初雷事题本　康熙二十六年三月二十六日

钦天监左监副戈枚等为二月二十二日初雷事题本　康熙二十八年二月二十三日

钦天监监正戈枚等为三月初十日初雷事题本　康熙二十九年三月十五日

钦天监监正戈枚等为三月初六日初雷事题本　康熙三十年三月初七日

钦天监监正戈枚等为二月十八日初雷事题本　康熙三十一年二月十九日

钦天监监正戈枚等为三月初八日初雷事题本　康熙三十二年三月初八日

钦天监监正常额等为三月十三日初雷事题本　康熙三十五年三月十四日

钦天监治理历法闵明我等为三月初三日初雷事题本　康熙三十六年三月初四日

钦天监监正常额等为二月二十九日初雷事题本　康熙三十七年二月三十日

钦天监监正常额等为二月二十六日初雷事题本　康熙三十八年二月十六日

钦天监监正常额等为二月十六日初雷事题本　康熙三十九年二月十六日

钦天监监正常额等为二月二十日初雷事题本　康熙四十年二月二十日

钦天监监正常额等为三月初八日初雷事题本　康熙四十一年三月初九日

钦天监监正常额等为三月初七日初雷事题本　康熙四十二年三月初八日

钦天监监正常额等为三月十八日初雷事题本　康熙四十三年三月十九日

钦天监监正常额等为三月初七日初雷事题本　康熙四十四年三月初八日

钦天监监正常额等为二月十九日初雷事题本　康熙四十五年二月二十日

国子监司隶兼管钦天监监正事务常额等为三月十七日初雷事题本　康熙四十六年三月十七日

钦天监左监副明图等为二月二十三日初雷事题本　康熙四十八年二月二十四日

钦天监监正明图等为二月十二日初雷事题本　康熙四十九年二月十二日

钦天监监正明图等为二月十九日初雷事题本　康熙五十二年二月二十日

胤祉等为报京城雨泽情形事奏折　康熙五十二年二月二十一日

钦天监监正明图等为二月初十日初雷事题本　康熙五十三年二月二十一日

钦天监监正明图等为二月二十五日初雷事题本	康熙五十四年二月二十五日
钦天监监正明图等为三月十八日初雷事题本	康熙五十五年三月十八日
钦天监治理历法纪理安等为二月二十一日初雷事题本	康熙五十六年二月二十一日
钦天监监正明图等为三月初三日初雷事题本	康熙五十七年三月初四日
钦天监监正明图等为二月二十五日初雷事题本	康熙五十八年二月二十五日
钦天监监正明图等为二月二十三日初雷事题本	康熙五十九年二月二十三日
国子监司业兼钦天监监正明图为二月二十八日初雷事题本	康熙六十年二月二十九日
国子监司业兼钦天监监正明图等为二月十四日初雷事题本	康熙六十一年二月十四日
国子监司业兼钦天监监正明图等为三月初六日初雷事题本	雍正元年三月初七日
钦天监治理历法戴进贤等为三月初六日初雷事题本	雍正二年三月初七日
钦天监治理历法戴进贤等为二月十八日初雷事题本	雍正三年二月十八日
钦天监监正戴进贤等为三月初一日初雷事题本	雍正四年三月初一日
钦天监监正明图等为三月十七日初雷事题本	雍正五年三月十七日
钦天监监正戴进贤等为二月十六日初雷事题本	雍正六年二月十六日
钦天监监正戴进贤等为三月十一日初雷事题本	雍正七年三月十一日
钦天监监正明图等为二月十八日初雷事题本	雍正九年二月十八日
钦天监监正明图等为二月二十四日初雷事题本	雍正十年二月二十四日
钦天监监正明图等为二月十一日初雷事题本	雍正十一年二月十一日
钦天监监正明图等为三月初三日初雷事题本	雍正十二年三月初三日
钦天监监正明图等为三月初十日初雷事题本	雍正十三年三月初十日
钦天监监正明图等为二月二十日初雷事题本	乾隆元年二月二十日
钦天监右监副李廷耀等为二月二十八日初雷事题本	乾隆二年二月二十八日
钦天监监正明图为二月十一日初雷事题本	乾隆三年二月十一日
钦天监监正戴进贤等为二月二十五日初雷事题本	乾隆四年二月二十五日
钦天监监正进爱等为二月十八日初雷事题本	乾隆五年二月十八日
钦天监监正进爱等为二月初八日初雷事题本	乾隆六年二月初八日
钦天监监正戴进贤等为二月初八日初雷事题本	乾隆七年二月初八日
钦天监监正进爱等为二月二十九日初雷事题本	乾隆八年二月二十九日
革职仍办理钦天监监正事务进爱等为二月初九日初雷事题本	乾隆九年二月初九日
钦天监监正戴进贤等为二月二十四日初雷事题本	乾隆十年二月二十四日
礼部右侍郎兼管钦天监监正事务勒尔森等为三月初六日初雷事题本	乾隆十一年三月初六日
刑部左侍郎兼管钦天监监正事务勒尔森等为二月十八日初雷事题本	乾隆十二年二月十八日
刑部左侍郎兼管钦天监监正事务勒尔森等为二月二十一日初雷事题本	乾隆十三年二月二十一日
刑部左侍郎兼管钦天监监正事务觉罗勒尔森等为二月十五日初雷事题本	乾隆十四年二月十五日
刑部左侍郎兼管钦天监监正事务勒尔森等为二月十三日初雷事题本	乾隆十五年二月十三日
刑部左侍郎兼管钦天监监正事务勒尔森等为二月十九日初	乾隆十六年二月十九日

雷事题本
工部左侍郎兼管钦天监监正事务何国宗等为二月初八日初雷事题本　乾隆十七年二月初八日
刑部左侍郎兼管钦天监监正事务勒尔森等为二月二十一日初雷事题本　乾隆十八年二月二十一日
刑部左侍郎兼管钦天监监正事务勒尔森等为三月初二日初雷事题本　乾隆十九年三月初二日
刑部左侍郎兼管钦天监监正事务勒尔森等为二月十七日初雷事题本　乾隆二十年二月十七日
钦天监监正佟泰等为二月二十三日初雷事题本　乾隆二十一年二月二十三日
刑部左侍郎兼管钦天监监正事务勒尔森等为二月初六日初雷事题本　乾隆二十二年二月初六日
管理钦天监监正事务勒尔森等为二月初三日初雷事题本　乾隆二十三年二月初三日
管理钦天监监正事务勒尔森等为二月十六日初雷事题本　乾隆二十四年二月十六日
管理钦天监监正事务勒尔森等为正月二十七日初雷事题本　乾隆二十五年正月二十七日
管理钦天监监正勒尔森等为二月初三日初雷事题本　乾隆二十六年二月初六日
管理钦天监监正事务勒尔森等为二月二十日初雷事题本　乾隆二十七年二月二十日
管理钦天监监正事务勒尔森等为正月二十五日初雷事题本　乾隆二十八年正月二十五日
管理钦天监监正事务勒尔森等为二月十二日初雷事题本　乾隆二十九年二月十二日
管理钦天监监正事务勒尔森等为二月十三日初雷事题本　乾隆三十年二月十三日
经筵讲官管理钦天监监正事务鄂宁等为二月初六日初雷事题本　乾隆三十一年二月初六日
钦天监监正刘松龄等为二月二十五日初雷事题本　乾隆三十二年二月二十五日
管理钦天监事务期成额等为正月二十六日初雷事题本　乾隆三十三年正月二十七日
管理钦天监事务绵恩等为闰三月初八日初雷事题本　嘉庆十六年闰三月十一日
管理钦天监事务绵恩等为三月二十日初雷事题本　嘉庆二十年三月二十三日
管理钦天监事务绵恩等为三月十二日初雷事题本　嘉庆二十一年三月十五日
管理钦天监事务奕绍等为三月初五日初雷事题本　嘉庆二十二年三月初七日
管理钦天监事务奕绍等为三月十三日初雷事题本　嘉庆二十三年三月十五日
管理钦天监事务奕绍等为三月十二日初雷事题本　嘉庆二十四年三月十五日
管理钦天监事务永锡等为二月初六日初雷事题本　嘉庆二十五年二月初九日
管理钦天监事务乌尔恭阿等为闰三月初四日初雷事题本　道光二年闰三月初七日
管理钦天监事务乌尔恭阿等为三月二十七日初雷事题本　道光三年三月三十日
管理钦天监事务敬征等为三月二十一日初雷事题本　道光六年三月二十四日
管理钦天监事务敬征等为二月二十七日初雷事题本　道光七年三月初二日
管理钦天监事务敬征等为三月初十日初雷事题本　道光八年三月十三日
户部左侍郎管理钦天监事务敬征等为三月十三日初雷事题本　道光十四年三月十七日
管理钦天监事务敬征等为三月十六日初雷事题本　道光十五年三月十九日
管理钦天监事务敬征等为二月二十九日初雷事题本　道光十六年三月初二日
管理钦天监事务敬征等为三月初五日初雷事题本　道光十八年三月初八日
管理钦天监事务敬征等为二月三十日初雷事题本　道光十九年三月初四日

管理钦天监事务敬征等为三月初八日初雷事题本　道光二十年三月十二日
管理钦天监事务敬征等为闰三月二十五日初雷事题本　道光二十一年四月初三日
管理钦天监事务敬征等为二月二十二日初雷事题本　道光二十二年二月二十五日
管理钦天监事务敬征等为三月十五日初雷事题本　道光二十三年三月十九日
管理钦天监事务敬征等为三月初二日初雷事题本　道光二十四年三月初五日
管理钦天监事务敬征等为二月二十八日初雷事题本　道光二十五年三月初一日
管理钦天监事务载铨等为二月二十七日初雷事题本　道光二十六年三月初一日
管理钦天监事务载铨等为二月初十日初雷事题本　道光二十八年二月十四日
管理钦天监事务载铨等为二月十九日初雷事题本　道光三十年二月二十三日
钦天监监正音德讷等为三月初六日初雷事题本　同治四年三月十二日
管理钦天监事务奕誴等为三月初五日初雷事题本　光绪十年三月初九日
管理钦天监事务奕誴等为二月初一日初雷事题本　光绪十一年二月初六日
管理钦天监事务奕誴等为二月初三日初雷事题本　光绪十二年二月初七日
管理钦天监事务奕誴等为三月初一日初雷事题本　光绪十三年三月初六日
管理钦天监事务世铎等为二月二十三日初雷事题本　光绪十五年二月二十九日
管理钦天监事务世铎等为二月初七日初雷事题本　光绪十七年二月十一日
管理钦天监事务世铎等为三月初五日初雷事题本　光绪十八年三月初十日
管理钦天监事务世铎等为二月十三日初雷事奏折　光绪二十七年二月二十七日

清代日人漂至舟山档案

黄荣光编译（2018・2・4）　日本国立公文书馆　日本外交资料馆

漂流

元禄六癸酉年四月三日唐通事报告　元禄六年四月三日（1693 年 5 月 7 日）
元禄六癸酉年七月十日唐通事报告　元禄六年七月十日（1693 年 8 月 11 日）
元禄六癸酉年八月八日七十六号普陀山船的唐人口述　元禄六年八月八日（1693 年 9 月 7 日）
元禄六癸酉年八月二十九日七十九号普陀山船的唐人口述　元禄六年八月二十九日（1693 年 9 月 29 日）
元禄六癸酉年八月二十九日七十六号普陀山船船长程敏公的口述　元禄六年八月二十九日（1693 年 9 月 29 日）
漂流到异国的船长和水手的口述　元禄六年十一月七日（1693 年 12 月 3 日）
宽保二壬戌年五月二十日对乍浦送回的从萨摩漂流到唐国之人的询问记录　宽保二年五月二十日（1742 年 6 月 22 日）
乍浦出发的梅云阁、魏德卿的四号船送回萨摩人二十名　宽保二年五月二十日（1742 年 6 月 22 日）
宝历四年正月十日回国、漂流到唐国浙江省宁波府定海县舟山之花山的奥州仙台、南部十三人的口述　宝历四年正月十日（1754 年 2 月 2 日）
宝历四年甲戌正月十日，一号宁波出发的马政元、信谦吉的船送回奥州仙台的十三人　宝历四年甲戌正月十日（1754 年 2 月 2 日）
安永三甲午年，四号游扑庵的船、五号蒋培　安永三甲午年（1774 年 7 月 23 日）

之和杨曜祥的船送来萨摩中将之家臣池山喜三左卫门、中原仲左卫门，下人诸左卫门、彦右卫门、弥吉，船长长兵卫、水手九人，在琉球雇佣的水手登世村、岛森，共计十七人的漂流情况	
日本驻上海代理总领事小田切万寿之助为长崎县民川上清一郎漂至定海呈外相加藤高明的报告	明治三十三年十一月七日（1900年11月7日）

康熙帝亲征准噶尔期间给皇太子胤礽上谕选

彭普生编选（2000·2·33）　　中国第一历史档案馆

康熙帝命皇太子胤礽送马三千匹至军中上谕	康熙三十五年三月初十日
康熙帝告皇太子胤礽出师诸事咸合心意上谕	康熙三十五年三月十六日
康熙帝示皇太子胤礽塞外情况上谕	康熙三十五年三月十九日
康熙帝告皇太子胤礽塞外雨雾水草情况上谕	康熙三十五年三月二十二日
康熙帝告皇太子胤礽噶尔丹情况及收到马匹事上谕	康熙三十五年四月十三日
康熙帝告皇太子胤礽侦探噶尔丹情况上谕	康熙三十五年四月十四日
康熙帝告皇太子胤礽进军阵容上谕	康熙三十五年四月二十一日
康熙帝告皇太子胤礽过瀚海后地理及噶尔丹情况上谕	康熙三十五年四月二十一日
康熙帝告皇太子胤礽稍缓进军事上谕	康熙三十五年四月二十七日
康熙帝告皇太子胤礽行军运粮等情况上谕	康熙三十五年五月初二日
康熙帝告皇太子内外蒙古人协助进军情况上谕	康熙三十五年五月初八日
康熙帝告皇太子胤礽进军克鲁伦河情况上谕	康熙三十五年五月初九日
康熙帝告皇太子胤礽噶尔丹逃遁事上谕	康熙三十五年五月初十日
康熙帝告皇太子胤礽前沿敌我情况上谕	康熙三十五年五月十二日
康熙帝告皇太子胤礽噶尔丹溃窜及清军追击事上谕	康熙三十五年五月十二日
康熙帝告皇太子胤礽噶尔丹去路尽被堵截上谕	康熙三十五年五月十四日
康熙帝将马思哈大破噶尔丹奏折抄告皇太子胤礽上谕	康熙三十五年五月十六日
康熙帝告皇太子胤礽丹巴哈什哈所言昭莫多战况上谕	康熙三十五年五月十八日
康熙帝告皇太子胤礽噶尔丹败于昭莫多后情况上谕	康熙三十五年五月二十一日
康熙帝告皇太子胤礽沿途内外蒙古人民欢欣情景上谕	康熙三十五年五月二十九日
康熙帝告皇太子胤礽归化一带气候畜牧情况上谕	康熙三十五年十月初三日
康熙帝告皇太子胤礽沿途蒙古牧所情况上谕	康熙三十五年十月初九日
康熙帝告皇太子胤礽已至归化城及沿途土默特蒙古情况上谕	康熙三十五年十月十三日
康熙帝告皇太子胤礽沿途盛况及噶尔丹困境上谕	康熙三十五年十月二十日
康熙帝告皇太子胤礽来降之人所言噶尔丹情况上谕	康熙三十五年十月二十三日
康熙帝告皇太子胤礽归化入冬不寒情况上谕	康熙三十五年十月二十四日
康熙帝告皇太子胤礽归化情况及所俘艺人之言谈上谕	康熙三十五年十月二十六日
康熙帝告皇太子胤礽鄂尔多斯情况及渡河事上谕	康熙三十五年十一月初三日
康熙帝告皇太子胤礽降人布达里所言噶尔丹情况上谕	康熙三十五年十一月初五日
康熙帝告皇太子胤礽鄂尔多斯民情风俗上谕	康熙三十五年十一月十一日

康熙帝告皇太子胤礽土谢图诺尔布等来降事上谕　康熙三十五年十一月十一日
康熙帝告皇太子胤礽厄鲁特歌者雅克西所言上谕　康熙三十五年十一月十七日
康熙帝以孝顺敬慎勉皇太子胤礽上谕　康熙三十五年十一月十七日
康熙帝告皇太子胤礽费扬古奏噶尔丹乞降事上谕　康熙三十五年十一月十九日
康熙帝告皇太子胤礽宁夏气候宜人情况上谕　康熙三十五年十一月二十一日
康熙帝告皇太子胤礽宴飨鄂尔多斯等事上谕　康熙三十五年十一月二十六日
康熙帝告皇太子胤礽冬至前后蒙古地方严寒情形上谕　康熙三十五年十一月二十六日
康熙帝告皇太子胤礽噶尔丹遣格垒沽英见面事上谕　康熙三十五年十一月二十六日
康熙帝告皇太子胤礽途遇严寒情况上谕　康熙三十五年十二月初十日

康熙三十五年皇太子胤礽奏书

彭普生编选（2000·2·48）　中国第一历史档案馆

皇太子胤礽为向康熙帝请安并将所奏四事草稿送呈事奏书　康熙三十五年三月十一日
皇太子胤礽为报育马备用并陈雨雪情况等事奏书　康熙三十五年三月十八日
皇太子胤礽为报盛京等处雨雪粮价等事奏书　康熙三十五年四月十一日
皇太子胤礽为钦奉上谕事奏书　康熙三十五年五月初一日
皇太子胤礽为庆贺噶尔丹溃逃事奏书　康熙三十五年五月十五日
皇太子胤礽为报接奉噶尔丹败逃事谕旨奏书　康熙三十五年五月十七日
皇太子胤礽为报接奉有关噶尔丹溃窜事谕旨奏书　康熙三十五年五月十八日
皇太子胤礽为接奉费扬古大败噶尔丹事谕旨奏书　康熙三十五年五月十九日
皇太子胤礽为报逆贼剪灭恭陈贺悃事奏书　康熙三十五年五月十九日
皇太子胤礽为报迎驾回銮诸事奏书　康熙三十五年五月二十四日

康熙朝山西巡抚噶礼满文奏折选译

关孝廉　王小红编选（1995·4·3）　中国第一历史档案馆

山西巡抚噶礼为报夏秋收成分数并请安事奏折　康熙三十八年九月十一日
山西巡抚噶礼为参劾平阳府知府王福贪污事奏折　康熙三十八年十一月初一日
山西巡抚噶礼为请缓征静乐沁源二县三十六年钱粮事奏折　康熙三十九年正月二十八日
山西巡抚噶礼为报夏收分数秋禾情形并催征亏欠钱粮事奏折　康熙三十九年五月初五日
山西巡抚噶礼为报审理知府王福贪污受贿事奏折　康熙三十九年五月初五日
山西巡抚噶礼为恭请圣安并遵旨宣谕小民撙节积贮事奏折　康熙三十九年九月十三日
山西巡抚噶礼为报居官优劣文武官员名单事奏折　康熙三十九年十月初六日
山西巡抚噶礼为报屡蒙朱批教诲并复审王福案等事奏折　康熙三十九年十二月十八日
山西巡抚噶礼为饬令所属捐俸修建城墙城楼并治兵丁甲胄事奏折　康熙三十九年十二月十八日
山西巡抚噶礼为保举太原府知府员缺事奏折　康熙四十年正月二十八日
山西巡抚噶礼为报秋粮收成并完粮情形事奏折　康熙四十年九月十五日
附：山西巡抚噶礼劝民撙节繁费加意积贮的刊示稿　康熙四十年九月初一日
山西巡抚噶礼为遵旨保举清廉爱民官员事奏折　康熙四十年十一月初三日
山西巡抚噶礼为遵旨张示通传地方禁革私派事奏折　康熙四十年十一月初三日
山西巡抚噶礼为报部堂绥色等审案不公并请用省耙事奏折　康熙四十一年四月二十九日

附：山西巡抚噶礼晓谕百姓首告在外招摇撞骗之司道官吏告示草稿　康熙四十一年四月初四日
山西巡抚噶礼为报潞安等地大盐商范世泰种种劣迹事奏折　康熙四十一年八月初六日
山西巡抚噶礼为报太原府知府猗氏县知县操守事奏折　康熙四十一年九月十一日
山西巡抚噶礼为请于五台山修建万寿碑亭事奏折　康熙四十一年十二月二十一日
山西巡抚噶礼为谢宽免罚俸事奏折　康熙四十二年三月初九日
山西巡抚噶礼为裕亲王薨请皇上节哀事奏折　康熙四十二年七月初四日
山西巡抚噶礼为报田禾雨水并粮价情形事奏折　康熙四十二年七月初四日
山西巡抚噶礼为遵旨回明未照索额图指示行事事奏折　康熙四十二年七月二十五日
山西巡抚噶礼为报所有奉到御书匾联诗词备石镌刻建御书楼存放事奏折　康熙四十二年九月初六日
山西巡抚噶礼为御驾西幸晋省不胜腾欢事奏折　康熙四十二年九月二十八日
山西巡抚噶礼为报监察御史刘若乃无辜参臣缘由事奏折　康熙四十二年十二月十九日
山西巡抚噶礼为谢颁旨完结家事奏折　康熙四十二年十二月十九日
山西巡抚噶礼为谢宽免革职并恩赏诗文匾联衣物食品事奏折　康熙四十二年十二月十九日
山西巡抚噶礼为谢颁旨完结监察御史参奏一案事奏折　康熙四十三年二月初一日
山西巡抚噶礼为请增建御书楼刊刻御书字事奏折　康熙四十三年四月十八日
山西巡抚噶礼为平阳府知府行为悖乱贪污钱粮已具疏题参事奏折　康熙四十三年七月初四日
山西巡抚噶礼为密陈布政使雍泰等人情形事奏折　康熙四十三年八月初三日
山西巡抚噶礼为恭请圣安事奏折　康熙四十三年十一月十二日
山西巡抚噶礼为密陈按察使巴哈布大改操守仗势诈取银两事奏折　康熙四十三年十二月二十二日
山西巡抚噶礼为报雨雪粮价情形并审完亏欠银两案事奏折　康熙四十三年十二月二十日
附：原汉文告示
山西巡抚噶礼为由兵部缚送四人派员妥慎看守事启本　康熙四十三年八月初八日
山西巡抚噶礼为已将兵部缚送人等严惩并交地方官监禁事启本　康熙四十三年九月十一日

清代杭州地区初雪档案辑录

刘炳涛辑录（2018·3·4）

雍正元年御笔赏赐簿

王澈编选（2001·3·18）　　中国第一历史档案馆
雍正元年
正月初六日　十五日　十九日
二月二十二日　二十四日
三月初十日　十四日　二十二日
四月初五日　初八日　十一日　十九日　二十三日　二十六日　二十八日
五月初四日　十三日　十七日　十八日　二十二日
六月十九日　二十四日　二十八日

七月初二日　初九日　十一日　十五日　十六日　十八日　二十一日　二十二日　二十八日

八月初二日　初四日　初五日　初六日　初七日　初八日　初九日　初十日　十一日　十二日　十三日　十四日　十五日　十六日　十七日

九月初四日　初七日　初八日　初九日　初十日　十二日　十三日　十四日　十六日　十九日　二十日　二十一日　二十二日　二十四日　二十五日　二十六日　二十七日　二十八日　二十九日　三十日

十月初二日　初三日　初五日　初六日　初七日　初十日　十一日　十二日　十四日　十五日　十六日　十七日　十八日　十九日　二十日　二十一日　二十二日　二十四日　二十五日　二十六日　二十八日　二十九日　三十日

十一月初一日　初二日　初三日　初四日　初五日　初七日　初八日　初九日　十二日　十三日　十四日　十五日　十八日　十九日　二十一日　二十五日　二十六日　二十七日

十二月初二日　初三日　初四日　初五日　初八日　初十日　十一日　十二日　十七日　十八日　十九日　二十日　二十二日　二十三日　二十四日　二十七日　二十八日　二十九日

雍正宝座铭（上）

张书才编选（1998·1·3）　　中国第一历史档案馆

内阁学士查嗣庭拟　左庶子王图炳拟　中允王传拟　中允张廷璐拟　中允吴襄拟　侍读学士史贻直拟　侍读学士陈邦彦拟　侍讲学士戚麟祥拟　侍读吴孝登拟　侍读王国栋拟　翰林院侍讲钱名世拟　侍讲嵇曾筠拟　翰林院修撰邓钟岳拟　修撰徐陶璋拟　修撰王世琛拟　翰林院编修张麟甲拟　翰林院编修鄂尔奇拟　编修凌如焕拟　编修叶长扬拟　编修于广拟　编修成文拟　翰林院编修陈仪拟　编修潘允敏拟　编修汤倓拟　翰林院编修伊尔敦拟　编修汪受祺拟　编修任兰枝拟　编修程元章拟　翰林院编修刘于义拟　编修顾祖镇拟　编修万承苍拟　编修李文锐拟　编修俞兆晟拟　编修俞鸿图拟　编修狄贻孙拟　编修崔纪拟　编修屠洵拟　编修吴家骐拟　编修吴家骐拟编修夏开衡拟　编修沈锡辂拟　编修黄鸿中拟　编修张应造拟　编修徐杞拟　编修徐本拟　编修吕谦恒拟　编修王希曾拟　编修乔学尹拟　编修赵城拟　编修顾仔拟　编修陈邦直拟　编修梅瑴成拟　编修徐葆光拟　编修杨超曾拟　检讨张照拟　检讨蒋林拟　检讨周彬拟　检讨孙嘉淦拟　检讨曹抡彬拟　检讨邓蓁友拟　检讨陆绍琦拟　翰林院检讨冀栋拟　检讨蔡曰逢拟　检讨徐聚伦拟　检讨郑其储拟

雍正宝座铭（下）

张书才编选（1998·2·3）　　中国第一历史档案馆

检讨陈均拟　检讨卫昌绩拟　翰林院检讨潘淳拟　检讨严瑞龙拟　检讨王承烈拟　翰林院检讨卿悦拟　检讨梅廷对拟　检讨觉罗逢泰拟　检讨李天龙拟　检讨何世璂拟　检讨姚三辰拟　检讨德新拟　检讨刘运鲋拟　检讨高荀侨拟　检讨李如璐拟　检讨何人龙拟　检讨李钟峨拟　检讨史在甲拟　检讨窦启瑛拟　检讨杨椿拟　检讨柯乔年拟　检讨舒大成拟　检讨巩建丰拟　检讨郭孙顺拟　检讨栗尔璋拟　检讨世禄拟　检讨李根云拟　检讨严文在拟　检讨郑嶹拟　检讨吴传觐拟　检讨徐学柄拟　检讨海宝拟　翰林院检讨张汉拟　翰林院检讨蒋纲拟　检讨王梦尧拟　检讨朱曙孙拟　检讨向日贞拟　检讨任际虞拟　检讨夏慎枢拟　检讨宋筠拟　检讨德龄拟　检讨李兰拟　检讨刘灿拟　检讨张元怀拟　检讨高维新拟　检讨福祥拟

乾隆二十二年南巡史料

王澈编选（1989·3·25）　　中国第一历史档案馆

乾隆二十二年正月初二日至四月二十六日

四川平武县唐开兰条陈

吕小鲜编选（1995·4·38）　　中国第一历史档案馆

四川平武县去贡唐开兰条陈

《徐继畬集》未收奏折

韩永福编选（2013·1·40）　　中国第一历史档案馆

为补授浔州府知府谢恩事奏折	道光十六年十月初一日
为报抵闽接任福建布政使恭谢天恩事奏折	道光二十三年闰七月初二日
为原参短缺仓库银谷知县何星庚审明定拟事奏折	道光二十五年三月二十九日
为报本省二月分雨水粮价情形事奏折	道光二十五年三月二十九日
为循例查明本省学政李嘉端考试声名事奏折	道光二十五年十二月二十八日
为报闽省司道府各官年终考语清单	道光二十五年十二月
为委署泉州府知府等员缺事奏片	道光二十六年四月二十八日
为委署南靖县知县员缺事奏片	道光二十七年二月二十八日
为报提解二十七年上忙钱粮事奏折	道光二十七年九月二十六日
为委署福清县知县员缺事奏片	道光二十七年九月二十六日
为报闽省善后案内新旧各工勘估银数并开工日期事奏折	道光二十七年十月二十五日
为循例查明学政彭蕴章考试声名事奏折	道光二十七年十二月二十四日
为报闽省藩臬两司暨道府各官年终考语清单	道光二十七年十二月二十四日
为报先后拿获洋盗审明定拟事奏折	道光二十八年正月初八日
为复核臬司勘办泉州兴化两府署报获洋盗分别定拟事奏折	道光二十八年正月二十四日
为报二十七年分闽省征完新旧钱粮数目事奏折	道光二十八年正月二十八日
为续获贩卖烟土首犯审明定拟事奏折	道光二十八年正月二十八日
为委署惠安县知县员缺事奏片	道光二十八年二月二十八日
为委署晋江县篆务事奏片	道光二十八年三月二十八日
为报沿海地方猝被风雨查办灾情事奏片	道光二十八年八月二十八日
为循例查报学政彭蕴章考试声名事奏折	道光二十八年十二月二十七日
为开具闽省藩臬两司暨道府各官年终考语清单	道光二十八年十二月二十七日
为请准以尽先补用通判李廷泰补授泉州马家巷通判事奏折	道光二十九年八月二十六日
为遵旨派委干员赴台查勘被水地震灾情事奏片	道光二十九年
为委署南平县知县员缺事奏片	道光二十九年十二月十八日
为开具闽省道府各官年终考语事清单	道光二十九年十二月二十一日
为请准将鹿泽长以道员留闽补用事奏片	道光三十年三月十五日
为请将缉捕出力之候补总兵曹三祝等鼓励事奏片	道光三十年三月二十八日
为请准将缉获洋盗出力员弁酌保事奏片	道光三十年四月初八日
为请准将各盐商匀代课银暂行停征以纾商困事奏折	咸丰元年三月二十五日
为举人杨熙元包庇杨阿律等包运夷货贩卖烟土请准斥革究	咸丰元年四月初九日

办事奏片

咸同之际赫德函札总案

丁进军编选（1990·1·56）　　中国第一历史档案馆

咸丰十一年

六月十二日赫德函　六月十六日赫德函　七月十五日赫德函　八月十一日赫德函　八月二十四日赫德函（二件）　十月初九日赫德函（二件）

同治元年

五月初一日赫德函（三件）　五月十二日赫德函（三件）　闰八月初四日赫德函

同治二年

十一月十二日总理衙门给赫德函　十一月二十日总理衙门给赫德函　十二月二十四日赫德函（四件）　十二月二十八日总理衙门给赫德函

海关总税务司赫德1864年第8号通札

刘武坤　虞佩曹编译（1999·2·36）　　中国第二历史档案馆

1864年第8号通札

同治年间广署派驻京员致瑞麟等禀札

丁进军编选（1998·1·38）　　中国第一历史档案馆

一、同治六七年间佚名致两广总督瑞麟禀札

同治六年八月十四日　八月三十日　九月十四日　十月初二日　十月十七日　十月二十六日　十一月初八日　十一月十五日　十一月二十九日　十二月十七日

同治七年正月初十日　正月二十九日　二月十五日　二月二十三日　三月十七日　三月三十日　四月十六日　五月初十日

二、同治七八年间佚名致广西巡抚苏凤文禀札

同治七年九月初四日　十一月初九日　十二月二十八日

同治八年三月十三日　五月十五日

夬庐杂记（上）

许宝蘅著（2005·4·30）

同治十四年时宪书

李光昭报销木植案

王景祺

穆宗殡天

文宗赐恭亲王手谕

南皮张文达论陈国瑞书

尹耕云戊午五月廷议纪略

吴勤惠公

嘉庆禁止乱弹秦腔等戏

恭定厂二则

郭筠仙论洋务书

乾清宫下板屋
嘉庆间满汉参用
五朝御名避讳
曾文正论选将书
周筤谷记裘文达遗事
又记陈竹厂事
道光壬辰丁未两科黄榜
藏枣
太平花
诗钟
徐子静侍郎
立玉甫
枢廷忌六人

夬庐杂记（下）
许宝蘅著（2006·1·45）
秦道然、何图等供词
徐之铭
相巢湖
江阴令方亨
钱背铸地名

中法战争期间驻闽台部分官员信札
韩行方　房学惠编选（1998·4·44）　　旅顺博物馆
何璟、张兆栋致穆图善札
何璟、张兆栋致穆图善札
何璟致穆图善札
何璟致穆图善札
附件：何璟致穆图善札
何璟致穆图善札
何璟致穆图善札
杨昌濬致穆图善札
杨昌濬致穆图善札
杨昌濬致穆图善札
附录一：出使日本徐君来函呈
附件二：抄复程军门函稿
刘铭传致穆图善札
杨岳斌致穆图善札

清醇亲王奕譞信函选
方裕谨编选（1982·4·33）　　中国第一历史档案馆
光绪十一年

七月二十八日

八月二十一日　八月二十四日　八月二十八日

九月初八日　九月十八日　九月二十一日

十月初二日　十月初五日　十月初七日　十月十四日　十月二十五日　十月二十六日　十月二十八日

十一月初一日　十一月初十日　十一月十三日　十一月二十六日　十一月二十八日　十一月二十九日

十二月初一日　十二月十二日　十二月十三日　十二月十五日　十二月二十三日　十二月二十五日

光绪十二年

正月初四日　正月三十日

三月三十日

七月初一日　七月初十日

八月初五日　八月十四日　八月十八日

【九月】十三日　【九月】二十八日　【九月】二十八日

十月二十三日　十月二十七日

十一月初二日

清醇亲王奕譞信函续选

方裕谨编选（1983·1·39）　　中国第一历史档案馆

光绪六年

（一）　（二）

光绪十四年

正月初六日　正月初十日

四月初六日　四月十四日

闰四月十九日　闰四月二十日

六月十一日

十月十六日

十一月初二日　十一月十一日

十二月初十日　十二月十四日　十二月十九日

光绪十五年

正月初一日　正月二十一日

四月初四日

六月十一日

光绪年间江南织造驻京人员呈堂禀稿（一）

丁进军编选（1998·3·54）　　中国第一历史档案馆

江宁织造驻京人员呈堂禀稿

光绪七年

二月初一日　二月十一日　二月二十九日　三月初八日　三月十一日　三月十五日　四月初五日　五月十五日　五月十九日　六月十三日　八月二十九日　九月十三日　十一月初二日

十一月二十二日　十二月初二日　十二月十二日

光绪八年

正月初一日　三月十九日

光绪九年

二月初七日　三月初一日　三月十五日　五月二十九日　六月二十四日　八月初三日　十月初八日　十月十三日　十月十八日　十一月初四日

光绪十年

五月初九日　五月十七日　五月二十五日　闰五月十八日　六月二十六日　七月初五日　七月十五日　七月二十日　八月初八日　九月初九日

光绪十一年

二月二十日

光绪年间江南织造驻京人员呈堂禀稿（二）

丁进军编选（1998·4·49）　　中国第一历史档案馆

光绪十一年

三月初一日　四月二十三日　五月初八日　五月二十八日　六月初十日　七月初一日　七月十一日　八月十一日　八月二十三日　九月初四日　十月初四日　十月二十八日　十一月初九日　十二月十一日　十二月二十二日

光绪十二年

正月初六日　正月二十一日　正月二十六日　四月初十日　五月初一日　六月初三日　八月二十三日　九月初三日

光绪年间江南织造驻京人员呈堂禀稿（三）

丁进军编选（1999·1·40）　　中国第一历史档案馆

光绪十二年

十月初三日　十月十五日　十月二十七日　十一月初七日　十一月十九日

光绪十三年

二月二十八日　三月十七日　闰四月二十一日　五月十二日　五月二十七日　六月二十九日　八月二十四日　九月初四日　十二月十四日

光绪十四年

正月十六日　二月二十八日　三月十九日　三月二十八日

光绪十五年

四月二十二日　五月十四日　六月二十五日

光绪年间江南织造驻京人员呈堂禀稿（四）

丁进军编选（1999·2·41）　　中国第一历史档案馆

苏州织造驻京人员呈堂禀稿

光绪十四年

四月初三日　七月十五日　九月十九日　十月初六日　十一月初九日　十二月十三日　十二月二十日

光绪十五年

二月二十一日　四月二十九日　八月二十九日　九月十二日

光绪十六年

二月初十日　三月十七日

杭州织造驻京人员呈堂禀稿

光绪十四年

七月二十六日　九月十二日　十一月初十日　十二月十三日　十二月二十一日

光绪十五年

正月初九日　正月十七日　正月二十七日　三月二十一日　四月十三日　七月十二日　八月十一日　十二月十六日

光绪十六年

正月初七日　正月十八日　二月初七日　二月十五日　三月十九日　五月十五日　六月初七日　七月初四日

光绪朝首任新疆巡抚刘锦棠未刊奏折

李芳　任龙编选（2015·4·36）　　新疆大学图书馆

为请将委员李庆棠更名李庆飏事片	光绪八年正月初七日
为更正拔补把总李占元等五员保案事片	光绪八年三月初七日
为更正候选县丞曾宪谟从九品曾式斌等二十五员保案事片	光绪八年三月初七日
为更正优贡生吴锡钺等三员保案事片	光绪八年四月十五日
为更正候补州判史悠顺等六员保案事片	光绪八年四月十五日
为请免总兵方友升骑射事片	光绪八年八月二十四日
为更正补用知州石本清等四员保案事片	光绪八年八月二十四日
为更正记名提督邓锦云等三员衔名事片	光绪八年八月二十四日
为请将县丞周浑照例从优议恤事片	光绪八年十月二十七日
为更正知县顾衷从九品孙高增保案事片	光绪八年十月二十七日
为将补用知县杨得炳照原保奖叙事片	光绪八年十月二十七日
为更正典使秦鸿翥补用同知洪翼保案事片	光绪八年十一月初八日
为委道员王久铭督办行营粮台事片	光绪八年十一月初八日
为请将补用通判秦兴柱革职事片	光绪八年十一月二十一日
为更正试用县丞朱承均保案事片	光绪八年十二月十八日
为请免都司王玉林骑射事片	光绪八年十二月十八日
为请将补用知府忠曾调营差遣事片	光绪八年十二月十八日
为更正都司谢万顺衔名事片	光绪九年二月初十日
为请将千总周甫春照例议恤事片	光绪九年三月十六日
为请将举人瑞洵调营差遣事片	光绪九年八月二十二日
为请将补用总兵杨秀元比例议恤事片	光绪九年十月初二日
为更正记名总兵胡世贵等三员衔名事片	光绪十年九月二十四日
为差弁奇兴阿控店户石金三案案证未获请将奇兴阿革职以便讯办事奏折	光绪十年九月二十四日
为光绪十年春夏二季新疆命盗案件摘由汇报事奏折	光绪十一年二月初二日
附件：新疆南北两路光绪十年春夏两季变通办结命盗等案	

摘由汇缮清单

袁世凯驻节朝鲜期间函牍选辑（上）

丁进军编选（1992·3·56）　　中国第一历史档案馆

致朝鲜领议沈舜泽函　　光绪十二年七月十五日
致朝鲜左议金炳始等函　　光绪十二年七月十五日
金炳始复袁世凯函　　光绪十二年七月十六日
致朝鲜右议金宏集函　　光绪十二年七月十七日
金炳始复袁世凯函　　光绪十二年七月十九日
沈舜泽复袁世凯函　　光绪十二年七月十九日
上朝鲜国王书　　光绪十二年九月初二日
上清廷《朝鲜大局论》　　光绪十二年七月二十九日
致朝鲜政府函　　光绪十四年八月初三日
使韩幕府濒行记　　光绪十四年七月二十八日
书韩王教师德尼所著《中国朝鲜论》后　　光绪十四年九月初十日

袁世凯驻节朝鲜期间函电选辑（下）

丁进军编选（1992·4·54）　　中国第一历史档案馆

致李鸿章禀　　光绪十二年九月十六日
致天津海关道周玉山函　　光绪十二年九月十六日
致李鸿章电禀（二件）　　光绪十二年十月初一日
致李鸿章电禀　　光绪十二年十月二十六日
附件：为报告朝鲜近日详情事呈李鸿章密折　　光绪十二年十月二十六日
致李鸿章电禀　　光绪十二年十月二十六日
致续昌电禀　　光绪十二年十月二十六日
致李鸿章电禀（二件）　　光绪十二年十二月初二日
附件：为报告朝鲜近日情形事呈李鸿章密折　　光绪十二年十二月初二日
致李鸿章电禀（二件）　　光绪十二年十二月十四日
致李鸿章电禀　　光绪十三年正月十七日
附件：为报朝鲜近日情形事呈李鸿章密折　　光绪十三年正月十七日
致李鸿章电禀（二件）　　光绪十三年正月十七日
致李鸿章电禀　　光绪十三年正月二十九日
致李鸿章电禀　　光绪十三年二月初四日
致李鸿章电禀　　光绪十三年三月初五日
致李鸿章电禀　　光绪十三年三月初六日
附件：为报告朝鲜近日情形事呈李鸿章密折　　光绪十三年三月初六日
致李鸿章电禀（三件）　　光绪十三年三月二十八日

日俄战争期间杨枢致端方函

王澈编选（1996·1·67）　　中国第一历史档案馆

杨枢为蓝天蔚是否日后再赴日入学事致端方函　　光绪二十九年十月初一日

杨枢为无从探悉日俄会议底蕴等事致端方函　光绪二十九年九月二十九日
杨枢为探悉日俄会议大概情形事致端方函　光绪二十九年十月二十四日
杨枢为日皇解散议会等事致端方函　光绪二十九年十月三十日
杨枢为鄂省在日印刷钱票事致端方函　光绪二十九年十一月初六日
杨枢为外务大臣小村告知日俄协商大旨事致端方函　光绪二十九年十一月初七日
杨枢为日本国内备战情形事致端方函　光绪二十九年十一月十二日
杨枢为日本政府要我保持中立事致端方函　光绪二十九年十一月二十一日
杨枢为探询日本要我中立缘由事致端方函　光绪二十九年十一月二十九日
杨枢为请聘用东亚同文书院毕业生事致端方函　光绪三十年二月十六日
杨枢为鄂省在日印刷钞票银票事致端方函　光绪三十年二月二十六日
杨枢为俄艇在元山港击沉日船等事致端方函　光绪三十年三月十二日
杨枢为日军厚集义州及鸭绿江东岸等事致端方函　光绪三十年三月十四日
杨枢为鄂省在日印制钱票等事致端方函　光绪三十年三月十七日
杨枢为报载日军攻占安东县凤凰城等事致端方函　光绪三十年三月二十五日
杨枢为留日学生旅行费宜分别酌给等事致端方函　光绪三十年四月初十日
日俄战纪　附关系战事要件

清末北京外城寺庙调查表

丁进军编选（2000·1·55）　中国第一历史档案馆

外城巡警右厅一区寺庙调查表
外城巡警右厅二区寺庙调查表
外城巡警右厅三区寺庙调查表
外城巡警右厅四区寺庙调查表
外城巡警右厅五区寺庙调查表

清末北京外城巡警右厅会馆调查表

方裕谨编选（1995·2·59）　中国第一历史档案馆

外城右厅一区会馆调查表
外城右厅二区会馆调查表
外城右厅三区会馆调查表
外城右厅四区会馆调查表
外城右厅五区会馆调查表

日俄战争后东三省考察史料（上）

谢小华编选（2008·3·12）　中国第一历史档案馆

农工商部尚书载振等为陈考察东三省情形事奏折　光绪三十二年十一月二十二日
附件一：考察吉林省情形清单

日俄战争后东三省考察史料（下）

谢小华编选（2008·4·12）　中国第一历史档案馆

附件二：考察奉天情形清单

附件三：考察黑龙江省情形清单

光绪三十三年度吉林省外务统计表

苏建新　李秀娟编选（1993·4·72）　　吉林省档案馆

填注光绪三十三年外务统计表举要

吉林省关道官属品级额缺职掌俸廉公费统计表第一

吉林省交涉局职员经费统计表第二

吉林省订立章程合同统计表第三

吉林省派遣游历各国人员统计表第四

吉林省保护各国游历人员统计表第五

吉林省聘用各国人员官秩薪工统计表第六

吉林省酬奖各国人员宝星统计表第七

吉林省开设租界年月事宜统计表第十

吉林省分画边界地方年月事宜统计表第十一

吉林省驻扎各国领事人员统计表第十二

吉林省居留各国官商人数统计表第十三

吉林省各国招雇华工人数年期事项统计表第十七

光绪三十四年度吉林省外务统计表

苏建新　李秀娟编选（1996·1·76）　　吉林省档案馆

吉林省交涉司江关道官属品级额缺职掌俸廉公费统计表第一

吉林省交涉局职员经费统计表第二

吉林省交涉司职员经费统计表第三

吉林省派遣游历各国人员统计表第四

吉林省保护各国游历人员统计表第五

吉林省聘用各国人员官秩薪工统计表第六

吉林省文武各员收受各国宝星统计表第八

吉林省开设租界年月事宜统计表第十

吉林省分划边界地方年月事宜统计表第十一

吉林省驻扎各国领事人员统计表第十二

吉林省居留各国官商人数统计表第十三

吉林省各国招雇华工人数年期事项统计表第十七

载沣存札选刊

丁进军编选（1992·4·70）　　中国第一历史档案馆

奕谟札（三件）

载涛札

佚名札

肥是尔札

载澜札

荫昌札（四件）

载润札（二件）
王士珍札
缪嘉玉札
溥伒札
载洵札（二件）
川岛浪速札
司徒雷登札
良揆札
色普珍札
荣源札
载沣致溥仪札
载沣致张作霖札

载沣存札续编

丁进军编选（2013・2・33）　　中国第一历史档案馆
溥钊札
邓文藻札
松椿札
广立札
存恒札
海征札

张伯英日记零稿（上）

蔡鸿源　孙必有编选（1983・4・42）　　中国第二历史档案馆
张伯英先生日记零稿（1911年）
阴历八月三十日
九月初一日　初二日　初三日　初七日　十二日　十四日　十五日　十六日　十七日　十八日　十九日　二十日　二十一日　二十二日
十月初一日　初五日　初六日　初七日　初八日　初九日　初十日　十一日　十五日　十六日　十八日　十九日　二十日　二十一日　二十二日　二十三日　二十四日　二十六日　二十七日　二十八日　二十九日

张伯英日记零稿（下）

蔡鸿源　孙必有编选（1984・1・43）　　中国第二历史档案馆
十一月初一日　初二日　初四日　初五日　初六日　初七日　初八日　初九日　初十日　十一日　十二日　十三日　十四日　十五日　十六日　十七日　十八日　十九日　二十日　二十一日　二十二日　二十三日　二十四日　二十五日　二十六日　二十七日　二十八日　二十九日
十二月初一日　初二日　初三日　初四日　初五日　初六日　初七日　初八日　初九日　十二日　十三日　十四日　十五日　十六日　十七日　十九日　二十二日　二十三日　二十五日　二十六日　二十七日　二十八日　二十九日

正月初一日　初二日　初三日　初四日　初五日　初六日　初七日　十一日
东路战事节略（略）
行军应守之规则（略）
甘军提出和议条件
我军提出和议条件

郎园六十自叙

张泽麟编选（2008·4·27）

政　　治

顺治朝薙发案

方裕谨编选（1982·1·7）　　中国第一历史档案馆

保定巡抚郝晋为党国宾抗旨不剃头事揭帖　顺治三年六月二十二日
保定巡抚郝晋为审拟赵高明等蓄发传教事揭帖　顺治三年七月二十二日
刑部尚书吴达海题为知县郭知逊稽查蓄发不严应加罚责事本　顺治四年七月十六日
湖广巡按曹叶卜为捉获七十岁蓄发人王楚荣拟斩事揭帖　顺治四年七月
刑部尚书吴达海题请将违旨蓄发道人田真文处斩事本　顺治四年八月初三日
刑部尚书吴达海等题核拟甘肃生员吕可兴蓄发并失察各员罪名事本　顺治四年八月初三日
河南巡抚吴景道题审拟杨天美蓄发抗粮斩罪事本　顺治四年十月初七日
湖广巡抚高士俊题纠参汉川署官疏纵蓄发事本　顺治五年二月初六日
湖广巡抚高士俊题审拟广济县胡俊甫违制蓄发及失察各员罪名本　顺治五年二月初十日
山西巡抚祝世昌题审拟五台县赵国昌发长不剃斩罪事本　顺治五年三月初二日
湖广总督罗绣锦题审拟黄陂县张仲器违制蓄发斩罪事本　顺治五年三月三十日
山西巡按刘漪为审拟绅民违制蓄发并纠参州官贪银事揭帖　顺治五年十二月十八日
山西巡抚祝世昌题审拟介休县李光国违旨蓄发事本　顺治五年

顺治年间甘肃回民起义史料

张莉　高振田编选（1986·4·18）　　中国第一历史档案馆

巡按陕甘试监察御史王世功为报巩昌战况揭帖　顺治五年闰四月（五月十六日到）
兵部尚书阿哈尼堪等为议复孟乔芳请补甘肃等员缺题本的贴黄　顺治五年六月
兵部尚书阿哈尼堪等议复孟乔芳请补永泰等营武缺题本的贴黄　顺治五年六月
兵部尚书阿哈尼堪等为议复处置回民妻孥题本的贴黄　顺治五年六月
宁夏总兵官刘芳明为请速支兵饷题本的贴黄　顺治五年六月
甘肃巡按王世功为叙罚临巩道阵亡及失职官员题本的贴黄　顺治五年七月

甘肃巡按王世功为处置朱长治题本的贴黄	顺治五年七月
兵部尚书阿哈尼堪为议复处置李明义题本的贴黄	顺治五年七月
兵部尚书阿哈尼堪等议复孟乔芳请补用马宁为副将题本的贴黄	顺治五年七月
陕西总督孟乔芳为请留用参将叶秉忠题本的贴黄	顺治五年七月
临洮总兵官王胤久为报巩昌战况事题本的贴黄	顺治五年八月
巡按陕甘监察御史王世功为报寻获关防事揭帖	顺治五年八月（九月初九日到）
巡按陕甘监察御史王世功为招抚河州回民揭帖	顺治五年八月（九月初九日到）
陕西三边军务总督孟乔芳为请颁发甘肃抚镇印信揭帖	顺治五年十月初六日（十月十五日到）
兵部尚书刘馀祜等为报凉州已复揭帖	顺治五年十一月（十一月二十四日到）
巡按陕甘监察御史王世功为报处死朱长治日期揭帖	顺治五年十一月（十一月二十六日到）
署甘肃总兵张勇为恢复甘州塘报	顺治六年二月二十七日
署甘肃总兵张勇为追剿甘州回民获胜事塘报	顺治六年二月二十七日（四月十三日到）
巡按陕甘监察御史石维昆为恢复甘州地方题本	顺治六年四月十二日
巡按陕甘监察御史石维昆为判处原饷司官员吕绍栻题本	顺治六年六月初二日
陕西总督孟乔芳为判处举人方祥启题本的贴黄	顺治六年六月
户部尚书巴哈纳等为蠲免甘州等处粮饷事题本的贴黄	顺治六年六月
巡按陕甘监察御史石维昆请赦免失印之西宁道参政冯如京题本	顺治六年八月十五日
刑部尚书吴达海等议处大营参将胡有赏题本	顺治六年十二月二十一日
陕西总督孟乔芳为报肃州战况题本的贴黄	顺治七年元月十五日

郑成功在福建抗清斗争史料

丁进军编选（1991·3·3）　　中国第一历史档案馆

福州兵备道崔起鹏为各路官兵会剿大捷事塘报	顺治十三年一月
崔起鹏为镇守福州事记文	顺治十三年
崔起鹏为固守福州城池事上福建巡抚宜永贵条陈	顺治十三年
崔起鹏为恢复闽安请造战船事呈闽浙总督李率泰详文	顺治十三年
附：福建兵备道崔起鹏履历	

康熙初年有关官员铨选之御史奏章

方裕谨编选（1992·2·3）　　中国第一历史档案馆

吏科左给事中雷一龙为定铨法之平以收用人实效事题本	康熙元年十一月二十七日
户科给事中吴愈圣为纠参礼部尚书沙澄庇党徇私事题本	康熙三年二月二十一日
户科左给事中孙际昌为察议之官不许推升事题本	康熙三年三月初六日
户科给事中史彪古为请行澄汰之法以疏铨政事题本	康熙三年四月二十九日
吏科给事中马齐兰为通列科员名单以便升转事题本	康熙六年九月初一日
户科给事中查培继为查参饶州知府麻典劣迹以肃大计之典	康熙六年十一月二十一日

事题本
户科给事中姚文然为请速开复之注销以省冗奏事题本　康熙九年七月初六日
广西道监察御史季振宜为应增藩臣处分则例事题本　康熙十年七月初七日
掌浙江道事监察御史熊一潇为江南国赋多逋守令官应慎铨选事题本　康熙十二年七月二十五日
江西道试监察御史郭维藩为应画一咨部候推文武官员违限处分之例事题本　康熙十二年九月初四日
江南道试监察御史赵之鼎为请酌升迁之平事题本　康熙十二年十月十一日
四川道试监察御史魏双凤为大计时太守举劾宜严事题本　康熙十二年十月十一日
巡视北城监察御史孟熊飞为欲行州县调繁简之法应先究难治之由事题本　康熙十二年十月十二日
掌京畿道事监察御史连国辅为顺天奉天二府官员察计不宜兼行事题本　康熙十二年十月二十五日
掌浙江道事监察御史熊一潇为武职荫文之例满汉官不宜相同事题本　康熙十二年十一月十九日
掌浙江道事监察御史熊一潇为陈铨政未尽之规事题本　康熙十二年十二月初一日
陕西道监察御史胡三祝为铨部处分事同而轻重悬殊据实驳参事题本　康熙十二年十二月初七日
山西道试监察御史朱士杰为应画一满汉官员升迁后销级事题本　康熙十六年八月二十日
吏科给事中马齐兰为遵旨通列六科给事中履历及奏章以便升转事题本　康熙十七年六月二十日
掌山西道事广西道监察御史唐朝彝为陈明会推时不敢滥举缘由事题本　康熙十九年三月初三日
掌陕西道事陕西道监察御史刘维桢为官员悬缺之地请敕部速为铨选事题本　康熙二十七年十一月十八日
掌山东道事河南道监察御史赵廷珪为请定国学用人教士之法事题本　康熙二十七年十一月二十日
掌山东道事河南道监察御史赵廷珪为请停京缺代掣补授之例以肃铨政事题本　康熙二十七年十二月初三日
掌山西道事江南道监察御史梅鋗为大计有关吏治直抚不应请停事题本　康熙二十七年十二月初五日
掌山东道事监察御史杨敬儒为铨选条例应速画一事题本　康熙三十八年八月二十七日
协理江南道事湖广道监察御史朱廷鋐为员外郎升转不论单双月照旧铨授事题本　康熙四十年四月十九日

康熙十二年稽察官员御史奏章

方裕谨编选（2000·3·7）　　中国第一历史档案馆
山西道监察御史马大士为请敕部确议定例以清钱粮捏报之积弊事题本　康熙十二年七月二十八日
掌江南道事监察御史徐旭龄为请敕部彻底严禁行贿事题本　康熙十二年八月二十四日

广西道试监察御史吕朝润为请禁藩臬借觐典科派事题本	康熙十二年九月初四日
掌浙江道事监察御史熊一潇为请申饬群臣奢侈之风事题本	康熙十二年九月初六日
河南道监察御史黄敬玑为钱粮责在巡抚贵在立法以便考核事题本	康熙十二年九月十一日
河南道监察御史黄敬玑为参徇私溺职之直隶道丁思孔事题本	康熙十二年九月十一日
河南道监察御史黄敬玑为钱粮责在藩司请立法以杜牵混事题本	康熙十二年九月十一日
四川道试监察御史魏双凤请立颁发诰轴限期事题本	康熙十二年九月十五日
掌江南道事监察御史徐旭龄为陈用人何以得当事题本	康熙十二年九月十八日
巡视北城监察御史戈英为详陈用人之法以求真才事题本	康熙十二年九月二十四日
掌河南道事监察御史孙锡龄为变通钱粮考成之法事题本	康熙十二年十月初二日
山西道监察御史马大士为藩臬入觐应述实政事题本	康熙十二年十月初五日
山西道监察御史马大士为官弁诬害良民日甚应议承审之法事题本	康熙十二年十月初五日
江南道试监察御史赵之鼎为陈学臣四大弊事题本	康熙十二年十月十一日
四川道试监察御史魏双凤为请严禁迎春靡费事题本	康熙十二年十月十一日
掌京畿道事监察御史连国辅为五城兵马司废御当改事题本	康熙十二年十月二十五日
掌浙江道事监察御史熊一潇为陈用人之道事题本	康熙十二年十一月十九日
掌浙江道事监察御史熊一潇为督抚代请在任守制之例断不可行事题本	康熙十二年十一月十九日
掌江南道事监察御史徐旭龄为陈部议徒请添官属员怠玩不举事题本	康熙十二年十一月二十九日
山东道监察御史张凤起为京师五城兵马司坊职分事题本	康熙十二年十一月二十九日
山东道监察御史张凤起为严行厘正驿丞印官职责事题本	康熙十二年十一月二十九日
山西道监察御史马大士为请复各部堂官启奏满汉司官俱从旧例事题本	康熙十二年十一月三十日
山西道监察御史马大士为请停追比罚俸银两之例事题本	康熙十二年十一月三十日
掌浙江道事监察御史熊一潇为朝觐之期应预申讹诈之严禁事题本	康熙十二年十二月初一日
河南道监察御史黄敬玑为当求会推之确据事题本	康熙十二年十二月初十日
江南道试监察御史赵之鼎为应颁行各部更正典例以知遵守事题本	康熙十二年十二月十九日

平定三藩时期御史奏章

方裕谨编选（1999·1·8）　　中国第一历史档案馆

巡视南城监察御史张士伟为议撤回三藩亦应便商恤民事题本	康熙十二年十月十二日
巡视南城监察御史张士伟为回奏民地拨给三藩官兵家口事题本	康熙十二年十一月十七日
户科给事中余国柱为请剿抚兼施以速荡平吴三桂事题本	康熙十七年十一月初二日
兵科给事中姚祖顼为三藩已平应褒录蜀滇等省官员事题本	康熙十九年二月十七日
巡视西城湖广道监察御史何嘉祐为三藩平定帝后应上尊号	康熙二十年十二月初四日

事题本
巡视西城湖广道监察御史何嘉祐为供凯旋兵丁船只预宜筹画事题本　康熙二十年十二月初四日
掌山东道事河南道监察御史孙必振为耿精忠速当正法其族人不宜居官事题本　康熙二十年十二月初四日
掌山东道事河南道监察御史孙必振为请查其李师膺倡乱情节立赐处分事题本　康熙二十年十二月初四日
江南道试监察御史陈文学为请详议调度滇省兵将事题本　康熙二十年十二月初五日
山西道试监察御史张集为三藩乱平应行献俘大典事题本　康熙二十年十二月初七日
掌江南道事浙江道监察御史任玥为严查吴三桂产业事题本　康熙二十年十二月十一日
广西道试监察御史裘光美为亟议分插粤东两翼三藩兵丁事题本　康熙二十年十二月十八日
广西道试监察御史裘光美为吴三桂之逆将应严议正法事题本　康熙二十年十二月十八日

康熙年间有关捐纳御史奏章

方裕谨编选（1999·4·3）　　中国第一历史档案馆

陕西道监察御史胡三祝为官员捐助加级例有未善事题本　康熙十二年十二月初七日
巡视西城江西道监察御史何凤岐为陈捐纳升迁比例变通之法事题本　康熙十六年十月十九日
巡视西城江西道监察御史何凤岐为变通捐纳之法事题本　康熙十六年十一月初二日
巡视中城江南道监察御史和盐鼎为以捐纳佐军需事题本　康熙十六年十一月十三日
四川道监察御史张志栋为捐纳既无异同保荐应当画一事题本　康熙十九年六月二十日
巡视中城福建道试监察御史吕兆琳为酌剂捐纳之法事题本　康熙十九年七月初四日

康熙初年平寇将军石华善告示

张书才编选（1997·2·5）　　中国第一历史档案馆

平寇将军石华善为严禁守门官兵阻挡民间妇女出入事告示　康熙十五年四月二十五日
平寇将军石华善为允许百姓把入乡需索抢夺兵丁扭送军前事告示　康熙十五年四月二十八日
平寇将军石华善为晓谕居民人等各安生业不得轻信并讹传邪言事告示　康熙十五年五月二十五日
平寇将军石华善为再禁守门官兵等不得拦阻搜翻商贾骡匹货物事告示　康熙十五年六月十四日
平寇将军石华善为晓谕军民人等王辅臣投诚暨吴三桂已死事告示　康熙十五年七月
平寇将军石华善为宽免胁从招抚残黎事告示　康熙十五年九月十二日
平寇将军石华善为严禁恶徒诈骗剪盗来往民人财物事告示　康熙十五年十月二十七日
平寇将军石华善为大兵直抵福州耿精忠悔过投诚事告示　康熙十五年十一月初二日
平寇将军石华善等为严禁守门官兵索取负贩民人钱钞等事告示　康熙十五年十二月初三日
平寇将军石华善为再禁芜湖县放马兵丁等扰害百姓事告示　康熙十六年二月初三日

平寇将军石华善为严禁旗下兵丁在龙潭一带牧马害民事告示　康熙十六年二月初九日
平寇将军石华善等为严禁捏造俚歌以正人心事告示　康熙十六年三月初六日
平寇将军石华善为严禁旗下人等扰害民家商铺事告示　康熙十六年三月二十五日
平寇将军石华善为再行严禁八旗官兵纵马践田借端骚扰民间等事告示　康熙十六年四月十四日
平寇将军石华善等为收复福建全省事告示　康熙十六年四月十五日
平寇将军石华善等为严禁地棍勾通营兵抢夺应试士子事告示　康熙十六年八月十三日

康熙年间平定吴三桂叛乱史料选

王澈编选（1990·2·3）　中国第一历史档案馆

江西巡抚佟国祯为报收复上犹县战况事题本　康熙十五年十二月十七日
江西总督董卫国为报信丰县战况事题本　康熙十五年十二月二十四日
扬威大将军喇布为报收复浮梁县战况事题本　康熙十五年十二月二十五日
顺承郡王勒尔锦等请拨兵防守荆州事题本　康熙十六年正月十二日
抚远大将军图海等为进取汉中及兴安事题本　康熙十六年正月十三日
大将军杰淑等为报恢复泰宁等县事题本　康熙十六年正月十六日
议政王等为请将屡战失利之简亲王喇布等严察议处事题本　康熙十六年正月十九日
湖广巡抚张朝珍为解送岳州船只事题本　康熙十六年正月二十日
议政王等为恢复吉安请拨官兵策应事题本　康熙十六年正月二十一日
议政王等为请敕扬威大将军喇布速取吉安事题本　康熙十六年正月二十三日
议政王等为请令征南将军穆占速定长沙等处事题本　康熙十六年正月二十三日
议政王等为调拨船只以供攻取岳州长沙事题本　康熙十六年正月二十三日
议政王等为停遣贝勒尚善等兵力以利攻战事题本　康熙十六年正月二十四日
议政王等为预备破长沙之敌所需船只事题本　康熙十六年正月二十四日
扬威大将军喇布为遣人扮作客商密送马承孝等事题本　康熙十六年正月二十九日
著顺承郡王勒尔锦等率兵速行平定湖南上谕　康熙十六年二月初八日

康熙四十六年王鸿绪密查苏州地方拐骗女子的几件档案

哈恩忠编选（2003·4·8）　中国第一历史档案馆

著工部尚书王鸿绪密查拐骗苏州女子事朱谕　康熙四十六年三月十七日
工部尚书王鸿绪为奉旨访获范溥等人强买苏州女子事奏折　康熙四十六年
工部尚书王鸿绪为续访得范溥等人强买苏州女子事奏折　康熙四十六年六月十五日
工部尚书王鸿绪为续访范溥强买苏州女子事奏折　康熙四十六年

戴名世《南山集》案史料

张玉编选（2001·2·21）　中国第一历史档案馆

刑部尚书哈山为审明戴名世《南山集》案并将涉案犯人拟罪事题本　康熙五十年十二月十八日
刑部尚书佛格为请将《南山集》案部分涉案人犯免罪释放回籍事题本　雍正元年三月初三日

台湾朱一贵抗清史料（上）

张莉编选（1988·2·19）　　中国第一历史档案馆

闽浙总督满保为请赏赐征台有功之施世骠等事题本　康熙六十一年十一月十二日
闽浙总督满保为请议叙镇压朱一贵部之乡勇事题本　康熙六十一年十二月初一日
闽浙总督满保为补授征台有功官员事题本　康熙六十一年十二月初八日
闽浙总督满保为报黄殿案内谢泽在监病故事题本　康熙六十一年十二月初八日
闽浙总督满保为稽察布政使库饷事奏折　雍正元年二月初一日
闽浙总督满保为补授刘锡等人为游击事题本　雍正元年二月初五日
兵部尚书孙柱等为确查失陷台湾武职官员功罪事题本　雍正元年二月二十四日
闽浙总督满保等为报已将黄殿等人示众正法事奏折　雍正元年三月初五日
刑部尚书佛格等为免议满保于朱一贵起事之先未能防维事题本　雍正元年三月初五日
闽浙总督满保为调补征台有功之洪平事题本　雍正元年三月初五日
刑部尚书佛格等为拟处随同朱一贵起事人员事题本　雍正元年三月十四日
闽浙总督满保为拟处朱一贵部属李勇等人家属事题本　雍正元年三月二十二日
闽浙总督满保为拟处朱一贵家族人等事题本　雍正元年三月二十二日
闽浙总督满保等为报黄殿等越狱诸人已全部拿获事奏折　雍正元年三月二十九日
闽浙总督满保为请补授进攻北路之李燕等事题本　雍正元年三月二十九日
闽浙总督满保为请补授征台有功之薄有成等事题本　雍正元年四月初七日
闽浙总督满保等为荐举拿获王忠之千总何勉事奏折　雍正元年四月二十五日
闽浙总督满保为请议叙追捕黄殿等人致死之阎威等事题本　雍正元年五月十七日
闽浙总督满保为请升补征台有功之金国荣事题本　雍正元年五月二十日
闽浙总督满保为报决过黄殿越狱案内诸人日期事题本　雍正元年五月二十日
刑部等衙门审讯朱一贵情形

台湾朱一贵抗清史料（中）

张莉编选（1988·3·12）　　中国第一历史档案馆

闽浙总督满保为开销征台所用粮饷事奏折　雍正元年五月二十九日
闽浙总督满保为请补水师游击事题本　雍正元年六月初一日
闽浙总督满保为推升征台出力之李郡事题本　雍正元年六月初九日
闽浙总督满保为补授征台出力之康陵为参将事题本　雍正元年六月十六日
闽浙总督满保为议叙征台出力官兵事题本　雍正元年六月十六日
刑部尚书佛格等为议处李勇等人家属事题本　雍正元年六月二十六日
闽浙总督满保为黄殿等越狱案请议处失职官员事题本　雍正元年六月二十八日
闽浙总督满保为请补授征台有功之郑耀祖事题本　雍正元年六月二十八日
刑部尚书佛格等为拟处朱一贵家属事题本　雍正元年七月十九日
兵部尚书孙柱等为议恤被杀官员及查参疏防越狱有司事题本　雍正元年八月初四日

台湾朱一贵抗清史料（下）

张莉编选（1988·4·14）　　中国第一历史档案馆

闽浙总督满保为何勉缉拿王忠有功请补授参将事题本　雍正元年八月初十日

兵部尚书孙柱等为请议叙剿捕朱一贵部有功官兵事题本　　雍正元年八月十三日
闽浙总督满保为镇压朱一贵部有功免罪谢恩事奏本　　雍正元年十月十八日
闽浙总督满保为报镇压朱一贵部所用粮饷事题本　　雍正元年十月二十五日
闽浙总督满保为报镇压朱一贵部时兵额事题本　　雍正元年十月二十七日
补译满文奏折:
闽浙总督满保为报台湾朱一贵起事奏折　　康熙六十年五月初八日
孙文成为报朱一贵起事原因事奏折　　康熙六十年七月初一日

朱一贵余部抗清斗争史料

张莉编选（1989·4·14）　　中国第一历史档案馆

一、刘国华在台湾起事史料
闽浙总督满保为参因刘国华案疏防武职官员事题本　　康熙六十一年十二月初八日
署福州将军石文焯为参因刘国华一案疏防文职官员事题本　　康熙六十一年十二月初八日
闽浙总督满保为参因刘国华案疏防分巡官员事题本　　雍正元年二月二十四日
福建巡抚黄国材为参因刘国华案疏防文职官员事题本　　雍正元年二月二十四日
闽浙总督满保为参因刘国华案疏防武职官员事题本　　雍正元年二月二十四日
兵部尚书孙柱为议复刘国华案内题参疏防官员事题本　　雍正元年四月二十三日
二、温尚贵在江西起事史料
两江总督查弼纳为报温尚贵起事情形事奏折　　雍正元年四月十七日（满译汉）
两江总督查弼纳为报审讯温尚贵等人情形事奏折　　雍正元年六月二十五日（满译汉）
附：温尚贵辅国安民告示　　大明忠兴癸卯年三月二十日（雍正元年三月二十日）

雍正年间整饬贵州川贩史料

哈恩忠编选（2009·4·3）　　中国第一历史档案馆

云贵总督高其倬为整治贵州苗情及川贩等事奏折　　雍正二年十一月初十日
贵州巡抚毛文铨为报贵州川贩等情形事奏折　　雍正二年十二月十八日
著将川贩捆掠一事交与年羹尧等严行禁止事上谕　　雍正三年正月二十九日
云贵总督高其倬为褒举守备赵文英事奏折　　雍正三年四月初二日
兵部尚书孙柱等为会议严禁劫掠捆卖人口等事题本　　雍正三年四月初二日
云贵总督高其倬为招令勾串川贩之李美李秀自赎前罪事奏折　　雍正三年六月二十八日
云贵总督鄂尔泰为乘机搜获川贩事奏折　　雍正四年八月初六日
云贵总督鄂尔泰为呈阅已获川贩名单事奏折　　雍正四年八月初六日
云贵总督鄂尔泰为呈阅未获川贩名单事奏折　　雍正四年八月初六日
贵州提督马会伯为陈拿获川贩李奇缘由等事奏折　　雍正四年八月十九日
云贵总督鄂尔泰为严审定拟川贩等事奏折　　雍正四年十二月二十日
云南总督鄂尔泰为遵旨奏复候补通判管旆宜禁汉奸等条陈事奏折　　雍正五年正月二十五日
云南总督鄂尔泰为乌蒙等处原有汉奸已获正法事奏折　　雍正七年正月二十五日

云南总督鄂尔泰为报明破获十起川贩案事奏折　雍正七年五月十八日
云南总督鄂尔泰为拿究川贩安置难民事奏折　雍正七年七月二十四日

雍乾时期地方改制史料

王澈编选（1992·3·3）　中国第一历史档案馆

工部尚书宪德为将四川省嘉定州等改设道府事奏折　雍正十二年六月初二日
贵州古州镇总兵韩勋为将古州改设府治事奏折　雍正十二年八月初十日
江南提督赵弘恩为改颍州为府治并添设知县佐杂等事奏折　雍正十三年正月二十四日
户部尚书史贻直等为将陕省同州改府事奏折　雍正十三年三月初四日
安徽巡抚赵国麟为改设府县后请颁发印信等事题本　雍正十三年十二月十九日
陕西巡抚硕色为同州改府治后颁发印信关防事题本　乾隆元年正月十二日
四川巡抚杨馝为嘉定潼川二州改设府治事题本　乾隆元年正月二十一日
大学士张廷玉等为将甘肃秦州改府事题本　乾隆元年正月二十九日
大学士张廷玉等为更陕西榆林等府县统摄事题本　乾隆元年二月初五日
署四川巡抚方显为议复州改为府治事奏折　乾隆五年二月三十日
刑部侍郎周学健为将江省沛县等村及东省滕县等村改隶事奏折　乾隆七年五月二十四日
西安布政使慧中为请裁潼关县事奏折　乾隆十年十一月十二日
江西巡抚塞楞额为将宁都县改为直隶宁都州事奏折　乾隆十一年闰三月十四日
川陕总督庆复等为复西安布政使慧中请裁潼关县事奏折　乾隆十一年十一月初二日
陕甘总督杨应琚等为改安西五卫为郡县事奏折　乾隆二十四年闰六月二十四日
安徽按察使王检为请裁直隶州改归府属事奏折　乾隆二十五年六月二十八日
四川总督阿尔泰为裁罗江县并归绵州事奏折　乾隆三十五年三月三十日
山东巡抚杨景素为将济宁临清二州改为直隶州事奏折　乾隆四十一年三月二十九日
陕甘总督勒尔谨为将经州改为直隶州事奏折　乾隆四十一年九月初十日
陕甘总督李侍尧等为复以兴安州改府治事奏折　乾隆四十七年六月二十六日

雍乾时期地方官缺史料（上）

王澈编选（1992·4·3）　中国第一历史档案馆

四川总督黄廷桂等为议改州县冲繁疲难各缺事奏折　雍正十二年九月初二日
附：川省冲繁难各缺折
福建巡抚卢焯等为复闽省官缺及冲繁疲难事题本　雍正十三年十月十七日
大学士张廷玉等为报江西省官缺及冲繁疲难事题本　雍正十三年十一月十九日
大学士张廷玉等为复甘省冲繁疲难各缺事题本　雍正十三年十一月二十八日
大学士张廷玉等为复陕西省官缺及冲繁疲难事题本　乾隆元年二月初六日
山西巡抚喀尔吉善为将冀宁道等缺改为题缺事奏折　乾隆七年六月十六日
附件：
甘肃布政使明德为请将永昌等三县改冲繁疲要缺等事奏折　乾隆二十五年十一月二十日
四川总督开泰为复布政使吴士端请改定广元等县繁简事奏折　乾隆二十八年三月初八日

雍乾时期地方官缺史料（下）

王澈编选（1993·1·17）　　中国第一历史档案馆

山西巡抚和其衷为将太平县改为冲繁难要缺事奏折　乾隆二十九年二月十九日
贵州巡抚方世儁为改湄潭等县繁简事奏折　乾隆三十年三月二十一日
闽浙总督苏昌等为酌改余姚等县繁简事奏折　乾隆三十二年七月二十六日
两江总督高晋等为改吴江等县冲繁事奏折　乾隆三十二年十二月初九日
浙江巡抚三宝为改石门县等繁简各缺事奏折　乾隆四十一年八月二十日
湖南巡抚敦福等为改临湘等县繁简各缺事奏折　乾隆四十一年十二月二十九日
陕西巡抚毕沅为请改兴平等县繁简各缺事奏折　乾隆四十二年五月二十八日
山东巡抚明兴为改滋阳等县繁简各缺事奏折　乾隆四十七年七月初九日
河南巡抚毕沅为豫省知县无可改简事奏折　乾隆五十一年正月二十四日
四川总督李世杰为请改永宁县县丞等繁简事奏折　乾隆五十一年三月二十二日
安徽巡抚朱珪为改滁州等处冲繁事奏折　乾隆五十八年九月二十二日

乾隆朝管理军流遣犯史料（上）

哈恩忠编选（2003·4·15）　　中国第一历史档案馆

云南按察使徐嘉宾为请酌释军流人犯事奏折　乾隆元年正月二十五日
著将年逾七十遣犯及已故遣犯家眷酌情赦回事上谕　乾隆二年五月初七日
刑部郎中樊天游为军流遣犯听其自愿留养妻孥事奏折　乾隆四年四月初四日
云南总督庆复为请严管遣犯及酌给口粮等事奏折　乾隆六年二月初六日
漕运总督常安为请停运丁收养军犯事奏折　乾隆六年三月十一日
四川按察使李如兰为请令原事州县酌计解审人犯口粮事奏折　乾隆七年正月初十日
刑部左侍郎张照为酌定遣犯妻孥之例事奏折　乾隆七年二月二十七日
署理湖南巡抚蒋溥为查明遣犯曹宣仲等错发宁夏事奏折　乾隆八年八月初四日
山东巡抚喀尔吉善为请照成例匀派军流等犯事奏折　乾隆八年十月二十一日
湖北按察使石去浮为请酌定军流妻室之提讯取结事奏折　乾隆九年正月初九日
江西按察使翁藻为请更定军流递回原籍发配之例事奏折　乾隆九年四月二十七日
浙江道监察御史薛澂为请除流犯到配按户轮养之弊事奏折　乾隆十年三月二十八日
湖北巡抚晏斯盛为酌拨军流人犯充役当差事奏折　乾隆十年六月初四日
陕西巡抚陈弘谋为酌改发军流罪犯事奏折　乾隆十一年正月初十日
陕西按察使马金门为严定在配不法军流遣犯处分事奏折　乾隆十一年十一月十五日
四川按察使周琬为酌按贵州例由总督衙门分拨军流遣犯事奏折　乾隆十八年八月二十五日
署理北城巡城御史范弘宾为请除军遣重犯兵部挂号事奏折　乾隆二十四年八月二十六日
陕甘总督吴达善为遵旨查明甘省遣犯并无稽留事奏折　乾隆二十五年八月二十九日
甘肃巡抚明德为于驿馆收禁遣犯等事奏折　乾隆二十六年四月十三日
湖南按察使严有禧为分别赋性安置军流人犯事奏折　乾隆二十七年八月初六日
湖南巡抚陈弘谋为请严军流遣犯逃回原籍事奏折　乾隆二十八年二月二十九日

乾隆朝管理军流遣犯史料（下）

哈恩忠编选（2004·1·12）　中国第一历史档案馆

江苏按察使钱琦为酌定外遣重犯刺字之例事奏折　乾隆二十八年十一月十九日
山东按察使富尼汉为请定军流遣犯脱逃拒捕专条事奏折　乾隆二十九年七月初三日
云南按察使良卿为请于滇省厂矿安插军流事奏折　乾隆三十年二月十八日
云贵总督刘藻为遵旨议复滇省厂矿安插军流遣犯事奏折　乾隆三十年七月二十八日
浙江巡抚熊学鹏为遵旨查明发遣新疆人犯有无脱逃等事奏折　乾隆三十一年二月初八日
四川总督阿尔泰为遵旨办理候遣脱逃囚犯事奏折　乾隆三十一年十一月初二日
江苏巡抚明德为续获越狱遣犯遵旨即行正法等事奏折　乾隆三十二年三月十二日
署理甘肃提督温福等为酌定遣犯为民章程事奏折　乾隆三十二年闰七月初一日
护理广西巡抚淑宝为酌筹分散安置粤西军流遣犯事奏折　乾隆三十四年正月二十日
广西巡抚陈辉祖为陈明缉捕脱逃遣犯等事奏折　乾隆三十六年六月十六日
署理浙江按察使郝硕为请严军流徒犯起解限期事奏折　乾隆三十七年八月初三日
盛京户部侍郎德风等为请奉省拨兵护解重犯事奏折　乾隆四十年六月二十八日
陕甘总督勒尔谨为请截留遣犯以资巴里坤屯务事奏折　乾隆四十一年九月初十日
山西按察使李承邺为筹酌安置改遣军犯之法事奏折　乾隆四十二年五月二十一日
伊犁将军伊勒图为遵旨将改发新疆遣犯年满定地安插等事奏折　乾隆四十七年七月十五日
云南按察使王懿德为请定管束改遣重犯章程事奏折　乾隆五十二年四月二十二日
湖南按察使阿彰阿为请将三流遣犯酌增地方安置事奏折　乾隆五十八年十月二十五日

乾隆年间整饬书吏史料（上）

哈恩忠编选（2000·2·53）　中国第一历史档案馆

翰林院侍读学士薄海为严禁书吏舞弊事奏折　乾隆元年
提督九门步军统领鄂善等为书役等人违例抄录奏章事奏折　乾隆元年四月初十日
浙江布政使张若震为严禁书吏迎送官员事奏折　乾隆元年十二月初一日
云南布政使陈弘谋为拣选书吏事奏折　乾隆二年正月二十二日
云南布政使陈弘谋为书吏工食及考职事奏折　乾隆二年正月二十二日
河南巡抚尹会一为议复预颁册式以杜弊端事奏折　乾隆二年十二月十一日
山西巡抚石麟为议复预颁册式以杜弊端事奏折　乾隆二年十二月十七日
福建巡抚卢焯为议复预颁册式以杜弊端事奏折　乾隆三年三月二十二日
云南总督庆复为议复预颁册式以杜弊端事奏折　乾隆三年五月初七日
江南道试监察御史王柯为严禁书吏拟批夹签等弊事奏折　乾隆四年六月初四日
江西巡抚岳濬为于书识中选充书吏事奏折　乾隆四年十月二十九日

乾隆年间整饬书吏史料（下）

哈恩忠编选（2000·3·25）　中国第一历史档案馆

户部尚书陈德华为稽察不肖书吏等事奏折　乾隆五年三月十四日
安徽巡抚陈大受为太平府书役哄散要挟事奏折　乾隆五年九月二十四日
都察院左副都御史二格为管束书吏增添职掌事奏折　乾隆五年十一月十九日
云南总督庆复为酌给臬司吏书饭食银两等事奏折　乾隆六年五月初七日

都察院左都御史刘统勋为请除吏胥代作封章事奏折	乾隆六年十一月初一日
江南提督吴进义为整顿各营书吏等事奏折	乾隆六年十二月初六日
甘肃巡抚黄廷桂为酌留书吏册费事奏折	乾隆八年四月初三日
浙江布政使潘思榘为举劾官员整饬书吏等事奏折	乾隆八年八月十五日
湖北巡抚晏斯盛为照例支给藩臬衙门吏书资费事奏折	乾隆九年七月初六日
署广东巡抚策楞为请暂留役满书吏事奏折	乾隆九年九月十五日
署陕西布政使慧中为查验平余银及酌给书吏工食事奏折	乾隆十年二月二十三日
江西道监察御史范弘宾为严惩营私书吏以除积弊事奏折	乾隆十年十月初二日
浙江布政使潘思榘为请除吏员恃符生弊事奏折	乾隆十年十月十二日
湖广道监察御史沈景澜为请严禁书吏浮派事奏折	乾隆十一年二月十六日
湖广道监察御史李兆钰为请严除外省书役积弊事奏折	乾隆十一年七月十九日
江南道监察御史欧堪善为请严禁六部书役积弊事奏折	乾隆十一年七月二十九日
甘肃按察使顾济美为请除冒籍挂名吏典事奏折	乾隆十一年八月初一日
直隶总督方观承为参失察沉搁公文之知州李钟俾事奏折	乾隆十八年正月二十四日
两江总督鄂容安为奉谕查办胥役舞弊事奏折	乾隆十九年正月十三日
云贵总督硕色等为议复拣选仓库典吏等事奏折	乾隆二十年五月二十六日
广东按察使来朝为请严吏书索诈科条事奏折	乾隆二十五年十一月十九日
山东按察使闵鄂元为请严书役冒滥顶戴事奏折	乾隆二十八年七月二十日
四川布政使张逢尧为严藩司衙门关防及书吏出入事奏折	乾隆三十一年十一月初一日
陕西学政吴绶诏为增刊《学政全书》及定书吏年限考补事奏折	乾隆三十一年十二月初九日
云南道监察御史范宜宾为请严禁书吏缘引充补事奏折	乾隆三十九年六月二十二日

乾隆朝刑狱管理史料

哈恩忠编选（2003·3·3）　　中国第一历史档案馆

著各省将合于赦款案件审结勿致沉搁事上谕	乾隆元年六月十三日
汉军监察御史周绍儒为酌议监毙人犯承问官处分事奏折	乾隆三年三月十二日
安庆按察使张坦麟为请将病重囚犯留养候审事奏折	乾隆三年八月二十六日
江南道监察御史苏霖渤为查明无保人犯散处班房事奏折	乾隆三年十二月十四日
盛京刑部侍郎吴拜为请设旗犯囚粮事奏折	乾隆四年四月十五日
著将缓决五次以上重犯酌情发遣以清滞狱事上谕	乾隆四年十一月十六日
盛京刑部侍郎吴拜为报囚犯越狱事奏折	乾隆五年九月十五日
漕运总督常安为请清理刑狱积案事奏折	乾隆五年十二月初一日
都察院左都御史刘吴龙为遵旨酌议恤刑事奏折	乾隆六年四月十一日
广东按察使潘思榘为请粤省移建司监事奏折	乾隆六年十一月十八日
云南道监察御史邹一桂为请严刑部监所分羁人犯事奏折	乾隆七年六月初九日
吏部左侍郎田懋为清理刑狱事奏折	乾隆九年二月十三日
著京畿各属清理刑狱宽禁重犯事上谕	乾隆九年四月二十二日
福建布政使高山为请定军流人犯取保出监医治条例事奏折	乾隆十一年二月十七日
湖北巡抚陈弘谋为造册登记清理监狱事奏折	乾隆十二年六月初一日
江苏按察使翁藻为酌筹自新所人犯口粮事奏折	乾隆十三年三月初八日

署四川按察使齐格为狱中重囚禁用非刑事奏折	乾隆十五年八月二十四日
河南按察使图桑阿为请复州县查验监犯病情事奏折	乾隆二十三年十月初七日
浙江巡抚庄有恭为严审在监牢头凌虐监犯事奏折	乾隆二十四年八月初四日
云南巡抚刘藻为昆明县移建监狱及衙署事奏折	乾隆二十四年十一月初十日
山东按察使沈廷芳为划一狱囚服色等事奏折	乾隆二十五年正月十八日
湖北按察使高斌为请定军流越狱罪条例事奏折	乾隆二十七年八月初十日
福建布政使德福为狱囚口粮借动仓谷作正开销事奏折	乾隆二十七年八月二十日
湖南按察使五诺玺为请定惩办越狱重犯专条事奏折	乾隆二十八年十月初七日
贵州按察使熊绎祖为各属加固监狱及请严监狱交代事奏折	乾隆三十年三月初三日
贵州巡抚宫兆麟为报官犯刘升东狱中病故事奏折	乾隆三十五年七月初三日
山西巡抚鄂宝为报省狱囚衣等项遵例动支耗羡事奏折	乾隆三十五年九月二十一日
浙江巡抚三宝为究出禁卒贿纵同逃确情续参疏防各员事奏折	乾隆三十八年五月二十六日
著刑部行知各省狱囚不宜给予灯油事上谕	乾隆四十四年六月二十六日
福建巡抚富纲为台湾重犯日多酌清省监事奏折	乾隆四十五年七月十六日
湖北巡抚郑大进等为罪妇在监自缢参奏管狱等官事奏折	乾隆四十六年闰五月二十七日
云南巡抚刘秉恬为陈径檄邻省截拿逃犯事奏折	乾隆五十一年闰七月二十四日
四川总督保宁为遵旨酌筹川省监狱事奏折	乾隆五十一年八月二十二日
闽浙总督伍拉纳等为遵旨审明重囚许葵服毒自尽定拟事奏折	乾隆五十七年五月二十日

乾隆朝整饬各省幕友档案（上）

哈恩忠编选（2016·4·9）　　中国第一历史档案馆

云南巡抚张允随为请详定幕宾之例以杜冒滥事奏折	乾隆元年十月初十日
江南总督赵弘恩等为遵旨查明巡抚幕宾王声远等招摇诓诈事奏折	乾隆元年十月十九日
安庆巡抚赵国麟为幕宾汤启声助理勤力循例开复顶戴事奏折	乾隆二年五月十九日
兵部右侍郎吴应棻为幕宾之锢弊有妨吏治请设法劝惩事奏折	乾隆二年
湖南巡抚高其倬为江南审理幕宾王声远案惟持成见请另委无涉之员事奏折	乾隆三年正月二十四日
广西巡抚杨超曾为审明临桂县棍徒串通幕宾包揽进学及粤西考试不宜苛求事奏折	乾隆三年四月二十五日
两江总督那苏图为遵旨查明幕宾王声远徇私混批蒙蔽抚臣高其倬事奏折	乾隆三年六月初六日
著广东督抚悉心稽查盘踞省城结纳上官幕宾家人之州县长随事上谕	乾隆四年六月初二日
浙江巡抚卢焯为浙省政繁赋重碍难遵例据情缓延外省幕友事奏折	乾隆四年十月二十八日
江苏布政使徐士林为江苏事繁暂留幕友石超等二人帮办钱谷款项事奏折	乾隆四年十一月十八日
著各省大小官员防范幕宾弊窦事上谕	乾隆六年六月初一日
苏州巡抚陈大受为调署新任骤难得人仍暂用钱谷幕宾陶容事奏折	乾隆六年六月二十五日

署理湖广总督那苏图为应山县知县幕客倪殿照擅入帘官公所严拿审究事奏折	乾隆六年八月二十二日
两江总督德沛为幕宾陈景忠暂留署中日后议叙事奏折	乾隆七年五月初四日
云南道监察御史邹一桂为请严绝幕友弊窦以清吏治事奏折	乾隆七年十一月十七日
川陕总督庆复为幕宾范肇新办事干练遵例保荐格外拭拔事奏折	乾隆八年六月二十一日
署理广西巡抚托庸为忠州土官商同土幕妄造告示文书希图诬陷土民泄忿事奏折	乾隆九年九月初二日
山东巡抚喀尔吉善为幕宾吴芳猷办事练达请暂留山东事奏折	乾隆十一年闰三月初九日
浙江道监察御史薛澄为云南总督张允随违例保荐幕宾请敕部察议事奏折	乾隆十一年六月二十二日
广西道监察御史黄登贤为请除幕客盘踞串通之弊以清吏治事奏折	乾隆十二年二月三十日
署理四川巡抚班第为遵谕查办离任藩司幕友余铭结党营私开捐图利等事奏折	乾隆十三年十一月初七日
浙江学政于敏中为请酌量情由宽限日程严催在外作幕各生回籍岁考事奏折	乾隆十四年九月十五日
著勒限浙省欠考游幕生员回籍补考事谕旨	乾隆十四年十一月初十日
著于本年为始各省房考委员暂署案件事上谕	乾隆十五年六月初十日
著将传抄伪稿听从幕友删改供词之和其衷革职拿问事上谕	乾隆十六年九月十九日
江西按察使范廷楷为本官离任病故幕宾等乘机盗取库银请严惩事奏折	乾隆十八年十一月二十九日
广东巡抚鹤年为粤东幕客盘踞省城交结滋弊设法稽查事奏折	乾隆十九年二月二十一日
河南巡抚蒋炳为遵谕确察豫省并无盘踞省城幕宾事奏折	乾隆十九年闰四月十五日
湖广总督开泰等为遵谕确察楚省幕客其有附近省城者即行辞馆事奏折	乾隆十九年五月十七日
著各省督抚严密关防毋许幕友出入结交事上谕	乾隆二十二年六月十八日
刑部尚书刘统勋等为审拟蒋洲亏空勒派案内幕宾等人事奏折	乾隆二十二年十一月初七日
掌云南道监察御史程廷栋为请严上官荐幕以杜弊窦事奏折	乾隆二十二年十一月二十日
著将假藉幕友援例定拟马龙图私用公银案之杨廷璋等革职拿问事上谕	乾隆二十六年五月二十日
著刑部审案未及置议确情幕客等或借此成掩饰之习事上谕	乾隆二十七年十二月初七日
著各省督抚留心访察幕友交接把持盘踞作奸事上谕	乾隆二十八年九月初九日
著各省督抚严饬所属体察盘踞把持各衙门幕友事上谕	乾隆二十八年十一月初八日
著各省督抚公出巡查裁剪幕宾人等加意省约事上谕	乾隆二十八年十二月初二日
著各省督抚因事公出准酌带幕友数人事上谕	乾隆二十九年四月初十日
云南按察使良卿为请严捏饰苛简增删案情之庸幕以肃吏治事奏折	乾隆二十九年六月十二日
著嗣后各河臣不得调属员为幕客及本籍之人不得办理地方事务事上谕	乾隆三十二年闰七月十九日
著严行申饬袭用幕宾旧套张大其词擅具题本之鄂宝事上谕	乾隆三十二年十月初四日

著各省督抚严密确查合省州县有无延请上司亲族在幕者事上谕　乾隆三十四年二月十一日
两江总督高晋等为遵旨确查江苏各属并无勒荐私延幕宾事奏折　乾隆三十四年三月二十四日

乾隆朝整饬各省幕友档案（下）

哈恩忠编选（2017·1·4）　中国第一历史档案馆
河南巡抚阿思哈为遵旨严密确查河南各属并无勒荐私延幕友事奏折　乾隆三十四年三月二十六日
直隶总督杨廷璋为遵旨严密确查直省并无属员延请上司亲族作幕事奏折　乾隆三十四年三月二十六日
江西巡抚吴绍诗为遵旨严密确查江西并无属员延请上司亲族作幕事奏折　乾隆三十四年三月二十九日
两江总督高晋等为遵旨严密确查安徽并无属员延请上司亲族作幕事奏折　乾隆三十四年五月初一日
四川总督阿尔泰为遵旨严密确查四川并无属员延请上司亲族作幕事奏折　乾隆三十四年五月初四日
闽浙总督崔应阶为遵旨严密确查福建并无属员延请上司亲族作幕事奏折　乾隆三十四年七月初三日
著河南巡抚永德择选谨慎幕宾折奏辨析明意事上谕　乾隆三十五年闰五月十一日
两广总督李侍尧等为幕友勾结撞骗致总兵身故参革道府等员事奏折　乾隆三十六年九月初七日
著详议御史胡翘元条奏幕友积弊事上谕　乾隆三十七年九月二十五日
军机大臣刘统勋等为议复御史胡翘元条奏幕友积弊事题本　乾隆三十七年十月二十六日
署理漕运总督嘉谟为遵旨核查本衙门无违禁例延请幕友事奏折　乾隆三十七年十二月十一日
署理浙江巡抚熊学鹏为接准部咨查明巡抚藩臬衙门幕友情形事奏折　乾隆三十七年十二月十二日
署理河东河道总督姚立德为延请熟悉河务幕友无违例禁诸弊事奏折　乾隆三十七年十二月十四日
河南巡抚何煟为核查司道各属衙门延请幕友无违例禁请弊事奏折　乾隆三十七年十二月十九日
湖北巡抚陈辉祖为核查司道各属衙门延请幕友无违例禁诸弊事奏折　乾隆三十七年十二月二十七日
两江总督高晋为遵旨严查各属所延幕友按例办理事奏折　乾隆三十八年正月初六日
江南河道总督吴嗣爵为核查各属所延幕友无违例禁诸弊事奏折　乾隆三十八年正月初六日
安徽巡抚裴宗锡为所属延访谙练合例幕友未能得人请展限四月事奏折　乾隆三十八年正月十七日
闽浙总督钟音为署内尚缺合例幕友并核查所属幕友事奏折　乾隆三十八年正月二十二日
两广总督李侍尧为核查广东督抚等衙门无违例幕友事奏折　乾隆三十八年二月十八日

贵州巡抚图思德为核明抚署及藩臬两司现延各幕姓名籍贯事奏折	乾隆三十八年二月二十五日
署奉天府尹瓦尔达等为确查奉天所属衙门幕客无违例禁事奏折	乾隆三十八年闰三月二十二日
署理山西巡抚巴延三为确查所属衙门幕友无违例禁事奏折	乾隆三十八年三月二十五日
广东巡抚德保为确查抚署等衙门幕友无违例禁事奏折	乾隆三十八年闰三月二十七日
两江总督高晋为确查督署等衙门无违例禁幕友事奏折	乾隆三十八年十一月二十二日
浙江巡抚三宝为确查抚署等衙门无违例禁幕友事奏折	乾隆三十八年十一月二十二日
两淮盐政李质颖为确查盐政等衙门无违例禁幕友事奏折	乾隆三十八年十一月二十二日
著各省督抚确查学政延请幕友情形事上谕	乾隆三十九年四月初九日
广西巡抚熊学鹏为确查抚署等衙门延请幕友事奏折	乾隆三十九年十一月二十二日
江苏巡抚萨载为确查抚署及司道衙门幕友无违例禁事奏折	乾隆三十九年十二月初四日
山东巡抚杨景素为遵旨确查抚署等衙门幕友事致军机处咨文	乾隆三十九年十二月十五日
署理湖广总督陈辉祖为遵旨查明湖北湖南两省学政延请幕友人数事奏折	乾隆四十年二月初四日
直隶总督周元理为循例查明新任学政所延阅文幕友事奏折	乾隆四十年二月初四日
浙江巡抚三宝为循例查明新任学政所延阅文幕友事奏折	乾隆四十年二月二十一日
大学士仍管两广总督李侍尧为刑名幕友满限更换另延江西人李兰事奏折	乾隆四十年五月十三日
江西巡抚海成为学政蒋元益岁考所延幕友办理得宜事奏折	乾隆四十年五月二十七日
河东河道总督姚立德为督署等衙门幕友无违例禁事奏折	乾隆四十年十二月初七日
陕甘总督勒尔谨为接准部咨历陈幕友积弊造具名册事致军机处咨呈	乾隆四十年十二月初三日
附件：陕甘总督勒尔谨呈督署衙门幕友姓名籍贯清册	乾隆四十年十二月初三日
护理湖南巡抚敦福为遵旨查明学政考试情形及幕友人数事奏折	乾隆四十年十二月二十八日
著各省督抚加意稽察幕友停止年终汇奏之例事上谕	乾隆四十一年正月初六日
贵州巡抚裴宗锡为审明镇远知府苏墉幕友陶用修与浮收税银案无关事奏折	乾隆四十一年正月二十日
署理两江总督萨载为遵旨拿获参革江宁藩司陶易幕友陆琰事奏折	乾隆四十三年十一月初六日
湖南巡抚李湖为盘获究讯原任云南臬司汪圻幕友杨士杞事奏折	乾隆四十五年四月二十五日
理藩院右侍郎庆桂为遵旨查讯旗丁吞帑累丁案内幕宾潘日藻受贿等事奏折	乾隆四十九年十二月初九日
湖广总督毕沅等为审明利川县典史具控幕友串诈案参劾府县官员事奏折	乾隆五十六年八月十七日
著大学士等议奏严定县府考送童生额数以杜幕友交结等弊端事上谕	乾隆五十七年七月初六日
著各省督抚严管衙署幕友朦混作弊等事上谕	乾隆六十年十二月初九日

乾隆三年至三十一年纳谷捐监史料（上）

吕小鲜编选（1991·4·3）　　中国第一历史档案馆

庄亲王允禄等为遵旨议复捐监应否移于各省交纳本色事略节　　乾隆二年十月二十一日
著各省督抚议奏捐监可否移归各省及如何定例定数事上谕　　乾隆三年正月十七日
两江总督那苏图议复捐监可以移于本省并议定收捐划一章程事奏折　　乾隆三年五月二十四日
刑科掌印给事中黄祐为请将户部捐监停止事奏折　　乾隆三年七月十三日
刑部湖广司郎中王效通为请准各省捐监本折兼收及户部捐监不必停止事奏折　　乾隆三年十二月初十日
四川按察使李如兰为请准外省客商在四川边远府州报捐事奏折　　乾隆四年十一月十一日
著以一年为期许外籍民人于福建报捐事上谕　　乾隆四年十一月十五日
江西巡抚岳浚为请照福建例许外籍民人报捐事奏折　　乾隆五年正月二十八日
署江南总督郝玉麟等为乾隆四年底前已于江苏报捐之外籍生俊请准收捐事奏折　　乾隆五年二月十五日
云南总督庆复等为请准外籍民人于云南报捐事奏折　　乾隆五年二月十六日
两广总督马尔泰等为处理潮州府属办理捐监私收折色一案事奏折　　乾隆五年四月初三日
著奉天不准随任官员子弟报捐安徽亦著停止事上谕　　乾隆五年四月初十日
著将办理捐监私收折色之广东潮阳海阳两知县革职事上谕　　乾隆五年五月初四日
著九卿议奏甘肃应否续准客籍报捐并如何补实该省仓储事上谕　　乾隆六年二月初七日
户部尚书海望为请将各省捐监停止仍归户部办理事奏折　　乾隆六年二月初八日
著重开户部捐监之例并各省捐监亦不必停止事上谕　　乾隆六年二月初八日
署两广总督庆复等为请将广东捐监定例暂加变通事奏折　　乾隆七年六月二十二日
山东布政使包括为请将山东捐纳一麦抵收二谷事奏折　　乾隆七年六月二十七日
著减福建捐监每名收谷额数等事上谕　　乾隆八年二月二十一日

乾隆三年至三十一年纳谷捐监史料（下）

吕小鲜编选（1992·1·12）　　中国第一历史档案馆

著各省将采买补仓及纳谷捐监一概暂停事上谕　　乾隆八年四月十六日
著各省重开捐监之例并比照旧例酌减每名收捐额数事上谕　　乾隆九年二月二十五日
安庆巡抚范璨为请准生俊随处报捐事奏折　　乾隆九年三月二十五日
江西巡抚塞楞额为议复江西捐监应否将仓费耗谷概行裁免事奏折　　乾隆九年三月二十五日
苏州巡抚陈大受为遵旨议复江苏重开捐监新拟定例事奏折　　乾隆九年四月二十四日
山东布政使乔学尹为请准山东捐监本折兼收一年事奏折　　乾隆九年五月二十五日
山东巡抚喀尔吉善为议复全省捐监谷石现定总额应否加增事奏折　　乾隆九年十二月初三日
署安徽巡抚准泰为查办各属滥征捐监陋规事奏折　　乾隆十年二月二十九日
署湖广总督鄂弥达为请改各省捐监交纳本色为交纳折色事　　乾隆十年五月十三日

奏折

广东道监察御史李清芳为条陈积贮必不可少事奏折	乾隆十年五月二十三日
江苏布政使安宁为密陈各省捐监督抚应认真督率事奏折	乾隆十年七月初六日
著各督抚实心整理各省捐监事上谕	乾隆十年七月二十日
署湖广总督鄂弥达为再陈各省捐监应改缴折色事奏折	乾隆十年八月初六日
福建巡抚周学健为请增加闽省捐监谷额数事奏折	乾隆十年八月十五日
著仍准户部收捐折色并各省收捐本色亦不必停止事上谕	乾隆十年十月初十日
浙江巡抚雅尔哈善为十六年至十八年收过捐监银两及动存数目事奏折	乾隆十八年十二月初十日
闽浙总督喀尔吉善等为请停浙江收捐本色事奏折	乾隆十九年十二月初九日
署湖南巡抚蒋炳为议复应否增加湖南捐监谷额及捐谷价值事奏折	乾隆二十二年三月二十二日
附：湖南生俊捐监应纳谷石数量清单	
闽浙总督苏昌遵旨议复为捐监事例仍应留于本省交纳本色事奏折	乾隆三十二年十二月二十日

乾隆朝右卫八旗官员侵贪案件满文档案

郭美兰编译（2011·2·3）　　中国第一历史档案馆

绥远城建威将军伊勒慎为参右卫副都统等员怠惰公事亏空库银等事奏折	乾隆五年四月二十一日
正蓝旗满洲都统补熙等为报前往右卫审办解任副都统塞尔德等案并返回绥远城事奏折	乾隆五年六月十四日
正蓝旗满洲都统补熙为请令将军伊勒慎停止清查公库旧案以免生乱事奏折	乾隆五年六月十四日
右卫副都统官保等为奏协领巴泰私用官兵银两并请从速补放所出协领员缺等事奏折	乾隆五年闰六月十五日
正蓝旗满洲都统补熙等为审结右卫副都统等员玩忽职守等弊案事奏折	乾隆五年闰六月十七日
右卫副都统官保等为参协领巴泰勒索官兵钱粮并建威将军伊勒慎徇私庇护事奏折	乾隆五年八月二十二日
绥远城建威将军补熙为参右卫镶蓝旗满洲协领操达色侵吞库银等事奏折	乾隆八年十一月初七日
绥远城建威将军补熙为报审理右卫镶蓝旗满洲协领操达色等侵吞库银案事奏折	乾隆九年正月二十二日

乾隆朝毁禁去思德政碑档案

赵增越编选（2020·2·4）　　中国第一历史档案馆

着各省督抚秉公察核去思德政等碑以定去留事上谕	乾隆六年七月初五日
陕甘总督福康安为请将灵台知县武粤生革审事奏折	乾隆四十九年十二月
着各省大小文武官员现有去思德政等碑俱查明扑毁事上谕	乾隆四十九年十二月十二日
云南巡抚刘秉恬为遵旨查办省城扑毁去思德政碑事奏折	乾隆五十年三月初八日

河南巡抚毕沅为报刁民借立碑图骗乡里并殴差身死事奏折	乾隆五十年三月二十六日
着毕沅将现获之卢氏县竖碑伤差之犯严审明确从重办理事上谕	乾隆五十年四月初二日
着各省督抚实力详查碑碣仿照刘秉恬所奏办理事上谕	乾隆五十年四月十三日
河南巡抚毕沅为审办卢氏县民人常礼等敛钱竖碑夺犯事奏折	乾隆五十年四月
河南巡抚毕沅为卢氏县知县谢钟毓系庸懦之员事奏片	乾隆五十年四月
着将卢氏县民常礼等敛钱竖碑纠众夺犯伤差八犯处绞事谕旨	乾隆五十年五月初二日
广西巡抚孙永清为扑毁去思德政碑事奏折	乾隆五十年六月初十日
山西巡抚农起为报扑毁去思德政碑事奏折	乾隆五十年六月十三日
贵州巡抚永保为扑毁去思德政碑事奏折	乾隆五十年六月十四日
盛京将军永玮等为扑毁去思德政碑事奏折	乾隆五十年六月十五日
湖广总督特成额等为扑毁去思德政碑事奏折	乾隆五十年六月十五日
陕西巡抚何裕城为扑毁去思德政碑事奏折	乾隆五十年六月十六日
着再传谕各该督抚务遵前旨实力详查碑碣事上谕	乾隆五十年六月二十一日
广东巡抚孙士毅为报扑毁去思德政碑事奏折	乾隆五十年六月二十二日
直隶总督刘峨为扑毁去思德政碑等事奏折	乾隆五十年六月二十四日
陕甘总督福康安为审明甘肃省灵台县知县武粤生贪鄙不职按律定拟事奏折	乾隆五十年六月二十九日
直隶总督刘峨为扑毁去思德政碑并报雨情事奏折	乾隆五十年六月二十九日
浙江巡抚福崧为扑毁去思德政碑事奏折	乾隆五十年六月二十九日
四川总督李世杰为扑毁去思德政碑事奏折	乾隆五十年六月三十日
陕甘总督福康安为查办去思德政碑事奏折	乾隆五十年七月初八日
湖广总督特成额为湖南扑毁去思德政碑事奏折	乾隆五十年七月十一日
广东巡抚孙士毅为遵旨扑毁去思德政碑事奏折	乾隆五十年七月十二日
热河兵备道托伦为报扑毁承德所属去思德政碑事呈	乾隆五十年七月十三日
暂署江西巡抚舒常为报扑毁去思德政碑事奏折	乾隆五十年七月十三日
贵州巡抚永保为扑毁去思德政碑事奏折	乾隆五十年七月十五日
为热河道禀报除业经扑毁去思碑十五座外实无立有碑座事奏片	乾隆五十年七月十五日
云南巡抚刘秉恬为扑毁去思德政碑奉旨交部议叙谢恩事奏折	乾隆五十年七月十五日
河南巡抚毕沅为报扑毁去思德政碑事奏折	乾隆五十年七月十六日
山东巡抚明兴为扑毁去思德政碑事奏折	乾隆五十年七月二十四日
安徽巡抚书麟为扑毁去思德政碑事奏折	乾隆五十年七月三十日
江苏巡抚闵鹗元为核实查办苏省各属扑毁德政碑数目事奏折	乾隆五十年八月初四日
闽浙总督富勒浑等为报查办去思德政碑事奏折	乾隆五十年八月初九日
两淮盐政全德为报查办两淮盐政衙门去思德政碑等事奏折	乾隆五十年八月二十二日
为遵旨查雍正年间并未奉有禁立德政碑谕旨事奏片	乾隆五十年九月初五日
直隶总督刘峨为扑毁武职去思德政碑事奏折	乾隆五十年九月十九日
广西巡抚孙永清为遵旨汇奏扑毁去思德政碑等事奏折	乾隆五十年十月十九日
两广总督富勒浑等为遵例具奏粤省并无私立去思德政碑事奏折	乾隆五十年十月二十四日

四川总督李世杰为报查办扑毁去思德政碑事奏折	乾隆五十年十月二十八日
署理东河总督兰第锡为报查毁去思德政碑事奏折	乾隆五十年十一月初一日
闽浙总督雅德为报查明闽省并无私立德政碑事奏折	乾隆五十年十一月初三日
江苏巡抚闵鹗元为遵旨汇奏苏省本年并无新立去思德政碑等事奏折	乾隆五十年十一月十一日
湖南巡抚浦霖为报查明本省并无私立德政碑事奏折	乾隆五十年十一月十九日
山西巡抚伊桑阿为报晋省扑毁去思德政碑等事奏折	乾隆五十年十一月二十日
贵州巡抚李庆棻为遵例汇奏黔省本年并无新立去思德政碑事奏折	乾隆五十年十一月二十日
署理陕甘总督庆桂为报甘省城内及哈密厅扑毁去思德政碑等事奏折	乾隆五十年十一月二十一日
河南巡抚毕沅为报查明豫省并无私立去思德政碑事奏折	乾隆五十年十一月二十六日
浙江巡抚福崧为报浙省扑毁去思德政碑数目等事奏折	乾隆五十年十一月二十六日
两江总督萨载为报三省并无私立德政碑等弊事奏折	乾隆五十年十一月二十八日
湖广总督特成额为汇奏查无去思德政碑等事奏折	乾隆五十年十一月二十八日
暂署江西巡抚舒常为汇奏查无万民衣伞及去思德政碑事奏折	乾隆五十年十一月二十八日
直隶总督刘峨为报查明本省并无续立去思德政碑事奏折	乾隆五十年十二月初四日
乌鲁木齐都统永多为汇奏镇西府迪化州所属地方扑毁去思德政碑数目事奏折	乾隆五十年十二月初七日
南河总督李奉翰为汇奏查无去思德政碑等弊事奏折	乾隆五十年十二月初八日
署理东河总督兰第锡为汇奏查无去思德政碑事奏折	乾隆五十年十二月初十日
陕西巡抚永保为汇奏查无去思德政碑等弊事奏折	乾隆五十年十二月十二日
安徽巡抚书麟为汇奏去思德政碑扑毁净尽等事奏折	乾隆五十年十二月十三日
盛京将军永玮等为汇奏奉天本年并无建立德政碑等弊事奏折	乾隆五十年十二月十五日
两淮盐政全德为汇奏两淮盐务各衙门本年并无违禁建立德政碑等事奏折	乾隆五十年十二月十七日
直隶总督刘峨为报前任盐政常绶等德政碑已遵旨扑毁事奏折	乾隆五十年十二月十九日
暂署陕甘总督庆桂为报查办扑毁去思德政碑事奏折	乾隆五十年十二月

乾隆六年衍圣公与曲阜知县互讦案

吕小鲜编选（1995·3·20）　　中国第一历史档案馆

衍圣公孔广棨为参曲阜县孔毓琚事奏折	乾隆六年八月二十四日
户部侍郎周学健为孔毓琚首告应不准行并请严切训斥孔广棨事奏折	乾隆六年九月十六日
附：曲阜世职知县孔毓琚为衍圣公孔广棨干背国宪剥民乱宗事揭	乾隆六年九月初八日
大学士鄂尔泰等为议复孔毓琚因参首告拟不准行并请旨训斥孔广棨事奏折	乾隆六年九月二十四日
贵州道监察御史孙灏为曲阜孔氏世袭知县不宜裁撤事奏折	乾隆六年九月二十八日
刑部侍郎周学健为曲阜世袭知县请以浙西孔氏南宗补授事奏折	乾隆六年十月十八日

乾隆六年王保住等伪造王谕案史料
吕小鲜编选（1993·2·17）　　中国第一历史档案馆
庄亲王允禄等为遵旨审拟王保住伪造王谕一案事奏折　　乾隆六年九月二十五日

乾隆初张照等为安氏杀婢案奏折
吕小鲜编选（1997·2·17）　　中国第一历史档案馆
刑部侍郎张照等为妇女杀婢不应只令收赎事奏折　　乾隆六年十二月二十二日
刑部侍郎张照为请将安氏杀婢案交都察院查审定拟事奏折　　乾隆七年三月初五日

乾隆七年保镖史料一则
吕小鲜编选（2001·4·24）　　中国第一历史档案馆
山西布政使严瑞龙为请严禁保镖胡作非为事奏折　　乾隆七年十一月初一日

乾隆年间伪孙嘉淦奏稿案史料选（一）
王澈编选（1998·1·12）　　中国第一历史档案馆
云南总督硕色为报提塘吴士周禀内伪稿事奏折　　乾隆十六年七月初二日
云南总督硕色为请旨严缉伪稿传播逆党事奏折　　乾隆十六年七月初六日
贵州巡抚开泰为审讯提塘吴士周等人事奏折　　乾隆十六年七月二十二日
浙江巡抚雅尔哈善为请将关涉伪稿之提督吴进义革职等事奏折　　乾隆十七年三月十四日
浙闽总督喀尔吉善等为查明在押犯包琳自缢事奏折　　乾隆十七年三月十四日
浙江巡抚雅尔哈善为复报审讯吴进义事奏折　　乾隆十七年三月二十九日
署湖南巡抚范时绶为拿获伪稿案犯罗步曾等事奏折　　乾隆十七年十二月十八日
署湖南巡抚范时绶为审理传抄伪稿之罗邦富等事奏折　　乾隆十七年十二月十八日
江苏巡抚庄有恭为报伪稿案内李柱国等供词及施秉乾自尽事奏折　　乾隆十八年正月初二日
江西巡抚鄂容安为查讯尹凯等人伪稿来源事奏折　　乾隆十八年正月初七日
附：供单
江西巡抚鄂容安为审理廖以权等传递伪稿三案事奏折　　乾隆十八年正月初七日
附件一：廖以权所供各犯应拟处置缘由单
附件二：帅连及案内各犯应拟处置缘由单
附件三：徐炅供出传看伪稿各犯应拟处置缘由单
江苏巡抚庄有恭等为审理陈公绶等传送伪稿事奏折　　乾隆十八年正月初十日
附件一：陈公绶供折
附件二：钱玉珍供折
附件三：高正学供折
附件四：沈翼天供折
江西巡抚鄂容安为复审伪稿案内徐允达等事致军机处咨文　　乾隆十八年正月十二日

乾隆年间伪孙嘉淦奏稿案史料选（二）

王澈编选（1998·2·16）　　中国第一历史档案馆

云贵总督硕色等为报查明伪稿来自湖北事奏折	乾隆十六年七月二十九日
山东按察使和其衷为密报山东曾有伪稿传播及抚臣草率处置事奏折	乾隆十六年八月十七日
湖北巡抚恒文为审理传抄伪稿诸犯事奏折	乾隆十六年八月十八日
湖北巡抚恒文为封贮伪稿要犯家赀事奏折	乾隆十六年八月十八日
湖广总督阿里衮为拿获传抄伪稿之陈俊臣等五人事奏折	乾隆十六年八月十九日
湖南巡抚杨锡绂为遵旨遴选干员严拿传造伪稿者事奏折	乾隆十六年八月二十日
贵州巡抚开泰为审讯伪稿来源事奏折	乾隆十六年八月二十日
湖北巡抚恒文为复讯陈守璟等伪稿案事奏折	乾隆十六年八月二十八日
四川总督策楞为报查获之逆词即系伪稿事奏折	乾隆十六年九月初二日
江南河道总督高斌为遵旨查明官贵震住居江宁事奏折	乾隆十六年九月初三日
署山东巡抚兆惠为密拿官贵震根究伪稿来历事奏折	乾隆十六年九月初三日
署山东巡抚兆惠为审理准泰隐匿伪稿事奏折	乾隆十六年九月初三日
河南巡抚鄂容安为赴山东查办伪稿事奏折	乾隆十六年九月初三日
云贵总督硕色等为再报审讯金汝政等伪稿来历事奏折	乾隆十六年九月初四日
贵州巡抚开泰为报审理伪稿案迟缓缘由事奏折	乾隆十六年九月初六日

乾隆年间伪孙嘉淦奏稿案史料选（三）

王澈编选（1998·3·3）　　中国第一历史档案馆

直隶总督方观承为报查获伪稿并严寻毛允绂等各犯事奏折	乾隆十六年九月初六日
直隶总督方观承为报复讯伪稿得自山东事奏折	乾隆十六年九月初六日
江西巡抚舒辂为报审讯陈守璟等诸犯情形事奏折	乾隆十六年九月初六日
署山东巡抚兆惠为审讯准泰隐匿发现伪稿事奏折	乾隆十六年九月初八日
两江总督尹继善为报拿获官贵震并参劾和其衷事奏折	乾隆十六年九月初八日
湖北巡抚恒文为报接奉上谕并准江西咨复事奏折	乾隆十六年九月十一日
湖北巡抚恒文为接奉谕旨褒嘉叩谢天恩事奏折	乾隆十六年九月十一日
湖南巡抚杨锡绂为报拿获传播伪稿之江起保事奏折	乾隆十六年九月十一日
闽浙总督喀尔吉善等为遵旨密查传抄伪稿者事奏折	乾隆十六年九月十四日
护理贵州巡抚温福为遵旨查办伪稿案犯事奏折	乾隆十六年九月十五日
山西巡抚阿思哈为报访获传抄伪稿之张联义等人事奏折	乾隆十六年九月十七日
署河南巡抚陈弘谋为报奉旨缉拿伪稿案犯事奏折	乾隆十六年九月十八日
山东巡抚鄂容安为报查出官贵震为伪稿作者事奏折	乾隆十六年九月十八日
陕甘总督黄廷桂为报拿获传抄伪稿之张大本等十余人等情事奏折	乾隆十六年九月十九日
四川总督策楞为报奉旨搜拿伪撰奏稿案犯事奏折	乾隆十六年九月二十日
四川总督策楞为报审讯黄连贩谭永富拒不承认伪稿事奏折	乾隆十六年九月二十日
直隶总督方观承为报审讯传抄伪稿之陈绍仁等事奏折	乾隆十六年九月二十一日
山东巡抚鄂容安为报遵旨将和其衷革职拿问等事奏折	乾隆十六年九月二十一日
直隶总督方观承为遵旨严讯卢顺阳等保定伪稿来历事奏折	乾隆十六年九月二十一日

署两广总督为接奉谕旨密查传播伪稿事奏折　乾隆十六年九月二十一日
山西巡抚阿思哈为奉旨追查伪稿并审讯王世光等事奏折　乾隆十六年九月二十二日

乾隆年间伪孙嘉淦奏稿案史料选（四）

王澈编选（1998·4·3）　中国第一历史档案馆
四川按察使鄂敏为追查伪稿余孽事奏折　乾隆十六年九月二十四日
云贵总督硕色等为报审讯左曩陶等事奏折　乾隆十六年九月二十六日
云贵总督硕色为参劾署镇远总兵唐开中事奏折　乾隆十六年九月二十六日
江苏巡抚庄有恭为报抵任并通饬所属密查伪稿等事奏折　乾隆十六年九月二十六日
江西巡抚舒辂为报传播伪稿之罗绍文身故并密封底稿事奏折　乾隆十六年九月二十八日
四川总督策楞为奉旨复奏办理伪稿案迟缓缘由事奏折　乾隆十六年九月二十八日
直隶总督方观承为报审理传抄伪稿之王进伦事奏折　乾隆十六年九月二十八日
直隶总督方观承为报审办李荣等犯事奏折　乾隆十六年九月二十八日
四川总督策楞为起获伪稿所书孙嘉淦官衔互异事奏折　乾隆十六年九月二十八日
两江总督尹继善为查明山东传播伪稿得自王爕官木行事奏折　乾隆十六年九月三十日
贵州巡抚开泰为报贵阳等处商民多不知伪稿并严拿传抄之人事奏折　乾隆十六年九月三十日
署湖广总督恒文为报拿获伪稿之陈如纲等人事奏折　乾隆十六年十一月初一日
山东巡抚鄂容安为参劾失察知县并拿获存有伪稿生员陈诰事奏折　乾隆十六年十一月初六日
两江总督尹继善为报审讯传抄伪稿之万仁汤及委员办案事奏折　乾隆十六年十一月初八日
两江总督尹继善为报审理传播伪稿之施楠事奏折　乾隆十六年十一月初九日
四川总督策楞为报审拟伪造御批之吕大荣等人事奏折　乾隆十六年十一月初十日
江西巡抚舒辂为办理万仁汤一案失宜事奏折　乾隆十六年十一月十二日
陕甘总督黄廷桂为办理伪稿案内徐宗儒等人事奏折　乾隆十六年十一月十七日
闽浙总督喀尔吉善等为奉旨弹劾知县伍鈬传看伪稿事奏折　乾隆十六年十一月十七日

乾隆年间伪孙嘉淦奏稿案史料选（五）

王澈编选（1999·1·15）　中国第一历史档案馆
四川总督策楞为报审明夏起凤伪稿来源及妄加朱批之人事奏折　乾隆十六年十一月十七日
陕甘总督黄廷桂为参劾传阅伪稿之知县张钧鳌等事奏折　乾隆十六年十一月十七日
福建巡抚潘思榘为报查出传抄伪稿要犯戴岳万等事奏折　乾隆十六年十一月十七日
暂署两广总督新柱等为报办理传抄伪稿之潘潮等人事奏折　乾隆十六年十一月二十日
署湖南巡抚范时绶为报办理传抄伪稿者并续究首恶事奏折　乾隆十六年十一月二十日
两江总督尹继善为报仍委周承勃办理江西伪稿案事奏折　乾隆十六年十一月二十八日
两江总督尹继善为报游国礼案内究出楚省江万邦等事奏折　乾隆十六年十一月二十八日
两江总督尹继善为报湖南伪稿得自江西生员余允绪事奏折　乾隆十六年十一月二十八日
江西巡抚鄂昌为报审理传抄伪稿人犯显有情弊事奏折　乾隆十六年十一月二十八日
两江总督尹继善为报杨朝章供情不符解江西质讯事奏折　乾隆十六年十一月二十八日

署理湖广总督恒文为奉旨将贡生龙韬解赴黔省质讯事奏折	乾隆十六年十二月初一日
闽浙总督喀尔吉善为参奏抄誊伪稿上呈之参将李兆事奏折	乾隆十六年十二月初四日
四川总督策楞为报逐案根究伪撰首犯及朱批之人事奏折	乾隆十六年十二月初四日
贵州巡抚开泰为接奉谕旨并报办理伪稿案情事奏折	乾隆十六年十二月初六日
福建巡抚潘思榘为报奉旨并办理抄写伪稿之戴岳万等事奏折	乾隆十六年十二月十一日
直隶总督方观承为报审理传抄伪稿之卢顺阳等事奏折	乾隆十六年十二月十二日
云贵总督硕色为报龙乾惕并非捏造伪稿之人等事奏折	乾隆十六年十二月十二日
两江总督尹继善为报续究出传抄伪稿之已发落人犯倪心传事奏折	乾隆十六年十二月十三日
两江总督尹继善为报究出江西黄景良传抄伪稿事奏折	乾隆十六年十二月十三日
两江总督尹继善为报湖北拿究传抄伪稿之严右箴事奏折	乾隆十六年十二月十三日
云南巡抚爱必达为报丁得升否认携带伪稿回赣事奏折	乾隆十六年十二月十八日
山西巡抚阿思哈为报晋省办理伪稿审结各案事奏折	乾隆十六年十二月二十日
直隶总督方观承为报审理卢顺阳等结案事奏折	乾隆十六年十二月二十日
署湖广总督恒文为奉旨发落羁候人犯事奏折	乾隆十六年十二月二十二日
署湖广总督恒文为报查办添造伪稿词句之叶廷芳事奏折	乾隆十六年十二月二十二日
湖北巡抚恒文等为拟委员乔装秘访伪稿首犯事奏折	乾隆十六年十二月二十二日
署理湖广总督恒文为报龙韬圈点伪稿未能取到事奏折	乾隆十六年十二月二十二日

乾隆年间伪孙嘉淦奏稿案史料选（六）

王澈编选（1999·2·11）　　中国第一历史档案馆

护理贵州巡抚温福为报审理江西客民李象武伪稿来历事奏折	乾隆十六年十二月二十六日
护理贵州巡抚温福为参劾传抄隐匿伪稿土司事奏折	乾隆十六年十二月二十六日
两江总督尹继善为报究出伪稿得自江西江士坚事奏折	乾隆十六年十二月二十八日
两江总督尹继善为报从前审案错误并现在详审伪稿正线事奏折	乾隆十六年十二月二十八日
两江总督尹继善为报严审隐匿伪稿之守备王百祥等事奏折	乾隆十六年十二月二十八日
两江总督尹继善为报游国礼一线究出戎凌汉等人羁押事奏折	乾隆十六年十二月二十八日
两江总督尹继善为报究出传播伪稿之陕西郭长年等四人事奏折	乾隆十六年十二月二十八日
江西巡抚鄂昌为参传抄伪稿巡检沈仁龙等人事奏折	乾隆十六年十二月二十九日
江西巡抚鄂昌为报道员施廷翰之子施奕度传播伪稿事奏折	乾隆十七年正月十一日
两广总督阿里衮为钦奉上谕将原供之犯解赴对质事奏折	乾隆十七年三月初一日
四川总督策楞为遵旨办案以杜仇扳拖累事奏折	乾隆十七年三月初四日
山东巡抚鄂容安为报已将东省传播伪稿各犯查明事奏折	乾隆十七年三月初四日
浙江巡抚雅尔哈善为请旨将提督吴进义革职事奏折	乾隆十七年三月十四日
闽浙总督喀尔吉善等为查明包琳实系自缢事奏折	乾隆十七年三月十四日
闽浙总督喀尔吉善为遵旨陈明吴进义阅看伪稿属实事奏折	乾隆十七年三月十七日
云贵总督硕色等为将前土司黄卷发配贵阳等事奏折	乾隆十七年三月二十八日
署湖南巡抚范时绶为奉旨办理传抄伪稿之胡尚让等事奏折	乾隆十七年三月二十四日
署湖南巡抚范时绶为拟将龙乾惕绞监候秋后处决事奏折	乾隆十七年三月二十四日

陕甘总督黄廷桂为报续获传抄伪稿人名并办理事奏折　乾隆十七年三月二十八日

乾隆年间伪孙嘉淦奏稿案史料选（七）

王澈编选（1999·3·12）　中国第一历史档案馆
两江总督尹继善为报章锦案内究出武恺事奏折　乾隆十七年四月初七日
两江总督尹继善为奉旨申明审讯章锦等人情形未报缘由事奏折　乾隆十七年四月初七日
两江总督尹继善为报守备王百祥案内究出旗丁潘献桃事奏折　乾隆十七年四月初七日
两江总督尹继善为报山东伪稿案已追至浙省丁忧县丞朱兴楚事奏折　乾隆十七年四月初七日
两广总督阿里衮为报两广查获五起伪稿案及办理事奏折　乾隆十七年四月十三日
两广总督阿里衮为钦奉上谕办理伪稿以专责成事奏折　乾隆十七年四月十三日
江西巡抚鄂昌为报江西审办伪稿案二十七件并章锦案内顾章周事奏折　乾隆十七年四月二十二日
直隶总督方观承为办理孙继富案内刘坤事奏折　乾隆十七年四月二十七日
浙江巡抚雅尔哈善为报秉公审究革职提督吴进义事奏折　乾隆十七年五月初二日
云贵总督硕色等为报干景白案内李象武等审理情形事奏折　乾隆十七年五月初二日
江南提督武进升为陈明曾隐匿传看伪稿参将不报事奏折　乾隆十七年五月十八日
四川总督策楞为报已经复到川省咨拿之郑恒茂等五起案犯事奏折　乾隆十七年七月初四日
浙江巡抚雅尔哈善为报审理原提督吴进义传看伪稿案事奏折　乾隆十七年七月十一日
浙江巡抚雅尔哈善为报根究陈公绶所传伪稿事奏折　乾隆十七年七月十一日
山东巡抚鄂容安为究明江苏蔡二案内张二事并东省查无未获未结案事奏折　乾隆十七年七月十三日
浙江巡抚雅尔哈善为遵旨回复发落陈汝怀等事奏折　乾隆十七年七月十三日

乾隆年间伪孙嘉淦奏稿案史料选（八）

王澈编选（1999·4·7）　中国第一历史档案馆
两江总督尹继善为接奉申饬谕旨并报实力查办陈永寿等事奏折　乾隆十七年七月十三日
两江总督尹继善为报施奕度传抄伪稿来自京中事奏折　乾隆十七年七月十三日
两江总督尹继善为审理陈可望伪稿得自周孝修事奏折　乾隆十七年七月十三日
浙江巡抚雅尔哈善为报审理浙省传抄伪稿各犯事奏折　乾隆十七年七月十九日
兵部尚书舒赫德等为审讯施奕源伪稿来历事奏折　乾隆十七年七月二十日
兵部尚书舒赫德等为再审施奕源仍无确凿事奏折　乾隆十七年七月二十二日
兵部尚书舒赫德为报施奕源诬扳盐大使丁先权传看伪稿事奏折　乾隆十七年七月二十三日
江西巡抚鄂昌为报遵旨审拟传抄伪稿之守备王百祥等事奏折　乾隆十七年七月二十四日
云贵总督硕色等为报李象武所带伪稿伪批得自罗镇杭事奏折　乾隆十七年七月二十四日
两广总督阿里衮等为报奉旨查办伪稿案中孟均等人犯事奏折　乾隆十七年七月二十九日
江西巡抚鄂昌为报施奕学伪稿源自赵殷中事奏折　乾隆十七年七月三十日

兵部尚书舒赫德为查寻施奕学踪迹事奏折　乾隆十七年八月初一日
江苏巡抚庄有恭为报案犯供吐游移赴浙会审事奏折　乾隆十七年八月初七日
兵部尚书舒赫德为报将施奕学案内刘士禄解京事奏折　乾隆十七年八月初七日
广西巡抚定长为报广西并无未结之案事奏折　乾隆十七年八月初七日
江西巡抚鄂昌为报办理伪稿诸案情形事奏折　乾隆十七年八月十一日
陕甘总督黄廷桂为报甘省伪稿二案均归江南质结事奏折　乾隆十七年八月十九日
浙江巡抚雅尔哈善为报陈公绶传递伪稿诬扳数人事奏折　乾隆十七年八月二十一日
福建巡抚陈弘谋为报奉旨查办闽省伪稿案人犯刘熜等事奏折　乾隆十七年八月二十六日
江西巡抚鄂昌为查施奕学案内汤姓事奏折　乾隆十七年八月二十六日
兵部尚书舒赫德等为遵旨审讯施奕学皂保供词不符事奏折　乾隆十七年八月二十九日
兵部尚书舒赫德等为奉旨将施廷皋解任审讯事奏折　乾隆十七年八月二十九日
江西巡抚鄂容安为报彭楚白伪稿得自卢鲁生刘时达等事奏折　乾隆十七年十二月二十六日
闽浙总督喀尔吉善等为报闽省办理传抄伪稿之陈旺等事奏折　乾隆十八年正月十二日

清代龙华会史料选编

王澈编选（2000·3·40）　中国第一历史档案馆

浙江总兵史弘蕴为报拿获开堂设教之周喜吉事奏折　乾隆十八年七月十三日
浙江巡抚雅尔哈善为报拿获龙华会曹进侯等讯办事奏折　乾隆十八年七月十九日
闽浙总督喀尔吉善为报周喜吉等在浙省传罗教事奏折　乾隆十八年八月初六日
江苏巡抚彰宝为查获龙华教史启润等究办事奏折　乾隆三十三年十月初十口
陕甘总督吴达善为报拿获龙华教案内张仁等分别查办事奏折　乾隆三十三年十一月二十一日
江苏巡抚彰宝为审明定拟龙华教史启润等人事奏折　乾隆三十三年十二月十三日
广西巡抚成林为报拿获宣化县龙华会黄得才等事奏折　嘉庆十六年八月二十三日
广西巡抚成林为拿获龙华会杨二等人事致军机处咨文　嘉庆十六年九月十一日
广西巡抚成林等为审理唐明三事奏折　嘉庆十六年九月二十五日
著广西巡抚成林查拿李添保并整饬地方事上谕　嘉庆十六年十月十三日
安徽巡抚钱楷等为审办金惊有等做龙华会事奏折　嘉庆十七年五月十六日
湖广总督马慧裕等为报拿获河南传习龙华会经咒之樊应城等事片　嘉庆二十年四月十三日
河南巡抚方受畴为查拿妄造不法逆词事片　嘉庆二十年五月二十四日
户部右侍郎刘镮之等为报冀州崔文炳等修习邪教事奏折　嘉庆二十一年十一月初五日
附：供单
陕西巡抚李星沅为报访获传习龙华教萧刚等事奏折　道光二十五年三月初八日
陕西巡抚李星沅为报续审萧刚等人并请旨密拿川鄂要犯事奏折　道光二十五年三月十九日
河南巡抚张人骏为审理商城谢尚恭等结纳龙华会首事片　光绪三十三年七月初七日

乾隆二十八年万全县碧天寺黄天道教案

方裕谨编选（1990·3·31）　中国第一历史档案馆

直隶总督方观承为查获碧天寺内黄天道教经卷事奏折　乾隆二十八年三月二十七日
着派兆惠等为查办碧天寺黄天道教案钦差大臣上谕　乾隆二十八年三月二十九日

直隶总督方观承为报审理碧天寺收藏经卷情形事奏折　乾隆二十八年三月三十日
着山西巡抚明德速将曹生泰拿获解直审究上谕　乾隆二十八年四月初二日
钦差大臣兆惠等为报会审碧天寺黄天道教案李继印等人情形事奏折　乾隆二十八年四月初五日
山西巡抚明德为报查拿曹生泰情形事奏折　乾隆二十八年四月初五日
着钦差大臣兆惠等就近严密查拿曹生泰上谕　乾隆二十八年四月初十日
着直隶总督方观承办理直隶赈务碧天寺案由兆惠等继续质审上谕　乾隆二十八年四月十二日
钦差大臣兆惠等为报碧天寺黄天道教现获之人犯先行正法事奏折　乾隆二十八年四月十二日
着钦差大臣兆惠等回京方观承等上紧踩缉曹生泰上谕　乾隆二十八年四月十三日
钦差大臣兆惠等为报拿获曹生泰并按律拟处黄天道教案犯事奏折　乾隆二十八年四月十六日
钦差大臣兆惠等奏报拿获曹生泰情形并拟罪事夹单　乾隆二十八年四月十六日
附：供单
万全县碧天寺所藏黄天道教经卷清单
处决李继印曹生泰王进贤等上谕　乾隆二十八年四月十七日

有关天地会起源史料

秦宝琦　李守郡编选（1986·1·30）　中国第一历史档案馆

闽浙总督崔应阶审拟卢茂等结会起事奏折　乾隆三十三年五月初八日
福建巡抚温福为报李阿闵等起事奏折　乾隆三十五年正月二十日
附：蔡乌强等供词笔录
闽浙总督伍拉纳等审拟行义等奏折　乾隆五十四年五月初三日

乾隆四十一年回空漕船劫案档案

褚若千编选（2015·3·31）　中国第一历史档案馆

漕运总督阿思哈等为常州帮旗丁王益周回空粮船被劫事奏折　乾隆四十一年七月初七日
山东巡抚杨景素为回空粮船被劫案中知县范君僎等疏防讳饰请旨革职事奏折　乾隆四十一年七月十五日
著山东巡抚杨景素等严缉回空粮船被劫案盗犯事上谕　乾隆四十一年七月十六日
漕运总督阿思哈为山东委员来通州查起漕船被劫赃物事奏片　乾隆四十一年七月十七日
直隶总督周元理为奉旨派员严缉回空粮船被劫案盗匪事奏折　乾隆四十一年七月十八日
山东巡抚杨景素为回空粮船被劫一案查获真赃确盗并迅速严拿余伙事奏折　乾隆四十一年七月二十日
著山东巡抚杨景素严缉回空粮船被劫案盗犯并惩处文武员弁事上谕　乾隆四十一年七月二十一日
著重处讳盗废弛之夏津县知县范君僎等事上谕　乾隆四十一年七月二十一日
著申饬办案不周之漕运总督阿思哈等并令严缉盗犯事上谕　乾隆四十一年七月二十三日
山东巡抚杨景素为回空粮船被劫案续获首盗段老等事奏折　乾隆四十一年七月二十三日
山东巡抚杨景素为遵旨督拿粮船被劫案盗匪并已获数名驰　乾隆四十一年七月二十四日

奏事奏折
山东巡抚杨景素为遵旨亲赴临清州督拿回空粮船案逸盗起程日期等事奏折　乾隆四十一年七月二十六日
著山东巡抚杨景素漕船被劫案盗犯陆续拿获毋庸亲临督缉事上谕　乾隆四十一年七月二十七日
著临清州知州李涛缉盗有方赏给知府衔仍留原任事上谕　乾隆四十一年七月二十七日
著各督抚沿河短纤易于藏奸酌定雇佣章程事上谕　乾隆四十一年七月二十八日
著山东巡抚杨景素严饬各属实力防缉盗匪事上谕　乾隆四十一年七月二十八日
漕运总督阿思哈为查获收买回空漕船被劫赃物人犯究拟具奏事奏折　乾隆四十一年七月三十日
漕运总督阿思哈为失察船帮旗丁买赃奉旨申饬谢恩事奏折　乾隆四十一年七月三十日
山东巡抚杨景素为奉旨赴临清州督办粮船被劫案并续获盗犯事奏折　乾隆四十一年八月初二日
山东巡抚杨景素为以王继葛补授夏津县知县事奏折　乾隆四十一年八月初四日
山东巡抚杨景素为遵旨办理防缉盗匪事奏折　乾隆四十一年八月初六日
山东巡抚杨景素为遵旨审办回空粮船被劫案所获盗犯就地正法事奏折　乾隆四十一年八月初六日
山东巡抚杨景素为续获行劫粮船盗犯遵旨审办事奏折　乾隆四十一年八月十八日
著参革知县范君僎尚知悔惧免予充军并饬各省文武实力查拿盗案事上谕　乾隆四十一年九月初一日

乾隆四十二年查办彭理寄顿家产案

王澈编选（1993·4·3）　　中国第一历史档案馆

署湖南巡抚敦福为未将彭理年老之处具奏事奏折　乾隆四十二年三月十三日
著直隶总督周元理等密查彭理寄顿财产事上谕　乾隆四十二年四月初二日
著申饬漫奏回护彭理之署湖南巡抚敦福事上谕　乾隆四十二年四月初五日
署湖南巡抚敦福为遵旨访查彭理寄顿财产事奏折　乾隆四十二年四月十八日
湖南巡抚颜希深为报查出彭理寄存及典当物品事奏折　乾隆四十二年四月二十日
仓场侍郎敦福为查明彭理寄顿财产并恃势勒当事奏折　乾隆四十二年四月二十五日
附件一：清单
附件二：供折
署湖广总督陈辉祖为遵旨查明彭理除寄存箱物等外别无隐寄事奏折　乾隆四十二年四月二十九日
仓场侍郎敦福为报驰回澧州查办彭理寄顿财产事奏折　乾隆四十二年五月初一日
湖南巡抚颜希深为报彭理于安乡县茂生典铺当物情形事奏折　乾隆四十二年五月初四日
仓场侍郎敦福为查出彭理将衣物典当得银生息事奏折　乾隆四十二年五月初十日
附：清单
署湖广总督陈辉祖为请将彭理革职事奏折　乾隆四十二年五月十六日
军机大臣等报彭理寄存衣物并当银供单事奏折　乾隆四十二年五月十六日
直隶总督周元理为复密查彭理房地数目事奏折　乾隆五十二年五月二十日
附：清单

军机大臣等为报彭理典当朝珠系典商自愿等情形事奏片　乾隆四十二年五月二十八日
军机大臣等为报彭理将当钱生息及替他人当衣情形事奏片　乾隆四十二年五月二十八日
著将勒当之彭理革职并将敦福交部议处事上谕　乾隆四十二年六月初二日
著将失察之署湖广总督陈辉祖交部议处事上谕　乾隆四十二年六月十三日
著毋庸将署湖广总督陈辉祖交部议处事上谕　乾隆四十二年六月十四日

乾隆四十二年山东峄县私盐贩拒捕伤差案

王澈编选（1991·3·33）　中国第一历史档案馆
著将失捕私盐贩之山东峄县溺职知县吴浚革职上谕　乾隆四十二年十月三十日
著江南河道总督萨载等会缉峄县私盐贩并将获犯分别拟办事上谕　乾隆四十二年十一月初七日
江苏巡抚杨魁为遵旨亲赴邳州查拿峄县私盐贩并已获李二赖歹等人事奏折　乾隆四十二年十一月十三日
江南河道总督萨载等为已获私盐贩十一名并先将李二赖歹审明斩枭事奏折　乾隆四十二年十一月十四日
附：李二赖歹供单
江南河道总督萨载等为审办续获盐犯李桐事奏折　乾隆四十二年十一月十八日
山东巡抚国泰为遵旨查拿峄县私盐贩并已获各犯分别审拟等事奏折　乾隆四十二年十一月十九日
山东巡抚国泰为究出峄县私盐贩案内人犯姓名地址片　乾隆四十二年十一月十九日
山东巡抚国泰为讯明私盐贩车辆于庞家渡过河情形事片　乾隆四十二年十一月十九日
山东巡抚国泰为已拿获私盐贩十八名先行审拟事奏折　乾隆四十二年十一月十九日
山东巡抚国泰为查报私盐来历及追查窝家事奏折　乾隆四十二年十一月二十六日
山东巡抚国泰为拿获峄县盐案内要犯宋四夸子事片　乾隆四十二年十一月二十六日
江南河道总督萨载为审拟拒捕盐贩刘三蓑衣等人事奏折　乾隆四十二年十一月二十九日
山东巡抚国泰为重惩窝顿私盐各店家事奏折　乾隆四十二年十二月初三日
山东巡抚国泰为审理并正法续获盐犯宋四夸子等事奏折　乾隆四十二年十二月初三日
山东巡抚国泰为拿获盐犯庄兴事片　乾隆四十二年十二月初三日
江南河道总督萨载为续获峄县盐案内人犯并审明定拟事奏折　乾隆四十二年十二月初四日
附：卞景成等供单
山东巡抚国泰为讯得峄县盐案首犯孙二汉下落将亲往查拿事奏折　乾隆四十二年十二月十三日
江南河道总督萨载为续获盐犯蒋克会等并查获窝主事奏折　乾隆四十二年十二月十八日
江南河道总督萨载为遵旨发遣盐犯刘夸子等并设法续查孙二汉等事奏折　乾隆四十二年十二月十八日
山东巡抚国泰为派员分赴各处查缉盐案首犯孙二汉事奏折　乾隆四十二年十二月十九日
山东巡抚国泰为遵旨回省及密缉峄县盐案主犯孙二汉等事奏折　乾隆四十三年正月初一日
江南河道总督萨载为遵旨回衙并委员密缉峄县盐案逸犯等事奏折　乾隆四十三年正月初二日
护理山东巡抚徐恕为拿获盐犯小王二并密缉孙二汉事奏折　乾隆四十三年正月十五日

著山西巡抚巴延三等上紧踩缉盐贩孙二汉等上谕　　乾隆四十三年正月十九日
山西巡抚巴延三为遵旨实力查拿孙二汉事奏折　　乾隆四十三年正月二十五日

乾隆四十六年清政府镇压啯噜史料选编（上）

王澈编选（1991·1·23）　　中国第一历史档案馆

湖广提督李国梁为报利川县拿获啯噜蔡友应事奏折　　乾隆四十六年六月初二日
湖广总督舒常等为缉拿川省啯噜事奏折　　乾隆四十六年六月初六日
湖南巡抚刘墉为防范缉拿川省啯噜事奏折　　乾隆四十六年六月初九日
湖广总督舒常等为报所获啯噜蔡友应在监身故事奏片　　乾隆四十六年六月二十一日
四川总督文绶为报拿获啯噜胡范年等并移会邻省合力堵擒事奏折　　乾隆四十六年六月二十三日
著湖广总督舒常等严审啯噜蔡友应等并饬川督文绶查明川省啯噜逃脱缘由上谕　　乾隆四十六年六月二十四日
湖南巡抚刘墉为啯噜进入贵州并湖南侦缉截拿事奏折　　乾隆四十六年七月初三日
湖南巡抚刘墉为报盘获可疑之人袁积班事奏片　　乾隆四十六年七月初三日
湖广总督舒常为遵旨严催缉拿啯噜事奏折　　乾隆四十六年七月初三日
四川总督文绶为报追捕啯噜并严办已获胡范年等事奏折　　乾隆四十六年七月初五日
著四川湖广等督抚迅速搜捕啯噜毋存姑息上谕　　乾隆四十六年七月初七日
湖广总督舒常等为报拿获啯噜皮麻子事奏片　　乾隆四十六年七月初八日
湖广总督舒常等为复严密擒拿川省啯噜事奏折　　乾隆四十六年七月初八日
湖南巡抚刘墉为复贵州拿获啯噜钟凤鸣并湖南虽无匪踪仍行严防事奏折　　乾隆四十六年七月初九日
著四川湖广等省督抚严密查拿川省啯噜事上谕　　乾隆四十六年七月初十日
湖广总督舒常等为报已饬将啯噜蔡友应戮尸枭示事奏折　　乾隆四十六年七月十四日
湖广总督舒常等为已将续获啯噜皮麻子等飞饬解省事奏片　　乾隆四十六年七月十四日
湖南巡抚刘墉为再报湖南虽无啯噜窜入仍加紧踩缉事奏折　　乾隆四十六年七月十五日
四川总督文绶为报前后拿获啯噜并仍四路缉捕事奏折　　乾隆四十六年七月十六日
著四川总督文绶为复堵截啯噜情事上谕　　乾隆四十六年七月十七日
湖广提督李国梁为复擒获啯噜事奏折　　乾隆四十六年七月十七日
湖广总督舒常等为复搜拿啯噜并查办皮麻子等事奏折　　乾隆四十六年七月十九日
四川总督文绶为遵旨参奏查办啯噜不力文武官员事奏折　　乾隆四十六年七月二十日
湖南巡抚刘墉为盘获啯噜杨集荣等三人并审究事奏折　　乾隆四十六年七月二十日

乾隆四十六年清政府镇压啯噜史料选编（下）

王澈编选（1991·2·24）　　中国第一历史档案馆

湖广提督李国梁为报钦奉上谕起程督捕啯噜事奏折　　乾隆四十六年七月二十三日
四川总督文绶为报已将继获啯噜赵得相等处死事奏折　　乾隆四十六年七月二十四日
四川总督文绶为报将啯噜王贵等枭示并亲赴川东督拿事奏折　　乾隆四十六年七月二十五日
四川总督文绶为报严密搜捕川东啯噜事奏折　　乾隆四十六年七月二十七日
湖广提督李国梁为报遵旨赴川省搜拿啯噜事奏折　　乾隆四十六年七月二十七日
湖广总督舒常等为报续获啯噜彭家桂并审讯事奏折　　乾隆四十六年七月二十九日

湖广总督舒常等为报所属各官分路截拿蝈噜事奏折　　乾隆四十六年七月二十九日
四川提督成德为报赴川省搜缉邻水一带啯噜事奏折　　乾隆四十六年七月三十日
四川总督文绶为报擒获啯噜刘老十等并已抵川东督捕事奏折　　乾隆四十六年八月初四日
四川总督文绶为参奏溺职知县事奏折　　乾隆四十六年八月初四日
著四川总督文绶罚赔搜捕川省啯噜川楚官兵盐菜口粮银上谕　　乾隆四十六年八月初五日
四川总督文绶为复报先后拿获啯噜并饬各属文武查拿搜捕事奏折　　乾隆四十六年八月初九日
四川总督文绶为报实力搜捕啯噜务期无枉无纵事奏折　　乾隆四十六年八月初九日
著将川省不实力擒啯噜之知县张心鉴等革职严审上谕　　乾隆四十六年八月十四日
湖广总督舒常等为审拟拿获啯噜彭家桂等事奏折　　乾隆四十六年八月十六日
湖广总督舒常等为报续获啯噜李添才等事奏片　　乾隆四十六年八月十六日
湖广总督舒常等为审讯续获啯噜周愈事奏折　　乾隆四十六年八月十六日
著湖南巡抚刘墉从严办理所获啯噜上谕　　乾隆四十六年八月二十一日
湖广总督舒常为报审讯续获啯噜严正纲等事奏折　　乾隆四十六年八月二十五日
湖广总督舒常为报审讯定拟所获啯噜严正纲等事奏折　　乾隆四十六年九月初七日
湖广总督舒常为报审讯续获啯噜李维高等事奏折　　乾隆四十六年九月初七日
湖广总督舒常等为报审讯续获蝈噜童臣贵等事奏折　　乾隆四十六年九月十三日
湖广总督舒常等为报审讯续获啯噜匡阳泰等事奏折　　乾隆四十六年九月三十日
湖广总督舒常等为报审定拟办理啯噜周潮盈等事奏折　　乾隆四十六年十月二十二日
湖广总督舒常等为审明定拟办理啯噜朱玉等事奏折　　乾隆四十六年十一月二十六日
湖广总督舒常为报利川至巴东已无啯噜踪迹事奏折　　乾隆四十六年十二月十三日

乾隆朝甘肃冒赈案惩处官员一览表

屈春海编选（1996・2・74）　　中国第一历史档案馆

乾隆朝甘肃捏灾冒赈案惩处官员一览表

乾隆四十七年台湾漳泉民人械斗史料

吕小鲜编选（1996・1・20）　　中国第一历史档案馆

闽浙总督陈辉祖等为台湾彰化漳泉民人械斗已派杨廷桦前往查办事奏折　　乾隆四十七年十月初四日
福建水师提督黄仕简为彰化械斗泉民戕杀军官已亲自带队赴台督拿事奏折　　乾隆四十七年十月初八日
台湾镇总兵金蟾桂为报彰化诸罗漳泉民人械斗及查拿各犯情形事奏折　　乾隆四十七年十月十五日
署闽浙总督福长安等为诸罗县漳泉民人械斗及查办情形事奏折　　乾隆四十七年十月二十日
著将台湾械斗各犯严拿重判并将办理不善之雅德等交部严加议处上谕　　乾隆四十七年十月二十一日
著黄仕简督率将弁将械斗案内各犯严拿务获上谕　　乾隆四十七年十月二十四日
著黄仕简等严拿械斗各犯并详查知府苏泰有否央恳和息上谕　　乾隆四十七年十月二十六日
福建巡抚雅德为移驻厦门事奏折　　乾隆四十七年十一月初五日

福建巡抚雅德为咨黄仕简等查明台湾知府苏泰有否央恳和息事奏折　乾隆四十七年十一月十二日
著黄仕简以已虽漳州籍绝不袒护械斗漳民先行晓谕上谕　乾隆四十七年十一月十七日
福建巡抚雅德为彰化诸罗俱各宁静事奏折　乾隆四十七年十一月十九日
福建水师提督黄仕简等为遵旨查明苏泰确曾出示劝和已咨督抚题参事奏折　乾隆四十七年十一月二十九日
福建巡抚雅德为请将彰化知县焦长发革职拿问事奏折　乾隆四十七年十二月初六日
福州将军永德等为报缉获台湾潜回各犯讯明械斗首犯并究出小刀会各情节事奏折　乾隆四十七年十二月初九日
附：署福建提督永德查获张标家信内紧要情节摘录
著将彰化县知县焦长发革职拿问上谕　乾隆四十七年十二月二十二日
福建巡抚雅德为报漳泉械斗缘由及彰化诸罗现在情形事奏折　乾隆四十七年十二月二十二日
闽浙总督富勒浑不能与武员和衷共济著传旨严行申饬上谕　乾隆四十七年十二月二十五日
福建水师提督黄仕简等为报漳泉械斗经过及现在捕获斩枭各情事奏折　乾隆四十七年十二月二十八日
福建水师提督黄仕简等为报查抄翁裕光等家产并斩枭追缉各情事奏折　乾隆四十八年正月初八日
著将出示劝令械斗民人和息之台湾知府苏泰革职拿解刑部治罪上谕　乾隆四十八年正月初九日
大学士英廉等为遵旨核拟漳泉民人械斗一案泉籍首犯谢笑及家属刑罚事奏折　乾隆四十八年正月二十一日
福建水师提督黄仕简等为恭谢议叙并抄呈台湾知府苏泰劝和告示事奏折　乾隆四十八年二月十二日
附一：台湾知府苏泰在彰化县劝和告示抄稿
附二：台湾知府苏泰在诸罗县劝和告示抄稿

乾隆末年直隶大名案史料选（上）

王澈编选（2009·1·3）　　中国第一历史档案馆

著直隶总督刘峨等迅速查办大名、元城二县劫囚抢库之人上谕　乾隆五十一年闰七月二十日
著将龙舜琴调补大名道并将获犯讯得实情先行正法事上谕　乾隆五十一年闰七月二十一日
著留京王大臣查明刘三洪下落并交刑部监禁等事上谕　乾隆五十一年闰七月二十一日
著山东巡抚明兴缉拿徐克展等事上谕　乾隆五十一年闰七月二十四日
山东巡抚明兴为报审讯郝明等人口供事奏折　乾隆五十一年闰七月二十六日
山东巡抚明兴为报审讯吕栋等三人供词等事奏折　乾隆五十一年闰七月二十八日
直隶总督刘峨为奉旨查办大名府段文经等杀官抢劫事奏折　乾隆五十一年八月初一日
直隶总督刘峨为审明王治忠等十四人杀官抢劫事奏折　乾隆五十一年八月初一日
直隶总督刘峨为报迭奉谕旨并跟究缉捕段文经事奏折　乾隆五十一年八月初二日
定亲王绵恩为报奉旨审讯方孝等并查拿刘二洪事奏折　乾隆五十一年八月初二日
直隶总督刘峨为报审明许三等并照例斩枭事奏折　乾隆五十一年八月初三日
定亲王绵恩为报审明方孝即刘二洪等事奏折　乾隆五十一年八月初四日

直隶总督刘峨为报遵旨严拿段文经等尚未弋获事奏折　乾隆五十一年八月初五日
直隶总督刘峨为报奉旨究明段文经等提前起事缘由事奏折　乾隆五十一年八月初五日
前河南巡抚毕沅为奉旨缉拿大名案内张君德等人事奏折　乾隆五十一年八月初五日
河南巡抚江兰为奉旨驰赴虞城查拿李老五事奏折　乾隆五十一年八月初五日

乾隆末年直隶大名案史料选（中）

王澈编选（2009·2·3）　中国第一历史档案馆

山东巡抚明兴为报遵旨审明大名案刘洪等人犯先行正法事奏折　乾隆五十一年八月初六日
直隶总督刘峨为报钦奉上谕严拿段文经等事奏折　乾隆五十一年八月初七日
直隶总督刘峨为审明续获王全等六犯照例办理事奏折　乾隆五十一年八月初七日
河南按察使穆克登为审办大名案内韩直等人事奏折　乾隆五十一年八月初七日
定亲王绵恩为报拿获帮送银两之王士俊交刑部审理事奏折　乾隆五十一年八月初八日
河南巡抚毕沅为奉旨查办李得禄等大名案要犯事奏折　乾隆五十一年八月初八日
直隶总督刘峨为报奉旨传谕元城监犯宽减发落并防止段文经逃往江南事奏折　乾隆五十一年八月初九日
河南巡抚江兰为报拿获李老五未与段文经等交往解直质讯事奏折　乾隆五十一年八月初九日
河南巡抚毕沅为奉旨查拿李老五审办郝润成并缉捕段文经等事奏折　乾隆五十一年八月初十日
河南巡抚毕沅为报飞札查拿马牧集李法事片　乾隆五十一年八月初十日
河南按察使穆克登为报复审郝润成追查段文经下落事奏折　乾隆五十一年八月十一日
直隶总督刘峨为钦奉谕旨舒通额留任参将并段文经未获缘由事奏折　乾隆五十一年八月十二日
直隶总督刘峨为报遵旨将邢士花解送行在并拿获杨林等审讯事奏折　乾隆五十一年八月十二日
山东巡抚明兴为报奉旨严办徐克展之子并严拿张世英等人事奏折　乾隆五十一年八月十二日
直隶总督刘峨为奉旨将段文经等年貌咨送漕臣并于附近密拿事奏折　乾隆五十一年八月十四日

乾隆末年直隶大名案史料选（下）

王澈编选（2009·3·3）　中国第一历史档案馆

直隶总督刘峨为报上紧缉捕段文经等人事片　乾隆五十一年八月十四日
山东巡抚明兴为遵旨复讯李大善并验明秦法祥病毙事奏折　乾隆五十一年八月十四日
山东巡抚明兴为奉旨查办李老五并帮送银钱之张世英等事奏折　乾隆五十一年八月十六日
河南按察使穆克登为报郝润成解赴行在日期等事奏折　乾隆五十一年八月十六日
河南巡抚毕沅为报查拿李老五并审讯郝润成解赴行在事奏折　乾隆五十一年八月十七日
著直隶总督刘峨查明属下未迅即查拿段文经等事上谕　乾隆五十一年九月初五日
直隶总督刘峨为报奉旨查拿段文经统帅无方不力事奏折　乾隆五十一年八月二十日

直隶总督刘峨为报将续获徐四等三犯斩立决事奏折　乾隆五十一年八月二十日
福州将军常青为报奉旨将八卦教刘三洪截留回省就地正法事奏折　乾隆五十一年八月二十一日
直隶总督刘峨为报段文经案内无南济溱等人并段文经尚未弋获事奏折　乾隆五十一年八月二十二日
河南巡抚江兰为查讯李发等传教人犯事奏折　乾隆五十一年八月二十二日
漕运总督毓奇为奉旨严拿徐克展事奏折　乾隆五十一年九月十七日
山东巡抚明兴为报将大名案内人犯邢士贵斩枭事奏折　乾隆五十一年十月初七日
河南巡抚毕沅为报拿获大名案首犯之一徐克展事奏折　乾隆五十一年十月初十日
安徽巡抚书麟为报搜捕段文经等事奏折　乾隆五十一年十一月初五日
著书麟令各州县详查段文经下落并缉犯有功者擢用事上谕　乾隆五十一年十一月初十日
直隶总督刘峨为报拿获焦成方解送刑部事奏折　乾隆五十一年十一月十七日
直隶总督刘峨为报拿获要犯张君德解京事奏折　乾隆五十一年十一月十九日
陕甘总督福康安为报盘获乞丐许魁并非段文经事奏折　乾隆五十二年二月十八日
著不必饬诫误拿许魁之地方官及传谕各督抚严访段文经事上谕　乾隆五十二年二月二十一日
山东巡抚长麟为报办理大名案内缘坐家属等事奏折　乾隆五十二年三月二十三日

乾隆末湖北孝感富户活埋抢粮农民案

吕小鲜编选（1997・2・19）　中国第一历史档案馆

署湖广总督李侍尧等为特参纵凶不究之知县并讯办孝感活埋多命重案情形事奏折　乾隆五十一年九月二十三日
著将重惩原湖广总督特成额等缘由明白通谕事上谕　乾隆五十一年十月初二日
署湖广总督李侍尧等为孝感活埋多命两案审明定拟事奏折　乾隆五十一年十月十六日
湖广总督李侍尧等为遵旨查明孝感活埋多命重案在省各官并未置若罔闻事奏折　乾隆五十一年十月二十七日
著李侍尧等将尹良鼎等所供是否属实详查复奏事上谕　乾隆五十一年十一月十六日
湖广总督李侍尧等为查明尹良鼎等口供遵旨询问有关官员事奏折　乾隆五十一年十一月二十五日
著李侍尧等将孝感县活埋多命一案案卷人证解京质讯事上谕　乾隆五十一年十二月初三日
署湖广总督舒常等为已经晓谕乡民不得藐视法令私埋人命事片　乾隆五十二年三月初三日

乾隆末年直隶大名案史料续编

王澈编选（2009・4・16）　中国第一历史档案馆

陕甘总督福康安为报查辨顾文魁是否段文经事奏折　乾隆五十二年五月十二日
直隶总督刘峨为报奉旨设法踩缉段文经等下落事奏折　乾隆五十二年六月十二日
著再度传旨申饬山东巡抚惠龄并令其亲讯各犯根究段文经踪迹上谕　乾隆五十六年七月二十五日
山东巡抚惠龄为报奉旨前往登州踩缉段文经踪迹事奏折　乾隆五十六年七月二十五日
山东巡抚惠龄为报拿获马兴确非段文经事奏折　乾隆五十六年七月二十五日

山东巡抚惠龄为报拿获究讯段文经余党步萧氏等片　　乾隆五十六年七月二十五日
著山东巡抚惠龄办事不力再传旨申饬并将马兴二人押往行在质讯上谕　　乾隆五十六年七月二十九日
山东巡抚惠龄为报在登州严查段文经余党事奏折　　乾隆五十六年八月十六日
山东巡抚惠龄为报亲赴崂山查缉段文经等踪迹事奏折　　乾隆五十六年八月二十五日
河南巡抚穆和蔺为报遵旨查缉并无段文经下落事奏折　　乾隆五十六年十月初五日
著刑逼无辜之州同王岐停止升用罚钱事上谕　　乾隆五十六年八月十五日

乾隆年间湖北江陵县讳盗匿详案

吕小鲜编选（2002·2·36）　　中国第一历史档案馆
署湖广总督舒常等为遵旨审拟历任江陵知县对蒋竺氏家族被劫讳盗匿详案事奏折　　乾隆五十二年三月初三日
军机大臣和珅等为遵旨核议湖北江陵县讳盗匿详一案事奏折　　乾隆五十二年三月初三日
著将江陵县讳盗案内惩处各官先行枷号事上谕　　乾隆五十二年三月初三日
署湖广总督舒常等为江陵讳盗匿详案官犯枷号及续审原知府汪献琛事奏折　　乾隆五十二年三月二十日

乾隆年间运河官眷船只遭劫案

吕小鲜编选（2002·2·41）　　中国第一历史档案馆
山东学政刘权之为报眷属船只于直隶静海县被劫事奏折　　乾隆五十二年七月初六日
吏部尚书绰克托等为遵旨严议静海盗劫官船一案失职官员处分事奏折　　乾隆五十二年七月十八日
著将静海盗劫官船一案失职官员分别革职降调事上谕　　乾隆五十二年七月十九日
直隶总督刘峨为遵旨传谕天津镇总兵强都等严缉盗劫官船人犯事奏折　　乾隆五十二年十月十九日
天津镇总兵强都为静海盗劫官眷船只一案拿获盗犯正在审讯事奏折　　乾隆五十二年十月二十三日
直隶布政使梁肯堂为抵津审办静海官眷船只被劫案事奏折　　乾隆五十二年十月二十八日
直隶布政使梁肯堂为报已获之赵魁等非抢劫眷船正盗事奏折　　乾隆五十二年十一月初六日
山东巡抚长麟为江苏藩司奇丰额眷船被窃查参疏防官员事奏折　　乾隆五十三年五月初三日
著将峄县眷船失窃疏防各员革职并饬严拿案内各犯事奏折　　乾隆五十三年五月初八日
山东巡抚长麟为拿获静海抢劫眷船首犯正在查拿余犯事奏折　　乾隆五十三年六月初二日
山东巡抚长麟为所获峄县行窃眷船案内首伙各犯审明定拟事奏折　　乾隆五十三年六月初二日
山东巡抚长麟为押解静海抢劫眷船首犯赴直质审事奏折　　乾隆五十三年六月初九日
直隶总督刘峨为审拟静海抢劫官眷船只首犯李三等事奏折　　乾隆五十三年六月二十三日
山东巡抚长麟为峄县窃劫眷船续获案犯审明定拟事奏折　　乾隆五十三年七月十四日
山东巡抚长麟为静海抢劫眷船从犯王振江等审明定拟事奏折　　乾隆五十三年七月十六日

乾隆朝台湾“生番”朝觐档案

伍媛媛编选（2019·3·4）　　中国第一历史档案馆

着令台湾生番于秋凉后进京觐见等事上谕　乾隆五十三年七月十七日
福建巡抚徐嗣曾为台湾生番赴京瞻觐起程内渡日期事奏折　乾隆五十三年八月二十八日
附件：赴京瞻觐之台湾各社生番及通事社丁名单
福建巡抚徐嗣曾为义民曾中立等随生番进京觐见事奏折　乾隆五十三年八月二十八日
办理军机处为台湾生番缓程行走于十九日抵京事致福州海防同知等札文　乾隆五十三年十二月初四日
礼部为护送台湾生番进京之张维光仍回台地毋庸进京事致内务府咨文　乾隆五十三年十二月二十一日
军机处为拟赏台湾生番顶戴及物件事奏片　乾隆五十三年十二月二十六日
台湾镇总兵奎林等为生番土著居民头目虔请赴京祝寿事奏折　乾隆五十五年正月二十八日
着台湾生番头目赴京叩祝万寿闽抚带同前赴热河瞻觐事上谕　乾隆五十五年三月十一日
礼部为咨复台湾生番等抵达热河瞻觐日期事致各督抚咨文　乾隆五十五年三月二十八日
闽浙总督伍拉纳等为台湾生番头目到省带领起程日期事奏折　乾隆五十五年五月初六日
拟赏台湾生番等物件清单　乾隆五十五年七月十四日
台湾生番贡单　乾隆五十五年七月十六日
拟赏台湾生番等物件清单　乾隆五十五年七月十六日
礼部为台湾进京生番回台需用车辆等事致内务府咨文　乾隆五十五年七月二十三日
礼部为台湾进京生番回台需用车辆等事致内务府知照　乾隆五十五年八月二十八日
闽浙总督伍拉纳为台湾生番头目回闽日期及委员护送配渡事奏折　乾隆五十五年十一月二十九日
为台湾番目回台途中因病身殁事奏片　乾隆五十五年
台湾镇总兵奎林等为派人照料台湾番目回社事奏折　乾隆五十六年正月初十日

乾隆五十九年查办巴宁阿与盐商交结联宗案

王澈编选（1994·1·3）　　中国第一历史档案馆

著江苏巡抚奇丰额查奏巴宁阿在两淮盐政任内有无贪黩情节上谕　乾隆五十九年六月初三日
定亲王绵恩等为报查抄巴宁阿资财房屋事奏折　乾隆五十九年六月二十三日
著定亲王绵恩等切实根究巴宁阿产业资财细数事上谕　乾隆五十九年六月二十四日
著定亲王绵恩等面询巴宁阿被参各款及此外有无别项情节上谕　乾隆五十九年六月二十五日
著将徇庇巴宁阿之两淮盐政董椿革职并将书麟奇丰额交部议处上谕　乾隆五十九年六月二十六日
著两淮盐政全德严讯巴宁阿与商人联宗及其他劣迹上谕　乾隆五十九年六月二十六日
著定亲王绵恩密行查访巴宁阿有无隐匿寄顿家产上谕　乾隆五十九年六月二十七日
著两淮盐政全德务须严查巴宁阿与商人联宗及其他劣迹上谕　乾隆五十九年六月二十八日
著两淮盐政全德秉公确查巴宁阿与总商联宗一节上谕　乾降五十九年七月初三日
两淮盐政全德为报赴扬州查询巴宁阿与总商联宗事奏折　乾隆五十九年七月初六日
两淮盐政全德为报巴宁阿与总商联宗情形及此外并无劣迹　乾隆五十九年七月十三日

事奏折
著传旨申饬糊涂错谬之江苏巡抚奇丰额并令其明白回奏董椿言行上谕　乾隆五十九年七月十六日
两江总督书麟为失察巴宁阿种种劣迹请交银以赎前愆事奏折　乾隆五十九年七月十九日
著将辜负委任之两江总督书麟革职上谕　乾隆五十九年七月十九日
著将两江总督书麟革职即行赴京定罪上谕　乾隆五十九年七月十九日
著两淮盐政全德办理巴宁阿交结联宗一案不得将就了事上谕　乾隆五十九年七月二十一日
著将全德折中汪肇泰所供巴宁阿与其联宗事发交巴宁阿看阅上谕　乾隆五十九年七月二十一日
军机大臣永琅等为遵旨审讯巴宁阿与商人联宗事奏折　乾隆五十九年七月二十三日
前两淮盐政董椿供单
著将江苏巡抚奇丰额革职留任上谕　乾隆五十九年七月二十四日
江苏巡抚奇丰额为遵旨复陈董椿认罪及询问巴宁阿劣迹事奏折　乾隆五十九年七月二十五日
两淮盐政全德为议罚巴宁阿案内众商银两事奏折　乾隆五十九年九月初九日

嘉庆年间喜峰口驿路三件传牌

魏永康辑录（2019·1·29）

喜峰口等处驿传道舒为挨查理藩院等公文迟滞事致沿途驿站传牌　嘉庆六年十二月　日
喜峰口等处驿传道塔为挨查出口差员印花簿迟滞事致沿途驿站传牌　嘉庆八年二月二十一日
喜峰口等处驿传道珠为挨查黑龙江传差事竣印花簿迟滞事致沿途驿站传牌　嘉庆二十年十二月十五日

嘉庆八年管理民人出入山海关史料选

王澈编选（2001·2·59）　中国第一历史档案馆

山海关副都统来仪为遵旨呈报接任后出关人数事奏折　嘉庆八年三月十九日
山海关副都统来仪为遵旨查明出关民人给票验放等事奏折　嘉庆八年四月初一日
附件一：前任山海关副都统韦陀保任内出关户口人数清单
附件二：现任山海关副都统来仪任内出关户口人数清单
盛京将军晋昌等为报出关民人情形等事奏折　嘉庆八年四月初一日
著兵部酌定出关民人查验放行章程事上谕　嘉庆八年四月初五日
察哈尔都统观明等为报张家口等处验票放行并无携眷出口之人等事奏折　嘉庆八年四月初十日
山海关副都统来仪为查明进出关隘民人实在情形事奏折　嘉庆八年四月十三日
大学士保宁等为稽查出关民人申明禁例并酌议章程事奏折　嘉庆八年五月初二日
副都统策拔克等为报查阅出关民人并无聚集关口情形事奏折　嘉庆八年七月初九日
著直隶等省督抚速将兵部所定出关章程颁示并限定无票出关日期事上谕　嘉庆八年七月十一日
山东巡抚铁保为遵旨示谕民人依限停止出关并严查水路事　嘉庆八年七月二十一日

奏折	
著山东巡抚铁保实力稽查沿海民人偷渡事上谕	嘉庆八年七月二十八日
兵部为遵旨会议山海关出口章程事奏折	嘉庆八年八月十二日
军机大臣为遵旨询问御史贾允升出关民人情形并令来仪查明事奏片	嘉庆八年十一月初七日
著山海关副都统来仪确查御史贾允升所言是否属实事上谕	嘉庆八年十一月初七日
山海关副都统来仪为报山海关并无聚集民人并详查放票情形事奏折	嘉庆八年十一月十一日
著山海关副都统来仪严查属下兵丁勒索商民事上谕	嘉庆八年十一月十五日
山海关副都统来仪为稽查山海关出关商民车辆情形事奏折	嘉庆八年十二月十七日

嘉庆九年吏部书吏姚承裕等舞弊案档案

刘文华选编（2023・3・4）　　　中国第一历史档案馆

大学士管理吏部事务庆桂等为前顺天府通判丁光剑告病开缺办理参差自行检举请旨查议事奏折	嘉庆九年五月二十九日
工部尚书兼管顺天府尹事戴衢亨等为顺天府治中赵曰濂告病开缺铨升运同请旨查办事奏折	嘉庆九年六月初一日
大学士管理吏部事务庆桂等为顺天府治中赵曰濂铨升运同一案吏部功选两司实无蒙蔽事奏折	嘉庆九年六月初一日
署吏部左侍郎初彭龄为请饬查顺天府治中赵曰濂告病开缺铨升运同一案事奏折	嘉庆九年六月初二日
署吏部左侍郎初彭龄为本部开列陈钟琛简放内阁侍读学士题本刘权之擅行扣除添注事奏片	嘉庆九年六月初二日
大学士保宁等为审讯顺天府告病治中赵曰濂升选运同一案请旨将顺天府尹阎泰和暂行解任事奏折	嘉庆九年六月初七日
大学士保宁等为研审定拟告病顺天府治中赵曰濂铨升同知一案事奏折	嘉庆九年六月十一日
吏部文选司司员阿勒经阿等供单	嘉庆九年六月十一日
吏部考功司司员喜步昌阿等供单	嘉庆九年六月十一日
吏部验封司皂隶兼长班李得胜供单	嘉庆九年六月十一日
顺天府礼房经承李树荣供单	嘉庆九年六月十一日
候选运同王讷之子监生王宗田供单	嘉庆九年六月十一日
吏部册库贴写茹南金供单	嘉庆九年六月十一日
顺天府府尹阎泰和供单	嘉庆九年六月十一日
吏部书吏姚承裕供单	嘉庆九年六月十一日
吏部书吏姚承裕供单	嘉庆九年六月十一日
着将吏部尚书琳宁等各加惩处事朱谕	嘉庆九年六月十一日
都察院左都御史恭阿拉等为议处大学士总理吏部事务庆桂等失察升选舞弊事奏折	嘉庆九年六月十六日
内阁学士钱樾为推升赵曰濂一案申辩缘由事奏折	嘉庆九年六月十六日
着将钱樾交都察院严加议处事谕旨	嘉庆九年六月十六日

都察院左都御史恭阿拉等为礼部侍郎钱樾不知感恩悔改具折渎奏核议革职事奏折　嘉庆九年六月十八日
大学士禄康等为查核礼部侍郎钱樾申辩折中所叙各案请改治中推升案例事奏折　嘉庆九年六月十八日

嘉庆十年广东海上武装公立约单

叶志如编选（1989·4·19）　中国第一历史档案馆

广东海上武装麦有金等公立约单　天命乙丑年六月（嘉庆十年六月）

嘉庆年间直隶书役办差勒索案

吕小鲜编选（2002·1·15）　中国第一历史档案馆

一、丰宁县民人杨玉声等控案
左都御史英善等为马遂等控县书借差苛敛地方官不为公断一案请交刑部审办事奏折　嘉庆十年九月十一日
刑部侍郎瑚素通阿为审明马遂等控案并请将人证带京再至丰宁事奏折　嘉庆十年九月二十六日
九门提督禄康为杨林声控苏步青等借差勒折并将伊弟杨玉声监押事奏折　嘉庆十一年七月二十七日
刑部侍郎金光悌为审讯杨林声控苏步青等办差勒折一案事奏折　嘉庆十一年八月十六日
刑部侍郎金光悌为杨林声控苏步青等办差勒折一案审定事奏折　嘉庆十一年八月二十五日
二、深州民人古从仁控案
左都御史英善等为请将深州民人古从仁控书役办差勒折一案交直隶总督审办事奏折　嘉庆十年十月十四日
署直隶总督裘行简为审拟古从仁控书役办差勒折一案事奏折　嘉庆十一年四月初八日
大学士董诰等为裘行简审拟古从仁控案一折请驳回重审事奏折　嘉庆十一年五月初九日
署直隶总督裘行简为复审古从仁控书役办差勒折一案定拟事奏折　嘉庆十一年八月二十三日
三、正定县生员王之选等控案
刑部侍郎瑚素通阿等为陈明查讯王之选控案大概情形事奏折　嘉庆十一年六月二十七日
刑部侍郎瑚素通阿等为陈明正定乡民拦路呈递苛敛清单情形事片　嘉庆十一年六月二十九日
刑部侍郎瑚素通阿等为正定吏役办差包揽勒折一案审定事奏折　嘉庆十一年七月初六日

清中后期宫廷门禁制度史料

丁进军编选（1999·4·26）　中国第一历史档案馆

礼部为大学士保宁等遵旨会议禁城内王公官员随带仆从人数奏折事致国史馆移会　嘉庆十年十一月

附件：大学士保宁等为遵旨会议禁城内王公官员随带仆从人数事奏折
著严禁闲杂人等在紫禁城出入事上谕　嘉庆十五年六月二十八日
军机大臣庆桂等为遵旨会议拟定门禁章程事奏折　嘉庆十六年十二月二十九日
军机大臣托津等为遵旨会议稽查门禁事奏折　嘉庆二十四年七月初七日
著严肃门禁事上谕　道光二年四月十三日
左右两翼前锋统领等为严肃禁门体制事致国史馆知会　道光十年十一月
景运门值班大臣为严太和殿前两翼等门启闭事致国史馆咨文　道光二十一年三月
景运门值班大臣为皇上登极典礼严密景运门事致国史馆咨文　道光三十年正月
署护军统领福谦为严肃门禁事致国史馆咨文　咸丰十一年九月
景运门值班大臣为稽查官所人役及擅留闲杂人等事致国史馆咨文　同治五年七月
景运门值班大臣为遵谕申严门禁章程事致国史馆咨文　光绪四年五月
两翼前锋统领等为移送恭亲王奕䜣等议复门禁章程奏折事致国史馆咨文　光绪七年闰七月
附件一：恭亲王奕䜣等为议复严肃门禁章程事奏折
附件二：恭亲王奕䜣等为请饬步军统领衙门出示晓谕严禁商贾人等擅入禁城事片
御史陈启泰为请查禁城内烟馆赌局以肃宫禁事奏折　光绪七年十二月二十三日
内阁学士贵恒为请详定稽查章程事奏折　光绪七年十二月二十五日
醇亲王奕譞为遵旨议复文硕等奏请变通门禁章程事奏折　光绪八年正月初九日
著严肃门禁事懿旨　光绪八年二月初七日
总司稽查守卫事宜王大臣为抄录严申门禁旧章谕旨事致国史馆咨文　宣统元年八月初九日
附件：稽查守卫大臣阿穆尔灵圭等为申明门禁旧制从严查纠事奏折

嘉庆十一年京畿船户投充王府宗室史料

吕小鲜编选（1993・3・24）　中国第一历史档案馆

协办大学士禄康等为将武清胥役殴辱宗室绵传一案交宗人府刑部审办事奏折　嘉庆十一年四月二十九日
仪亲王永璇等为审拟奉国将军徙义私收投充船户一案事奏折　嘉庆十一年五月初七日
协办大学士禄康等为将续获之说合人徐斌交宗人府刑部审办事奏折　嘉庆十一年五月初七日
御史赵慎畛为复宗室私收投充船户一案未先查知缘由事奏折　嘉庆十一年五月初九日
署直隶总督裘行简为续查投充船户一案情形事片　嘉庆十一年五月十二日
刑部右侍郎瑚素通阿为免续拿投充船户并严查胥役勒索事奏折　嘉庆十一年五月十三日
署直隶总督裘行简为续获包船之人并查明船户投充大概情形事奏折　嘉庆十一年五月十四日
御史赵慎畛为查明船户投充缘由事奏折　嘉庆十一年五月二十四日

大学士董诰等为审拟奉国将军徙义私收投充民船一案事奏折　嘉庆十一年五月二十九日
仪亲王永璇等为审拟贝勒绵律私收投充民船一案事奏折　嘉庆十一年五月二十九日
大学士董诰等审拟庄亲王等府护卫人等私收投充民船一案事奏折　嘉庆十一年五月二十九日
仪亲王永璇等为审拟武清县胥役殴辱宗室绵传一案事奏折　嘉庆十一年六月十一日
仪亲王永璇等为将冒充宗室永芝府船户一案交宗人府刑部审办事奏折　嘉庆十一年六月十一日

嘉庆朝赋税征解中银匠舞弊史料

吕小鲜编选（1993·4·22）　中国第一历史档案馆

湖广总督汪志伊等为审拟银匠贪污武昌等五县倾解银两案事奏折　嘉庆十二年正月初十日
步军统领禄康等为滁州监生孙遇周呈请禁止省会银匠代倾官银事奏折　嘉庆十六年三月二十三日
步军统领吉纶等为江西贵溪民人汪汉水呈控银匠勾串胥役浮收钱粮事奏折　嘉庆十七年十一月初六日
步军统领吉纶等为江苏泰州民人马希六呈控银匠勾串胥役浮收勒索事奏折　嘉庆十八年四月二十五日

嘉庆朝安徽浙江棚民史料

吕小鲜编选（1993·1·24）　中国第一历史档案馆

左都御史赓音等为安徽休宁耆民程元通呈控棚民占山扰害事奏折　嘉庆十二年二月十四日
安徽巡抚初彭龄为休宁县浯田岭等七处棚民已拆棚退山事奏折　嘉庆十二年五月初二日
安徽巡抚初彭龄为酌议棚民退还山场章程事奏折　嘉庆十二年五月初七日
护皖抚鄂云布为审明捏控棚民杀伤人命等情系程绍兰主使分别定拟事奏折　嘉庆十二年七月十五日
安徽巡抚董教增为查复宁国等府州棚民数目并请编保管束事奏折　嘉庆十三年六月二十七日
安徽巡抚广厚为请免勒令棚民回籍并立法约束事奏折　嘉庆十六年三月二十九日
御史张鉴为请敕浙江巡抚将棚民编设保甲事奏折　嘉庆十九年五月十八日
御史汪梅鼎为申明安徽前议章程饬令地方官勒令棚民回籍事奏折　嘉庆十九年十二月十八日
浙江巡抚颜检为遵旨酌议稽查棚民章程事奏折　嘉庆二十年二月二十三日

乾嘉年间山东济宁李氏家族争讼家产案

吕小鲜编选（1993·4·14）　中国第一历史档案馆

文宁等为李临呈控李瀚霸产请旨交审事奏折　嘉庆十二年八月初一日
协办大学士长麟等为遵旨提讯李庄事奏折　嘉庆十二年九月初三日
协办大学士长麟等为审拟李瀚办事人王七交通刑部书吏私　嘉庆十二年九月初八日

抄折底事奏折
山东巡抚吉纶为李黄续控李瀚遵旨复审事奏折　嘉庆十二年十月十三日
左都御史特克慎等为李黄呈控李瀚行贿致李临被冤事奏折　嘉庆十四年三月二十一日
附：李黄呈文
山东巡抚吉纶为遵旨审拟李黄翻控李临受屈一案事奏折　嘉庆十四年五月初九日
附：李黄供词

山西沁州知州乔维镛索贿案

吕小鲜编选（1993·4·29）　中国第一历史档案馆
左都御史宜兴等为请派大臣查办沁州知州乔维镛贪赃不法事奏折　嘉庆十二年八月初九日
附：骈时若为控知州乔维镛挟嫌逼令充商事呈文
刑部尚书秦承恩为审拟骈时若呈控知州乔维镛一案事奏折　嘉庆十二年九月十七日

嘉庆年间查办广兴受贿案

朱淑媛编选（2002·4·43）　中国第一历史档案馆
山东巡抚吉纶等为报广兴在东省审案劣迹事奏折　嘉庆十三年十二月初七日
著户部右侍郎托津据实复奏有无收受馈遗事上谕　嘉庆十三年十二月十一日
著山东巡抚吉纶等查明广兴居住东省给发价银印结事上谕　嘉庆十三年十二月十一日
著军机大臣等议处广兴等并将知县王琅等革职事上谕　嘉庆十三年十二月十一日
附件：广兴口供
直隶总督温承惠为派员密防广兴等运物出京并查其在蠡县地产事片　嘉庆十三年十二月十七日
户部右侍郎英和为查明寄存广兴银两之珠宝市公盛号金铺等事奏折　嘉庆十三年十二月十九日
户部右侍郎英和为审讯公盛号金铺宁立达等事奏折　嘉庆十三年十二月二十一日
直隶总督温承惠为严查广兴在直隶田产事奏折　嘉庆十三年十二月二十一日
河南巡抚清安泰为复严询巴哈布广兴奉差豫省供应等事奏折　嘉庆十三年十二月二十一日
著直隶总督温承惠详查广兴田产并查拿案内色克图等人事上谕　嘉庆十三年十二月二十二日
著山东巡抚吉纶等究明广兴汇票并严拿要证解京质审事上谕　嘉庆十三年十二月二十三日
山东巡抚吉纶等为遵旨严鞫广兴劣迹并解应讯各员到京事奏折　嘉庆十三年十二月二十三日
山东巡抚吉纶为报详查公盛号汇银数目等事片　嘉庆十三年十二月二十五日
著山东巡抚吉纶等亲提李滢等详细研究并确查周廷栋有无染指事上谕　嘉庆十三年十二月二十五日
著河南巡抚清安泰严密访查广兴在豫省婪索赃款实据事上谕　嘉庆十三年十二月二十五日
附件：广兴口供
山东巡抚吉纶等为遵查赵志学供词并委员查缉马奎事奏折　嘉庆十三年十二月二十五日
著将托津降级留任事上谕　嘉庆十三年十二月二十七日
附件：广兴口供

著山东巡抚吉纶等查明广兴办案有无屈法枉断及周廷栋有无婪赃事上谕　嘉庆十三年十二月二十七日
山东巡抚吉纶等为遵旨讯明李瀚等汇送广兴银两证据并解京质审事奏折　嘉庆十四年正月初六日
山东巡抚吉纶等为查明张鹏升等敛财事片　嘉庆十四年正月初九日
著山东巡抚吉纶严鞫张承绪等事上谕　嘉庆十四年正月十二日
附件：广兴供词
大学士庆桂等为拟定广兴正法请旨事奏折　嘉庆十四年正月十二日
著将山东布政使邱庭瀣等革职拿问等事上谕　嘉庆十四年正月十二日
山东巡抚吉纶为查明嘉庆十年钦差审办济宁案件事片　嘉庆十四年正月二十二日
著将挪移库项之邱庭瀣等改发黑龙江等处效力事上谕　嘉庆十四年二月十二日
甘肃布政使蔡廷衡为遵旨讯问长龄在山东任内馈送广兴银两事奏折　嘉庆十四年二月二十七日
附件：长龄供词
著将长龄交和宁严行定拟事上谕　嘉庆十四年三月初六日
户部右侍郎英和为派员详查公盛号汇票事片　嘉庆十四年三月初六日

嘉庆十四年书吏冒领库项案档案

刘文华编选（2018·4·4）　　中国第一历史档案馆

步军统领禄康为拿获假印冒领银两工部书吏王书常等请交部严审事奏折　嘉庆十四年十二月初十日
总管内务府大臣苏楞额等为查拿假印冒领广储司库银人犯事奏折　嘉庆十四年十二月初十日
军机大臣等为审讯书吏王书常等假印冒领库银缮录供词呈览事奏折　嘉庆十四年十二月十一日
附件：王书常等供词
军机大臣庆桂等为续讯书吏王书常等假印冒领库银并请旨查抄家产事奏折　嘉庆十四年十二月十一日
着安徽巡抚董教增等锁拿假印冒领库银案犯丁凤诏等事上谕　嘉庆十四年十二月十一日
着禄康等查抄假印冒领库银书吏王书常等家产事谕旨　嘉庆十四年十二月十一日
军机大臣庆桂等为复讯书吏王书常等假印冒领库银情形事奏片　嘉庆十四年十二月十二日
着将失察假印冒领库银案总管内务府大臣苏楞额等分别革职议处事上谕　嘉庆十四年十二月十三日
军机大臣庆桂等为审讯假印冒领库银案犯原工部经承商曾祺等事奏折　嘉庆十四年十二月十三日
附件：商曾祺、胡篪供词
军机大臣庆桂等为派委章京赴革职总管内务府大臣苏楞额家问讯事奏折　嘉庆十四年十二月十四日
军机大臣庆桂等为书吏王书常等续供尚有冒领户部银库及缎匹库事奏片　嘉庆十四年十二月十四日

附件：王书常供词

军机大臣庆桂等为书吏王书常等多次冒领三库银两物料请分别治罪事奏折	嘉庆十四年十二月十四日
大学士管理户部事务禄康等为笔帖氏惠崑对冒领库项知情狡饰请解任质讯事奏片	嘉庆十四年十二月
大学士费淳为失察书吏王书常等假印冒领库项自请治罪事奏折	嘉庆十四年十二月十五日
大学士管理户部事务禄康等为失察书吏王书常等假印冒领库项自请治罪事奏折	嘉庆十四年十二月十五日
礼部尚书王懿德为失察书吏王书常等假印冒领库银自请治罪事奏折	嘉庆十四年十二月十五日
军机大臣庆桂等为审讯假印冒领库项案蔡泳受等三犯事奏折	嘉庆十四年十二月十五日
附件：蔡泳受等供词	
为呈递户部失察假印冒领库项堂官衔名及次数事奏片	嘉庆十四年十二月十六日
为进呈满洲侍郎在任年月清单事奏片	嘉庆十四年十二月十六日
管理三库大臣失察冒领银两物料次数清单	嘉庆十四年十二月十六日
总管内务府大臣为失察假印冒领广储司库项日期次数事奏片	嘉庆十四年十二月十六日
着将原任工部尚书苏楞额免罪及阿明阿等分别议罪议处事上谕	嘉庆十四年十二月十六日
着将失察假印冒领库项案大学士禄康等分别降补议处事上谕	嘉庆十四年十二月十六日
军机大臣庆桂等为审讯笔帖式惠崑等有无分肥捏饰缮呈供词事奏折	嘉庆十四年十二月十六日
附件：惠崑、蔡泳受、蒋得明供词	
军机大臣庆桂等为审讯笔帖式惠崑翻写假印文领清字等事奏折	嘉庆十四年十二月十六日
附件：刘绍基、万彭供词	
为起获冒领三库银两户部札库原稿等事奏片	嘉庆十四年十二月十六日
军机大臣庆桂等为遵旨查取广储司银库司员德音等职名请旨革职治罪事奏片	嘉庆十四年十二月
原任工部尚书苏楞额为失察广储司冒领库项免治罪恳请代奏谢恩事呈文	嘉庆十四年十二月十七日
大学士管理吏部事务庆桂等为议处失察冒领库银案内务府堂司各官事奏折	嘉庆十四年十二月十八日
着将失察假印冒领库项案内务府大臣司员分别惩处事上谕	嘉庆十四年十二月十八日
着将涉案文札主稿已革员外郎刘承澍押解来京质审事上谕	嘉庆十四年十二月十九日
为呈递工部堂官失察冒领三库库项次数奏片	嘉庆十四年十二月二十日
附件：工部堂官失察次数清单	
附件：户部堂官处分清单	
附件：管理三库大臣处分清单	
着将失察假印冒领库项案大学士管理工部事务费淳等分别议处事上谕	嘉庆十四年十二月二十日

军机大臣庆桂等为审拟假印冒领库项案犯王书常及失察各员等事奏折　嘉庆十四年十二月二十四日
着将假印冒领库项案书吏王书常等处斩余犯分别重处事上谕　嘉庆十四年十二月二十四日
安徽巡抚董教增为拿获假印冒领库项案逸犯丁凤诏解京候审事奏折　嘉庆十四年十二月二十四日
吏部尚书邹炳泰等为严议禄康等失察书吏假印冒领库项案事奏折　嘉庆十四年十二月二十五日
大学士管理吏部事务庆桂为严议费淳等失察书吏假印冒领库项案事奏折　嘉庆十四年十二月二十五日
着将失察假印冒领库项案协办大学士禄康等各予降黜事上谕　嘉庆十四年十二月二十五日
军机大臣等为遵旨将朱笔改定谕旨交仪亲王等阅看事奏片　嘉庆十四年十二月二十六日
大学士管理吏部事务庆桂等为议处失察书吏王书常等假印冒领库项各司员事奏折　嘉庆十五年正月初七日
着准失察书吏冒领库项案降调司员各留本部行走事上谕　嘉庆十五年正月十一日
着将另有专差工部司员良禧等免其交议事上谕　嘉庆十五年正月十一日
着托津等会同内务府大臣核查内务府六库事上谕　嘉庆十五年正月十九日
大学士庆桂等为审拟书吏假印冒领库项案事后得赃之胡学云事奏折　嘉庆十五年正月二十二日
护理浙江巡抚广厚为假印冒领库项案犯工部书吏万青未回原籍严饬查缉事奏折　嘉庆十五年正月二十八日
山西道监察御史赛尚阿为书吏王书常假印冒领库项案定案遗漏两歧事奏折　嘉庆十五年二月十三日
着御史赛尚阿奏失察假印冒领库项案议处两歧无庸置议事上谕　嘉庆十五年二月十三日

嘉庆十六年严禁西洋人传教史料

郭慧编选（2004·1·23）　中国第一历史档案馆

陕西巡抚董教增为报拿获传习天主教张铎德等犯审拟情形事奏折　嘉庆十六年二月十三日
附：张铎德等人供单
著陕西巡抚董教增将传习天主教人犯张铎德发伊犁等事上谕　嘉庆十六年二月二十六日
军机处为报张铎德等习教案内查获教谱等件奉旨交办事奏片　嘉庆十六年二月二十七日
大学士禄康等为报查明张铎德所供西洋堂内并无路姓洋人事奏折　嘉庆十六年三月初七日
著陕西巡抚董教增向现获教犯内严究路姓逃犯实在下落事上谕　嘉庆十六年三月初七日
陕西道监察御史甘家斌为西洋天主教蔓延无已请旨严定治罪专条事奏折　嘉庆十六年四月十九日
著内阁将拟定西洋天主教治罪专条交刑部核议事上谕　嘉庆十六年四月十九日
陕西巡抚董教增为讯明西洋堂现在并无在外传教情形事奏折　嘉庆十六年五月二十二日
大学士董诰等为核议查禁天主教酌拟办法事奏折　嘉庆十六年五月二十九日

著嗣后各地西洋人传教照西洋人传教治罪专条办理事上谕	嘉庆十六年五月二十九日
吏部尚书瑚图礼等为遵旨核议严定传习西洋教罪名处分条例事奏折	嘉庆十六年七月十六日

嘉庆十六年万安仓花户方世德舞弊案档案

刘文华选编（2021・2・4）　　中国第一历史档案馆

着将把持仓务之花户方世德等二犯枷号一年谕旨	嘉庆十六年二月二十六日
大兴县民妇方王氏为其子方世德充当万安仓花户被挟嫌诬陷含冤莫伸事呈状	嘉庆十六年六月
军机大臣为连夜审讯把持仓务之花户方世德等二犯事奏片	嘉庆十六年六月二十一日
军机大臣为拟旨交观明等于路途锁拿广春押解来京事奏片	嘉庆十六年六月二十一日
军机大臣为将万安仓监督齐斌等供词进呈事奏片	嘉庆十六年六月二十一日
附件：齐斌等供词	
着将方世德案人证交军机大臣等重审并将玉宁解任候质等事上谕	嘉庆十六年六月二十一日
着将工部员外郎广春革职押解来京审办事上谕	嘉庆十六年六月二十一日
军机大臣为询取仓场侍郎玉宁等供词事奏片	嘉庆十六年六月二十二日
附件：仓场侍郎玉宁等供词	
军机大臣为讯取仓场侍郎玉宁家人张大等供词事奏片	嘉庆十六年六月二十二日
附件：仓场侍郎玉宁家人张大等供词	
仓场侍郎戴均元为未能声明万安仓花户方世德枷号等缘由请交部议处事奏折	嘉庆十六年六月二十三日
军机大臣为将举人陈玢告知方世德行贿之语一事讯取仓场侍郎玉宁供词事奏片	嘉庆十六年六月二十三日
附件：仓场侍郎玉宁供词	
军机大臣为讯取仓场侍郎玉宁等供词事奏片	嘉庆十六年六月二十三日
附件：仓场侍郎玉宁供词	
着浙江巡抚蒋攸铦将花户方世德行贿转托实情详悉询问举人陈玢事上谕	嘉庆十六年六月二十三日
着将仓场侍郎玉宁革职交军机大臣会同刑部审讯事上谕	嘉庆十六年六月二十三日
军机大臣为讯取革职仓场侍郎玉宁等供词事奏片	嘉庆十六年六月二十四日
附件：革职仓场侍郎玉宁等供词	
军机大臣为讯取车夫任五等供词事奏片	嘉庆十六年六月二十五日
附件：车夫任五等供词	
军机大臣为审讯革职仓场侍郎玉宁挟嫌诬陷方世德案情形事奏片	嘉庆十六年六月二十七日
附件：万安仓花户方世德等供词	
浙江巡抚蒋攸铦为遵旨传讯举人陈玢查明被枷花户方世德欲贿求开释情形事奏折	嘉庆十六年七月初四日
军机大臣为审讯革职仓场侍郎玉宁之子广春缮录供词呈览事奏片	嘉庆十六年七月十二日

附件：革职仓场侍郎玉宁之子广春供词
军机大臣庆桂等为审拟万安仓花户方世德案将玉宁等分别惩治事奏折 嘉庆十六年七月十六日
御史西琅阿为花户方世德索诈使费渔利拟罪未协请旨交部核实事 嘉庆十六年八月初八日
着勒保等将花户方世德案秉公复核事上谕 嘉庆十六年八月初九日
仓场侍郎荣麟等为报查出万安仓藏压黑朽米石情形事奏折 嘉庆十六年十二月十四日
仓场侍郎荣麟等为万安仓霉变米石实系花户方世德等所致应交部审办事奏片 嘉庆十六年十二月十四日
着将监督齐斌等革职并提讯方世德等事谕旨 嘉庆十六年十二月十四日
步军统领吉纶等为拿获万安仓在逃花户杨廷栋等人事奏折 嘉庆十六年十二月十七日
步军统领吉纶等为拿获在逃万安仓花户张贵恒事奏片 嘉庆十六年十二月十七日
仓场侍郎荣麟等为查出万安仓廒未铺垫板片等情事奏折 嘉庆十七年二月初四日
仓场侍郎荣麟等为查明万安仓霉变黑豆数目事奏片 嘉庆十七年二月初四日
着将仓役郭兴业交刑部质审并本年改由万安仓开放春俸米石事谕旨 嘉庆十七年二月初四日
大学士管理刑部事务董诰等为查出万安仓藏压黑朽米石审办花户方世德等事奏折 嘉庆十七年四月二十八日
着将革职万安仓监督齐斌发往乌鲁木齐效力事谕旨 嘉庆十七年四月二十八日
官房租库为查收万安仓花户方世德等入官铺面住房等事呈稿 嘉庆十七年六月十七日
附件：万安仓花户刘元泰等入官住房清单

嘉庆十六年京城轿夫聚赌案档案（上）

刘文华编选（2019·4·4）　　中国第一历史档案馆
云南道监察御史韩鼎晋为严禁民人旗人赌博以厚风俗事奏折 嘉庆十六年五月二十八日
云南道监察御史韩鼎晋为遵旨复奏京城内城轿子房赌博事奏折 嘉庆十六年五月二十九日
着失察轿夫聚赌之明亮暂时毋庸交议事谕旨 嘉庆十六年六月初三日
着将明亮所雇轿夫聚赌案交军机大臣会同刑部审讯事谕旨 嘉庆十六年六月初五日
大学士管理刑部事务董诰为审讯开场聚赌案并地面兵役得钱庇护大概情形事奏折 嘉庆十六年六月初五日
军机大臣等为遵旨传询明亮轿夫聚赌事奏片 嘉庆十六年六月初五日
军机大臣为遵旨向明亮问询轿夫聚赌事奏片 嘉庆十六年六月初五日
军机大臣为遵旨审讯聚赌人犯王福等事奏片 嘉庆十六年六月初五日
附件：王福等供词
着将禄康轿夫开设赌局一案交军机大臣会同刑部审讯事谕旨 嘉庆十六年六月初六日
着将奉旨传询不肯据实直陈之明亮交部严加议处事上谕 嘉庆十六年六月初六日
着将拿获聚赌人犯之英和等予以恩赏事朱谕 嘉庆十六年六月初六日
着将奏事属实之御史韩鼎晋交部议叙事上谕 嘉庆十六年六月初六日
军机大臣等为讯问聚赌轿夫徐四等呈览供词事奏片 嘉庆十六年六月初六日
附件：徐四等供词

步军统领禄康为拿获家奴轿夫聚赌请交部审办并自请治罪事奏折	嘉庆十六年六月初七日
着将掩饰轿夫聚赌之禄康交都察院严加议处事上谕	嘉庆十六年六月初七日
军机大臣等为审讯明亮家人王福等事奏片	嘉庆十六年六月初七日
附件：堂刘等供词	
军机大臣等为审讯禄康家人张四及番役王鉴等事奏片	嘉庆十六年六月初七日
附件：王鉴等供词	
着将番役王鉴等量加惩处事谕旨	嘉庆十六年六月初八日
军机大臣等为审讯赌犯徐四等事奏片	嘉庆十六年六月初八日
大学士管理吏部事务禄康等为严议明亮掩饰轿夫开场赌博事奏折	嘉庆十六年六月初十日
着将明亮降为副都统事上谕	嘉庆十六年六月初十日
步军统领禄康等为查明城内赌局处所事奏折	嘉庆十六年六月十一日
附件：各处赌局情况清单	
步军统领禄康等为查处镶蓝旗汉军马甲群住搭棚聚赌案事奏折	嘉庆十六年六月十一日
左都御史德文等为严议禄康回护轿夫聚赌失察家人犯赃事奏折	嘉庆十六年六月十一日
着将大学士禄康降为副都统事上谕	嘉庆十六年六月十一日
着将英和等分别议处事谕旨	嘉庆十六年六月十一日

嘉庆十六年京城轿夫聚赌案档案（下）

刘文华编选（2020·1·4）　　中国第一历史档案馆

着嗣后九卿科道等陈奏事件毋得泄漏事谕旨	嘉庆十六年六月十二日
告诫八旗子弟不可聚赌朱谕	嘉庆十六年六月十二日
为遵查五月二十八及二十九日聚赌散局起数事奏片	嘉庆十六年六月十二日
军机大臣等为将朱笔改定处分谕旨交仪亲王永璇及禄康阅看事奏片	嘉庆十六年六月十二日
军机大臣等为审讯禄康轿夫赌局内各犯事奏片	嘉庆十六年六月十二日
附件：胡老等供词	
步军统领吉纶等为查拿诸王大臣家曾经开赌各犯请交部审办事奏折	嘉庆十六年六月十四日
步军统领吉纶等为请查没设赌房间棚座及治罪房主铺户事奏片	嘉庆十六年六月十四日
着将容隐聚赌各案之房间棚座概行入官事谕旨	嘉庆十六年六月十四日
着步军统领衙门查明积弊严加整饬以正风俗事谕旨	嘉庆十六年六月十五日
着山东巡抚同兴严行查拿聚赌轿夫米赵等事谕旨	嘉庆十六年六月十七日
署兵部尚书曹振镛等为议处失察聚赌之左翼总兵英和等事奏折	嘉庆十六年六月二十日
着将大学士庆桂等分别加恩惩处事谕旨	嘉庆十六年六月二十日
着将禄康轿夫聚赌案犯徐四等分别永远枷号严惩事谕旨	嘉庆十六年六月二十一日

着步军统领吉纶等务必勒限缉获赌犯事谕旨　嘉庆十六年六月二十一日
大学士庆桂等为遵旨审明轿夫头徐四等开赌案分别按律定拟事奏折　嘉庆十六年六月二十一日
为严拿明亮轿夫头米赵等聚赌案内各犯事奏片　嘉庆十六年六月二十一日
为请将禄康家人窝何等三犯暂缓发落事奏片　嘉庆十六年六月二十一日
军机大臣等为分缮已未获赌犯名单事奏片　嘉庆十六年六月二十一日
附件：已获未获各犯名单
大学士管理刑部事务董诰等为遵旨审明旗人闲散金山等开场聚赌案分别按律定拟事奏折　嘉庆十六年六月二十五日
着将开场聚赌之金山等重惩事谕旨　嘉庆十六年六月二十五日
着步军统领衙门迅速严缉聚赌人犯毋再延玩谕旨　嘉庆十六年六月二十五日
左翼总兵英和等为奉旨查访禄康轿夫开设轿子房赌钱事奏片　嘉庆十六年六月
山东巡抚同兴为遵旨查拿在京设赌之山东人米赵等十犯事奏片　嘉庆十六年七月初一日
大学士管理刑部事务董诰等为审拟开场聚赌各案事奏折　嘉庆十六年七月十三日
步军统领吉纶等为拿获赌局案内人犯事奏折　嘉庆十六年七月二十五日
步军统领吉纶等为查拿未获赌犯情形事奏片　嘉庆十六年八月
步军统领吉纶等为拿获赵五聚赌案犯张八等事奏折　嘉庆十六年八月十五日
步军统领吉纶等为遵旨拿获赵五聚赌案内伙犯佟得会事奏折　嘉庆十六年八月二十三日
山东巡抚同兴为拿获在京赌博轿夫郝开成等六犯解部收审事奏折　嘉庆十六年九月十八日
军机大臣庆桂等为步军统领衙门限满未获赌犯事奏片　嘉庆十六年十一月十三日
步军统领吉纶等为拿获赌案逸犯胡三事奏折　嘉庆十六年十一月十六日
步军统领吉纶等为拿获赌案要犯刘通事奏折　嘉庆十六年十二月初八日
步军统领吉纶等为查出在缉赌案要犯刘善达请陕抚查拿解京事奏折　嘉庆十六年十二月二十八日
军机大臣为续拿案内赌犯事奏片　嘉庆十六年
附件：赌局案犯已未获名单
军机大臣为查明赌犯夏三等开单呈览并拟写议处吉纶等谕旨事奏片　嘉庆十六年
附件：赌局案内勒限缉拿未获各犯名单
刑部为请饬步军统领等衙门严缉聚赌各犯事奏片　嘉庆十六年
附件：赌博十三案未到各犯名单
大学士管理刑部事务董诰等为审讯金山等开场聚赌案大概情形事奏片　嘉庆十六年
陕西巡抚董教增为拿获在京开赌局头刘二事奏折　嘉庆十七年正月初十日
步军统领吉纶等为拿获赌案要犯夏三等事奏折　嘉庆十七年正月十六日
大学士管理刑部事务董诰等为审拟轿夫局赌案内要犯夏三等事奏折　嘉庆十七年正月二十八日
大学士管理刑部事务董诰等为审明轿夫刘二设赌渔利案按律定拟事奏折　嘉庆十七年二月十三日

嘉庆十八年京畿地区编查保甲史料（上）

吕小鲜编选（1990·2·35）　　中国第一历史档案馆

军机大臣等议复京城内外编查保甲等事奏稿　　嘉庆十八年九月

鸿胪寺少卿叶绍楏为进呈简便易行之保甲规条事奏折　　嘉庆十八年十月二十五日

附：保甲事宜稿

巡视五城御史嵩安等为遵旨编查保甲事奏折　　嘉庆十八年十月二十六日

著直隶总督那彦成将屯居汉军与民人一例编查保甲上谕　　嘉庆十八年十月二十七日

巡视中城御史嵩安等为请由步军统领衙门编查内城保甲事奏折　　嘉庆十八年十一月初三日

著巡城御史嵩安等将京师土著浮寓之文武微员等编入保甲上谕　　嘉庆十八年十一月初十日

湖广道监察御史良辅为请将屯居满洲包衣旗人与民人一例编查事奏折　　嘉庆十八年十二月初三日

工科给事中斌松为请将屯居王公宗室壮丁及八旗闲散编入保甲事奏折　　嘉庆十八年十二月初七日

嘉庆十八年京畿地区编查保甲史料（下）

吕小鲜编选（1990·3·42）　　中国第一历史档案馆

山东道监察御史卓秉恬为请严禁吏役借编查保甲讹索钱文事奏折　　嘉庆十八年十二月十五日

巡城御史德恒等为圆明园一带保甲编竣已派员常驻稽察事奏折　　嘉庆十八年十二月二十六日

吏部尚书英和等为遵旨议处杖毙抗编保甲乡地之知县侯迺左事奏折　　嘉庆十九年三月十八日

直隶总督那彦成为请勒令永年县知县侯迺左休致事奏折　　嘉庆十九年三月十九日

直隶总督那彦成为复查保甲未竣请俟来春汇核具奏事奏折　　嘉庆十九年十二月十一日

兵部左侍郎禧恩为圆明园一带保甲编查草率事奏折　　嘉庆十九年十二月十九日

刑科给事中贾声槐为请添派官员就近严密稽查保甲事奏折　　嘉庆二十一年二月初九日

山西道监察御史盛唐为内城铺户居民应添设门牌严密稽察事奏折　　嘉庆二十一年三月二十八日

江西道监察御史张圣愉为请慎选乡保不得以无赖游民滥充事奏折　　嘉庆二十四年六月二十七日

总管内务府为属下旗人并无抗违编查事致直隶总督咨文

嘉庆年间红阳教案

方裕谨编选（2000·1·21）　　中国第一历史档案馆

署直隶总督章煦为报将红阳教王书香等派员送交刑部事片　　嘉庆十八年十二月初二日

署直隶总督章煦为报拿获红阳教高杰秀等解部审讯事片　　嘉庆十八年十二月初六日

河南巡抚方受畴为报拿获柘城县传习红阳教王元印等并审拟事奏折　　嘉庆二十年九月十七日

直隶总督那彦成为报拿获传习红阳教马扬氏等提省审讯事　　嘉庆二十年十月初七日

奏折
两江总督百龄等为将拿获金悰有案漏网王秉衡押解楚省缘由事奏折　嘉庆二十年十月十四日
盛京将军晋昌等为审拟传习红阳教朱王氏等事奏折　嘉庆二十年十月二十一日
直隶总督那彦成为报严审定拟传习红阳教马杨氏等事奏折　嘉庆二十年十一月二十一日
长芦盐政广惠为通州民人刘溶举首曹七为红阳教事奏折　嘉庆二十一年二月二十七日
户部尚书刘镮之等为审拟红阳教曹七等罪名事奏折　嘉庆二十一年四月初六日
山东巡抚陈预为拿获红阳教陈谨提省审讯事奏折　嘉庆二十一年四月二十四日
直隶总督那彦成为拿获红阳教刘辉远等提省审讯事奏折　嘉庆二十一年六月十三日
山东巡抚陈预为审拟红阳教陈谨等罪名事奏折　嘉庆二十一年六月二十四日
山东巡抚陈预为请将进京滋事张七等解部查案审办事奏折　嘉庆二十一年九月初二日
直隶总督方受畴为审拟红阳教婴添诚等罪名事奏折　嘉庆二十一年十二月十六日
步军统领英和等为拿获疯癫病人杨全安自认入红阳教事奏折　嘉庆二十二年六月初四日
吉林将军富俊为遵旨将红阳教海康押解赴京事奏折　嘉庆二十二年八月初一日
山东巡抚陈预为将拿获红阳教刘和等解赴直隶归案审讯事奏折　嘉庆二十二年八月二十九日
直隶总督方受畴为派员查拿红阳教王仲来等事片　嘉庆二十二年
直隶总督方受畴为将拿获红阳教首王仲来解部审办事奏折　嘉庆二十二年八月三十日
直隶总督徐锟为传唤其子达兴阿速赴刑部候质事奏折　嘉庆二十二年九月二十七日
直隶总督方受畴为按律定拟红阳教刘和等罪事奏折　嘉庆二十二年十二月十九日
直隶总督方受畴为遵旨讯办新安县红阳教任永兴等情形事片　嘉庆二十二年
山东巡抚陈预为遵旨起出德州高海庄清修观红阳教经板验明销毁事奏折　嘉庆二十三年正月初四日

嘉庆年间王树勋蒙捐官职案档案

韩永福编选（2013·3·4）　中国第一历史档案馆
湖广总督马慧裕等为请将襄阳府一缺改为冲繁难兼三要缺并另简知府事奏折　嘉庆十九年九月二十八日
掌江西道监察御史石承藻为襄阳府知府王树勋以僧人还俗捐官请严查议处事奏折　嘉庆二十年五月初二日
掌江西道监察御史石承藻为查明王树勋在京尚与广惠寺僧人往来事奏片　嘉庆二十年五月初二日
著将王树勋解任交部审讯事谕旨　嘉庆二十年五月初二日
大学士管理刑部事务董诰等为报传讯王树勋并广慧寺僧人超凡情形事奏片　嘉庆二十年五月初三日
附件一：王树勋供单
附件二：广慧寺僧人超凡供单
著湖广总督马慧裕等明白回奏因何不将王树勋参劾事上谕　嘉庆二十年五月初三日
著将王树勋革职严审定拟并将御史石承藻交部议叙事上谕　嘉庆二十年五月初三日
大学士管理刑部事务董诰等为遵旨监提王树勋讯与原任尚书金光悌往来情形事奏片　嘉庆二十年五月初四日

大学士管理刑部事务董诰等为报遵旨监提王树勋讯以蒋予蒲是否受戒等事奏片	嘉庆二十年五月初五日
附件：王树勋供单	
著两广总督蒋攸铦等传询督粮道陈廷杰为王树勋助捐是否知其为僧事上谕	嘉庆二十年五月初五日
著将曾向僧人明心受戒之仓场侍郎蒋予蒲即行革职事上谕	嘉庆二十年五月初五日
大学士管理刑部事务董诰等为遵旨讯问王树勋与百龄是否认识往来等事奏片	嘉庆二十年五月初七日
附件：王树勋供单	
大学士管理刑部事务董诰等为遵旨提讯王树勋是否隐瞒百龄知其为僧等事奏片	嘉庆二十年五月初八日
著两江总督百龄据实复奏来京途遇王树勋是否识出其为明心事上谕	嘉庆二十年五月初八日
著传谕前任刑部侍郎宋镕据实登答如何与王树勋认识有无受戒等事上谕	嘉庆二十年五月初八日
大学士管理刑部事务董诰等为审明王树勋还俗蒙捐职官按律定拟事奏折	嘉庆二十年五月初九日
著照刑部定拟将王树勋先在刑部枷号两个月发遣黑龙江充当苦差事谕旨	嘉庆二十年五月初九日
两江总督百龄为复奏王树勋捐官后并不知其即系僧人明心事奏折	嘉庆二十年五月十五日
大学士管理刑部事务董诰等为报讯问王树勋与百龄交往情形事奏片	嘉庆二十年五月二十四日
附件：王树勋供单	
著为百龄未能辨识王树勋为僧自请交部议处之处加恩宽免事上谕	嘉庆二十年五月二十四日
江苏巡抚张师诚为代为复奏宋镕登答与王树勋相识并未受戒情形事奏折	嘉庆二十年五月二十日
附件：宋镕登答	
著为宋镕询知王树勋系僧人蒙捐职官匿不举发交部严加议处事上谕	嘉庆二十年五月三十日
湖广总督马慧裕等为遵旨回奏曾闻王树勋出身不正未予劾奏自请处分事奏折	嘉庆二十年五月十六日
著为马慧裕等风闻王树勋曾为僧因循迁就交部议处事上谕	嘉庆二十年六月初四日
吏部尚书英和等为前任刑部侍郎宋镕与王树勋往来有心徇隐遵旨议处事奏折	嘉庆二十年六月初六日
著将前任刑部侍郎宋镕加恩免其革职改为降三级调用事谕旨	嘉庆二十年六月初六日
吏部尚书英和等为湖广总督马慧裕等未经参办王树勋照例议处事奏折	嘉庆二十年六月十四日
著将马慧裕等传旨申饬并振刷精神严拿逆犯事上谕	嘉庆二十年六月十四日
著将马慧裕等加恩改为降三级留任事谕旨	嘉庆二十年六月十四日

两广总督蒋攸铦等为报遵旨询问督粮道陈廷杰与王树勋交往情形事奏折　嘉庆二十年五月二十六日
附件：陈廷杰亲供
大学士管理刑部事务董诰等为遵旨提讯王树勋严诘陈廷杰帮给银两事奏片　嘉庆二十年六月十九日
附件：王树勋供单
著将帮给王树勋银两之陈廷杰交部议处事谕旨　嘉庆二十年六月十九日
协办大学士吏部尚书章煦等为查明王树勋前在襄阳府任内并无别案劣迹事奏片　嘉庆二十年七月二十八日

嘉庆二十年安徽收园教案（上）
方裕谨编选（1989·1·12）　中国第一历史档案馆
两江总督百龄为已访获散帖伙党并讯出谋反大概情形事奏折　嘉庆二十年八月二十二日

嘉庆二十年安徽收园教案（下）
方裕谨编选（1989·2·10）　中国第一历史档案馆
两江总督百龄为报已拿获方荣升并审问情形事奏折　嘉庆二十年九月初四日
附：方荣升供词
两江总督百龄为再次严审方荣升并处极刑及将与谋同伙分别治罪事奏折　嘉庆二十年九月十三日
两江总督百龄为再报遵旨查办方荣升案情形事片　嘉庆二十年九月二十九日
两江总督百龄为已遵旨缘坐犯属刨毁方荣升祖父母父母坟墓事奏折　嘉庆二十年十月十九日

刑部主事余继生勾结书吏裁改题本案
吕小鲜编选（1994·3·3）　中国第一历史档案馆
刘锦江为斥责刑部司官回护舞弊官吏并警告员外郎章庆治事致章庆治函　嘉庆二十三年十一月初九日
大学士章煦等为刘锦江呈控刑部司员书吏串通舞弊请旨钦派大臣审办事奏折　嘉庆二十三年十一月初十日
原刑部书吏刘锦江为首告刑部司员余继生串通书吏舞弊事折底　嘉庆二十三年十一月
附：刘锦江为条陈改进刑部等衙门文书处理制度以防止舞弊事折底再附奏折
大学士托津等为会同审拟刑部主事余继生勾结书吏裁改题本一案事奏折　嘉庆二十四年三月初四日
吏部尚书英和等为遵旨议处滥保余继生各官员事奏折　嘉庆二十四年三月初八日

刑部主事余继生勾结书吏裁改题本案档案续编
刘文华选编（2024·1·4）　中国第一历史档案馆
着将刑部主事余继生等革职交军机大臣审拟事旨　嘉庆二十三年十一月十二日

着两江总督孙玉庭将刑部书吏苏琦拿获审讯事上谕　嘉庆二十三年十一月十二日
军机大臣托津等审讯刑部主事余继生勾结书吏舞弊案奏片　嘉庆二十三年十一月十三日
军机大臣托津等为复讯余继生等情形事奏片　嘉庆二十三年十一月十四日
附件：莫泳泉供词
着四川总督蒋攸铦将涪州知州吕兆麒传旨解任严讯事上谕　嘉庆二十三年十一月十四日
着严讯刑部主事余继生事旨　嘉庆二十三年十一月十四日
军机大臣托津等为严讯刑部主事余继生事奏片　嘉庆二十三年十一月十五日
附件：余继生供词
着四川总督蒋攸铦将要证石泳莲拿获严讯事上谕　嘉庆二十三年十一月十五日
两江总督孙玉庭为拿获要犯刑部书吏苏琦并委员解京质审事奏折　嘉庆二十三年十二月初七日
四川总督蒋攸铦为遵旨严讯涪州知州吕兆麒并查拿石泳莲事奏折　嘉庆二十三年十二月十一日
步军统领英和等为拿获刑部主事余继生串通书吏舞弊案内要犯请旨归案审办事奏折　嘉庆二十四年正月十八日
军机大臣托津等为提讯余继坛等事奏片　嘉庆二十四年正月十九日
附件一：余继生供词
附件二：余继坛供词
附件三：苏琦供词
军机大臣托津等为质讯知州吕兆麒等事奏片　嘉庆二十四年二月二十三日
附件一：余继生供词
附件二：吕兆麒供词
着将滥保余继生之刑部堂官交吏部查处事上谕　嘉庆二十四年三月初四日
着将余继生加枷号一个月满日发往伊犁充当苦差事旨　嘉庆二十四年三月初四日
着将滥保余继生之刑部堂官松筠等降级惩处事旨　嘉庆二十四年三月初九日

嘉庆二十四年王公大臣探听官事案档案

刘文华编选（2016·2·40）　　中国第一历史档案馆

步军统领英和等为审明擅行呈递封章人犯傅瑞祥事奏折　嘉庆二十四年六月十八日
附件：傅瑞祥封章
军机大臣托津等为会审擅行呈递封章人犯傅瑞祥事奏折　嘉庆二十四年六月十八日
附件：傅瑞祥所注诗语
大学士管理刑部事务章煦等为审讯傅瑞祥事奏片　嘉庆二十四年六月十九日
军机大臣托津等为会审傅瑞祥呈递封章案请照例解回原籍监禁事奏折　嘉庆二十四年六月二十四日
大学士管理刑部事务章煦等为奏请查明傅瑞祥案外间先有传抄谕旨事奏片　嘉庆二十四年六月二十四日
著为刑部奏傅瑞祥案外间先有传抄谕旨事交军机大臣审讯谕旨　嘉庆二十四年六月二十四日
军机大臣为审讯误传傅瑞祥案谕旨之护卫书吏人等事奏片　嘉庆二十四年六月二十六日
附件：护卫萨敏等供词

军机大臣等为详查嘉庆四年有无奉到禁止王公大臣探事谕旨事奏片　嘉庆二十四年六月二十七日
军机大臣等为审讯听事人员萨敏郭仁阿奇成额事奏片　嘉庆二十四年六月二十七日
附件一：博启图所管护军校郭仁阿、萨敏供出之外委奇成额供词
附件二：萨敏两次供出派有听事人员之各王公大臣名单
军机大臣等为审讯内务府听事人员长盛等事奏片　嘉庆二十四年六月二十八日
附件：内务府大臣英和等听事笔帖式供词
军机大臣等为诘讯内务府听事笔帖式椿龄等及公慎堂报房管事邵禹澄事奏片　嘉庆二十四年六月二十八日
附件：公慎堂报房管事邵禹澄等供词
军机大臣等为审讯探事之恒顺祥绶明山等人员事奏片　嘉庆二十四年六月二十九日
附件一：内务府苑副祥绶等供词
附件二：供有听事人之王公名单
附件三：供有听事人之大臣名单
附件四：未经审出有听事人之王公名单
著将跟随仪亲王永璇之誊录恒顺革职归案严审事谕旨　嘉庆二十四年六月二十九日
著将每日派人探听公事之宗室王公前锋统领护军统领分别严议事上谕　嘉庆二十四年六月二十九日
著将内务府大臣交部严议所派听事之人员著革职严讯事谕旨　嘉庆二十四年六月二十九日
著永行禁止传抄召见官员名单事上谕　嘉庆二十四年六月二十九日
著将奇成额解任交刑部审讯事谕旨　嘉庆二十四年六月三十日
军机大臣等为审讯跟随仪亲王永璇之誊录恒顺等事奏片　嘉庆二十四年六月三十日
附件：跟随仪亲王永璇之誊录恒顺供词
宗人府左宗正郑亲王乌尔恭阿等为议处派人探事之王公事奏折　嘉庆二十四年七月初二日
军机大臣托津等为议处内务府大臣英和等事奏折　嘉庆二十四年七月初二日
军机大臣托津等为审拟误抄傅瑞祥案谕旨之书吏人等事奏折　嘉庆二十四年七月初二日
著将差人探事之王公折罚俸禄予以严惩事朱谕　嘉庆二十四年七月初二日
著将内务府大臣英和等各降二级留任内务府听事之笔帖式椿龄等一律停升三年事谕旨　嘉庆二十四年七月初二日
著军机大臣等妥议严密稽查景运隆宗等门门禁事上谕　嘉庆二十四年七月初四日
军机大臣托津等为会议严密稽查景运隆宗等门门禁事奏折　嘉庆二十四年七月初七日
著加恩减罚派人探事之王公事上谕　嘉庆二十四年七月二十三日
著奕颢将护卫萨敏翎顶予以革退事上谕　嘉庆二十四年七月二十八日

嘉道年间禁城及部院衙门秩序混乱史料

吕小鲜编选（1994·4·3）　中国第一历史档案馆

大学士戴均元等为审拟私自于兵部围墙开门之皂役事奏折　嘉庆二十五年四月二十八日
御前大臣索特那木多布齐等为遵旨会议御史罗宸请严门禁诸条事奏折　道光二年九月二十三日

御史何辉绶为皂役挈眷居住各部衙署请严订章程稽察事奏折	道光六年二月十九日
御史卞士云为请明立档案检查章程严禁小贩入署销货事奏折	道光十年十二月初七日

道光元年查办冒入旗籍史料

吕小鲜编选（1995・3・28）　　中国第一历史档案馆

镶黄旗	
英和等为遵旨查明镶黄旗满洲抱养民人之子冒入旗籍数目事奏折	道光元年十月十一日
奕绍等为镶黄旗汉军查无抱养民子冒入旗籍之人事奏折	道光元年十月十四日
正黄旗	
那清安等为正黄旗汉军有过继与本旗满洲之人无抱养冒籍之弊事奏折	道光元年十月十八日
正白旗	
绵恩等为正白旗满洲并无抱养民人之子冒入旗籍之弊事奏折	道光元年十月十五日
穆克登额等为遵旨查明正白旗蒙古抱养民人之子冒入旗籍之人数目事奏折	道光元年十月二十日
祥保等为正白旗汉军并无抱养民人之子冒入旗籍之弊事奏折	道光元年十月十五日
正红旗	
赛冲阿等为遵旨查明正红旗满洲抱养民子冒入旗籍人数并办理情形事奏折	道光元年十月十五日
绵志等为遵旨查明正红旗蒙古抱养冒籍人数并依例办理事奏折	道光元年十月十四日
伯麟等为遵旨查明正红旗汉军并无抱养过继之人事奏折	道光元年十月十六日
镶白旗	
绵恩等为遵旨查明镶白旗抱养冒籍人数事奏折	道光元年十月十五日
索特那木多布斋等为镶白旗蒙古并无抱养冒籍之弊事奏折	道光元年十月二十一日
成龄等为镶白旗汉军并无抱养民人之子为嗣之人事奏折	道光元年十月十五日
镶红旗	
乌尔恭阿等为遵旨查办镶红旗满洲抱养民子冒入旗籍事奏折	道光元年十月十三日
哈迪尔等为遵旨查办镶红旗蒙古抱养民子冒入旗籍事奏折	道光元年十月二十日
诚安等为遵旨查明镶红旗汉军并无抱养民人之子为嗣之人事奏折	道光元年十月二十日
正蓝旗	
那彦成等为遵旨查明正蓝旗满洲抱养冒籍人数并办理情形事奏折	道光元年十月二十日
穆克登布等为遵旨查明正蓝旗蒙古抱养冒籍人数并族人首告总兵达凌阿事奏折	道光元年十月十八日
禧恩等为正蓝旗汉军并无抱养民子冒籍之弊事奏折	道光元年十月十七日
镶蓝旗	
伯麟等为遵旨查明镶蓝旗满洲抱养冒籍人数并办理情形事奏折	道光元年十月十六日

附件：镶蓝旗满洲查出抱养冒籍官兵名单
文孚等为遵旨查明镶蓝旗蒙古抱养民子冒籍并办理情形事奏折 道光元年十月十四日
绵志等为镶蓝旗汉军尚无抱养民人之子为嗣之弊事奏折 道光元年十月十五日
附录：奕绍等为遵旨再查正红旗满洲抱养民子为嗣情形事奏折 道光六年六月二十一日

道光初年侯际清赎罪舞弊案

吕小鲜编选（2000·4·34） 中国第一历史档案馆

大学士戴均元等为刑部书吏承办侯际清赎罪一案舞弊事奏折 道光四年五月二十一日
山西巡抚张师诚为遵旨提到串通舞弊之侯孝昌等讯供解京事奏折 道光四年闰七月初三日
大学士托津等为遵旨将侯际清赎罪舞弊一案严审定拟事奏折 道光四年闰七月初四日
吏部尚书文孚等为遵旨严议议处失察舞弊各官员事奏折 道光四年闰七月十一日
吏部尚书文孚等为遵旨议处从前将恩德等婪赃官员保列一等之刑部堂官事奏折 道光四年闰七月十三日

道光朝北京粮仓吏役舞弊史料（上）

吕小鲜编选（1994·2·13） 中国第一历史档案馆

大学士戴均元等为审拟万安仓官役通同舞弊一案事奏折 道光四年六月二十一日
大学士蒋攸铦等为审拟收米得赃以致仓米大量霉变一案事奏折 道光六年九月初二日
大学士卢荫溥等为审拟万安仓革役许九等揽买俸票一案事奏折 道光十一年八月三十日
御史韩大信为北新仓花户与革役放豆舞弊请旨严办事奏折 道光十一年九月十二日
刑部右侍郎恩铭为有人以御史舒德之名投书称刑部等衙门官役审案得赃卖放事奏折 道光十二年九月初五日

道光朝北京粮仓吏役舞弊史料（下）

吕小鲜编选（1994·3·11） 中国第一历史档案馆

定亲王奕绍等为请旨饬拿裕丰仓舞弊花户事奏折 道光十四年十一月初四日
仓场侍郎德春等为遵旨查明御史参奏仓弊各款事奏折 道光二十年六月十二日
大学士王鼎等为审拟已满已革花户在仓私立窝子一案事奏折 道光二十年六月二十三日
定郡王载铨等为审拟已革花户勾结现充花户包揽车脚一案事奏折 道光二十年十月十六日
刑部尚书阿勒清阿等为禄米仓花户私改官斛仓监督扶同隐饰请旨革审事奏折 道光二十四年九月初五日
刑部尚书阿勒清阿等为请旨严拿偷窃仓粮要犯事奏折 道光三十年十月二十二日
刑部尚书阿勒清阿等为审拟北新仓花户容隐已革花户舞弊一案事奏折 道光三十年十二月初八日
刑部尚书阿勒清阿等为审明定拟续获太平仓舞弊人犯事奏折 道光三十年十二月十六日

刑部尚书阿勒清阿等为内外勾结叠窃仓粮一案审明定拟事奏折　道光三十年十二月二十五日

道光十年私造假照案

方裕谨编选（1993·4·34）　　中国第一历史档案馆

著各督抚等详查部文有无漏取身家清白册结字样上谕　道光十年闰四月二十四日
著大学士协办大学士军机大臣等会同刑部堂官审理私给假照案上谕　道光十年闰四月二十四日
著颜伯焘将私给假照捐纳库大使蔡应联兄弟解交刑部审办上谕　道光十年闰四月二十九日
著嵩孚严拿户部捐纳房贴写刘东昇速交刑部审办上谕　道光十年闰四月二十九日
著蒋攸铦等严拿假照案犯蔡应联速交刑部审办上谕　道光十年五月初十日
著将拿获假照案犯庞熿之阿穆尔布彦等交部议叙上谕　道光十年五月初十日
著蒋攸铦等通饬所属严拿务获假照案犯任松宇刘东昇速交刑部审办上谕　道光十年五月十二日
著徐炘严拿假照案犯谢孚宸速交刑部审办上谕　道光十年五月十五日
著那彦成等督抚严拿假照案犯赏四姚凤山等速交刑部审办上谕　道光十年五月十六日
著徐炘派员将赏四谢孚宸二犯寓所资产严密查抄上谕　道光十年五月二十二日
著各该督抚详查各捐生身家清白册结追溯至嘉庆二十一年为止上谕　道光十年五月二十四日
著刘彬士迅将已获假照要犯蔡绳祖解京审办并严拿其余假照案犯上谕　道光十年五月二十八日
著陶澍急速查拿私捐假照要犯任松宇并查抄该犯寓所上谕　道光十年五月二十九日
著将赏四革职并交托津归案严审上谕　道光十年五月二十九日
附：赏四供词
著徐炘将查抄之赏四谢孚宸寓所财物交内务府上谕　道光十年六月初四日
著各官员对被骗捐生一概不必传讯并地方官应将不得借端吓诈之旨刊刻公布上谕　道光十年六月十九日
著嵩孚等将假照案犯庞湘迅拿交刑部归案审办上谕　道光十年七月十七日
托津等为遵旨严审假照案犯并定拟罪名事奏折　道光十年七月二十四日
著托津所定拟假照案犯之罪并详查失察各堂官及应议各员上谕　道光十年七月二十四日
托津等为会同严审陕西司书吏范显标等办理假照案定拟罪名事奏折　道光十年七月二十九日
著那彦成等确拿马怀玉速交刑部审办上谕　道光十年八月初三日
著孙尔准详查借查拿假照案要犯时妄拿无辜非刑毙命事上谕　道光十年八月二十七日
奕绍等为审明假照案犯蔡绳祖出银贿和情形并定拟宗室等罪名事奏折　道光十年九月十六日
托津等为假照数目现已查明请将案内要犯正法并将各犯证分别定拟罪名事奏折　道光十年九月二十四日

著大学士军机大臣会同户部详议稽察防范及核对册稿章程上谕　道光十年九月二十四日
著将失察假照之历任堂司各官降调降留上谕　道光十年十月十四日
著革职司员陆以烜等永不叙用其余降调各员补官后停其升转上谕　道光十年十一月初三日
著将开设聚和银号之原南城吏目单贞善交托津等归案严审上谕　道光十年十一月初四日
著照所拟稽查防范及核对册稿章程并朕改之处办理上谕　道光十年十一月十三日
托津等为会同审讯假照案人犯分别定拟及行提代捐假照职官归案审办事奏折　道光十年十二月十四日
托津等为遵旨查明胡培翚失察假照被议降调具呈剖辩事奏折　道光十年十二月二十六日
著将被议哓哓置辩之胡培翚于补官之日罚俸一年以示惩儆上谕　道光十年十二月二十六日

道光十二年至宣统三年王公大臣年岁生日表

张波　赵玉敏整理（2010·2·16）

道光十六年湖南武冈州青莲教案（上）

方裕谨编选（1992·3·42）　中国第一历史档案馆

湖南巡抚吴荣光为武冈州青莲教众起事情形事奏折　道光十六年二月十三日
湖南巡抚吴荣光为已查获武冈州习教传徒之人事片　道光十六年二月十三日
湖南提督薛陞为带兵查办围攻武冈州城青莲教众事奏折　道光十六年二月十八日
湖南巡抚裕泰为青莲教众在武冈起事兼程驰赴湘省接印剿办事奏折　道光十六年二月十九日
湖广总督讷尔经额为剿办攻扑武冈州城之青莲教众情形事奏折　道光十六年二月十九日
著湖广总督讷尔经额等迅即前往查办围攻武冈州城之青莲教事上谕　道光十六年二月二十三日
湖南巡抚裕泰为武冈起事情形及将所调后起兵丁暂停起行事奏折　道光十六年二月二十六日
著讷尔经额等于武冈剿捕完竣后再赴镇筸亲提犯证确查起事根由上谕　道光十六年二月二十九日
湖广总督讷尔经额为叠获武冈起事青莲教众并审理情形事奏折　道光十六年三月初一日
湖广总督讷尔经额为将提臣前调各兵丁练勇截回归伍事片　道光十六年三月初一日
候补四品京堂吴荣光为复旨留湘会办武冈青莲教案事奏折　道光十六年三月初二日
著湖南巡抚裕泰在省城接印任事并调拨粮饷无庸前往剿办事上谕　道光十六年三月初五日
湖广总督讷尔经额等为续获逃匿青莲教众并审讯情形事奏折　道光十六年三月初七日
两广总督邓廷桢等为两广防捕青莲教众事片　道光十六年三月初七日
著湖南巡抚裕泰仍在省城接印任事并会办镇筸兵练聚众滋　道光十六年三月初十日

闹事上谕
著地方官遇讼应查察周密事上谕　道光十六年三月初十日
著讷尔经额查明地方官有否讼断不公之事上谕　道光十六年三月十五日
著四川总督鄂山查明有无邹凤举及其有无党羽事上谕　道光十六年三月十五日
湖南巡抚裕泰为复查明剿捕青莲教所用军饷等事片　道光十六年三月二十四日
湖广总督讷尔经额为复严查武冈青莲教起事情形事奏折　道光十六年四月初十日
著讷尔经额速将蓝正樽捉拿归案但不可扰累瑶民事上谕　道光十六年四月二十五日

道光十六年湖南武冈州青莲教案（下）

方裕谨编选（1992·4·38）　中国第一历史档案馆

湖广总督讷尔经额为审办已获武冈青莲教众及凯撤留捕官兵事奏折　道光十六年四月初十日
著讷尔经额严饬所属并咨会邻省一体严拿蓝正樽等人事上谕　道光十六年四月二十五日
著奖赏首先击毙攻城青莲教众之署守备赵昇泰等事上谕　道光十六年四月二十五日
两广总督邓廷桢等为广西捉获疑为蓝正樽之游僧吴本林现已解省审办事奏折　道光十六年五月十七日
四川总督鄂山为查缉王又田情形事片　道光十六年五月十七日
四川总督鄂山为复访查传习青莲教之邹凤举情形事片　道光十六年五月二十五日
著赏赐缉拿武冈州青莲教众出力文武官员事上谕　道光十六年六月二十八日
湖南巡抚裕泰为复察核督臣查办青莲教众围攻武冈州城多有不实事片　道光十六年六月
江西巡抚陈銮为复堵缉武冈起事青莲教首蓝正樽事片　道光十六年六月
湖广总督讷尔经额为请奖励剿办武冈青莲教众出力文武各员弁事奏折　道光十六年六月初七日
著裕泰严讯程恒忠查明蓝正樽下落并移会邻省一体缉获事上谕　道光十六年七月十二日
著讷尔经额等严饬所属并飞咨邻省迅将吴立拿获归案事上谕　道光十六年七月十四日
湖南巡抚裕泰为审明广西拿获刘才修实非蓝正樽等事奏折　道光十六年七月二十七日
湖广总督讷尔经额为武冈起事首犯蓝正樽日久未获自请交部议处事奏折　道光十六年八月初三日
著将讷尔经额交部严加议处并仍督率文武员弁查拿事上谕　道光十六年八月二十一日
著将讷尔经额改为革职留任事上谕　道光十六年八月二十六日
湖南巡抚裕泰为将已审明之青莲教众按律拟处事奏折　道光十六年九月初二日
湖南巡抚裕泰为将续获攻扑武冈之青莲教众按律拟罪事奏折　道光十六年九月初二日
湖广总督讷尔经额等为查明蓝正樽谋反始事年月并开到历任失察文武各官职名事奏折　道光十六年九月初二日
著将十五年六月起历任失察武冈州起事文武官员分别议处事上谕　道光十六年九月二十四日
湖南巡抚裕泰为复拿审贺六昌习教情形及按例拟罪事奏折　道光十六年十月初二日
著将因武冈州青莲教起事失察文职官员分别议处事上谕　道光十六年十月二十日
著将因武冈州青莲教起事失察武职官员分别议处事上谕　道光十六年十月二十日

著将因武冈州青莲教起事失察文武职官分别议处事上谕　　道光十六年十月二十一日

道光十九年宁夏驻防旗营克扣兵饷案

方裕谨编选（1999・2・24）　　中国第一历史档案馆

钦差大臣隆文等为宁夏旗营克扣兵饷案中应行革审人员缘由事奏折　　道光十九年六月初七日

钦差大臣隆文等为报会同审理宁夏兵饷克扣案情形事奏折　　道光十九年七月十五日

大学士穆彰阿等为报遵旨速议宁夏克扣兵饷案事奏折　　道光十九年八月初六日

军机处讯问甘肃宁夏防御萨勒杭阿等二员事片

已革协领富忠供词

已革协领哈兴阿供词

已革协领阿玺达供词

已革协领富勒炳阿供词

已革协领倭兴阿供词

已革佐领那郎阿供词

已革佐领廉明供词

已革佐领春格供词

防御萨炳阿供词

委骁骑校阿尼扬阿供词

解任佐领乌勒精额供词

佐领托云布供词

头佐领岳克青阿等供词

前锋依克唐阿供词

已革宁夏将军和世泰供词

已革副都统宗室存华供词

英国外交部档案中一件鸦片战争起因史料全译

李丹阳译注（1997・4・35）

关于1839至1843年对华战争的备忘录

鸦片战争期间士民上书抗英史料

郦永庆　丁进军编选（1993・1・34）　　中国第一历史档案馆

江南童生朱祛患为陈抗英八条事呈文　　道光二十一年三月初五日

四品宗室和昶为防守北方海岛事呈文　　道光二十一年十一月二十六日

附件：四品宗室和昶前代旗分单

吏部左侍郎麟魁为代呈举人黄蕙田抗英各策事奏折　　道光二十一年十二月　日

附件：举人黄蕙田供词

步军统领恩桂等为安庆府监生方熊飞筹备水战禀文事奏折　　道光二十二年六月十六日

附件一：步军统领衙门为询明方熊飞愿往何处海疆效力事致圆明园汉军机处咨文

附件二：监生方熊飞为筹备水战事禀文

步军统领衙门恩桂等为江苏民人房宝善等呈递平夷指掌事奏折　道光二十二年七月二十一日
陕西驿书汤之相为陈在浙文武大员坐视偷安各情事奏折　道光二十二年十一月十一日
附件：陕西驿书汤之相供词
江苏童生章达为陈去逆安民五条事奏折　道光二十二年　月　日
贵州安顺府学生员哈佐清代陈处理汉奸及修筑炮台之策事奏折　道光二十三年三月
刑部尚书阿勒清阿等为审拟易之瑶私赴外域事奏折　道光二十四年三月十八日
附件一：易之瑶为陈时事希求进用事奏折
附件二：易之瑶为陈时策并请赴粤带兵剿办英军事奏折

第一次鸦片战争之后福州问题史料

郦永庆编选（1990·2·43）　中国第一历史档案馆
闽浙总督刘韵珂等为报福州厦门英人已有住处及鼓浪屿兵已退事奏折　道光二十五年三月十五日
闽浙总督刘韵珂等为陈年余筹办福州夷务并揣测英情事奏片　道光二十五年三月十五日
著闽浙总督刘韵珂等为驾驭英人事宜密之又密事上谕　道光二十五年四月十五日

梁章钜教子案牍文字

来新夏辑（2005·2·3）
《案牍文字》三十五则

道光二十九年广西会党反清斗争档案选编（上）

方裕谨编选（1994·3·22）　中国第一历史档案馆
都察院左都御史花沙纳等为广西生员冼澄清来衙呈控本省会党滋事奏折　道光三十年十一月二十九日
附：广西生员冼澄清等呈文

道光二十九年广西会党反清斗争档案选编（下）

方裕谨编选（1994·4·21）　中国第一历史档案馆
附：广西生员冼澄清等呈文（续）

道光三十年四至九月两广会党反清斗争史料

方裕谨编选（1995·1·24）　中国第一历史档案馆
广西巡抚郑祖琛为报粤西办理剿捕事务情形事奏折　道光三十年四月二十八日
著徐广缙等督抚实力镇压两广起事会众及办理团练事上谕　道光三十年六月十九日
广西巡抚郑祖琛为遵旨查明马平等县会众活动情形事奏折　道光三十年六月二十八日
广西巡抚郑祖琛为非两广合力不足以剿灭起事会众事奏折　道光三十年六月二十八日
广西巡抚郑祖琛等为陈亚贵等拥入修仁县城事奏折　道光三十年七月二十四日
广西巡抚郑祖琛为请速饬两广总督徐广缙到广西指挥剿捕会众事奏折　道光三十年七月二十四日
两广总督徐广缙等为两广地区应大力督办团练以与官兵合　道光三十年七月二十四日

剿起事会众事奏折

广西巡抚郑祖琛等为陈亚贵等继拥入修仁复入荔浦事奏折　道光三十年七月二十七日
广西巡抚郑祖琛为报广西右江地区会众起事日盛事奏折　道光三十年七月二十七日
江南道监察御史苏学健为广西会众起事日盛请饬地方官剿捕事奏折　道光三十年八月初六日
广西巡抚郑祖琛等报官兵在修仁寨沙等处获胜情形事奏折　道光三十年八月二十四日
广西巡抚郑祖琛为报起事会众进入迁江县城事奏折　道光三十年八月二十四日
广西巡抚郑祖琛为请敕下湘省提督向荣派兵赴广西助剿事奏折　道光三十年八月二十四日
两广总督徐广缙等为报起事会众出没英德佛冈等处事奏折　道光三十年八月二十四日
两广总督徐广缙为呈明广西起事至多缘由事奏折　道光三十年九月初一日
广东巡抚叶名琛为报赴清远会剿起事会众日期事奏折　道光三十年九月初一日
广西巡抚郑祖琛等为报起事会众所据堂名事奏折　道光三十年九月十四日
广西巡抚郑祖琛等为报起事会众由明江攻入龙州事奏折　道光三十年九月十四日
广西巡抚郑祖琛为请饬调云南官兵赴太平等处会剿事奏折　道光三十年九月十四日
湖广总督裕泰为已遵旨调派湖南官兵前去广西会剿事奏折　道光三十年九月二十日
广西巡抚郑祖琛等为报剿办修仁荔浦起事会众大获胜仗事奏折　道光三十年九月二十六日
广西巡抚郑祖琛等为报剿办贺县昭平起事会众情形事奏折　道光三十年九月二十六日
广西巡抚郑祖琛等为报起事会众在太平府属地方战斗情形事奏折　道光三十年九月二十六日
广西巡抚郑祖琛等为报起事会众在永安等州县战斗情形事奏折　道光三十年九月二十六日
贵州巡抚程矞采为报已饬广南营实力堵御广西起事会众事奏折　道光三十年九月二十六日
两广总督徐广缙为报广西起事会众进入龙州事奏折　道光三十年九月三十日
两广总督徐广缙等为遵旨剿办韶州廉州起事会众情形事奏折　道光三十年九月三十日

道光三十年英人租住福州神光寺事件档案

赵增越编选（2016・3・31）　中国第一历史档案馆

闽浙总督刘韵珂等为遵旨密饬各属严防夷船及夷情安静事奏片　道光三十年七月初一日
著刘韵珂等按照所奏情节妥为晓谕以期民夷两安事上谕　道光三十年七月十八日
附件：翰林院侍读学士孙铭恩为英人欲在福建省城内借寺居住事奏折　道光三十年七月十八日
附件：翰林院侍读学士孙铭恩呈福建省城士民公议驱逐番仔文单　道光三十年七月十八日
著刘韵珂等密饬文武加意防备务使夷衅不生民心共顺事上谕　道光三十年七月二十五日
闽浙总督刘韵珂等为讲经英人租赁城内房屋及设法筹办情形事奏片　道光三十年七月二十五日
两广总督徐广缙等为密陈新闻纸传英酋文安探访各省实在　道光三十年七月二十六日

情形事奏片	
著刘韵珂迅速回省与徐继畬遵照前旨妥密筹商事上谕	道光三十年七月二十八日
工科掌印给事中林扬祖为闽省夷情猖獗民心张皇请旨严饬慎密筹防事奏折	道光三十年七月二十八日
附件：工科掌印给事中林扬祖呈福州绅士公致徐继畬信函单	道光三十年七月二十八日
附件：工科掌印给事中林扬祖呈抄录徐继畬回复福州绅士信函单	道光三十年七月二十八日
附件：工科掌印给事中林扬祖呈抄英夷揭帖单	道光三十年七月二十八日
附件：工科掌印给事中林扬祖呈抄福州士民致英国领事官公启单	道光三十年七月二十八日
著刘韵珂秉公密查徐继畬是否办理谬误袒护属员据实具奏事上谕	道光三十年八月初一日
掌湖广道监察御史何冠英为英人恃强构衅巡抚徐继畬抚驭无方事奏折	道光三十年八月初一日
著闽浙总督刘韵珂等开导租房英人务令及早迁移事上谕	道光三十年八月初三日
福建学政黄赞汤为敬陈华夷杂处相安总在地方官廉明公正事奏片	道光三十年八月初四日
闽浙总督刘韵珂为报到任七年情况吁恳入都陛见事奏折	道光三十年八月初十日
闽浙总督刘韵珂等为揣度夷情密陈管见事奏折	道光三十年八月二十二日
闽浙总督刘韵珂等为敬陈英人租住神光寺原委并筹办侦查谣言事奏折	道光三十年八月二十二日
闽浙总督刘韵珂等为遵旨复奏闽省士绅公致巡抚等信函并陈办理夷务事奏片	道光三十年八月
闽浙总督刘韵珂等为遵旨严密防备英人意谋台湾事奏片	道光三十年八月
著闽浙总督刘韵珂等持以镇静出以公平妥办英人强租神光寺事上谕	道光三十年九月二十六日
闽浙总督刘韵珂为英人入城租住寺屋有违条约只宜设法令其搬移事奏片	道光三十年九月二十六日
闽浙总督刘韵珂为慎重海防应详查动静相度时机设法防范事奏片	道光三十年九月二十六日
福建闽县侯官县为英商在闽贸易华人与其交往必须格外体恤事示谕	道光三十年十月初四日
著闽浙总督刘韵珂等据实复奏英人强占神光寺等事上谕	道光三十年十月十八日
掌湖广道监察御史何冠英为闽省夷情叵测渐至蔓延事奏折	道光三十年十月十八日
附件：抄录福州府学闽县学侯官县学生员公禀单	道光三十年十月十八日
掌湖广道监察御史何冠英为闽浙总督刘韵珂袒庇英人请旨一并严密饬查事奏片	道光三十年十月十八日
闽浙总督刘韵珂为报起程赴浙阅伍并福建厦门夷情事奏片	道光三十年十月二十一日
闽浙总督刘韵珂为报患病情形恳请赏假调理事奏折	道光三十年十月二十三日
福建巡抚徐继畬为遵旨将侯官县知县兴廉革职并办理英人迁出神光寺事奏片	道光三十年十一月二十日

福建巡抚徐继畬为遵旨复奏英人强占神光寺等情形事奏片	道光三十年十一月二十二日
闽浙总督刘韵珂为遵查租住神光寺英人现已搬迁等事奏折	道光三十年十一月二十三日
著两广总督徐广缙将闽省实在情形详细缕陈随时密查具奏事上谕	道光三十年十二月十一日
著传旨申饬福建巡抚徐继畬事上谕	道光三十年十二月十一日
著闽浙总督裕泰按照节次寄谕并刘韵珂复奏各情逐一访查具奏事上谕	道光三十年十二月十六日
著闽浙总督裕泰秉公密查英人于东门水部门西门外建造楼屋事上谕	道光三十年十二月十八日
福建巡抚徐继畬为署理闽浙总督谢恩事奏折	道光三十年十二月十八日
两广总督徐广缙为闽县侯官两知县严拿不肯受雇英人之匠人请裕泰秉公查参事奏片	道光三十年十二月十八日
福州将军裕瑞等为英人现在搬出神光寺移在乌石山道山观居住事奏折	道光三十年十二月二十一日
著闽浙总督裕泰到任后遵照节次寄谕并徐继畬现奏各情逐一访查复奏事上谕	道光三十年十二月二十六日
著闽浙总督裕泰到任后严密查访钉塞炮眼等情事上谕	道光三十年十二月二十七日
福建巡抚徐继畬为遵旨复奏英人搬入神光寺民夷相安等事奏片	咸丰元年正月十二日
著闽浙总督裕泰查明徐继畬有无回护徇庇前任侯官县知县兴廉等情事上谕	咸丰元年正月二十四日
福建巡抚徐继畬为英人搬出神光寺已传该寺僧人出具切结事奏片	咸丰元年正月二十四日
两广总督徐广缙为遵旨确查闽省实在情形事奏折	咸丰元年二月初八日
闽浙总督裕泰为遵旨查明英人并无在东门外等处建楼事奏折	咸丰元年二月初八日
闽浙总督裕泰为因英领事病故无从晓谕道山观英人搬移绅民复请促缓事奏折	咸丰元年二月初八日
闽浙总督裕泰为徐继畬责成侯官知县兴廉经理英人搬移之事并无回护徇庇情事奏片	咸丰元年二月二十二日
闽浙总督裕泰为遵旨查明英人有无勒买民房钉塞炮眼等各情事奏片	咸丰元年二月二十二日
著闽浙总督裕泰确切查明刘韵珂徐继畬频年办理有无错误据实复奏事上谕	咸丰元年二月二十二日
闽浙总督裕泰为遵旨密查刘韵珂等复奏各情是否确实事奏折	咸丰元年二月二十三日
著闽浙总督裕泰仍遵前旨密查刘韵珂徐继畬有无措置失宜之处事上谕	咸丰元年三月初七日
闽浙总督裕泰为将病故英领事阚那葬于城外等情形事奏片	咸丰元年三月初七日
闽浙总督裕泰为遵旨查明革职巡抚陈阡参款及居住神光寺英夷人等情形事奏片	咸丰元年四月十六日

道光三十年清政府镇压广东等地会众反清斗争史料

方裕谨编选（1996·2·35）　　中国第一历史档案馆

掌江南道监察御史吴若准为两广应合力镇压会党事奏折	道光三十年八月十一日
两广总督徐广缙为广东亦有会党不宜前去广西事奏折	道光三十年八月二十四日
两广总督徐广缙为报广东英德等处会党起事不能分身事奏折	道光三十年九月初一日
调补固原提督原湖南提督向荣为驰往两广边界防堵会众事奏折	道光三十年九月初四日
两广总督徐广缙为报大伙会党攻进迁江县城旋又退出事奏折	道光三十年九月十二日
通政使罗惇衍为应任林则徐等为钦差大臣并令徐广缙仍回广东原任事奏折	道光三十年九月十三日
两广总督徐广缙为陈亚贵被获事奏折	道光三十年十月初七日
湖南巡抚骆秉章为统带官兵径赴永州事奏折	道光三十年十月十五日
两广总督徐广缙为钦差大臣林则徐行抵潮州患病事奏折	道光三十年十月二十五日
两广总督徐广缙等遵旨复报广东英德会众情形事奏折	道光三十年十月初七日
两江总督陆建瀛为报江西防堵情形事奏折	道光三十年十月十八日
两广总督徐广缙等为官兵在翁源县大获胜仗事奏折	道光三十年十一月初一日
两广总督徐广缙为遵旨查明张亚祥明为招降暗庇群盗事奏折	道光三十年十一月十二日
两广总督徐广缙等为报佛冈英德两处官兵获胜事奏折	道光三十年十一月二十二日
两广总督徐广缙等为报廉州官兵叠获胜仗并擒会首方晚等事奏折	道光三十年十一月二十二日
两江总督陆建瀛为应以礼义教育百姓事奏折	道光三十年十一月二十八日
两江总督陆建瀛等为遵旨复陈巡缉会众事奏折	道光三十年十一月二十八日
两广总督徐广缙等为报广东防夷团练章程筹办情形事奏折	道光三十年十一月二十九日
两广总督徐广缙为报已在廉州添派兵勇约令广西文武合力堵剿事奏折	道光三十年十一月二十九日
山东道监察御史厉恩官为参茂名知县胡宗政谎报会众为良民并放回凌廿四事奏折	道光三十年十二月十二日

道光三十年冬清军镇压广西会众史料

方裕谨编选（1995·3·48）　　中国第一历史档案馆

两广总督徐广缙为遵旨复报广西会众活动情形事奏折	道光三十年十月初二日
广西巡抚郑祖琛等为报陈亚溃等已被生擒事奏折	道光三十年十月初六日
广西巡抚郑祖琛等为报会众攻入永康州城事片	道光三十年十月初六日
两广总督徐广缙为遵旨查明两广会众情形事奏折	道光三十年十月初七日
两广总督徐广缙为报永康州失守情形事奏折	道光三十年十月十一日
广西提督向荣为报黔湘官兵已到广西事奏折	道光三十年十月十七日
云贵总督程矞采为遵旨调派官兵赴广西百色事奏折	道光三十年十月二十一日
广西巡抚郑祖琛等为报贺县昭平等处战况并分头带兵进剿事奏折	道光三十年十月二十四日
贵州巡抚乔用迁为遵旨严防黔省与广西交界处所事奏折	道光三十年十月二十五日
两广总督徐广缙等为查参总兵盛筠并两广军民应合力堵剿	道光三十年十一月初一日

事奏折
湖广总督裕泰为报已调派官员防堵边界事奏折　道光三十年十一月初三日
广西巡抚郑祖琛等为报官兵在藤县获胜事片　道光三十年十一月初五日
两广总督徐广缙为报官兵在贵县捉获会首钟亚春等事奏折　道光三十年十一月初八日
广西巡抚郑祖琛等为报官兵在武缘宾州等处获胜事奏折　道光三十年十一月十三日
两广总督徐广缙为通筹广西剿办起事会众事奏折　道光三十年十一月十八日
两广总督徐广缙为报武缘仗团练之力大获胜仗事奏折　道光三十年十一月十八日
两广总督徐广缙等为遵旨严防两广省界事奏折　道光三十年十一月二十二日
署广西巡抚布政使劳崇光等为报督剿庆远会众大获胜仗事奏折　道光三十年十一月二十八日
署广西巡抚布政使劳崇光等为报武缘等处现在剿除会众情形事片　道光三十年十一月二十八日
两广总督徐广缙为遵旨查明拥入永康会众并非与陈亚溃等同党分伙事奏折　道光三十年十一月二十九日
刑部尚书杜受田关于两广地区各种会党情形奏单
广西提督向荣为报进剿横州会众大获胜仗事奏折　道光三十年十二月初三日
广西提督向荣为报官兵进攻索潭会众大获全胜事奏折　道光三十年十二月初三日
广西提督向荣为报官兵在援剿加炎会众续获胜仗事奏折　道光三十年十二月初三日
广西提督向荣为报官兵在陶邓墟获胜仗事奏折　道光三十年十二月初三日
署广西巡抚布政使劳崇光等为官兵在罗池等处获胜事片　道光三十年十二月初八日
署广西巡抚布政使劳崇光等为报捉获陈亚溃之父陈胜等事奏折　道光三十年十二月初八日
山东道监察御史厉恩官为官兵可虑四事片　道光三十年十二月十二日
两广总督徐广缙为桂平会众抗拒官兵提臣驰赴剿办事奏折　道光三十年十二月二十七日

咸丰元年直隶贡监生呈控京官把持印结案档案
谭景编选（2017·1·53）　中国第一历史档案馆
兵部尚书特登额为监生孙启盛等呈诉京官把持印结请旨核办事奏折　咸丰元年八月初九日
附件一：大兴县监生孙启盛呈词
附件二：直隶京官为联名申辨孙启盛呈诉把持印结情形事呈文
著顺天府会同直隶总督查明直隶京官与贡监生互禀一案核议具奏事谕旨　咸丰元年八月初九日
著礼部速议直隶京官与贡监生互禀一案具奏事谕旨　咸丰元年闰八月初六日
大学士卓秉恬等为查明监生孙启盛等呈控京官刘岱骏等把持印结案事奏折　咸丰元年闰八月初六日
顺天乡试监临官王庆云为请饬部查照条例禁止直隶京官限定出结事奏折　咸丰元年闰八月初六日
顺天乡试监临官王庆云为请饬部将复试改籍新章仍还旧制事奏片　咸丰元年闰八月初六日

掌四川道监察御史吴廷溥为顺天乡试出结一案查办未能核实事奏折　咸丰元年闰八月十一日
掌四川道监察御史吴廷溥为参王庆云请改章程违例事奏片　咸丰元年闰八月十一日
著将直隶京官与贡监生互禀一案于部议未定之先率行陈奏之吴廷溥传旨申饬事上谕　咸丰元年闰八月十一日
协办大学士杜受田等为遵议直隶贡监生呈控京官不出印结一案事奏折　咸丰元年九月二十八日

咸丰三年林俊等在福建抗清斗争史料（上）

方裕谨编选（1991·4·31）　　中国第一历史档案馆

福建巡抚王懿德为报到泉州督剿日期并现办情形事奏折　咸丰三年八月十七日
著查明福建水灾轻重及如何分别蠲缓事上谕　咸丰三年九月初三日
闽浙总督有凤为报大田县被林俊占据事片　咸丰三年九月十二日
福建巡抚王懿德为请将广东艇船再留十五日事片　咸丰三年九月十七日
福建巡抚王懿德为报林俊占领仙游并将堵御不力之参将革职留营效力事奏折　咸丰三年九月十七日
福建巡抚王懿德为已饬令广东艇船驶赴江南事奏折　咸丰三年九月十七日
福建巡抚王懿德为请再留十四只广东艇船事片　咸丰三年九月十七日
福建巡抚王懿德为广东兵勇已到闽省事片　咸丰三年九月十七日
著有凤等不得再请截留广东船艇事上谕　咸丰三年九月十七日
著叶名琛等再拨银二十万两赴闽上谕　咸丰三年九月十七日
著有凤等劝谕捐输或试行钞票搭放大钱以济兵饷事上谕　咸丰三年九月二十日
著叶名琛等再抽拨广东兵一千五百名并再拨银十万两赴闽事上谕　咸丰三年九月二十日
署闽浙总督有凤为请调浙省精兵来闽事奏折　咸丰三年九月二十日
著王懿德即将吴全美所带二帮艇船十四只饬令迅驶江南事上谕　咸丰三年十月初九日

咸丰三年林俊等在福建抗清斗争史料（下）

方裕谨编选（1992·1·38）　　中国第一历史档案馆

福建巡抚王懿德为报林俊乘虚围扑官兵并请将办理贻误官员革职治罪事奏折　咸丰三年十月初四日
福建巡抚王懿德为报官兵围攻厦门情形事奏折　咸丰三年十月初四日
福建巡抚王懿德为广东艇船应赶紧修理后再赴江南事片　咸丰三年十月初四日
福建巡抚王懿德为报署仙游县黄曾惠等战死事片　咸丰三年十月初四日
署闽浙总督有凤为请饬令已奉旨简放官员迅速来闽赴任事片　咸丰三年十月十一日
福建巡抚王懿德为请将台湾北路副将吕大升仍留内地事片　咸丰三年十月十四日
著王懿德将雇勇不慎及兵溃逃回之官员严讯定罪事上谕　咸丰三年十月二十五日
署闽浙总督有凤为参将瑞文等被围战死等事片　咸丰三年十月二十六日
著有凤等迅调浙省衢州等三处精兵五百名赴闽协剿事上谕　咸丰三年十月二十七日
福建巡抚王懿德为报克复厦门情形等事奏折　咸丰三年十一月初三日

福建巡抚王懿德为参劾贻误军机之官员事片　咸丰三年十一月初三日
著王懿德迅速进袭三都石码海澄等处事上谕　咸丰三年十一月初五日
福建巡抚王懿德为报克复仙游县城事奏折　咸丰三年十一月二十一日
著将王懿德交部从优议叙事上谕　咸丰三年十一月二十五日
福建巡抚王懿德为派兵进袭德化事奏折　咸丰三年十二月初四日
福建巡抚王懿德为报克复德化县城事奏折　咸丰三年十二月初九日
著将迟疑观望之钟宝三先行革去顶戴上谕　咸丰三年十二月十一日
著王懿德将捏报冒功之李呈瑞革职拿问并严行审讯上谕　咸丰三年十二月十一日
著将防守不力致失大田县城署知县张衡钧等一并拿问上谕　咸丰三年十二月十一日
福建巡抚王懿德为报从泉州返回省城事奏折　咸丰三年十二月二十日

咸丰年间部分王公府第

丁进军编选（1994·3·26）　中国第一历史档案馆

奕缙门上为遵查本府房间数目事致内务府呈文　咸丰五年十一月三十日
恒明门上为遵查本府房间数目事致内务府呈文　咸丰五年十二月初一日
绵勋门上为遵查本府房间数目事致内务府呈文　咸丰五年十二月初四日
奕劻门上为遵查本府房间数目事致内务府呈文　咸丰五年十二月初四日
奕樵门上为遵查本府房间数目事致内务府呈文　咸丰五年十二月初九日
续明门上为遵查本府房间数目事致内务府呈文　咸丰五年十二月初十日
禄义门上为遵查本府房间数目事致内务府呈文　咸丰五年十二月十四日
端秀门上为遵查本府房间数目事致内务府呈文　咸丰五年十二月十五日
永康门上为遵查本府房间数目事致内务府呈文　咸丰五年十二月十五日
继善门上为遵查本府房间数目事致内务府呈文　咸丰五年十二月二十日
内务府为载钧现居府第赏给奕譞请另赏其府第事奏折　咸丰五年十二月二十七日
内务府为遵旨详查王公府第房间数目事奏折　咸丰五年十二月二十七日
载容门上为遵查本府房间数目事致内务府呈文　咸丰五年十二月
承熙门上为遵查本府房间数目事致内务府呈文　咸丰五年十二月
普琳门上为遵查本府房间数目事致内务府呈文　咸丰五年十二月
奕梁门上为遵查本府房间数目事致内务府呈文　咸丰五年十二月
奕格门上为遵查本府房间数目事致内务府呈文　咸丰五年十二月
载华门上为遵查本府房间数目事致内务府呈文　咸丰五年十二月
载岱门上为遵查本府房间数目事致内务府呈文　咸丰五年十二月
内务府开列部分王公府第房间数目清单

铜仁赵子濉率团众抗粮史料

方裕谨编选（1988·2·42）　中国第一历史档案馆

云贵总督恒春为报贵州铜仁上五硐团众抗粮事奏折　咸丰六年七月初八日
贵州巡抚蒋霨远为报思州知府张瀚中自戕身死事奏折　咸丰六年九月初五日
云贵总督恒春为报署铜仁知府杨书魁被起事团众掳去事奏片　咸丰六年九月十五日
湖广总督官文等为布置长州等州县官兵堵剿事奏片　咸丰六年十月初六日
着湖南巡抚骆秉章等速调兵赴黔协剿事上谕　咸丰六年十月初六日

贵州巡抚蒋霨远为被参官员并无激变情事请免拿问事奏折　咸丰六年十月二十三日
贵州巡抚蒋霨远为报黔楚官兵与铜仁起事团众在清水塘战况事奏片　咸丰六年十一月初十日
湖南巡抚骆秉章为报援黔官兵与铜仁起事团众在三元屯等处战况事奏折　咸丰六年十一月十三日
着湖南巡抚骆秉章乘胜搜捕铜仁起事团众并赏有功官员事上谕　咸丰六年十一月二十四日
贵州提督孝顺等为报官兵与铜仁起事团众战况并请赏有功员弁事奏折　咸丰六年十二月初十日
湖广总督官文等为应速选贤员赴铜仁府县任事奏片　咸丰六年十二月二十五日
着贵州提督孝顺等将铜仁起事团众搜捕净尽事上谕　咸丰六年十二月二十六日

天京事变与石达开的出走

韩品峥　方久忠编选（1981·1·31）　中国第一历史档案馆

何桂清奏金陵内乱杨秀清被韦昌辉杀死片　咸丰六年九月初六日
谕怡良等确探金陵内乱事　咸丰六年九月十三日
谕怡良等金陵内乱可乘机进攻事　咸丰六年九月十六日
怡良奏复探闻金陵内乱情形片　咸丰六年九月二十四日
谕和春等再探金陵消息乘机攻夺句容溧水镇江事　咸丰六年十月初三日
谕官文等乘金陵内乱速克武昌汉阳二城事　咸丰六年十月十二日
谕曾国藩等速克江西失郡并预筹招抚石达开事　咸丰六年十月二十日
曾国藩等奏复江西近日军情并剿抚石达开方略折　咸丰六年十一月十七日
何桂清奏通筹江南近日剿办情形片　咸丰七年五月二十五日
谕和春等乘内讧之机规复金陵事　咸丰七年闰五月初三日
谕德兴阿等侦探石达开去向并扼剿诱擒事　咸丰七年闰五月初三日
福济等奏金陵内讧请饬鄂赣相机防剿折　咸丰七年闰五月初六日
附：石达开张贴于无为州之告示
德兴阿等奏石达开出走去向及洪秀全遣追邀留诸情片　咸丰七年闰五月十一日
谕福兴等探明石达开踪迹并力截剿事　咸丰七年闰五月十三日
福济等奏石达开出走已往安徽尚无北上形迹折　咸丰七年闰五月十五日
谕和春等乘石达开出走金陵势衰妥筹剿擒之计事　咸丰七年闰五月二十一日
德兴阿等奏石达开尚在安庆遵旨严密扼剿片　咸丰七年闰五月二十二日
录奏石达开张帖于清阳无为等处之告示　咸丰七年六月
何桂清奏据探金陵求石达开救援及遵筹军务诸情片　咸丰七年七月初一日
谕何桂清乘石达开不援金陵之机通筹进剿事　咸丰七年七月十一日
福兴奏据探石达开另树一帜江右吃重请增兵协剿片　咸丰七年七月十一日

咸丰末年清廷严禁中外商船接济太平军史料（上）

丁进军编选（1993·4·53）　中国第一历史档案馆

军机处交出江苏巡抚薛焕为札饬苏松道吴煦查明英船上驶金陵传教事奏折　咸丰十年八月十三日

总署为英船于汉口等通商口须遵章纳税并严禁私售军器事致湖北等地督抚咨文　咸丰十年十月十二日
总署为英船应于汉口等通商口照章纳税并不得私售军器事致英使复照　咸丰十年十月十三日
总署为英船在汉浔两口通商按照新章纳税事奏折及有关上谕　咸丰十年十月十八日
军机处交出江西巡抚毓科为太平军逼近九江请照会英使暂缓通商事奏折　咸丰十年十二月十四日
总署为太平军逼近九江暂缓开商事致英使照会　咸丰十年十二月二十日
英使为仍欲前往汉浔两口通商事致总署照会　咸丰十一年一月十四日
总署为同意英商船按照会所定前赴九江通商事奏折　咸丰十一年一月十七日
总督为严防英船私售军火事致江苏巡抚薛焕咨文　咸丰十一年一月十八日
军机处交出江苏巡抚薛焕为严密探查英法商船活动事奏折　咸丰十一年一月二十六日
军机处交出署江宁将军巴栋阿为探明英商船在镇江等处活动事奏折　咸丰十一年一月二十六日
总署对英商船活动不予照会事奏折　咸丰十一年二月初一日
英国公使为各国通商遵照大江章程等事致总署照会　咸丰十一年三月二十三日
湖广总督官文为请速定出口税则以便稽查事致总署咨文　咸丰十一年四月二十四日
军机处交出湖广总督官文为各国出口税则未定俄国商船在汉任意往来事奏折及上谕　咸丰十一年四月二十五日
总署为崇厚未与领事议妥税章前商船暂停贸易事奏折　咸丰十一年五月初二日
英使为上海宁波应加强设防事致总署照会　咸丰十一年六月初四日
军机处交出湖广总督官文等为查明洋船在安庆接济太平军米粮事奏折及有关上谕　咸丰十一年六月初八日
总署为请速将照复发来以便在乍浦阻止商船贸易事致英使照会　咸丰十一年六月十一日
总署为中国巡船持执照阻止商船在安庆停泊事致英使照会　咸丰十一年六月十一日
总署为出示告谕禁止中外商船接济太平军事致法使照会　咸丰十一年六月十一日
总署为严定通商章程条款事致署仓场侍郎崇纶等函　咸丰十一年六月十一日
法国公使为配合清廷巡查接济太平军商船事致总署复照　咸丰十一年六月十四日
英公使为妥办通商各口英商负屈事致总署复照　咸丰十一年六月十八日

咸丰末年清廷严禁中外商船接济太平军史料（下）

丁进军编选（1994·1·43）　　中国第一历史档案馆

总署为遵旨照会外国公使禁止江上接济太平军并严饬地方官加强防务事奏折　咸丰十一年六月二十二日
湖广总督官文为严杜来汉商船漏税及接济太平军所订条例事致总署咨文　咸丰十一年七月二十七日
湖广总督官文为请禁洋人买运米粮盐铁等物事致总署函　咸丰十一年七月二十七日
浙江巡抚王有龄为禀报太平军在乍浦海口活动情形请予查禁事致总署咨文　咸丰十一年八月二十一日
江苏巡抚薛焕为核定商船在距太平军较近者毋得有接济交　咸丰十一年九月十七日

通情弊告示事致总署咨文	
湖广总督官文为密查长江下游一带太平军意图假扮洋人活动事致总署咨文	咸丰十一年十月初九日
总署为共同防范太平军假扮洋人活动事致英使等照会	咸丰十一年十月十八日
法使布尔布隆为本国船只在长江一带往来悉遵约章办理事致总署复照	咸丰十一年十月十九日
英使卜鲁士为本国船民现无接济交通太平军事致总署复照	咸丰十一年十一月二十九日
军机处交出江苏巡抚薛焕为驻宁波英法兵船与太平军交往事奏折	咸丰十一年十二月初五日
总署为英法公使复照同意配合防备江上太平军假冒洋人事致江苏巡抚薛焕咨文	咸丰十一年十二月初六日
总署为清军与太平军将于宁波交仗请商船预先撤出事致英使照会	咸丰十一年十二月十七日
总署为宁波失陷请法提督卜罗德及商船避出事致法使照会	咸丰十一年十二月二十三日
法使布尔布隆为法兵与清兵合攻宁波未能遽言一定事致总署复照	咸丰十一年十二月二十五日
总署为请严饬所属各海口地方官勿蹈宁郡失守之辙事致闽浙总督等咨文	咸丰十一年十二月二十八日
江苏巡抚薛焕为宁郡等处暂停通商请速照会英法公使致总署咨文	咸丰十一年十二月二十九日
总署为严饬地方官于各通商口岸防堵太平军并阻止洋船进口事致盛京将军等咨文	咸丰十一年十二月二十九日

天津租界档案史料选

林京志编选（1984·1·29）　　中国第一历史档案馆

一、总署汇辑的天津英法租地案清档

咸丰十年十月十一日　十月十四日　十月十八日　十月十八日　十月二十四日　十月二十六日　十月二十八日　十一月初四日

咸丰十一年正月二十九日　二月初十日　三月初五日　三月十九日　四月十八日　八月二十四日　十月十八日

同治元年九月初九日　九月十二日（照录英国孟领事照会　照录给英国孟领事照会　照录给法国丰领事照会　照录法国领事官丰照复）　九月十三日　十月初六日

同治二年六月十六日

二、美国原在天津租界之交涉

总署美国股拟为未闻将美原租界让与他国致美使照会稿	光绪二十一年六月
附：美公使田贝为美国原租界不得让与他国事致总署照会	光绪二十一年六月初十日
总署美国股拟为美原租界不能让与他国事致直隶总督咨稿	光绪二十一年六月

三、德国在天津开办租界

直隶总督裕禄奏为请速拨垫款以在津开办德租界片	光绪二十四年九月初二日

四、日本扩展在津租界

直隶总督荣禄为更改日租界合同事致总署咨文	光绪二十四年五月二十日

直隶总督袁世凯为与日本签订扩展租界合同事致外务部咨文　光绪二十九年五月十八日
直隶总督袁世凯为驻津日领绘就扩展租界地图事致外务部咨文　光绪二十九年闰五月十九日
直隶总督袁世凯为驻津日领按约退还警察权事致外务部咨文　光绪二十九年闰五月二十三日
五、意大利强行在津开办租界
外务部榷算司拟为意强行开办租界事致北洋大臣咨稿　光绪二十七年十二月初七日
附：意署使罗玛纳为意已强行开办租界事致庆亲王奕劻照会　光绪二十七年十二月初七日
津海关道与意使订立之天津租界议定书　光绪二十八年五月初一日
直隶总督陈夔龙为意归偿盐坨地价数少致使商民受亏事致外务部咨文　宣统二年三月十二日
外务部榷算司拟为抄录意归偿盐坨地价来往照会致北洋大臣咨稿　宣统二年三月
附一：外务部榷算司拟为盐坨地价事致意署使照会稿　宣统二年三月
附二：意署使为交付盐商地价等费事致庆亲王奕劻照会　宣统二年二月初九日
六、奥地利以军队占地开办租界
直隶总督袁世凯为实难择地抵换奥地利在津租界事致外务部咨文　光绪二十八年十一月三十日
直隶总督袁世凯为与奥地利签订租界合同事致外务部咨文　光绪二十九年三月初一日
附：奥地利驻华参赞为租界内刘恩荣地价事致外务部大臣复照　宣统三年七月初八日
附：刘恩荣在天津奥国领事署的口供

咸丰末年清廷镇压朝阳地区人民起义史料

宋秀元　丁进军编选（1987·2·35）　　中国第一历史档案馆
热河都统春佑为朝阳县街被占现派兵剿办事奏折　咸丰十一年二月十二日
春佑为朝阳起事人众攻占赤峰请催官兵驰往剿办事奏折　咸丰十一年二月二十二日
钦差领兵大臣克兴阿等为遵查朝阳起事人众进占赤峰情事奏折　咸丰十一年二月二十五日
克兴阿等为确探情形请添调步队以厚兵力事奏折　咸丰十一年二月二十六日
克兴阿等为进兵波罗赤一带获胜事奏折　咸丰十一年三月初一日
克兴阿等为统兵驰抵平房军营会剿事奏折　咸丰十一年三月初十日
克兴阿等为进剿朝阳起事各股作战获胜事奏折　咸丰十一年三月十七日
克兴阿为拿获起事首领李凤奎审明正法事奏片　咸丰十一年三月十九日
克兴阿等为官兵克复朝阳事奏折　咸丰十一年三月十三日
克兴阿等为追剿朝阳起事余部获胜事奏折　咸丰十一年三月二十六日
克兴阿为请撤兵归伍以节开支事奏片　咸丰十一年四月初一日
盛京将军玉明等为搜捕朝阳余众现返至吉林边境事奏折　咸丰十一年四月十八日
玉明等为剿捕获胜阵毙首要徐洛红事奏折　咸丰十一年五月初八日
玉明等为追剿起事余众及查明昌图厅属并无余众事奏折　咸丰十一年五月二十八日
吉林副都统麟瑞为派官兵追捕朝阳起事余众事奏折　咸丰十一年六月初六日
玉明等为捕获起事首要正法事奏折　咸丰十一年七月二十二日

玉明为拿获起事余众审明正法事奏片	咸丰十一年九月二十一日
玉明等为奉省擒斩朝阳余众多名请撤队事奏折	咸丰十一年九月二十六日
吉林将军景纶等为拿获朝阳起事人众正法事奏折	咸丰十一年十二月十六日

咸丰末年清廷镇压朝阳地区人民起事史料续编

丁进军编选（1995・4・41）　　中国第一历史档案馆

著盛京将军玉明等赶紧派兵合力夹击起事民众上谕	咸丰十一年二月十二日
著山海关副都统宝山迅派官兵前往喜峰口堵截起事民众上谕	咸丰十一年二月十四日
著副都统克兴阿等会集各军围捕起事民众上谕	咸丰十一年三月初六日
著兵部右侍郎胜保带兵速赴热河上谕	咸丰十一年三月初六日
著副都统克兴阿妥速克复朝阳并酌保作战出力人员上谕	咸丰十一年三月十五日
著副都统克兴阿等乘势剿捕起事民众并保奏出力员弁上谕	咸丰十一年三月十九日
著蒙古各王旗一体派兵堵剿起事民众上谕	咸丰十一年三月二十六日
著副都统克兴阿等实力剿捕并传谕热河道福厚飞速拨送官兵军饷上谕	咸丰十一年三月二十五日
著盛京将军玉明严饬官兵扼要堵截起事民众上谕	咸丰十一年三月二十五日
著副都统克兴阿等督饬官兵追捕起事民众等事上谕	咸丰十一年三月二十五日
著副都统克兴阿等将所有出力人员汇入朝阳案内保奏上谕	咸丰十一年四月初一日
著将朝阳县知县富昌押赴热河交行在刑部审讯上谕	咸丰十一年四月初五日
著将赤峰知县景兰改为革职留任等事上谕	咸丰十一年四月十五日

咸丰十一年浙江平阳金钱会案

方裕谨编选（1993・3・39）　　中国第一历史档案馆

闽浙总督庆端为平阳等县金钱会众攻占温州等处并将疏防官员革职事奏折	咸丰十一年九月十六日
闽浙总督庆端等为报剿办兴化府属各乡金钱会众情形事奏折	咸丰十一年十月初二日
闽浙总督庆端等为闽省北路吃紧并委道员曾宪德等统兵驰剿事奏折	咸丰十一年十月十五日
闽浙总督庆端等为金钱会攻占福鼎县城已添兵剿防并参失事各员事奏折	咸丰十一年十月二十五日
闽浙总督庆端等为福鼎县城克复并催兵进剿情形事奏折	咸丰十一年十一月十九日
福建巡抚瑞瑸为福鼎县城及分水关克复并仍严堵剿事奏折	咸丰十一年十二月初五日
浙江巡抚瑞瑸为报福鼎官兵续获胜仗情形事片	咸丰十一年十二月初七日
闽浙总督庆端为报官兵民团与金钱会众在瑞安等处水陆接战情形事片	咸丰十一年十二月初七日
闽浙总督庆端为报官兵在泰顺瑞安等处与金钱会众接仗情形事奏折	同治元年正月初五日
闽浙总督庆端为官兵克复平阳县城并接仗情形事奏折	同治元年正月十五日
闽浙总督庆端为官兵续获胜仗并会众移师嵛山海岛事片	同治元年正月二十七日
闽浙总督庆端为报平阳金钱会众已被荡平事奏折	同治元年二月初八日
闽浙总督庆端为请将拔队迟延之游击叶桀元等革职事奏折	同治元年二月十七日

福建巡抚徐宗干为审明金钱会项阿右等分别从重拟罪事奏折　同治元年七月二十八日
闽浙总督庆端为拟委参将陶宝登为护理台州协副将事片　同治元年八月初八日

同治初年清政府镇压东北滚地雷王五史料

王澈编选（1993・2・39）　中国第一历史档案馆

吉林将军景纶等为报剿捕滚地雷王五情形事奏折　同治二年十二月初三日
吉林将军景纶等为将彭广生等七十三人斩枭事奏折　同治二年十二月十三日
吉林将军景纶等为将张连淦等十六人斩枭事奏折　同治二年十二月二十六日
盛京将军玉明等为李青山等九十二人斩枭并撤兵事奏折　同治三年二月初十日
吉林将军景纶等为将阎法等二十五人斩枭事奏折　同治三年二月二十六日
吉林将军景纶等为撤回剿捕滚地雷王五余党官兵事片　同治三年二月二十六日
吉林将军景纶等为将阎青山等二十六人斩枭事奏折　同治三年五月二十三日
吉林将军景纶等为将闵万亮等九名斩枭事奏折　同治三年六月初九日
盛京将军玉明等为将朱广幅等十九人斩枭事片　同治三年六月二十日
吉林将军景纶为将马登云等四十五人斩枭事奏折　同治三年六月二十七日
盛京将军玉明等为将刘发好等四十九人斩枭并撤兵事奏折　同治三年七月初十日
署吉林将军宝珣等为将金纲等九人斩枭事片　同治三年九月二十日
署吉林将军宝珣等为将二喇嘛等六人斩枭事片　同治三年十月初六日
署吉林将军宝珣等为将丁江等二十一人斩枭事片　同治三年十一月
盛京将军玉明等为将马希财等四人斩枭事片　同治四年四月十四日
署吉林将军皂保为将戴洛疙疸正法并请奖事片　同治四年八月初六日
盛京将军恩合等为审讯项起幅等十四人并斩枭事奏折　同治四年十一月初五日

同治年间哥老会史料

方裕谨编选（1998・4・32）　中国第一历史档案馆

两江总督曾国藩为讯办徽休哥老会勇丁闹饷事奏折　同治四年十二月二十七日
闽浙总督左宗棠为报哥老会在福建汀州镇活动事片　同治五年五月初八日
湖南巡抚李瀚章为报哥老会在湖南勇丁中活动情形事奏折　同治五年六月十八日
湖南巡抚李瀚章为遵旨查拿哥老会首李家振事片　同治五年七月二十五日
陕甘总督左宗棠为哥老会在陕西军中活动事片　同治七年
闽浙总督英桂为报哥老会在福建军中活动事片　同治七年七月初六日
闽浙总督英桂为报福建哥老会与游勇结会事奏折　同治七年十二月二十六日
湖广总督李鸿章为严查哥老会众滋事者片　同治八年六月二十日
湖广总督李鸿章为查处哥老会人员事片　同治八年六月二十日
闽浙总督英桂为查获台湾兵勇结拜哥老会事片　同治八年八月十一日
掌广西道监察御史李德源为严禁散勇结社事奏折　同治八年九月初六日
闽浙总督英桂为报查获哥老会图布旗布事片　同治十年三月十八日
两江总督何璟等为报各营兵勇结拜哥老会事片　同治十一年七月十八日
甘肃提督曹克忠为报哥老会煽动兵勇谋变事奏折　同治十一年七月十九日
两江总督张树声为查拿哥老会头目事片　同治十一年十一月十五日

同治年间总署查核中法条约底本

吕坚　丁进军编选（1988·4·27）　　中国第一历史档案馆

总署为查核各国条约预为修约的堂谕
总署拟定查核中法条约的有关事项
中法天津条约各款后的粘签
中法北京条约各款后的粘签

清末台湾创设电报档案

伍媛媛编选（2017·4·18）　　中国第一历史档案馆

著沈葆桢迅速办理台湾电报以通消息事上谕	同治十三年五月初一日
总理各国事务衙门大臣奕䜣等为闽省设立电报大概情形事奏折	光绪元年正月二十三日
闽浙总督李鹤年为闽省设立电报为难情形及办理大略事奏折	光绪元年七月十六日
署闽浙总督文煜等为闽省电报买归自办事致军机处咨呈	光绪二年五月初七日
署闽浙总督文煜等为福厦电报筹办完结等事奏折	光绪二年五月初七日
福建巡抚丁日昌为日本窥伺急宜统筹台湾全局事奏折	光绪二年十一月初三日
著李鸿章等商议台湾情形事上谕	光绪二年十一月十九日
福建巡抚丁日昌为统筹台湾全局拟开办电报等事奏折	光绪二年十二月十六日
北洋大臣李鸿章为筹议台湾事奏折	光绪三年正月十六日
总理各国事务衙门大臣奕䜣等议奏筹议台湾事宜各折事奏折	光绪三年二月二十四日
著丁日昌等妥办台湾矿务电报等事上谕	光绪三年四月十四日
福建巡抚丁日昌为将省城前存陆路电报线移设台湾事奏片	光绪三年四月十四日
闽浙总督何璟等为台湾府城至旗后创设电报工竣请奖出力人员事奏片	光绪三年十一月二十五日
北洋大臣李鸿章为台湾无海线接济难通事电报	光绪十年六月二十一日
北洋大臣李鸿章为法舰赴台并议办由闽至台湾海线事电报	光绪十年七月初一日
北洋大臣李鸿章为创办电报出力各员请奖事奏折	光绪十一年八月十五日
附件一：创办电报出力各员请奖清单	光绪十一年八月十五日
附件二：创办电线出力各洋员洋匠请奖事清单	光绪十一年八月十五日
台湾巡抚刘铭传为台湾购办水陆电报线以速邮政事奏折	光绪十二年八月二十八日
北洋大臣李鸿章为台北至福州水线已通事电报	光绪十三年八月二十三日
台湾巡抚刘铭传为台湾水陆电报线竣工请奖出力人员事奏折	光绪十四年五月初五日
台湾巡抚刘铭传为台湾创办电报出力各员请按原保给奖事奏折	光绪十四年十月初三日
台湾巡抚刘铭传为再拨厘金作为台湾购办水陆电报线经费事奏折	光绪十六年二月十二日
附件：光绪十五年正月至六月台湾收支厘金数目清单	光绪十六年二月十二日
台湾巡抚刘铭传为再拨厘金作为台湾购办水陆电报线经费事奏片	光绪十六年二月十二日
台湾巡抚刘铭传为核销台湾设立水陆电报线经费事奏折	光绪十六年十二月十六日
台湾巡抚邵友濂为台湾安设水陆电报线丹国人韩生管理得	光绪十九年

力请赏宝星事奏片

光绪初年哥老会史料选辑

方裕谨编选（1998·3·41）　　中国第一历史档案馆

湖南巡抚王文韶为遣撤军营之勇仍循旧章事奏折　光绪二年正月二十三日

江西巡抚刘秉璋为复陈江西现行武职收标章程尚无流弊事奏折　光绪二年二月初九日

贵州巡抚黎培敬为议复办理黔省会党事奏折　光绪二年三月初九日

贵州巡抚黎培敬为抓获会党首领冯邦殿等事片　光绪二年三月初九日

安徽巡抚裕禄为武职收标人员仍宜循旧章办理事奏折　光绪二年三月初十日

安徽巡抚裕禄为报拿获会党魏芢谊等审讯情形事片　光绪二年六月初一日

暂护四川总督文格为复陈不必因会党而另立给俸章程事奏折　光绪二年七月初六日

江西巡抚刘秉璋为报在赣省拿获会党处理情形事片　光绪二年八月二十三日

署湖广总督翁同爵为报在鄂省拿获会党事奏折　光绪二年九月初六日

安徽巡抚裕禄为扼制会党应严查保甲事片　光绪二年九月十八日

掌云南道监察御史吴鸿恩为会党活动甚多应饬各地认真编查保甲事奏折　光绪二年九月二十六日

江西巡抚刘秉璋为报查获会党活动各犯审明办理事片　光绪二年九月二十九日

署闽浙总督文煜等为报查明福建九龙山并无会党活动事奏折　光绪二年十月二十九日

署闽浙总督文煜等为报漳州九龙山并无会党活动事片　光绪二年十月二十九日

署闽浙总督文煜等为查福建延平九龙山并无会党活动事片　光绪二年十二月十五日

直隶总督李鸿章为报哥老会煽动营勇滋事已经剿平事奏折　光绪三年正月十六日

湖广总督李瀚章等为报监利会党起事各犯就地正法情形事奏折　光绪三年五月二十日

浙江巡抚梅启照为查获哥老会众办理情形事片　光绪三年六月二十二日

光绪初年清政府镇压东乡抗捐史料选（一）

王澈编选（1994·2·51）　　中国第一历史档案馆

陕西巡抚谭钟麟为保东乡情形及筹办汉南防堵事奏折　光绪二年三月初八日

暂护四川总督文格为报李有恒等攻破袁廷蛟坚寨大概情形事奏折　光绪二年三月二十日

暂护四川总督文格为东乡起事各寨均已就抚现正搜拿袁廷蛟事奏折　光绪二年四月初四日

掌广西道监察御史吴镇为确查东乡袁廷蛟起事缘由事奏折　光绪二年闰五月二十四日

巡视北城御史奎光等为拿获袁廷蛟请交刑部审讯事奏折　光绪二年七月十六日

暂护四川总督文格为布署缉拿袁廷蛟等事片　光绪二年七月二十五日

暂护四川总督文格为遵旨查核李有恒营兵并无抢掠等事奏折　光绪二年七月二十八日

刑部尚书崇实等为讯取袁廷蛟供词并将其解回川省审办事奏折　光绪二年九月初四日

附：袁廷蛟供词

掌陕西道监察御史李廷萧为查办东乡一案复奏情形疑窦甚　光绪二年九月初四日

多事奏折

都察院左都御史景廉等为内阁中书萧宗瑀等呈控李有恒有冤杀掳掠等事奏折　　光绪二年九月初四日

光绪初年清政府镇压东乡抗捐史料选（二）

王澈编选（1994·3·43）　　中国第一历史档案馆

内阁中书萧宗瑀等为李有恒纵兵杀戮无辜事呈文

暂护四川总督文格为将违例携眷随营之李有恒等治罪并自请议处事奏折　　光绪二年十月二十一日

四川总督丁宝桢为李有恒纵兵妄杀等情遵旨提犯审讯并派员访查事片　　光绪三年五月二十四日

四川总督丁宝桢为查办袁廷蛟抗粮及李有恒等有无纵勇妄杀并处置事奏折　　光绪三年九月初六日

光绪初年清政府镇压东乡抗捐史料选（三）

王澈编选（1994·4·38）　　中国第一历史档案馆

前任两江总督李宗羲为遵旨查明东乡算粮缘由及李有恒纵勇事奏折　　光绪四年六月初六日

前任两江总督李宗羲为复奏折内未分晰处请饬更正并自请议处事奏折　　光绪四年八月十一日

四川总督丁宝桢为遵旨复核东乡一事办理并无轻纵事奏折　　光绪四年九月初八日

荣禄等为报李易氏呈诉伊子李有恒冤抑事奏折　　光绪五年九月十九日

附：李有恒之母李易氏呈词

光绪初年清政府镇压东乡抗捐史料选（四）

王澈编选（1995·1·34）　　中国第一历史档案馆

刑部尚书文煜等为遵旨核议东乡一案按律比拟事奏折　　光绪五年六月初十日

礼部尚书恩承等为遵旨查明李宗羲办理东乡一案并无不实事奏折　　光绪五年九月二十三日

委员刘庆咸等呈造取具传到人证各供清册　　光绪五年十一月

成都将军恒训等为查明李宗羲办理东乡一案确系亲查事奏折　　光绪六年正月初八日

熊其英（等）致谢家福（等）有关光绪四年河南赈灾尺牍

徐钢城编选（2010·1·3）　　苏州博物馆

熊其英致谢家福函　　（光绪三年或更早）七月二十八日

凌淦、熊其英致谢家福函　　光绪四年二月初十日

凌淦致费延厘、谢家福信函　　光绪四年三月初四日

凌淦、瞿家鑫、李麟策、陈常致徐子春、费延厘、李仙根、谢家福信函　　光绪四年三月十五日

熊其英致谢家福信函　　光绪四年三月二十七日

熊其英致谢家福函　　光绪四年四月初三日

凌淦致谢家福函　光绪四年四月十三日
凌淦、熊其英致谢家福函　光绪四年五月十四日
熊其英致谢家福、经元善等函　光绪四年六月初二日
熊其英等致谢家福等函　光绪四年六月二十五日
熊其英致谢家福函　光绪四年七月初十日
李麟策、凌淦、熊其英致谢家福等函　光绪四年八月十五日
熊其英致费延厘、谢家福函　光绪四年九月初二日
熊其英致凌淦函　光绪四年九月初九日以后
熊其英等致谢家福等函　光绪四年九月十三日
熊其英致谢家福等函　光绪四年九月二十三日
熊其英致谢家福、费延厘函　光绪四年十月十九日
附件

盛宣怀关于中法战争之说帖

丁进军编选（1989·3·48）　中国第一历史档案馆

盛宣怀为条陈中法战事呈阎敬铭说帖　光绪十年七月

“三海”工程工匠罢工史料选

叶志如　唐益年编选（1984·4·22）　中国第一历史档案馆

奉宸苑工程处为移送罢工首领傅吉等行步军统领衙门片　光绪十二年三月二十二日
兴隆木厂为拿获罢工首领傅吉等事致工程监督呈文　光绪十二年三月
步军统领衙门为将罢工首领傅吉等枷号示众事致奉宸苑知照　光绪十二年三月二十五日
步军统领衙门为派官兵至运料门外公所弹压事复奉宸苑片　光绪十二年四月十五日
步军统领衙门为派官弁前往西苑门外公所弹压事行奉宸苑片　光绪十二年五月十一日
步军统领衙门为移送被工人拉走之木商吕策事行奉宸苑片　光绪十二年五月十四日
内务府严禁闲人往来三海等处工程各门之堂谕　光绪十二年五月十六日
步军统领衙门为请饬兴隆木厂领回木匠郭宝山等行奉宸苑片　光绪十二年五月二十四日
附：兴隆木厂等请释复工工人之保结　光绪十二年五月
奉宸苑工程处为移送三海罢工木匠事行步军统领衙门片　光绪十三年三月初一日
奉宸苑工程处为押送罢工木匠吴四之母事行弹压处片　光绪十三年三月十二日
奉宸苑工程处为送罢工首领朱汰事行弹压处片　光绪十三年三月十三日
奉宸苑工程处为押送罢工石匠陈福盛事行弹压处片　光绪十三年五月二十一日
步军统领衙门为讯取陈福盛供招送刑部事行奉宸苑片　光绪十三年六月初五日
刑部为传唤官役八十儿事行奉宸苑片　光绪十三年六月十三日
奉宸苑工程处为官役八十儿伤重不能赴部事复刑部片　光绪十三年六月
刑部为催传官役八十儿到案事行奉宸苑片　光绪十三年六月十七日
刑部抄送定拟罢工工人罪名奏折致奉宸苑咨文　光绪十三年六月二十四日
附：刑部等定拟罢工工人吴四等罪名奏折　光绪十三年六月初二日
刑部为再催传官役八十儿到案事行奉宸苑片　光绪十三年六月二十五日
奉宸苑为送八十儿到部验伤事行刑部片　光绪十三年六月二十九日

光绪帝大婚备办衣料等件数目清单

丁进军编（2007·4·21）　　中国第一历史档案馆

杭州织造呈交光绪大婚礼仪处传办各种衣料等件数目清单

光绪十八年长春商人的抗捐罢市

宋秀元编选（1982·2·35）　　中国第一历史档案馆

吉林将军长顺奏长春商人罢市片	光绪十九年十一月初五日
御史文郁奏吉林抗捐罢市重案该省奏结情节支离折	光绪十九年十一月二十一日
刑部奏议复吉林将军长顺讯明商人抗捐罢市分别定拟折	光绪十九年十二月初六日
吉林将军长顺为商人罢市抗捐事致刑部咨文	光绪二十一年十一月

康有为第三次上清帝书原本

方裕谨编选（1986·1·40）　　中国第一历史档案馆

都察院左都御史裕德等代呈康有为条陈事奏折	光绪二十一年五月十一日
康有为第三次上清帝书	光绪二十一年五月

辛亥革命前夕清政府查禁孙中山活动档案

张小锐编选（2011·3·3）　　中国第一历史档案馆

著两广总督谭钟麟等为迅速捕拿孙文等事上谕	光绪二十一年十月十六日
出使英国大臣龚照瑗为孙文到驻英使馆事致军机处电	光绪二十二年九月初六日
出使英国大臣罗丰禄为探明孙文行踪事致军机处电	光绪二十三年六月初九日
军机处为孙文可能由横滨赴港希查探事致广东督抚电	光绪二十三年七月十四日
出使日本大臣裕庚为孙文到达横滨派员密侦动静事致军机处电	光绪二十三年七月二十二日
两广总督谭钟麟为孙文仍在横滨及筹商在港缉拿事致军机处电	光绪二十三年八月初一日
出使日本大臣裕庚为探查孙文行踪事致军机处电	光绪二十三年八月初一日
军机处为孙文在港设法办理索交事致两广总督谭钟麟电	光绪二十三年十二月十八日
军机处为派员探查孙文踪迹事致两广总督谭钟麟电	光绪二十四年二月十七日
军机处为东莞等处抢米毙命防止孙文等煽惑事致两广总督谭钟麟等电	光绪二十四年二月二十日
著两广总督谭钟麟等为派员严密确查孙文踪迹等事上谕	光绪二十四年七月初十日
著广西提督苏元春为密查缉拿孙文及广西匪首李立亭等事电旨	光绪二十四年七月十八日
著闽浙总督边宝泉等为设法密拿孙文事电旨	光绪二十四年八月初十日
掌广西道监察御史杨崇伊为密陈孙文定三策乱政慎防后患事奏折	光绪二十四年八月二十八日
著直隶总督李鸿章等五省官员为据报孙文已到山东严防互为声援事上谕	光绪二十六年闰八月十七日
广东巡抚德寿为兴中会宋少东等炸毁衙署后墙通饬严拿及奖叙员弁事片	光绪二十七年二月十一日

两江总督端方为拿获孙文按年接济之会匪袁有升等人事奏折　光绪三十二年十一月十一日
湖南巡抚岑春蓂为缉获刘道一严查同盟会员请代奏事致军机处电　光绪三十二年十一月二十三日
出使日本大臣杨枢为日本不能公然驱逐孙文离日事致外务部电　光绪三十三年正月十三日
南洋大臣端方等为拿获革命党杨恢等六人讯供孙文情形请代奏事致军机处电　光绪三十三年二月初八日
两广总督周馥为查禁孙文革命党由葡国购运军火事致外务部电　光绪三十三年二月十二日
两江总督端方为孙文购买军火津关查缉请代奏事致军机处电　光绪三十三年四月初六日
两广总督周馥为追踪孙文在南洋行踪事致外务部电　光绪三十三年四月十二日
出使奥国代办大臣吴宗濂为联络英使禁阻孙文到港登岸事致外务部电　光绪三十三年五月初三日
开缺两广总督周馥为密商法使驱逐孙文革命党等事致外务部电　光绪三十三年五月初十日
外务部为密查孙文道出北圻欲往云南事致两广总督周馥电　光绪三十三年五月十一日
护理两广总督胡湘林为孙文发行中国革命政府国债票事致两江总督端方电　光绪三十三年六月初二日
两江总督端方为孙文由河内回云南蒙自活动事致直隶总督袁世凯电　光绪三十三年六月初五日
云南总督锡良为严查河口防务谨防孙文等事致外务部电　光绪三十三年十二月十三日
外务部为会晤法国驻华公使巴斯德知悉拿获孙文等事谈话问答节略　光绪三十三年十二月十四日
外务部为孙文已乘船往新加坡事致驻新加坡领事左秉隆电　光绪三十三年十二月二十五日
广西巡抚张鸣岐为接电悉已商英使由坡督驱逐孙文请查其前往何处事致外务部电　光绪三十四年正月初十日
两广总督张人骏为函催英使致电坡督从速驱逐孙文事致外务部电　光绪三十四年正月十九日
外务部为英使复称坡督碍难驱逐孙文事致两广总督张人骏电　光绪三十四年正月十九日
外务部为速探孙文在新加坡情形事致驻新加坡领事左秉隆电　光绪三十四年五月初八日
南洋大臣端方为探得孙文潜入内地及京师事致军机处电　光绪三十四年十月二十五日
著为孙文有来华之说著各省督抚认真防范逆匪响应事电旨　光绪三十四年十月二十九日
两广总督张人骏为派员查明孙文行踪事致外务部电　光绪三十四年十一月十七日
外务部为孙文抵日本设法驱逐事致出使日本大臣胡惟德电　光绪三十四年十一月二十三日
出使日本大臣胡惟德为孙文去向不确事致外务部电　光绪三十四年十一月二十六日
两广总督张人骏为孙文已回新加坡事致外务部电　光绪三十四年十二月初五日

光绪二十二年苏州纺织工人反抽收机捐史料

宋秀元编选（1985·3·28）　　中国第一历史档案馆

署江苏巡抚奎俊为机匠陶希法等抗捐毁局事致刑部咨文　光绪二十三年十一月初四日
刑部奏议陶希法等抗捐毁局案定拟折稿　光绪二十三年十一月十四日

谕刑部抗捐机匠陶希法改应斩　光绪二十三年十一月十九日

戊戌变法档案史料

邹爱莲　高换婷编选（1998·4·61）　中国第一历史档案馆

掌山东道监察御史宋伯鲁为请派容闳赴美筹建公司以保国权事奏折　光绪二十四年二月二十七日
福建学政戴鸿慈为遵议武场改试章程并兴办武备事奏折　光绪二十四年六月十七日
庆亲王奕劻等为报遵旨筹办督练八旗骁骑营兵丁大概情形事奏折　光绪二十四年六月二十二日
两翼前锋八旗护军营营制饷单清单
庆亲王奕劻等为请饬户部按月增拨津贴以益训练事奏折　光绪二十四年六月二十二日
河南巡抚刘树堂为请将扩充豫省制造厂用款作正开销事奏折　光绪二十四年六月二十七日
协办大学士孙家鼐为请将官书局经费由户部拨给事片　光绪二十四年七月初五日
协办大学士孙家鼐为请将通艺学堂列入中学堂事奏折　光绪二十四年七月二十九日
前户部主事缪润绂为举办屯田以兴实利事奏折　光绪二十四年七月二十九日
内阁候补中书曹广权为请兴畿辅水利营田事奏折　光绪二十四年八月初二日
户部学习主事耿道冲为请仿设保险公司等事奏折　光绪二十四年八月初二日
前驻秘鲁参赞谢希傅为拟请酌裁京外各衙门书吏等员事奏折　光绪二十四年八月初三日
工部主事梁芝荣为请设保商会事奏折　光绪二十四年八月初三日
密云佐领常贵为请设学堂练骑兵改利器事奏折　光绪二十四年八月初五日
两江总督刘坤一为自强军操练有成洋员期满回国请给宝星事奏折　光绪二十四年

光绪二十四年内阁典籍厅值宿章程

马德玲编选（2008·3·24）　中国第一历史档案馆

光绪二十四年英国租借威海前后电报

朱洪梅编选（1999·4·59）　中国第一历史档案馆

直隶总督王文韶致山东巡抚张汝梅电　光绪二十四年闰三月十八日
山东登莱青道道员李希杰致山东巡抚张汝梅电　光绪二十四年四月初五日
道员严道洪等致山东巡抚张汝梅电　光绪二十四年四月初五日
道员严道洪等致山东巡抚张汝梅电　光绪二十四年四月初七日
山东登莱青道道员李希杰致山东巡抚张汝梅电　光绪二十四年四月二十七日
山东登莱青道道员李希杰致山东巡抚张汝梅电　光绪二十四年五月初一日
军机大臣荣禄致山东巡抚张汝梅电　光绪二十四年五月十三日
□□□致总理衙门电　光绪二十四年五月二十日
山东登莱青道道员李希杰致山东巡抚张汝梅电　光绪二十四年五月二十七日
山东登莱青道道员李希杰致山东巡抚张汝梅电　光绪二十四年六月初八日
山东登莱青道道员李希杰致山东巡抚张汝梅电　光绪二十四年六月十五日
总理衙门致山东巡抚张汝梅电　光绪二十四年六月二十二日
道员严道洪致山东巡抚张汝梅电　光绪二十四年十月十五日

道员严道洪等致山东巡抚张汝梅电　光绪二十四年十一月二十七日
山东巡抚张汝梅致道员严道洪等电　光绪二十四年十一月二十八日
总理衙门致山东巡抚毓贤电　光绪二十五年四月十五日
□□□致山东巡抚毓贤电　光绪二十五年四月十六日
□□□致总理衙门电　光绪二十五年四月十九日
□□□致总理衙门电　光绪二十五年九月初一日
□□□致总理衙门及直隶总督裕禄等电　光绪二十五年十月十五日

戊戌政变后清政府惩处康梁党人档案（上）

赵增越编选（2018·2·35）　中国第一历史档案馆

著各衙门预备慈禧皇太后训政诸王大臣在勤政殿行礼事上谕　光绪二十四年八月初六日
著将滥保匪人之御史宋伯鲁即行革职事上谕　光绪二十四年八月初六日
著严密查拿康有为事谕旨　光绪二十四年八月初七日
前户部主事缪润绂为请诛康有为等以平内患事奏折　光绪二十四年八月初七日
前户部主事缪润绂为特参康有为等欺君祸国盗权谋逆请悬赏拿问事奏折　光绪二十四年八月初九日
著刘坤一等访拿文廷式事电旨　光绪二十四年八月初十日
著派军机大臣会同刑部都察院审讯徐致靖等事上谕　光绪二十四年八月十一日
为张荫桓应从重惩处并请派大员将康党要人妥速讯明事奏片　光绪二十四年八月十一日
兵科掌印给事中高燮曾等为请将张荫桓等速行惩办等事奏折　光绪二十四年八月十一日
刑部尚书崇礼等为已将张荫桓等拿解到部请钦派大臣会同审讯事奏折　光绪二十四年八月十一日
掌广西道监察御史杨崇伊为恐康有为煽惑洋人请召荣禄来京事奏折　光绪二十四年八月十一日
掌广西道监察御史杨崇伊为陈宝箴等袒护康有为请立予罢斥事奏片　光绪二十四年八月十一日
著派御前大臣会同军机大臣刑部都察院审讯徐致靖等一案事谕旨　光绪二十四年八月十二日
福建道监察御史黄桂鋆为密陈康党叵测请早定大计事奏折　光绪二十四年八月十二日
翰林院侍讲学士济澄为陈甄别直省督抚藩臬等整顿吏治管见事奏折　光绪二十四年八月十一日
国子监司业贻谷为康党善假外势请迅速定罪以伸国法而杜干预事奏折　光绪二十四年八月十三日
著将康广仁等六犯即行处斩事上谕　光绪二十四年八月十三日
著将张荫桓等发遣监禁事上谕　光绪二十四年八月十四日
著将康党罪案宣示天下事谕旨　光绪二十四年八月十四日
著将康有为所有书籍板片由地方官严查销毁事上谕　光绪二十四年八月十六日
著速严密查抄康有为梁启超原籍家产事谕旨　光绪二十四年八月十六日
著吏部查明候补四品京堂王照是否在京事谕旨　光绪二十四年八月十六日
传知吏部查明候补四品京堂王照是否在京事交片　光绪二十四年八月十六日
工科给事中张仲炘为请迅拿康有为等家属治罪等事奏折　光绪二十四年八月十六日

著都察院确查候补京堂王照寓居处及是否在京事谕旨	光绪二十四年八月十七日
大学士管理吏部事务徐桐为候补京堂王照现是否在京无从查悉事奏折	光绪二十四年八月十七日
著将候补四品京堂王照即行革职并严拿务获事上谕	光绪二十四年八月十九日
著将滥保康有为等之礼部尚书李端棻革职发往新疆事上谕	光绪二十四年八月十九日
都察院左都御史怀塔布为遵旨查访候补京堂王照寓居处所等事奏折	光绪二十四年八月十九日
京畿道监察御史胡孚宸为请饬总署将康梁罪状布告各国指名索取事奏折	光绪二十四年八月二十日
京畿道监察御史胡孚宸为具陈前御史文悌于康有为等有先见之明事奏片	光绪二十四年八月二十日
掌陕西道监察御史黄均隆为特参黄遵宪等与康梁结党最深请饬拿严办等事奏折	光绪二十四年八月二十一日
掌陕西道监察御史黄均隆为特参陈宝箴信任康梁请予惩治并请裁撤时务学堂等事奏片	光绪二十四年八月二十一日
著将陈宝箴等即行革职永不叙用事上谕	光绪二十四年八月二十一日
福建道监察御史黄桂鋆为惩治奸党宜按情罪轻重区为四等一律办理事奏折	光绪二十四年八月二十二日
理藩院右侍郎会章为拟请褒扬录用论变法之非者以伸正气解邪党事奏折	光绪二十四年八月二十二日
朝廷执法一秉大公并无满汉歧视之意事上谕	光绪二十四年八月二十三日
著将张百熙交部严加议处事上谕	光绪二十四年八月二十三日
著将曾保荐陈宝箴之荣禄交部议处事上谕	光绪二十四年八月二十三日
掌江南道监察御史徐道焜为严复等开设国闻报馆造言生事应请严惩事奏折	光绪二十四年八月二十六日
大学士管理吏部事务徐桐等为遵议荣禄曾保陈宝箴应请照滥举匪人处分事奏折	光绪二十四年九月初二日
大学士管理吏部事务徐桐为遵议内阁学士张百熙保送康有为请予革职事奏折	光绪二十四年九月初二日
著将曾保荐陈宝箴之荣禄降二级留任事上谕	光绪二十四年九月初二日
护理江西巡抚布政使臣翁增桂为查明遵拿革员文廷式并未在籍事奏折	光绪二十四年九月初三日
吏部尚书孙家鼐等为复陈遵旨查抄革员王照家产情形事奏折	光绪二十四年九月初五日
附件：吏部呈查抄革员王照原籍家产房屋物件数目清单	
著顺天府仍一体严拿王照事谕旨	光绪二十四年九月初五日
署礼部右侍郎准良为密陈国闻报馆挟洋自重刊布邪说请旨查办事奏折	光绪二十四年九月十四日
著裕禄密查明确设法严禁报馆事上谕	光绪二十四年九月十四日
前湖南巡抚陈宝箴为因咎薄惩谢恩事奏折	光绪二十四年九月十七日
都察院左都御史怀塔布为将前户部主事缪润绂条陈敬呈御览事奏折	光绪二十四年十月初三日

附件一：前户部主事缪润绂为请将蠹国媚敌大吏治罪并饬查申报国闻报事呈文
附件二：呈《国闻报·劝善歌跋》及《康有为问答语》原文摘录清单
著裕禄随时察看详慎委用王修植严复事上谕　光绪二十四年十月十九日
著将翁同龢吴大澄即行革职事上谕　光绪二十四年十月二十日
著将翁同龢即行革职永不叙用事谕旨　光绪二十四年十月二十一日
著沿江沿海各督抚随时严密查拿康梁等人事上谕　光绪二十四年十月二十二日
著驻日大臣李盛铎设法查拿康有为等人事谕旨　光绪二十四年十月二十二日
翰林院掌院学士昆冈为代编修于受庆奏陈去汉奸兴办筹饷练兵诸事奏折　光绪二十四年十月二十五日
为康有为本籍抄出信函事上谕　光绪二十四年十一月十六日
江西道监察御史熙麟为举人曾廉曾上请斩康梁折及附片请旨褒示事奏折　光绪二十四年十一月二十九日
为具陈康梁流毒异域祸中邦交诚足为虑事奏片　光绪二十四年十一月二十九日
江西道监察御史熙麟为张荫桓解至山西该省预备公馆赂遗馈赠请严察惩处事奏片　光绪二十四年十二月初三日
江西道监察御史熙麟为请于张荫桓解到新疆之日立正典刑事奏折　光绪二十四年十二月初三日
翰林院侍讲学士贻谷为特参新授湖北巡抚曾鉌擅请变法请旨严惩事奏折　光绪二十四年十二月初六日
光禄寺少卿张仲炘为特参湖北巡抚曾鉌莠言乱政惑于异教请旨罢斥事奏折　光绪二十四年十二月初六日
附件：新授湖北巡抚曾鉌为酌量变通成例以培国本固民心事奏折　光绪二十四年十月二十八日
为请饬总署派员访察举康梁劣迹使外国闻之以私罪索逮事奏片　光绪二十四年
为严防康有为遣派刺客来京事奏片　光绪二十四年

戊戌政变后清政府惩处康梁党人档案（下）

赵增越编选（2018·3·28）　中国第一历史档案馆
著将莠言乱政之湖北巡抚曾鉌革职永不叙用事上谕　光绪二十四年十二月初六日
著江西巡抚松寿将悦服康有为学说之举人皮锡瑞驱逐回籍事上谕　光绪二十五年正月二十五日
甘肃新疆巡抚饶应祺为报已革户部左侍郎张荫桓到戍日期事奏片　光绪二十五年五月初四日
大学士徐桐为刘学询等关说日本可获康梁而日本倾险异常亟宜思患预防事奏折　光绪二十五年五月初六日
掌广西道监察御史杨崇伊为廷臣交章恐误事机自请罢斥事奏折　光绪二十五年五月初八日
山东道监察御史张荀鹤为特参御史杨崇伊等幻秘串谋请严　光绪二十五年五月十四日

加惩治事奏折
著俞廉三确切查明候选道左孝同是否交结梁启超事上谕　光绪二十五年五月二十三日
著密探康有为与所过英美各地方有无勾结事谕旨　光绪二十五年九月二十四日
著李盛铎探访康有为是否抵港并相机购拿事谕旨　光绪二十五年九月二十四日
著将抵神户等埠之康有为设法捕拿事谕旨　光绪二十五年九月二十四日
著海疆各督抚懔遵前旨悬赏购线缉拿康梁事上谕　光绪二十五年十一月十八日
收出使美国大臣伍廷芳为康有为欲来美设法阻其登岸事电报　光绪二十六年正月初一日
收署两广总督李鸿章为康有为在港情形等事电报　光绪二十六年正月初二日
出使美国大臣伍廷芳为报华盛顿等处华民无反清活动等事致总理衙门大臣信函　光绪二十六年正月初四日
收署两广总督李鸿章为康有为乘船赴新加坡等事电报　光绪二十六年正月初七日
发出使美国大臣伍廷芳等为商驱逐康有为事电报　光绪二十六年正月初九日
收署两广总督李鸿章为查拿康有为事电报　光绪二十六年正月初十日
著李鸿章查访康梁本籍坟墓即行刨毁事上谕　光绪二十六年正月十二日
著南北洋等海疆各督抚再行明白晓谕悬赏缉拿康梁等事上谕　光绪二十六年正月十五日
收署两广总督李鸿章为康有为已离新赴欧事电报　光绪二十六年正月二十六日
收署两广总督李鸿章为康有为已上岸潜匿事电报　光绪二十六年正月二十七日
发署两广总督李鸿章为平毁康有为坟墓事电报　光绪二十六年二月二十五日
收署两广总督李鸿章为请缓平毁康有为祖坟事电报　光绪二十六年二月二十六日
著李鸿章平毁康坟勿瞻顾彷徨事上谕　光绪二十六年二月二十七日
湖广道监察御史双寿为康梁尚未弋获请圣躬保重以防未萌之患事奏折　光绪二十六年三月十七日
收署两广总督李鸿章电为请逐康有为事电报　光绪二十六年四月初五日
收两广总督李鸿章为康有为尚在新加坡事电报　光绪二十六年四月十九日
出使日本大臣李盛铎为致贺日储婚礼并梁启超逃至檀香山事致总理衙门总办信函　光绪二十六年五月初二日
署理两广总督李鸿章为遵旨刨毁康有为祖墓办理情形事奏折　光绪二十六年五月初十日
著李鸿章等严密稽查康有为党徒唐才常等事上谕　光绪二十六年闰八月十七日
湖广总督张之洞为康梁布散党徒请饬各属严密查拿等事奏片　光绪二十六年闰八月十九日
湖南巡抚俞廉三为报康有为等创立会名纠党滋事查拿惩办情形事奏折　光绪二十六年闰八月二十一日
湖南巡抚俞廉三为革员文廷式行踪诡密请旨严获正法事奏折　光绪二十六年闰八月二十一日
著奕劻等议援据公法将康有为等羁禁事上谕　光绪二十六年十月十五日
安徽巡抚王之春为安河查办康党票匪情形事奏折　光绪二十六年十一月十七日
著奖励拿获康梁所创富有票案犯之出力各员事上谕　光绪二十六年十二月二十五日
甘肃新疆巡抚饶应祺奏报遵旨将已革户部侍郎张荫桓正法日期事奏片　光绪二十六年
为通饬内地各属严密查拿康有为事奏片　光绪二十六年
总理衙门王大臣奕劻等为接据英美两国照会并请开复张荫桓原官事奏折　光绪二十七年六月十一日
附件：总理衙门王大臣奕劻等呈美英两国使臣请将张荫桓　光绪二十七年六月十一日

开复原官照会单
收陕西巡抚升允为拿获宋伯鲁应否解京请旨事电报　光绪二十八年六月十七日
陕西巡抚升允为密陈已革御史宋伯鲁回籍就获请从重监禁事奏折　光绪二十八年六月二十二日
收署两广总督岑春煊为已派员往港侦缉康有为事致外务部请代奏电报　光绪二十九年十一月十七日
著步军统领衙门将革员王照解交刑部永远监禁事上谕　光绪三十年三月初九日
吏部为皇太后万寿除康有为等无赦外其余戊戌案内各员一体开释事致外务部咨呈　光绪三十年六月初五日
米兰赛会委员严其章为意大利米兰赛会场有称康有为诱拐女人事致外务部禀文　光绪三十二年十一月
翰林院侍读学士恽毓鼎为两广总督岑春煊勾通康有为事奏折　光绪三十三年七月初二日
收四川总督赵尔巽电为销毁康有为所发电报事致军机处电报　光绪三十四年十月二十三日
发两广总督张人骏为严密防范康有为党羽所造谣言事电报　光绪三十四年十一月初一日
收两广总督张人骏电为并未听说康有为到港等事致外务部电报　光绪三十四年十一月初二日
发出使英国大臣李经方等为康有为等伏匿外洋希妥慎办理事电报　光绪三十四年十一月初六日
收出使英国大臣李经方为已各处派员办理孙文及康有为事宜事电报　光绪三十四年十一月初八日
收出使日本大臣胡惟德为办理孙文及康有为事宜事电报　光绪三十四年十一月初十日
出使美国大臣伍廷芳为太后皇上崩逝新皇登极及防止康党谣惑等事致外务部信函　光绪三十四年十一月初十日
收两广总督张人骏为查明孙文及康有为两党情形事电报　光绪三十四年十一月十七日
上海道蔡乃煌呈康有为梁启超在上海勾结乱党设立政闻社消息单　光绪三十四年
呈湖南巡抚俞廉三为康有为等在外设自立会等事信函照录单　光绪朝
为特参出使日本大臣李盛铎常与康梁暗中往来蓄谋深险请旨罢斥事奏片　光绪朝

光绪年间中英“高升”轮索赔交涉案

屈春海编选（2002·2·73）　中国第一历史档案馆

总理衙门为拟请美驻英公使涂德为高升轮案公证人事致美驻华公使照会稿　光绪二十六年正月初八日
中国驻英大臣罗丰禄为索要高升轮案卷宗事致总理衙门舒文等函　光绪二十六年二月三十日
附件一：英国外交部拟索高升轮案各项费用清单　光绪二十一年七月十八日
附件二：中英两国为高升轮案聘请公证人判断章程　光绪二十六年二月
中国驻英大臣罗丰禄为高升轮案抄录中英两国往来照会译文事致总理衙门刘宇泰等函　光绪二十七年三月二十九日
附件一：中国驻英公使馆为议改高升轮案公断专款条文事　光绪二十七年三月二十九日

致英外交部照会译文

附件二：英国外交部大臣侯爵澜为中方拟改公断专款事致中国驻英公使馆照会译文　　光绪二十七年三月二十九日

附件三：中国驻英公使馆为高升轮案公断专款事致英外交部照会译文　　光绪二十七年三月二十九日

署理英国驻华公使焘讷理为高升轮案赔款限期完结事致那桐函　　光绪二十八年十一月十一日

外务部为高升轮案现拟通融商结事奏折稿　　光绪二十八年十一月十九日

外务部为高升轮案赔款仍遵前旨速结事致户部咨文　　光绪二十八年十二月十八日

户部为抄送请两江总督等速办高升轮赔款电文事致外务部片　　光绪二十八年十二月二十日

附件：户部为高升轮赔款事致两江总督魏光焘等电

江苏巡抚恩寿为高升轮案赔款事致外务部咨文　　光绪二十九年正月十四日

英国驻华署使焘讷理为高升轮案付款事致外务部函　　光绪二十九年正月二十四日

江苏巡抚恩寿为高升轮案赔款先由江宁余款内提拔事致外务部咨文　　光绪二十九年正月二十九日

英国驻华署使焘讷理为高升轮案沪道已照数付款事致外务部函　　光绪二十九年二月初七日

上海道袁树勋为高升轮案赔款已交英领事事致外务部呈文　　光绪二十九年二月十一日

江苏巡抚恩寿为高升轮案赔款已送交英总领事满思礼查收事致外务部咨文　　光绪二十九年三月二十一日

两江总督魏光焘为高升轮船赔款由苏宁两藩司认解事致外务部咨文　　光绪二十九年四月初五日

英国署理驻华公使焘讷理为高升轮赔款银两已由汇丰银行交付事致外务部照会　　光绪二十九年四月十六日

外务部为高升轮索赔案了结事致美驻华公使康格照会稿　　光绪二十九年四月十八日

江苏巡抚恩寿为高升轮赔款由苏属藩库提拨事致外务部咨文　　光绪二十九年五月十一日

江苏巡抚恩寿为高升轮赔款饬宁藩司筹解事致外务部咨文　　光绪二十九年五月十一日

驻英大臣张德彝为律师夏务德等经手高升轮案讼费清单事致外务部咨文　　光绪二十九年九月十八日

附件：夏务德等律师经手高升轮案讼费清单

日本藏清末中日教案公函五组

彭程辑录（2024·2·30）

一、关于厦门教案中日两国的往来公函

二、关于安海教案中日两国的往来公函

三、关于枫亭教案中日两国的往来公函

四、关于兴化教案中日两国的往来公函

五、关于黄冈教案中日两国的往来公函

马玉昆等镇压花子沟人民拒洋抗官斗争史料

杜春和　耿来金　张秀清编选（1985·3·35）　　中国社会科学院近代史研究所图书资料室

色楞额致荣禄禀
马玉昆致荣禄禀
马玉昆致荣禄禀
马玉昆致荣禄禀
马玉昆致荣禄密禀
马玉昆致荣禄禀
马玉昆、色楞额致荣禄禀
继光致荣禄禀
马玉昆致荣禄禀
马玉昆致荣禄禀
马玉昆致荣禄禀
马玉昆致荣禄禀
马玉昆致荣禄禀
马玉昆致荣禄禀
色楞额致荣禄禀
马玉昆致荣禄禀
马玉昆致荣禄禀
马玉昆致荣禄禀
沈大鳌致荣禄禀

八国联军在北京抢掠损毁情形史料选

方裕谨编选（1996·3·42）　　中国第一历史档案馆

大高殿档案房为报查得洋兵驻殿损毁情形事致内务府呈单　光绪二十七年五月
总管内务府为大高殿经洋兵损毁严重修理费用请从承修跸路项下开支事奏折稿　光绪二十七年五月
总管内务府为报地安门内务府三旗办公之所房舍损毁情形事片　光绪二十七年五月二十五日
总管内务府大臣世续等为报地安门两旁应修楼房间数事奏折　光绪二十七年六月
总管内务府大臣世续等为报洋兵损毁内务府各衙署情形事奏折　光绪二十七年六月二十四日
附件：谨查得各司处工程情形开列于后
总管内务府大臣世续为报内务府各衙署印信关防图记丢失情形片　光绪二十七年六月二十四日
总管内务府大臣世续为报洋兵入宫时逃离太监陆续报到事片　光绪二十七年八月初六日
总管内务府大臣世续等为报洋兵已撤出皇宫近时奉先殿行礼事奏折　光绪二十七年八月初六日
总管内务府大臣世续等为洋兵自紫禁城撤退并会同轮班看守事奏折　光绪二十七年八月初六日
总管内务府大臣世续等为修紫禁城沟渠井座等事奏折　光绪二十七年八月

总管内务府大臣世续等为报家伙库等处遗失物品数事奏折	光绪二十七年八月二十五日
太常寺为报历代帝王庙洋兵掠去物品清单事致内务府咨文	光绪二十七年九月初一日
附件：历代帝王庙遗失物品清单	
理藩院为弘仁等寺被毁及奥兵将慧照等寺圈人事致内务府咨文	光绪二十七年十二月二十六日
太常寺为颐和园玉泉山等处被洋兵占据不能入园祭祀龙神等事致内务府咨文	光绪二十七年十二月十六日
总管内务府为报御茶膳房失去金银器数目事片	光绪二十七年八月二十五日
广储司为报洋兵损毁应修缮房间事呈内务府堂文	光绪二十八年二月初五日
掌仪司果房为报洋兵损毁应修房舍事致内务府堂文	光绪二十八年二月初九日
御药房为报洋兵损毁房屋情形事致内务府堂呈文	光绪二十八年二月十二日
太医院为报洋兵损毁房屋情形事致内务府堂呈文	光绪二十八年二月十六日
雍和宫为报洋兵损毁应修房舍事致内务府堂呈文	光绪二十八年二月二十三日
上驷院为报洋兵损毁应修各处房屋情形事致内务府堂呈文	光绪二十八年二月二十三日
掌仪司为报洋兵损毁应修房舍情形事致内务府堂呈文	光绪二十八年二月
激桶处为报洋兵损毁应修房舍情形事致内务府堂呈文	光绪二十八年二月
掌仪司为报洋兵损毁应修膳房等情形事致内务府堂呈文	光绪二十八年三月
喇嘛印务处为报妙应寺因洋兵驻扎寺内经卷佛像等全行毁坏无存事致内务府呈文	光绪二十八年八月二十三日
掌仪司为报洋兵损毁应修房舍事致内务府堂呈文	光绪二十八年二月
慎刑司为报洋兵损毁缓修房舍情形事致内务府堂呈文	光绪二十八年二月
三旗陈新枪营为报西安门外西枪营房舍损毁情形致内务府堂呈文	光绪二十八年
三旗陈新枪营为报紫禁城内朱奇应修房间事致内务府呈文	光绪二十八年
西陵内务府为报梁格庄等两处行宫被洋兵掠去物品事致内务府咨文	光绪二十九年正月十九日
西陵内务府为报梁格庄等两处行宫被洋兵掠去物品事致内务府咨文	光绪二十九年正月十九日
西陵内务府为报永福寺唪经法器因洋兵掠取不全事致内务府咨文	光绪二十九年二月十一日
顺天府为修葺被意兵损毁左翼节孝祠动用善后经费已蒙俞允事致军机处咨呈	光绪二十九年三月十二日
附件：顺天府尹陈璧为修葺被意兵损毁左翼节孝祠拟动用善后经费事片	光绪二十九年三月初五日
东陵总管内务府为报汤泉行宫被美国兵损毁情形事致内务府呈文	光绪二十九年六月初四日
附件：汤泉总管常贵呈文	光绪二十九年
喇嘛印务处为嵩祝寺达喇嘛请募化善款修理被洋兵损毁殿座等事致内务府呈文	光绪二十九年十二月二十日
掌仪司为报昭显庙被洋兵损毁情形事致内务府堂呈文	光绪三十三年七月十一日
吉林将军长顺等为运送呈贡貂皮情形事致内务府咨文	光绪二十七年三月二十五日

光绪二十八年邮政总署颁布的邮资清单

丁进军编选 （1991·2·56） 中国第一历史档案馆

清末防治瘟疫中外交涉档案（上）

哈恩忠选编（2020·3·28） 中国第一历史档案馆

和会司为吴淞口验疫苛扰会商税司领事妥筹变通办法事致江海关道札文	光绪二十八年七月初十日
着北洋大臣袁世凯等妥筹变通上海查船验疫之法事上谕	光绪二十八年七月十一日
总税务司赫德为吴淞防疫可由执事酌办等事致外务部总办瑞良信函	光绪二十八年七月十三日
附件一：抄录上海、吴淞两口续修防护轮船染疫等各章程	
附件二：抄录江苏绅士公呈吴淞三夹水查验病人惨状节略	
附件三：抄录公呈吴淞三夹水设立医院查验病人节略	
总税务司赫德为华医随同前往医院验疫等事致外务部总办绍昌信函	光绪二十八年七月二十二日
俄使雷萨尔为喀什山间村落发现瘟疫请设法祛瘟事致外务部大臣奕劻信函	光绪二十八年十月初二日
俄署使柏兰荪为山间村落瘟疫流传请会同严设祛瘟之法事致外务部大臣奕劻信函	光绪二十八年十一月初三日
俄署使柏兰荪为在烟台建造疫病房屋事致外务部大臣奕劻照会	光绪二十八年十一月十五日
和会司为已咨山东巡抚筹酌烟台建造疫病房屋事致俄署使柏兰荪照会稿	光绪二十八年十一月十七日
和会司为筹酌烟台建造疫病房屋事致山东巡抚咨文稿	光绪二十八年十一月十七日
外务部为声复吴淞验疫应妥订章程并酌筹经费事致江海关道札文稿	光绪二十九年正月初六日
山东巡抚周馥为烟台本有医所毋庸与他国商办等事致外务部咨文	光绪二十九年正月十六日
和会司为烟台本有医所拟行筹款扩建事致俄署使柏兰荪照会稿	光绪二十九年二月初二日
军机处为轮船进口验疫请咨商各国领事变通办理事致外务部交片	光绪二十九年六月初八日
附件：御史张元奇为轮船进口验疫请咨商各国领事变通办理事奏片抄稿	
和会司为变通海口验疫办法事致南北洋大臣咨文稿	光绪二十九年六月初十日
俄使雷萨尔为妥商牛庄防疫办法事致外务部大臣奕劻照会	光绪二十九年七月二十四日
和会司为牛庄验疫关道添设俄医及毋庸议及铁路事致俄使雷萨尔照会稿	光绪二十九年七月二十九日
和会司为开往越南船只毋庸检疫事致北洋大臣等咨文稿	光绪二十九年八月十八日
卫生局办理大沽查船验疫等章程十条清单	光绪三十年二月十二日
北洋大臣袁世凯为医学堂医官防疫调用不敷分派难赴万国	光绪三十年四月二十日

医馆会事致外务部咨文
户部为北洋办理验疫费用归入津关经费事致外务部咨文 光绪三十一年正月二十五日
附件：北洋大臣袁世凯为办理北洋验疫酌筹归入津关经费事奏折
北洋大臣袁世凯为核销检疫医费事致外务部咨文 光绪三十一年十月初六日
美使柔克义为举办万国驱疫会事致外务部大臣奕劻照会 光绪三十三年二月十四日
和会司为核复选派医科进士谢天参加万国驱疫会事致学部咨文 光绪三十三年二月二十一日
《哈尔滨日报》有关俄督饬撤检疫办法等消息译文 光绪朝
和会司为唐山疫症净尽及中西各医敷用等事致西班牙公使贾思理照会稿 宣统元年正月二十一日
北洋大臣杨士骧为烟台设置检疫分卡动支关费事致外务部咨文 宣统元年正月二十四日
民政部为查验京中无瘟疫事致外务部片 宣统元年二月十五日
外务部为厦门疫情已净尽事致意使文吉信函稿 宣统元年六月二十四日
护理湖广总督杨文鼎为报湖北防御鼠疫情形事致外务部咨文 宣统元年十一月二十六日
外务部尚书邹嘉来为铁路公司防疫章程及报馆妄言事与俄使会晤问答节略 宣统二年十一月初一日
京津筹办防疫事宜第一次会议纪略 宣统二年十二月十二日

清末防治瘟疫中外交涉档案（下）

哈恩忠选编（2020·4·25） 中国第一历史档案馆

京津筹办防疫事宜第二次会议纪略 宣统二年十二月十三日
附件：与京奉铁路局酌拟查验火车章程
外务部右丞施肇基为京城防疫事与德参赞夏礼辅会晤问答节略 宣统二年十二月十四日
外务部司员伍璜赴领衔使馆交换防疫消息会晤问答节略 宣统二年十二月十九日
外务部会办大臣那桐等为东省防疫等事与德使会晤问答节略 宣统二年十二月二十日
外务部司员伍璜赴领衔使馆交换防疫消息会晤问答节略 宣统二年十二月二十日
附件一：俄国驻京使署所收东北病疫事报告
附件二：日本驻京使署所收东北病疫事报告
《泰晤士报》记者莫立生为英国派防疫医官来华等事致外务部机要股颜惠庆信函译文 宣统二年十二月二十三日
法国公使马士理为烟台发现时疫请设法防范事致外务部右丞施肇基信函译文 宣统二年十二月二十五日
德国使馆参赞夏礼辅为烟台疫气传染务按照医官计划施行事致外务部右丞施肇基信函译文 宣统二年十二月二十六日
英国德来格医官为呈阅疫情报告事致外务部右丞施肇基信函译文 宣统二年十二月二十六日
附件：英国德来格医官瘟疫报告译文
外城巡警总厅为答复英使馆德医官疫症流行报告事致外务 宣统二年十二月二十六日

部报告
内城巡警总厅为二十五日防疫情形事致外务部报告　宣统二年十二月二十六日
德国使馆参赞夏礼辅为疫气传染烟台一带亟应隔离事致外务部右丞施肇基信函译稿　宣统二年十二月二十六日
外务部左侍郎胡惟德为哈尔滨一带疫情等事与俄使廓索维慈会晤问答节略　宣统三年正月初九日
外务部左侍郎胡惟德为禁止泰山进香传染疫气等事与德使雷克司会晤问答节略　宣统三年正月初九日
外务部尚书邹嘉来等为京汉铁路无须因疫停车等事与德馆参赞夏礼辅会晤问答节略　宣统三年正月二十三日
外务部右丞施肇基为京汉铁路无须因疫停车等事与德使雷克司会晤问答节略　宣统三年正月二十六日
度支部为东三省疫重地广请商借各国银两自办赈捐事致外务部咨文　宣统三年二月初三日
附件：度支部为议复东三省疫重地广请商借各国银两自办赈捐事奏片　宣统三年正月三十日
恩厚译《北京英文日报》所载疫情文稿　宣统三年二月二十九日
卫生司为防疫局申请发给护照提运订购日本防疫器具等事致警政司片　宣统三年三月二十二日
万国鼠疫研究会致外务部右丞施肇基报告稿　宣统三年三月三十日
附件：万国鼠疫研究会议决议略及所拟各项条陈清单
外务部右丞施肇基等为在华境俄私设病院留验华工事与俄使廓索维慈会晤问答节略　宣统三年四月二十五日
北洋大臣陈夔龙为请赏防疫出力洋员宝星事奏折　宣统三年五月十三日
外务部为奖赏办理防疫美国医员杨怀德宝星事致美使嘉乐恒信函稿　宣统三年五月二十五日
和会司为东省防疫赏赐洋员事致税务处咨文稿　宣统三年五月二十五日
英使朱迩典为医官德来格受赏如意代谢事致外务部大臣奕劻照会　宣统三年六月二十七日
东三省总督赵尔巽等为南满铁路理事久保田政周防疫出力饬部核奖事奏片　宣统三年闰六月初九日
上海《字林西报》之《闸北疫事》译稿　宣统三年闰六月二十日
英国驻华公使朱迩典为转达派奉研究鼠疫会代表谢意等事致外务部大臣奕劻照会　宣统三年闰六月二十三日
考工司为法医梅尼恤款归入防疫经费核销事致直隶总督咨文稿　宣统三年九月初二日
满洲里朱医官等为管理俄国所设验疫局事致外务部右丞施肇基信函抄件　宣统三年九月初二日
考工司为酌定满洲里验疫办法事致俄使廓索维慈照会稿　宣统三年九月初五日
俄署使世清为代送俄医寿谢夫《防疫指南》一书事致外务部信函　宣统三年十月十四日

协和医学堂司大夫为直隶等地疫症流行愿尽力帮助事致外务部参议颜惠庆信函译稿　宣统三年十月十五日
美国驻汉口领事为各国领事拟定免疫章程事照会抄件　宣统朝

光绪末年黄浦江修浚工程主办权之争史料

方裕谨编选（1994·4·45）　中国第一历史档案馆

著外务部妥商认筹全费自行设局办理修浚黄浦江事电旨　光绪二十九年正月二十八日
苏松太道袁树勋条陈修浚黄浦江办法禀文　光绪二十九年二月
外务部榷算司为酌拟浚浦章程五条致各国驻华公使照会稿　光绪三十年四月二十六日
南洋大臣周馥为抄送拟订修浚黄浦江河道办法条款致庆亲王函　光绪三十一年六月十八日
附：改订修治黄浦河道条款
南洋大臣周馥为应速筹浚浦所需款项以保自主浚浦事致外务部咨文　光绪三十一年八月初九日
南洋大臣周馥为通报修浚黄浦江工程条款事致内务部咨文　光绪三十一年八月十八日
总税务司赫德为应由江海关税务司好博逊参加浚浦工程事致庆亲王申文　光绪三十一年九月初四日
外务部为报与各国驻华使节会同画押之浚浦改订条款事奏稿　光绪三十一年九月初六日
附：拟订修浚黄浦河道办法

日本外务省藏《苏报》案档案选译（上）

陶陶选译（2020·2·33）

日本驻上海总领事小田切万寿之助为引渡审理《苏报》案犯等事致外务大臣报告二　明治三十六年七月十六日（1903年7月16日）
附件：上海道袁树勋为封闭《苏报》馆等事致美国驻上海总领事古纳照会抄件　光绪二十九年闰五月初五日（1903年6月29日）
日本驻上海总领事小田切万寿之助为《苏报》案犯陈范已至日本事致外务大臣电报　1903年7月20日
日本驻上海总领事小田切万寿之助为会审《苏报》案事致外务大臣电报　1903年7月21日
日本驻北京公使内田康哉为是否引渡《苏报》案犯陈范等事致外务大臣电报　1903年7月22日
日本驻上海总领事小田切万寿之助为引渡审理《苏报》案犯等事致外务大臣报告三　明治三十六年七月二十二日（1903年7月22日）
附件一：上海道袁树勋为缉拿陈范事致日本驻上海总领事照会抄件　光绪二十九年闰五月二十五日（1903年7月19日）
附件二：日本驻上海总领事小田切万寿之助为不能拿解《苏报》案犯事致上海道照复抄件　明治三十六年七月二十日（1903年7月20日）
附件三：上海道袁树勋为请饬工部局将案犯转交事致美国驻上海总领事照会抄件　光绪二十九年闰五月二十五日（1903年7月19日）

附件四：两江总督魏光焘为请转交章炳麟等犯事致美国驻上海总领事照会抄件	光绪二十九年闰五月二十五日（1903年7月19日）
日本驻华公使内田康哉致法国等驻华公使电的指令和电文底本	1903年7月23日
日本驻华公使内田康哉关于法国等驻华公使对《苏报》案处置意见汇总清单	1903年7月23日
上海领事团领袖总领事古纳为《苏报》案审判进程事致北京外交公使团领袖公使报告	1903年7月
日本驻华公使内田康哉为是否引渡《苏报》案犯事致外务大臣电报	1903年7月23日
日本外务大臣小村寿太郎为避免被怀疑包庇《苏报》案犯事致驻华公使电报	1903年7月24日
日本驻上海总领事小田切万寿之助为引渡审理《苏报》案犯事致外务大臣报告四	明治三十六年七月二十五日（1903年7月25日）
附件一：上海道袁树勋为缉拿《苏报》案犯事致日本驻上海总领事照会抄件	光绪二十九年闰五月二十九日（1903年7月23日）
附件二：日本驻上海总领事小田切万寿之助为不能缉拿《苏报》案犯事致上海道照会抄件	明治三十六年七月二十四日（1903年7月24日）
附件三：上海公共租界市政委员会主席贝纳为不能引渡《苏报》案犯事致驻北京外交公使团电报	1903年7月23日
日本驻华公使内田康哉为英国不支持引渡《苏报》案犯事致日本外务大臣电报	1903年7月27日
日本外务大臣小村寿太郎为等待公使团《苏报》案决定事致驻上海总领事电报	1903年7月28日
日本外务大臣小村寿太郎为等待公使团《苏报》案决定事致驻华公使电报	1903年7月28日
日本驻华公使内田康哉为中国要求引渡《苏报》案犯事致外务大臣信函	明治三十六年七月二十八日（1903年7月28日）
日本内务省警保局长丰纲之为侦查陈范行迹事致外务省政务局长电报	明治三十六年七月三十日（1903年7月30日）
附件：日本大阪府知事高崎为侦查陈范行迹事致内务省警保局长电报	明治三十六年七月二十八日（1903年7月28日）
日本驻上海总领事小田切万寿之助为呈送《北中国日报》等剪报事致外务大臣信函	明治三十六年七月三十一日（1903年7月31日）
附件：《北中国日报》社论剪报	1903年7月21日

日本外务省藏《苏报》案档案选译（下）

陶陶选译（2020・3・8）

日本外务大臣小村寿太郎为陈范欲乘船由神户赴沪事致驻上海总领事电报	1903年8月1日
日本驻上海总领事小田切万寿之助为无法确认陈范到上海事致外务大臣电报	1903年8月3日
日本兵库县知事为陈梦坡即陈范事致内务省警保局长电报	1903年8月4日
日本驻上海总领事小田切万寿之助为查《苏报》案犯陈范是否赴沪等事致外务大臣报告	明治三十六年八月四日（1903年8月4日）
附件：上海道袁树勋为解交《苏报》案犯章炳麟事致美国驻上海总领事照会抄件	光绪二十九年六月初七日（1903年7月30日）
日本驻华公使内田康哉为《苏报》案犯引渡等事致北京外交公使团紧急通报二	1903年8月6日
英国驻华代理公使焘纳里在北京外交公使团《苏报》案引渡问题传阅公文签署意见	1903年8月6日
英国驻华代理公使焘纳里为反对引渡《苏报》案犯事致北京外交公使团领袖公使通报	1903年8月6日
日本驻华公使内田康哉为《苏报》案犯引渡事致外务大臣电报	1903年8月6日
日本外务大臣小村寿太郎为《苏报》案犯陈范赴沪事致驻上海总领事电报	1903年8月6日
日本外务大臣小村寿太郎为《苏报》案犯陈范赴沪事致驻华公使电报	1903年8月6日
日本驻上海总领事小田切万寿之助为查获《苏报》案犯陈范假名事致外务大臣电报	1903年8月8日
日本驻华公使内田康哉为由上海领事团处理《苏报》案犯引渡事致外务大臣信函	明治三十六年八月八日（1903年8月8日）
日本驻华公使内田康哉为引渡《苏报》案犯往复信函抄件事致外务大臣信函	明治三十六年八月八日（1903年8月8日）
附件一：外务部大臣奕劻为按约章引渡《苏报》案犯事致日本驻华公使信函抄件	光绪二十九年六月初十日（1903年8月2日）
附件二：日本驻华公使内田康哉为难以调处《苏报》案犯引渡事致清外务部大臣信函抄件	1903年8月8日
日本驻上海总领事小田切万寿之助为如何办理《苏报》案犯引渡事致外务大臣电报	1903年8月10日
日本外务大臣小村寿太郎为由租界会审法庭审理《苏报》案犯引渡事致驻上海总领事	1903年8月11日

电报	
日本驻上海总领事小田切万寿之助为是否主动参与《苏报》案犯引渡事致外务大臣电报	1903 年 8 月 13 日
日本驻上海总领事小田切万寿之助为《苏报》引渡审理事致外务大臣信函一	明治三十六年八月十四日（1903 年 8 月 14 日）
附件：两江总督魏光焘为引渡《苏报》案犯事致日本驻上海总领事信函抄件	1903 年 8 月 6 日
日本外务大臣小村寿太郎为推脱《苏报》案犯引渡事致驻上海总领事电报	1903 年 8 月 15 日
日本驻上海总领事小田切万寿之助为《苏报》引渡审理事致外务大臣信函二	明治三十六年八月十七日（1903 年 8 月 17 日）
附件一：上海道袁树勋为代谢不任《苏报》案犯陈范逗留事致驻日本公使电报抄件	明治三十六年八月十五日（1903 年 8 月 15 日）
附件二：上海道袁树勋为酌商依约引渡《苏报》案犯事致驻日本公使电报抄件	明治三十六年八月十五日（1903 年 8 月 15 日）
日本驻上海总领事小田切万寿之助为逮捕《苏报》案犯等事致外务大臣信函三	明治三十六年九月二十六日（1903 年 9 月 26 日）
日本驻华公使内田康哉为是否参加引渡《苏报》案犯协定事致外务大臣电报	1903 年 10 月 8 日
日本外务大臣小村寿太郎为参加引渡《苏报》案犯协定事致驻华公使电报	1903 年 10 月 9 日
日本驻上海总领事小田切万寿之助为引渡审理《苏报》案犯等事致外务大臣信函四	明治三十六年十一月二日（1903 年 11 月 2 日）
附件一：北京外交公使团领袖公使齐干为获悉拒绝引渡《苏报》案犯事致上海领事团信函	1903 年 10 月 14 日
附件二：美国驻上海总领事古纳为拒绝引渡《苏报》案犯等事致两江总督魏光焘信函	1903 年 10 月 29 日
日本驻上海总领事小田切万寿之助为引渡审理《苏报》案犯等事致外务大臣信函五	明治三十六年十二月十日（1903 年 12 月 10 日）
日本驻上海总领事小田切万寿之助为引渡审理《苏报》案犯等事致外务大臣信函六	明治三十七年四月八日（1904 年 4 月 8 日）
附件一：上海领事团为《苏报》案必须限期结案事致上海道袁树勋通知	1904 年 2 月 15 日
附件二：上海领事团领袖总领事薛福德为《苏报》案判决等事致北京外交公使团领袖公使电报	1904 年 2 月 15 日
附件三：上海道袁树勋为引渡《苏报》案犯事致上海领事团领袖总领事照会抄件	光绪三十年正月初六日（1904 年 2 月 21 日）
附件四：上海领事团为更正外交信件翻译	1904 年 2 月 26 日

的误解事致上海道袁树勋通知
日本驻上海总领事小田切万寿之助为引渡审理《苏报》案犯等事致外务大臣信函七 明治三十七年四月十四日（1904年4月14日）
日本驻上海总领事小田切万寿之助为引渡审理《苏报》案犯等事致外务大臣信函八 明治三十七年五月二十四日（1904年5月24日）

中英等交涉苏报案当事人问题文电

方裕谨编选（1986·4·32） 中国第一历史档案馆

外务部致南洋大臣魏光焘电 光绪二十九年六月初四日
外务部致驻英使张德彝及驻美使梁诚电 光绪二十九年六月十七日
外务部致南洋大臣魏光焘电 光绪二十九年六月十九日
外务部致南洋大臣魏光焘电 光绪二十九年六月二十一日
外务部致南洋大臣魏光焘电 光绪二十九年六月二十八日
两江总督魏光焘致外务部咨文 光绪二十九年七月十七日
附：苏松太道袁树勋分致上海各领事函稿 光绪二十九年六月初九日
附：照录英驻沪总领事满思礼来函 光绪二十九年六月十八日
附：苏松太道袁树勋复英驻沪总领事满思礼文
附：照录英驻沪总领事满思礼来函 光绪二十九年七月初九日
英外交部致清政府照会 光绪二十九年八月初三日
英外交部致清政府照会 光绪二十九年八月初八日
外务部致南洋大臣魏光焘电 光绪二十九年八月初十日
外务部致南洋大臣魏光焘电 光绪二十九年八月初十日
外务部致南洋大臣魏光焘电 光绪二十九年八月二十五日
南洋大臣魏光焘致外务部电 光绪二十九年九月初七日
南洋大臣魏光焘致外务部电 光绪二十九年十月二十一日
南洋大臣魏光焘致外务部电 光绪三十年正月初六日
南洋大臣魏光焘致外务部电 光绪三十年二月十二日
南洋大臣魏光焘致外务部电 光绪三十年三月初一日
南洋大臣魏光焘致外务部电 光绪三十年三月二十六日
南洋大臣魏光焘致外务部电 光绪三十年三月二十六日
南洋大臣魏光焘致外务部电 光绪三十年四月初二日
苏松太道袁树勋致外务部电 光绪三十年四月初四日
苏松太道袁树勋致外务部电 光绪三十年四月初四日
苏松太道袁树勋致外务部电 光绪三十年四月初九日
南洋大臣魏光焘致外务部密咨 光绪三十年五月初十日
南洋大臣魏光焘致外务部咨文 光绪三十年五月初十日
附：照录来折

日俄战争期间杨枢致外务部密函（一）

丁进军编选（1987·2·48） 中国第一历史档案馆

光绪二十九年九月二十三日 日字第四号

光绪二十九年十月二十一日　日字第九号
附：译录日本各报
光绪二十九年十月二十四日　日字第十号
光绪二十九年十一月初一日　日字第十二号
附：日俄协约情形原电
光绪二十九年十一月初五日　日字第十三号
光绪二十九年十一月初七日　日字第十四号
光绪二十九年十一月十二日　日字第十五号
附：译录日本报
光绪二十九年十一月二十二日　日字第十七号
附：原电
光绪二十九年十一月二十八日　日字第十八号
光绪二十九年十二月初六日　日字第十九号
光绪三十年三月初三日　日字第二十九号
光绪三十年三月十二日　日字第三十一号
附：译报

日俄战争期间杨枢致外务部密函（二）

丁进军编选（1987·3·51）　　中国第一历史档案馆
光绪三十年三月十四日　日字第三十二号
光绪三十年三月十八日　日字第三十三号
附：译报
光绪三十年四月初七日　星字第三十七号
光绪三十四年四月十九日　日字第三十九号
附：译报
光绪三十年四月二十六日　日字第四十一号
附：译报
光绪三十年五月十一日　日字第四十二号
附：译报

日俄战争期间杨枢致外务部密函（三）

丁进军编选（1987·4·34）　　中国第一历史档案馆
光绪三十年七月初三日　日字第四十七号
附：译报
光绪三十一年一月二十四日　日字第七十一号
光绪三十一年二月三十日　日字第七十六号
光绪三十一年三月初四日　日字第七十七号
光绪三十一年四月二十八日　日字第八十六号
光绪三十一年五月十一日　日字第八十九号
光绪三十一年五月十三日　日字第九十号
光绪三十一年五月二十九日　日字第九十一号

附：原电
光绪三十一年六月初二日　日字第九十二号
光绪三十一年六月初八日　日字第九十四号
附：（1）照录致日本外务省照会　第一百四十号
（2）照译日本外务省复文
光绪三十一年六月十八日　日字第九十五号
光绪三十一年六月二十六日　日字第九十七号
光绪三十一年七月二十日　日字第一百号
光绪三十一年八月初八日　日字第一百零四号
光绪三十一年九月初一日　日字第一百零八号
光绪三十二年四月初九日　日字第百三十一号
附：陪观日本凯旋观兵式记

晚清长沙开设租界档案

丁进军编选（2012·4·34）　　中国第一历史档案馆

外务部为请派夏利士税司赴湘省会勘长沙埠址事致总税务司赫德札文	光绪二十九年十月初四日
湖南巡抚赵尔巽为抄送长沙租界开埠请款奏折事致外务部咨呈	光绪三十年二月二十四日
附件：湖南巡抚赵尔巽为长沙设租界开商埠筹办情形并请拨款事奏折	光绪三十年二月二十四日
外务部为议复湘抚奏请开办长沙口岸并请拨的款事奏折	光绪三十年五月十一日
湖南巡抚赵尔巽为移送夏利士税司拟长沙开埠章程事致外务部咨呈	光绪三十年十一月十一日
附件一：长沙通商租界章程初稿	
附件二：长沙通商租界设立巡捕衙总章程	
附件三：长沙通商租界华洋商民应遵章程初稿	
附件四：长沙通商租界巡捕衙巡役应遵章程	
附件五：长沙巡捕衙与地方官交涉公事详细章程	
湖南巡抚庞鸿书为核定长沙开埠经费请准立案事奏折	光绪三十二年八月二十四日
附件：长沙开埠应用购地工程巡警各项经费清单	
度支部为湖南巡抚庞鸿书复核开办商埠经费事致外务部知照	光绪三十二年十一月初四日
度支部为核定长沙开埠常年经费事致外务部咨呈	光绪三十三年五月二十四日
湖南巡抚岑春蓂为接办长沙租界工程及英商欲行贸易事致外务部咨呈	光绪三十三年十二月初七日
附件一：湖南巡抚岑春蓂为埠工完竣请拨接办租界等工银两事奏折	光绪三十三年十二月初七日
附件二：湖南巡抚岑春蓂为密陈英商欲在长沙城内开行贸易等事奏片	光绪三十三年十二月初七日
湖南巡抚岑春蓂为长沙商埠工程用项事致外务部咨呈	宣统元年十一月十五日

清政府迫害孙中山黄兴史料选

方裕谨编选（1996·4·36）　　中国第一历史档案馆

英梅德斯墩府尹文案孟克敦致参赞马格里函　光绪二十九年十月二十日
附件：兴中会会友谟尔果恩致英国梅德斯敦府尹函　1903 年 12 月 5 日
附件：兴中会请帖
附件：参赞马格里复孟克敦函
附件：英国梅德斯敦府尹孟克敦复参赞马格里函
署两广总督岑春煊为访查孙中山致外务部咨文　光绪三十一年三月初九日
附件一：孙中山为日本人宫崎寅藏著《三十三年落花梦》之序
附件二：甘普照证实孙中山出生香山翠亨村甘结
附件三：何天明证实孙中山生长香山翠亨村甘结
清驻日公使杨枢为报孙中山革命活动致外务部函　光绪三十一年七月二十五日
附件：孙中山大演说会广告　光绪三十一年八月二十二日
附件：孙中山演说词
两江总督端方为孙中山等人从新加坡筹运军火准备起义应严密稽察事致江浙巡抚等密咨稿　光绪三十三年二月三十日
两江总督端方为孙中山等人从新加坡筹运军火准备起义事给江宁将军等密咨稿　光绪三十三年三月初三日
两江总督端方为孙中山由苏门答腊运回军火事给新胜营统领徐宝山密札稿　光绪三十三年四月十七日
两江总督端方派委何宸章前往香港查探孙中山等人活动事致巡警局密札稿　光绪三十三年四月二十九日
清驻檀香山领事梁国英为报革命党在该地活动事致外务部密函　宣统二年九月十三日
清驻檀香山领事梁国英为报革命党人在该地革命事致外务部禀文　宣统二年十一月十二日
两广总督张鸣岐致外务部电　宣统三年八月二十七日申刻
两广总督张鸣岐致外务部电　宣统三年八月二十八日
两广总督张鸣岐致外务部电　宣统三年八月三十日
清驻意大利公使吴宗濂为报国外议论辛亥革命事函　宣统三年九月三十日
附件一：英国与义报主笔论中国辛亥革命
附件二：法国朝日新闻驻美记者与孙中山谈话记录

日本藏清末日僧在华传教的政府公函

彭程辑录（2019·2·47）

一、广东省惠潮嘉道台秦昉与日本驻厦门领事上野的往来公函
二、福建省洋务总局督办鹿学良等与日本驻厦门领事上野的往来公函
三、福建分巡兴泉永等处海防兵备道黎攀镠与日本驻厦门领事上野的往来公函
四、其他单件公函
五、福建地方官的相关布告、告示
六、日本政府内部公函：明治三十七年十一月真宗大谷派副管长大谷光演致外务大臣男爵小

村寿太郎请愿书

清末上海公共租界史料选编

沈晓娅编选（1991·2·73）　　中国第一历史档案馆

榷算司拟为饬阻工部局在青浦兴筑马路事致美使柔克义照会稿　　光绪三十一年五月初五日
上海道瑞澂为工部局在租界外派捕收捐事致外务部电　　光绪三十二年闰四月十八日
榷算司拟为工部局在租界外派捕收捐事致意英美使照会稿　　光绪三十二年闰四月二十日
南洋大臣周馥为工部局在租界外派捕收捐事致外务部电　　光绪三十二年闰四月二十一日
上海道瑞澂为阻止工部局收捐事致外务部电　　光绪三十二年闰四月二十二日
榷算司拟为工部局在租界外收征自来水捐事致美使柔克义照会稿　　光绪三十二年五月二十五日
英署使嘉为阻止闸北开辟华人市场并设立工程局事致奕劻照会　　1906年8月6日
美使柔克义为阻止在租界附近设立华商码头事致奕劻照会　　光绪三十二年六月十九日
上海道瑞澂为闸北地方筑路兴商事致外务部电　　光绪三十二年六月二十二日
榷算司拟为闸北开辟华人市场无损洋商利益事致英美使照会稿　　光绪三十二年六月二十七日
上海绅民为恳请坚拒工程局推广租界事致外务部电　　光绪三十四年五月十三日
外务部为坚拒英美推广租界事致上海道电　　光绪三十四年六月十六日
外务部为查复沪租界北线扩展事致南洋大臣端方电　　光绪三十四年十二月二十八日
两江总督端方为沪北华界扩充巡警事致外务部电　　宣统元年闰二月初六日
上海绅民李钟玨为乞坚拒英使扩展租界事致外务部电　　宣统元年闰二月初七日
两江总督端方为不宜再允展拓上海租界事致外务部电　　宣统元年闰二月初十日
两江总督端方为上海华界扩充巡警并开办自来水事致外务部电　　宣统元年闰二月十九日
两江总督端方为上海推广租界事复上海道台蔡乃煌电　　宣统元年闰二月十九日
上海绅民及旅沪绅商叶佳棠等为力拒英使推广公共租界之要求事致外务部电　　宣统元年闰二月二十日

清末北京使馆洋界巡捕道路规章史料

丁进军编选（2010·3·31）　　中国第一历史档案馆

法国驻华公使吕班为咨送《各国在使馆界章程》事致外务部函　　光绪三十一年十一月二十三日
附件一：北京使馆洋界巡捕道路规章
附件二：北京使馆洋界巡捕章程
附件三：北京使馆洋界东洋车应行遵守规条

驻沪各国领事干涉中国内政史料一例

叶志如编选（1985·2·36）　　中国第一历史档案馆

驻沪领袖领事为出示上谕捉拿罢市工人事致清外务部照会　　光绪三十一年十一月二十六日

驻沪领袖领事为严禁罢市事致上海袁道台函 光绪三十一年十一月二十六日
驻沪领袖领事为限令捉拿罢市工人戈忠等再致上海袁道台函 光绪三十一年十一月二十六日
驻沪领袖领事为速拿罢市工人事致会审委员函 光绪三十一年十一月二十六日
上海袁道台为出示上谕捉拿罢市工人事复驻沪领袖领事函 光绪三十一年十一月二十七日
外务部为出示上谕捉拿罢市工人等事复驻沪领袖领事照会稿 光绪三十一年十二月十二日

清末编订《违警律》档案

哈恩忠编选（2019·4·17） 中国第一历史档案馆

警法司为酌商《违警罪草案》事致警政司移付 光绪三十二年正月初八日
民政部参议厅为将《违警律草案》交修订法律大臣核定事议案 光绪三十三年五月
民政部为修正《违警律草案》请核定后会奏事致修订法律大臣咨文 光绪三十三年七月
修订法律大臣沈家本为查核《违警律草案》意见相符事致民政部咨文 光绪三十三年八月初一日
修订法律大臣沈家本为汇奏《违警律草案》衔名无注写事致民政部片 光绪三十三年八月十六日
民政部为抄录原奏核定颁行《违警律草案》事致修订法律大臣咨文 光绪三十三年八月二十日
附件一：民政部为酌拟《违警律草案》会陈各缘由事奏折
附件二：《大清违警律草案》
法部丞参厅会办郎中戈炳琦等为《违警律草案》有违刑法条款酌拟厘正事致法部呈文 光绪三十三年
修订法律馆关于违警律与刑法罪名驳议清单 光绪三十三年八月
遵拟改订《违警律》清单 光绪朝
内外城巡警总厅为咨行宪政编查馆从速核定《违警律草案》事致民政部申文 光绪三十四年三月初三日
宪政编查馆大臣奕劻等为遵旨酌核改定违警律条文事奏折 光绪三十四年四月初十日
附件：宪政编查馆核定《违警律》清单
民政部参议厅为提议规定违警律条款章程事呈文 光绪三十四年五月初七日
民政部为酌改《违警律》与《大清律例》不能并行各条事致法律馆等咨文 光绪三十四年七月
民政部为照会各国公使转饬在华商民一律遵守《违警律》事致外务部咨文 光绪三十四年九月十一日
外务部为《违警律》送部并转行各国公使商民知悉事致民政部咨文 光绪三十四年九月二十三日
民政部为复送刷印《违警律》八本事致外务部咨文 光绪三十四年九月
修订法律馆为将《违警律》与《大清律例》不能并行各条开具按语清单事致民政部咨文 光绪三十四年十月初六日
民政部为将《违警律》与《大清律例》不能并行各条开具按语清单事致法部咨文 光绪三十四年十月

附件:《违警律》与《大清律例》不能并行各条开具按语清单
新疆巡抚联魁为酌拟《违警章程》请鉴核事致民政部咨文　光绪三十四年十二月初七日
附件：新疆《违警章程》清单
大西洋国驻华使臣柏德罗为接悉《违警律》事致总理外务部事务奕劻照会　光绪三十四年十二月二十二日
法部为查核法律馆《违警律》与《大清律例》不能并行各条按语添注均属妥协事致民政部咨文　光绪三十四年十二月二十七日
参议厅为核议《违警律》应添解释及会奏稿呈堂阅定事致警政司移文　宣统元年二月十八日
民政部为《违警律》与《大清律例》应添解释及刊印有误事致各省咨文　宣统元年闰二月初七日
附件:《违警律》应添解释及更正各款清单
德国驻华公使雷克司为在华德人等不遵《违警律》事致总理外务部事务大臣奕劻照会　宣统元年闰二月初八日
修订法律馆为会画《违警律》奏稿并开具堂衔事致民政部片　宣统元年闰二月十四日
修订法律馆为《违警律》奏稿开送堂衔是日不到班大臣衔下注差事致民政部片　宣统元年三月初一日
民政部尚书善耆等为违警律罚例与现行律不能并行各款请暂行折衷办理事奏折　宣统元年三月初四日
《违警律》折衷办理各条清单　宣统元年三月
参议厅为批示京师法律学堂教习汪有龄保护《违警律论》版权事致警政司片付　宣统元年五月二十日
附件：京师法律学堂教习汪有龄为保护《违警律论》版权并饬各省购阅事呈文　宣统元年五月初三日
民政部为禁刻《违警律论》通饬各省警务人员购阅事致农工商部等咨文　宣统元年五月二十三日
民政部为禁刻《违警律论》通饬各省警务人员购阅事致教习汪有龄批示　宣统元年五月二十三日
农工商部为《违警律论》准予立案事致民政部咨文　宣统元年六月十八日
北洋高等巡警学堂学员刘镇华《违警律》毕业试卷　宣统元年十二月初一日
京师法律学堂教习汪有龄为续奉《违警律论》八十部分行各省事呈文　宣统元年
民政部为据咨检送《违警律》等章程三种事致法部咨文　宣统二年三月二十三日

清末新政期间禁烟档案（上）

哈恩忠选编（2023·2·22）　　中国第一历史档案馆
会议政务处大臣奕劻为遵旨筹拟禁烟章程事奏折　光绪三十二年十月初六日
附件：筹拟禁烟办法十一条清单
民政部为遵照奏定章程实力查禁事致内外城巡警总厅札饬　光绪三十二年十月二十七日
河南道监察御史赵启霖为实行禁烟新章敬陈四条管见事奏折　光绪三十二年十月二十七日
内阁学士吴郁生为令布海外通筹禁烟办法事奏折　光绪三十二年十一月初六日

民政部尚书徐世昌等为统筹禁烟事宜设局立会分别议准事奏折　光绪三十二年十二月二十五日
著各督抚等遵照禁烟章程十年为限递减罂粟种植事上谕　光绪三十二年十二月二十五日
候选道许珏为请假一年回籍专办禁烟事致外务部呈文　光绪三十三年三月十五日
附件：候选道许珏为严饬各省禁烟并酌筹公债请都察院代奏事呈文　光绪三十三年三月初三日
着各地督抚等遵照定章饬属禁烟事上谕　光绪三十三年五月十五日
贵州举人何庆崧为请代奏正本清源实行禁烟事呈文　光绪三十三年六月十五日
贵州截取举人唐光祎为禁烟交涉陈管见而恳代奏事呈文　光绪三十三年七月初六日
吏部为抄传文武官员吸烟旧习未净展限戒断上谕事致外务部知照　光绪三十三年九月十六日
军机大臣奕劻等为遵旨会议贵州举人唐光祎禁烟交涉条陈事奏折　光绪三十三年十月初六日
都察院都御史陆宝忠等为候选道许珏呈征收膏捐有妨禁烟仁政等情代奏事奏折　光绪三十三年十月二十二日
附件：候选道许珏为苏省征收膏捐有妨禁烟仁政吁请代奏事呈文　光绪三十三年十月
外务部大臣奕劻为复陈筹议禁烟与各国商定办法事奏折　光绪三十四年二月二十日
民政部民治司为遵批将戒烟卷宗移交卫生司事致承政厅片呈　光绪三十四年三月初四日
着恭亲王溥伟等为总理禁烟事务大臣及设立戒烟所专司查验事上谕　光绪三十四年三月
总理禁烟事务大臣溥伟为暂设提调四员陆钟岱等堪以派充事奏片　光绪三十四年三月二十一日
法部典簿所为奉札将各员出具戒烟联结切结事致刑科第一庭移付　光绪三十四年三月二十二日
附件：法部尚书为饬令戒烟将各员联结切结限期存案事堂谕抄件
总理禁烟事务大臣溥伟等为遵旨择地开办戒烟所事致宗人府咨文　光绪三十四年三月二十九日
附件：总理禁烟事务大臣溥伟等为遵旨开办禁烟事务设立公所刊用关防事奏折　光绪三十四年三月二十一日
总理禁烟事务大臣溥伟等为请饬御史访查禁烟事务事奏折　光绪三十四年四月初三日
着御史留意访查禁烟事务事谕旨　光绪三十四年四月初三日
总理禁烟事务大臣溥伟为行取密电码本事致外务部咨文　光绪三十四年五月初四日
外务部考工司为封送密电码本事致禁烟公所咨文稿　光绪三十四年五月初七日
总理禁烟事务大臣溥伟等为遵拟禁烟查验章程事奏折　光绪三十四年五月初十日
附件：酌拟禁烟查验章程十条
总理禁烟事务大臣为造具禁烟大臣及提调等员衔名清册事致军机处咨呈　光绪三十四年五月十四日
附件一：总理禁烟事务王大臣衔名清册
附件二：总理禁烟事务公所提调委员衔名清册

附件三：总理禁烟大臣公所调查京师文武各衙门官员表
总理禁烟事务大臣等为大员迹涉朦混申禁严查戒烟事致宗人府咨文　光绪三十四年七月十二日

清末新政期间禁烟档案（下）

哈恩忠选编（2023·3·25）　中国第一历史档案馆

外务部榷算司为复前送戒烟表册填写无误事致总理禁烟事务大臣咨文　光绪三十四年七月十四日
总理禁烟事务大臣为不时抽验已有戒烟保结及执照人员事致外务部咨文　光绪三十四年八月二十一日
山东巡抚袁树勋为抄录变通禁烟办法电文事致外务部咨文　光绪三十四年九月初八日
附件：山东巡抚袁树勋为请代奏变通禁烟办法事致军机处电报抄稿
掌河南道监察御史叶芾棠为禁烟宜绝根源及商诸禁烟会与会各国事奏折　光绪三十四年十二月二十四日
外务部榷算司为南洋大臣电称禁烟专卖如何办理妥酌事致度支部咨文　宣统元年正月二十三日
总理禁烟事务大臣为两江总督端方电请设立洋烟专卖公司事致外务部咨文　宣统元年二月初一日
附件：两江总督端方为拟设立洋烟专卖公司事致总理禁烟事务大臣等电报
度支部为恭录禁烟上谕转行各衙门等遵照事致外务部咨文　宣统元年闰二月初五日
附件：着各省督抚等认真办理禁种禁吸抵补税厘等事上谕　宣统元年二月二十四日
两江总督端方为抄送遵办禁烟并筹议情形折稿事致外务部咨文　宣统元年三月二十七日
附件：两江总督端方等为复陈遵办禁烟各节并筹拟情形事奏折抄稿　宣统元年闰二月十八日
外务部为各国派员参加上海禁烟会代为转达谢意事致驻京各国使节信函稿　宣统元年四月初二日
外务部榷算司为特派刘玉麟赴上海禁烟会并译呈决定各款事致总理禁烟事务大臣等咨文　宣统元年四月初二日
葡萄牙驻华大使柏德罗为接函转达本国政府谢意事致总理禁烟事务大臣信函　宣统元年四月初四日
总理禁烟事务大臣为调验官役时闻徇隐等弊续拟禁烟画一办法章程事奏折　宣统元年四月
附件：《续拟禁烟办法》十条清单
宗人府经历司为严查吸食洋烟官员及禁种禁吸事致右司移付　宣统元年五月初二日
度支部为议复两江总督办理禁烟各节事致外务部咨文　宣统元年五月初三日
附件：度支部等议复两江总督办理禁烟各节事奏折
宗人府经历司为切实考验各员戒断嗜好事致右司移付　宣统元年五月二十日
东三省总督锡良为部议禁烟年限太宽恳请一律缩期禁种事　宣统元年六月二十二日

奏折
外务部榷算司为照录美国召开万国禁烟会通告文件事致总理禁烟事务大臣等咨文 宣统元年九月二十一日
着京外一体实行禁烟条例等事上谕 宣统元年十二月二十日
民政部卫生司为奉堂谕各员务遵《谘访禁烟办法》事致机要科移文 宣统二年五月初八日
附件:《谘访禁烟办法》清单
外务部为派员参加万国禁烟公会事致民政部咨文 宣统二年七月二十六日
附件：外务部为特派右丞刘玉麟参加万国禁烟公会事奏折
直隶总督陈夔龙为详查办理禁烟成绩事致外务部咨文 宣统二年八月二十七日
附件：直隶全省禁烟成绩清单
总理禁烟事务大臣溥伟等为禁烟期限紧迫请饬各地认真整顿事奏折 宣统二年九月十九日
资政院为开议审查全国禁烟事致外务部咨文 宣统二年十月二十一日
外务部为核销派员赴沪会议禁烟事宜经费银两事奏片 宣统二年十月二十五日
民政部尚书善耆等为遵旨查明禁烟情形事奏折 宣统二年十一月初七日
总理禁烟事务大臣溥伟等为陈明办理京师各衙门禁烟情形事奏折 宣统二年十二月初一日
资政院总裁溥伦等为议决《禁烟章程》请旨裁夺事奏折 宣统二年十二月十一日
附件：议决拟订《禁烟章程》十条清单
着各省懔遵谕旨迅速落实禁烟事上谕 宣统二年十二月十三日
外务部榷算司为援案将续到续调人员切结造册事致总理禁烟事务大臣咨文 宣统二年十二月十三日
附件：宣统二年十二月咨送续到续调人员名单
宗人府为遵照《禁烟条例》酌拟《宗室觉罗禁烟办法》事奏折 宣统三年二月十三日
附件:《宗室觉罗禁烟办法》缮单列表
总理外务部大臣奕劻等为荷兰万国禁烟会展期另行简派人员赴会事奏折 宣统三年三月二十一日
外务部拟命出使德国大臣梁诚参加荷兰万国禁烟公会事敕谕 宣统三年三月二十一日
总理禁烟事务大臣唐景崇等为遵旨续拟《严定禁烟查验章程》事奏折 宣统三年三月二十二日
附件：续拟《严定禁烟查验章程》十条清单
东三省总督锡良为《宗室觉罗禁烟办法》疑问四条事致宗人府咨文 宣统三年三月三十日
附件:《宗室觉罗禁烟办法》疑问四条清单
民政部承政厅为遵章重新取具二品以下各员同乡同寅切结事致参议厅移文 宣统三年四月初一日
总理外务部大臣奕劻等为与驻京英国使臣续订《禁烟条件》递减洋药进口事奏折 宣统三年四月十一日
附件：外务部与驻京英国使臣朱迩典续订《禁烟条件》清单

着民政部等加意整顿禁烟各事宜事上谕	宣统三年四月十一日
民政部卫生司为各省与巡视员所报禁烟成效数目事致参议厅片	宣统三年四月十七日
总理禁烟事务大臣为保结官员须在调验之前撤结事致内务府咨文	宣统三年六月初三日
管理外务部事务庆亲王奕劻等为荷兰改定禁烟会开会日期及添派人员赴会事奏折	宣统三年九月十三日
议定禁烟暂行章程	宣统朝
修改禁烟条例	宣统朝

光绪末年京师土木工人呈控拖欠工银案

叶志如编选（1987·1·48）　　中国第一历史档案馆

步军统领衙门为杨士奎喊控张仁甫不给工钱案致民政部咨文	光绪三十三年四月二十一日
内城预审厅为报丘毓芳呈控工价案已结事致民政部申文	光绪三十三年五月十四日
步军统领衙门为许鸣歧拖欠工钱案讯据情形致民政部咨文	光绪三十三年十月二十七日
附：李双福等为呈控太升木厂掌柜许鸣歧拖欠工钱状纸	光绪三十三年十月二十七日

光绪三十三年徐锡麟刺杀安徽巡抚恩铭档案

郭美兰编选（2011·4·3）　　中国第一历史档案馆

安徽布政使冯煦等为徐锡麟枪击巡抚恩铭致伤请派兵事致端方电	光绪三十三年五月二十六日
安徽巡抚恩铭为受伤甚重口授遗折事奏折	光绪三十三年五月二十六日
安徽布政使冯煦等为恩铭出缺及请将徐锡麟正法事致端方电	光绪三十三年五月二十六日
江宁盐巡道朱恩绂为徐锡麟击伤多人被擒各公所已派兵驻守事致端方电	光绪三十三年五月二十九日
署安徽布政使沈曾植等为伤毙徐锡麟同党事致端方电	光绪三十三年五月二十九日
艾忠琦为派兵搜查各要所事致端方电	光绪三十三年五月二十九日
两江总督端方等为续查徐锡麟枪击恩铭各情形请代奏事致军机处电	光绪三十三年六月初一日
安徽巡抚冯煦为又复查获徐锡麟信箱事致端方电	光绪三十三年六月初一日
安徽巡抚冯煦为大通系绍属学堂名事致端方电	光绪三十三年六月初一日
安徽巡抚冯煦为请侯新丰号泊岸严密搜拿徐锡麟胞弟徐伟事致端方电	光绪三十三年六月初二日
安徽巡抚冯煦为徐锡麟弟徐伟已在九江被获事致端方电	光绪三十三年六月初二日
安徽候补道许鼎霖等为查明徐锡麟行刺并带学生前往军械所抵抗事致端方电	光绪三十三年六月初二日
安徽巡抚冯煦为条复徐伟提到即加研讯徐锡麟父不宜连坐等事致端方电	光绪三十三年六月初四日
安徽巡抚冯煦为徐伟供沈钧业已回日本其信函有谋乱确据事致端方电	光绪三十三年六月初四日
安徽巡抚冯煦为方世钧等人信函词语悖逆徐锡麟父信均教	光绪三十三年六月初四日

子忠孝事致端方电
江宁盐巡道朱恩绂等为学生多系胁从马宗汉待质徐伟已解到皖事致端方电　光绪三十三年六月初六日
安徽候补道许鼎霖等为秋瑾在浙起事恐与徐锡麟同党请派兵来皖事致端方电　光绪三十三年六月初七日
两江总督端方等为拿获徐伟供出同党分别查缉请代奏事致军机处电　光绪三十三年六月初七日
两江总督端方为徐锡麟案研讯明确可就此结案事致冯煦电　光绪三十三年六月三十日
两江总督端方等为徐锡麟案各犯审明定拟请代奏事致军机处电　光绪三十三年七月十一日
安徽巡抚冯煦为徐锡麟案审明定拟事致军机处咨文　光绪三十三年八月初四日
附件一：徐锡麟供单
附件二：徐锡麟所颁告示

光绪三十三年浙江办理秋瑾案档案

王征编选（2011·4·12）　中国第一历史档案馆
浙江办理女匪秋瑾全案

清末宪政编查馆拟订政事结社集会律

丁进军编选（1994·4·55）　中国第一历史档案馆
宪政编查馆大臣奕劻等为遵旨拟订政事结社集会律事奏折　光绪三十四年二月初九日
附：宪政编查馆拟订结社集会律清单

光绪末年京师糕点行业工人罢工史料

叶志如编选（1985·2·38）　中国第一历史档案馆
农工商部为请严禁糕点工人罢工事致民政部咨文　光绪三十四年二月初九日
附件（一）：京师商务总会为请出禁令并饬毁碑碣事致农工商部禀
附件（二）：糕点工人所立碑碣之碑文
外城巡警总厅为糕点工人罢工和平了结复民政部申文　光绪三十四年四月二十日
民政部为糕点工人罢工已和平了结事复农工商部咨文　光绪三十四年四月二十三日

光绪三十四年云南河口起义档案

刘杜英　陈燕平编选（2011·4·22）　中国第一历史档案馆
云贵总督锡良为团练乡民并添拨新军严密筹防事片　光绪三十四年三月二十九日
外务部庶务司记录中法双方为革命党攻占河口炮台事之会晤问答　光绪三十四年四月初二日
外务部庶务司记录中法双方为查办云南河口地方革命党事之会晤问答　光绪三十四年四月初三日
外务部为查询河口炮台被革命党攻占官兵倒戈事致云贵总督锡良电　光绪三十四年四月初三日

云贵总督锡良为报河口军情事致外务部电	光绪三十四年四月初三日
云贵总督锡良为革命党进攻河口已饬各营增援陈请代奏事致军机处电	光绪三十四年四月初三日
云贵总督锡良为河口被革命党占据情形陈请代奏事致军机处等电	光绪三十四年四月初四日
云贵总督锡良为据报河口军情并派兵增援事致外务部电	光绪三十四年四月初四日
云贵总督锡良为密陈法人阴助革命党请衡夺主持事致外务部电	光绪三十四年四月初五日
外务部庶务司记录中法双方为越督驱逐革命党出境事会晤问答	光绪三十四年四月初六日
出使法国大臣刘式训为请查示革命党攻占河口消息事致外务部电	光绪三十四年四月初六日
两广总督张人骏为法领事送来越督电报查明河口军情事致外务部电	光绪三十四年四月初八日
著为锡良提拔赏银激励总兵白金柱遏阻革命党事电旨	光绪三十四年四月初九日
著为锡良督饬各路将领审明敌势妥筹剿办事电旨	光绪三十四年四月初十日
云贵总督锡良为法人暗助革命党无可狡辩请与交涉事致外务部电	光绪三十四年四月初十日
出使法国大臣刘式训为法外部不认革命党在越边集结事致外务部电	光绪三十四年四月十一日
贵州巡抚庞鸿书为请拨款接通贵阳至兴义线路陈请代奏事致军机处电	光绪三十四年四月十二日
外务部庶务司记录中法双方为查缉越境革命党人事会晤问答	光绪三十四年四月二十三日
云贵总督锡良为已饬在越按察使世增等就近商办交涉陈请代奏事致军机处电	光绪三十四年四月二十五日
著为锡良督饬各路将领合围河口革命党事电旨	光绪三十四年四月二十八日
云贵总督锡良为二十七日收复河口陈请代奏事致军机处电	光绪三十四年四月二十八日
出使法国大臣刘式训为法外部称官军已克复河口事致外务部电	光绪三十四年四月二十九日
著为锡良等晓谕沿边士庶勿受革命党煽惑等事上谕	光绪三十四年五月初一日
滇省绅民为请力争法人赔偿我河口损失事致军机处等电	光绪三十四年六月初五日
两广总督张人骏为据报在越革命党势蹇饬与法国会剿事致外务部电	光绪三十四年六月十一日
著为锡良选派精通法文人员前往河口驻扎等事上谕	光绪三十四年六月二十四日

光绪末年清廷制定禁烟稽核章程

丁进军编选（2005・2・18）　　中国第一历史档案馆

民政部等为遵旨酌拟禁烟章程事奏折	光绪三十四年四月二十四日
附件：民政部拟订禁烟章程清单	

有关宪政公会的几件史料

丁进军编选（1992·3·64）　　中国第一历史档案馆

外城巡警总厅为宪政公会在京成立支会事致民政部申文　光绪三十四年五月二十九日

外城巡警总厅为北京宪政公会支会办事处移址事致民政部申文　光绪三十四年六月二十八日

光绪年间吉林敦化朝鲜侨民史料

苏建新　陶敏编选（1999·3·63）　　吉林省档案馆

东三省总督徐世昌等为派员调查奉吉沿边朝鲜边民侨寓情事致吉林行省公署咨文　光绪三十四年十二月初二日

调查委员陶祖彭为查明敦化一带朝鲜边民侨寓情事致东三省总督徐世昌禀文　宣统元年正月二十七日

附件：调查委员陶祖彭禀呈调查敦化朝鲜侨民报告书

清末议行国籍管理条例

丁进军编选（1988·3·53）　　中国第一历史档案馆

宪政编查馆大臣奕劻等为遵旨议复国籍条例事奏折　宣统元年闰二月初七日

附件（一）：大清国籍条例

附件（二）：大清国籍条例施行细则

清末江苏等省民政调查史料

丁进军编选（1988·4·51）　　中国第一历史档案馆

阿勒精阿等为调查江苏省苏州属地情事致民政部禀文　宣统元年十月十五日

阿勒精阿为调查江苏省松江属地情事致民政部禀文　宣统元年十一月初八日

阿勒精阿为调查江苏省通州等地区情事致民政部禀文　宣统二年九月

阿勒精阿为条陈苏属民政事宜致民政部禀文　宣统二年

黎桂森为报赴广西调查情事致民政部尚书善耆禀　宣统元年十月二十日

黎桂森为报广西柳庆革命党活动事致民政部尚书善耆禀　宣统元年十一月十九日

黎桂森为报赴南宁沿途见闻事致民政部尚书善耆禀　宣统元年十二月初四日

黎桂森为调查广西太平等地情事致民政部尚书善耆禀　宣统元年十二月二十日

岳嗣彝为报赴安徽省沿途见闻事致民政部尚书善耆禀　宣统元年八月

岳嗣彝为调查安徽省官民各情事致民政部尚书善耆禀　宣统元年

岳嗣彝为调查安徽省水灾情形致民政部禀文　宣统三年

清末参加第八届万国刑律监狱改良会档案

郝艳红编选（2011·2·26）　　中国第一历史档案馆

美驻华署使费勒器为华盛顿拟开各国刑律监狱改良会请派员事致外务部函　宣统元年十二月十五日

外务部为应否派员赴美京刑律监狱改良会事致法部等咨文　宣统二年正月初八日

附件：万国刑律监狱改良会通告

法部为京师高等检察厅检察长徐谦等堪以派赴刑律监狱改　宣统二年正月十六日

良会事致外务部咨呈
大理院为本院刑科推事金绍城等堪以派赴刑律监狱改良会事致外务部咨呈　　宣统二年正月十七日
外务部为拟派徐谦等赴万国刑律监狱改良会事致美驻华署使费勒器函　　宣统二年正月二十一日
法部为奏派徐谦等赴万国刑律监狱改良会一折现录旨刷奏请遵照事致外务部咨呈　　宣统二年正月二十七日
附件：法部为遴员赴美京万国刑律监狱改良会事奏折
大理院为派员赴美京刑律监狱改良会抄录谕旨原折事致外务部咨呈　　宣统二年二月十一日
附件：大理院为派员赴美京刑律监狱改良会事奏折
法部为赴刑律监狱改良会之徐谦等拟先到欧洲考察应知照本国驻使事致外务部咨呈　　宣统二年三月二十日
法部为徐谦等赴美刑律会起程日期一折现录旨刷奏请遵照事致外务部咨呈　　宣统二年五月初十日
附件：法部为报徐谦等赴美刑律监狱改良会起程日期事奏折
大理院为金绍城等拟于归途调查英法等国司法请知照驻外使臣事致外务部咨呈　　宣统二年五月二十三日
法部为派员赴美京第八次万国监狱改良会现已蒇事具呈报告事奏折　　宣统二年十一月二十一日
附件：徐谦等具呈第八次万国监狱会报告书
法部为赴美监狱改良会之徐谦等呈具报告书一折现刷印原奏请遵照事致民政部咨文　　宣统二年十二月十二日
民政部为赴美监狱改良会之报告书颇可参酌希再送数本以便分发事致法部咨文　　宣统二年十二月二十日

宣统元年禁革人口买卖史料

苏建新　陶敏编选（1995·1·68）　　吉林省档案馆

宪政编查馆大臣奕劻等为汇案会议禁革买卖人口事奏折　　宣统元年十二月二十一日
附件：宪政编查馆拟订禁革买卖人口条款

宣统二年京师巡警总厅拟定易燃易爆品管理规则

哈恩忠编选（1999·2·75）　　中国第一历史档案馆

京师内外城巡警总厅为报拟定管理危险物营业规则事致民政部申文　　宣统二年二月二十八日
附件一：管理煤油营业规则
附件二：管理干草营业规则
附件三：管理花爆营业规则
附件四：管理火柴营业规则
京师内城巡警总厅为申请限制焚化冥器规则恳请立案事致民政部申文　　宣统二年六月二十九日

附件：内城巡警总厅谨拟限制焚化冥器及各项纸扎规则

清末修建摄政王府工匠罢工史料

叶志如编选（1986·2·44）　　中国第一历史档案馆

一、沙滩官工处永利石厂工人与军警冲突案

内城巡警厅为申报沙滩永利石厂工人殴打军警事致民政部文　宣统二年七月初八日

民政部为沙滩永利石厂工人聚众殴伤兵警事致内务府咨文　宣统二年七月十一日

二、清政府派警弹压修建摄政王府工匠罢工史料

估修摄政王府大臣为请弹压工人罢工事行民政部片　宣统二年八月初五日

民政部禁止王府工程工匠罢工晓谕　宣统二年八月初六日

民政部为禁止王府工程工匠罢工事致内城巡警总厅札文　宣统二年八月初六日

估修摄政王府大臣为请派军警弹压罢工工人事行民政部片　宣统二年八月初八日

内城巡警总厅为摄政王府工程处近无罢工事申复民政部文　宣统二年八月十四日

估修摄政王府第大臣为请派巡警弹压罢工工人行民政部片　宣统二年十月初六日

三、瓦匠张文海被工头解雇不满砸碎王府玻璃案

京师审判厅关于张文海砸碎摄政王府玻璃案的判结书　宣统二年十一月二十七日

清末筹备立宪档案史料补遗

丁进军编选（1993·3·51）　　中国第一历史档案馆

荆州将军增祺致周树模电　宣统二年十一月十二日

江苏巡抚程德全致锡良等电　宣统二年十一月十二日

两江总督张人骏致周树模电　宣统二年十一月十三日

东三省总督锡良致周树模电　宣统二年十一月十三日

东三省总督锡良致周树模电　宣统二年十一月十三日

浙江巡抚增韫致周树模电　宣统二年十一月十四日

陕西巡抚恩寿致周树模电　宣统二年十一月十五日

东三省总督锡良致周树模电　宣统二年十一月十六日

湖广总督瑞澂致各省督抚电　宣统二年十一月十六日

安徽巡抚朱家宝致周树模电　宣统二年十一月十七日

两江总督张人骏致周树模电　宣统二年十一月十七日

江西巡抚冯汝骙致周树模电　宣统二年十一月十七日

云贵总督李经羲致周树模电　宣统二年十一月十七日

吉林巡抚陈昭常致周树模电　宣统二年十一月十八日

吉林巡抚陈昭常致锡良等电　宣统二年十月十九日

云贵总督李经羲致锡良等电　宣统二年十一月十八日

两江总督张人骏致周树模电　宣统二年十一月十九日

两江总督张人骏致锡良等电　宣统二年十一月十九日

安徽巡抚朱家宝致周树模电　宣统二年十一月十九日

浙江巡抚增韫致周树模电　宣统二年十一月二十一日

两广总督张鸣岐致锡良等电　宣统二年十一月二十二日

江西巡抚冯汝骙致各省督抚电　宣统二年十一月二十三日

云贵总督李经羲致各省督抚等电　宣统二年十二月初二日
河南巡抚宝棻致锡良等电　宣统二年十二月初四日
东三省总督锡良等致周树模电　宣统二年十二月初八日
军机处致周树模电　宣统二年十二月初十日

黄兴与广州起义档案

章波　田露汶编选（2011·3·14）　中国第一历史档案馆

著为兼署广州将军孚琦在城门外被击殒命严办凶手事上谕　宣统三年三月十二日
两广总督张鸣岐等为查明兼署广州将军孚琦被革命党人枪杀事奏折　宣统三年三月十八日
军谘处为探悉革命党与新军在广东省城起义事致陆军部函　宣统三年三月二十八日
两广总督张鸣岐为报告革命党在广州城突然起事情形事致军机处电　宣统三年三月三十日
著张鸣岐督饬文武搜捕余党加意防维事电旨　宣统三年四月初一日
陆军部为粤省不靖务须随时防范遇事电部事致广东陆军协统蒋尊簋电　宣统三年四月初一日
著张鸣岐等严饬各营队尽力搜捕从严惩办并妥筹善后事电旨　宣统三年四月初二日
广东陆军协统蒋尊簋为报告革命党在广州起事情形事致军谘处等电　宣统三年四月初二日
著为粤乱渐清张鸣岐督饬营队迅剿省外事电旨　宣统三年四月初四日
两广总督张鸣岐为报省城及顺德佛山革命党起事已平盼援兵早到事致陆军部电　宣统三年四月初四日
两广总督张鸣岐为报黄兴等在粤省起事详情盼海军舰队早到事致军谘处电　宣统三年四月初八日
著奖励剿捕粤党出力将士并督饬严防事上谕　宣统三年四月初九日
著为广东水师提督李准遭革命党人突袭受伤传旨慰问赏药疗治事上谕　宣统三年闰六月二十一日
两广总督张鸣岐为革命党在省举事游击李清华等退缩不前请革职事片　宣统三年闰六月二十六日
两广总督张鸣岐为藩署财政公所总务科长李象辰被革命党枪击殒命请从优议恤事片　宣统三年闰六月二十六日

辛亥年间湖南职绅保路公呈

丁进军编选（1996·1·82）　中国第一历史档案馆

湖南巡抚杨文鼎为咨送湖南铁路公司湘路协赞会等公呈事致内阁咨文　宣统三年四月二十四日
附件一：湘路协赞会职绅为请收回铁路国有成命仍遵先朝谕旨并请代奏事致杨文鼎呈文　宣统三年四月□日
附件二：湖南商务总会为请将铁路仍予商办并请代奏事致杨文鼎呈文　宣统三年四月十八日
附件三：湖南粤汉铁路总公司为请将铁路仍由商办并请代　宣统三年四月十九日

奏事致杨文鼎呈文
附件四：湖南长沙善化筹办自治公所、劝学所、教育会职绅为保路权靖人心并请代奏事致杨文鼎呈文 宣统三年四月二十一日

清政府镇压武昌起义档案

高换婷编选（2011·3·20） 中国第一历史档案馆
湖广总督瑞澂为探报革命党欲于武昌起事督属侦办事致内阁等电 宣统三年八月十九日
著为武昌失守将瑞澂即行革职并派荫昌统兵剿办事上谕 宣统三年八月二十一日
直隶总督陈夔龙为叛军占领楚望台请迅抽拨军队武器助剿事致内阁等电 宣统三年八月二十一日
署湖广总督瑞澂为驻汉阳汉口新军叛变并推举黎元洪为大都督事致内阁等电 宣统三年八月二十一日
著为武昌事变中提督张彪弃营出逃即行革职事上谕 宣统三年八月二十二日
著为将陆军各镇协混编成军并派员督率赴鄂事上谕 宣统三年八月二十三日
嵩寿为密告鄂省战事情形事致某人函 宣统三年八月二十三日
陆军步队第五十八标统带官张锡元为奉命驻扎刘家庙保护车站事致陆军大臣荫昌报告 宣统三年八月二十四日
王寿昌为革命军占领兵工厂等事致陆军部电 宣统三年八月二十六日
陆军大臣荫昌为滠口等处清军接仗情形事致军谘府等电 宣统三年八月二十七日
邮传部为询委员陈榥赴津运炮事致陆军部函 宣统三年八月二十七日
陆军部为委员陈榥赴津运炮请饬遵办事致邮传部函 宣统三年八月二十七日
章祐为报武汉战况并请派火车司机等来汉事致邮传部电 宣统三年八月二十七日
陆军部第六镇步队抵汉口刘家庙等处激战情况日记草稿 宣统三年九月
第一军统领冯国璋为抵彰与袁世凯会商军机及赴战想法事致陆军部副大臣寿勋函 宣统三年九月初四日
陆军大臣荫昌为清军占领刘家庙大智门事致军谘府等电 宣统三年九月初七日
著为张人骏迅即派员将革督瑞澂拿解来京交法部严讯治罪事上谕 宣统三年九月初八日
陆军大臣荫昌为报交战情形并遵旨将第一军交冯国璋统率事致内阁等电 宣统三年九月初八日
总参谋易乃谦为清军已全复汉口等事致陆军部电 宣统三年九月初九日
陆军第二十镇统制官张绍曾为派员侦探武汉长江战地情形事致陆军部呈文 宣统三年九月初九日
试署新西兰领事周玺为晓谕各埠华侨官军克复刘家庙事致外务部申呈 宣统三年九月十一日
某军需官为前敌参战各镇协军事战况事致陆军部报告 宣统三年九月十九日

两江总督张人骏辛亥电档选辑

徐艺圃编选（1981·3·31） 中国第一历史档案馆
河南巡抚宝棻致两江总督张人骏电 宣统三年八月二十日到

张人骏致内阁等电	宣统三年八月二十日亥刻发
张人骏致宝棻等电	宣统三年八月二十日发
上海道刘燕翼致张人骏电	宣统三年八月二十一日到
海军部致张人骏电	宣统三年八月二十一日到
邮传部大臣盛宣怀致张人骏电	宣统三年八月二十一日到
张人骏致直隶总督陈夔龙电	宣统三年八月二十一日酉发
张人骏复瑞澂电	宣统三年八月二十一日酉发
张人骏致北洋海军提督萨镇冰电	宣统三年八月二十一日酉发
张人骏致内阁请代奏电	宣统三年八月二十一日戌刻发
内阁致张人骏电	宣统三年八月二十一日发二十二日到
张人骏致萨镇冰电	宣统三年八月二十二日午刻发
陆军部致张人骏电（二件）	宣统三年八月二十二日到
张人骏复陆军部电	宣统三年八月二十二日未刻发
江苏巡抚程德全致张人骏电	宣统三年八月二十二日到
张人骏复程德全电	宣统三年八月二十二日申发
张人骏致瑞澂电	宣统三年八月二十二日申发
闽浙总督松寿致张人骏电	宣统三年八月二十三日到
张人骏复程德全电	宣统三年八月二十三日申发
张人骏复松寿电	宣统三年八月二十三日酉刻发
张人骏致宝棻电	宣统三年八月二十三日戌发
张人骏致内阁请代奏电	宣统三年八月二十三日亥刻发
张人骏致海军部电	宣统三年八月二十三日亥发
张人骏致宝棻电	宣统三年八月二十四日巳刻发
张人骏致陈夔龙电	宣统三年八月二十四日巳刻发
宝棻致张人骏电	宣统三年八月二十四日亥刻到
张人骏复宝棻电	宣统三年八月二十四日亥发
程德全致张人骏电	宣统三年八月二十五日到
苏州巡警道吴肇邦致张人骏电	宣统三年八月二十五日到
长江舰队统领沈寿壁致张人骏电	宣统三年八月二十五日列
海军部致张人骏电	宣统三年八月二十五日到
军咨府致张人骏电	宣统三年八月二十五日午到
张人骏复度支部等电	宣统三年八月二十五日午发
张人骏致内阁请代奏电	宣统三年八月二十五日午发
张人骏致袁世凯电	宣统三年八月二十五日申刻发
军咨府致张人骏电	宣统三年八月二十五日亥到
张人骏致程德全电	宣统三年八月二十六日巳刻发
张人骏致内阁请代奏电	宣统三年八月二十六日未刻发
张人骏致军咨府等电	宣统三年八月二十六日申刻发
张人骏致内阁请代奏电	宣统三年八月二十六日亥刻发
张人骏致程德全电	宣统三年八月二十六日亥发
张人骏致内阁大臣请代奏电	宣统三年八月二十六日亥发

张人骏致内阁请代奏电 宣统三年八月二十六日亥发
吴肇邦致张人骏电 宣统三年八月二十六日戌到
张人骏致内阁请代奏电 宣统三年八月二十六日亥发
吴肇邦致张人骏电 宣统三年八月二十六日戌到
署巡洋舰队统领吴应科等致张人骏电（二件） 宣统三年八月二十六日亥到
张人骏致宝棻送袁世凯电 宣统三年八月二十七日午发
程德全致张人骏电 宣统三年八月二十七日到
江西巡抚冯汝骙致张人骏电 宣统三年八月二十七日到
袁世凯致张人骏电 宣统三年八月二十七日到
吉林巡抚陈昭常致张人骏电 宣统三年八月二十七日申发
张人骏致陈昭常电 宣统三年八月二十七日申刻发
爪哇巴商会致张人骏电 宣统三年八月二十七日酉刻到
张人骏复袁世凯电 宣统三年八月二十七日亥发
贵州巡抚沈瑜庆致张人骏电 宣统三年八月二十八日到
张人骏复陆军部电 宣统三年八月二十八日申发
张人骏复沈瑜庆电 宣统三年八月二十八日亥刻发
云贵总督李经羲致张人骏电 宣统三年八月二十九日到
张人骏复外务部电 宣统三年八月二十九日午发
张人骏复李经羲电 宣统三年八月二十九日戌发
张人骏发至大冶探送瑞澂电 宣统三年八月二十九日戌发
山东巡抚孙宝琦致张人骏电 宣统三年八月二十九日到
安徽巡抚朱家宝致张人骏电 宣统三年八月二十九日到
李经羲致张人骏电 宣统三年八月二十九日亥到
张人骏致程德全电 宣统三年八月二十九日亥发
吴应科致张人骏电 宣统三年八月三十日到
军咨府致张人骏电 宣统三年八月三十日到
张人骏致内阁等电 宣统三年八月三十日酉刻发
张人骏复李经羲电 宣统三年八月三十日亥刻发
张人骏致内阁等电（二件） 宣统三年八月三十日
张人骏致冯汝骙朱家宝电 宣统三年九月初一日亥发
张人骏致内阁等电 宣统三年九月初一日亥发
冯汝骙致张人骏电 宣统三年九月初二日到
张人骏致内阁请代奏电 宣统三年九月初二日亥发
署四川总督赵尔丰致张人骏电 宣统三年九月初二日到
张人骏致内阁请代奏电 宣统三年九月初三日酉刻发
张人骏致内阁电 宣统三年九月初四日巳刻发
张人骏致袁世凯电 宣统三年九月初四日未刻发
张人骏致内阁电 宣统三年九月初四日戌刻发
张人骏致内阁等电 宣统三年九月初四日亥刻发
海军部致张人骏电 宣统三年九月初六日到
陆军部致张人骏电 宣统三年九月初七日到

孙宝琦致张人骏电　宣统三年九月初七日到
松寿致张人骏电　宣统三年九月初七日到
内阁致张人骏电　宣统三年九月初七日到
学部致张人骏电　宣统三年九月初七日到
李经羲致张人骏电　宣统三年九月初八日到
张人骏复松寿电　宣统三年九月初八日未刻发
张人骏复李经羲电　宣统三年九月初八日亥刻发
张人骏致刘燕翼电　宣统三年九月初九日戌刻发
张人骏复袁世凯电　宣统三年九月初十日午发
吴肇邦致张人骏电　宣统三年九月初十日到
程德全致张人骏电　宣统三年九月初十日到
张人骏复吴肇邦电　宣统三年九月十一日未刻发
刘燕翼致张人骏电　宣统三年九月十二日到
赵尔丰致张人骏电　宣统三年九月十二日到
吴肇邦致张人骏电　宣统三年九月十四日到
张人骏复吴肇邦电　宣统三年九月十四日戌发
军咨府致张人骏电　宣统三年九月十五日到
张人骏致北京提学使劳玉初电　宣统三年九月十六日亥刻发

清政府镇压武昌起义电文一组

方裕谨编选（1981·3·20）　中国第一历史档案馆

江汉关道齐耀珊致内阁电（二件）　宣统三年八月二十一日
湖北布政使连甲致内阁电　宣统三年八月二十一日
江汉关道齐耀珊致内阁等电　宣统三年八月二十一日
革职湖广总督瑞瀓致内阁请代奏电　宣统三年八月二十三日
河南巡抚宝棻致内阁等电　宣统三年八月二十三日
革职湖广总督瑞瀓致外务部电　宣统三年八月二十四日
襄阳道喜源致内阁等电　宣统三年八月二十五日
荆宜道吴筠孙等致内阁电　宣统三年八月二十六日
邮传部抄送京汉南路来电　宣统三年八月二十七日
陆军大臣荫昌致内阁电　宣统三年八月二十八日
江汉关道齐耀珊致内阁等电　宣统三年八月二十八日
新任湖广总督袁世凯致内阁请代奏电　宣统三年八月二十八日
直隶总督陈夔龙致内阁等电　宣统三年八月二十九日
革职湖广总督瑞瀓致内阁等请代奏电　宣统三年八月二十九日
湖北布政使连甲致内阁电　宣统三年八月三十日
湖广总督袁世凯致内阁请代奏电　宣统三年九月初一日
湖北布政使连甲致内阁等电　宣统三年九月初一日
新军第六镇统制吴禄贞致陆军大臣荫昌电　宣统三年九月初一日
湖广总督袁世凯致陆军大臣荫昌电（二件）　宣统三年九月初一日
军咨府致陆军大臣荫昌电　宣统三年九月初一日

河南巡抚宝棻致陆军大臣荫昌电　宣统三年九月初一日
湖广总督袁世凯致内阁请代奏电　宣统三年九月初三日
陆军大臣荫昌致内阁电　宣统三年九月初四日
湖广总督袁世凯致内阁电　宣统三年九月初四日
钦差大臣袁世凯陆军大臣荫昌致内阁请代奏电　宣统三年九月初五日
湖广总督袁世凯致内阁请代奏电　宣统三年九月初五日
革职湖广总督瑞澂致内阁请代奏电　宣统三年九月初五日
湖广总督袁世凯致内阁电　宣统三年九月初六日
陆军部军法司长丁士源电发内阁官报　宣统三年九月初七日
钦差大臣湖广总督袁世凯致内阁请代奏电　宣统三年九月初七日
钦差大臣湖广总督袁世凯致内阁电　宣统三年九月初七日
革职湖广总督瑞澂致内阁请代奏电　宣统三年九月初七日
陆军大臣荫昌致内阁等请代奏电　宣统三年九月初八日
钦差大臣湖广总督袁世凯致内阁电　宣统三年九月初八日
钦差大臣湖广总督袁世凯致内阁请代奏电　宣统三年九月初八日
钦差大臣湖广总督袁世凯致内阁电　宣统三年九月初十日
钦差大臣湖广总督袁世凯致内阁请代奏电　宣统三年九月十一日
钦差大臣湖广总督袁世凯致内阁等电　宣统三年九月十一日
总理大臣袁世凯致内阁电　宣统三年九月十三日
第一军总统冯国璋致内阁军咨府陆军部电　宣统三年九月三十日
暂护湖广总督段芝贵等致内阁电　宣统三年十月初一日
第一军总统冯国璋致内阁陆军部电　宣统三年十月初二日
署湖广总督段祺瑞致内阁等电　宣统三年十二月初五日
汉口商务总会致内阁电　宣统三年十二月初九日
河南巡抚齐耀琳致内阁等电　宣统三年十二月十一日

武昌起义后清政府镇压西北地区革命活动电

叶志如编选（1983·3·32）　中国第一历史档案馆

宣统三年八月二十一日电
宣统三年八月二十四日电
宣统三年八月二十五日电
宣统三年八月二十六日电
宣统三年九月十一日电
宣统三年九月十一日电
宣统三年九月十三日电
宣统三年九月十四日电
宣统三年九月二十七日电（五件）
宣统三年九月三十日电
宣统三年十月初一日电
宣统三年十月初三日电（四件）
宣统三年十月初五日电

宣统三年十月初七日电
宣统三年十月初八日电（三件）
宣统三年十月初十日电
宣统三年十月十一日电
宣统三年十月十二日电
宣统三年十月十四日电
宣统三年十月十五日电
宣统三年十月十九日电
宣统三年十月二十二日电
宣统三年十月二十四日电
宣统三年十月二十六日电（二件）
宣统三年十月二十八日电
宣统三年十一月初一日电（四件）
宣统三年十一月初二日电（三件）
宣统三年十一月初三日电
宣统三年十一月初十日电
宣统三年十一月十一日电
宣统三年十一月十三日电
宣统三年十一月十七日电
宣统三年十一月十八日电
宣统三年十一月二十一日电
宣统三年十一月二十三日电
宣统三年十一月二十四日电
宣统三年十一月二十五日电（二件）

有关辛亥革命的几件电报

丁进军编选（1994·2·70）　　中国第一历史档案馆

江苏巡抚程德全致黑龙江巡抚周树模电　　宣统三年八月二十六日
山东巡抚孙宝琦致各省督抚等电　　宣统三年八月二十八日
吉林巡抚陈昭常致江苏巡抚程德全电　　宣统三年八月二十九日
江苏巡抚程德全致各省督抚等电　　宣统三年九月初一日
江苏巡抚程德全致黑龙江巡抚周树模电　　宣统三年九月初三日
两广总督张鸣岐致吉林巡抚陈昭常电　　宣统三年九月初三日
江苏巡抚程德全致黑龙江巡抚周树模电　　宣统三年九月初五日

辛亥革命在奉天

刘玉岐　张凤兰　赵云鹏编选（1981·4·17）　　辽宁省档案馆

赵尔巽为缓登武昌起义消息札　　宣统三年八月二十七日
赵尔巽为市面恐慌应出示晓谕以静人心札　　宣统三年九月初五日
赵尔巽为成立奉天国民保安会及办理保安札　　宣统三年九月二十三日
赵尔巽委派兰天蔚赴东南考察战事并传布保安会宗旨札稿　　宣统三年九月二十四日

赵尔巽为立宪实行凡别立会名扰乱治安者即应痛剿札　宣统三年十月十二日
潘矩楹等为准备南下并联络各省勤王之师致段祺瑞电稿　宣统三年十一月
商震、徐景清等有关辽阳武装起义函件　宣统三年十月—十一月
商震致徐景清函　十月初六日
商震致徐景清函　十月初七日
任海亭致徐景清函　十月初十日
陈殿臣致徐景清函　十月
徐景清致治平、依廷函　十月
徐景清致陈洛疙疸函　十月
陈洛疙疸等致徐景清函　十一月初十日
商震致徐景清函　十一月
商震致子俊等函　十一月
赵尔巽为史纪常禀报辽阳起事详情准请归垫用款札　宣统三年十一月初六日
内阁等为江浙民军北上徐州吃紧商调奉省军队增援电　宣统三年十一月—十二月
内阁致赵尔巽电　十一月十八日
张勋致赵尔巽电　十二月十一日
赵尔巽复张勋电稿　十二月十二日
张作霖报告击杀张榕等人呈　宣统三年十二月初六日
附：北洋政府临时稽勋局请发还张榕被抄家产咨　中华民国二年3月15日
赵尔巽请勿遽变东省用人行政以维持治安电稿　宣统三年十二月二十六日
袁世凯告东三省各界电　中华民国元年2月19日
袁世凯为“以因为革先保现状”致东北官绅电　中华民国元年2月23日
赵尔巽为通饬所属遇有“匪徒”入境痛加“剿捕”札　中华民国元年2月27日
赵尔巽解散革党告示　中华民国元年3月2日
开原知县黄澄禀报刘宝书等率队攻城电　中华民国元年3月4日
孙葆瑨呈报击杀孙精一事文　中华民国元年3月8日
耿玉田、刘钧禀为葛熙荣等谋在锦州起事业已破获文　中华民国元年3月
耿玉田禀文　3月17日
刘钧禀文　3月21日
孙烈臣禀为在瓦房店与顾人宜所率民军交仗文　中华民国元年3月20日

宣统三年清廷辑译辛亥革命国际舆论档案（上）

赵增越选编（2021·3·15）　中国第一历史档案馆

试署新西兰领事周玺为袁世凯等督办剿抚已晓谕华侨事致外务部申呈　宣统三年八月二十七日
驻荷代办章祖申为俄拟联美干涉事致外务部信函　宣统三年八月二十九日
驻英大臣刘玉麟为译送泰晤士报论中国时局一篇事致外务部信函　宣统三年九月初十日
驻法大臣刘式训为抄呈报载中国时局二则事致外务部信函　宣统三年九月十三日
驻英大臣刘玉麟为节译《泰晤士报》论中国事变事致外务部丞参信函　宣统三年九月十六日

《德华报》为湖南及上海革命党事摘报译文	宣统三年九月十六日
驻法使馆译录《哈谛喀报》载革命党人在巴黎设分会报告	宣统三年九月十七日
出使德国大臣梁诚为鄂乱骤起德国无干预之意事致外务部信函	宣统三年九月十七日
驻日本大臣汪大燮为寄呈《青年支那党之运命如何》译报事致外务部信函	宣统三年九月十七日
驻荷代办章祖申为荷兰各报论中国时局等事致外务部丞参信函	宣统三年九月十九日
驻法使馆译录法《哈谛格报》载革命党人在法报馆宣言	宣统三年九月十九日
《德华报》为南京广州汉口形势事摘报译文	宣统三年九月十九日
驻英大臣刘玉麟为英国舆论对中国时局均能公正和平事致外务部信函	宣统三年九月二十五日
驻意大臣吴宗濂为呈送《英人与义报》主笔论鄂等事致外务部信函	宣统三年九月三十日
《德华报》为六国代表员以各国政府名义声明事电报	宣统三年十月初二日
收路透社为报孙文在伦敦逗留一周后现已回国等事电报	宣统三年十月初三日
驻海参崴总领事桂芳为报告俄境传闻中国内乱情形事致外务部禀文	宣统三年十月初三日
驻英大臣刘玉麟为呈送伦敦报纸载中国局势文章二篇译文事致外务部信函	宣统三年十月初四日
驻比大臣李国杰为将比报对中国时局之议论随时剪寄事致外务部信函	宣统三年十月初三日
驻古巴代办吴寿全为请将鄂省兵变各电转发以安侨民事致外务部信函	宣统三年十月初四日
驻古巴代办吴寿全为粤省独立暨侨民反映事致外务部信函	宣统三年十月初五日
外务部为日领事电称日本政府无助革命党之意事致东三省总督赵尔巽电报	宣统三年十月初七日
驻日大臣汪大燮为寄日本增加在华北驻军之译报事致外务部信函	宣统三年十月初七日
驻日大臣汪大燮为内田已照电意办理等事电报	宣统三年十月初十日
出使美国大臣施肇基为美总统言对华立场事致外务部电报	宣统三年十月十一日
英文《京津时报》报导中国时局译文	宣统三年十月十一日
路透访员为探悉各国调停事宜等事电报	宣统三年十月十二日
外务部为转告法外部饬令勾堆迅速实行借款合同等事电报	宣统三年十月十二日
驻英大臣刘玉麟为呈寄《泰晤士报》等论说译文事致外务部信函	宣统三年十月十四日
英人辛博悌著《共和论》译文	宣统三年十月十七日
驻日本使署为译寄《日日新闻》等文章事致外务部信函	宣统三年十月十七日

宣统三年清廷辑译辛亥革命国际舆论档案（下）

赵增越选编（2021·4·33）　　中国第一历史档案馆

驻日本使署为译寄《日日新闻》等文章事致外务部信函（续）　宣统三年十月十七日

驻荷代办袁祖申为荷兰报称美法愿意共和等事致外务部电报　宣统三年十月二十日

《德华报》为俄外部称俄在远东与法英日和同办理等事电报　宣统三年十月二十一日

驻俄大臣陆征祥为与外部大臣晤谈对华宗旨事致外务部电报　宣统三年十月二十七日

驻日公使馆译录东京《日日新闻》等报刊日本预备对清之三策等文　宣统三年十月二十八日

为各国政府命令不用正式公文并望中国早日和局事电报　宣统三年十月二十九日

驻英大臣刘玉麟为据称英外部暂守中立事致外务部电报　宣统三年十一月初二日

驻俄大臣陆征祥为俄美邦交不睦恐对华之影响等事致外务部信函　宣统三年十一月初四日

为法人勾堆交付还款事电报　宣统三年十一月初五日

驻日本大臣汪大燮为日皇宣敕中国扰乱望早复秩序事电报　宣统三年十一月初九日

驻英大臣刘玉麟为寄送《泰晤士报》论说两篇及英议院蓝皮书事致外务部丞参信函　宣统三年十一月初九日

驻日大臣汪大燮为英日外交尤须注重请速派干员接替事致外务部电报　宣统三年十一月十一日

驻英大臣刘玉麟为译呈《泰晤士报》论说一篇事致外务部丞参信函　宣统三年十一月十四日

度支部副大臣周自齐为呈送《远东报》主笔来函请酌译送内阁事致外务部信函　宣统三年十一月十四日

驻英大臣刘玉麟为译呈《泰晤士报》论说一篇事致外务部丞参信函　宣统三年十一月二十一日

外务部译十一月初一日《泰晤士报》载驻华领事持中立态度等事文章　宣统三年十一月二十二日

驻比大臣李国杰为向华比银行借款交通信社王慕陶领取等事致外务部丞参信函　宣统三年十一月二十五日

驻美代办容闳为美外部仍以南北未统一为由暂缓商议事电报　宣统三年十二月十九日

驻美大臣张荫棠为美国照会各国不得在中国独行违反中立事致外务部电报　宣统三年十二月二十二日

驻俄外交代表陆征祥等为民国初基外交重要请政府速办事致外务部电报　宣统三年十二月二十六日

驻德代表梁诚为国政改革外交通例应请辞职事致外务部电报　宣统三年十二月二十六日

驻日本外交代表汪大燮为日方指出辞位谕旨中未提对外关系事电报　宣统三年十二月二十七日

驻韩总领事马廷亮为日使请复改定国号等事致外务部电报　宣统三年十二月二十七日

驻意代表吴宗濂为来电遵办并贺共和事致外务部电报　宣统三年十二月二十七日

辛亥革命在河南——外务部电报档选刊

方裕谨编选（1991·3·55）　　中国第一历史档案馆

内阁转发给各省督抚电旨	宣统三年九月初四日
内阁转发给河南巡抚宝棻电旨	宣统三年九月初四日
外务部致河南巡抚宝棻电	宣统三年九月二十六日
内阁转发给河南巡抚齐耀琳电旨	宣统三年十一月初六日
外务部致河南巡抚齐耀琳电	宣统三年十一月初九日
外务部致河南巡抚齐耀琳电	宣统三年十一月十八日
河南巡抚齐耀琳致内阁并请代奏电	宣统三年十一月二十日
陆军第二镇统制王占元致军咨府电	宣统三年十一月二十一日
河南省城绅民致内阁电	宣统三年十一月二十一日
河南巡抚齐耀琳致内阁电	宣统三年十一月二十二日
内阁复河南省城绅民电	宣统三年十一月二十二日
河南巡抚齐耀琳致内阁等电	宣统三年十一月二十二日
内阁转发给河南巡抚齐耀琳电旨	宣统三年十一月二十二日
河南信阳州团练局等致内阁总理大臣电	宣统三年十一月二十三日
河南巡抚齐耀琳致内阁电	宣统三年十一月二十五日
河南布政使倪嗣冲致内阁电	宣统三年十一月二十六日
河南巡抚齐耀琳致内阁电	宣统三年十一月二十七日
河南巡抚齐耀琳致内阁陆军部电	宣统三年十一月二十七日
河南布政使倪嗣冲致内阁电	宣统三年十一月二十八日
河南巡抚齐耀琳致内阁等电	宣统三年十一月二十九日
外务部致河南巡抚齐耀琳电	宣统三年十一月三十日
河南巡抚齐耀琳致军咨府电	宣统三年十一月三十日
内阁转发给各将军都统督抚电旨	宣统三年十二月初一日
河南巡抚齐耀琳致内阁电（二件）	宣统三年十二月初一日
河南巡抚齐耀琳致外务部电	宣统三年十二月初二日
河南巡抚齐耀琳致内阁电（二件）	宣统三年十二月初二日
河南河北镇总兵马金叙致内阁电	宣统三年十二月初二日
河南巡抚齐耀琳致内阁等电	宣统三年十二月初二日
内阁转发给河南巡抚齐耀琳电旨	宣统三年十二月初二日
河南巡抚齐耀琳致内阁电（三件）	宣统三年十二月初四日
河南巡抚齐耀琳致内阁等电	宣统三年十二月初五日
河南巡抚齐耀琳致内阁等电（二件）	宣统三年十二月初六日
河南巡抚齐耀琳致内阁电	宣统三年十二月初七日
杨树德致内阁电	宣统三年十二月初七日
河南巡抚齐耀琳致内阁陆军部电	宣统三年十二月初八日
河南巡抚齐耀琳致内阁电（二件）	宣统三年十二月初九日
河南巡抚齐耀琳致内阁电（三件）	宣统三年十二月初十日
河南巡抚齐耀琳致内阁等电	宣统三年十二月十一日
河南巡抚齐耀琳致内阁陆军部电	宣统三年十二月十一日

河南巡抚齐耀琳致内阁电（二件）　宣统三年十二月十二日
河南巡抚齐耀琳致内阁电（三件）　宣统三年十二月十三日
内阁发河南巡抚齐耀琳电　宣统三年十二月十三日
内阁发河南巡抚齐耀琳电　宣统三年十二月十四日
河南巡抚齐耀琳致内阁电　宣统三年十二月十六日
河南巡抚齐耀琳致内阁电（三件）　宣统三年十二月十六日
内阁转发河南巡抚齐耀琳电旨　宣统三年十二月十六日
内阁转发给河南布政使倪嗣冲电旨　宣统三年十二月十六日
河南巡抚齐耀琳致内阁电　宣统三年十二月二十日
河南巡抚齐耀琳致内阁等电（二件）　宣统三年十二月二十一日

辛亥革命期间上海公共租界工部局警务报告（一）

邓云鹏　李雪云　陆森年选译（1981·3·49）　上海市档案馆

1911年10月27日　1911年10月28日　1911年10月31日

1911年11月3日　1911年11月4日　1911年11月6日　1911年11月7日　1911年11月8日　1911年11月10日　1911年11月13日　1911年11月14日　1911年11月15日（附件二）　1911年11月16日　1911年11月17日（附件二）　1911年11月18日　1911年11月20日　1911年11月21日　1911年11月22日　1911年11月23日　1911年11月24日　1911年11月25日　1911年11月27日　1911年11月28日　1911年11月29日（附件二）　1911年11月30日（附件一）

1911年12月1日　1911年12月2日（附件一）　1911年12月3日　1911年12月4日（附件二）　1911年12月4日（附件一）　1911年12月5日　1911年12月6日（附件二）　1911年12月7日　1911年12月8日（附件二）　1911年12月9日　1911年12月9日（附件二）

辛亥革命期间上海公共租界工部局警务报告（二）

邓云鹏　李雪云　陆森年选译（1981·4·30）　上海市档案馆

1911年12月11日（附：募饷传单　沪宁北伐义勇军筹捐启　简章附录　剪报）　1911年12月12日　1911年12月13日　1911年12月15日　1911年12月16日（二件）　1911年12月17日　1911年12月18日（附件四）　1911年12月19日　1911年12月20日　1911年12月21日（附：中华民国联合会章程）　1911年12月22日　1911年12月23日（二件）　1911年12月24日　1911年12月25日　1911年12月26日　1911年12月27日　1911年12月28日　1911年12月29日　1911年12月30日（附：传单）　1911年12月31日

宣统三年清皇室退位档案

赵增越编选（2011·3·28）　中国第一历史档案馆

著为维新更始实行宪政事上谕　宣统三年九月初九日
山东巡抚孙宝琦为宜宣布共和以取人心请代奏事致袁世凯电　宣统三年九月二十七日
顺直谘议居等为乘汉阳克复之利宣布共和收拾人心事致内阁电　宣统三年十月十三日
常熟民政局为速定共和政体大计免生灵涂炭事致内阁电　宣统三年十月十六日
河南谘议局为务请遵从多数意见承认共和事致内阁电　宣统三年十月十七日

江苏宝应县为企望共和尊礼皇室事致内阁电	宣统三年十月十七日
徐州八属自治会等为宜速宣布共和政体以免涂炭生灵事致内阁电	宣统三年十月十八日
江苏如皋农商学军警各界为希望共和事致内阁电	宣统三年十月十八日
第一军总统冯国璋为续停战条件签押生效日期等事致内阁电	宣统三年十月十九日
江苏通州军警学绅商农界为乞望共和政体事致内阁电	宣统三年十月十九日
江苏海门各法团为速组织共和政体事致内阁电	宣统三年十月二十一日
奉天代表曾有翼等为请正式答复不开会议理由事致袁世凯函	宣统三年十月二十一日
外务部司员曾宗鉴为报南方代表已赴沪等事致外务部丞参电	宣统三年十月二十三日
驻古巴代表吴寿全为各省独立可作联邦请转内阁资政院事致外务部电	宣统三年十月二十九日
驻京各国大臣为奉命对交战双方不用正式公文事致唐绍仪等电	宣统三年十月二十九日
著为暂由内阁办理国务事谕旨	宣统三年十一月初一日
议和总代表唐绍仪为陈到沪议和情形及请早召集国会请代奏事致内阁电	宣统三年十一月初八日
内阁总理大臣袁世凯等为革军力主共和请召集宗支王公会议以定大计事奏折	宣统三年十一月初九日
著召集临时国会将君主立宪共和立宪付之公决事谕旨	宣统三年十一月初九日
议和总代表唐绍仪为签订停战条款四条请电饬各军遵照事致袁世凯电	宣统三年十一月初十日
直隶总督陈夔龙为驻滦官兵要求共和并已劝慰事致内阁等电	宣统三年十一月十二日
议和总代表唐绍仪等为参讨议和代表辞职签定各款均属无效等事致内阁电	宣统三年十一月十三日
内阁总理大臣袁世凯等为奉职无状请准辞职事奏折	宣统三年十一月十四日
岑春煊为开国会决定政体事宜陈述己见事致袁世凯电	宣统三年十一月二十一日
上海洋商团为保护洋商生命财产拟定条议事致内阁等电	宣统三年十一月二十四日
英商李德立为恳劝皇室离京并交出政权事致庆亲王电	宣统三年十一月二十六日
英国教士史尽臣等为特恳皇室径行逊位建设民国事致袁世凯电	宣统三年十二月初二日
荫堂致洁珊等信函	宣统三年十二月初五日
署湖广总督段祺瑞为四镇目兵鼓噪调防维持事致内阁等电	宣统三年十二月初五日
著为国会办法正在磋商军民勿得听信浮言转相煽惑事谕旨	宣统三年十二月初七日
内阁总理大臣袁世凯为国会选举暨开会地点酌量变通事片	宣统三年十二月初七日
湖广总督段祺瑞为各路统将联衔共和请代奏事致内阁电	宣统三年十二月初七日
湖广总督段祺瑞等为痛陈利害立定共和政体请代奏事致内阁电	宣统三年十二月初八日
内阁总理大臣袁世凯为停战期满徐州等处开战请速定国体事片	宣统三年十二月十一日
为东三省决无承认共和之理事致内阁电	宣统三年十二月十四日
著为授袁世凯以全权与民军商酌研究一切办法事谕旨	宣统三年十二月十六日

农工商部大臣张謇为妥商优待皇室条件按约发表事致汪荣宝等电　宣统三年十二月二十三日
著为立定共和立宪国体由袁世凯组织临时共和政府事谕旨　宣统三年十二月二十五日
著为现将新定国体大小官员均宜慎供职守事谕旨　宣统三年十二月二十五日
著为与民军议定优待皇室等条件事谕旨　宣统三年十二月二十五日

1912 年南北议和电报选

方裕谨编选（1986·4·44）　中国第一历史档案馆
伍廷芳致袁世凯电　宣统三年十月二十四日
袁世凯复伍廷芳电　宣统三年十月二十四日
袁世凯致伍廷芳电　宣统三年十月二十五日
伍廷芳致袁世凯电　宣统三年十月二十八日
袁世凯致唐绍仪电　宣统三年十一月初二日
唐绍仪致袁世凯电　宣统三年十一月初十日
袁世凯致唐绍仪电　宣统三年十一月十一日
内阁致唐绍仪电　宣统三年十一月十一日
内阁致唐绍仪电　宣统三年十一月十一日
袁世凯致唐绍仪电　宣统三年十一月十一日
唐绍仪致袁世凯电　宣统三年十一月十一日
内阁致唐绍仪电　宣统三年十一月十二日
内阁致唐绍仪电　宣统三年十一月十二日
内阁致唐绍仪电　宣统三年十一月十二日
唐绍仪等致内阁电　宣统三年十一月十二日
唐绍仪致内阁电　宣统三年十一月十二日
内阁致唐绍仪电　1912 年 1 月 2 日
伍廷芳致袁世凯电　1912 年 1 月 3 日
伍廷芳致袁世凯电　1912 年 1 月 3 日
袁世凯致伍廷芳电　1912 年 1 月 4 日
袁世凯致伍廷芳电　1912 年 1 月 4 日
袁世凯致伍廷芳电　1912 年 1 月 4 日
袁世凯致伍廷芳电　1912 年 1 月 4 日
伍廷芳致内阁电　1912 年 1 月 6 日
伍廷芳致内阁电　1912 年 1 月 6 日
伍廷芳致内阁电　1912 年 1 月 6 日

经　　济

顺治年间有关垦荒劝耕的题奏本章

方裕谨编选（1981·2·9）　中国第一历史档案馆
户部尚书英古代议复山东条请开垦劝农事启本　顺治元年八月二十日
监察御史窦蔚题查出六合豪绅等占种屯田事本　顺治六年六月二十一日

兵科给事中李用质题蠲免有名无实并以熟包荒征银日增事本	顺治六年六月二十四日
江西巡抚夏一鹗题江西地荒人亡请免征逋赋并募众屯垦事本	顺治八年六月二十六日
直隶总督马光辉题范县设兵招集流民开荒事本	顺治九年五月二十八日
户部尚书车克等题复议湖南招徕垦荒可于三年后起科事本	顺治九年六月十八日
江西巡按张嘉题垦荒为江西第一急务事本	顺治九年六月二十日
监察御史姜图南题酌议开垦监地以利牧政事本	顺治九年十月二十九日
户部尚书噶达洪题请严敕各督抚力行垦荒禁革弊端本	顺治十年正月初四日
户部尚书噶达洪题复兴宣大边屯牧道事本	顺治十年正月初四日
陕西三边总督孟乔芳题荐举贾还真管理四川屯政道事本	顺治十年五月二十四日
户部尚书车克等题开垦凤阳等处荒田请增屯本设官事本	顺治十年八月十六日
河南巡抚吴景道题报任内开封等府垦荒地亩数目事本	顺治十年十月十七日
山东巡抚夏玉题条陈屯垦事本	顺治十年十月二十二日
延绥巡抚董宗圣题报延宁等处垦荒动用朋合银事本	顺治十一年正月十九日
宣大总督马鸣珮题宣大地多砂碛屯租万难一律事本	顺治十一年五月二十八日
湖广巡抚林天擎题报两湖荒残已极屯垦难以开展事本	顺治十一年六月十一日
湖北巡按张朝瑞题请裁革屯官归并守巡道及州县官招垦事本	顺治十三年二月二十七日
四川巡按高民瞻题四川屯地屯兵未可与他省同议事本	顺治十三年二月二十八日
户部尚书戴明说题复王永祚条陈招垦屯田事本	顺治十三年三月二十五日
内翰林秘书院大学士车克题复李荫祖条陈屯垦事本	顺治十三年六月二十五日
直隶总督李荫祖题为屯田既归民田徒罪人犯应发何处事本	顺治十三年八月二十四日
内翰林秘书院大学士车克等题清查江西各卫所屯丁之法事本	顺治十三年十一月十三日
山东巡按刘允谦题条陈安插流民屯地谷草改折事本	顺治十三年

顺治年间征收杂税史料选（上）

方裕谨编选（1983·2·8）　　　中国第一历史档案馆

户部监督临清钞关郎中杨广为临清残关初整请勿拘原额事揭帖	顺治二年十月
陕西巡抚雷兴为报陕西商税原额事揭帖	顺治三年三月十七日
户部尚书英峨岱等题为查征房号行户银两事本	顺治四年五月初五日
江宁巡抚土国宝为陈官布折征三大便益事揭帖	顺治六年十月
户部尚书车克等题为淮安牙利日少故额难盈事本	顺治九年六月初六日
户部尚书车克等题为江苏征收渔课事本	顺治九年八月初七日
工部尚书兴能等题为清查江宁芦课事本	顺治九年十二月二十五日
户部尚书车克等题严查通州知州有无侵商别弊事本	顺治十年二月二十四日
户部尚书车克等题差往张家口杀虎口收税章京回部事本	顺治十年七月十二日
直隶总督马光辉题为河南额派蓝靛等项解折事本	顺治十年七月二十七日
直隶巡抚董天机为申请暂蠲广平府河利银两事揭帖	顺治十二年二月十七日
江南总督马鸣珮为摘参拖欠马价钱粮江宁等府官员事揭帖	顺治十三年闰五月
长芦盐政监察御史马腾升为报解长芦杂课银两事揭帖	顺治十四年九月初九日
两淮盐课监察御史白尚登为报解杂项盐课银两事揭帖	顺治十四年九月十八日

顺治年间征收杂税史料选（下）

方裕谨编选（1983·3·3）　中国第一历史档案馆

山东巡抚耿焞为报山东各州县牙杂税银事揭帖　顺治十五年二月

漕运总督亢得时为报清查凤阳等州县房号税银情况事揭帖　顺治十五年四月

湖广巡抚张长庚为湖广各州县荒残已极房号无从征派事揭帖　顺治十五年七月

延绥巡抚周召南为报延属十四年牙行换贴银两事揭帖　顺治十五年十二月

山东巡抚耿焞为报十五年牙杂税银事揭帖　顺治十六年二月

顺天巡抚祖重光为天津等卫房号税银事揭帖　顺治十六年闰三月初二日

河南巡抚贾汉复为报河南八府十五年牙税银事揭帖　顺治十六年六月十七日

延绥巡抚张中第为榆林祭祀等项开支动用杂税银两事揭帖　顺治十七年二月

保定巡抚潘朝选为报保定等处十五年杂税银两事题本　顺治十七年三月十八日

福建巡抚徐永桢为报十四年福建部分州县杂税银两事题本　顺治十七年三月二十三日

顺治年间设关榷税档案选（上）

方裕谨编选（1982·4·25）　中国第一历史档案馆

湖广巡抚高士俊为陈荆关征税情形事揭帖　顺治三年十一月

浙江巡按秦世祯为会稽平水应否设关抽分事揭帖　顺治四年十一月

户部尚书巴哈纳等题为九江湖口抽税事本　顺治六年十月十八日

户部多罗端重郡王波洛等题严禁害商之弊事本　顺治八年四月二十日

工部主事刘澍题为荆州税关历年抽征情形事本　顺治八年九月初一日

江宁巡按上官铉题为酌议关政急苏商困事本　顺治八年十二月初一日

户部尚书车克等题为钞关复差满洲官员事本　顺治九年六月二十一日

户部尚书车克等题为清厘关税积弊良法事本　顺治十一年五月十八日

浙江巡抚陈应泰题为严行禁革关蠹截货诈索商人事本　顺治十三年七月初二日

顺治年间设关榷税档案选（下）

方裕谨编选（1983·1·28）　中国第一历史档案馆

户部尚书车克等题为清查福建关税银两事本　顺治十三年九月初八日

广西道监察御史伊辟题为榷关应禁事宜本　顺治十三年十一月二十八日

户部尚书车克等题为议复伊辟榷关应禁事宜本　顺治十三年十二月二十日

福建巡抚刘汉祚为报清查闽省关税银两事揭帖　顺治十五年十一月初一日

南赣巡抚苏弘祖为报赣关桥税征不足额原因事揭帖　顺治十七年二月

顺治年间河东盐务题本

方裕谨编选（1990·1·3）　中国第一历史档案馆

河东盐政朱鼎延为允准招商分引办课事题本　顺治四年正月二十日

河东盐政刘达为报岁额全完并请仍按季催征完解事揭帖　顺治五年七月二十四日到

河东盐政刘达为报岁课起解溢额事题本　顺治六年五月二十九日

户科右给事中董笃行为原河东行盐之地就近改食芦淮之盐事题本　顺治六年九月初三日

河东盐政盛复选为报任内解过钱粮事题本　顺治八年四月二十六日

河东盐政赵如瑾为查明残破缺厂空悬引目量示宽恤事题本贴黄　　顺治八年九月二十六日
河东盐政刘秉政题为纠劾未完盐引官员事题本　　顺治十年二月初十日
户部尚书车克等为招商认课何以宽期五年事题本　　顺治十年五月二十二日
户部尚书车克等为招商行盐不得分道里远近次第举行事题本　　顺治十年六月二十五日

顺治年间有关织造的题本

方裕谨编选（1984·2·11）　　中国第一历史档案馆

苏杭织造陈有明为查办苏州织造匠役机房事题本　　顺治四年三月二十五日
江宁织造车天祥等为造报已织制帛诰封数量事题本　　顺治六年六月十一日
苏州织造陈有明为苏州招匠织造料价口粮交匮事题本　　顺治八年五月十六日
工部谦郡王汪达等为苏杭岁造缎匹仍照四年定例事题本　　顺治八年七月初七日
江宁织造车天祥为查参未完织造钱粮官员事题本　　顺治八年七月十三日
户部端重亲王波洛等为潞绸不合上用参劾织造官员事题本　　顺治八年八月十八日
户部尚书噶达洪等为陈楚省本色黄绢之艰事题本　　顺治十年二月十七日
江宁织造车天祥为协济织造钱粮应预年给拨事题本　　顺治十年二月十八日
户部尚书车克等为江宁苏杭织解袍缎送内库事题本　　顺治十年七月十二日
江宁织造车天祥为报解运已织完诰轴等数目事题本　　顺治十年八月初八日
刑部尚书任浚为处罚织造缎色两样官员匠役事题本　　顺治十一年十月三十日
户部尚书车克等为查参未完苏州府捐折银官员事题本　　顺治十三年八月初十日

顺治年间长芦盐政题本（上）

方裕谨编选（1988·1·9）　　中国第一历史档案馆

长芦盐政王守履请将山东二三两年未领额引蠲免事题本　　顺治四年八月十二日
户部多罗端重郡王波洛等为严查山东盐引壅坠事题本　　顺治八年五月二十一日
长芦盐政杨义为摘参违玩盐课州县官员事题本　　顺治八年七月二十七日
长芦盐政杨义为查照山东户口更定引额并定考成事题本　　顺治八年九月十六日
长芦盐政张中元为严禁官船夹带私盐以裕国课事题本　　顺治十年正月十二日
长芦盐政张中元请开豁耗盐以保进解贡盐事题本　　顺治十年六月初七日
长芦盐政张中元为循例荐劾府州县官员以肃盐政事题本　　顺治十年六月二十一日
户部尚书车克等为遵例开复因盐引未完而降革官员事题本　　顺治十年闰六月初九日
都察院左都御史龚鼎孳为选择御史巡察各直省盐政事题本　　顺治十二年二月三十日

顺治年间长芦盐政题本（下）

方裕谨编选（1988·2·12）　　中国第一历史档案馆

长芦盐政王秉乾为开列长芦漏课银两事题本　　顺治十三年三月初五日
长芦盐政牟云龙为奉命行取在先户部复准销引在后事题本　　顺治十三年八月二十四日
长芦盐政牟云龙为题参过限不完盐课官员事题本　　顺治十三年十二月十五日
管户部尚书事车克为长芦引课三年内照数带征全完事题本　　顺治十三年十二月二十五日
长芦盐政牟云龙为查报缺官俸薪银两事题本　　顺治十四年四月十五日
长芦盐政田六善为盐课起解宜速奸商沉捺当究事揭帖　　顺治十七年正月二十八日
长芦盐政冯斑为奏报十七年和芦引课银两事题本　　顺治十八年二月十八日

长芦盐政田六善为报解十六年长芦正杂盐课钱粮事题本　　顺治十七年三月二十八日

顺治六年整饬盐务课税题本

叶志如编选（1984·1·12）　　中国第一历史档案馆

户部尚书巴哈纳等为续行招商分引以苏民累事题本　　顺治六年五月十七日
巡按河东盐政监察御史刘达为暂行宽减引额以复中土元气事题本　　顺治六年五月十九日
四川巡按赵班玺为奉谕巡历川省盐法屯田情事题本　　顺治六年六月初二日
巡视两浙盐课监察御史杨义为陈行盐掣验之法并补运使场员事题本　　顺治六年六月十二日
巡视两浙盐课监察御史杨义为请禁兵丁贩盐以肃盐政事题本　　顺治六年六月十二日
户部尚书巴哈纳等为复请河东仍照旧行引办课事题本　　顺治六年七月二十二日
福建巡按霍达为请免漳州灾商盐课事题本　　顺治六年八月初十日
福建巡按霍达为再明闽中行盐定规并颁引目事题本　　顺治六年八月初十日
户部尚书巴哈纳等为请敕闽督确查东路商悬盐课情形再酌减免事题本　　顺治六年八月十四日
福建巡按霍达为再请豁免西南两路灾商盐课事题本　　顺治六年九月二十四日
巡按河东盐政监察御史梁应龙为请敕部议复逃亡商人盐斤如何办理事题本　　顺治六年十一月十九日
巡按河东盐政监察御史梁应龙为请行销引考成之法事题本　　顺治六年十二月二十七日

顺治六年江北水灾题本

方裕谨编选（1988·4·3）　　中国第一历史档案馆

凤阳巡抚王一品为急陈异常水患事题本　　顺治六年六月十三日
淮扬巡按张濩为上陈目击水患情形事题本　　顺治六年六月十六日
淮扬总督吴惟华为汇报江北异常水灾事题本　　顺治六年七月十二日
凤阳巡抚王一品为再陈异常水灾事题本　　顺治六年七月十六日
河道总督杨方兴为报亲行查阅所见淮扬水灾情形事题本　　顺治六年七月十九日
户部尚书巴哈纳等为江北州县应报受灾分数事题本　　顺治六年八月初七日
淮扬巡按张濩为报受灾分数事题本　　顺治六年八月十三日
凤阳巡抚王一品为再陈今夏江北异常水灾事题本　　顺治六年八月二十六日
户部尚书巴哈纳等为应查明江北各州县受灾分数量予蠲缓事题本　　顺治六年九月初三日
户部尚书巴哈纳为恳乞速赐蠲赈事题本　　顺治六年九月十六日

顺治八年黄河及其支流河工题本

方裕谨编选（1987·4·3）　　中国第一历史档案馆

河道总督杨方兴为估计封丘八年岁修工程钱粮事题本　　顺治八年闰二月二十二日
河道总督杨方兴为奏销河内县沁河六年修工钱粮事题本　　顺治八年五月十三日
河道总督杨方兴为奏销中牟县黄练集七年修工钱粮事题本　　顺治八年五月十三日
河道总督杨方兴为奏销河内县天妃坝六年修工钱粮事题本　　顺治八年六月十五日

江南巡按秦世桢为报淮安地区修筑运道河夫疾苦事题本　顺治八年七月十九日
河道总督杨方兴为奏销清河县黄河六年修工钱粮事题本　顺治八年七月十九日
河道总督杨方兴为估计徐州城堤八年修工钱粮事题本　顺治八年七月二十一日
河道总督杨方兴为奏销睢宁黄河七年修工钱粮事题本　顺治八年七月二十一日
河道总督杨方兴为奏销徐州黄河七年修工钱粮事题本　顺治八年七月二十一日
和硕巽亲王满达亥等为方大猷以按察使留任河务旧职事题本　顺治八年八月初一日

顺治年间两淮盐务题本

方裕谨编选（1988・3・3）　中国第一历史档案馆

户部和硕端重亲王波洛等为陈因革之宜以苏淮北商困事题本　顺治八年五月二十八日
两淮盐政张琫为再报盐课银两赴秦交纳足额事题本　顺治八年八月初二日
两淮盐政张琫为报三解盐课银两赴秦交纳事题本　顺治八年八月二十六日
两淮盐政陈自德等为户部发引无期即刻期赴任事题本　顺治九年七月初五日
户部尚书噶达洪等为草荡清丈仓盐复征均不准行事题本　顺治九年十二月初二日
左都御史房可壮等为两淮引目被事外之人冒领请参盐政事题本　顺治九年十二月二十四日
户部尚书车克等为十年春夏盐引已领不必借用纲引事题本　顺治十年五月十五日
两淮盐政姜图南为请明关桥溢斤公罪银两事题本　顺治十三年闰五月十三日
两淮盐政姜图南为请明解课水脚银两事题本　顺治十三年闰五月十三日
户部尚书车克等为修明盐法以裕国课事题本　顺治十三年十二月十六日

顺治十三年前的粮饷征集

方裕谨编选（1983・4・14）　中国第一历史档案馆

户部尚书戴明说等议复江南参劾欠解粤饷各官事题本　顺治十三年二月十二日
署户部事车克等议复江南兵马粮草支给本色事题本　顺治十三年三月二十九日
户部尚书孙廷铨等议复赣抚兵饷钱粮事题本　顺治十三年闰五月二十四日
四川巡抚李国英密陈蜀省驻军粮饷久欠军情危急事奏本　顺治十三年六月十五日
户部尚书车克等议复晋抚请将额编饷留支用事题本　顺治十三年十一月初二日
宣大总督张玄锡查取未完晋解秦川兵饷官员职名题本　顺治十三年十一月二十四日
南赣巡抚佟国器为兵饷压欠日甚请设法接济事题本　顺治十三年

清初划一升斗史料

安双成编选（1997・2・3）　中国第一历史档案馆

内翰林秘书院大学士车克等为划一斛与金斗以便会计出纳事题本　顺治十四年三月十八日

康熙初年荷兰船队来华贸易史料

安双成编选（2001・3・11）　中国第一历史档案馆

兵部尚书明安达礼等为报荷兰战船来闽愿助攻台湾郑成功事题本　康熙元年十二月二十五日
兵部尚书明安达礼等为报荷兰战船已抵闽省事题本　康熙二年九月初十日

礼部尚书沙澄等为赏赉荷兰船兵事题本　康熙二年九月二十二日
靖南王耿继茂等为报荷兰船助攻金门等处情形事题本　康熙二年十一月二十日
福建总督李率泰为报荷兰国五艘船驶抵闽安镇外海事题本　康熙四年七月十六日
礼部尚书祁彻白等为报荷兰商船抵闽请求通商贸易事题本　康熙四年七月二十三日
福建总督李率泰为报荷兰二艘商船已抵闽省事题本　康熙四年七月二十九日

康熙前期有关赋税征收御史奏章

方裕谨编选（1993·1·3）　中国第一历史档案馆

户部给事中史彪古为于限期内颁发由单事题本　康熙二年三月二十四日
户科给事中彭之风为楚省扣回优免仍派于民事题本　康熙九年闰二月三十日
户科给事中彭之风为粤东扣回优免仍派于民事题本　康熙九年闰二月三十日
掌浙江道事监察御史熊一潇为江南国赋多逋守令官铨选应慎事题本　康熙十二年七月二十五日
吏科给事中李宗孔为另立宦户易知由单事题本　康熙十七年六月二十日
礼科掌印给事中余国柱为请清芦课等款项以佐军需事题本　康熙十八年七月十三日
兵科给事中姚祖顼为蜀省初定请颁蠲租宥罪之诏事题本　康熙十九年二月十七日
山西道监察御史蒋龙鸣为变税课由单使民易知事题本　康熙二十年十月初六日
工科给事中许承宣为请豁免陕省逋赋以安民生事题本　康熙二十年十二月初五日
工科给事中任辰旦为酌减苏松之赋额以均国课事题本　康熙二十二年十二月初九日
掌江南道事江西道监察御史钱三锡为赋役全书应查明厘正事题本　康熙二十七年十一月二十日

康熙年间关于盐务的御史奏章

方裕谨编选（1985·1·15）　中国第一历史档案馆

刑科右给事中张惟赤为盐课不应隔省包课事题本　康熙三年四月初八日
户科给事中查培继为议复食盐规制题本　康熙六年八月二十五日
刑科给事中胡悉宁为盐商状告巡盐御史题本　康熙七年六月二十三日
巡视中城广东道试监察御史鞠珣为变通粤西按丁派盐事题本　康熙十二年十月初二日
陕西道监察御史胡三祝为变通巡盐赃罚题本　康熙十二年十一月二十一日
云南道监察御史熊焯为立法分别贫难军民与私贩题本　康熙十二年十一月二十三日
陕西道试监察御史傅廷俊为灶户应发由单题本　康熙十六年十月二十八日
陕西道试监察御史傅廷俊为查灶盐加商引禁私贩题本　康熙十六年十月二十八日
户科给事中余国柱为增盐课禁私盐题本　康熙十七年十一月初二日
工科给事中许承宜为核实编丁以重国课题本　康熙二十年十二月初五日

康熙年间白粮改折御史奏章

方裕谨编选（1983·4·25）　中国第一历史档案馆

刑科给事中杨雍建为陈改折白粮之害题本　康熙四年三月初七日
户科给事中姚文然题为本色办解已艰事本　康熙九年二月二十四日
江西道试监察御史郭维藩为改折为本事本　康熙十二年十二月十三日
山西道试监察御史朱士杰为请复本色事本　康熙十六年八月二十日

四川道监察御史张志栋为停本色之解纳事题本　　康熙十九年六月二十日

康熙初年有关赋税御史奏章

方裕谨编选（1989·4·3）　　中国第一历史档案馆

户科给事中姚文然为开征限期久定极宜筹划来春兵饷事题本　　康熙六年八月二十五日

户科给事中姚文然为定开复补完钱粮征收官员划一之规事题本　　康熙六年八月二十五日

掌江南道事陕西道监察御史张冲翼为赈恤直隶之民以固根本重地事题本　　康熙十年三月二十九日

掌山东道事贵州道监察御史万泰为粮长现年之制应改囤运之法事题本　　康熙十年四月初一日

河南道监察御史夏人佺为请蠲积逋以恤民艰事题本　　康熙十年四月初三日

广西道试监察御史吕朝润为防钱粮侵挪捏报事题本　　康熙十二年九月初四日

四川道试监察御史魏双凤为诏令必遵事题本　　康熙十二年九月十五日

掌江南道事湖广道监察御史徐旭龄为条陈钱粮如何不令挪混事题本　　康熙十二年九月十八日

掌江南道事湖广道监察御史徐旭龄为条陈钱粮如何不令虚冒事题本　　康熙十二年九月十八日

吏科给事中张鹏为请蠲江西省逋赋事题本　　康熙十七年六月二十日

礼科给事中姚缔虞为江西残破应免逋赋事题本　　康熙十八年正月十七日

巡视西城浙江道试监察御史任玥为蠲免广西旧欠事题本　　康熙十九年六月二十五日

工科给事中许承宣为条陈民间疾苦莫如额外之差税事题本　　康熙十九年十二月初七日

康熙八至十二年有关鼓铸的御史奏章

方裕谨编选（1984·1·20）　　中国第一历史档案馆

刑科给事中张登选为请停各省铸钱事题本　　康熙八年十一月十一日

户科给事中姚文然为陈鼓铸事题本　　康熙九年二月二十四日

巡视中城广东道试监察御史鞠珣为详定鼓铸之方事题本　　康熙十二年十月初二日

陕西道监察御史朱尚义为私铸律例轻重太殊事题本　　康熙十二年十月二十九日

康熙初年有关屯垦荒地御史奏章

方裕谨编选（1990·1·9）　　中国第一历史档案馆

刑科给事中潘翘生为道员应赞理垦荒事题本　　康熙九年正月二十八日

湖广道试监察御史张大本为投诚垦荒兵士应隶有司事题本　　康熙十二年九月二十一日

湖广道试监察御史张大本为屯卫荒地应与民地垦荒一体征税事题本　　康熙十二年九月二十一日

吏科给事中丁泰为报屯粮应归并县征事题本　　康熙十五年十月十九日

吏科给事中张鹏为应立法以严禁垦弁私逃事题本　　康熙十六年六月二十二日

工科给事中甘文焕为划一清查隐地漏丁之定例事题本　　康熙十六年十一月初六日

工科给事中丁泰查报熟地及荒地仍行新垦起科例事题本　　康熙十七年六月十二日

巡视中城陕西道试监察御史王自修为行军屯事题本　　康熙二十年十二月初八日

康熙初年有关驿递御史奏章

方裕谨编选（1993·2·9）　　中国第一历史档案馆

河南道监察御史夏人佺为驿站应给全银以免疲困事题本　　康熙十年六月十二日

江西道试监察御史郭维藩为只设夫头遇差临时雇觅扛夫事题本　　康熙十二年十二月十三日

江西道试监察御史郭维藩为请县马总归驿站事题本　　康熙十二年九月初一日

陕西道监察御史傅廷俊为请复河夫官雇之旧制事题本　　康熙十六年十月二十八日

工科给事中许承宣为酌复驿递旧额以资饱腾民无骚扰事题本　　康熙二十年十二月初五日

康熙年间漕务御史奏章

方裕谨编选　（1984·3·3）　　中国第一历史档案馆

山东道试监察御史焦荣议陈漕政除弊酌利题本　　康熙十二年十月十二日

山东道试监察御史焦荣请裁冗员裕国利漕题本　　康熙十二年十二月十二日

福建道试监察御史戴玉缙酌议转运之法题本　　康熙二十年十一月初八日

巡视南城河南道监察御史罗秉伦再陈漕务事宜题本　　康熙二十年十二月初四日

康熙初年有关捐纳御史奏章

方裕谨编选（1993·2·12）　　中国第一历史档案馆

陕西道监察御史胡三祝为官员捐助加级例有未善事题本　　康熙十二年十二月初七日

巡视西城监察御史何凤岐为捐纳之官不必到任事题本　　康熙十六年十月十九日

何凤岐为部员已属壅滞捐纳者守候无期议疏通之法事题本　　康熙十六年十一月初二日

巡视中城江南道监察御史和盐鼎为捐纳以补军需事题本　　康熙十六年十一月十三日

四川道监察御史张志栋为请于纳银之主政俸册之下注捐纳字样事题本　　康熙十九年六月二十日

巡视中城试监察御史吕兆琳为酌济秦省捐纳之法事题本　　康熙十九年七月初四日

巡视北城四川道监察御史张志栋为官员选补之法宜画一事题本　　康熙二十年十月十三日

清代广州“十三行”档案选编

覃波编选（2002·2·9）　　中国第一历史档案馆

康熙帝与大学士石柱议开海贸易事记注　　康熙二十三年七月十一日

西洋人戴进贤等为请准西洋人留住广东省城事奏折　　雍正二年五月十一日

广东巡抚年希尧为遵旨于省城洋行及澳门货店购寻花番巴事奏折　　雍正三年四月初七日

两广总督孔毓珣为报洋船到粤情形及饬牙行人等公平交易事奏折　　雍正三年九月初九日

著署两广总督李侍尧遍谕番商嗣后口岸定于广东不得再赴浙省贸易事上谕　　乾隆二十二年十一月初十日

钦差大臣新柱等为请豁免番商所带食物关税及循例官价采办洋货事奏折　　乾隆二十四年八月十九日

两广总督李侍尧为陈粤东地方防范洋人规条事奏折　　乾隆二十四年十月二十五日

署两广总督杨廷璋为查明法国医生欲进京效力广州行商等未能转达事奏折	乾隆三十一年七月二十日
两广总督李侍尧为复准令法国人邓类斯在省城洋行居住事奏折	乾隆三十一年十一月初三日
粤海关监督李质颖为督催洋行交纳洋船进口货税事奏折	乾隆四十七年八月初二日
两广总督富勒浑等为报洋船及关税数目事奏折	乾隆五十一年正月初十日
两广总督孙士毅等为行商潘文岩等情愿年缴备贡银两解贮粤海关库事奏折	乾隆五十一年六月初二日
著准粤东商人蔡世文等捐银备赏进剿廓尔喀大兵并咨部照例议叙事上谕	乾隆五十七年闰四月初五日
两广总督吉庆等为行商潘致祥等捐银备赏平剿四川教匪之师事奏折	嘉庆四年五月十八日
两广总督阮元等为广东省城洋行夷馆被烧洋商应纳税银请分别展限豁免事奏折	道光二年十一月初七日
著分别展限豁免广东被灾洋商应纳税银事上谕	道光二年十二月十二日
广州将军庆保等为查办英国大班私带番妇进住省城夷馆并偷运枪炮事奏折	道光十年九月十二日
两广总督卢坤为查办洋行各商积欠粤海关饷银事奏折	道光十四年十一月初十日
两广总督邓廷桢等为恢复十三洋行承商旧例事奏折	道光十七年七月二十九日
著恢复粤东洋行选充殷实公正各商联保新商旧制事上谕	道光十七年九月初一日

康熙年间吉林至瑷珲间的驿站

孟宪振翻译　任世铎审校（1982・3・14）　　中国第一历史档案馆

兵部为吉林至墨尔根、黑龙江设驿事咨黑龙江将军文	康熙二十四年十月十二日
户部为吉林至黑龙江设十九驿事咨黑龙江将军文	康熙二十四年十一月二十四日
户部郎中包齐等题吉林至黑龙江设二十五驿本	康熙二十四年十一月二十八日
户部为吉林至黑龙江设二十五驿所需事项咨黑龙江将军文	康熙二十四年十二月二十八日
户部郎中包齐为驻驿人员顺利前往各驿站事咨黑龙江将军文	康熙二十五年二月初八日
兵部为补放驿站官及笔帖式事咨黑龙江将军萨布素文	康熙二十五年四月初七日
驿站官杜尔岱为补放墨尔根至黑龙江五驿站笔帖式事呈黑龙江将军等文	康熙二十五年九月二十四日
驿站官杜尔岱为报驿站牛马倒毙事呈黑龙江将军等文	康熙二十五年十月初八日
户部为调换驿站监耕郎中事咨黑龙江将军文	康熙二十五年十二月初十日
驿站官杜尔岱为发放驿站余粮事呈黑龙江将军等文	康熙二十七年正月初八日
黑龙江将军等为查驿丁家口姓名事致驿站官杜尔岱札文	康熙二十七年正月十七日
驿站官杜尔岱为报驿丁家口姓名事呈黑龙江将军等文	康熙二十七年三月十九日
驿站官杜尔岱为驿丁逃跑事呈黑龙江将军等文	康熙二十七年四月初六日
宁古塔将军殷图为由驿站发配逃犯事咨黑龙江将军文	康熙二十七年九月初六日
黑龙江将军等为发放驿丁口粮事札驿站监耕郎中文	康熙二十七年十月初二日
驿站官关木保为革补驿站领催事呈将军文	康熙二十九年六月二十八日
驿站官关木保为支领驿丁娶妻银两事呈副都统文	康熙三十二年十一月初九日

康熙三十二年俄罗斯商人义迭思《聘盟日记》

王玲编选（2004·4·15）　　中国第一历史档案馆

照录柏林呈递《聘盟日记》

清代台湾“番地”开发档案（上）

伍媛媛编选（2014·1·4）　　中国第一历史档案馆

闽浙总督范时崇为两奉朱批会商台湾地方开田聚民事奏折	康熙五十四年五月十一日
闽浙总督满保等为遵旨回复台湾凤山等县土番社内收贮稻谷各情拟改章程事奏折	雍正二年十月十五日
厦门水师提督蓝廷珍为台湾所属猫雾捒社庄等处开垦熟田充公事奏折	雍正五年五月二十六日
福建厦门水师提督蓝廷珍为台湾北路彰化县新垦田园充公事奏折	雍正六年九月十三日
福建台湾道刘藩长为查明台湾额赋有重输课社饷免一例交纳事奏折	雍正八年三月初八日
闽浙总督郝玉麟等为福建劝垦期实在虚粮民累宜除谨陈原委事奏折	乾隆元年正月初六日
福建水师提督王郡为民人私行出入台湾番境请严私越番界条例事奏折	乾隆二年六月二十七日
巡视台湾外转御史舒辂等为台地田园科则事奏折	乾隆六年十一月初四日
巡视台湾监察御史熊学鹏为巡视台湾民番及办理情形事奏折	乾隆八年五月二十一日
福建巡抚周学健为密陈台湾原任将军施琅等官庄占垦之弊请清查敕禁事奏折	乾隆九年二月十六日
巡视台湾户科给事中六十七等为台湾升垦及新垦田园照同安科则征赋事奏折	乾隆九年六月二十日
著台湾新垦田园地方官分别等次征收赋税事上谕	乾隆九年八月初三日
闽浙总督那苏图为台湾不宜开垦荒地事奏折	乾隆九年八月十三日
福建布政使高山为台湾民番现在应行应禁事宜事奏折	乾隆九年十二月十八日
闽浙总督喀尔吉善为筹办台湾番民地界等事奏折	乾隆十二年六月初七日
闽浙总督喀尔吉善等为台湾生番熟番地亩立表划界事奏折	乾隆十二年九月二十四日
闽浙总督喀尔吉善等为台湾各属兴修水利工程事奏折	乾隆十三年五月二十九日
福建巡抚潘思榘为办理台湾民番地亩谷米并勘定番界明立界规事奏折	乾隆十四年六月初三日
大学士傅恒等为遵议闽浙总督喀尔吉善等奏台湾争垦事宜事奏折	乾隆十六年闰五月二十八日
福建巡抚钟音为请留俸满台湾守钟德查办私垦番地事奏折	乾隆二十二年二月十三日
福建台湾镇总兵马龙图为会勘台北民番界址事竣事奏折	乾隆二十三年十二月十五日
闽浙总督杨廷璋为台湾番界查完酌定章程事奏折	乾隆二十五年八月初三日
闽浙总督钟音为稽查台湾民番情形事奏折	乾隆四十二年二月二十日
闽浙总督伍拉纳为筹议台湾新设屯所分拨埔地事宜事奏折	乾隆五十五年九月二十八日

清代台湾“番地”开发档案（下）

伍媛媛编选（2014·2·9）　　中国第一历史档案馆

福州将军赛冲阿为查明台湾蛤仔栏地方开垦地亩情形事奏折	嘉庆十三年四月十三日
詹事府少詹事梁上国为台湾山外土田屡为洋匪窥伺宜急筹收抚四条事奏折	嘉庆十三年十二月初二日
闽浙总督阿林保为派员查勘台湾淡水厅属蛤仔栏地方酌入版图事奏片	嘉庆十四年正月初十日
闽浙总督方维甸为台湾屯务废弛应请通行查勘体恤番丁以资调遣事奏折	嘉庆十五年三月二十三日
闽浙总督方维甸为查明台湾蛤仔栏即噶玛兰地方番民情形事奏折	嘉庆十五年五月初一日
闽浙总督赵慎畛等为台湾境内生番地亩严禁民人偷越私垦事奏折	道光四年十一月二十一日
著为彰化县所辖水里等社系在生番界内严禁私垦事上谕	道光四年十二月二十一日
闽浙总督颜伯焘等为台湾山后垦地入不敷出请听其荒芜事奏片	道光二十一年五月十三日
闽浙总督刘韵珂等为请饬署鹿港同知史密等办理试垦番地事奏片	道光二十六年十月初六日
闽浙总督刘韵珂等为台湾水沙连六社生番输诚内附请归官开垦事奏折	道光二十六年十月初六日
江南道监察御史江鸿升为条陈台湾生番献地宜防流弊事奏折	道光二十六年十一月二十三日
大学士穆彰阿等为遵旨会议台湾生番输诚内附等事奏折	道光二十六年十一月二十六日
闽浙总督刘韵珂为遵旨履勘水沙连六社番地并查出私垦民番分别办理事奏折	道光二十七年八月十六日
台湾巡抚刘铭传为丈量田亩请定责罚章程事奏折	光绪十二年四月十八日
闽浙总督杨昌浚等为整顿台湾屯务情形事奏折	光绪十三年八月初二日
台湾巡抚刘铭传为奏报田亩清丈将竣请仿照同安下沙则核议定赋事奏折	光绪十三年九月二十四日
台湾巡抚刘铭传为台湾埔里社厅暨恒春县二属田园减等升科事奏折	光绪十四年七月初八日
台湾巡抚刘铭传为收成减色请将现收丈费抵完新粮并就款划拨经费事奏折	光绪十四年十一月十五日
台湾巡抚刘铭传为请林维源帮办全台抚垦事务事奏片	光绪十四年十二月二十一日
台湾巡抚刘铭传为办理台湾清丈给单未竣请展限钱粮奏销事奏折	光绪十五年六月初十日
台湾巡抚刘铭传为全台清丈完竣并核定田粮额征数目事奏折	光绪十五年十二月十九日
台湾巡抚邵友濂为台东州续办清丈完竣核定田粮数目事奏折	光绪十七年十一月十七日

江苏吴江市盛泽镇碑拓档案中会馆史料选刊

怀耕　建秋　庄寅编选（1996·2·20）　　吴江市档案馆

一、济宁会馆

敕封黄河福主金龙四大王庙碑记　康熙六十年九月

吴江县盛泽镇济宁会馆置田建庙碑　康熙六十一年八月

吴江盛泽镇续修济宁会馆碑　嘉庆二十二年七月

重修济东会馆记　1924年11月

二、徽宁会馆

吴江盛泽镇徽宁会馆缘始碑记　道光十二年十二月

徽宁会馆碑记　道光十二年十二月

徽宁会馆捐银总数并公产粮税碑　道光十二年十二月

雍正朝会考府汉文档案全编（上）

王道瑞编选（2003·1·7）　　中国第一历史档案馆

会考府为驳工部奏销孝惠章皇后丧仪钱粮事说堂稿　雍正元年三月初三日

会考府为驳工部奏销康熙六十一年正月钱粮事说堂稿　雍正元年三月初十日

会考府为光禄寺奏销内膳房用猪鹅请议定斤数以杜弊端事奏稿　雍正元年三月十五日

会考府为准光禄寺奏销康熙六十一年九月内用猪鹅开销事说堂稿　雍正元年三月二十日

会考府为驳回工部奏销孝惠章皇后丧仪钱粮事说堂稿　雍正元年三月三十日

会考府为驳刑部奏销康熙六十一年秋朝审用过刻板纸张事说堂稿　雍正元年三月三十日

会考府为驳光禄寺奏销圣祖宾天斋供用过银两事说堂稿　雍正元年四月初四日

会考府为驳工部奏销康熙六十年岁修桃源等项海塘工程银两事奏稿　雍正元年四月十九日

会考府为准光禄寺奏销备办圣祖丧仪钱粮事说堂稿　雍正元年四月二十八日

会考府为驳查工部奏销康熙六十年钱粮事奏稿　雍正元年四月二十八日

会考府为驳工部奏销康熙六十年山西省运送火药等脚价银钱事说堂稿　雍正元年五月初四日

会考府为准太常寺奏销康熙六十一年祭祀等项用过钱粮事说堂稿　雍正元年五月初十日

会考府为光禄寺奏销仍归月折送府考核事奏稿　雍正元年五月十七日

会考府为准工部奏销康熙六十一年修理皇城等处用过银两事说堂稿　雍正元年六月初三日

会考府为驳工部奏销康熙六十年山西省办解硝斤银两事说堂稿　雍正元年六月初三日

工部为题销康熙六十一年康熙帝巡幸热河用过搭桥垫道银两事致会考府咨文　雍正元年六月初四日

会考府为准工部奏销康熙六十一年三月银钱事说堂稿　雍正元年六月初九日

会考府为刑部奏销经驳查后并未声明减去银两缘由事说堂稿　雍正元年七月初一日

会考府为准礼部奏销康熙六十一年铸印等项用过金银事说堂稿	雍正元年七月初四日
会考府为准礼部奏销康熙六十一年筵宴等项用过羊只银两事说堂稿	雍正元年七月初四日
会考府为仍请工部驳令闽省给换篷索银两核减事说堂稿	雍正元年七月十一日
会考府为再驳工部奏销康熙六十年山西省办解火药并脚价银两事说堂稿	雍正元年七月十一日
会考府为驳工部奏销康熙六十年山西省运价银两事说堂稿	雍正元年七月十四日
会考府为准光禄寺奏销康熙六十一年十月内用猪鹅等项银两事说堂稿	雍正元年七月二十四日
会考府为工部奏销康熙六十一年五月银钱不符之处已改准予题销事说堂稿	雍正元年七月二十七日
会考府为驳工部奏销康熙六十一年六月银钱事说堂稿	雍正元年八月十五日
会考府为刑部奏销驳查后浮冒之处已核减准其题销事说堂稿	雍正元年八月十五日
会考府为准工部奏销山西省康熙六十一年额解潞绸事说堂稿	雍正元年九月初七日
会考府为驳工部奏销康熙六十一年八月银钱浮多事说堂稿	雍正元年九月初七日
会考府为驳工部奏销孝惠章皇后丧仪总册内多有浮冒事说堂稿	雍正元年九月十九日
会考府为准光禄寺奏销康熙六十一年十一月内用猪鹅等项事说堂稿	雍正元年九月十九日
会考府为准光禄寺奏销康熙六十一年十二月内用猪鸭等项事说堂稿	雍正元年九月十九日
会考府为驳工部奏销康熙六十一年岁修海宁海塘工程事说堂稿	雍正元年十月初十日
会考府为工部奏销康熙六十年柴炭煤斤驳查令尚书等分赔事说堂稿	雍正元年十一月初五日
会考府为前经驳查后工部已声明核减钱粮数目相符准予会题事说堂稿	雍正元年十一月初五日
会考府为驳工部奏销康熙六十一年九月各项工料银两事说堂稿	雍正元年十一月十九日
会考府为驳工部奏销康熙五十六年添建京通仓廒银钱事说堂稿	雍正元年十二月初十日
会考府为驳工部奏销盛京工部康熙六十一年各项钱粮事说堂稿	雍正二年正月二十七日
会考府为准刑部奏销雍正元年物料银两事说堂稿	雍正二年正月二十七日
工部为奏销康熙六十一年八月开销具题奉旨事致会考府咨文	雍正二年二月二十日
会考府为驳工部奏销康熙六十一年热河用过柴炭等项银两事说堂稿	雍正二年三月十七日
会考府为工部奏销康熙六十一年九、十一、十二月物料价值应照新例事说堂稿	雍正二年三月十七日
会考府为驳工部奏销康熙六十一年十一月各项工料银两事	雍正二年四月初四日

说堂稿
会考府为驳工部奏销康熙六十一年十二月各项工料银钱事说堂稿　　雍正二年四月初四日
会考府为准刑部奏销雍正元年春夏等季物料银两事说堂稿　　雍正二年四月初四日

雍正朝会考府汉文档案全编（下）

王道瑞编选（2003·2·3）　　中国第一历史档案馆
会考府为驳工部奏销康熙六十一年虞城县河工用料银事说堂稿　　雍正二年闰四月初二日
会考府为准光禄寺奏销康熙六十一年内庭外宾用过银两事说堂稿　　雍正二年闰四月初二日
会考府为驳太常寺雍正元年奏销银两事说堂稿　　雍正二年闰四月二十一日
会考府为康熙六十一年宁海海塘岁修浮销查确请工部换稿送府查核事说堂稿　　雍正二年闰四月二十五日
会考府为再驳太常寺奏销雍正元年钱粮事说堂稿　　雍正二年六月二十四日
会考府为准工部驳查康熙六十一年岁修永定河银两等事说堂稿　　雍正二年六月二十四日
会考府为驳工部奏销康熙六十一年热河应用柴炭钱粮事说堂稿　　雍正二年六月二十四日
会考府为驳工部奏销雍正元年正月银钱事说堂稿　　雍正二年六月二十四日
会考府为驳工部奏销雍正元年二月银钱事说堂稿　　雍正二年六月二十四日
会考府为准光禄寺奏销雍正元年正至十月内用猪鸭等项开销银事说堂稿　　雍正二年六月二十四日
会考府为驳工部奏销孝惠章皇后丧仪用钱粮事说堂稿　　雍正二年七月十九日
会考府为准礼部奏销雍正元年筵宴等项用银两事说堂稿　　雍正二年九月二十日
会考府为准礼部奏销雍正元年铸印等项用过银两事说堂稿　　雍正二年九月二十日
会考府为再驳工部奏销京通仓工银两事说堂稿　　雍正二年九月二十日
会考府为准工部驳雍正元年岁修永定河银两等事说堂稿　　雍正二年九月二十日
会考府为驳工部奏销雍正元年六月各项银钱事说堂稿　　雍正二年十二月初十日
会考府为驳工部奏销雍正元年八月银钱事说堂稿　　雍正二年十二月初十日
会考府为驳工部不准浙江题销雍正元年塘工用银事说堂稿　　雍正二年十二月初十日
会考府为准光禄寺奏销圣祖梓宫至陵寝用过银两事说堂稿　　雍正二年十二月
会考府为驳工部奏销康熙六十一年砀山县等处河工用银事说堂稿　　雍正三年正月
会考府为准光禄寺奏销孝恭仁皇后祭祀银两事说堂稿　　雍正三年二月初九日
会考府为准光禄寺奏销雍正元年十一月内用猪鹅等项开销银事说堂稿　　雍正三年二月初九日
会考府为准光禄寺奏销雍正元年十二月内用猪鹅等项开销银事说堂稿　　雍正三年二月初九日
会考府为准刑部奏销雍正二年朝审买办物料等项银两事说堂稿　　雍正三年三月二十一日

会考府为准刑部奏销雍正二年秋审用过银两事说堂稿　雍正三年三月二十一日
会考府为驳工部奏销康熙六十一年徐州长樊大坝挑挖引河工料银事说堂稿　雍正三年三月二十一日
会考府为准太常寺奏销雍正元年银两事说堂稿　雍正三年四月二十七日
会考府为驳工部奏销雍正元年岁修徐州杨家洼河工用料银事说堂稿　雍正三年四月二十七日
会考府为驳工部奏销雍正元年岁修邳睢等处河工用银事说堂稿　雍正三年四月二十七日
会考府为驳工部奏销雍正元年岁修宿迁河工料银事说堂稿　雍正三年四月二十八日
会考府为准光禄寺奏销雍正二年正月内用猪鹅等项开销银事说堂稿　雍正三年六月二十六日
会考府为准光禄寺奏销雍正二年正月内用猪鸡等项银两事说堂稿　雍正三年六月二十六日
会考府为准光禄寺奏销雍正二年二月内用猪鹅等项银两事说堂稿　雍正三年六月二十六日
会考府为准光禄寺奏销雍正二年二月内用猪鸡等项银两事说堂稿　雍正三年六月二十六日
会考府为驳工部咨销雍正元年挑挖引河等项工料银两事说堂稿　雍正三年六月二十六日
会考府为驳工部咨销雍正元年淮徐道属堤岸等工料银事说堂稿　雍正三年六月二十六日
会考府为驳工部奏销雍正二年山阳县堤工用料银事说堂稿　雍正三年六月二十六日
会考府为再驳工部奏销康熙六十年山西省脚价银两事说堂稿　雍正三年六月

雍正清理钱粮亏空案史料（上）

张莉编选（1990·3·3）　　中国第一历史档案馆

户部尚书孙查齐等议将完补亏空地丁银之无为州知州李廷焕开复事题本　雍正元年三月初八日
户部尚书孙查齐等为审议三河县知县李长华亏空兵饷事题本　雍正元年三月二十四日
户部尚书孙查齐等为会查凉甘肃三道何廷圭等亏空捐纳银两案事题本　雍正元年三月二十九日
户部尚书孙查齐等为署印官亏空钱粮令遴选官分赔事题本　雍正元年四月初三日
户部尚书孙查齐等为准限内全完亏空地丁银之景陵知县潘经世开复事题本　雍正元年四月初七日
怡亲王允祥等为将限内未完亏空银粮之耀州知州王文熙等人严行查究事题本　雍正元年四月十九日
怡亲王允祥等为请严审亏空钱粮之永昌卫守备郭萃文事题本　雍正元年四月二十日
怡亲王允祥等为将限内全完之南康府同知柯邓枚准予开复事题本　雍正元年四月二十三日
怡亲王允祥等为严查霸昌道赵弘撰亏空朋建等银事题本　雍正元年四月二十三日
怡亲王允祥等为将限内补完亏空地丁银之保昌知县汪度弘　雍正元年四月二十四日

开复事题本
怡亲王允祥等为揭参亏空钱粮之泾州知州冯震等事题本　雍正元年四月二十四日
怡亲王允祥等为查议雄县知县胡世昌亏空银两事题本　雍正元年四月二十八日
怡亲王允祥等为查议瑞昌县知县金世福亏空地丁银两事题本　雍正元年四月二十八日
怡亲王允祥等为查议良乡知县楼绩亏空捐纳银米事题本　雍正元年四月二十九日
怡亲王允祥等查审嘉定县革职知县刘昆潛惰征银两事题本　雍正元年四月二十九日
陕西巡抚噶世图为请将限内全完亏空银米之紫阳县令季弘焕开复事题本　雍正元年五月初二日
怡亲王允祥等为查议奉节县已故县令范如项亏空仓谷事题本　雍正元年五月二十一日
川陕总督年羹尧为请将全完亏空银米之平利县知县蒋翔凤等开复事题本　雍正元年五月二十九日
怡亲王允祥等为已完亏空地丁银之韩城知县杨鉴不能开复事题本　雍正元年六月初九日
怡亲王允祥等为议奏严处挪侵国帑捐职官员事题本　雍正元年六月初十日
怡亲王允祥等为请借给杭州等府兵饷银两买米以还亏空米事题本　雍正元年六月初十日

雍正清理钱粮亏空案史料（下）

张莉编选（1990·4·3）　　中国第一历史档案馆

怡亲王允祥等为将限内全完亏空银粮之署清涧知县蔡丰莲等开复事题本　雍正元年六月二十日
闽浙总督满保为参浙江粮道江国英侵匿银两事题本　雍正元年六月二十日
怡亲王允祥等为将限内全完亏空钱粮之山阳知县佟世伦等六员开复事题本　雍正元年六月二十四日
山东巡抚黄炳为参益都知县吴鼎亏空银谷案事题本　雍正元年八月初四日
川陕总督年羹尧为将全完亏空仓粮之河州茶马司大使王维正开复事题本　雍正元年八月十三日
怡亲王允祥等为受参亏空钱粮官员于任所与原籍同时严追事题本　雍正元年八月二十八日
直隶巡抚李维钧为参昌平州知州夏铉亏空银粮事题本　雍正元年八月二十九日
山西巡抚诺岷为参太原府知府李清钥亏空银粮事题本　雍正元年九月初四日
山西巡抚诺岷为参襄陵县知县周之翰亏空银粮事题本　雍正元年九月初七日
怡亲王允祥等为查议已故山东巡抚蒋陈锡侵蚀谷银事题本　雍正元年九月十四日
偏沅巡抚魏廷珍为参耒阳县病故知县张应星亏空钱粮事题本　雍正元年九月十四日
浙江巡抚李馥为参鄞县知县何鉽亏空地丁银事题本　雍正元年九月十四日
河南巡抚石文焯为奏销新乡等州县民欠亏空银两数目事题本　雍正元年九月十四日
山西巡抚诺岷为参太原等州县亏空银粮事题本　雍正元年九月十六日
浙江巡抚李馥为参嘉善知县彭宪祖亏空银粮事题本　雍正元年九月二十二日
山西巡抚诺岷为参平阳府已故知府冯国泰亏空银两题本　雍正元年十月初二日
湖广巡抚纳齐喀为参布政使张圣弼扣收地丁银事题本　雍正元年十月初六日
署江宁巡抚何天培为参苏州府知府高浚亏空解部银两题本　雍正元年十月初七日

怡亲王允祥等议请将已亏空之官勒限三年完结事题本　　雍正元年十月十八日
山西巡抚诺岷为纠参绛县知县吴维垣亏空银粮事本　　雍正元年十月二十日
山西巡抚诺岷为纠参寿阳县知县孙锡灿亏空银粮事题本　　雍正元年十月二十日
怡亲王允祥等为将限内全完亏空地丁银之泾阳知县焦应旗开复事题本　　雍正元年十月二十一日
陕西巡抚范时捷为将限内全完亏空民屯银之浦城知县邹翀翼开复事题本　　雍正元年十月二十二日
怡亲王允祥等为议请清查长沙等八州县亏空银粮案事题本　　雍正元年十月二十三日
江西巡抚裴倖度为参永新知县张景龄亏空银粮事题本　　雍正元年十月二十六日
直隶巡抚李维钧为参通永道黄之孝亏空饷银事题本　　雍正元年十月二十七日
浙江巡抚李馥为请议原任省分地方代官赔亏空银两办法事题本　　雍正元年十月二十九日
怡亲王允祥等为查议金坛县病故知县冯同宪亏空地丁银粮事题本　　雍正元年十一月十七日

雍正元年垦荒史料选

王澈编选（1993·1·13）　　中国第一历史档案馆

户部尚书孙查齐等为详议劝垦立法事题本　　雍正元年三月二十三日
户部尚书孙查齐等请定云南弥勒州屯田科则事题本　　雍正元年三月十八日
户部尚书孙查齐等为报广西开垦田亩征收银米事题本　　雍正元年三月十六日
山东巡抚黄炳为报康熙六十年开垦荒地事题本　　雍正元年二月二十五日
怡亲王允祥等为请宽江西新垦田亩升科之限期事题本　　雍正元年四月十八日
怡亲王允祥为请宽山东新垦田亩升科之限期事题本　　雍正元年四月十四日
直隶巡抚李维钧为报确查垦地所征粮银并无情弊事题本　　雍正元年五月二十五日
浙江巡抚李馥为报垦荒及起科事题本　　雍正元年六月三十日
福建巡抚黄国材为报垦荒及起科事题本　　雍正元年八月二十九日
怡亲王允祥等为报贵州巡抚金世扬等劝民垦荒事题本　　雍正元年十月初二日
怡亲王允祥等为劝垦荒地及勘丈坍涨土地事题本　　雍正元年十月十三日
怡亲王允祥等为议叙河南劝垦合例各官记录一次事题本　　雍正元年十一月十五日

会考府准驳黄河海塘工程钱粮档案选

高振田　张莉　陈锵仪编选（1984·3·7）　　中国第一历史档案馆

一、黄河河工工程钱粮

驳工部请销康熙六十年桃源等处河工用银奏稿　　雍正元年四月十九日
请准销河南白家楼等处河工用银事登准题簿文　　雍正元年七月十九日
请准销康熙六十一年河阴县王家沟等处河工用银事登准题簿文　　雍正元年十月二十五日
驳工部请销康熙六十一年虞城县大王庙河工用银说堂稿　　雍正二年闰四月初二日
驳工部请销康熙六十一年砀山县定国寺等处河工用银说堂稿　　雍正三年正月
驳工部请销康熙六十一年徐州长樊大坝河工用银说堂稿　　雍正三年三月三十一日
驳工部请销雍正元年赵庄等处建坝用银事登驳查簿文（满　　雍正二年八月二十九日

译汉）
驳工部请销雍正元年宿迁县彭家堡等处河工用银事登驳查簿文（满译汉） 雍正二年九月十五日
驳工部请销雍正元年邳睢等处河工用银说堂稿 雍正三年四月二十七日
驳工部请销雍正元年徐州杨家洼河工用银说堂稿 雍正三年四月二十七日
驳工部请销雍正元年宿迁叶家庄等处河工用银说堂稿 雍正三年四月二十七日
驳工部请销雍正元年抢修黄河堤坝用银说堂稿 雍正三年六月二十六日
驳工部请销雍正二年山阳县地洞口等处堤坝工用银说堂稿 雍正三年六月二十六日
二、浙江海塘工程钱粮
驳工部请销康熙六十一年岁修海宁海塘用银事登驳查簿文（满译汉） 雍正元年十月初十日
驳查后准销康熙六十一年岁修海塘用银事登驳查簿文（满译汉） 雍正元年十一月初五日
追查康熙六十一年岁修海塘浮销银两事登驳查簿文（满译汉） 雍正二年四月十四日
驳工部请销雍正元年岁修海宁海塘用银事登驳查簿文 雍正二年九月十五日

雍正元年各省关税额史料
丁进军编选（1988·1·17） 中国第一历史档案馆
雍正元年所立各省关税额数档册 雍正元年七月

雍正朝设立社仓史料（上）
哈恩忠编选（2004·2·7） 中国第一历史档案馆
詹事府詹事鄂尔奇为仿古制设立社仓事奏折 雍正元年八月初五日
闽浙总督满保等为报闽省官员捐输社仓事奏折 雍正元年十月初六日
湖广总督杨宗仁为报湖北举行社仓情形事奏折 雍正二年正月十九日
湖广总督杨宗仁为报湖广地方秋后全部建成社仓等事奏折 雍正二年四月十三日
著各省督抚留心体察社仓事上谕 雍正二年闰四月初四日
湖广总督杨宗仁为遵旨宽缓劝捐社仓谷石事奏折 雍正二年闰四月二十二日
湖广总督杨宗仁为报并无勒派劝捐社仓谷石事奏折 雍正二年闰四月二十二日
贵州巡抚毛文铨为遵旨设立社仓等事奏折 雍正二年七月初六日
广西巡抚李绂为请将捐谷借民取息为社仓之本等事奏折 雍正二年七月二十五日
署理山西巡抚伊都立为报山西设立社仓事奏折 雍正三年三月二十四日
著各省趁丰年筹划社仓等仓储事上谕 雍正三年九月二十四日
川陕总督岳钟琪为请留火耗买谷积贮社仓等事奏折 雍正三年十二月十五日
川陕总督岳钟琪等为遵旨买贮社仓谷石事奏折 雍正四年二月十二日
江西巡抚裴𰒴度为访察江西劝输社仓谷石较多官员事奏折 雍正四年四月初四日
河南巡抚田文镜为报各属捐贮社仓谷石并设立社仓数目等事奏折 雍正四年六月二十一日
吏部郎中孙常为遵旨盘查直隶赞皇等县社仓等项实贮数目事奏折 雍正四年七月十三日

翰林院编修金以成为遵旨盘查顺义等厅县社仓等项实贮数目事奏折 雍正四年七月十五日

雍正朝设立社仓史料（中）

哈恩忠编选（2004·3·3） 中国第一历史档案馆

川陕总督岳钟琪为禁止囤贩米石商船及买贮社仓谷事奏折 雍正四年七月十六日
署理湖广总督傅敏为请以三年为限令州县补足仓贮事奏折 雍正四年十二月初四日
直隶总督李绂为遵旨条奏直省举行社仓保甲事奏折 雍正四年十二月二十四日
署理湖广总督傅敏为拣员候补楚省亏空社仓员缺事奏折 雍正五年正月二十五日
署理山东巡抚塞楞额为在衙署内择地建立社仓事奏折 雍正五年二月初十日
都察院左都御史郑任钥为遵旨复奏徇庇属员侵渔社仓等事奏折 雍正五年二月十三日
署理山东巡抚塞楞额为遵旨择地建造社仓等事奏折 雍正五年三月十九日
浙江巡抚李卫为奏明浙省社仓等情形事奏折 雍正五年闰三月初一日
著署理湖广总督傅敏通查追赔社仓亏缺谷石事谕旨 雍正五年六月初一日
河南总督田文镜为报雍正四年社仓谷石数目事奏折 雍正五年八月二十八日
宁远大将军岳钟琪为酌议社仓收放稽查之条约事奏折 雍正七年五月二十七日
宁远大将军岳钟琪所拟定社仓收放稽查条约 雍正七年五月二十七日
著陕省官员稽查收放社仓谷石等事上谕 雍正七年六月二十六日
著将善于劝导积谷社仓之田文镜交部议叙事上谕 雍正八年四月二十七日

雍正朝设立社仓史料（下）

哈恩忠编选（2004·4·20） 中国第一历史档案馆

福建布政使潘体丰为报闽省官民捐积社仓谷石事奏折 雍正九年六月
河东河道总督田文镜为报豫省捐输社仓谷石数目事奏折 雍正十年四月十三日
署理陕西总督刘于义为平番县借动减粜银两及社仓粮石事奏折 雍正十年十一月二十四日
直隶总督李卫为遵旨复奏变通办理借动社谷事奏折 雍正十一年六月初一日
福州将军阿尔赛为筹息营运充裕酌设社仓事奏折 雍正十一年八月十七日
兰州巡抚许容为借社仓粮石易买驴头事奏折 雍正十二年二月初四日
福州将军阿尔赛为筹息营运充裕酌设社仓事奏折 雍正十二年二月二十五日
湖广总督迈柱为请奖励倡捐社仓谷石官员等事奏折 雍正十三年二月初十日
河东河道总督王士俊为报雍正十二年各属社仓积贮数目事奏折 雍正十三年闰四月初八日
云南布政使陈弘谋为酌通社仓借本以资接济事奏折 雍正十三年七月十九日

雍正元年划定物料价值题本

方裕谨编选（1986·4·28） 中国第一历史档案馆

廉亲王允祀等划定物料价值题本 雍正元年十二月初八日

雍正初年京畿水利史料

丁进军编选 （1988·1·19）　　中国第一历史档案馆

工部尚书李永绍等为会议京东水利事题本　　雍正四年三月初二日

工部尚书李永绍等为会议畿辅西南水利事题本　　雍正四年五月十九日

雍正年间云南水利史料

丁进军编选（1988·2·31）　　中国第一历史档案馆

和硕果亲王允礼等为汇陈全滇水利已未兴修事题本　　雍正十年四月二十五日

雍正年间清理亏空史料选

叶志如编选 （1987·4·12）　　中国第一历史档案馆

顺天府知州黄理中等为解历年官房地租银事致内务府申文　　雍正十年六月

正黄旗满洲都统为请户部统一丈地弓尺事致内务府咨文　　雍正十二年十二月二十九日

户部为拨给法海寺香火地亩收租事致内务府咨文　　雍正十三年三月初八日

总理亏空所为查办正黄旗祖应宸借欠胤禟银案事致内务府呈稿　　雍正十三年十二月初七日

内务府总理亏空所为咨复内管领下原有鲁裕房地产事呈稿　　雍正十三年十二月十六日

总理亏空所为查明亏欠银两之迟维台并无家产事致内务府堂呈稿　　雍正十三年十二月十九日

总理亏空所为查报亏空案件印册及卷宗事致内务府堂呈稿　　雍正十三年十二月二十三日

雍正十二年征收杂项税课史料

叶志如编选（1989·1·3）　　中国第一历史档案馆

广东巡抚杨永斌为学租银两请归藩司督催报销事题本　　雍正十二年七月十六日

广东巡抚杨永斌为奏销雍正三年长乐县炉饷钱粮事题本　　雍正十二年七月十六日

广东巡抚杨永斌为请开复被参欠解炉饷之长乐县丞事题本　　雍正十二年七月二十三日

总理户部事务允礼等为奏销湖南上年巴陵等县芦课事题本　　雍正十二年八月十九日

总理户部事务允礼等为汇解上年夔关杂税等项银两事题本　　雍正十二年八月二十四日

总理户部事务允礼等为报打箭炉一年茶课银两收支情形题本　　雍正十二年九月初二日

广西巡抚金鉷为报梧浔二厂上年度征收杂税使用情事题本　　雍正十二年九月十一日

四川巡抚鄂昌为汇报夔关征收杂税银两事题本　　雍正十二年九月十三日

山西巡抚石麟为查复交城县收解上年商畜税契银两事题本　　雍正十二年九月十九日

总理户部事务允礼等为查参未完炉饷翁源知县等事题本　　雍正十二年九月二十四日

总理户部事务允礼等为筹征苏属八府州旧欠芦课钱粮事题本　　雍正十二年九月二十七日

总理户部事务允礼等为奏销十年安庆芦课考成各官事题本　　雍正十二年九月二十七日

总理户部事务允礼等为赏捐纳土方之王大用等顶戴事题本　　雍正十二年十月初七日

允礼等查报历城知县经征房田税契银并无苛索事题本　　雍正十二年十月十三日

户部尚书张廷玉等为学租请归藩司督催报销事题本　　雍正十二年十月十八日

雍正末年垦荒升科题本

叶志如编选（1998·2·10）　　中国第一历史档案馆

署湖北巡抚迈柱为请照例开复依限垦报之松滋县事题本	雍正十二年八月初一日
和硕果亲王允礼等为遵旨允准广西各属垦熟首报免罪事题本	雍正十二年八月二十五日
和硕果亲王允礼等为参揑报垦荒亩数知县事题本	雍正十二年八月二十六日
山西巡抚石麟为报太原等属垦荒应征粮银起科事题本	雍正十二年八月二十六日
和硕果亲王允礼等为请将贵州首报不力地方官员议处事题本	雍正十二年八月二十六日
和硕果亲王允礼等为遵谕核办云南等府属垦荒升科应征钱粮事题本	雍正十二年九月十一日
和硕果亲王允礼等为云南镇南州六年首垦田地重开参罚事题本	雍正十二年九月十一日
和硕果亲王允礼等为核办贵州瓮安等县民人垦荒升科并劝民续垦事题本	雍正十二年九月十一日
和硕果亲王允礼等为恭报安庆所属十一年垦荒地亩照例升科事题本	雍正十二年九月十二日
和硕果亲王允礼等为请严争夺新田以收垦荒实效事题本	雍正十二年九月十三日
安徽巡抚赵国麟为报皖省各州县十二年开垦荒田升科情形事题本	雍正十三年八月初五日

雍正十二年各地行盐征课题本（上）

叶志如编选（1989·2·3）　　中国第一历史档案馆

允礼等为会议长芦盐课钱奏销事题本	雍正十二年九月初六日
允礼等为报雍正十一年四川额征盐课税银数目事题本	雍正十二年九月初八日
护理河东巡盐御史程仁圻为报接收前任征解各项钱粮事题本	雍正十二年九月初九日
允礼等为遵议奏销两淮雍正十年及十一年盐课事题本	雍正十二年九月二十一日
两淮盐政高斌为报雍正十一年解部盐课等银情形事题本	雍正十二年九月二十四日
允礼等为造报各任盐驿道经手盐课钱粮交盘结册事题本	雍正十二年九月二十六日
允礼等为陈滇盐积困急等善后良策以清国课以苏官灶事题本	雍正十二年九月二十六日

雍正十二年各地行盐征课题本（下）

叶志如编选（1989·3·20）　　中国第一历史档案馆

允礼等为东省运属灶丁请照民例摊地征银事题本	雍正十二年九月二十九日
允礼等为会议奏销长盐雍正十一年额征正杂盐课等事题本	雍正十二年十月初九日
允礼等为会议奏销两淮盐引钱粮事题本	雍正十二年十月十一日
张廷玉等为请添给商人余引十万道事题本	雍正十二年十月二十日

雍正年间盛京旗地额赋史料

丁进军编选（1987·1·3）　　中国第一历史档案馆

张廷玉报盛京旗地雍正五六两年经征米豆等完欠数目题本	乾隆元年二月二十一日
张廷玉报盛京旗地雍正七八两年经征银米等完欠数目题本	乾隆元年二月二十一日
张廷玉报盛京旗地雍正九年经征米豆等完欠数目题本	乾隆元年二月二十一日

张廷玉报盛京旗地雍正十年经征米豆等完欠数目题本　乾隆元年二月二十一日
张廷玉报盛京旗地雍正十一年经征米豆等完欠数目题本　乾隆元年二月二十一日
张廷玉报盛京旗地雍正十二年经征银米等完欠数目题本　乾隆元年二月二十一日

乾隆初年豁除浮赋史料

吕小鲜编选（1992·3·20）　中国第一历史档案馆

一、江苏、安徽桃源、宿迁、睢宁、盐城、泗州浮粮之豁除
苏州巡抚高其倬为豁桃源宿迁睢宁无地虚粮事奏折　乾隆元年二月初三日
江苏布政使张渠为豁桃源宿迁睢宁泗州无地虚粮事奏折　乾隆元年二月十三日
安庆巡抚赵国麟为豁泗州重征及无田之赋事奏折　乾隆元年三月十三日
漕运总督补熙为豁盐城混报涸复田亩虚粮事奏折　乾隆二年闰九月十六日
二、广东电白县、昌化县浮粮之豁除
广东巡抚杨永斌为豁除电白县浮粮事奏折　乾隆元年十一月初九日
广东布政使萨哈谅为豁除昌化县虚赋事奏折　乾隆二年五月十五日
两广总督鄂弥达为复昌化浮粮确属应豁之项事奏折　乾隆三年四月二十八日
广东粮驿道朱叔权为电白折征兵米银确属浮收恳恩豁除事奏折　乾隆六年二月十五日
三、陕西礼泉县浮粮之豁除
署西安布政使帅念祖为豁除礼泉勒首之虚粮事奏折　乾隆三年九月十六日
川陕总督鄂弥达为复礼泉勒首虚粮属实恳恩豁除事奏折　乾隆四年五月三十日
四、福建崇安县浮粮之豁除
署福建巡抚王恕为除崇安县捏报开垦成熟荒田虚赋事奏折　乾隆六年三月二十八日
署闽浙总督策楞为复崇安县开垦升科委属捏报请豁事奏折　乾隆七年二月初二日
五、江西南昌府属七州县浮粮之豁除
陕西巡抚陈弘谋为江西南昌府属七州县豁除未尽之浮粮事奏折　乾隆九年二月初一日

乾隆朝整饬社仓档案（上）

哈恩忠编选（2014·3·12）　中国第一历史档案馆

顺天府尹陈守创为请令乡民公举有德望绅士管理社仓事奏折　乾隆元年二月十六日
署理湖广总督史贻直为遵旨查议湖北社仓谷石事奏折　乾隆元年二月十七日
署理福建陆路提督苏明良为遵旨议奏拨用恩赏息银设立提标营中社仓接济兵食事奏折　乾隆元年二月二十三日
江南总督赵弘恩等为奉谕妥议江苏社仓听民捐输事奏折　乾隆元年三月十九日
通政司右通政李世倬为预为筹划注册家业革除社仓弊端事奏折　乾隆元年五月初八日
著各省督抚预造册籍酌量赈给事上谕　乾隆元年五月初九日
河南巡抚富德为社仓赈济谷石可据保甲册籍事奏折　乾隆元年六月初三日
山西巡抚石麟为遵谕酌议社仓出借仓谷登记家业名口事奏折　乾隆元年六月十八日
江南总督赵弘恩等为遵谕酌议社仓出借仓谷核对保甲底册事奏折　乾隆元年七月初五日

四川巡抚硕色为应将川省盈余仓粮买入社仓以重民依事奏折	乾隆二年九月初六日
湖北按察使阎尧熙为请于有社仓处以息谷创设乡学事奏折	乾隆二年十月二十日
著逢歉岁常平社仓免收贫民息谷事上谕	乾隆三年二月二十三日
陕西巡抚崔纪为报陕省乾隆二年社仓粮石数目事奏折	乾隆三年二月二十四日
四川巡抚硕色为报积贮社粮数目及酌建仓廒事奏折	乾隆三年四月二十五日
广西巡抚杨超曾为节省广西矿厂抽收充赏银两添买社仓谷石事奏折	乾隆四年二月十八日
降级留任西安巡抚张楷为整理社仓事宜于社仓定例内增添五条事奏折	乾隆四年三月初四日
为议复西安巡抚张楷办理社仓条款事奏折	乾隆四年四月初一日
降级留任湖北巡抚崔纪为查核常平社仓积贮并咨部展限事奏折	乾隆四年四月二十四日
署理福建巡抚王士任为原议未及社仓捐输奖励之条请旨定例各省通行事奏折	乾隆四年十一月二十五日
河南巡抚雅尔图为劝捐社谷照例收息济赈有恃事奏折	乾隆五年三月初一日
川陕总督鄂弥达等为遵旨详议社仓事目陕省系动用官项采买谷石事奏折	乾隆五年三月二十二日
川陕总督鄂弥达等为报收还社仓旧欠谷石及贮存数目事奏折	乾隆五年三月二十二日
直隶总督孙嘉淦为遵旨出借社仓谷石平粜米价及赈工事奏折	乾隆五年四月初七日
著豫省被水州县只完纳本年正赋旧欠社仓等谷银统分三年带征事上谕	乾隆五年四月十九日
甘肃巡抚元展成为遵旨详议社仓事目及援例收仓费修仓补粮事奏折	乾隆五年四月二十四日
福建建宁镇总兵项朝选为乾隆四年买补社仓贮谷事奏折	乾隆五年五月十五日
山东巡抚硕色为遵旨详议社仓事目及动支余平银两买补社粮并建仓事奏折	乾隆五年五月十八日
云南总督庆复等为遵旨详议社仓事目事奏折	乾隆五年闰六月二十二日
河南巡抚雅尔图为遵旨劝民捐输社仓谷石事奏折	乾隆五年闰六月二十五日
闽浙总督德沛为遵旨详议社仓事目事奏折	乾隆五年七月初一日
江西巡抚岳浚为遵旨详议社仓事目事奏折	乾隆五年七月初八日
江苏按察使陈弘谋为谨陈社仓等仓存贮未尽事宜事奏折	乾隆五年八月二十二日
闽浙总督德沛等为遵旨详议社仓事目事奏折	乾隆五年八月二十八日
山东巡抚朱定元为社仓听民乐输杂粮以收实效事奏折	乾隆五年十月初三日
江苏巡抚徐士林为详议社仓捐输不善事奏折	乾隆六年二月二十八日
署理福建布政使乔学尹为闽省劝捐社谷及建设社仓事奏折	乾隆六年三月初一日
河南巡抚雅尔图为清理社仓谷石酌量变通章程事奏折	乾隆六年三月十三日
安庆巡抚陈大受为社仓宜随所产兼收杂粮事奏折	乾隆六年四月二十五日
河南巡抚雅尔图为报社仓积谷数目事奏折	乾隆六年七月十六日
署理江西巡抚包括为萍乡安福二县偶被水灾酌动社谷抚恤事奏折	乾隆六年九月十二日
山西布政使严瑞龙为请准社仓开销耗谷以免侵渔勒索事	乾隆七年十一月初一日

奏折

乾隆朝整饬社仓档案（中）

哈恩忠编选（2014·4·6）　　中国第一历史档案馆

福建陆路提督武进升为盘查社仓谷石银两事奏折　乾隆八年四月初四日
福建陆路提督武进升为推广社仓之法以重积贮事奏折　乾隆八年六月十一日
甘肃巡抚黄廷桂为甘省连岁丰登劝捐社仓谷石事奏折　乾隆九年三月二十五日
漕运总督顾琮为敬陈变通社仓之法等八条事奏折　乾隆九年五月十一日
湖北巡抚晏斯盛为申明社仓保甲相为经纬事奏折　乾隆九年七月初六日
河南巡抚硕色为请酌定社仓正副社长所用杂费事奏折　乾隆九年十一月二十七日
护理河南巡抚赵城为酌动社息营建社仓事奏折　乾隆十年二月二十五日
江西巡抚塞楞额为社谷积多酌还原借常平谷本事奏折　乾隆十年三月初三日
湖北巡抚晏斯盛为楚北丰稔乘时清理社仓积欠事奏折　乾隆十年七月二十二日
署理湖广总督鄂弥达等议复汉镇置设社仓以裨商民事奏折　乾隆十年八月三十日
奉天府府丞陈治滋为敬陈奉天筹划备荒置设社仓管见事奏折　乾隆十年十二月初一日
两江总督尹继善为议复民修塘窟准动社仓谷石等事奏折　乾隆十一年二月二十一日
陕西巡抚陈弘谋为秋收丰稔办理常平社仓旧欠及新捐谷石事奏折　乾隆十一年二月二十四日
安徽巡抚魏定国为请定州县稽查社仓章程事奏折　乾隆十一年三月十九日
湖北巡抚开泰为请饬道府巡查抽验社仓谷石事奏折　乾隆十一年六月二十四日
湖南巡抚杨锡绂为请严定州县疏管社仓处分事奏折　乾隆十二年三月十七日
吏部尚书兼管户部尚书事务刘于义等为议复严定州县疏管社仓处分事奏折　乾隆十二年五月初七日
盛京将军达尔当阿等为议复奉天社仓效法旧例积贮谷石等事奏折　乾隆十二年十月十七日
革职留任湖北巡抚彭树葵为楚省社仓零星酌筹归并以收实效事奏折　乾隆十三年十一月二十六日
福州将军马尔拜为福州驻防旗营积欠社谷酌议扣补还项事奏折　乾隆十四年正月二十二日
湖北巡抚唐绥祖为劝捐社谷及将江陵县存银添建仓房事奏折　乾隆十五年三月十二日
护理广西巡抚李锡泰为添建仓廒酌筹归补垫项事奏折　乾隆十六年三月二十日
革职留任陕西巡抚陈弘谋为请将常平无用仓廒拨充社仓事奏折　乾隆十六年四月初七日
降级留任掌福建道监察御史王荃为陈常平社仓积贮管见事奏折　乾隆十六年闰五月初六日
湖南巡抚陈弘谋为江浙商贩流通并筹办社仓接济等事奏折　乾隆二十年十二月十六日
福建巡抚钟音为闽省社仓设法整理酌议条规事奏折　乾隆二十一年六月初九日
署理湖南巡抚蒋炳为各属出借社仓仓谷及查催买补谷石事奏折　乾隆二十二年三月二十二日
著山西交城等州县秋歉缓征社仓义仓谷石事上谕　乾隆二十三年二月十四日

乾隆朝整饬社仓档案（下）

哈恩忠编选（2015·1·25）　　中国第一历史档案馆

署理广州将军李侍尧为酌筹社仓谷石励民捐输事奏折	乾隆二十三年四月初六日
四川布政使徐垣为捐输社仓谷石日增酌建仓廒事奏折	乾隆二十三年八月二十五日
浙江巡抚杨廷璋为陈酌筹修举社仓管见事奏折	乾隆二十三年十月初六日
掌山西道监察御史吴龙见为确核常平社仓实贮谷石以备缓急事	乾隆二十四年四月十三日
广西巡抚鄂宝为将社仓息谷拨入添贮项按数减除应买谷石事奏折	乾隆二十四年闰六月十二日
广东布政使宋邦绥为酌变社谷出借之法以济民食事奏折	乾隆二十四年七月初九日
两广总督李侍尧等为遵旨议复酌变社谷出借之法事奏折	乾隆二十四年十二月十三日
湖北按察使沈作朋为请将各省布按等所属首领闲曹专司稽核保甲社仓事奏折	乾隆二十六年六月十一日
江南安徽巡抚托庸为请动社谷变价修建常平仓廒事奏折	乾隆二十六年七月十三日
江苏布政使安宁为查明各州县社谷事奏折	乾隆二十六年九月初七日
暂署陕西巡抚阿里衮为清查通省常平社仓粮石及兴修城工等事奏折	乾隆二十八年七月初七日
广西巡抚宋邦绥为办理常平社仓仓粮事奏折	乾隆三十年六月二十七日
四川总督阿尔泰为请奖叙西昌县民王左捐社谷四百石事奏折	乾隆三十一年六月十三日
河南布政使佛德为豫省各属社谷多寡不一酌筹照例捐补划一事奏折	乾隆三十一年六月十七日
降级留任河南巡抚阿思哈为遵旨议复豫省各属社谷照例捐补划一事奏折	乾隆三十一年七月十八日
大学士管云贵总督杨应琚等为请将滇省常平社仓谷石归藩司管理事奏折	乾隆三十二年三月初五日
江西巡抚吴绍诗为请动社仓息谷建设仓廒事奏折	乾隆三十二年三月二十九日
著刑部尚书舒赫德等查讯舞阳县乡保借社谷累民事上谕	乾隆三十二年十月十三日
大学士傅恒等遵旨议复将直隶五省赏银作为社仓谷本事奏折	乾隆三十三年正月二十四日
江西巡抚吴绍诗为备陈建造社仓酌动息谷数目事奏折	乾隆三十三年四月二十九日
云南巡抚喀宁阿为请将滇省常平社仓仍归粮道专管事奏折	乾隆三十四年四月十三日
安徽巡抚富尼汉为宁国府属旌德县循例动支息谷建盖仓廒事奏折	乾隆三十四年九月二十日
护理江苏巡抚李湖为查办社仓斟酌调剂添改三条成规事奏折	乾隆三十五年十二月十四日
署理江苏巡抚萨载为遵旨议复社仓应改应添成规事奏折	乾隆三十六年二月二十六日
暂署湖广总督陈辉祖为酌筹借还社谷据情豁免事奏折	乾隆三十九年四月二十八日
湖北巡抚陈辉祖为请豁民欠难完社谷事奏折	乾隆三十九年十一月十八日
福建布政使钱琦为酌存社谷溢出易银存库事奏折	乾隆四十年四月十三日
山西布政使黄检为变通社仓义仓息谷变价解贮司库事奏折	乾隆四十年八月二十五日
署湖南布政司永庆为陈请道员就近校验常平社仓斛斗等事奏折	乾隆四十一年十月二十二日
四川总督文绶为酌情买补两年所借动社谷以备民食事奏折	乾隆四十一年十一月二十一日

暂署湖南巡抚敦福为乾州等八厅县社仓拨还原借常平仓谷以清额贮事奏折　乾隆四十二年三月十三日
山东巡抚国泰为请将社仓归地方官经理以杜侵短事奏折　乾隆四十三年正月十九日
著社仓毋庸官为经理仍遵旧制事谕旨　乾隆四十三年二月十九日
江西巡抚郝硕为请循福建等省成例酌变社仓息谷事奏折　乾隆四十四年九月初九日
江西巡抚伊星阿为茅泗玲石闸坍坏动支社息银两修理事奏折　乾隆五十年四月二十二日
著核办嘉兴等县社仓存谷等事上谕　乾隆五十一年五月十九日
著各省督抚毋因循玩忽实力稽查社仓谷石事上谕　乾隆五十七年十一月十九日
著豁免安徽省各州县节年民欠等银谷事上谕　乾隆六十年二月二十四日

乾隆初处理建阳县瞒报应升科田赋案

吕小鲜编选（1993·3·3）　中国第一历史档案馆

福建建宁总兵李荫樾为清丈建阳县田亩事奏折　乾隆元年三月初六日
福建巡抚卢焯为复清丈建阳田亩事奏折　乾隆元年六月初五日
大学士张廷玉等为请照建阳县册载亩数赋额征收并改正部册事奏折　乾隆元年十月二十八日

乾隆前期准噶尔部与内地的贸易史料（上）

叶志如编选（1992·2·38）　中国第一历史档案馆

川陕总督查郎阿等为准部贡使额尔沁由京回肃贸易等事奏折　乾隆元年四月初一日
附一：额尔沁等人在肃交易所购货物清单
附二：额尔沁等人在肃交易所卖货物清单
甘肃布政使徐杞为报东科尔所买准噶尔货物变价事奏折　乾隆六年十二月二十六日
甘肃巡抚黄廷桂为准噶尔在肃贸易之人等已先后返回事奏折　乾隆九年五月十九日
川陕总督庆复为准噶尔贡使在肃交易事竣先后回归事奏折　乾隆九年五月二十二日
甘肃巡抚黄廷桂为准贡使哈柳等已由哈密赴京买卖之人二三月始到事奏折　乾隆十一年正月十六日
甘肃巡抚黄廷桂请照例借帑派员采买准贡使所需货物事奏折　乾隆十一年二月二十四日
安西提督李绳武为准商已抵东打坂并筹改进京为在肃贸易事奏折　乾隆十一年四月初二日

乾隆前期准噶尔部与内地的贸易史料（中）

叶志如编选（1992·3·29）　中国第一历史档案馆

安西提督李绳武为报额连胡里率准商抵哈密并要求在哈贸易事奏折　乾隆十一年四月初四日
安西提督李绳武为报额连胡里等自哈密赴肃州贸易等情奏折　乾隆十一年四月
安西提督李绳武为报准部使臣哈柳返抵哈密及返程日期事奏折　乾隆十一年五月初二日

乾隆前期准噶尔部与内地的贸易史料（下）

叶志如编选（1992·4·19）　　中国第一历史档案馆

安西提督李绳武为收送进贡准部使臣哈柳等礼品事奏折　乾隆十一年五月初二日
甘肃巡抚黄廷桂为准使哈柳等回返日期并商伙赴肃情形事奏折　乾隆十一年六月初九日
甘肃巡抚黄廷桂为准噶尔贸易头人额连胡里求见事奏折　乾隆十一年七月十二日
附：准部台吉来文译件
甘肃巡抚黄廷桂为准部商人抵肃交易所给银两情事奏折　乾隆十一年七月十二日
甘肃巡抚黄廷桂为收买准部商人各色皮张数目事奏折　乾隆十一年八月十二日
安西提督李绳武为接送额连胡里等返程及走失人马事奏折　乾隆十一年十月初六日
安西提督李绳武为准部贡使抵境所带货物请准贸易事奏折　乾隆十一年十月二十七日
安西提督李绳武为准部贡使等起程赴京日期及其听带货物处理办法事奏折　乾隆十一年十一月十三日

乾隆朝驿递史料（上）

哈恩忠编选（2003·1·24）　　中国第一历史档案馆

江苏布政使张渠为酌改驿站钱粮成例等事奏折　乾隆元年五月二十四日
贵州总督张广泗为抒减黔省驿站积困及宽恤民力事奏折　乾隆二年四月初八日
吏部尚书杨超曾为站船不敷差遣请量行酌复事奏折　乾隆五年十一月二十五日
兵科给事中瞻塔海为请画一拣选驿丞之例事奏折　乾隆六年元月二十四日
署理广西巡抚杨锡绂为再请酌复站夫事奏折　乾隆六年九月初四日
浙江道试监察御史薛澂为除直省驿站短雇额夫弊端事奏折　乾隆七年三月二十五日
直隶提督保祝为请复驿站原裁壮丁事奏折　乾隆八年三月初一日
江西布政使彭家屏为陈湖南驿站积弊事奏折　乾隆八年五月二十七日
甘肃巡抚黄廷桂为酌筹陕省河东驿马乾银事奏折　乾隆八年九月二十五日
盛京兵部侍郎春山为革除盛京驿站馈送积弊事奏折　乾隆八年十二月初七日
盛京兵部侍郎敷文为陈变通驿站管见事奏折　乾隆十年九月十五日
广东巡抚准泰为稽查驿递公文以免贻误事奏折　乾隆十一年六月二十七日
直隶总督那苏图为遵旨查办直省驿站以骡代马事奏折　乾隆十一年十二月二十日
直隶总督那苏图为复奏直省驿站繁简苦累情形事奏折　乾隆十二年正月二十七日
大学士庆复等为请循例由驿传递军营折奏事奏折　乾隆十二年五月二十四日
陕西巡抚陈弘谋为陕省栈道驿递艰苦请增夫马事奏折　乾隆十三年十月二十日
大学士傅恒为饬查驿站以慎赍送事奏折　乾隆十三年十一月十七日
大学士傅恒为川省驿站贻误军行参劾官员等事奏折　乾隆十三年十一月二十五日
著宽免从前议处台站官员事上谕　乾隆十四年二月十七日
兵部尚书哈达哈为议复酌定驿递时刻等事奏折　乾隆十四年五月二十四日
兵部尚书哈达哈等为遵旨议复东省裁汰驿丞等事奏折　乾隆十四年六月二十七日
湖北巡抚唐绥祖为遵旨整饬驿站事奏折　乾隆十四年十二月初一日
山东巡抚准泰为圣驾南巡动用驿站马匹等事奏折　乾隆十五年七月二十九日
盛京兵部侍郎卞塔海为筹备乾隆帝巡幸盛京驿务事奏折　乾隆十八年四月十八日
著各省督抚饬禁擅动驿站夫马事上谕　乾隆二十年五月初七日

乾隆朝驿递史料（下）

哈恩忠编选（2003·2·17）　　中国第一历史档案馆

湖广总督硕色为参革张掖县丞崔锈擅动驿马等事奏折　乾隆二十二年二月初十日
陕甘总督黄廷桂等为大军凯旋请添沿边驿马事奏折　乾隆二十二年三月十一日
山西巡抚明德为请改复地方驿站以速驰递事奏折　乾隆二十二年五月二十日
陕西巡抚明德等为画一抽拨陕省各站驿马事奏折　乾隆二十二年八月初十日
陕甘总督吴达善为请口内塘驿一例采割草束以备供支事奏折　乾隆二十四年六月二十七日
陕甘总督吴达善为抽撤边路驿马调剂南路事奏折　乾隆二十四年十月二十日
陕甘总督吴达善为筹办存撤甘省驿马等事奏折　乾隆二十五年三月初一日
山西巡抚鄂弼为筹酌通省驿站额定马数等事奏折　乾隆二十五年三月二十日
安徽按察使王检为请立法稽查驿夫侵冒弊端事奏折　乾隆二十六年五月二十四日
云贵总督吴达善为请拨近驿村寨归县管辖事奏折　乾隆二十七年九月二十八日
山东按察使勒尔谨为陈整顿驿站弊端事奏折　乾隆三十一年十一月初四日
直隶按察使裴宗锡为遵旨查办滇省驿递事奏折　乾隆三十二年五月初十日
湖南巡抚方世俊等为遵旨查明湘驿并无预备公馆等事奏折　乾隆三十四年五月二十四日
两江总督高晋为江宁龙潭驿夫不敷酌筹调济事奏折　乾隆三十四年六月二十八日
陕甘总督明山为请将宁夏府属塘驿改归州县管理事奏折　乾隆三十四年十月初九日
湖北巡抚梁国治为遵旨查明湖北驿递未迟误事奏折　乾隆三十四年十一月二十一日
河南布政使何煟为请裁改豫省禹州等驿事奏折　乾隆三十五年四月十八日
四川总督阿尔泰为接奉上谕慎用驿递事奏折　乾隆三十五年七月初六日
著各省驿站探听投递须访查明确如期妥交事上谕　乾隆三十五年八月十四日
闽浙总督钟音等为古田县分防县丞就近管理驿站等事奏折　乾隆三十六年十一月十七日
山西布政使朱珪为革除驿站粘贴印花事奏折　乾隆三十七年七月二十七日
广东巡抚德保为定驿递紧要公文迟延处分事奏折　乾隆三十七年九月二十六日
大学士舒赫德为酌定各省驿递程期等事奏折　乾隆四十年四月十九日
山西布政使黄检为变通驿站采买口马之例事奏折　乾隆四十年八月二十五日
著各省分管驿务按察使及守巡道随时查验驿马等事上谕　乾隆四十三年十一月初六日
山西巡抚巴延三为遵旨慎用驿马驰递事奏折　乾隆四十四年十月二十日
陕甘总督福康安为遵旨查参误递库伦文报官员事奏折　乾隆四十九年九月二十一日
安徽巡抚书麟等为灾属驿马饲喂不敷请循例酌增钱银事奏折　乾隆五十年十一月初七日
河南巡抚穆和蔺为报审拟确山县废弛驿务官员事奏折　乾隆五十五年五月二十二日
广东巡抚郭世勋为请照旧存留粤省站船事奏折　乾隆五十七年二月十六日

乾隆初议减浙江湖州府重赋史料

吕小鲜编选（1992·4·12）　　中国第一历史档案馆

粤海关副监督郑伍赛为请减苏松嘉湖四府赋税最重之县分赋额事奏折　乾隆元年六月二十五日
兵部右侍郎吴应棻为请减湖州府乌程等三县赋额事奏折　乾隆三年
大学士嵇曾筠为查明湖州府乌程等三县赋额确属较重事奏折　乾隆三年三月初六日
附：湖州府长兴乌程等四县圩田科则及乌程等三县赋额偏重数目清单

浙江巡抚卢焯为请将嘉兴赋额照湖州一例减征事奏折　　乾隆四年正月二十五日
浙江巡抚卢焯为请减免乌程等三县赋额十分之二事奏折　　乾隆四年三月初八日
吏部尚书讷亲为遵旨议复酌减湖州乌程等三县赋额事奏折　　乾隆四年四月初一日

乾隆朝甘肃屯垦史料

谢小华编选（2003·3·23）　　中国第一历史档案馆

甘肃巡抚刘于义为请定甘肃屯田善后事宜事奏折　　乾隆元年十二月初十日
甘肃巡抚元展成为报筹划甘省荒地耕种事奏折　　乾隆二年十二月十三日
川陕总督鄂弥达为酌改边地兵屯为民屯事奏折　　乾隆四年十一月初三日
甘肃巡抚元展成为报张掖垦荒屯田事奏折　　乾隆四年十二月初二日
甘肃巡抚元展成为昌宁湖地方干旱请停试种事奏折　　乾隆五年三月十九日
川陕总督鄂弥达等为请准办理新渠等地方屯田事奏折　　乾隆五年四月二十四日
甘肃布政使徐杞为请免柳林湖等地屯户借欠钱粮事奏折　　乾隆七年四月二十六日
甘肃按察使鄂昌为安插军犯垦田事奏折　　乾隆七年十月十五日
大学士鄂尔泰为遵旨议复捏贡川地方屯田事奏折　　乾隆七年九月—八年二月
甘肃巡抚黄廷桂为报大通卫等地方招民垦种事奏折　　乾隆八年五月初二日
安西提督永常为报奉旨查勘安西等处可开垦地亩事奏折　　乾隆八年十月二十七日
甘肃巡抚黄廷桂为请将笈笈滩兵屯交与民人承垦事奏折　　乾隆九年二月二十五日
甘肃巡抚黄廷桂为报四堆子地方屯务事奏折　　乾隆九年四月二十四日
川陕总督庆复为陈办理安西屯地事奏折　　乾隆十年二月初九日
甘肃巡抚黄廷桂奏为报甘州府属地方屯民请借银开渠事奏折　　乾隆十年五月初十日
陕西甘肃布政使阿思哈为请免沙州地方屯民旧欠钱粮事奏折　　乾隆十年十月十八日
甘肃巡抚黄廷桂为筹划宝丰屯户善后事宜等事奏折　　乾隆十一年十月初九日
陕甘总督黄廷桂为筹办招民垦辟瓜州荒地事奏折　　乾隆二十二年九月二十六日
陕甘总督杨应琚为请定瓜州屯务永久章程事奏折　　乾隆二十四年七月十二日
陕甘总督杨应琚为筹划肃州屯田事奏折　　乾隆二十五年十一月二十九日
陕甘总督杨应琚为筹安西府属试种豌豆事奏折　　乾隆二十六年二月二十五日
陕甘总督杨应琚为酌筹安西地方垦辟事奏折　　乾隆二十六年三月二十四日
陕甘总督杨应琚为报肃州续垦荒地数目事奏折　　乾隆二十六年四月二十四日
陕甘总督杨应琚为安西试种豌豆丰收事奏折　　乾隆二十六年七月十八日
陕甘总督杨应琚为遵旨查明肃州回民迁移后所遗熟地民人认垦等事奏折　　乾隆二十六年九月十三日
甘肃巡抚明德为请停截留黄渠上游之水以资耕作事奏折　　乾隆二十六年九月十六日
陕甘总督杨应琚为报续垦安西肃州屯田数目事奏折　　乾隆二十六年十月十六日
甘肃布政使吴绍诗为请将柳林湖地方屯田升科事奏折　　乾隆二十七年五月十三日

乾隆朝参务史料

吕小鲜编选（1991·1·10）　　中国第一历史档案馆

湖广道监察御史王文璿为参商王继曾愈额横取资本参虐害穷民事奏折　　乾隆二年三月二十四日
奉天将军达尔当阿条陈整顿参务事宜奏折　　乾隆九年十一月十九日

直隶总督方观承为拿获窝顿私参之张序等事奏折　乾隆二十六年二月十二日
附：窝顿私参之张序等供单
盛京将军新柱等为遵旨查议办放参票办法事奏折　乾隆三十二年十月初四日
盛京将军新柱为改发新票后办参官役公费仍按原比例扣算事奏折　乾隆三十二年十二月初十日
户部右侍郎金简等为改变放票办法并加强巡缉官兵以杜黑人私参奏折　乾隆四十年十一月十九日
为陈明新票若发放全完即可与从前发票较多年份数量相当事奏片　乾隆四十二年十一月二十六日
吉林将军宝琳等为复奏豁免刨夫欠银情形并会同妥办参务事奏折　乾隆五十九年五月二十一日

乾隆年间江北数省行禁踬曲烧酒史料（上）

叶志如编选（1987·3·27）　中国第一历史档案馆

署理河南巡抚尹会一为请严禁开坊广踬贩曲事奏折　乾隆二年七月十七日
甘肃巡抚德沛为陈烧酒毋庸严禁以免国法纷纭事奏折　乾隆二年八月初五日
署理河南巡抚尹会一为奉旨清理旧曲严禁新曲事奏折　乾隆二年十月二十一日
河南巡抚尹会一为奉旨酌情禁止踬曲售卖期限事奏折　乾隆二年十一月二十二日
河南巡抚尹会一为请增踬曲之例以裕民食事奏折　乾隆三年三月二十七日
河南巡抚尹会一为豫省禁曲于民生有益请仍前禁事奏折　乾隆三年七月二十七日
西安巡抚张楷为遵旨复陈陕省行禁踬曲情形之奏折　乾隆三年九月十五日
山西按察使萨哈谅为烧锅禁令既行酒课征收宜豁事奏折　乾隆三年九月二十八日
甘肃巡抚元展成为甘省贫寒无庸查禁酒曲事奏折　乾隆三年九月二十八日
川陕总督查郎阿为曲坊之禁实有裨民事奏折　乾隆三年十月十一日

乾隆年间江北数省行禁踬曲烧酒史料（下）

叶志如编选（1987·4·16）　中国第一历史档案馆

河南巡抚尹会一为奉谕复陈办理陈曲事奏折　乾隆三年十二月初六日
河南巡抚雅尔图为申严曲禁收买麦石以裕民食仓储事奏折　乾隆五年正月二十五日
河南巡抚雅尔图为报旧曲尽行销完新曲现在查禁事奏折　乾隆五年正月二十六日
河南巡抚雅尔图为严查出省踬曲以裕民食仓储事奏折　乾隆六年三月十三日
山东巡抚朱定元为报明抵任以来拿获曲犯及曲斤数奏折　乾隆六年十二月十八日
河南巡抚雅尔图为查禁本省踬曲耗麦事奏折　乾隆七年六月二十八日
护理山西巡抚严瑞龙为报地方查禁酒曲及得雪情形奏折　乾隆七年十二月十八日
河南巡抚雅尔图为请严失察运曲之禁以裕民食事奏折　乾隆八年四月十九日
山东巡抚喀尔吉善为报各属查禁酒曲及屠宰耕牛事奏折　乾隆八年十一月初六日
河南巡抚硕色为陈复本省查禁踬曲情事奏折　乾隆九年六月十一日
陕西巡抚陈弘谋为陈麦石流通邻省及查禁踬曲事奏折　乾隆十一年六月二十八日

乾隆时期苏豫等省库贮银色问题史料

吕小鲜编选（1991·3·18）　　中国第一历史档案馆

通政使司左参议陈恪为请严禁银匠勾连苛估银色事奏折　　乾隆二年七月二十四日

江苏巡抚庄有恭为请将运库解来成色不足之盐课银两免其补色用以赈灾事奏折　　乾隆十八年十月初十日

四川总督黄廷桂为上年协拨陕甘饷银并无青潮事奏折　　乾隆二十年四月十九日

河南巡抚蒋炳为豫省司道两库存银俱系足色事奏折　　乾隆二十年五月初七日

湖广总督开泰等为遵旨查得湖北司道各库存银皆为足平足色事奏折　　乾隆二十年五月二十六日

浙江巡抚周人骥为遵旨查得藩库存银皆为足平足色事奏折　　乾隆二十年六月初二日

闽浙总督喀尔吉善等为遵旨盘查福建库银并无亏短青潮事奏折　　乾隆二十年六月十三日

江苏巡抚庄有恭为遵旨查验江苏藩库各项存银银色事奏折　　乾隆二十年六月二十九日

山西布政使刘慥为报明提高库银成色及严密解银进省制度事奏折　　乾隆二十二年十二月十一日

河南巡抚胡宝瑔为解豫两淮盐课银成色不足请酌量搭放事奏折　　乾隆二十五年四月十八日

乾隆初年修建沈阳故宫史料选译（上）

郭美兰编选（1997·2·12）　　中国第一历史档案馆

盛京工部侍郎希德慎为请重修大政殿事奏折　　乾隆二年十二月十三日

庄亲王允禄为请修缮盛京宫殿事奏折　　乾隆二年

多罗淳郡王弘暻为盛京宫殿修缮已毕请设激桶防火事奏折　　乾隆四年正月十七日

奉天将军额尔图为拟设激桶以备盛京宫殿及陵寝等处防火事奏折　　乾隆四年三月二十日

盛京内务府掌印佐领石图为请在盛京宫殿张挂门神对联事奏折　　乾隆八年十一月初二日

巡查盛京等处地方给事中增寿保为请改换大政殿顶瓦等事奏折　　乾隆十年十一月初一日

奉天将军达勒当阿为请派新任盛京工部侍郎奈满岱会办修缮工程事奏折　　乾隆十一年二月二十六日

奉天将军达勒当阿为请增设堆拨加强宫殿防护事奏折　　乾隆十一年闰三月十三日

盛京礼部侍郎内尔泰等为改建大政殿后房屋存放銮驾乐器事奏折　　乾隆十一年闰三月二十六日

奉天将军达勒当阿为请增设堆拨披甲看守宫殿事奏折　　乾隆十一年十二月初四日

盛京兵部侍郎奈满岱为请准新任盛京工部侍郎常柱会办敬典阁工程事奏折　　乾隆十二年二月初八日

乾隆初年修建沈阳故宫史料选译（中）

郭美兰编选（1997·3·3）　　中国第一历史档案馆

奉天将军达勒当阿为陈明增设看守宫殿之堆拨披甲缘由事　　乾隆十二年五月二十一日

奏折
傅恒等为将监修宫殿之郎中胡常保遣回盛京受审事奏折　乾隆十二年九月二十八日
盛京工部侍郎常柱等为参奏五品官侯瑗未及时烧造宫殿工程所需瓦件事奏折　乾隆十二年十月十一日
奉天将军达勒当阿为审理胡常保一案事奏折　乾隆十二年十一月十一日
大学士讷亲为胡常保一案交由将军达勒当阿审讯事奏折　乾隆十二年十二月初一日
奉天将军达勒当阿等为请另委熟悉之员接替胡常保督修宫殿事奏折　乾隆十三年正月二十九日
奉天将军达勒当阿等为奏闻宫殿工程办造完竣事奏折　乾隆十三年四月二十日
哲库讷等为大清门东亭亭顶倒坏修葺事奏折　乾隆十三年八月二十六日

乾隆初年修建沈阳故宫史料选译（下）
郭美兰编选（1997·4·3）　中国第一历史档案馆
盛京内务府佐领银柱为遵旨陈奏大清门前东亭吻兽倒坏实情事奏折　乾隆十三年九月十六日
盛京将军阿兰泰为遵旨查实大清门东黄亭亭顶倒坏事奏折　乾隆十三年九月二十九日
盛京将军阿兰泰等为在中路新修宫殿门口张挂门神对联事奏折　乾隆十四年五月二十八日
盛京将军阿兰泰为增建大政殿后房屋存放銮驾事奏折　乾隆十五年三月二十一日
盛京将军阿兰泰等为请修补盛京宫殿工程事奏折　乾隆十八年六月初八日

乾隆初西安巡抚崔纪强民凿井史料
吕小鲜编选（1996·4·9）　中国第一历史档案馆
大学士管川陕总督事查郎阿为巡抚崔纪强令通省凿井累民已甚请饬停止事奏折　乾隆三年二月二十日
著将陕西凿井灌田办理不善之西安巡抚崔纪调补湖北巡抚上谕　乾隆三年三月初三日

乾隆年间江南数省行禁踩曲烧酒史料
叶志如编选（1987·1·13）　中国第一历史档案馆
两江总督那苏图为恭谢圣训从严办理曲禁情形奏折　乾隆三年七月初六日
安庆巡抚孙国玺为严禁踩曲销毁酒具事奏折　乾隆三年八月十六日
署理苏州巡抚许容为陈严禁贩曲宜宽民用事奏折　乾隆三年九月二十八日
两江总督那苏图为陈严禁商人贩曲勿禁民间酒醴事奏折　乾隆三年十月十二日
江苏巡抚张渠为请严米烧之禁以裕民食事奏折　乾隆五年闰六月十一日
署两江总督杨超曾等为严查苏省木渎镇烧锅事奏折　乾隆五年九月十九日
湖北巡抚范璨为襄阳曲禁应照豫省之例一体奉行事奏折　乾隆六年九月十七日
署苏州巡抚陈大受为陈明严禁贩米出洋并踩曲烧锅事奏折　乾隆六年九月二十八日
署湖北布政使安图为请裁革曲行事奏折　乾隆八年二月初七日
署江西巡抚阿思哈为遵旨查禁江省烧锅缘由事奏折　乾隆二十五年二月二十一日

乾隆前期蠲缓漕赋史料选

叶志如编选（1986·2·18）　　中国第一历史档案馆

两江总督那苏图为遵旨酌量办理苏属灾地漕粮事奏折	乾隆三年十一月二十日
两江总督那苏图为请旨豁缓受灾之海赣二州漕粮事奏折	乾隆四年八月二十一日
布政使黄叔琳为请分别缓征东省受灾州县漕粮豆事奏折	乾隆四年九月十一日
安徽巡抚张楷为请缓征本年被灾之上江凤阳等属漕粮事奏折	乾隆六年十二月初八日
山东巡抚晏斯盛为请豁缓被水之兖属漕粮事奏折	乾隆七年十月初八日
山东巡抚喀尔吉善为请缓带输纳东省被灾州县漕粮事奏折	乾隆八年八月初六日
苏州巡抚陈大受为请分限征收淮扬四府各属漕粮事奏折	乾隆八年八月二十九日
苏州巡抚陈大受为请缓征江宁等属偏灾漕米等事奏折	乾隆八年九月十八日
署两江总督尹继善为请缓征寿州等七州县漕粮事奏折	乾隆八年十月二十七日
苏州巡抚陈大受为请缓征连年迭灾之海州等地漕粮事奏折	乾隆九年八月初五日
山东巡抚喀尔吉善为查明陵县等被灾请缓征漕粮事奏折	乾隆九年八月三十日
山东巡抚喀尔吉善为请分别缓征金乡等县灾地漕粮事奏折	乾隆十一年九月十一日
安徽巡抚潘思榘为请缓征被灾宿灵等州县漕粮事奏折	乾隆十二年十月初七日
山东巡抚阿里衮为请缓征滋阳等县上年应征漕粮事奏折	乾隆十三年三月二十八日
安徽巡抚卫哲治为请缓征勘明灾情之寿州等处漕粮事奏折	乾隆十四年九月初一日
两江总督黄廷桂为请分别蠲缓安徽被灾州县漕粮事奏折	乾隆十四年九月二十六日
江苏巡抚爱必达为查明苏省积欠请分别蠲缓追赔事奏折	乾隆二十二年五月二十九日
山东巡抚蒋洲为请缓征灾重之鱼台等各州县漕粮事奏折	乾隆二十二年九月二十二日
江苏巡抚陈弘谋为淮安等属被灾州县请缓本年漕米事奏折	乾隆二十二年十一月初四日
河南巡抚胡宝瑔为请将豫省现征漕粮改征折色输纳事奏折	乾隆二十三年五月十二日
浙江巡抚杨廷璋为浙省雨多伤禾请准漕粮红白兼收事奏折	乾隆二十三年十月初六日
浙江巡抚庄有恭为恳准嘉湖灾区旧漕改折征收事奏折	乾隆二十四年十月初九日
河南巡抚常钧为黄卫各河漫溢请分别蠲缓截留漕项事奏折	乾隆二十六年八月十一日
山东巡抚阿尔泰为恳恩缓征受灾之曹县等地漕粮事奏折	乾隆二十六年九月初九日

乾隆三年宁夏府地震史料

刘源编选（2001·4·19）　　中国第一历史档案馆

宁夏将军阿鲁等为报宁夏府地震满城被灾严重事奏折	乾隆三年十一月二十五日
宁夏将军阿鲁等为报宁夏地震满汉城官兵被灾情形事奏折	乾隆三年十一月三十日
著兵部侍郎班第前往宁夏赈济灾民事上谕	乾隆三年十二月十三日
甘肃巡抚元展成为报赴宁夏查勘灾情起程日期事奏折	乾隆三年十二月十四日
川陕总督查郎阿等为报办理宁夏震灾赈济情形事奏折	乾隆三年十二月二十日
湖广襄阳镇总兵周仪为宁夏地震母亲被灾身故遵例丁忧事奏折	乾隆三年十二月二十日
著兵部礼部速行重铸颁发宁夏总兵印信事上谕	乾隆三年十二月二十五日
著将宁夏等五县本年应征地丁等项全行豁免事上谕	乾隆四年正月二十日
兵部右侍郎班第等为报赴宁夏查赈事竣起程回京日期事奏折	乾隆四年三月初二日
甘肃布政使徐杞为报酌借新渠宝丰新旧民户牛具籽种事奏折	乾隆五年四月二十四日

乾隆朝米粮买卖史料（上）

叶志如编选（1990·3·23）　　中国第一历史档案馆

福建按察使伦达礼为请稍宽海禁运米入闽贸易事奏折　乾隆三年十二月初六日
湖南巡抚张渠为遵旨查明并无因采买官米阻抑客商贩运事奏折　乾隆四年正月十七日
闽浙总督德沛为遵旨密议招商从海运米入闽熟筹稽查事奏折　乾隆五年二月十三日
苏州巡抚陈大受为徐海二属须采买粮食储备等事奏折　乾隆七年四月十一日
工科给事中杨二酉请禁采买赔累及平粜照原价加耗事奏折　乾隆七年四月十八日
河南巡抚雅尔图为动用司库银两采买麦石运往苏省事奏折　乾隆七年八月二十三日
御史陈其凝为变通崇明采买兵米之例以杜偷载出洋事奏折　乾隆七年十二月初六日
署理直隶提督李质粹为报接办采买米豆运贮事奏折　乾隆七年十二月十四日
吏部左侍郎蒋溥为请严私贩粮米出洋之禁以益民食事奏折　乾隆八年三月初九日
御史沈廷芳为陈禁米粟出洋之源设立劝惩以重民食事奏折　乾隆八年六月十三日
陕西巡抚塞楞额为遵旨查复本省麦石粜卖出省情形奏折　乾隆八年八月二十五日
山西巡抚刘子义为筹划将口外之米以牛皮混沌运入内地事奏折　乾隆八年十月十八日

乾隆朝米粮买卖史料（下）

叶志如编选（1990·4·29）　　中国第一历史档案馆

署两江总督尹继善为请仍严海运之禁以保江省民食事奏折　乾隆九年六月初二日
署山东巡抚方观承为申严囤积之弊以裕民食事奏折　乾隆十一年十二月十二日
广西巡抚李锡秦为请严贩客放青之例并纵容失察处分事奏折　乾隆十八年七月初四日
江苏里河厅县丞徐昂为奉总河部院宪谕严禁奸牙运粮出境示稿　乾隆二十年十二月十六日
富勒赫为严禁奸牙等运米出境十月十六日再谕山阳县札　乾隆二十年十二月十六日
河南巡抚胡宝瑔为报三月以前商贩络绎运粮出境情形奏折　乾隆二十五年五月初十日
附：河南省商贩自二十四年至二十五年各州县运过粮石数目清单
福建巡抚吴士功为浙商未运碾存米石分别筹办归款事奏折　乾隆二十五年五月二十二日
两广总督李侍尧等为海洋运米四省商民请照例议叙事奏折　乾隆二十六年四月初八日
闽浙总督杨廷璋等请将东省豆石由海运浙发卖事奏折　乾隆二十八年二月二十八日
直隶总督方观承为查明米市行经纪裁留情形奏折　乾隆二十八年五月十四日
李质颖为遵旨复奏凤阳关商贩运米情形奏折　乾隆三十三年正月初三日
广西布政使淑宝为请禁旧有私牙发给官牙帖照纳税事奏折　乾隆三十三年九月二十六日
河南巡抚何裕城为遵旨查办奸商囤积居奇等事奏折　乾隆四十九年十一月初六日
永琅等为复饬严防奸商囤积米粮等弊事奏折　乾隆五十一年七月初三日
护理广西巡抚虔礼宝复为遵旨严查奸商囤户事奏折　乾隆五十二年十二月初六日

清代造办金砖史料

刘源编选（2003·4·10）　　中国第一历史档案馆

总管内务府大臣海望为乾清宫铺墁金砖需用钱粮物料事奏折　乾隆四年六月

总管内务府大臣海望为养心殿铺墁金砖需用钱粮物料事奏折	乾隆四年八月
两江总督黄廷桂为照例动支银两办运圆明园寿皇殿等处金砖事奏折	乾隆十五年二月二十八日
江苏巡抚王师为办运祈谷坛大享殿金砖动支耗羡银两事奏折	乾隆十六年四月二十四日
江苏巡抚庄有恭为办运太和门金砖动支耗羡银两事奏折	乾隆十九年正月二十五日
调任广东巡抚托恩多为饬令委员起解夕月坛台面金砖动用耗羡银两事奏折	乾隆二十三年五月初九日
署理江苏巡抚萨载为报宁寿宫金砖估需工价及运费动用耗羡银两事奏折	乾隆三十七年五月二十四日
著工部堂官等查明景运门隆宗门何时更换金砖事上谕	乾隆五十九年七月初三日
江苏巡抚闵鹗元为办解辟雍殿金砖动用耗羡银两事奏折	乾隆四十九年七月二十七日
定亲王绵恩等为遵旨查明各处所用金砖数目事奏折	乾隆五十九年七月初三日
江苏巡抚陶澍为办造万年吉地工程金砖动支正耗银两事奏折	道光六年五月十四日
民政部为承修摄政王府第工程需用金砖等项致邮传部咨文	宣统元年正月
内务府为太极殿等处殿宇金砖损坏应需更换事致民政部片	宣统二年七月二十六日

乾隆前期牙商牙行史料

吕小鲜编选（1991·2·8）　　中国第一历史档案馆

著通行各省督抚不得滥增牙帖上谕	乾隆四年六月二十二日
著严禁衙门胥役捏充牙行上谕	乾隆五年九月初十日
河南巡抚雅尔图请饬各省查禁集主包头揽头勒索货价雇值奏折	乾隆六年十一月初六日
礼部左侍郎张廷璐请饬各省晓谕商人牙行不得居奇抬价奏折	乾隆七年四月十六日
江西道监察御史卫廷璞请废止粮食牙帖听民开行以平米价奏折	乾隆七年七月二十四日
著严禁衿监认充牙行上谕	乾隆八年六月二十八日
湖北巡抚晏斯盛为请定地方官清厘牙行处分例以禁牙行吞骗事奏折	乾隆九年十月初六日
江西布政使彭家屏为请停牙行五年换帖之例事奏折	乾隆十一年八月十三日
江西布政使汤聘为请严定上中下三则以清厘牙帖事奏折	乾隆二十四年四月十一日
湖南按察使严有禧为请将牙行五年编审一次以杜冒滥事奏折	乾隆二十六年正月初六日
陕甘总督杨应琚为平抑粮价应酌情料理陕甘米牙毋庸裁革事奏折	乾隆二十八年六月十一日
两江总督尹继善为请准米粮牙行仍循其旧无庸革除事奏折	乾隆二十八年九月初三日
兵部右侍郎蒋榩为请饬各省严杜行户朋充之弊事奏折	乾隆二十九年六月初一日

乾隆初陈顺等合伙偷刨安图入官房院内窖银案史料

吕小鲜编选（1992·2·27）　　中国第一历史档案馆

内务府总管大臣允禄等为将偷刨银两之陈顺等审理定拟事奏折	乾隆五年六月十六日
总管内务府为请将九五成色以下偷刨银两倾熔另报实数事	乾隆五年六月十六日

奏折

乾隆年间疏浚金沙江史料（上）

刘若芳　孔未名编选（2001·1·47）　　中国第一历史档案馆

云南总督庆复为请留推升游击韩杰以资工程差委事奏折　　乾隆五年九月初七日
云南总督庆复为陈开修金沙江通川河道工程八事奏折　　乾隆五年十一月初十日
署理云南总督张允随为筹办开凿金沙江工程情形事奏折　　乾隆六年八月初六日
署理云南总督张允随为遵旨接办金沙江河道工程事奏折　　乾隆六年十一月十五日
署理云南总督张允随为报办理金沙江工程情形事奏折　　乾隆七年二月十七日
川陕总督尹继善为请暂缓查勘金沙江河道事奏折　　乾隆七年六月初四日
署理云南总督张允随为报前赴金沙江会勘起程日期事奏折　　乾隆七年七月十五日
川陕总督尹继善为遵旨会勘金沙江工程事奏折　　乾隆七年十月初一日
署理云南总督张允随为遵旨会勘金沙江事竣事奏折　　乾隆七年十月初二日
署理云南总督张允随为勘明金沙江上下游情形并绘图事奏折　　乾隆七年十一月十七日
署理云南总督张允随为报金沙江上游各滩试运京铜无阻事奏折　　乾隆八年闰四月初七日
署理云南总督张允随为请将王国祚等留滇办理金沙江工程事奏折　　乾隆八年闰四月初七日
云南总督张允随为报酌筹开浚金沙江下游工程事奏折　　乾隆八年八月初四日
云南总督张允随为报开修通川河道滩工并运京铜斤数目事奏折　　乾隆八年十二月二十日

乾隆年间疏浚金沙江史料（下）

刘若芳　孔未名编选（2001·2·43）　　中国第一历史档案馆

云南总督张允随为报金沙江上游工程告竣事奏折　　乾隆八年十二月二十日
云南总督张允随为报开修金沙江下游工程情形事奏折　　乾隆九年三月初五日
云南总督张允随为报金沙江下游工程部分竣工事奏折　　乾隆九年六月十六日
云南总督张允随为报金沙江工竣铜运商货流通情形等事奏折　　乾隆九年十一月十六日
云南总督张允随为报接修金沙江下游滩工情形事奏折　　乾隆九年十一月十六日

乾隆年间内务府官当史料选

叶志如编选（1985·4·15）　　中国第一历史档案馆

总管内务府大臣允禄议复开设官当以补公用事奏折　　乾隆五年十一月二十四日
附：各处公用应领银两项款数目清单
总管内务府大臣允禄为核减各处支领丰和等当银两事奏折　　乾隆十二年三月十五日
附：各处公用动支银两数目及现在酌减银两数目清单
允禄等为查核八旗等官兵用过生息银两事奏折　　乾隆十三年五月初二日
议政大臣傅恒等为清查内大臣海望二座官当银两事奏折　　乾隆十三年六月十二日
允禄等为变通二座官当原议以利作本起息事奏折　　乾隆十三年六月十二日
内务府大臣三和为神保住等所交八座官当银两数目事奏折　　乾隆十三年十月二十四日
附：神保住及德沛各交官当及内府十三当本银数目清单

允禄等为神保住抵补八官当铺账目银两事奏折　乾隆十三年十二月初六日
附：神保住入官四座当铺滋生银两数目清单
允禄等为恩赏三旗官兵用过滋生银数目奏折　乾隆十三年十二月二十二日
允禄为王鑨所交帮贴官员等银生息数目奏折　乾隆十四年三月初二日
允禄为清查京城各处并三陵泰陵滋生银两数目奏折　乾隆十四年三月初二日
允禄等为盘查三旗滋生银两当架股本数目事奏折　乾隆十四年三月初五日
附：允禄等为将丰裕当变价归本事片
允禄等为销算永庆等当一年滋生银两数目事奏折　乾隆十四年十二月二十六日
允禄为内府三旗银两生息数目事片　乾隆十四年十二月二十六日
允禄等为选派内务府司员接办恩丰春和两当事奏折　乾隆十五年二月十七日
允禄等为三陵等处发过滋生银两并交利银数目事奏折　乾隆十五年四月十二日
附：三陵等各处领过本银数目并充归过本银数目清折
允禄等为查核内府各当本息银两数目事奏折　乾隆十六年正月十一日
附：允禄等为请定内府大臣二三员管理现留十四当事片
允禄等为查核恩赏三旗侍卫等生息银两事奏折　乾隆十六年五月十九日

乾隆初粤闽湘赣抢米遏粜史料（上）

吕小鲜编选（1996·4·15）　中国第一历史档案馆
广东潮州镇总兵武绳谟为报潮阳县民聚众请停借谷台湾情形事奏折　乾隆六年六月初四日
管广东巡抚事王安国为抢米及抗官遏粜各案已饬司严审事奏折　乾隆六年六月二十二日
广东提督保祝为陈抢粮罢市缘由事奏折　乾隆六年六月二十六日
江西巡抚陈弘谋为袁州抢米各案犯请按首从分别定拟事奏折　乾隆八年三月二十二日
江西巡抚陈弘谋为永丰县民聚众强令知县减价平粜事奏折　乾隆八年闰四月二十七日
署两广总督策楞为据报江西南安等府时有聚众抢米之案事奏折　乾隆八年五月十七日
江西巡抚陈弘谋为抚州知府遭崇仁县粥厂贫民围攻事奏折　乾隆八年六月二十一日
江西巡抚陈弘谋为遵旨明白回奏未报抢米各案缘由事奏折　乾隆八年七月二十日
署两江总督尹继善为报办理江西抢米及闹堂辱官各案情形事奏折　乾隆八年八月初四日

乾隆初粤闽湘赣抢米遏粜史料（下）

吕小鲜编选（1997·1·19）　中国第一历史档案馆
湖南巡抚许容为办理江西萍乡棚民越界抢谷一案情形事奏折　乾隆八年三月二十二日
湖广总督阿尔泰为严究抢米首犯并查参玩视民瘼之府县官员事奏折　乾隆八年闰四月初八日
护湖南巡抚阿里衮为报抢米各案办理情形并各该管官员不必一律严参事奏折　乾隆八年五月初一日
署湖南巡抚蒋溥为兼治贫民抢米与富户囤积事奏折　乾隆八年六月二十日
署湖南巡抚蒋溥为聚众抢劫首犯傅老五应拟立决事奏折　乾隆八年十月十二日

福建陆路提督武进升为南平县民聚众要求减价粜米现已平息事奏折　乾隆八年闰四月十七日
福建陆路提督武进升为报建宁等府抢米情形及邵武揭旗聚众已派兵擒捕事奏折　乾隆八年五月二十六日
福建陆路提督武进升为邵武并无揭旗聚众事奏折　乾隆八年六月十三日
福建陆路提督武进升为浙江庆元县民越境抢谷事奏折　乾隆八年六月二十六日
闽浙总督那苏图为钦奉上谕已饬各地方官不得勒令富户蠲粜事奏折　乾隆八年七月二十日
福建陆路提督武进升为报永安等处抢谷及擒捕各犯情形事奏折　乾隆八年八月初一日
浙江巡抚常安为平阳瑞安抢谷各犯提省审究事奏折　乾隆八年五月十三日

乾隆年间议禁南洋贸易案史料

卢经　陈燕平编选（2002·2·23）　中国第一历史档案馆
福建水师提督王郡为报访查噶喇吧国杀戮汉商事奏折　乾隆六年七月十一日
署福州将军策楞等为报噶喇吧国杀戮汉商并请禁止南洋贸易事奏折　乾隆六年七月十五日
福建按察使王丕烈为陈内地外洋贸易商船逾期究办事奏折　乾隆六年八月二十四日
广东道监察御史李清芳为陈南洋贸易不宜尽禁缘由事奏折　乾隆六年八月二十五日
议政大臣广禄等为禁南洋贸易应俟地方督抚详议事奏折　乾隆六年九月初六日
署闽浙总督策楞等为报严禁贩吧船只出洋情形事奏折　乾隆六年十月十九日
署两广总督庆复为议南洋贸易照旧进行事奏折　乾隆七年二月初三日
署闽浙总督策楞等为禁止南洋贸易并严密海防事奏折　乾隆七年三月十七日
福建巡抚王恕为报南洋贸易只禁噶喇吧一国事说帖　乾隆七年三月十七日
闽浙总督那苏图等为暂禁噶喇吧贸易不禁南洋贸易事奏折　乾隆七年七月十一日
两江总督德沛为遵议南洋贸易仍听商贩经营事奏折　乾隆七年八月初十日
议政大臣广禄等为请仍准南洋诸国照旧通商事奏折　乾隆七年十月初五日

乾隆朝回赎民典旗地史料（上）

吕小鲜编选（1991·2·17）　中国第一历史档案馆
大学士伯鄂尔泰等密议陈德华奏停查报旗民典地等情奏折　乾隆七年四月二十二日
监察御史柴潮生为陈撤典卖官地分别调剂二策奏折　乾隆七年三月二十六日
恒鲁等为报查办入官征租回赎民典旗地情事奏折　乾隆三十六年四月二十一日

乾隆朝回赎民典旗地史料（下）

吕小鲜编选（1991·3·24）　中国第一历史档案馆
副都统赵国政为请定稽查八旗公产之法以杜典卖恒产事奏折　乾隆五年七月十七日
大学士讷亲等为议复八旗生息银一分起息试垦等事奏折　乾隆十年六月初八日
直隶总督那苏图为遵旨查办保定府属各县旗地回赎事奏折　乾隆十年十月十七日
直隶总督那苏图遵旨议复高斌所请派员督防查赎地亩事奏折　乾隆十一年七月初五日
直隶总督那苏图为报前拨银二十万两回赎旗地房产情形奏折　乾隆十二年正月二十一日

直隶总督方观承请将户部所扣地价并旗租银接办赎地事奏折　乾隆十五年十月初三日
兼管户部大臣傅恒等请将民典旗地汇入专案内办理事奏折　乾隆二十一年十一月初九日
直隶总督方观承请将节年入官房地租银留于藩库抵充赎地款事奏折　乾隆二十二年十二月初十日
盛京将军弘晌等遵旨查报办理民典旗地赎回情形奏折　乾隆三十八年八月三十日
盛京将军弘晌等报回赎民典旗地发帑完竣扣银归款事奏折　乾隆三十八年十二月十三日

乾隆初年议奏限田史料
吕小鲜编选（1993・3・8）　中国第一历史档案馆
正蓝旗满洲都统盛安为请行限田之法事奏折　乾隆七年六月十一日
直隶总督高斌为限田之法窒碍难行应毋庸议事奏折　乾隆七年六月十八日
河东盐政吉庆为请严禁富豪刻剥小户以广限田本意事奏折　乾隆八年十月二十五日

乾隆年间由泰国进口大米史料选
林京志编选（1985・3・17）　中国第一历史档案馆
广东巡抚王安国为粤米价昂准由暹罗等处进口大米发卖奏折　乾隆七年八月二十九日
福州将军沈之仁请免征暹罗贩米商船货税奏折　乾隆七年九月二十日
福建巡抚周学健请定例分别免征外国贩米商船货税奏折　乾隆八年七月三十日
福州将军新柱遵旨减免暹商薛士隆船货税银十分之三奏折　乾隆八年十一月初十日
浙江巡抚常安遵旨加谨查缉以清私贩夹带之弊奏折　乾隆八年十二月初七日
礼部侍郎李清植为请定例鼓励国内外商人贩米来闽粤粜卖奏折　乾隆八年十二月十四日
福建巡抚周学健为办理内地商船运米回闽发粜情形奏折　乾隆九年八月初六日
福州将军新柱请减免暹商方永利等船货税银十分之二奏折　乾隆十一年八月二十八日
福建巡抚陈大受请发给内地商民往暹买米造船印照奏折　乾隆十二年正月二十日
福州将军马尔拜为报暹商沈泰运米到闽贸易奏折　乾隆十四年七月二十八日
福州将军马尔拜请减免内地商人往暹造船运米回闽货税奏折　乾隆十四年七月二十八日
福州将军马尔拜请降等征收暹商沈泰梁课奏折　乾隆十四年八月二十九日
福州将军新柱为报暹商带米来厦照例减免税银奏折　乾隆十八年八月二十日
福州将军新柱为暹带米商船进口贸易遵例减兑货税奏折　乾隆二十一年九月十七日
浙闽总督杨廷璋请照例给予贩米商人陈芳炳优叙奏折　乾隆二十五年十一月十六日
浙闽总督杨廷璋请照例给予贩米商人叶锡会优叙奏折　乾隆二十六年八月二十二日
闽浙总督崔应阶请照例给予贩米商人赖逢贵等议叙奏折　乾隆三十四年正月初八日
闽浙总督钟音请照例给予贩米商人郑佳宏议叙奏折　乾隆四十一年三月二十七日

乾隆八至十五年准噶尔部在肃州等地贸易（上）
叶志如编选（1984・2・21）　中国第一历史档案馆
署川陕总督马尔泰等为办理在肃州贸易事竣等情奏折　乾隆八年二月十二日
甘肃巡抚黄廷桂为请定分销准噶尔货物章程事奏折　乾隆八年三月初二日
安西提督永常为允准噶尔报信使臣在哈密破例交易事奏折　乾隆八年四月二十六日
甘肃巡抚黄廷桂为办理东科尔贸易事奏折　乾隆八年六月二十八日

甘肃巡抚黄廷桂为办理西宁贸易事奏折	乾隆八年七月初五日
陕西巡抚塞楞额为查复陕省销售皮张并无私派情弊事奏折	乾隆八年七月十七日
甘肃巡抚黄廷桂为料理西宁皮货交易事奏折	乾隆八年七月二十一日
附：皮张细数清单	
川陕总督庆复为办理东科尔贸易事奏折	乾隆八年八月二十二日
附：准噶尔货物皮张数目清单	
川陕总督庆复为续报准噶尔贡使入京并预筹肃州贸易事奏折	乾隆八年十二月初三日
川陕总督庆复为续报准噶尔到肃贸易事奏折	乾隆八年十二月十三日
川陕总督庆复为报准噶尔在肃贸易事奏折	乾隆九年四月十五日
甘肃巡抚黄廷桂为报肃州贸易不能依限完结事奏折	乾隆九年七月十三日
川陕总督庆复为报办理肃州贸易事奏折	乾隆九年十月二十八日
川陕总督庆复等为报办理肃州贸易事奏折	乾隆十年正月初四日
安西提督永常为报肃州贸易事片	乾隆十年正月初四日
附：准使货物数目清单	
川陕总督庆复等为报肃州贸易事奏折	乾隆十年六月初八日
甘肃巡抚黄廷桂为委员预筹肃州贸易事奏折	乾隆十一年三月二十七日

乾隆八至十五年准噶尔部在肃州等地贸易（下）

叶志如编选（1984・3・12）　　中国第一历史档案馆

甘肃巡抚黄廷桂为报办理购买抵肃货物事奏折	乾隆十一年四月二十日
陕西巡抚陈弘谋为动借库银赶办肃州贸易事奏折	乾隆十一年四月二十五日
甘肃巡抚黄廷桂为报肃州贸易事奏折	乾隆十一年七月二十日
甘肃巡抚黄廷桂为报收买到肃皮张事奏折	乾隆十一年八月二十日
甘肃巡抚黄廷桂为报肃州贸易及伙商张有澜动借库银事奏折	乾隆十一年九月十八日
甘肃巡抚黄廷桂为报预筹肃州贸易事奏折	乾隆十一年十二月二十一日
甘肃巡抚黄廷桂为报肃州贸易事奏折	乾隆十二年十月十九日
甘肃巡抚黄廷桂为报肃州贸易事奏折	乾隆十三年四月二十四日
甘肃巡抚黄廷桂为报肃州贸易事奏折	乾隆十三年闰七月二十八日
陕甘总督尹继善为报肃州贸易事竣事奏折	乾隆十五年四月二十八日
安西提督永常为报准噶尔贡使在哈交易并起程赴京事奏折	乾隆十五年十二月二十七日

清代皇家道观大高殿档案

高换婷编选（2016・3・13）　　中国第一历史档案馆

总管内务府大臣海望等为添建大高殿前牌楼等项工程估需银两事奏折	乾隆八年五月初四日
附件：添建大高殿前牌楼等项工程约估银两清单	
天穹宝殿大高殿办天腊等道场各项支领供品银两清单	乾隆九年四月初三日
大高殿办道场官员道士等食用银两清单	乾隆九年四月初九日
总管内务府为酌议大高殿等处道场需用供品数目事奏折	乾隆九年四月十七日
大高殿收贮佛像及供器数目清单	乾隆十三年七月十四日
大高殿供奉佛像数目清单	乾隆十三年七月十五日

总管内务府大臣海望等为修理大高殿各处工程约估所需银两事奏折	乾隆十七年三月十五日
总管内务府大臣海望等为大高殿添补佛像供器等约估所需银两事奏折	乾隆十七年十月十五日
总管内务府大臣海望等为大高殿佛像择期开光办理道场事奏折	乾隆十七年十一月十九日
总管内务府为万寿节大高殿等处办理吉祥道场拜进正表事奏折	乾隆二十年七月初六日
查办大高殿珠石清单	乾隆二十三年九月二十九日
大高殿等处被风刮坏殿墙清单	乾隆三十二年七月
总管内务府为大高殿办道场赏赐正一真人等事奏折	乾隆三十五年十一月二十六日
总管内务府为做成法衣交大高殿应用事奏折	乾隆三十五年十二月十二日
总管内务府为大高殿香炉灰冷炭小攒香不燃酌罚官员事奏折	嘉庆元年十月初十日
总管内务府大臣文宁等为审拟偷窃大高殿兽面钉帽各犯等事奏折	嘉庆十三年三月二十三日
前任总管内务府大臣缊布等为大高殿门钉被窃拟处失职各员事奏折	嘉庆十三年三月二十六日
著派道士阿哥在大高殿讽经拈香祈雪事上谕	嘉庆十四年十一月二十三日
总管内务府大臣英和等为查验大高殿等处工程事奏折	嘉庆二十三年十一月十五日
著设坛祈雨应验讽经道众照例给赏事上谕	道光元年四月二十九日
总管内务府大臣英和等为审拟马升儿偷窃大高殿铜荷叶等物事奏折	道光六年十一月二十七日
著惠亲王绵愉虔诣大高殿拈香致谢天降甘霖事上谕	道光二十七年四月初五日
著刑部及顺天府清理庶狱祈求瑞雪事上谕	咸丰四年十一月二十九日
大高殿陈设铺垫祭器乐器清册	光绪二十一年二月
内务府总管大臣世续等为法军交还大高殿伤损严重请饬估修事奏折	光绪二十七年五月二十五日
承修跸路工程大臣张百熙等为核估大高殿工程所需银两及开工日期事奏折	光绪二十七年八月二十七日
总管内务府为大高殿黄亭失火自请议处事奏折	光绪二十九年闰五月十五日
总管内务府为核估大高殿黄亭等处工程由部筹拨银两事奏折	光绪二十九年九月初九日
天和源通木商人张寅林等为选用大高殿黄亭等处工程木料事致总管内务府禀文	光绪二十九年十月初十日
民政部尚书善耆等为大高殿牌楼歪闪请变通成例估修事奏折	光绪三十四年二月十六日
大高殿出入款项报告清册	宣统元年
总管内务府为请拆去大高殿前牌楼以利通行事奏折	宣统三年四月十三日

清代查勘台湾官庄民地佃租史料

叶志如　叶秀云编选（1987・1・28）　　中国第一历史档案馆

福建布政使高山为台属官庄租息请照民间额减征事奏折	乾隆九年十二月十八日
福建巡抚陈大受恳请台澎各营生息田照官庄例减息事奏折	乾隆十一年十一月二十九日
闽浙总督喀尔吉善等为台属官庄租息请照旧办理事奏折	乾隆十二年三月二十日

闽浙总督喀尔吉善等为请将多征官庄租息银两酌减事奏折　乾隆十二年三月二十日
户部尚书傅恒等为议缓征台凤二县被灾官租钱粮事奏折　乾隆十三年闰七月初十日
巡台御史诺穆布等为陈台湾官庄赋重宜照民则减收事奏折　乾隆朝
闽浙总督赵慎畛等为噶玛兰新辟田亩科则须核酌事奏折　道光三年十月十二日
福建台湾巡抚刘铭传为厘定全台官庄田园租额事奏折　光绪十五年十二月十九日

清代采办楠木史料选

王澈编选（1993·3·13）　中国第一历史档案馆

署理广东巡抚策楞为采办楠木足额并起运事奏折　乾隆十年二月二十七日
四川巡抚纪山为复川省采买楠木情形事奏折　乾隆十三年六月初三日
甘肃巡抚黄廷桂为川省已采办及未获之楠木数目事奏折　乾隆十三年六月十三日
两广总督策楞为复运送楠木并无弊端事奏折　乾隆十三年六月二十八日
广东巡抚岳濬为复核办楠木事奏折　乾隆十三年六月二十九日
四川总督策楞为川省第六运楠木办竣起程事奏折　乾隆十四年七月二十八日
四川总督策楞为办理第六运楠木尾帮入游事奏折　乾隆十四年九月十八日
四川总督策楞为第六运楠木全数交员领运北上事奏折　乾隆十四年十一月二十八日
广东巡抚苏昌为复办理钦工楠木冒销银两事奏折　乾隆十五年八月初六日
陕甘总督尹继善为采获钦工巨楠并运送事奏折　乾隆十六年闰五月初六日
湖南巡抚杨锡绂为遵旨办理解运楠木营私属员韩宗蕃事奏折　乾隆十六年闰五月二十五日
四川总督阿尔泰为于川省叙府雷波采获楠木运抵金沙江口事奏折　乾隆三十二年四月十三日
四川总督阿尔泰为雷波采获楠木并运京交收事奏折　乾隆三十五年四月十七日
大学士阿尔泰为川滇山中采办巨楠六十株运京事奏折　乾隆三十六年六月初三日
四川提督勒保为于云南永善县采获楠木并运送事奏折　嘉庆八年八月初五日
四川总督蒋攸铦为暂留闻讣丁忧之知县经理采运楠木事奏折　道光二年五月二十二日
四川总督陈若霖为奉文行取楠木等已全数采获事奏折　道光三年六月初二日
著直隶筹款借给办理木植运员并责成各县护送照料事上谕　道光三年六月初八日
四川总督吴棠为报采获楠木等数目并展限运京事奏折　同治十三年四月初四日

乾嘉年间五台山寺庙行宫修缮工程史料（上）

谢小华编选（2001·3·31）　中国第一历史档案馆

山西巡抚阿里衮为请修理五台山古刹及行宫事奏折　乾隆十年四月初五日
山西巡抚阿里衮为五台山行宫工程告竣事奏折　乾隆十年十一月十三日
山东巡抚准泰为办理整修五台山庙宇事奏折　乾隆十三年八月初三日
军机处为议修葺五台山等处行宫事奏片　乾隆十四年　月　日
山西巡抚阿里衮为遵旨查明山西修葺行宫事奏折　乾隆十四年十月二十日
著五台山修葺工程不得糜费事上谕　乾隆十四年十月二十七日
山西巡抚塔永宁为查明五台山显通寺被火毁损情形及办理兴修事奏折　乾隆二十四年正月二十五日
山西巡抚鄂弼为在五台山菩萨顶修建座落房屋事奏折　乾隆二十五年十二月十五日
山西巡抚鄂弼为众商捐输银两以充皇上临幸五台山经费事　乾隆二十五年十二月十五日

奏折

山西巡抚鄂弼为报五台山岁修工程及动用余剩商捐息银事奏折　　乾隆二十六年七月十二日

理藩院右侍郎巴忠等为酌议镇海寺建立章嘉呼图克图石塔事奏折　　乾隆五十一年四月十一日

山西巡抚冯光熊为遵旨办理台怀等处行宫修葺事奏折　　乾隆五十六年十月初十日

山西巡抚蒋兆奎为请修葺五台山庙宇事奏折　　嘉庆二年闰六月初五日

山西巡抚蒋兆奎为续估五台山庙工修葺事奏折　　嘉庆二年九月十三日

著五台山工程务须严行查察帑不虚糜事上谕　　嘉庆二年九月十九日

山西巡抚伯麟为勘明五台山急修缓修各庙工分别筹办事奏折　　嘉庆七年四月初七日

山西巡抚伯麟为请捐养廉银以充修葺五台山行宫款项事片　　嘉庆七年四月初七日

山西巡抚伯麟为五台山庙工修理完竣及请修五台山行宫事奏折　　嘉庆九年二月十八日

山西巡抚伯麟等为查勘五台山行宫被水冲损情形事奏折　　嘉庆九年四月初七日

著五台山工程缓为修理并不准糜费事上谕　　嘉庆九年四月十三日

护理山西巡抚张师诚为续修五台山庙宇估需工料银两事奏折　　嘉庆九年八月二十七日

山西巡抚同兴为遵旨查明五台山应修应缓工程事奏折　　嘉庆十年二月十五日

山西巡抚同兴为遵旨暂停五台山工程事片　　嘉庆十年　月　日

山西巡抚成宁为勘明五台山工程道路应行修办事奏折　　嘉庆十二年三月二十四日

山西巡抚成宁为勘明五台山各处工程修葺事片　　嘉庆十二年　月　日

直隶总督温承惠为将修葺五台山工程谕旨宣述成宁事片　　嘉庆十四年四月　日

直隶总督温承惠为撙节筹划修葺五台山行宫工程事片　　嘉庆十四年四月　日

乾嘉年间五台山寺庙行宫修缮工程史料（下）

谢小华编选（2001·4·25）　　中国第一历史档案馆

署山西巡抚初彭龄为遵旨查办五台山行宫工程事奏折　　嘉庆十四年十月初七日

署山西巡抚初彭龄为请旨查办玩误工程人员事奏折　　嘉庆十四年十月初九日

署山西巡抚初彭龄为遵旨饬查山西各行宫尖营庙宇工程事奏折　　嘉庆十四年十二月初一日

护理山西巡抚素纳为赴五台山查办工程事奏折　　嘉庆十五年三月十六日

附件：五台山应行修葺及少为修饰并无庸预备各庙宇清单

军机处为温承惠奉到节俭办理之旨复奏添盖板房事片　　嘉庆十五年三月十六日

护理山西巡抚素纳为报赴五台山查催应办工程日期事奏折　　嘉庆十五年四月初五日

山西巡抚衡龄为遵旨查办山西行宫工程事奏折　　嘉庆十五年四月十四日

为传知素纳遵旨撙节办理五台山行宫工程事片　　嘉庆十五年四月十四日

山西巡抚衡龄为报查勘五台山工程情形及回署日期事奏折　　嘉庆十五年五月二十四日

直隶总督温承惠为查勘督办五台山行宫庙宇工程事片　　嘉庆十五年五月　日

山西巡抚衡龄为请复留降革知府等员承办工程事奏折　　嘉庆十五年六月十三日

山西巡抚衡龄为藩臬两司均应遵旨入京陛见酌令先后起身事奏折　　嘉庆十五年六月十三日

山西巡抚衡龄为遵旨将降革各员领咨回旗并另行遴员接办　　嘉庆十五年六月二十六日

五台山工程事奏折
山西巡抚衡龄为监临文闱事竣前赴五台山验收工程事奏折 嘉庆十五年八月二十二日
直隶总督温承惠为遵旨查勘五台山行宫工程事奏折 嘉庆十五年十一月初八日
山西巡抚衡龄为遵旨传谕素纳督办五台山差务事奏折 嘉庆十五年十一月十八日
山西巡抚衡龄为遵旨亲往五台山督办差务事奏折 嘉庆十五年十一月二十日
山西巡抚衡龄为遵旨督办五台山工程事奏折 嘉庆十五年十二月初五日
山西巡抚衡龄为遵旨勘议菩萨顶建立御碑事奏折 嘉庆十六年五月二十八日
山东巡抚和舜武为查勘五台山工程事片 嘉庆二十三年十月二十八日

乾隆十二年江苏清理积欠史料

吕小鲜编选（1995·1·4） 中国第一历史档案馆

江苏布政使安宁为钱粮积欠日重请委员彻底清厘事奏折 乾隆十年十二月初十日
苏州巡抚陈大受为请于州县设局先行核对钱粮簿串事奏折 乾隆十一年二月二十日
两江总督尹继善等为请准清查章程中自首免罪及新旧任处分各条事奏折 乾隆十二年三月初一日
江苏布政使爱必达为遵旨查复江苏办理清欠情形事奏折 乾隆十二年十月初七日
两江总督尹继善为大学士高斌所言安宁清欠办理不善未必尽然事奏折 乾隆十二年十月二十日
署江苏巡抚安宁为清欠势所必然办理未为不善事奏折 乾隆十二年十月二十五日
署两江总督策楞为遵旨筹办清理积欠善后事宜事奏折 乾隆十三年十一月十五日
两江总督黄廷桂为遵旨筹办额赋年清年款事宜事奏折 乾隆十四年四月十一日

乾隆初年浙江海塘治理档案

褚若千编选（2016·2·20） 中国第一历史档案馆

闽浙总督喀尔吉善为查勘浙省海塘并沙涨情形事奏折 乾隆十二年二月初十日
闽浙总督喀尔吉善为查勘浙省杭属地方塘工情形事奏折 乾隆十二年六月初七日
大学士高斌等为查勘浙省海塘南岸工程情形事奏折 乾隆十二年十一月二十七日
大学士高斌等为查勘浙省海塘北岸情形并筹善后事宜事奏折 乾隆十二年十二月二十日
大学士讷亲为勘过海塘情形敬筹善后事宜事奏折 乾隆十三年四月十七日
浙江巡抚方观承为遵旨查办海塘善后事宜事奏折 乾隆十三年五月十九日
浙江巡抚方观承为渡江查勘南岸江海塘工事奏折 乾隆十三年六月二十六日
浙江巡抚方观承为将盐驿道交存平余等银留充海塘工程之用事奏折 乾隆十三年闰七月十三日
浙江巡抚方观承为杭绍二属江塘岁抢各工宜请划一支销办理事奏折 乾隆十三年八月初十日
浙江巡抚方观承为遵将浙省海塘各工段详悉绘图贴说分晰陈明事奏折 乾隆十三年八月初十日
浙江巡抚方观承为遵旨查办南北海塘善后事宜事奏折 乾隆十三年九月初三日
浙江巡抚方观承为中小亹失业贫民拨补沙地耕种情形事奏折 乾隆十三年九月初三日
浙江巡抚方观承为丈垦海塘新涨沙涂事奏折 乾隆十三年九月初三日
浙江巡抚方观承为复查场灶溢地按亩升课事奏折 乾隆十三年十一月初九日

浙江巡抚方观承为复勘中小亹引河北岸涨沙情形事奏折　乾隆十三年十一月二十八日
浙江巡抚方观承为前赴镇邑查勘城塘各工事奏折　乾隆十三年十二月二十四日
浙江巡抚方观承为查办镇海城塘各工情形事奏折　乾隆十四年正月二十五日
浙江巡抚方观承为拟辑两浙江海塘堤事宜请圣训事奏折　乾隆十四年三月二十二日
浙江巡抚方观承为筹修运河官塘以重驿务事奏折　乾隆十四年四月十六日
浙江巡抚方观承为民修堰工事奏折　乾隆十四年四月十六日
浙江巡抚方观承为亲勘桃霉二汛后海塘情形事奏折　乾隆十四年五月二十八日
浙江巡抚方观承为入伏后水势平稳塘工无碍事奏折　乾隆十四年六月十四日
闽浙总督喀尔吉善等为查勘浙省北岸塘工情形事奏折　乾隆十四年九月二十六日
闽浙总督喀尔吉善等为请圣驾亲阅浙省海塘事奏折　乾隆十四年十月初七日
著允所请至浙省临视塘工事上谕　乾隆十四年十月十九日
署理浙江巡抚永贵为查过浙省南塘情形事奏折　乾隆十四年十一月十六日
署理浙江巡抚永贵为镇海塘工需用条石请仍照原估给价事奏折　乾隆十五年四月十二日
署理浙江巡抚永贵为查勘绍兴海塘并报沿途雨水禾苗情形事奏折　乾隆十五年七月十七日
署理浙江巡抚永贵为《海塘通志》纂成呈览事奏折　乾隆十六年四月初五日

乾隆十三年安徽清理积欠史料

吕小鲜编选（1995・2・29）　中国第一历史档案馆

安徽布政使陈悳荣为请照江苏例清查积欠事奏折　乾隆十二年七月初四日
安徽巡抚潘思榘为复遵旨会同藩司陈悳荣商办清查积欠事奏折　乾隆十二年十月二十二日
两江总督尹继善为请将皖省凤颍泗三属五年以前积欠一并清查事奏折　乾隆十三年三月十七日
安徽巡抚纳敏为请将缓征之旧欠一并清查事奏折　乾隆十三年五月十一日
安徽巡抚纳敏等为报明皖省十二年分钱粮未能核奏缘由事奏折　乾隆十三年六月初九日
安徽巡抚纳敏为报催征旧欠已未完各数目事奏折　乾隆十四年六月初七日
大学士傅恒等为议复安徽催征民欠监追役侵办法事奏折　乾隆十四年七月初六日
安徽巡抚卫哲治为奏明旧欠催征新法事奏折　乾隆十四年七月二十四日
安徽巡抚卫哲治为遵旨奏报十三年分钱粮及带征各项完欠数目事奏折　乾隆十四年十月初四日
附件：乾隆十四年安徽征解各年钱粮完欠数目清单

乾隆朝《烧造瓷器则例章程》

傅育红编选（2015・2・33）　中国第一历史档案馆

总管内务府事务和硕庄亲王允禄等为议定烧造瓷器章程事奏折　乾隆十二年十月初七日
烧造瓷器则例章程册

乾隆十五年雅尔哈善特参惰征官员案

吕小鲜编选（1992·3·34）　　中国第一历史档案馆

署江苏巡抚革职留任雅尔哈善为报十四年钱粮完欠数目事奏折　乾隆十五年八月初二日

两江总督黄廷桂为驳回雅尔哈善咨送特参惰征会稿事奏折　乾隆十五年九月十九日

署江苏巡抚革职留任雅尔哈善为特参惰征积玩之州县官员事奏折　乾隆十五年九月二十五日

著将雅尔哈善交部严察议奏事上谕　乾隆十五年十月初一日

两江总督黄廷桂为参雅尔哈善肆意反复居心诈伪事奏折　乾隆十五年十月初一日

著雅尔哈善所参各员不必解任照定例办理事上谕　乾隆十五年十月二十日

乾隆年间查办长芦盐商王至德父子亏欠帑银案

张桂素编选（2001·2·49）　　中国第一历史档案馆

长芦盐政普福为遵议盐商王至德未完帑项应限十五年完缴事奏折　乾隆二十年四月初一日

直隶总督周元理等为遵旨查议长芦盐商同文分限完帑事奏折　乾隆三十六年十二月二十二日

附件：王至德及同文应按限完交银数清单

直隶总督周元理等为同文应完帑项俱可按限完缴请免革职事奏折　乾隆三十六年十二月二十二日

直隶总督周元理等为请会审长芦盐商同文隐匿房地事奏折　乾隆三十七年十二月初四日

著将同文革职暨解交周元理等审拟事上谕　乾隆三十七年十二月初九日

直隶总督周元理等为会审同文隐匿房地情形事奏折　乾隆三十七年十二月二十七日

附件一：同文等供词清单

附件二：同文隐匿房地家产清单

清代新疆货币档案（上）

丁进军编选（2012·1·8）　　中国第一历史档案馆

陕甘总督杨应琚为请调陕省铸匠赴叶尔羌等处铸钱事奏片　乾隆二十四年九月十三日

陕甘总督杨应琚为报新疆铸钱伊始请定钱法事奏折　乾隆二十五年四月二十日

陕甘总督杨应琚为请将叶尔羌现铸钱文照阿克苏所定之数试行事奏折　乾隆二十五年十一月十四日

管理甘肃巡抚事务吴达善为报解送阿克苏铸钱器具及匠役事奏折　乾隆二十五年十一月二十日

陕甘总督杨应琚为报陕省停解阿克苏铸钱器具及添拨匠役事奏折　乾隆二十五年十二月二十八日

伊犁将军伊勒图为报遵旨筹议伊犁地方铸钱事奏折　乾隆三十九年九月十二日

伊犁将军伊勒图为报酌议伊犁鼓铸钱文章程事奏折　乾隆四十年二月二十一日

伊犁将军伊勒图为进呈宝伊局鼓铸钱币事致军机处咨文　乾隆四十年闰十月初十日

伊犁将军伊勒图等为报宝伊局筹办铜斤加铸钱文事奏折　乾隆四十四年正月二十六日

伊犁将军伊勒图等为酌拨宝伊局铜斤鼓铸钱文事奏折　乾隆四十五年三月二十六日

大学士傅恒等为复议杨应琚请改定新疆钱法事奏折　乾隆朝

喀什噶尔参赞大臣长麟等为请移设钱局事奏折	嘉庆四年三月初六日
喀什噶尔参赞大臣铁保等为酌定阿克苏钱局章程以清积弊事奏折	嘉庆十七年八月初十日
喀什噶尔参赞大臣铁保等为查明阿克苏钱局余钱实数等事奏折	嘉庆十七年十月十七日
阿克苏办事大臣托云泰为查明厂秤称收铜斤铸获钱文数目等事奏折	嘉庆十八年五月初九日
阿克苏办事大臣托云泰为报阿克苏钱局铸获钱文数目事奏折	嘉庆十八年九月二十一日
阿克苏办事大臣福昂为报阿克苏钱局铸获钱文数目事奏折	嘉庆二十年十月二十日
阿克苏办事大臣福昂为报阿克苏钱局铸获钱文数目事奏折	嘉庆二十一年十一月初二日
阿克苏办事大臣同兴为报阿克苏钱局铸获钱文数目事奏折	嘉庆二十三年九月二十八日
阿克苏办事大臣同兴为报阿克苏钱局铸获钱文数目事奏折	嘉庆二十三年十月十一日
阿克苏办事大臣伊铿额为报阿克苏钱局铸获钱文数目事奏折	嘉庆二十四年十月十八日
阿克苏办事大臣福勒洪阿为报阿克苏钱局铸获钱文数目事奏折	嘉庆二十五年十一月二十四日
阿克苏办事大臣永明额为报阿克苏钱局铸获钱文数目事奏折	道光元年十月初七日
喀什噶尔参赞大臣武隆阿等为拿获私铸铜钱之回犯审明定拟事奏折	道光二年十月十三日
阿克苏办事大臣永明额为报阿克苏钱局铸获钱文数目事奏折	道光二年十一月二十七日
喀什噶尔参赞大臣永芹等为拿获私铸铜钱之回犯审明定拟事奏折	道光三年六月十七日
阿克苏办事大臣永明额为报阿克苏钱局铸获钱文数目事奏折	道光三年十月十三日
阿克苏办事大臣英桂为报阿克苏钱局铸获钱文数目事奏折	道光四年十月十一日
伊犁将军庆祥为铜苗不旺不敷鼓铸预为筹划事奏折	道光五年九月二十四日
阿克苏办事大臣海龄为报阿克苏钱局铸获钱文数目事奏折	道光五年十月初八日
伊犁将军德英阿为伊犁请免铸普尔钱专铸制钱事奏折	道光七年二月二十五日
阿克苏办事大臣长清为阿克苏钱局铸普尔钱文循例鼓励局员事奏折	道光七年三月十一日
伊犁将军德英阿为伊犁开采铜斤鼓铸事奏折	道光七年四月二十五日
阿克苏办事大臣长清等为采买铜斤加卯鼓铸等事奏折	道光七年八月二十二日
伊犁将军德英阿为报铜斤足额鼓铸完全事奏折	道光七年十一月初七日
阿克苏办事大臣长清为阿克苏钱局鼓铸完竣循例呈报事奏折	道光七年十一月二十七日
钦差大臣那彦成等为阿克苏鼓铸钱文酌量增改事奏折	道光八年三月二十五日
钦差大臣那彦成为报试铸当十钱文行使称便事奏折	道光八年九月十五日
阿克苏办事大臣长清为裁撤铜厂钱局供差兵丁事奏片	道光八年九月二十一日
阿克苏办事大臣长清为报阿克苏钱局铸获钱文数目事奏折	道光八年十一月二十六日
大学士托津等为会议阿克苏铜务章程事奏折	道光九年五月二十四日
阿克苏办事大臣长清为遵旨裁撤铜厂事奏折	道光九年十一月二十七日
阿克苏办事大臣长清为报阿克苏钱局铸获钱文数目事奏折	道光九年十一月二十七日
阿克苏办事大臣长清为报阿克苏钱局铸获钱文数目事奏折	道光十年十一月二十七日
阿克苏办事大臣长清为报阿克苏钱局铸获钱文数目事奏折	道光十一年九月二十六日

阿克苏办事大臣长清为报阿克苏钱局铸获钱文数目事奏折　　道光十二年十一月十二日

清代新疆货币档案（下）

丁进军编选（2012·2·4）　　中国第一历史档案馆

阿克苏办事大臣常恒为报阿克苏钱局铸获钱文数目事奏折　　道光十四年十月十三日
阿克苏办事大臣常恒为报阿克苏钱局铸获钱文数目事奏折　　道光十五年十月十九日
阿克苏办事大臣常恒为报阿克苏钱局铸获钱文数目事奏折　　道光十六年十一月十六日
伊犁将军奕山等为遵旨查明新疆南北各城不能添铸钱文事奏折　　道光二十年三月二十二日
阿克苏办事大臣壁昌为报阿克苏钱局铸获钱文数目事奏折　　道光二十年十月初二日
伊犁将军布彦泰为铜铅缺乏拟停宝伊局秋卯鼓铸事奏折　　道光二十年十月二十一日
伊犁将军布彦泰为宝伊局铜斤足敷春卯之用拟即开铸事奏片　　道光二十一年正月二十六日
阿克苏办事大臣常恒为报阿克苏钱局铸获钱文数目事奏折　　道光二十一年十一月十五日
署阿克苏办事大臣法福礼为报阿克苏钱局铸获钱文数目事奏折　　道光二十二年十月初八日
阿克苏办事大臣辑瑞为报阿克苏钱局铸获钱文数目事奏折　　道光二十三年十一月二十二日
阿克苏办事大臣辑瑞为报阿克苏钱局铸获钱文数目事奏折　　道光二十四年十一月十一日
阿克苏办事大臣札拉芬泰为报阿克苏钱局铸获钱文数目事奏折　　道光二十六年十一月初三日
阿克苏办事大臣札拉芬泰为报阿克苏钱局铸获钱文数目事奏折　　道光二十七年十一月二十三日
阿克苏办事大臣舒兴阿为报阿克苏钱局铸获钱文数目事奏折　　道光二十八年十一月十四日
阿克苏办事大臣图伽布为报阿克苏钱局铸获钱文数目事奏折　　道光三十年十月二十二日
阿克苏办事大臣图伽布为报阿克苏钱局铸获钱文数目事奏折　　咸丰元年九月十九日
喀喇沙尔办事大臣舒精阿为请添铸当百当千大钱以充经费事奏折　　咸丰三年七月初九日
阿克苏办事大臣倭什珲布为请照市价买铜斤添铸钱文事奏折　　咸丰三年十一月十四日
阿克苏办事大臣倭什珲布为报阿克苏钱局铸获钱文数目事奏折　　咸丰三年十一月十四日
伊犁将军奕山为就地收交铜器试铸当五十大钱搭放军饷事奏折　　咸丰四年正月十五日
伊犁将军奕山为复议加铸各钱并分别搭抵事奏片　　咸丰四年六月二十七日
伊犁将军奕山等为续获铜铁加铸大钱抵饷并议通行内地事奏折　　咸丰四年七月二十九日
阿克苏办事大臣倭什珲布为报添铸大钱并买铜斤数目事奏折　　咸丰四年十月初八日
阿克苏办事大臣谦亨为报阿克苏钱局铸获钱文数目事奏折　　咸丰四年十一月二十日
乌鲁木齐都统赓福为踩获铜铅各矿设局鼓铸以济经费事奏折　　咸丰四年十二月十五日
大学士贾桢等为遵议伊犁铜矿章程并奖励各员事奏折　　咸丰五年三月十八日
阿克苏办事大臣谦亨为报阿克苏钱局铸获钱文数目事奏折　　咸丰五年十月十九日
乌什办事大臣保恒等为报乌什开采铜坑熔炼铜斤情形事奏折　　咸丰五年十二月十二日
乌鲁木齐都统倭什珲布等为喀什噶尔试行鼓铸并呈大钱式　　咸丰六年二月二十三日

样事奏折	
阿克苏办事大臣海朴为加添鼓铸钱文以充经费事奏折	咸丰六年十一月十九日
阿克苏办事大臣海朴为报阿克苏钱局铸获钱文数目事奏折	咸丰六年十一月十九日
乌鲁木齐都统倭什珲布为宝迪局鼓铸大钱及挖矿炼铜请派镇迪道祥裕接办事奏折	咸丰六年十一月二十七日
乌鲁木齐都统倭什珲布为报宝迪局用过工本及铸钱数目等事奏折	咸丰七年二月二十五日
乌什办事大臣保恒为乌什开挖铜坑无成效请予封禁事奏折	咸丰七年八月初三日
库车办事大臣特克慎为酌议减铸大钱搭成分使事奏折	咸丰七年十月二十五日
附件：条陈酌议减铸大钱清单	
叶尔羌参赞大臣庆英等为请改铸大钱酌量变通以节铜斤事奏折	咸丰七年十一月十五日
乌鲁木齐都统倭什珲布为报宝迪局一年用过工本及铸钱数目事奏折	咸丰七年十二月二十四日
阿克苏办事大臣海朴为改铸当五十钱文节省铜斤抵充经费事奏折	咸丰八年六月初七日
阿克苏办事大臣海朴为加添鼓铸钱文充补经费事奏折	咸丰八年十一月二十日
库车办事大臣特克慎为报库车钱局鼓铸钱文数目事奏折	咸丰九年三月初八日
阿克苏办事大臣海朴为大钱壅滞难行变通改铸事奏折	咸丰九年四月二十一日
叶尔羌参赞大臣裕瑞为请停用大钱鼓铸当十钱事奏折	咸丰九年五月二十七日
伊犁将军札拉芬泰为叶尔羌铜厂请仍照旧章办理事奏折	咸丰十年正月十八日
库车办事大臣特克慎为报库车钱局铸获钱文数目事奏折	咸丰十年二月十八日
乌鲁木齐都统图伽布为请酌减铅矿税则事奏折	咸丰十年二月二十四日
阿克苏办事大臣绵性为报阿克苏钱局铸获钱文数目事奏折	咸丰十年十二月十六日
阿克苏办事大臣绵性为加添鼓铸充补经费事奏折	咸丰十年十二月十六日
库车办事大臣特克慎为报库车钱局铸获钱文数目事奏折	咸丰十一年二月十九日
乌鲁木齐都统法福礼为报铜矿不继筹办情形事奏折	咸丰十一年三月十三日
乌鲁木齐都统法福礼为矿砂不敷鼓铸拟暂停炉事奏折	咸丰十一年十月十五日
叶尔羌参赞大臣英蕴为叶尔羌买铜鼓铸难照官价采买事奏折	咸丰十一年十一月十四日
阿克苏办事大臣锡拉那为报阿克苏钱局铸获钱文数目事奏折	咸丰十一年十二月十六日
阿克苏办事大臣锡拉那为阿克苏加添鼓铸钱文充补经费事奏折	咸丰十一年十二月十六日
库车办事大臣萨灵阿为报库车钱局铸获钱文数目事奏折	同治元年四月初二日
阿克苏办事大臣奎栋为报阿克苏钱局加铸钱文数目事奏折	同治元年十二月十三日
塔尔巴哈台参赞大臣英廉为报塔城行使制钱情形事奏片	光绪元年五月初五日
新疆巡抚刘锦棠为新疆铜斤不敷鼓铸暂难规复制钱事奏折	光绪十三年八月十四日
伊犁将军色楞额为伊犁钱法久废拟由官试办事奏折	光绪十五年二月十三日

乾隆年间徙民屯垦新疆史料

谢小华编选（2002·3·9）　　中国第一历史档案馆

著陕甘总督杨应琚妥议招募甘肃贫民赴新疆屯垦事上谕	乾隆二十六年八月初五日

陕甘总督杨应琚为遵旨办理甘肃贫民赴新疆屯垦事奏折　乾隆二十六年九月十三日
陕甘总督杨应琚为报巴里坤莞豆收成并请听民广为劝垦事奏折　乾隆二十六年九月十三日
陕甘总督杨应琚为遵旨招募甘肃贫民赴新疆屯垦事奏折　乾隆二十六年十月十六日
陕甘总督杨应琚为报办理甘肃贫民赴新疆起程日期事奏折　乾隆二十六年十一月初六日
陕甘总督杨应琚为报巴里坤商民初次认垦地亩数目事奏折　乾隆二十六年十二月二十六日
陕甘总督杨应琚为报甘肃三次续招赴新疆户民数目暨料理起程事奏折　乾隆二十七年正月十二日
陕甘总督杨应琚为招募敦煌民人赴巴里坤屯垦事奏折　乾隆二十九年七月二十四日
陕甘总督杨应琚为报商民认垦地亩及废员陈文枢等协助巴里坤户民开渠事奏折　乾隆三十年六月初四日
署陕甘总督舒赫德为查办木垒屯田事奏折　乾隆三十一年三月十三日
陕甘总督吴达善为请定木垒安户章程事奏折　乾隆三十一年十二月十六日
陕甘总督吴达善为遵旨将湖北马迹岭吴姓族人分徙新疆等处屯田事奏折　乾隆三十二年四月十一日
署甘肃提督温福等为新疆户民垦种地亩照例升科事奏折　乾隆三十二年五月初二日
陕甘总督明山为报办理木垒屯田情形事奏折　乾隆三十四年十一月三十日
陕甘总督明山为报巴里坤大墩地亩试种有收及开渠灌溉事奏折　乾隆三十四年十二月二十八日
大学士尹继善等为遵旨议复乌鲁木齐等处无眷遣犯年满之后归人民籍屯田事奏折　乾隆三十五年正月二十六日
陕甘总督明山为报查勘新疆屯田情形事奏折　乾隆三十五年九月初五日
陕甘总督文绶为报办送甘肃贫民赴新疆吉木萨出关日期事奏折　乾隆三十七年正月十九日
伊犁将军伊勒图为请拨地垦种以增民户事奏折　乾隆三十九年二月十八日
著陕甘总督勒尔谨饬令各属化导甘肃贫民往赴新疆垦种事上谕　乾隆四十一年五月二十四日
著陕甘总督勒尔谨督同王亶望筹划甘肃被灾民人赴新疆垦种事上谕　乾隆四十一年六月十三日
大学士舒赫德等为遵旨议复备办移驻新疆户民事奏折　乾隆四十一年十一月二十三日
乌鲁木齐都统索诺穆策凌为遵旨查明搬眷户民分别办理事奏折　乾隆四十二年正月初四日
乌鲁木齐都统索诺穆策凌为遵旨办理只身民人搬眷事奏折　乾隆四十二年四月初一日
乌鲁木齐都统索诺穆策凌为复甘肃被灾贫民移往新疆屯垦事奏折　乾隆四十二年八月十二日
大学士阿桂等为遵旨议复将安西为民遣犯改拨乌鲁木齐垦种事奏折　乾隆四十二年十月初三日
乌鲁木齐都统索诺穆策凌为预先备办安插内地户民房屋等事片　乾隆四十二年十一月二十八日
乌鲁木齐都统索诺穆策凌为户民子弟分户并商民认户垦种事奏折　乾隆四十三年三月初三日

乌鲁木齐都统索诺穆策凌为内地愿赴新疆认垦户民俱在原地呈请事奏折　乾隆四十三年闰六月初四日
乌鲁木齐都统索诺穆策凌为报安插内地办送户民各事奏折　乾隆四十三年五月二十六日
陕甘总督勒尔谨为遵旨减发赴新疆垦种户民盘费事奏折　乾隆四十五年四月二十五日
乌鲁木齐都统索诺穆策凌为严定新疆屯田水利章程事奏折　乾隆四十八年十二月初二日
吐鲁番领队大臣尚安为报办理官屯民田水利事奏折　乾隆五十年七月二十日

乾隆年间新疆丝绸等贸易史料（上）

叶志如编选（1990・1・33）　　中国第一历史档案馆
杭州织造西宁为遵旨织办新疆贸易用绸缎事奏折　乾隆二十八年五月
陕甘总督杨应琚为查明办解贸易绸缎霉变情形奏折　乾隆二十九年九月十二日
乾隆三十六年办送伊犁布匹等项用过钱文数目清单　乾隆三十六年五月
伊犁将军伊勒图报正月至二月交易用绸数目清单　乾隆三十七年三月二十日
安泰等奏报乌什永宁城卖过绸缎等物银两数目清单　乾隆三十七年三月二十五日
乌什阿克素及赛里穆商民开设铺房菜地征收租银清单　乾隆三十七年三月二十五日
陕甘总督勒尔谨奏陈四十六年新疆各处需用绸缎数目清单
管理杭州织造四德为送上年织办绸缎用项清册致军机处呈文　乾隆四十七年二月三十日
附：杭州织办上年伊犁等处贸易绸缎用项清册　乾隆四十七年二月三十日
管理杭州织造四德为送上年织办绸缎用项清册致军机处揭帖　乾隆四十七年二月三十日
阿扬阿等为报上年喀什噶尔库贮绸缎四柱清册事奏折　乾隆四十七年四月十一日
陕甘总督李侍尧为请预办新疆后年贸易需用绸缎事奏折　乾隆四十七年八月十九日
附：乾隆四十九年新疆各处需用绸缎数目清单　乾隆四十七年八月十九日
山西巡抚农起为遵旨饬办新疆所需泽绸事奏折　乾隆四十七年九月二十一日
山东巡抚明兴为遵旨转饬滋阳县织办茧绸事奏折　乾隆四十七年十月初三日
浙江布政使盛住为杭州应织新疆贸易绸缎办竣解甘事奏折　乾隆四十七年十二月初四日
浙江布政使盛住为报应织新疆贸易绸缎办竣解甘事奏折　乾隆四十九年十二月十三日
苏州织造四德为织新疆贸易绸缎办竣解甘事奏折　乾隆四十七年十二月初二日
江宁织造穆腾额为报应织新疆贸易绸缎起解日期事奏折　乾隆四十七年十二月十三日

乾隆年间新疆丝绸等贸易史料（下）

叶志如编选（1990・2・13）　　中国第一历史档案馆
陕甘总督福康安为乾隆五十一年备办新疆贸易绸缎数目奏折　乾隆四十九年九月初三日
附：五十一年新疆各处需用绸缎数目清单　乾隆四十九年九月初三日
苏州织造四德为报应织新疆贸易绸缎起解日期数目奏折　乾隆四十九年十二月初四日
陕甘总督勒尔谨奏报新疆贸易绸缎数目清单　乾隆四十二年九月初九日
陕甘总督福康安为请备办乾隆五十二年新疆贸易绸缎数目事奏折　乾隆五十年七月二十六日
附：乾隆五十二年新疆贸易备用绸缎数目清单　乾隆五十年七月二十六日
管理江宁织造成善为报备办乾隆五十一年新疆绸缎起解日期奏折　乾隆五十年十二月二十八日
管理江宁织造成善为奏销派办绸缎银两事致军机处呈　乾隆五十一年正月二十日

附：江宁备办乾隆五十一年新疆用绸缎数目银两清册　乾隆五十一年正月二十日
保成等为呈报乾隆五十年新疆用绸缎库贮清册事奏折　乾隆五十一年四月十八日
管理杭州织造盛住为造送办解新疆绸缎奏销清册事揭帖　乾隆五十一年七月二十八日
陕甘总督福康安为请饬办乾隆五十三年新疆应需绸缎事奏折　乾隆五十一年闰七月初一日
附：乾隆五十三年新疆各处需用贸易绸缎色样数目清单　乾隆五十一年闰七月初一日
署理山西巡抚福嵩为遵旨转饬织办新疆所需绸缎事奏折　乾隆五十一年八月二十四日

乾隆二十九年的丝斤出口

方裕谨编选（1983·4·29）　中国第一历史档案馆

两广总督苏昌等奏为请准粤省出洋船只酌令配带丝斤事折　乾隆二十九年二月初二日
闽浙总督杨廷璋等奏为丝斤出口弛禁事宜折　乾隆二十九年二月二十八日
两广总督苏昌奏为请准运往东南丝斤数量折　乾隆二十九年三月初四日
两江总督尹继善等奏为江苏丝斤出口弛禁事折　乾隆二十九年三月初八日
闽浙总督杨廷璋等奏为浙省丝斤出口数量事折　乾隆二十九年三月初九日
两广总督苏昌奏报上年粤省丝斤出口数事折　乾隆二十九年三月十七日
闽浙总督钟音奏为丝斤出口仍遵前例事折　乾隆四十一年十一月十六日

乾隆后期蠲缓漕赋档案

丁进军　哈恩忠编选（2015·4·12）　中国第一历史档案馆

山东巡抚崔应阶为请将本年随漕米石一并缓征事奏折　乾隆三十一年七月十九日
河南巡抚阿思哈为遵旨办理豫省漕粮折色蠲免事奏折　乾隆三十一年十一月二十日
江苏巡抚明德为苏漕蠲免请缓征随漕等项事奏折　乾隆三十二年三月二十八日
河南巡抚阿思哈为遵旨晓谕业户将佃户租粮减半征收事奏折　乾隆三十二年五月十七日
两江总督高晋等为苏省应免漕粮请分年蠲免事奏折　乾隆三十二年五月二十一日
两江总督高晋等为遵旨议定苏省各属分年蠲免漕粮事奏折　乾隆三十二年七月初三日
江西巡抚吴绍诗为江西十三县被灾请预蠲应免漕粮事奏折　乾隆三十二年八月三十日
著江西被灾七县蠲免明岁漕粮及今年应征漕粮分作三年带完事上谕　乾隆三十二年九月二十二日
闽浙总督苏昌等为浙省恩蠲漕粮请照江苏之例分年派免事奏折　乾隆三十二年十一月十八日
江西巡抚吴绍诗为请援例分年蠲免漕粮以广皇仁事奏折　乾隆三十三年正月二十八日
江苏巡抚彰宝为请缓征聚众哄堂之江阴县前周镇漕粮事奏折　乾隆三十四年二月初六日
革职留任江西巡抚吴绍诗为恳恩宽缓江西等七县本年漕粮事奏折　乾隆三十四年十月十六日
暂署湖广总督陈辉祖为请缓征湖北湖南本年漕项事奏折　乾隆三十八年闰三月初九日
著山阳等四县被水本年漕粮蠲免等事上谕　乾隆三十九年十月初二日
安徽巡抚李质颖为恳恩缓征寿州等四县积欠漕粮事奏折　乾隆四十一年正月十五日
著寿州等四州县连年被灾分年带征积欠漕粮事上谕　乾隆四十一年正月三十日
江苏巡抚萨载为请将各属灾地递缓漕粮分年带征事奏折　乾隆四十一年三月初十日
著江夏等被灾州县漕粮分别缓征带征事上谕　乾隆四十三年十一月十一日
河南巡抚陈辉祖为恳请移免轮豁漕粮于今岁等事奏折　乾隆四十四年八月初七日

河南巡抚陈辉祖为请一并蠲免临漳县折征漕米事奏折	乾隆四十四年九月初五日
湖北巡抚郑大进为请再缓上年因灾缓征漕粮事奏折	乾隆四十四年十一月二十日
仓场侍郎书麟等为遵照部议分别蠲免各省漕粮及请饬山东漕船接兑新漕事奏折	乾隆四十七年九月十九日
河南巡抚何裕城为汲县等州县现被水旱灾请缓征漕粮事奏折	乾隆四十九年八月二十二日
安徽巡抚书麟为恳请安省明岁轮免漕粮改于本年豁免事奏折	乾隆五十年七月十二日
河南巡抚毕沅为请缓征本年豫省各属漕项事奏折	乾隆五十年七月十三日
著安庆等府州秋收歉薄其乾隆五十一年轮免漕粮准于今年蠲免事上谕	乾隆五十年七月十九日
山东巡抚臣明兴为济南府属长清等四县被霜请缓征漕粮等事奏折	乾隆五十年九月十四日
湖北巡抚吴垣为请缓征江夏等地被灾民田军屯漕粮事奏折	乾隆五十年九月十九日
山东巡抚明兴为奉旨缓征济南府属漕粮谢恩事奏折	乾隆五十年九月二十四日
著武昌等州县旱灾分别援案带征漕粮事上谕	乾隆五十年九月二十五日
安徽巡抚书麟为请将被灾各属漕项缓至来岁征收事奏折	乾隆五十年十月二十日
浙江巡抚伊龄阿为杭州等州县被旱歉收请分别缓征带征事奏折	乾隆五十一年十月十八日
河南巡抚毕沅为商邱等府州被水成灾请缓征漕粮事奏折	乾隆五十二年十月初五日
江西巡抚何裕城为南昌等八县被水请缓征漕粮事奏折	乾隆五十三年九月初十日
著南昌等八县被水应征漕粮缓至来年秋收后一并征收事上谕	乾隆五十三年九月二十七日
著湖北被灾之江陵等州县分别缓征漕粮事上谕	乾隆五十三年十月二十九日
著巨野等十五州县应征漕粮分作两年带征事上谕	乾隆五十五年十一月二十日
山东巡抚惠龄为请将二年应征搭补之粮分作四年带征事奏折	乾隆五十六年七月十一日
江苏巡抚长麟为长洲等州县被水低田收成歉薄请缓征漕粮事奏折	乾隆五十六年九月十五日
河南巡抚穆和蔺为宣布缓征各县漕粮民情感戴事奏折	乾隆五十六年九月二十六日
河南巡抚穆和蔺为请缓征彰德等属应征秋后新旧粮谷事奏折	乾隆五十七年六月十二日
山东巡抚吉庆为详查秋后丰歉情形请分别征缓事奏折	乾隆五十七年七月二十日
山东巡抚吉庆为请分别酌缓歉收之历城等处漕粮事奏折	乾隆五十七年九月十二日
河南巡抚穆和蔺为河内武陟二县一隅被水请缓征漕粮事奏折	乾隆五十八年七月二十日
著仁和县被灾照乌程等例缓征漕粮事上谕	乾隆五十八年十月初九日
河南巡抚穆和蔺为武陟等十四县被水请借给麦种缓征漕粮事奏折	乾隆五十九年八月十二日
山东巡抚毕沅为临清等处夏旱秋涝请蠲免本年漕粮事奏折	乾隆五十九年十一月初四日
著将临清等处被灾地方归纳漕粮一体豁免事上谕	乾隆五十九年十一月初九日
安徽布政使周樽为漕粮轮免请分别征缓随漕各项事奏折	乾隆六十年闰二月二十六日

摊丁入亩后新垦地亩丁银征收史料

吕小鲜编选（1992·3·38）　　中国第一历史档案馆

湖北巡抚陈辉祖为将新垦地亩丁银随年摊征事奏折	乾隆三十八年六月十二日
直隶总督周元理为复直隶新垦地亩丁银照旧田科则征收事	乾隆三十八年九月十四日

奏折
广西巡抚熊学鹏为广西新垦地亩丁银每年摊征事奏折　乾隆三十八年十月初六日
江西巡抚海成为江西新垦地亩丁银仍每五年通省均摊事奏折　乾隆三十八年十月十三日
湖南巡抚梁国治为湖南新垦地亩丁银照湖北例摊征事奏折　乾隆三十八年十月十三日
闽浙总督钟音等为复福建新垦地亩俱照额定科则征收事奏折　乾隆三十八年十月十五日
两广总督李侍尧等为复广东新垦地亩丁银宜仍不摊征事奏折　乾隆三十八年十月二十六日

康雍乾户部银库历年存银数
吕坚编选（1984·4·19）　中国第一历史档案馆
军机大臣遵旨查明康雍乾年间户部银库存银数目奏片　乾隆四十年正月二十九日
附：清单

清代中西贸易商欠案档案（上）
伍媛媛选编（2020·4·4）　中国第一历史档案馆
着各将军督抚秉公筹办与外商交涉词讼之事上谕　乾隆四十一年十一月二十四日
着申斥办案不利之督抚并摊抵粤商倪宏文欠英商债款事上谕　乾隆四十一年十一月二十六日
直隶总督周元理为将追缴粤商倪宏文赊骗英商货银案谕旨传示各商事奏折　乾隆四十一年十二月初七日
山东巡抚杨景素为遵旨实心筹办英商交涉词讼事奏折　乾隆四十一年十二月初八日
着各将军督抚不宜宣示外夷抚驭远人之道事上谕　乾隆四十一年十二月初十日
山西巡抚巴延三为接奉粤商倪宏文赊骗英商货银案谕旨永远遵行事奏折　乾隆四十一年十二月十四日
伊犁将军伊勒图为接奉粤商倪宏文赊骗英商货银案谕旨永远遵行事奏折　乾隆四十二年正月初八日
两广总督李侍尧为粤商倪宏文一案办理情形并叩谢申饬之恩事奏折　乾隆四十二年正月初九日
广东巡抚李质颖为粤商倪宏文一案办理情形并叩谢交部察议之恩事奏折　乾隆四十二年正月初九日
广东巡抚李质颖呈广东督抚司道府县公摊粤商倪宏文欠款清单　乾隆四十二年三月初三日
着将粤商倪宏文发往伊犁以示惩儆事上谕　乾隆四十二年四月初六日
广东巡抚李质颖为将粤商倪宏文发配伊犁事奏折　乾隆四十二年六月初六日
广东巡抚李质颖等为查办行商违禁私借英商债务事奏折　乾隆四十五年四月十二日
两广总督巴延三等为行商颜时瑛等借欠英人银两追缴清还事奏折　乾隆四十五年十月二十六日
粤海关监督穆腾额为洋商蔡昭复所欠外商银两应令保结众商先行填还事奏折　乾隆四十九年七月十九日
两广总督福康安等为审拟行商拖欠英商货银分别追还事奏折　乾隆五十六年三月十八日
着两广总督福康安清还行商拖欠番夷货价事上谕　乾隆五十六年四月二十九日
两广总督福康安等为遵旨将关税盈余银两支给洋商拖欠货银事奏折　乾隆五十六年七月十九日

为将拖欠夷商银两之洋商吴昭平发配伊犁事奏折	乾隆五十六年九月初二日
吏部为移送查办粤海关监督额尔登布事致内务府咨文	乾隆五十六年九月
署两广总督朱珪等为审明行商石中和拖欠洋商货银案按律定拟事奏折	乾隆六十年六月十一日

清代中西贸易商欠案档案（下）

伍媛媛选编（2021·1·4）　　中国第一历史档案馆

着两广总督等勒令随时清还拖欠夷人货价事上谕	乾隆六十年七月十八日
两广总督百龄等为审明万成行商拖欠外商货银事奏折	嘉庆十四年十一月二十九日
两广总督百龄等为审明行商郑崇谦等积欠外商货银事奏折	嘉庆十五年十一月初三日
两广总督百龄等为英国大班喇佛来粤贸易不守成规即令驱逐回国事奏片	嘉庆十五年十一月初三日
粤海关监督常显为请宽限催缴各行洋商欠款事奏片	嘉庆十六年三月二十日
粤海关监督德庆为设立洋行总商事奏折	嘉庆十八年二月二十一日
着照粤海关监督德庆所请设立洋行总商事上谕	嘉庆十八年三月三十日
着两广总督蒋攸铦妥议英船进口原委及商人积欠外商货价等事上谕	嘉庆十九年十一月二十八日
着两广总督蒋攸铦等酌筹整饬洋行事上谕	嘉庆十九年十二月初二日
两广总督蒋攸铦等为查明洋商拖欠外商货银应请勒限分年清还事奏折	嘉庆二十年九月二十八日
两广总督阮元等为丽泉洋行商人潘长耀拖欠外商货银事奏折	道光四年三月二十五日
着革除拖欠外商货款洋商潘瑞庆捐职并抄估原籍家产事上谕	道光四年五月初一日
两广总督李鸿宾等为审拟西成行洋商黎光远积欠外商货银事奏折	道光六年九月十六日
粤海关监督延隆为招募新商暂行试办行务事奏折	道光九年二月二十八日
着照粤海关监督延隆所请变通招募新商章程事上谕	道光九年四月初五日
两广总督李鸿宾等为查明洋商关成发积欠外商货银事奏折	道光九年八月十四日
着革去欠饷行商关成发职衔事上谕	道光九年十月初三日
粤海关监督彭年为查明已未完库款并商欠缘由事奏折	道光十四年九月二十二日
着两广总督卢坤等确查粤商近增私税拖欠外商货银并定章程事上谕	道光十四年十月初三日
着两广总督卢坤查明商欠实在情形事上谕	道光十四年十月初九日
两广总督卢坤为查办粤海关商欠饷银大概情形事奏折	道光十四年十一月初十日
着两广总督卢坤限期追缴行商商欠银两事上谕	道光十四年十二月二十日
两广总督卢坤等为查明洋商无私增税银并报查办商欠章程事奏折	道光十四年十二月二十七日
靖逆将军奕山为于库贮款内拨借银两以清洋商欠款事奏片	道光二十一年四月二十四日
两广总督祁𡎴为洋商应交赔款请准递缓一年事奏片	道光二十三年二月十九日

命和珅金简督理京省钱法敕谕

房学惠编选（1997·3·27）　　辽宁省大连市旅顺博物馆

乾隆四十二年宫中酒醋房用物销算折单

叶志如编选（1987·2·15）　　中国第一历史档案馆

总管内务府大臣永瑢等为查酒醋房上年用物数目奏折　　乾隆四十三年六月初七日
总管内务府大臣永瑢等查报酒醋房历年用物片　　乾隆四十三年六月初七日
附件一：乾隆四十二年度酒醋房用酒菜物清单
附件二：乾隆四十二年价值单

乾隆四十六年安徽太和县私盐贩拒捕殴兵案

王澈编选（1992·2·44）　　中国第一历史档案馆

寿春镇总兵阎正祥为亲赴太和县查拿殴兵之私盐犯事奏折　　乾隆四十六年九月二十七日
署两江总督萨载为缉拿殴兵私盐犯事奏折　　乾隆四十六年十月初六日
著钦差大臣阿桂等严饬缉拿贩卖私盐伙党事上谕　　乾隆四十六年十月初七日
著安徽巡抚农起将拿获首犯之阜阳县令送部引见并严缉逃犯上谕　　乾隆四十六年十月十一日
安徽巡抚农起为审拟伙众拒捕之私盐贩事奏折　　乾隆四十六年十月二十日
安徽巡抚农起为续获私盐贩四名并审办事奏折　　乾隆四十六年十月十六日
大学士阿桂等为将盐店店伙送太和县面质事奏折　　乾隆四十六年十月二十日
安徽巡抚农起为续获在逃私盐贩事奏折　　乾隆四十六年十月二十三日
署两江总督萨载为十二名太和县拒捕私盐贩全获事奏折　　乾隆四十六年十一月十六日

有关乾隆后期北京高利贷的几件史料

吕小鲜编选（1996·4·23）　　中国第一历史档案馆

山西巡抚农起为灵邱令张有蕴欠高利贷不能偿还被逼自缢事奏折　　乾隆四十八年正月二十四日
湖广总督特成额为黄陂典史任朝恩因欠高利贷被逼情急自尽事奏折　　乾隆五十年正月十五日
山西巡抚农起为遵旨查拿逼毙任朝恩案在逃各犯并将获犯解楚质审事奏折　　乾隆五十年二月二十一日
著赴任各官谨守节用并不准放债人随任追讨上谕　　乾隆五十年三月十四日
直隶总督刘峨为遵旨查抄任朝恩债主李之甫家产事奏折　　乾隆五十年四月初二日

乾隆五十四年中俄贸易史料选译

张莉编选（1987·3·36）　　中国第一历史档案馆

福崧为在阿克苏查禁贩运大黄至俄事奏折　　乾隆五十四年正月初四日
明亮等为审拟贩卖大黄之沙哈林达尔等案奏折　　乾隆五十四年正月二十二日
勒保遵旨核办伊犁等处查禁与俄贸易奏折　　乾隆五十四年二月二十日
谕勒保回任后亲行严办私贩大黄人犯　　乾隆五十四年二月二十八日
明亮等遵旨严禁哈萨克人多带俄货入境贸易事奏折　　乾隆五十四年二月二十九日

蕴端多尔济等为其所属四部落卡伦无与俄贸易事奏折 乾隆五十四年四月二十八日
明亮等为喀什噶尔等地回众无与俄贸易者事奏折 乾隆五十四年四月三十日
谕勒保重审李生贵等贩卖大黄案 乾隆五十四年五月二十日
保宁等查报卡伦禁止大黄至俄事奏折 乾隆五十四年五月二十二日
谕勒保严审郭相秦贩卖大黄案 乾隆五十四年闰五月初三日
明亮等报闭关后哈萨克等未贩运俄货事奏折 乾隆五十四年闰五月初七日
明兴查办闭关前安集延回商运到俄货事奏折 乾隆五十四年闰五月初十日
蕴端多尔济等为卡伦官兵均遵禁令严查大黄等物事奏折 乾隆五十四年六月初九日

乾隆五十九年吉林参务案

哈恩忠编选（2000·1·3）　　中国第一历史档案馆

著将询问前任吉林将军都尔嘉奏片交福康安等阅看事上谕 乾隆五十九年正月初十日
附件：军机大臣和珅等为讯问原任吉林将军都尔嘉办理参票情事片 乾隆五十九年正月初十日
著将询问吉林参局协领永保奏片交福康安等阅看事上谕 乾隆五十九年正月十一日
钦差大臣福康安等为途次接奉上谕事奏折 乾隆五十九年正月十四日
钦差大臣福康安等为询问吉林将军恒秀供情并请旨革职事奏折 乾隆五十九年正月二十一日
钦差大臣福康安等为询问前任吉林将军麟宁等供情事片 乾隆五十九年正月二十一日
钦差大臣福康安等为审办吉林参务案并补放员缺事片 乾隆五十九年正月二十一日
钦差大臣福康安等为严讯承办参务协领诺穆三等并查明库项事奏折 乾隆五十九年二月初一日
钦差大臣福康安等为讯明二起官参来历仍令送京事奏折 乾隆五十九年二月初七日
钦差大臣福康安等为严讯吉林将军恒秀等人事奏折 乾隆五十九年二月初七日
钦差大臣福康安等为请拣补恒泰为参务协领事奏折 乾隆五十九年二月初七日
钦差大臣福康安等为讯明协领永保事片 乾隆五十九年二月初七日
钦差大臣福康安等为审明吉林参务案并定拟事奏折 乾隆五十九年二月十七日
钦差大臣福康安等为请将诺穆三等减等发落事片 乾隆五十九年二月十七日
钦差大臣福康安等为遵旨重拟参务章程事奏折 乾隆五十九年二月十七日
钦差大臣福康安等为请豁免刨夫借项银两等事片 乾隆五十九年二月十七日
钦差大臣福康安等为遵旨严审吉林将军恒秀等人事奏折 乾隆五十九年二月十七日
刑部尚书胡季堂为疏忽审案自请严议事奏折 乾隆五十九年三月初一日
著将诺穆三等人分行处罚事上谕 乾隆五十九年三月初二日
吉林将军宝琳等为遵旨晓谕刨夫并会同办理参务事奏折 乾隆五十九年五月二十一日

嘉庆六七年间抢修永定河史料

刘源编选（2002·3·73）　　中国第一历史档案馆

著派侍郎那彦宝等赴卢沟桥督办堵筑决口事上谕 嘉庆六年六月初八日
仪亲王永璇为请刊发御制诗文并缓修卢沟桥一带河工堤等事奏折 嘉庆六年六月初十日
直隶布政使同兴为遵旨复奏被水各州县情形事奏折 嘉庆六年六月二十三日

工部侍郎那彦宝等为遵旨办理永定河各工情形事奏折　嘉庆六年六月二十七日
步军统领明安为报查看永定河各工情形事奏折　嘉庆六年九月初六日
署直隶总督陈大文为永定河夫工按工完先后陆续遣散事奏折　嘉庆六年九月十九日
工部侍郎那彦宝等为报永定河二十三号坝工合龙事奏折　嘉庆六年九月二十日
工部侍郎那彦宝等为查明卢沟桥灾民情形及以工代赈事奏折　嘉庆七年二月二十三日
工部侍郎那彦宝等为筹办永定河土堤加培事奏折　嘉庆七年二月二十八日
工部侍郎那彦宝等为查勘永定河石土各工开工情形事奏折　嘉庆七年四月初二日
工部侍郎那彦宝等为遵旨酌定永定河岁修银两事奏折　嘉庆七年四月十六日
工部侍郎那彦宝等为报永定河大工告竣事奏折　嘉庆七年五月初八日

嘉庆朝参务档案选编（上）

王道瑞编选（2002·3·51）　中国第一历史档案馆
吉林将军秀林为请旨歇山并准揽头存留参苗在园栽养事奏折　嘉庆七年正月初十日
吉林将军秀林为查报历年刨夫夹带私人及栽养参苗事奏折　嘉庆七年四月二十日
户部为议驳吉林将军秀林拟参票加夫并准栽养秧参事奏折　嘉庆八年
吉林将军秀林为遵旨溯查参余银两请量为酌减事奏折　嘉庆八年六月二十四日
吉林将军秀林为赔补及商欠银两完结请酌减参余银两事奏折　嘉庆八年十一月十六日
盛京将军富俊为请改参票一票一人旧章酌拟一票五人事奏折　嘉庆十年八月二十九日
盛京将军富俊等为遵旨通盘筹画参务赢绌事奏折　嘉庆十一年九月初九日
盛京将军富俊等为无庸另议参务章程请照旧章办理事奏折　嘉庆十二年正月十八日
户部尚书禄康等为议复请停烧锅商铺认领参票令盛京将军再议新章事奏折　嘉庆十二年二月十八日
盛京将军富俊等为遵旨令承办参务之员等筹议新章事奏折　嘉庆十二年三月初十日
盛京将军富俊等为遵旨会议参务章程请准以船规帮办参票事奏折　嘉庆十二年五月十三日
吉林将军赛冲阿为遵旨查访盛京等处并无籽种参枝事片　嘉庆十五年三月初十日
盛京将军富俊等为请复由京派员来沈验参以杜搀杂秧参事奏折　嘉庆十五年三月二十四日
吏部尚书庆桂等为遵旨拟处办理参务不力之盛京将军等官员事奏折　嘉庆十五年四月二十二日
盛京将军富俊等为收到发回搀杂秧参酌议照数补解事奏折　嘉庆十五年五月十二日
吏部尚书庆桂等为报验选余参数目并参奏验参不力官员事奏折　嘉庆十五年六月十一日
吉林将军赛冲阿等为酌拟参务章程十二款请旨允行事奏折　嘉庆十五年六月二十一日

嘉庆朝参务档案选编（下）

王道瑞编选（2002·4·22）　中国第一历史档案馆
大学士庆桂等为逐款议复吉林将军赛冲阿呈奏参务章程事奏折　嘉庆十五年七月初二日
钦差大臣英和为报违例栽种秧参情形并参奏有关官员事奏折　嘉庆十五年七月初十日
钦差大臣文宁等为讯得秧参情弊令人犯戴罪办参事奏折　嘉庆十五年八月初七日

钦差大臣文宁等为传讯掌参局关防协领青山情形事奏折　嘉庆十五年八月初七日
吉林将军赛冲阿为查明私栽秧参多处并参失职官员富通阿等事奏折　嘉庆十五年八月十一日
钦差大臣文宁等为酌拟参务章程十一条事奏折　嘉庆十五年八月十二日
钦差大臣文宁等为参原掌吉林参局关防协领托克通阿事奏折　嘉庆十五年八月十二日
钦差大臣文宁等为遵旨议复吉林将军赛冲阿奏参务章程各款事奏折　嘉庆十五年八月十二日
附件：钦差大臣文宁等呈酌拟禁绝秧参并查山条款
钦差大臣文宁等为严讯萨音保等员侵吞商帮银两事片　嘉庆十五年八月十四日
大学士庆桂等为议复英和等奏酌定参务章程事奏折　嘉庆十五年八月十四日
钦差大臣文宁等为审明宁古塔局员违例多收参余银两事奏折　嘉庆十五年八月二十日
吉林将军明亮为请派兵役入山驱逐私挖参苗之人以清弊源事奏折　嘉庆十五年九月二十二日
总管内务府为吉林等处下欠参斤奉旨著落各员分赔事呈文　嘉庆十六年四月
盛京将军观明等为各揽头原议罪名请缓执行事奏折　嘉庆十六年六月十四日
吉林将军赛冲阿为酌议减票归公等事奏折　嘉庆十六年七月二十六日
吉林将军赛冲阿等为报带领官兵分路搜查乌苏里等处大山情形事奏折　嘉庆十六年十月初四日

嘉庆查办盛京民典旗地史料

叶志如编选（1987·1·21）　　中国第一历史档案馆

盛京将军富俊等为展期限满请停止首报私开余地事奏折　嘉庆九年六月二十二日
盛京将军富俊等为酌议民典旗地首报章程请旨遵行事奏折　嘉庆九年六月二十八日
盛京礼部侍郎多庆为敬陈查办民典旗地情形事奏折　嘉庆十年二月二十日
盛京将军富俊等为遵旨查办盛京民典旗地情形事奏折　嘉庆十年三月二十五日
盛京将军富俊等为报现办民典旗地情形事奏折　嘉庆十年七月二十一日
盛京将军富俊等为请将查办民典旗地宽展期限事片　嘉庆十年七月二十一日
为盛京将军富俊等请展限查办民典旗地限期之上谕　嘉庆十年七月二十六日
盛京将军富俊等为查办民典旗地数目并拟章程清单事奏折　嘉庆十一年七月二十八日
为盛京将军富俊等请酌拟清查民典旗地章程事之上谕　嘉庆十一年八月初八日
内阁侍读学士甘家斌为请认真清查旗地以育旗人事奏折　嘉庆十九年闰二月初三日

嘉庆朝贿充牙商史料选

吕小鲜编选（1994·1·27）　　中国第一历史档案馆

提督文宁等为湖南民人贺兴顺等呈控邓志贤贿充靛行事奏折　嘉庆十二年四月二十四日
湖南巡抚景安为审拟贺兴顺等控告刘光德贿充靛行一案事奏折　嘉庆十二年九月二十二日
盛京将军晋昌等为审拟牛庄仓官与海城斗纪串嘱舞弊一案事奏折　嘉庆二十年十二月十五日
盛京将军晋昌等为筹议牛庄海口官斗章程事片

嘉庆十二年河东盐务改归商运档案史料选刊

方裕谨编选（1990·2·23）　　中国第一历史档案馆

甘肃布政使蔡廷衡为划定吉兰泰盐池界址并筹弁兵衙署事宜奏折　　嘉庆十二年五月十二日

山西巡抚成宁为查明吉兰泰盐池捞盐驮运等价值事片　　嘉庆十二年五月二十七日

河南巡抚马慧裕等为河南桐泌二县仍归河东引地事片　　嘉庆十二年六月初一日

护理陕甘总督蔡廷衡为酌筹吉兰泰池盐赶运晋省期免贻误事奏折　　嘉庆十二年六月初九日

大学士禄康为议复吉兰泰盐池界址各事奏折　　嘉庆十二年六月二十六日

山西巡抚成宁为遵旨查办吉兰泰运商马遵义等情形奏折　　嘉庆十二年七月初四日

山西巡抚成宁为河东运商所给坐商削价议请照旧酌减存留事奏折　　嘉庆十二年七月初十日

山西巡抚成宁为请定河东盐务奏销以来年四月为限事奏折　　嘉庆十二月七月初十日

陕西巡抚方维甸为陕省十二年盐课奏销展至来年十月事奏折　　嘉庆十二年九月初五日

山西巡抚成宁为报查看运城盐池情形事奏折　　嘉庆十二年十二月初二日

山西巡抚成宁为晋省土盐征税事奏折　　嘉庆十三年正月十九日

山西巡抚成宁等为会商酌改陕省境内盐务事宜奏折　　嘉庆十三年二月十二日

陕甘总督长龄等为请将吉兰泰盐课题销时日展限四个月事片　　嘉庆十三年三月十六日

陕甘总督长龄等为会议饬商办运吉兰泰盐务事奏折　　嘉庆十三年三月十六日

嘉庆十四年通州粮仓吏胥舞弊案

吕小鲜编选（1990·1·44）　　中国第一历史档案馆

著户部左侍郎托津等盘查通州粮仓并处分原仓场侍郎等上谕　　嘉庆十四年五月二十三日

著御前侍卫禧恩等会同原派大臣盘查通州粮仓上谕　　嘉庆十四年五月二十六日

步军统领禄康请将高凤鸣铺伙刘大交刑部审办片　　嘉庆十四年六月初一日

仪亲王永璇报明其子卖米票情形并请议处奏折　　嘉庆十四年六月初八日

仪亲王永璇等为查明王贝勒贝子等售卖俸米俸票事奏折　　嘉庆十四年六月初九日

附：王贝勒贝子售卖俸米俸票情形清单

宗人府为查明和郡王绵偱在京卖米事致军机处咨文　　嘉庆十四年六月初十日

户部侍郎托津等为报初四至初八日盘查通州粮仓事奏折　　嘉庆十四年六月初十日

大学士庆桂等为报审讯高添凤等人情形奏折　　嘉庆十四年六月初十日

附：高添凤及张连芳等七人供单

仓场侍郎玉宁等为查拿高添凤同案人犯曹二等人事奏折　　嘉庆十四年六月十二日

仓场侍郎玉宁等为拿获高添凤同案人犯董和尚事片

大学士庆桂等为复讯中西二仓亏短白米情形事奏折　　嘉庆十四年六月十七日

附：高添凤玉通德楞额等三人供单

著将嘉庆三年以后历任仓场侍郎分别惩处上谕　　嘉庆十四年六月十八日

著惩处在通卖票之王贝勒等上谕　　嘉庆十四年六月二十六日

著将通州西中二仓舞弊案犯严加惩办上谕　　嘉庆十四年七月十四日

嘉道时期扬州卫三帮漕运档案

钮希强选辑（2021·3·4）　　泰州市博物馆

特授江南扬州卫孟为奉谕妥议查办帮船虚报等弊章程事致扬州三帮萧运官札	嘉庆十五年九月初一日
江宁督粮分府富为饬查回空各船私带黄豆报关完税等事致扬州三帮宪牌	嘉庆十八年七月十五日
为各帮雇觅舵水照例造具清册等事致督漕守府戴饬	嘉庆二十年十二月十六日
江南扬州卫孟为奉谕查察粮船水手设立罗祖教等事致扬州三帮戴运官札	嘉庆二十年十二月二十七日
特调江南扬州卫刘为立将四所借支银两造册送卫等事致扬州三帮戴运官札	道光元年十月初三日
江南扬州卫刘为千总孙桓勒休欠银循例摊扣事致扬州三帮刘运官札	道光十一年正月二十九日
江淮等处总运府赵为遵示不准夫头包办帮丁等事致扬州三帮札	道光十一年二月二十五日
第五十号旗丁朱其高为遇风船沉将湿米易换各船好米事甘结	道光十一年三月十八日
署江南江安等处候补道李为轮兑东台漕粮按例造册查核事致扬州三帮委运千总盛禄札	道光十六年十月二十二日
漕运总督恩特亨额为遵旨按限转运漕粮事致扬州三帮运官盛禄札	道光十六年十一月十八日
扬州府督粮孙为遵旨严饬按限转运漕粮事致扬州三帮运官札	道光十六年十二月初二日
特调江南扬州卫王为再行严催各帮依限攒兑漕粮事致扬州三帮盛运官札	道光十六年十二月十七日
江淮总运周为实力严查夹带私盐事致扬州三帮运官札	道光十七年四月十四日
泰州所旗丁杨泉为报退漕差赏详更名事禀	道光十九年九月二十六日
江南江安等处督粮道沈为严查空漕逗留夹带私盐等事致扬州三帮空运官海马札	道光二十三年五月二十七日
扬州卫三帮协运府海为回空漕船归次日期事致扬帮右所督运府于移文	道光二十三年九月十一日
江南扬州卫叶为催解《漕运全书》摊捐工价银两事致扬州三帮邱运官札	道光二十七年正月十一日
江淮总运世为行知随时申报开兑漕粮等日期事致扬州三帮札	道光二十七年三月十六日
江淮总运世为通饬漕运帮弁及住闸各员相机行漕事致扬州三帮札	道光二十七年四月十二日
江南扬州府泰州为因灾停漕严管水手事致扬州三帮督运分府移	道光二十八年十月十七日
江南江安等处督粮道沈为泰盐两所新旧运丁遵例报明事致扬州三帮千总邱札	道光二十九年十月二十一日
江南扬州卫叶为严查慎选各所伍丁事致扬州三帮邱运官札	道光二十九年十一月十六日
江淮等处总运府倪为起运漕粮饬管兑米及水手等事致扬州三帮邱运官札	道光二十九年十一月二十七日

江南扬州卫叶为各帮钱粮定章按年支领事致扬州三帮邱运官札	道光二十九年十二月初五日
江南江安等处督粮道沈为造报漕米细数事致扬州三帮千总陈大忠札	道光三十年十二月十六日

嘉庆十七年长芦盐砝舞弊案

叶志如编选（1989·4·20）　　中国第一历史档案馆

长芦盐政祥绍为遵旨查封总商查有圻天津资产事奏折	嘉庆十七年八月十二日
江苏巡抚朱理为遵旨查拿查有圻及看守其财产事奏折	嘉庆十七年八月十七日
成亲王永瑆等为报审出原铸匠头供出书吏等贿托情形奏折	嘉庆十七年八月十九日
长芦盐政祥绍为遵旨飞咨晋抚速将王臣敬解京归案事奏折	嘉庆十七年八月二十四日
长芦盐政祥绍为遵旨查封韩泳昌家中书信等情形事奏折	嘉庆十七年八月二十四日
长芦盐政祥绍为秋运莱盐之际请将各总商发回办运事奏折	嘉庆十七年八月二十四日
长芦盐政祥绍为遵旨派员查封查有圻票地产业事奏折	嘉庆十七年八月二十四日
长芦盐政祥绍为遵旨查抄书吏靳维安家中书信单据事奏折	嘉庆十七年八月二十七日
长芦盐政祥绍为拟办妥盐砝等案后再赴山东迎驾事奏片	嘉庆十七年八月
长芦盐政祥绍为请旨是否循例前往清河接驾事奏片	嘉庆十七年八月
长芦盐政祥绍为遵旨留津查封查有圻盐店当铺产业事奏折	嘉庆十七年九月初三日
直隶总督温承惠为遵旨查办查有圻京津房地产缘由奏折	嘉庆十七年九月初六日
署山西巡抚衡龄为遵旨管解原天津分司运同王臣敬事奏折	嘉庆十七年九月初十日
浙江巡抚高杞等为查办查有圻浙籍典铺祖业等缘由事奏折	嘉庆十七年九月初十日
成亲王永瑆等为遵旨严审私增砝码分量案犯情事奏折	嘉庆十七年九月十四日
长芦盐政祥绍为呈查抄樊宗澄资产及讯问家属情形事奏折	嘉庆十七年九月二十二日
长芦盐政祥绍为遵旨留津清查各商历年盐引数目事奏折	嘉庆十七年九月二十四日
长芦盐政祥绍为遵旨留津查抄变卖书吏靳维安家产事奏片	嘉庆十七年九月
长芦盐政祥绍为查有圻应交罚赔银两愿于半年完清事奏折	嘉庆十七年十月十二日
内务府大臣徵瑞为报遵旨到津会办盐砝案内商罚情形奏折	嘉庆十七年十月十六日
内务府大臣徵瑞等为拘禁查有圻并令丁属筹措罚项事奏折	嘉庆十七年十月十七日
内务府大臣徵瑞等为请芦商应交赔欠银两分限完纳事奏折	嘉庆十七年十月二十四日
内务府大臣徵瑞等为遵旨派员解交罚赔银两交部事奏片	嘉庆十七年十月
长芦盐政祥绍为更正罚赔银两舛错并请议处事奏片	嘉庆十七年十二月
长芦盐政祥绍为查办商人罚赔银引舛错免究谢恩事奏折	嘉庆十七年十二月十八日
长芦盐政祥绍为催解盐砝案内商罚银两事奏片	嘉庆十八年正月
长芦盐政祥绍为报盐商查有圻罚赔银两已攒限完清事奏折	嘉庆十八年二月初九日
长芦盐政祥绍为恭复查有圻奉旨恩免发遣感激情形奏折	嘉庆十八年二月十四日

嘉庆十八年冀鲁豫三省灾荒史料

吕小鲜编选（1990·4·38）　　中国第一历史档案馆

著借给上年受灾之直隶博野等县贫民两月口粮上谕	嘉庆十八年正月初二日
著上年受灾之河南彰德卫辉二府粜谷接济穷民上谕	嘉庆十八年正月初二日
著缓征上年受灾之山东历城等州县本年春征新赋上谕	嘉庆十八年二月十六日

著河南巡抚长龄据实奏报灾民困苦情形酌筹赈济上谕	嘉庆十八年三月二十八日
著缓征河南祥符等二十九厅州县田赋上谕	嘉庆十八年四月初三日
著赈济直隶邢台等三十五州县贫民两月口粮上谕	嘉庆十八年四月十七日
著赈济山东荷泽等处贫民并缓征东平等州县田赋上谕	嘉庆十八年五月十四日
著拨给直豫东三省漕米十万石赈济灾民上谕	嘉庆十八年五月二十五日
著赈济河南祥符等二十州县灾区贫民上谕	嘉庆十八年五月二十六日
著再拨给直隶粟米稜米二十五万石赈济灾民上谕	嘉庆十八年六月十八日
著长龄查勘河南各州县灾分轻重并筹划抚恤事宜上谕	嘉庆十八年六月十九日
著将直隶被灾歉收六十州县田赋分别缓征上谕	嘉庆十八年八月初九日
著缓征山东曹县定陶等被灾州县田赋上谕	嘉庆十八年九月二十六日
著缓征河南林县等处田赋并赈济洛阳等处灾民上谕	嘉庆十八年十月二十二日
河南巡抚方受畴为救灾察吏安民等事奏折	嘉庆十八年十二月十一日
署直隶总督章煦为查明直隶被灾情形预筹来春赈济事奏折	嘉庆十八年十二月十二日
山东巡抚同兴为请拨盐课银两赈济曹州等属灾民事奏折	嘉庆十八年十二月十九日
给事中李鸿宾为条陈赈恤饥民严禁私渡等事奏折	嘉庆十九年二月初一日
河南巡抚方受畴为复奏赈济灾民严禁地窖私渡等事奏折	嘉庆十九年二月二十四日
著河南巡抚方受畴速行掩埋饿殍饥民并赈济上谕	嘉庆十九年闰二月十二日
河南巡抚方受畴为复掩埋路毙尸骸救治饥民事奏折	嘉庆十九年闰二月十八日
著河南巡抚方受畴严查办赈舞弊官胥并将方受畴交部议处上谕	嘉庆十九年闰二月二十二日
河南巡抚方受畴为复陈接任以来办理赈灾事宜奏折	嘉庆十九年闰二月二十九日
直隶总督那彦成请准直豫东三省因荒地农民按原价赎回奏折	嘉庆十九年九月初八日
著直豫东三省明定章程准令因荒卖地农民按原价赎回上谕	嘉庆十九年九月十一日
附：粮价单四件	
直隶嘉庆十八年正月粮价清单	嘉庆十八年二月十三日
河南嘉庆十八年正月粮价清单	嘉庆十八年二月十四日
河南嘉庆十九年正月粮价清单	嘉庆十九年二月十六日
直隶嘉庆十九年正月粮价清单	嘉庆十九年二月二十九日

嘉庆年间请开捐例史料

王澈编选（2003·4·29）　　中国第一历史档案馆

吏部右侍郎吴璥为请暂行开捐以裕公用事奏折	嘉庆十八年十二月十一日
户部尚书潘世恩等为遵旨核议开捐不可加增捐银事奏折	嘉庆十九年正月初七日
户部左侍郎卢荫溥等为遵旨核议开捐并酌加捐银事奏折	嘉庆十九年正月初七日
附件：清单	
大学士曹振镛等为请酌减捐银酌量加班以裨经费事奏折	嘉庆十九年正月十二日
山西道监察御史蔡炯为外任捐官应捐离任再行补捐事奏折	嘉庆十九年二月初二日
山西道监察御史蔡炯为请酌宽流品以广登进事奏折	嘉庆十九年二月初八日
两江总督百龄等为请准当商捐输事片	嘉庆十九年二月初十日
京畿道监察御史富勒礼为严查捐输以杜弊端事奏折	嘉庆十九年三月初七日
湖广道监察御史贾声槐为稽查捐项以归画一事奏折	嘉庆十九年七月二十九日

湖广道监察御史贾声槐为清厘外省捐项严核报效人员事奏折　嘉庆十九年九月十四日

嘉庆十九年蔡之定议行纸钞奏折

宋秀元编选（1995·3·26）　中国第一历史档案馆

翰林院侍讲学士蔡之定为议行纸钞事奏折　嘉庆十九年闰二月初九日

嘉庆二十年拉林试垦计划及章程史料

（1987·3·47）　黑龙江省双城县档案馆

吉林将军衙门为预议于拉林等处试垦章程给明保等札文　嘉庆二十年二月十八日

附一：屯垦十年所用银两出入清单

附二：拨设官兵屯垦事项章程

附三：屯丁用款清单

附四：试垦事宜

嘉庆后期两淮盐务史料

叶志如　丁进军编选（1994·1·32）　中国第一历史档案馆

两江总督孙玉庭等为遵旨查明鹰潭地方酌设盐店等事奏折　嘉庆二十三年七月初一日

两江总督孙玉庭等为遵旨严饬湖北盐道谨守旧章事奏折　嘉庆二十三年七月初一日

两江总督孙玉庭为筹禁粮艘盐船夹带私盐以卫引地事奏折　嘉庆二十三年八月初五日

两江总督孙玉庭等为遵旨筹议抵敌川盐入楚等事奏折　嘉庆二十三年八月二十一日

两江总督孙玉庭等为恳恩推展庚午纲铳引带款事奏折　嘉庆二十三年九月三十日

两淮盐政阿克当阿为起解丁丑纲上半玉贡银两事奏折　嘉庆二十三年十一月十九日

两淮盐政阿克当阿为册报癸酉甲戌纲停缓带征银数事奏折　嘉庆二十三年十二月初八日

两江总督孙玉庭为酌议奖励拿获大伙私盐人员章程事奏折　嘉庆二十四年正月初十日

两江总督孙玉庭等为遵旨查明淮盐销价难减情形奏折　嘉庆二十四年二月初三日

两江总督孙玉庭等为请循例展限俸满运司赴部引见事奏折　嘉庆二十四年二月初三日

两淮盐政阿克当阿为报起解丁丑纲下半玉贡银两事奏折　嘉庆二十四年三月初九日

两江总督孙玉庭为叠获大伙盐枭现饬严审究办事奏折　嘉庆二十四年四月初一日

两淮盐政阿克当阿为勘明场灶荡地新淤地亩照例升科征课事奏折　嘉庆二十四年四月初九日

两淮盐政阿克当阿为遵旨查明各场未完缓欠灶课事奏折　嘉庆二十四年四月初九日

两淮盐政阿克当阿为商人吁恳分别展缓节年积欠银两事奏折　嘉庆二十四年六月初四日

嘉庆二十四年京畿赈灾史料

吕小鲜编选（1996·2·25）　中国第一历史档案馆

管顺天府尹事刘镮之为大兴宛平被灾村庄已派员急赈事奏折　嘉庆二十四年八月初三日

管顺天府尹事刘镮之为已于大兴之黄村等处派发馍饼钱文并筹开粥厂事奏折　嘉庆二十四年八月初五日

直隶总督方受畴为请于大兴等被灾各县先行煮赈事奏折　嘉庆二十四年八月初六日

管顺天府尹事刘镮之为已饬固安县发放义仓米石并筹办粥厂及请拨银米事奏折　嘉庆二十四年八月初七日

督办赈务左副都御史韩鼎晋等为南苑内灾民已部分移出并筹办接济章程事奏折　嘉庆二十四年八月初七日
管顺天府尹事刘镮之为酌筹大宛赈灾银粮并开设粥厂诸事奏折　嘉庆二十四年八月初七日
督办赈务左副都御史韩鼎晋等为南苑墙内灾民十五日移出后即遵旨赴黄村粥厂事奏折　嘉庆二十四年八月十一日
直隶总督方受畴为遵旨约计应放大赈银米数目事奏折　嘉庆二十四年八月十一日
督办赈务左副都御史韩鼎晋等为核销南苑内赈济银两并遵旨前往黄村督办粥厂事奏折　嘉庆二十四年八月十五日
督办赈务大理寺卿润德等为大兴岳家务粥厂领赈灾民艰于涉渡已令粥米兼放事奏折　嘉庆二十四年八月二十四日
管顺天府尹事刘镮之等为大水阻隔难赴粥厂灾民已放米或放银钱救济事奏折　嘉庆二十四年八月二十五日
仓场侍郎那彦成等为遵旨于北仓截卸漕粮十七万石赈济灾民事奏折　嘉庆二十四年八月二十七日
管顺天府尹事刘镮之等为请添拨赈济粟米事奏折　嘉庆二十四年九月十六日
直隶总督方受畴为请准固安永清东安三县粥厂展期事奏折　嘉庆二十四年九月二十二日
管顺天府尹事刘镮之等为请领大赈银米并请酌留大兴宛平粥厂事奏折　嘉庆二十四年九月二十五日
管顺天府尹事户部右侍郎王鼎等为煮赈大赈报销事奏折　嘉庆二十四年十二月二十日

道光帝即位之初整顿漕弊档案

韩永福编选（2014·1·28）　　中国第一历史档案馆

掌江西道监察御史王家相为请禁浮收革除漕弊事奏折　嘉庆二十五年九月十七日
军机大臣曹振镛等为遵旨议复王家相所奏革除漕弊请饬督抚等筹画事奏折　嘉庆二十五年九月三十日
著为通饬有漕省分各督抚等革除漕项陋规并通盘筹画事上谕　嘉庆二十五年九月三十日
两江总督孙玉庭等为遵旨会议查办漕务情形事奏折　嘉庆二十五年十一月二十四日
附件：前漕臣铁保所查江苏附近各帮沿途陋规使费清单
著为准照孙玉庭等所议将江苏漕粮按八折征收等事上谕　嘉庆二十五年十二月初六日
漕运总督成龄等为遵旨会议浙江省办理漕务情形事奏折　嘉庆二十五年十二月二十八日
著为浙江省漕粮准照所议概以八折征纳事上谕　道光元年正月十八日
漕运总督成龄等为遵旨查报豫省漕务情形事奏折　道光元年正月二十八日
著为豫省漕务此时既无须调剂即交该漕督等随时稽查事上谕　道光元年二月初八日
江西巡抚瑺弼为遵旨筹议江西省漕务情形事奏折　道光元年二月二十七日
著为准照所请江西漕粮征收概定八折事上谕　道光元年三月十八日
漕运总督成龄等为遵旨筹议湖北漕务情形事奏折　道光元年三月二十三日
漕运总督成龄等为遵旨查明山东省漕务情形事奏折　道光元年三月二十五日
湖南巡抚左辅为湖南省漕务情形俟粮道详复再行筹议事奏片　道光元年三月二十九日
著为即照所议湖北省漕粮概以八折征收事上谕　道光元年四月十六日
户部右侍郎江苏学政姚文田为敬陈东南漕务情形事奏折　道光元年五月十四日

湖广总督陈若霖等为遵旨查明办理湖南漕务情形请准七折收纳事奏折　道光元年五月二十四日
巡视南城江西道监察御史王家相为陈八折收漕有十不可事奏折　道光元年六月十五日
著为两江总督孙玉庭等详议八折收漕有无窒碍事上谕　道光元年六月十五日
吏部左侍郎汤金钊为陈漕务积弊非定以八折所能济事奏折　道光元年六月十八日
著两江总督孙玉庭等将漕运如何办理方能无弊会同妥议事上谕　道光元年六月十八日
军机大臣曹振镛等为遵旨会议姚文田条陈漕务事奏折　道光元年六月十九日
著为江苏等省等通饬所属杜绝浮收勒折事上谕　道光元年六月十九日
著为湖广总督陈若霖等奏湖南七折收漕加增过多再行熟计条画事上谕　道光元年六月十九日
著为成龄来京另候简用漕运总督员缺以李鸿宾补授事上谕　道光元年六月二十日
著为新授漕运总督李鸿宾迅速起程赴运河途次接印任事上谕　道光元年六月二十一日
礼部尚书汪廷珍为恭录仁宗皇帝谕旨并陈漕务积弊事奏折　道光元年六月二十五日
著为有漕省分各督抚等严惩浮收勒折及旗丁勒索等弊事上谕　道光元年六月二十五日
漕运总督李鸿宾为奉旨补授漕运总督谢恩事奏折　道光元年七月初一日
两江总督孙玉庭等为遵旨议复查办漕务浮收勒折等弊事奏折　道光元年七月初四日
湖南巡抚左辅为遵旨办理严禁浮收漕折陋规事奏片　道光元年七月初六日
浙江巡抚帅承瀛为遵旨办理漕务事奏折　道光元年七月二十六日
署安徽巡抚张师诚为遵旨整顿安徽漕务事奏折　道光元年八月初九日
湖南巡抚左辅为遵旨严禁漕务积弊事奏折　道光元年八月二十六日
福建道监察御史董国华为陈漕船帮丁得费混收丑米等积弊事奏折　道光二年闰三月初七日
著为漕运总督李鸿宾查拿惩革常德广等尖丁并核减丁船沿途因公费用事上谕　道光二年闰三月初七日
漕运总督李鸿宾为遵旨查办累丁病漕之弊情形事奏折　道光二年闰三月二十一日
著为漕运总督仍随时查办陋规并访查常德广等尖丁惩办事上谕　道光二年四月初三日
仓场侍郎和桂等为请通饬有漕省分征兑漕粮务须一律干洁事奏折　道光二年九月初四日
著为通谕有漕省分各督抚通饬所属州县征兑漕粮务须干洁事上谕　道光二年九月初四日
江南道监察御史程矞采为请禁收漕州县自行买补兑粮事奏折　道光二年九月十二日
著为通谕有漕省分各督抚严饬收漕州县勒折自行买补事上谕　道光二年九月十二日
河南道监察御史孙贯一为请重申严禁收漕余弊事奏折　道光二年九月二十六日
著为江苏等省督抚严查绅监等把持漕务互相渔利事上谕　道光二年九月二十七日
著为通谕有漕省分各督抚严查生监把持渔利事上谕　道光二年九月二十七日
江西道监察御史程邦宪为请严禁收漕州县纵容书役侵渔之弊以除积蠹事奏折　道光二年十月二十七日
著为漕运总督魏元煜接任后即饬各州县禁革漕书约束仓役　道光二年十月二十八日

事上谕
漕运总督魏元煜为遵旨查办江浙有漕州县书役侵渔积弊事奏折 道光二年十一月初十日

道光初年楚岸盐船封轮散卖史料（上）

方裕谨编选（1991·1·37）　中国第一历史档案馆

湖广总督陈若霖为遵旨查核楚岸封轮销盐旧章并筹复散卖事奏折 道光元年六月二十九日
附：两江总督孙玉庭为陈楚岸销售淮盐封轮利弊事奏折 道光元年三月初九日
著楚岸盐船封轮不过两月之限上谕 道光元年七月十七日
湖广总督陈若霖为现在盐船随到随卖官引畅销情形奏折 道光二年二月二十二日
两江总督孙玉庭为整轮之法于销路民情事实为窒碍事片 道光二年六月二十五日
附：湖广总督陈若霖函及湖北盐道钱宝甫禀文
1. 陈若霖道光二年正月二十二日信
2. 陈若霖道光二年五月初七日信
3. 钱宝甫道光元年十二月二十七日禀文
军机大臣曹振镛等为遵旨议复两淮盐在楚省运销事宜奏折 道光二年七月初三日
附：军机处发下有关两淮盐务御史条陈 道光二年闰三月二十日
两江总督孙玉庭为查明楚岸销引情形亟宜催商赶运事奏折 道光二年七月初八日
著孙玉庭会同陈若霖曾燠通盘筹计楚岸轮规事宜上谕 道光二年七月二十八日

道光初年楚岸盐船封轮散卖史料（下）

方裕谨编选（1991·2·40）　中国第一历史档案馆

两淮盐政曾燠为陈明楚岸整轮规实情事奏折 道光二年七月二十日
附：湖广总督陈若霖复函及候补运判石产瑚等禀文
两湖督臣陈若霖回书
委员候补运判石产瑚来禀
楚岸委商田植基来禀
著曾燠严饬淮南各商即行请引捆运上谕 道光二年七月二十八日
江南道监察御史佘文铨为应严查湖北私枭积蠹以肃鹾政事奏折 道光二年八月初三日
著楚岸仍行开轮销售试行一二年后将实情具奏不得回护上谕 道光二年八月初六日
两淮盐政曾燠为已遵旨催运并报存岸及在途盐数事奏折 道光二年八月十二日
湖广总督李鸿宾为循例查报楚省行销引盐数目及岸商浮费缘由事奏折 道光三年正月二十九日
两江总督孙玉庭为报催办淮盐运楚情形事片 道光三年十月十六日
湖广总督李鸿宾为报南北两省缉私情形并将鄢家埠卡移至王家咀事片 道光三年十一月十六日
湖广总督李鸿宾为报楚省办理咨催淮引及催提盐船赴岸情形事片 道光三年十一月十六日
湖广总督李鸿宾为汉岸拟行设局售盐事片 道光四年九月十八日

湖广总督李鸿宾为遵旨议定汉岸设立销售淮盐公局章程事奏折　道光五年正月十一日
附：汉岸设立公局销售淮盐章程
湖广总督李鸿宾为报湖广两省道光五年销售淮盐引数事奏折　道光六年正月初九日
两江总督琦善等为遵旨酌议两淮盐斤加价并请复整轮规事奏折　道光六年十一月初一日

道光年间茶课史料

方裕谨编选（1998·2·30）　中国第一历史档案馆
四川总督蒋攸铦为茶息不敷支放请循旧例分别改款动支事奏折　道光元年七月十九日
著四川茶息不敷支放改归盐茶耗羡项下动支上谕　道光元年八月二十一日
伊犁将军庆祥等为新疆行茶窒碍请仍循旧章事奏折　道光三年七月初六日
著嗣后新疆地方仍准商茶由北运售上谕　道光三年八月初四日
伊犁将军庆祥等为新疆茶运仍循旧章事奏折　道光四年七月十八日
著准令北路运售杂茶之商民照旧运售上谕　道光四年闰七月十四日
伊犁将军庆祥为筹办不敷官茶事奏折　道光五年五月二十五日
著自本年始官兵散放全饷无庸搭放茶斤上谕　道光五年六月二十三日
伊犁将军长龄等为请定新疆茶税税则并试行三年事奏折　道光六年六月初三日
四川总督戴三锡为拟变通打箭炉关茶税征收事奏折　道光六年六月十六日
乌鲁木齐都统英惠为古城茶税应以现在征收之日起试收事奏折　道光八年十一月二十四日
伊犁将军德英阿等为酌定伊犁茶务事奏折　道光九年二月初五日
著塔尔巴哈台参赞大臣及户部妥议伊犁等处行茶事上谕　道光九年二月二十九日
乌鲁木齐都统英惠为酌议乌鲁木齐抽收茶税事奏折　道光九年三月十八日
著乌鲁木齐行茶仍循旧章事上谕　道光九年四月十二日
陕甘总督杨遇春为查明甘肃茶商毕新兴呈控各条事奏折　道光十二年八月二十日
著陕甘总督杨遇春随时查察甘省行茶总商毕新兴上谕　道光十二年九月十三日
乌鲁木齐都统成格为古城征收茶税请再为展限三年事奏折　道光十三年正月二十四日
乌鲁木齐都统长清为古城试收茶税展限期满仍请尽收尽解事奏折　道光十五年正月初十日
著新疆古城抽收茶税仍由奇台县尽收尽报上谕　道光十五年二月初七日
陕甘总督瑚松额为酌议贩运新疆各茶名色以杜弊混而疏官引事奏折　道光十五年闰六月十四日
陕甘总督瑚松额为请将十三年分官茶课银展限交纳事片　道光十五年闰六月十四日
著甘肃茶税自明年分作五年随正课带交完纳上谕　道光十五年七月初九日
闽浙总督刘韵珂等为酌议贩运台湾府茶叶等稽查章程事奏折　道光二十三年十一月二十二日
闽浙总督刘韵珂等为陈稽查闽省茶叶之法事片　道光二十三年十一月二十二日
著台湾府属民用茶叶等仍照旧例贩运输税上谕　道光二十三年十二月二十二日
四川总督徐泽醇为四川茶务弥欠杜弊事片　道光三十年十一月十六日

道光年间茶课史料续编

方裕谨编选（1998·3·18）　　中国第一历史档案馆

户部尚书英和等为遵旨会议江海关无令茶船出口事奏折　　道光元年二月十五日
陕甘总督那彦成为请立新疆各城行销茶封章程事奏折　　道光二年十二月二十七日
户部尚书英和等为遵旨会议新疆行茶事奏折　　道光三年九月初六日
署陕甘总督杨遇春为甘肃带销滞引恳请展限八年事奏折　　道光六年二月十九日
喀什噶尔参赞大臣武隆阿为交代喀城等处茶税官铺事奏折　　道光九年三月初十日
乌鲁木齐都统英惠报乌鲁木齐议收茶税并稽查章程清单　　道光九年四月十九日
乌鲁木齐都统英惠为请于户堡子地方设立卡伦事片　　道光九年四月十二日
钦差大臣耆英为议定粤省税则时应通盘核计片　　道光二十二年十一月十一日
署两江总督璧昌等为分别征收江海关商贩茶叶出口税银事奏折　　道光二十三年十一月十三日
署两江总督璧昌等为会议渡台商船贩运茶叶等分别查办情形事奏折　　道光二十四年五月二十四日
四川总督徐泽醇为催追雅安等县未完茶税业经完解事奏折　　道光三十年四月十二日
四川总督徐泽醇为归还办理夷务借动余茶息银事片　　道光三十年四月十二日
大学士卓秉恬等为遵旨议奏川省办理归还夷务借动余茶息银事奏折　　道光三十年五月初三日
四川总督徐泽醇为催追雅安等县茶税全完事奏折　　道光三十年八月二十四日
四川总督徐泽醇为催追彭水等县茶税全完事片　　道光三十年

道光五年议行漕粮海运事宜史料（上）

叶志如编选（1988·3·16）　　中国第一历史档案馆

漕运总督魏元煜等为遵旨复陈不宜海运事奏折　　道光五年三月二十六日
漕运总督魏元煜为筹议漕河全局及明年试行海运事奏折　　道光五年五月二十九日
浙江巡抚程含章为查议漕河并治各项缘由奏折　　道光五年六月初三日
孙玉庭等为逐款妥议盘坝接运漕粮章程事奏折　　道光五年六月初七日
江西巡抚成格为酌议分运及折漕治河各章程事奏折　　道光五年六月十三日
湖广总督李鸿宾为筹议折漕济工及盘坝接运与海运事奏折　　道光五年六月十三日
江苏巡抚陶澍为筹海运暂收折色及停运治河各情事奏折　　道光五年六月十五日

道光五年议行漕粮海运事宜史料（下）

叶志如编选（1988·4·20）　　中国第一历史档案馆

著浙江巡抚程含章为浙省明年漕米仍征本色事之寄谕　　道光五年六月二十二日
两江总督琦善为陈海运需详计章程变通折漕大概事奏折　　道光五年六月二十二日
两江总督琦善为请由林则徐及邹锡淳接办海运事片　　道光五年六月二十二日
两江总督琦善为请敕下河臣详勘河工可否收水济运事片　　道光五年六月二十二日
两江总督琦善为请提用江南首进回空船只接运漕粮事奏折　　道光五年六月二十二日
湖南巡抚嵩孚为通饬各属仍征本色漕米照常起运事片　　道光五年八月二十四日
两江总督琦善等为苏松等府州漕粮全由海运并酌定章程事奏折　　道光五年九月初二日

道光年间海运漕粮史料选辑（上）

叶志如　丁进军编选（1995·2·38）　　中国第一历史档案馆

直隶总督那彦成为遵旨分饬司道等办理入津漕粮事奏折	道光六年正月初八日
天津镇总兵克什德为报续抵入口海运漕船数目事奏折	道光六年三月初三日
直隶总督那彦成为运漕首船至津并饬接后继船事片	道光六年三月初四日
山东巡抚武隆阿为报收泊岛口海船数目等事奏折	道光六年三月初五日
钦差大臣穆彰阿等为遵旨赴津兑验海运沙船米石事奏折	道光六年三月初十日
山东巡抚武隆阿为报所有抵东境粮船数目并受损入津船只事奏折	道光六年三月十一日
山东巡抚武隆阿为报所有入出东境漕船数目事片	道光六年三月十一日
直隶总督那彦成为报入口天津沙船转剥催趱南下事片	道光六年三月十二日
直隶总督那彦成为报抵津进口沙船及兑剥抵通漕粮数片	道光六年三月十七日
直隶总督那彦成为报续抵津口沙船兑剥催令南回事片	道光六年三月十七日
江苏巡抚陶澍为报遇风海船尚无失事及续兑粮米事奏折	道光六年三月二十日
江苏巡抚陶澍为续报苏省放洋各帮米船开行事片	道光六年三月
钦差大臣穆彰阿等为办理转剥验收海运沙船米石事奏折	道光六年三月二十日
山东巡抚武隆阿为报回省日期及收岛出境船只数事片	道光六年三月二十一日
山东巡抚武隆阿为报出入东境海运漕船数目事片	道光六年三月二十五日
直隶总督那彦成为报近日办理海运事片	道光六年五月十五日
山东巡抚武隆阿为报经东境入津漕船数及触礁船只事片	道光六年五月十八日
两江总督琦善等为报海运漕粮全数兑完船行顺利事奏折	道光六年六月初五日
两江总督琦善等为报本年海运费用及客货税事片	道光六年六月初五日
山东巡抚武隆阿为报催出东境漕船数目事片	道光六年六月十七日
阿扬阿为遵旨查明失风无着船只事奏折	道光六年八月二十九日
盛京将军晋昌等为保举督催漕船出力人员事奏折	道光七年二月十三日
漕运总督杨殿邦为明年河海并运谨陈帮船减歇利弊事奏折	道光二十七年十一月二十日
漕运总督杨殿邦为陈近日洋面不靖事片	道光二十七年十一月二十日
两江总督李星沅等为报拣派押粮武员并筹海运防护事奏折	道光二十七年十二月十四日
漕运总督杨殿邦请饬各州县迅速资遣减歇帮船水手事奏折	道光二十八年正月二十二日
山东巡抚张沣中为妥筹东境海域巡哨以保海运事片	道光二十八年二月初十日

道光年间海运漕粮史料选辑（下）

叶志如　丁进军编选（1995·3·41）　　中国第一历史档案馆

山东巡抚张沣中为报已入东境江南海运漕船数目事奏折	道光二十八年三月二十二日
山东巡抚张沣中为报查探佘山海面盗船事片	道光二十八年三月二十二日
山东巡抚张沣中为报续抵东境漕船米数等事奏折	道光二十八年四月初三日
兵部右侍郎朱凤标等为报抵津沙船查验斛收起运情形事奏折	道光二十八年四月初十日
山东巡抚张沣中为报续抵东境各船过境北驶情事片	道光二十八年四月十五日
山东巡抚张沣中为报漕船续抵东境日期并北驶情形事奏折	道光二十八年四月二十七日
山东巡抚张沣中为报漕船抵东境并北驶情事片	道光二十八年五月初四日
兵部右侍郎朱凤标等为报海船起卸过半及赶办情事奏折	道光二十八年五月初六日

兵部右侍郎朱凤标等为报第一二起船户分赔亏短米石事片　道光二十八年五月初六日
兵部右侍郎朱凤标等为报海运正漕起卸全完事奏折　道光二十八年七月初三日
兵部右侍郎朱凤标等请奖励在津办理收运出力各员事奏折　道光二十八年七月初三日
漕运总督杨殿邦为请加给减歇丁船月粮银米事奏折　道光二十八年八月十九日
两江总督陆建瀛等为筹议苏松等处白粮改由海运事奏折　道光三十年十一月二十五日

道光九年两淮盐务史料

方裕谨编选（1997·4·8）　　中国第一历史档案馆

两淮盐政福珠隆阿为陈明筹议两淮盐政以应解支事奏折　道光九年四月二十八日
户部尚书禧恩等为查核两淮盐课未完银两缘由事奏折　道光九年五月初四日
户部尚书禧恩等为划扣底马银两仍作未完事片　道光九年五月初四日
两淮盐政福珠隆阿为请将海属各盐场因灾积欠钱粮按年递展征收事奏折　道光九年五月二十五日
两淮盐政福珠隆阿为汇报运道各库一年征收盐斤加价银数事奏折　道光九年六月二十九日
两淮盐政福珠隆阿为汇报道光八年各口岸销盐总数事奏折　道光九年七月二十三日
掌河南道监察御史王赠芳为陈两淮盐政积弊并拟补救办法事奏折　道光九年九月初八日
两淮盐政福森为据实陈报两淮盐务大概情形事奏折　道光九年九月初八日
两淮盐政福森为补报湖广省道光八年销盐引数事奏折　道光九年十月初八日
两淮盐政福森为实力筹办两淮盐务事奏折　道光九年十一月十一日
两淮盐政福森为泰州场灶被旱虽不成灾仍请缓征折价事奏折　道光九年十一月二十一日
两淮盐政福森为请立限清查运库悬垫各款事奏折　道光九年十一月二十一日
两淮盐政福森为泰州被旱场灶来春勿庸接济事奏折　道光九年十二月初五日
两江总督蒋攸铦等为请援案筹款调剂灶户事奏折　道光九年十二月初九日
两江总督蒋攸铦等为恳请展缓奏销时限事奏折　道光九年十二月初九日

道光十年查办两淮私盐档案选

方裕谨编选（2018·4·29）　　中国第一历史档案馆

着河南巡抚杨国桢将侵淮引枭匪李福拿获归案事上谕　道光十年二月初八日
河南巡抚杨国桢为呈报本省邻私侵扰及枭匪危害地方事奏折　道光十年二月十九日
两江总督蒋攸铦等为请奖励拿获粤私之候补县丞彭正楷事奏折　道光十年三月初一日
江西巡抚吴光悦为呈报查拿粤私侵灌淮纲引地事奏片　道光十年三月初一日
湖广总督嵩孚为呈报湖广两省堵截邻私浸灌情形事奏折　道光十年三月十七日
着将缉私出力候补县丞彭正楷尽先即补事上谕　道光十年三月二十四日
河南巡抚杨国桢为报查访所属汝光一带情形等事奏片　道光十年四月初六日
着湖广总督嵩孚督饬所属严查密访邻私侵灌及枭匪出没事上谕　道光十年四月十二日
着四川总督琦善严饬滨江营汛州县堵截铜铅船只夹带私盐事上谕　道光十年四月十二日

两江总督蒋攸铦等报守备陈秉元擒获私盐枪械及私盐犯请量加鼓励事奏片　道光十年四月二十日
着赏加江苏守备陈秉元都司衔先换顶带送部引见事上谕　道光十年闰四月初三日
四川总督琦善为遵旨查禁铜铅船只带私侵灌楚省淮盐引地事奏片　道光十年五月初七日
掌京畿道监察御史朱壬林为请严定两淮盐务缉私章程事奏折　道光十年六月初四日
着直隶总督那彦成等督饬所属于船私邻私实力查办事上谕　道光十年六月初五日
安徽巡抚邓廷桢为筹办回空漕船夹带私盐及审办盐犯事奏折　道光十年六月二十三日
四川总督琦善为审讯运铜船户买带私盐案未能定谳事奏折　道光十年六月二十六日
江西巡抚吴光悦为遵旨督饬员弁实力查缉私盐事奏折　道光十年七月初七日
兼署两江总督陶澍为遵旨严密查缉回空粮船夹带私盐事奏折　道光十年七月十八日
两淮盐政福森为遵旨查办两淮粮私情形事奏折　道光十年七月二十一日
湖广总督嵩孚等为遵旨督饬实力查拿回空漕船及铜铅船只夹带私盐事奏折　道光十年八月二十六日
礼科给事中吴式敏为应速划定江西攸镇销售淮盐界址事奏片　道光十年十月初六日
湖广总督嵩孚为委查盐船脚私以期畅销官引事奏折　道光十年十月初七日
着两广总督李鸿宾等查明江西赣县攸镇界址事上谕　道光十年十月初九日
钦差大臣王鼎等为查讯长芦盐商徐煜办理天津公口岸盐务情形事奏折　道光十年十月二十日
钦差大臣王鼎等为查禁淮私以利淮纲销售事奏片　道光十年十月二十一日
两江总督陶澍为请敕两广总督等委员会勘攸镇等地界事奏片　道光十年十月二十一日
着王鼎等会同陶澍妥议严查盐船脚私事上谕　道光十年十月二十五日
江西巡抚吴光悦为飞咨粤督委员勘定攸镇地界事奏片　道光十年十月二十九日
江西巡抚吴光悦为遵旨严密访查缉私滋扰事奏片　道光十年十月二十九日
两广总督李鸿宾为遵旨派委道员等会同江西官员查勘攸镇行盐界址事奏片　道光十年十一月初二日
着李鸿宾等委员勘定兴国县至万安地界事上谕　道光十年十一月初三日
署漕运总督吴邦庆为报江广空船夹带私盐事奏片　道光十年十一月二十二日

道光十一年苏皖赈灾史料选（上）

吕小鲜编选（1997·3·28）　　中国第一历史档案馆

著将玩视民瘼之安徽和州知州钟蒉革职上谕　道光十一年七月十七日
著被灾各省督抚妥善安置流民并著户部严杜赈款报销弊端上谕　道光十一年七月二十五日
御史李昭美奏酌筹荒政诸条著各被灾省份督抚体察妥办上谕　道光十一年七月二十五日
著两江总督陶澍动用盐义仓谷赈济各被灾盐场及扬州等处上谕　道光十一年七月二十六日
著两江总督陶澍动支司库银两借支江宁城守等营被灾兵丁饷银上谕　道光十一年七月二十六日
著赏给江苏续报被灾之甘泉等十一州县灾民一月折色口粮上谕　道光十一年八月初一日

著两江总督陶澍等晓谕被灾之区灾民广种菜类上谕 道光十一年八月初一日
著工部尚书朱士彦等于江苏查勘事毕后赴安徽勘灾并著穆彰阿回京上谕 道光十一年八月十三日
著将江苏民人唐儒恂京控户书刘步洲等冒赈一案交朱士彦等审办上谕 道光十一年八月十六日
著两江总督陶澍动支司库银两借支江宁八旗等被灾官兵饷银上谕 道光十一年八月二十三日
著两江总督陶澍等据实奏报赈济流民情形并著酌筹灾民越冬事宜上谕 道光十一年八月二十三日
两江总督陶澍等为请平粜被灾之高淳等五县常平仓谷事奏折 道光十一年八月二十六日
两江总督陶澍等为陈明救灾措施十二条事奏折 道光十一年八月二十六日
江南道监察御史裘元俊为请除赈务积弊并筹民事事奏折 道光十一年八月二十八日
著苏皖赣湘各督抚将御史裘元俊所奏赈务积弊认真体察查办上谕 道光十一年八月二十九日
著安徽巡抚邓廷桢认真办理赈务上谕 道光十一年九月初六日
江苏巡抚程祖洛为办理逃荒灾民各事片 道光十一年九月初八日
著江苏巡抚程祖洛严拿闹灾首犯王玉林等并妥办流民抚恤以免匪类溷迹上谕 道光十一年九月初八日
给事中邵正笏条陈查赈设厂平粜安插流民诸务事奏折 道光十一年九月初九日
著苏皖赣湘各督抚将邵正笏所奏赈灾除弊各条酌量采择办理上谕 道光十一年九月初九日
左都御史白镕为拿获藉灾滋事刁徒审办事奏折 道光十一年九月十四日
著两江总督陶澍等传谕林则徐等亲赴江北总司赈务严究冒灾匪徒上谕 道光十一年九月十四日
两江总督陶澍等为逃荒灾民多已给赈并筹办灾民过冬情形事奏折 道光十一年九月十七日
两江总督陶澍为遵旨传谕林则徐等亲督办赈及现办赈灾情形事奏折 道光十一年九月二十九日
两江总督陶澍等为裘元俊所奏未必合宜已体察情形酌量办理事奏折 道光十一年九月二十九日
著将安徽被灾州县分别蠲缓给赈上谕 道光十一年十月十六日

道光十一年苏皖赈灾史料选（下）

吕小鲜编选（1997·4·21）　　中国第一历史档案馆

江苏巡抚程祖洛为报林则徐督办赈务情形并抄呈江苏查赈章程事奏折 道光十一年十月初九日
附：江宁布政使林则徐议详江苏查赈章程
为林则徐已简放河东河道总督著赵盛奎接办江北赈务上谕 道光十一年十月十四日
著将江苏被灾州县分别蠲缓给赈上谕 道光十一年十月十七日
工部尚书朱士彦等为审拟唐儒恂京控户书刘步洲冒赈一案事奏折 道光十一年十月十七日

著将淮南淮北被灾灶场分别蠲赈上谕　道光十一年十月二十六日
左都御史白镕为遵查马棚湾决口伤人情形事片　道光十一年十一月二十七日
两江总督陶澍等为请再协拨赈济银四十万两事奏折　道光十一年十二月初三日
著将江苏成灾五分以上之上元等七州县成熟村庄一体缓征上谕　道光十一年十二月十六日
著将临差规避之办赈委员上海县典史孙维翰等革职上谕　道光十一年十二月十六日
两江总督陶澍等为将为首闹灾之陆长树先行正法以儆其余事片　道光十一年十二月十六日
著赏给江苏上元等州县卫屯极贫乏食军民一月口粮上谕　道光十一年十二月十九日
安徽巡抚邓廷桢为查出商人囤积米石并勒令减价出粜事奏折　道光十一年十二月二十六日
两江总督陶澍等为遵旨查明盐城县开报户口并无不实事奏折　道光十二年二月十二日
两江总督陶澍为省城义赈余存各款请酌减子息发典生息事奏折　道光十二年六月二十日
四川总督鄂山为报江苏等省停赴四川采买米石事片　道光十二年
扬州府灾民唐瞻淇为东台县委员书吏等赈灾舞弊情事京控状

道光年间各省民数谷数清册

丁进军编选（2008·1·8）　中国第一历史档案馆
道光十五年各省民数谷数清册
道光二十八年各省民数谷数清册

道光十六年整顿漕务史料

方裕谨编选（1990·4·54）　中国第一历史档案馆
大学士长龄等为遵旨筹议约束漕船水手章程事奏折　道光十六年三月十六日
著有漕各省督抚及漕督严格执行奏定约束漕船水手章程上谕　道光十六年三月二十六日
大学士长龄等为遵旨会议革除漕河积弊之法事奏折　道光十六年四月十六日
著漕督及有漕各省督抚不分畛域约束漕船水手上谕　道光十六年七月初三日
著林则徐密拿收藏漕船水手器械之在官捕快杨成上谕　道光十六年七月十二日

1837—1957 年的一组土地、房产、租税契据

张兰普编选（2001·4·36）
道光十七年十月十一日地契
光绪二十年十二月初二日地契
附件一：光绪二十一年旗产契
附件二：中华民国三年十二月新契纸
光绪二十三年六月十四日地契
附件一：光绪二十三年旗产契
附件二：中华民国三年十二月新契纸
附件三：中华民国四年三月二十三日县照
附件四：中华民国四年十月财政部执照
光绪二十六年正月二十三日地契

光绪三十二年三月十八日地契
附件一：光绪三十二年旗产契
附件二：中华民国三年十一月新契纸
宣统元年十二月初二日地契
附件一：宣统三年闰六月初二日地产正契及契尾
附件二：中华民国三年十二月新契纸
附件三：中华民国三年三月廿三日固安县土地执照
附件四：中华民国四年十月财政部执照
民国十二年至民国二十七年白云观地租收票
1950 年河北省土地房产所有证
1957 年 10 月 21 日调换庄窠契

道光年间长芦参课及拨补亏欠史料

叶志如编选（1985·2·15）　　中国第一历史档案馆

长芦盐政为报十三年分参课拨补数目清册呈稿	道光十八年十二月二十日
附：兼护盐运使王臣敬呈十三年分征收参课拨补数目清册	道光十八年十一月
长芦盐政为报十四年分参课拨补数目清册呈稿	道光十八年十二月二十日
附：兼护盐运使王臣敬呈十四年分征收参课拨补数目清册	道光十八年十一月
长芦盐政为报十五年分参课拨补数目清册呈稿	道光十八年十二月二十日
附：兼护盐运使王臣敬呈十五年分征收参课拨补数目清册	道光十八年十一月
长芦盐政为报十六年分参课拨补数目清册呈稿	道光十八年十二月二十日
附：兼护盐运使王臣敬呈十六年分征收参课拨补数目清册	道光十八年十一月

咸同年间发行官票宝钞档案

丁进军编选（2017·2·46）　　中国第一历史档案馆

户部为抄送会议试行钞法改行官票奏折奉旨允准事致内务府咨文	咸丰三年三月初二日
附件：户部为遵旨会议试行钞法酌议章程等事奏折	咸丰三年二月十七日
户部为试行官票刊刻印票铜板事致内务府咨文	咸丰三年三月初二日
户部为催迅将刷印官票大小铜板赶铸送部事致内务府咨文	咸丰三年六月十四日
户部为催迅将刷印官票大铜板赶铸送部事致内务府咨文	咸丰三年七月初七日
户部为奏请添制三两官票片奉旨允准事致内务府咨文	咸丰三年七月十四日
附件：户部为报制造试行票数齐全日期并请增制三两票事奏片	咸丰三年七月初三日
户部为遵旨议奏酌核钱钞章程事奏折	咸丰三年十一月十七日
户部为请镌刻刷印宝钞铜板事致内务府咨文	咸丰四年三月初三日
户部为请添刻票钞铜板及购纸需款片奉旨允准事致内务府咨文	咸丰四年四月十二日
附件：户部为请添刻票钞铜板及购纸需款事奏片	咸丰四年四月初九日
恭亲王奕䜣等为商人白亮等愿摊借资本以备收发宝钞事奏折	咸丰四年十月二十七日
附件：恭亲王奕䜣拟订行钞章程	

户部为奏销咸丰三四两年制造官票宝钞工本折奉旨允准事致内务府咨文　咸丰四年十二月二十七日
附件：户部为核销咸丰三、四两年制造官票宝钞工本事奏折　咸丰四年十二月二十七日
钦差大臣胜保等请各省速筹钞本设立官钱局听民以钞票支取现钱片　咸丰四年闰七月十二日
户部为添制直隶等省宝钞请发纸张事致内务府咨文　咸丰五年四月二十二日
户部为进呈推行直隶省五种宝钞折奉旨事致内务府咨文　咸丰五年八月十二日
附件：户部为进呈推行直隶省五种宝钞事奏折　咸丰五年八月初五日
户部为核销咸丰五年制造官票宝钞工本折奉旨允准事致内务府咨文　咸丰五年十二月二十三日
附件：户部为核销咸丰五年制造官票宝钞工本事奏折　咸丰五年十二月二十二日
户部为部库搭收搭放黄金章程折奉旨允行事致内务府咨文　咸丰五年十二月二十八日
附件：户部为拟订部库搭收搭放黄金章程事奏折
户部为核销咸丰六年制造官票宝钞工本折奉旨事致内务府咨文　咸丰六年十二月二十三日
附件：户部为核销咸丰六年制造官票宝钞工本事奏折　咸丰六年十二月二十三日
步军统领衙门为请仍照旧章稽查京城内外钱铺事折奉旨允准事致内务府咨文　咸丰九年十月初六日
户部为核销咸丰九年制造票钞工本折奉旨事致内务府咨文　咸丰九年十二月二十六日
附件：户部为核销咸丰九年制造票钞工本事奏折　咸丰九年十二月二十五日
户部为停止旧钞行用新钞奏折奉旨允准事致内务府咨文　咸丰十一年五月初五日
附件：户部为停止旧钞行用新钞事奏折　咸丰十一年
户部为归并核对处移设署内奏折奉旨允准事致内务府咨文　咸丰十一年九月二十六日
附件：户部为归并核对处移设署内以便稽查事奏折
盛京户部侍郎和润等为奉天停止钞票拟议分别酌给实银章程事奏折　同治二年八月二十五日
载华等为请敕直隶藩司解交广恩库之项免搭钞票事奏片　同治二年十二月十三日
署理直隶总督官文为请将直隶地粮杂税仍按银九票一征收事奏折　同治六年十二月十二日
署理直隶总督官文为直省司库放款停发钞票加增实银酌议章程事奏折　同治七年九月二十三日

咸丰朝海运漕粮史料（上）

叶志如编选（1998・2・50）　中国第一历史档案馆
监察御史彭庆钟为海运经费应从节省以裕国帑事奏折　咸丰三年十月三十日
山东按察使谭廷襄为报赴津办理海运抵达日期事奏折　咸丰四年四月初五日
钦差验米大臣端华等为办理海运及天津设局捐输事片　咸丰四年四月二十六日
钦差验米大臣端华等为续报浙省抵津船米数目及验收起运事奏折　咸丰四年五月初八日
钦差验米大臣端华等为苏省运漕迟延请饬赶紧督运事　咸丰四年五月初八日
钦差验米大臣端华等为苏省运粮沙船抵津米数及验收事奏折　咸丰四年五月十三日

钦差验米大臣端华等为续报江浙海运商船进口并拨运赴通米石数奏折　咸丰四年六月初四日
钦差验米大臣端华等为报江浙两省漕粮验收全完事奏折　咸丰四年七月二十三日
顺天府尹谭廷襄为报江苏奉天海运米石扫数验收完毕事奏折　咸丰四年十月初一日
顺天府尹谭廷襄为末二起漕米受阻蔡村拟卸北仓事奏折　咸丰四年十月初五日
顺天府尹谭廷襄为末二起漕米截卸北仓完竣事奏折　咸丰四年十月十六日
漕运总督邵灿为饬盛京等地速将北上船只驶赴刘河载粮事片　咸丰四年十月十六日
两江总督怡良等为会议苏省漕粮征收本色并酌定海运章程事奏折　咸丰四年十二月二十日
浙江巡抚何桂清为报浙省来岁起运米数及现办情形事奏折　咸丰四年十二月二十日
浙江巡抚何桂清为浙省海运米石头批兑竣开行事奏折　咸丰五年正月二十五日
漕运总督邵灿为苏省海运漕粮头批兑竣放洋开行事奏折　咸丰五年正月二十六日
浙江巡抚何桂清为浙省开征新漕并筹议海运章程事奏折　咸丰六年十二月初七日
两江总督怡良等为筹办苏省新漕并酌定海运章程事奏折　咸丰七年正月十八日

咸丰朝海运漕粮史料（下）

叶志如编选（1998·3·31）　中国第一历史档案馆

浙江巡抚晏端书为报海运米船头批放洋开行日期事奏折　咸丰七年正月二十六日
两江总督怡良等为报海运漕粮全数兑竣并放洋日期事奏折　咸丰七年三月十二日
浙江巡抚晏端书为本年海运漕粮全数兑竣放洋事奏折　咸丰七年三月二十日
钦差验米大臣端华等为海运南粮全部验收完竣事奏折　咸丰七年五月二十四日
浙江巡抚晏端书为征收来岁新漕并筹议海运章程事奏折　咸丰七年十月十九日
两江总督何桂清等为苏省新漕仍由海运并酌定章程事奏折　咸丰七年十一月二十二日
两江总督何桂清等为报苏省头批海运漕船开行日期事奏折　咸丰八年正月初九日
浙江巡抚晏端书为报海运漕船头批兑竣开行日期事奏折　咸丰八年正月二十一日
两江总督何桂清等为苏省漕米业已出海无庸截留河运事奏折　咸丰八年三月十七日
两江总督何桂清等为报苏省漕粮全数兑竣并开行日期事奏折　咸丰八年三月二十七日
钦差验米大臣文彩为苏浙海运漕船陆续进口验收剥运事奏折　咸丰八年四月初二日
浙江巡抚晏端书为奉旨饬行河海并运俟新漕届期再定事奏折　咸丰八年四月初三日
浙江巡抚晏端书为报浙省海运漕船全数兑竣放洋事奏折　咸丰八年四月十八日
钦差验米大臣文彩等为续报漕船抵津并验收抵通船米事奏折　咸丰八年七月初九日
钦差验米大臣文彩等为续报验收抵津船米数目及现办情形事奏折　咸丰八年八月初三日

1853—1951年自贡宝生盐井契约选编

（1993·3·34）　四川省自贡市档案馆

第1号　咸丰三年十一月二十八日
第2号　光绪二十九年八月十二日
第3号　宣统三年三月十八日
第4号　1912年4月28日
第5号　1938年12月19日

第 6 号　1945 年 5 月 29 日
第 7 号　1947 年 6 月 20 日
第 8 号　1947 年　月　日
第 9 号　1948 年　月　日
第 10 号　1951 年 1 月 1 日

咸丰年间北京铁钱局行铸铁钱档案

丁进军编选（2018・1・43）　　中国第一历史档案馆

户部为查明内城有无空阔官房以便设厂添炉事致内务府咨文　咸丰四年三月初三日
惠亲王绵愉等为试铸铁钱有效遵旨奏明办理情形事奏折　咸丰四年三月二十日
惠亲王绵愉等为官民捐铸铁钱已有成数请予奖励事奏折　咸丰四年四月二十二日
惠亲王绵愉等为拟将铸出铁钱拨充兵饷事奏折　咸丰四年五月初七日
惠亲王绵愉等为捐铸铁钱事例遵旨截卯并请奖捐生事奏折　咸丰四年五月二十八日
巡防处粮台局为具奏正白旗蒙古马圈地基可以设厂安炉奉旨允准事致内务府咨文　咸丰四年闰七月十八日
附件：惠亲王绵愉为正白旗蒙古马圈地基可以设厂安炉事奏折　咸丰四年闰七月十八日
惠亲王绵愉等为请饬山西采办铁斤以济京局鼓铸事奏折　咸丰四年十一月二十三日
云贵总督恒春为陈明部定山西采办生铁价值运脚不敷事奏折　咸丰四年十二月二十八日
山西巡抚王庆云为解京生铁先行招商试办事奏折　咸丰五年三月十五日
惠亲王绵愉等为当十大钱阻滞难行酌拟整顿之法事奏折　咸丰五年三月二十一日
惠亲王绵愉等为请饬山西巡抚速将生铁解京事奏片　咸丰五年三月二十一日
户部为出示晓谕疏通行使当十铁钱事奏片　咸丰五年十月十三日
国子监司业崇福为捐炉鼓铸铁钱抵发银钞事奏折　咸丰五年十二月初二日
惠亲王绵愉等为报收支捐输采办铁炭动存款数暨铸出卯钱收放实存各款事奏折　咸丰五年十二月初三日
附件：收支捐输采办铁炭动存款数暨铸出卯钱收放实存各款清单　咸丰五年十二月初三日
惠亲王绵愉等为设总库收放四厂所铸铁钱事奏片　咸丰五年十二月初三日
惠亲王绵愉等为请奖铁钱局出力人员事奏片　咸丰五年十二月初三日
惠亲王绵愉等为设铁厂占用旗地房屋拟于补偿事奏片　咸丰五年十二月初三日
惠亲王绵愉等为请简放铁钱局满监督等事奏折　咸丰五年十二月二十五日
山西巡抚王庆云为筹解京局铁斤拟试行分办事奏折　咸丰六年二月二十九日
户科给事中仙保为筹备钞本以裕经费事奏折　咸丰六年十二月二十六日
工部右侍郎宝鋆为遵议鼓铸铁制钱事奏折　咸丰七年五月二十九日
军机大臣彭蕴章等为遵议户工两部钱法堂试铸铁钱事奏折　咸丰七年闰五月初九日
户部左侍郎沈兆霖为请加铸铁制钱以苏民困事奏折　咸丰七年七月二十二日
惠亲王绵愉等为添炉加铸铁制钱并筹备炭斤事奏折　咸丰七年八月十二日
山西巡抚恒福为核减解京生铁价脚试行办运事奏折　咸丰七年十一月二十四日
户部右侍郎宝鋆等为铁制钱铸有成数酌拟章程事奏折　咸丰七年十二月十三日
户部右侍郎宝鋆等为择地修盖铁钱炉座事奏折　咸丰八年三月十七日

户部右侍郎宝鋆等为宝泉局承办铁钱司员遵旨请奖事奏折　咸丰九年二月初三日
山西巡抚英桂为筹办解京铁斤分批起解事奏折　咸丰九年三月二十五日
户部为拟请酌减铁钱局炉座以节经费事奏折　咸丰九年四月十九日
惠亲王绵愉等为妥议酌减炉座办法事奏折　咸丰九年四月二十三日
惠亲王绵愉等为陈铜钱充斥铁钱壅滞难行请下明诏以挽圜法事奏折　咸丰九年四月二十九日
江南道监察御史恩霙为京城铁制钱壅滞请旨严禁折减事奏折　咸丰九年五月初一日
都察院左都御史绵森为转呈铁钱局监督杨宝臣呈文等事奏折　咸丰九年五月十五日
附件一：铁钱局监督杨宝臣为参户部堂官蒙蔽圣聪事致都察院呈文　咸丰九年五月十二日
附件二：铁钱局监督杨宝臣请集思广益定铁钱章程事呈文
怡亲王载垣等为遵旨查明铁钱局监督杨宝臣呈控堂官事奏折　咸丰九年五月二十七日
巡视中城御史庆澂等为请暂停铁制钱等事奏折　咸丰九年七月二十四日

有关咸丰朝宝德局的几件档案

丁进军编选（1998·4·17）　中国第一历史档案馆

热河都统毓书为报设法筹款开炉铸钱并速立官钱局推行钞法事奏折　咸丰四年六月二十四日
热河都统毓书为报办理劝捐情形并请钦定鼓铸钱文背面清文字样事奏折　咸丰四年七月二十六日
大学士祁寯藻等为遵旨复议毓书鼓铸钱文背面清文字样事奏折　咸丰四年闰七月初七日
热河都统毓书为设立官钱局及劝捐鼓铸派员经理事奏折　咸丰四年八月三十日
热河都统毓书为开炉试铸大钱并添铸铁钱事奏折　咸丰四年九月二十九日
热河都统毓书为铅硐沟铜厂商人报效铜斤请分别议叙事奏折　咸丰四年九月二十九日
热河都统毓书为缓铸各项铜钱添铸当十铁钱急筹铸本事奏折　咸丰五年四月十八日
热河都统柏葰为宝德局暂停鼓铸及承德府商民呈领大钱事奏折　咸丰五年八月二十九日
热河都统英隆为呈交宝德局鼓铸大钱工本银两事片　咸丰六年十一月十二日

总理各国事务衙门借船运米案清档

丁进军编选（1987·2·22）　中国第一历史档案馆

咸丰十年十月初九日
咸丰十年十月十一日
咸丰十年十一月二十五日
附件一：江苏巡抚薛焕奏折
附件二：漕运总督袁甲三奏折
附件三：两江总督曾国藩奏折
咸丰十年十二月初二日
附件：杭州将军瑞昌等奏折
咸丰十年十二月十一日

咸丰十一年三月二十一日
咸丰十一年三月二十六日
同治元年三月二十三日
附件：署陕甘总督沈兆霖奏折
同治元年四月初三日
同治元年四月初八日
同治元年八月二十四日
同治元年八月二十九日
附件：江西巡抚沈葆桢奏折
同治二年四月初二日
附件：福建道监察御史丁寿昌奏折
同治二年五月十九日
同治二年五月二十四日
附件：户部片
同治二年五月二十六日
附件一：仓场侍郎麒庆等奏折
附件二：户部奏折
附件三：户部会同总理各国事务衙门复奏
附件四：湖北巡抚严树森奏折
同治二年六月二十日
附件：户部会同总理各国事务衙门及内务府复奏

咸丰末年推广捐输新章程史料

郭春芳编选（2004·2·24）　　中国第一历史档案馆

宁古塔副都统衙门为捐铜局推广新章程事致珲春协领札文　　咸丰十一年四月二十五日
附件一：户部捐铜局为酌改捐项搭收票钞事片
附件二：户部为火器营暂停收捐事片
附件三：户部为筹拟捐铜局推广捐输章程事奏折

咸丰十一年下半年总署陆路通商清档

方裕谨编选（1994·1·53）　　中国第一历史档案馆

俄使为陆路通商章程应以俄文为凭致总署照会　　咸丰十一年七月初三日
俄使为派帮办大臣等核议俄商陆路货运税则章程事致总署照会　　咸丰十一年七月初六日
总署为详记俄人出入口箱只驼驮数目知照本衙门事致张家口监督札文　　咸丰十一年七月十一日
俄使为索要天津至张家口关口数目及税则事致总署照会　　咸丰十一年七月十二日
总署为现与俄使定议陆路通商税则章程事致户部咨文　　咸丰十一年七月十五日
总署为已派侍郎衔大理寺少卿与商税则不能另简大员等事致俄使照会　　咸丰十六年七月十六日
俄使为应派专使与其定议陆路通商及知照章程事致总署照会　　咸丰十一年七月十八日

俄使为天津俄商携货至张家口事致总署照会	咸丰十一年八月初一日
总署为俄商自津至恰克图携货事宜致三口通商大臣咨文	咸丰十一年八月初四日
三口通商大臣崇厚为天津俄商货未购齐暂不离津事致总署函	咸丰十一年八月初八日
总署为俄商携货由津至恰克图行走路线及有关规定致俄使照会	咸丰十一年八月十三日
三口通商大臣崇厚为俄商携货由津至恰克图事致总署咨文	咸丰十一年八月十五日
三口通商大臣崇厚为俄货欲改运沪并呈赫德所拟章程两事致总署函	咸丰十一年八月十六日
总署为知照俄使赴津商议税则事致三口通商大臣函	咸丰十一年八月十六日
俄使为俄商携货由津赴恰克图不必节节点验事致总署照会	咸丰十一年八月十七日
总署为知照与柏林商谈税则情形事致三口通商大臣函	咸丰十一年八月十九日
总署为知照与俄税则未定先允俄商携货由津赴恰克图事致直督函	咸丰十一年八月二十七日
总署为知照俄使照会事致三口通商大臣咨文	咸丰十一年八月二十七日
三口通商大臣崇厚为知照俄商起程回国日期并所携货物数量事致总署咨文	咸丰十一年九月初三日
总署为知照俄商已经起程不日赴通事致通州知州札文	咸丰十一年九月初三日
通州知州萧履中为报俄商过通情形事致总署禀文	咸丰十一年九月初十日
总署为迅即探明俄商由通起程日期并飞速禀报事致通州知州札文	咸丰十一年九月十一日
通州知州萧履中为报俄商由通起程日期事致总署禀文	咸丰十一年九月十二日
俄使巴留捷克面递总署由俄所议陆路通商章程单	咸丰十一年九月十四日
朝阳汛为俄商携货到东坝税局日期事致总署禀文	咸丰十一年九月十五日
库伦办事大臣色克通额为知照俄商赴库伦贸易碍难禁止事致总署咨文	咸丰十一年九月二十二日
察哈尔都统庆昀为报七名俄商路经张家口情形致总署咨文	咸丰十一年十月十四日
张家口监督庆廉为报俄商路经张家口情形致总署呈文	咸丰十一年十月十七日
总署为速复详议与俄陆路通商章程事致户部咨文	咸丰十一年十一月初五日
户部为与俄所议通商章程均属妥密请为奏明办理事致总署咨文	咸丰十一年十一月初十日
总署司员长善为将陆路通商章程转交俄使事致柏林函	咸丰十一年十一月二十四日
俄使为俄在张家口设领事官事致总署照会	咸丰十一年十二月初五日
库伦办事大臣色克通额为俄商在边境贩卖西洋货如何纳税事致总署咨文	咸丰十一年十二月十四日

同治元年总理衙门陆路通商清档（上）

方裕谨编选（1994·2·22）　　中国第一历史档案馆

库伦办事大臣色克通额为报上年俄商到库伦人数事致总署咨文	同治元年正月初六日
总署为请核议现定俄国通商章程事致户部咨文	同治元年正月初九日
三口通商大臣崇厚为转报俄领孟第原开货单事致总署函	同治元年正月十二日

户部为所送俄国通商章程逐一复核均属妥协事致总署咨文	同治元年正月二十三日
俄人柏林为未得上级回话续增条款今晚不能送去事致司员长善函	同治元年正月二十六日
察哈尔都统庆昀为已将咨到税单等移张家口抄存事致总署咨文	同治元年二月初二日
三口通商大臣崇厚为缮呈俄国续议税则清折致总署函	同治元年二月十二日
户部为俄商从不在张家口报税事致总署咨文	同治元年二月十三日
总署为速将与俄孟领所定税则盖印画押寄来以便刊刻事致三口通商大臣函	同治元年二月十三日
总署为报与俄谈判陆路通商章程经过情形事奏折	同治元年二月十四日
总署为有关砖茶等货物定税事宜应照续增税则办理事致俄使照会	同治元年二月十七日
总署为报与俄议定之续增税则画押事片	同治元年二月二十日
察哈尔都统庆昀为报俄商依宛阿里西运货出口事致总署咨文	同治元年四月十一日
库伦办事大臣色克通额为报俄商设书阔福携货出口事致总署咨文	同治元年四月十二日
库伦办事大臣色克通额为俄商往津过库伦要否查验事致总署咨文	同治元年四月二十二日
张家口监督景福为俄货到口并无俄商货单请查照事致总署呈文	同治元年五月初二日
张家口监督景福为俄货不留口销售及未载入章之货作何处理事致总署呈文	同治元年五月初五日
总署为俄货到口无俄商及货单相随希妥酌罚办之法事致三口通商大臣札文	同治元年五月初八日
总署为俄商货物到口盖用印信放行事致张家口监督札文	同治元年五月初八日
张家口监督景福为俄商口外丢失货包系蒙古脚夫拆动事致总署呈文	同治元年五月初九日
总署为将天津关俄货正税项下酌拨张家口额征之处事致户部咨文	同治元年五月十一日
察哈尔都统庆昀为俄商进口是否由税务监督验明后钤盖印戳事致总署咨文	同治元年五月十五日
总署为今后俄商必须押货同行否则将货中途扣留致张家口监督札文	同治元年五月二十二日
户部为俄商携货到口赴津售卖为何在口并不交税事致总署咨文	同治元年五月二十七日
总署为复俄商携货进口经赴天津销售在口应否交税应由户部核办事致户部咨文	同治元年五月二十八日
察哈尔都统庆昀为遵俄货到口查验相符即在执照钤戳事致总署咨文	同治元年五月二十八日
察哈尔都统庆昀为俄商前往多尔诺尔厅贸易事宜致总署咨文	同治元年六月十七日

同治元年总理衙门陆路通商清档（下）

方裕谨编选（1994・3・32）　　中国第一历史档案馆

总署为催报咸丰十一年八月以来所征俄商进出口正子各税清单事致三口通商大臣函	同治元年八月二十五日
三口通商大臣崇厚为开具咸丰十一年六月以来俄商进出口正半税清单致总署函	同治元年八月三十日
总署为请速查俄商有无去山西各属贸易进出杀虎口事致晋抚咨文	同治元年闰八月初四日
三口通商大臣崇厚为造送征收俄国各项税银清册事致总署咨文	同治元年闰八月二十三日
附：清册	
张家口监督景福为报已查明俄商执照发单与货物数不符缘由事致总署呈文	同治元年闰八月二十九日
杀虎口监督庆春为报近年并无俄商经由杀虎口运货行走事致总署呈文	同治元年九月初一日
张家口监督景福为造报张家口税关免过俄商税银事致总署呈文	同治元年九月二十七日
杀虎口监督庆春为报接到俄商运货进出杀虎口其货按章全行人官札文事致总署呈文	同治元年十月初七日
总署为迅将一年来俄商经东坝运来茶叶等货细数咨复事给崇文门商税事务衙门行文	同治元年十月十一日
张家口监督景福为续报张家口税关免过俄商税银数事致总署呈文	同治元年十月十二日
户部为抄录张家口监督景福奏折事致总署咨文	同治元年十一月十二日
户部为抄录本部奏折致总署咨文	同治元年十一月十二日
军机处抄出三口通商大臣崇厚片奏事致总署咨文	同治元年十一月二十八日
俄使把留捷克为请行知张家口等处俄商拟建送书信物箱事致总署照会	同治元年十一月二十九日
总署为俄商之送物箱内只可装自用之物事致俄使复照	同治元年十二月初七日
总署为俄商之送物箱过关时查有非自用之物应照则收税事致库伦办事大臣咨文	同治元年十二月初九日

同治初年清理乾天九官号史料

丁进军编选（1997・3・46）　　中国第一历史档案馆

户部为移送京城内外六十五当所存天号钱票清单及请定限严追公呈事致内务府片	同治元年正月初十日
附件一：京城内外当商高象坦等六十五家为请严追官号私票事致户部公呈	
附件二：户部抄录京城内外六十五家当铺所存天号钱票清单	
户部为会奏清结官号章程奉旨允准事致内务府咨文	同治元年二月初九日
附件：户部等为酌拟清结官号章程事奏折	

户部为查办乾天九号缴回各项现钱事致内务府咨文　同治元年七月初一日
户部为办理乾天九号缴回各项现钱事致内务府咨文　同治元年七月初一日
内务府为勒令原保司员及商人限期清厘长开官票事奏折　同治元年　月
户部为复查五天官号应赔三成罚款收回情形事致内务府咨文　同治元年闰八月十三日
热河副总管耀安为请假回京筹办五天官号长开票存事奏折　同治元年九月二十三日
户部为清结九官号长交现钱款项片奉旨允准事致内务府咨文　同治元年十二月二十五日
附件：户部为清结乾天九官号长交现钱款项事片
户部为请将官号钱票收捐全案通盘结清奏折奉旨允准事致内务府咨文　同治二年十一月初一日
附件：户部为乾天官号钱票收捐展限已满请将全案结清事奏折

同治元年闽海关税务史料（上）

方裕谨编选（1998·4·25）　中国第一历史档案馆
福州将军兼管闽海关税务文清为闽海关自协浙饷不敷仍由藩库通筹事奏折　同治元年正月二十九日
闽浙总督庆端为在福州建设灯塔等事奏折　同治元年二月二十二日
福州将军兼管闽海关税务文清为报第五结英法两国扣项拨交银数日期事奏折　同治元年二月二十七日
福州将军兼管闽海关税务文清为复奏第四结交还英法两国各二成扣款事片　同治元年三月二十三日
福州将军兼管闽海关税务文清为声叙第五结英法两国各二成扣项银数事片　同治元年三月二十三日
福州将军兼管闽海关税务文清为报闽海关常税征收亏短缘由事片　同治元年六月初四日
福州将军兼管闽海关税务文清为报第六结英法两国扣项拨交银数日期事片　同治元年六月初四日
福州将军兼管闽海关税务文清为闽海关拨银购买外国船炮事片　同治元年六月初四日
福州将军兼管闽海关税务文清为按结查开闽海关征收船钞半税数目事奏折　同治元年六月初十日
附件：清单

同治元年闽海关税务史料（下）

方裕谨编选（1999·1·33）　中国第一历史档案馆
福州将军兼管闽海关税务文清为遵旨酌拨皖饷事奏折　同治元年六月初十日
福州将军兼管闽海关税务文清为报奉提京饷起程日期事奏折　同治元年八月初十日
福州将军兼管闽海关税务文清为报第七结英法两国扣项拨交银数日期事奏折　同治元年八月十二日
福州将军兼管闽海关税务文清为报福厦二口一年征收税银数目事片　同治元年八月十二日

福州将军兼管闽海关税务文清为报福厦二口三个月征收洋药税银数目事片	同治元年八月十二日
福州将军兼管闽海关税务文清为福州口匀扣美国商亏银两数目事片	同治元年八月十二日
福州将军兼管闽海关税务文清为循例奏闻平罚三款银两事奏折	同治元年八月十二日
福州将军兼管闽海关税务文清为报洋税侵占常税盈余银两实在情形事奏折	同治元年八月十二日
福州将军兼管闽海关税务文清为报第八结英法两国扣项拨交银数日期事奏折	同治元年十一月初六日
福州将军兼管闽海关税务文清为报福厦二口三个月征收洋药税银数目事片	同治元年十一月初六日
福州将军兼管闽海关税务文清为报按结拨解外国语言文字学馆经费事片	同治元年十一月初六日
福州将军兼管闽海关税务文清为报觅商汇兑第二次批解京饷起程日期事奏折	同治元年十一月十二日

同治年间中日经贸交往清档

黄荣光编选（2008·2·3）　　台北“中央研究院”近代史研究所

同治元年七月初一日
同治元年七月初四日
同治元年八月初四日
附件一：苏松太道吴煦禀文
附件二：苏松太道吴煦禀文
附件三：苏松太道吴煦开具上海通商清折
同治元年八月初四日
附件一：苏松太道吴煦禀文
同治元年八月初八日
同治元年闰八月初三日
同治元年闰八月十八日
同治元年闰八月二十八日
同治元年九月初四日
同治元年九月初四日
同治元年十月初三日
同治元年十一月十九日
同治三年四月初十日
同治三年四月十三日
同治七年三月初三日
附件一：日本长崎奉行河津伊豆守来书
附件二：上海通商大臣曾国藩批文
同治七年三月初八日

同治七年三月初八日
同治七年四月十三日
附件一：江南海关道应宝时复日本国官员函
同治七年四月十五日
同治七年闰四月十四日
附件一：中国人在日本国贸易章程粘单
附件二：上海通商大臣曾国藩批文
同治七年五月初九日
同治七年十月初九日
附件一：苏松太道应宝时禀文
附件二：日本国官员来函
附件三：上海通商大臣曾国藩批文

同治年间海运漕粮史料（上）

叶志如　丁进军编选（1996·2·41）　　中国第一历史档案馆

护理江苏巡抚刘郇膏为报苏省同治三年海运漕粮及末批放洋日期事奏折　同治四年闰五月初八日
署两江总督李鸿章等为拟以河运节省之款酌拨海运津贴等事奏折　同治四年九月初九日
署两江总督李鸿章等为请奖励办理同治二三年海运漕粮员董事奏折　同治四年十二月初三日
署两江总督李鸿章等为报起运同治四年漕粮米数事奏折　同治四年十二月十八日
署两江总督李鸿章等为详议办理苏省同治四年海运章程事奏折　同治五年正月二十六日

同治年间海运漕粮史料（下）

叶志如　丁进军编选（1996·3·27）　　中国第一历史档案馆

护理江苏巡抚刘郇膏为报苏省同治五年漕粮头批放洋日期事奏折　同治五年二月二十一日
护理江苏巡抚刘郇膏为报同治五年苏省漕粮全数放洋日期事奏折　同治五年四月初三日
两江总督曾国藩为同治六年江北冬漕并归海运及酌议海运章程事奏折　同治七年三月初五日
直隶总督官文为同治八年江浙海运漕粮拟请筹添剥船耗米事奏折　同治七年九月二十三日
直隶总督曾国藩为南漕由津起剥运通拟请循照向例办理事奏折　同治八年二月二十三日
直隶总督曾国藩为同治六年江浙海运漕粮经杂各费照案办理事奏折　同治八年九月二十一日
刑部尚书郑敦谨等为报在津验收江浙海运南粮事奏折　同治九年四月十九日
两江总督曾国藩等为同治九年江苏漕粮起运交仓米数事奏折　同治九年十二月初二日

浙江巡抚杨昌濬为同治十年浙省海运漕船全数兑竣放洋事奏折　　同治十年三月十二日
江苏巡抚张之万为同治十年苏省海运漕粮全数兑竣放洋事奏折　　同治十年三月十二日
直隶总督李鸿章等为报验收海运漕粮事奏折　　同治十年三月二十六日
两江总督曾国藩等为请缓议江浙海运漕粮赴通州径交事奏折　　同治十年八月初一日
直隶总督李鸿章等为报验收海运漕粮事奏折　　同治十二年四月初四日
直隶总督李鸿章等为报验收海运沙船米石数目事奏折　　同治十二年四月十三日
直隶总督李鸿章为江浙漕粮赴通交纳拟用麻袋装盛事片　　同治十二年四月二十二日
直隶总督李鸿章等为报江浙二省海运沙船米石验收完竣事奏折　　同治十二年五月初一日
湖广总督李瀚章等为湖北漕粮仍请一律征收折色事奏折　　同治十二年九月十二日
两江总督李宗羲等为同治十三年春苏省海运漕粮遵旨径运通坝事奏折　　同治十二年十一月十一日
两江总督李宗羲等为报苏省同治十二年征收漕粮实数并酌议海运章程事奏折　　同治十二年十二月十九日
江苏巡抚张树声为请奖励苏省同治九十两年海运漕粮船商事奏折　　同治十二年十二月二十日
两江总督李宗羲等为请奖励苏省同治十年办理漕粮出力官绅事奏折　　同治十二年十二月二十日
江苏巡抚张树声为报苏省海运漕粮全数兑竣放洋日期事奏折　　同治十三年三月十九日
江苏巡抚张树声等为请奖励苏省同治十一年海运漕粮出力之船商及员董事奏折　　同治十三年八月二十九日
两江总督李宗羲等为请奖励苏省同治十一年海运漕粮出力官绅书吏事奏折　　同治十三年八月二十九日
两江总督李宗羲为请嘉奖江浙同治十二三年海运漕粮出力绅董事片　　同治十三年九月二十六日

同治五年总理衙门中俄陆路通商交涉清档

方裕谨编选（1996·1·59）　　中国第一历史档案馆

总署为俄使议改张家口销货及删去小本营生事致俄使照会　　同治五年正月十一日
俄使倭良嘎哩为仍请删去小本营生事致总署照会　　同治五年正月十六日
总署为复议改删去小本营生一节一并展缓二年事致俄使照会　　同治五年正月二十七日
俄使倭良嘎哩为议改陆路通商章程碍难尽行展缓事致总署照会　　同治五年正月三十日
总署为陈近日与俄使商办陆路通商章程情形事致军机大臣文祥密函　　同治五年二月初六日
总署为删去小本营生一节仍应展缓商办免天津进口税自应定期开办事致俄使照会　　同治五年二月十八日
俄使倭良嘎哩为暂缓办理小本营生碍难遵照事致总署复照　　同治五年二月二十二日
总署为免天津复进口税将于三月初一日开办余皆从缓商议　　同治五年二月二十五日

事致俄使照会	
总署为将于三月初一日起俄商天津复进口税停止征收事致三口通商大臣咨文	同治五年二月二十五日
总署为布知与俄使商议陆路通商章程详情事致三口通商大臣函	同治五年二月二十五日
总署为准免俄商天津复进口税别国可一律照办事致三口通商大臣函	同治五年二月二十七日
三口通商大臣崇厚为天津免征俄商复进口税已与俄领议明分别交免以杜弊端事致总署函	同治五年二月二十八日
俄使倭良嘎哩为仍坚持修改陆路通商章程各节事致总署照会	同治五年二月二十八日
总署为议改俄国陆路通商章程详情及准免俄商天津复进口税事奏折	同治五年三月初一日
总署为续接俄使照会先行陈明片	同治五年三月初一日
三口通商大臣崇厚为请坚持俄商回国者免征复进口税商不回国者照征事致总署函	同治五年三月初五日
附件：照录给俄国玛领事照会／天津贝税司札文	
总署为议免俄商天津复进口半税实专指其回国商货事复三口通商大臣函	同治五年三月初八日

清末台湾兴办矿务档案（上）

伍媛媛编选（2018·2·18）　　中国第一历史档案馆

闽浙总督英桂为勘明台湾淡水厅属各磺山碍难开采请照旧封禁事奏折	同治九年四月十二日
江苏巡抚吴元炳为开采台湾煤铁木植等物事奏片	同治十三年
两江总督沈葆桢等为台湾产煤甚富请减税银事奏片	光绪元年正月初十日
著先于磁州台湾试办开采煤铁事上谕	光绪元年四月二十六日
著何恩绮妥办台北开矿事上谕	光绪元年七月十四日
两江总督沈葆桢为勘明台湾老寮坑煤山并筹办设厂开采事奏片	光绪元年七月十四日
闽浙总督文煜等为派员驻台督办煤厂并查勘硫磺樟脑各情形事奏折	光绪二年八月二十四日
福建巡抚丁日昌为在台湾举办垦务矿务事奏片	光绪二年十一月十九日
两江总督沈葆桢为遵旨筹商台湾开矿招垦事奏折	光绪二年十二月初八日
福建巡抚丁日昌为拟请开办台湾矿务事奏折	光绪二年十二月十六日
福建巡抚丁日昌为查看鸡笼八斗新开煤井情形事奏片	光绪三年正月二十二日
总理各国事务王大臣奕䜣等议奏统筹台湾全局应办购船开矿事奏折	光绪三年二月二十四日
福建巡抚丁日昌为台湾富绅林维源捐输巨款报效矿务铁路等事奏片	光绪三年二月二十七日
著丁日昌等妥办台湾矿务事上谕	光绪三年四月十四日
福建巡抚丁日昌为台湾煤务矿务办有头绪事奏片	光绪三年四月十四日

署福建巡抚吴赞诚为查看煤矿情形事奏片 光绪四年十月初三日
台湾巡抚刘铭传为办理台湾厘金煤务事奏片 光绪十二年正月二十八日
台湾巡抚刘铭传为台湾樟脑硫磺开禁官办事奏片 光绪十二年九月十六日
台湾巡抚刘铭传为收回基隆煤矿并动用官款事奏片 光绪十三年十二月初二日

清末台湾兴办矿务档案（下）

伍媛媛编选（2018·3·14） 中国第一历史档案馆

台湾巡抚刘铭传为台湾采煮硫磺及收支各款数目事奏片 光绪十五年五月二十一日
台湾巡抚刘铭传为基隆煤矿官办难期起色现有英商承办事奏折 光绪十五年六月二十二日
附件一：英商范嘉士承办煤矿拟立合同清单
附件二：英商范嘉士承办油矿拟立合同清单
总理各国事务大臣奕劻等为遵议英商承办基隆煤矿并开办牛头山煤油事奏折 光绪十五年八月初七日
著慎选贤员认真经理基隆煤矿事上谕 光绪十五年八月初七日
台湾巡抚刘铭传为基隆煤矿归商承办事奏片 光绪十六年六月初五日
台湾巡抚刘铭传为核销光绪十五年台湾采煮硫磺数目事奏片 光绪十六年七月十二日
户部为台湾煤矿招商承办所定章程事致军机处片 光绪十六年八月十二日
附件一：官商合办台湾矿煤议立章程
附件二：承办煤务总局章程
附件三：八斗煤井司事月薪清单
总理各国事务大臣奕劻等为停办台湾煤矿招商承办事奏折 光绪十六年八月十五日
著将办理台湾煤矿招商承办章程纰缪种种之刘铭传交部议处事上谕 光绪十六年八月十五日
台湾巡抚刘铭传为遵旨饬商退办基隆煤矿并筹议事奏折 光绪十六年十月二十三日
台湾巡抚邵友濂为核销光绪十六年台湾采煮销售硫磺数目事奏片 光绪十六年
台湾巡抚邵友濂为基隆试办金砂抽厘事奏片 光绪十八年二月初四日
台湾巡抚邵友濂为核销光绪十七年台湾采煮销售硫磺数目事奏片 光绪十八年八月二十日
台湾巡抚邵友濂为八斗煤矿煤源已枯饬令停止开采事奏片 光绪十八年九月二十五日
台湾巡抚邵友濂为核销光绪十八年台湾采煮销售硫磺数目事奏片 光绪十九年十二月初九日
署理台湾巡抚唐景崧为核销光绪十九年台湾采煮销售硫磺数目事奏片 光绪二十年十二月十七日

光绪元年的海运漕粮

吕小鲜编选（1983·3·21） 中国第一历史档案馆

山东巡抚丁宝桢奏报江浙两省光绪元年海运漕船初次放洋日期片 光绪二年四月初七日
江苏巡抚吴元炳奏报苏省漕白粮米头批放洋日期折 光绪二年二月初二日

江苏巡抚吴元炳奏苏省漕米全数兑竣放洋折　　光绪二年二月二十七日
两江总督沈葆桢等奏请奖承办苏省漕粮出力官绅书吏折　　光绪三年七月二十七日
江苏巡抚吴元炳奏请奖承办苏省正漕抵征各米出力船商折　　光绪三年十月二十八日
附件：苏省同治十二年至光绪二年海运漕白粮米支给各款清单
浙江巡抚杨昌濬奏报浙江海运漕船头批开行日期折　　光绪二年二月十五日
浙江巡抚杨昌濬奏浙江海运漕船全数兑竣放洋折　　光绪二年三月二十五日
浙江巡抚杨昌濬奏浙江漕白粮米海运完竣折　　光绪二年九月二十五日
署湖广总督翁同爵奏鄂省漕粮运通兑竣折　　光绪二年七月十六日
署湖广总督翁同爵奏报漕粮采买兑运所用各款折　　光绪二年十月初四日
署湖广总督翁同爵等奏请奖承办鄂赣两漕运出力员董折　　光绪二年十二月初四日
江西巡抚刘秉璋奏仍委招商局员采买江西漕粮折　　光绪元年十二月初十日
江西巡抚刘秉璋奏报起解江西第九批漕折银两片　　光绪二年二月三十日
护理江西巡抚李文敏奏江西漕粮一律运津折　　光绪二年闰五月二十八日
江西巡抚刘秉璋奏江西漕粮采买兑运各款折　　光绪二年十月初三日
附件：招商局采买兑运江西漕粮用过银两细数清单

光绪年间治理永定河档案

高换婷编选（2012·3·35）　　中国第一历史档案馆

著惩处永定河北六工漫口疏于防范各员事上谕　　光绪四年八月初二日
大学士左宗棠为与李鸿章会商修治永定河工程事奏片　　光绪七年闰七月十三日
大学士左宗棠为修治永定河下游工程告竣事奏折　　光绪七年十月十四日
著惩处永定河南五工漫口疏于防范各员事上谕　　光绪九年八月初五日
直隶总督李鸿章为永定河南七工西小堤四号漫口派员详勘并筹银济用事奏折　　光绪十三年七月初三日
著李鸿章熟思审处办理永定河漫口经久妥善之策事上谕　　光绪十三年九月十八日
直隶总督李鸿章为永定河陡然异涨漫溢成口分别参办各员事奏折　　光绪十四年七月十二日
著奖叙永定河漫口大工合龙出力各员事上谕　　光绪十四年九月二十九日
著户部迅即拨银堵筑永定河漫口事上谕　　光绪十六年七月二十二日
直隶总督李鸿章为永定河伏秋大汛抢护平稳获庆安澜事奏折　　光绪十七年九月初六日
直隶总督李鸿章为永定河水势异涨漫口分别参办各员事奏折　　光绪十八年闰六月初二日
直隶总督李鸿章为永定河水势狂涨漫溢分别参办各员事奏折　　光绪十九年六月十九日
著户部等迅即筹拨银两堵筑永定河漫口事上谕　　光绪十九年八月十六日
河东河道总督许振祎为亲勘上游不能建坝及设立河防局等事奏折　　光绪二十年二月二十四日
直隶总督王文韶为永定河抢办要工动用赈款请照赈抚章程报销事奏折　　光绪二十二年四月二十日
著户部迅速开单咨行各督抚解款接济被水灾民事上谕　　光绪二十二年七月初四日
著王文韶等督饬所属详察被水灾区酌量放赈事上谕　　光绪二十二年七月十二日
国子监司业黄思永为请遵祖制疏浚永定河以卫民生事奏折　　光绪二十二年九月初八日
湖南巡抚陈宝箴为永定河北中决口筹解备荒经费银数事奏片　　光绪二十二年九月十四日

著奖叙永定河漫口合龙出力各员事上谕	光绪二十二年十月十三日
直隶总督裕禄为在支应局厘捐项下拨款修办永定河石景山石堤事奏片	光绪二十五年正月二十七日
翰林院侍读黄思永为敬陈预防永定河水患等事奏折	光绪二十五年三月初九日
直隶总督裕禄为勘明永定河上游筑坝无裨下游治河事奏折	光绪二十五年六月十七日
直隶总督裕禄为遵派道员吴廷斌查看永定河情形并妥筹办法事奏折	光绪二十五年十月二十九日
直隶总督裕禄为光绪二十一年至二十四年永定河抢办险工动用赈款援例报销事奏折	光绪二十五年十一月二十五日
附件：光绪二十一年至二十四年永定河办理另案抢险工程等用过赈款清单	
直隶总督袁世凯为请销光绪二十八年动用加拨永定河岁修银两事奏折	光绪三十年正月二十四日
直隶总督袁世凯为永定河灾巨请筹垫赈款事致江苏巡抚端方电	光绪三十年七月初五日
直隶总督袁世凯为筹备永定河来年岁修等秸料事奏折	光绪三十年十一月十五日
直隶总督袁世凯为盛宣怀捐款助赈请奖叙事奏片	光绪三十年十二月二十六日
直隶总督臣袁世凯为抢护得宜永定河凌汛平稳事奏折	光绪三十一年三月十六日
直隶总督袁世凯为永定河伏秋大汛抢护平稳事奏折	光绪三十一年九月初十日
直隶总督袁世凯为呈堵筑永定河北下汛漫口各工丈尺银数清单	光绪三十一年九月二十日
直隶总督袁世凯为永定河北四上汛漫口请将疏于防范各员革职事奏折	光绪三十三年七月初二日
直隶总督袁世凯为特参营河州同陈维垣等舞弊逃避事奏片	光绪三十三年七月十一日
直隶总督袁世凯为永定河伏汛漫口拨款堵筑工程事奏折	光绪三十三年八月初三日
署理直隶总督杨士骧为筹备来年永定河修防秸料并请添运脚银两事奏折	光绪三十三年十二月初三日

光绪年间查办豁免贺祥麟任内亏短钱粮案档案

洪德善辑录（2022·4·38）　　桂林博物馆

湖南布政使崇福为据札转饬清缴推升知州贺祥麟历任亏欠事札文抄稿	光绪六年二月十二日
浏阳县知县冒沅为奉札饬传推升知州贺祥麟家属到县解缴亏欠事咨文抄稿	光绪六年二月二十二日
族房贺代宗为推升知州贺祥麟之子贺受康外出措资无信事禀文抄稿	光绪六年四月三十日
浏阳县知县张鸿顺为族房贺代宗禀推升知州贺祥麟之子贺受康外出措资事致布政使申文抄稿	光绪六年五月十三日
湖南布政使崇福为浏阳县申报推升知州贺祥麟在籍病故堂批事抄稿	光绪六年六月十四日
浏阳县知县张鸿顺为族房贺代宗禀推升知州贺祥麟之子贺	光绪六年

受康外出措资事申文抄稿
署理湖南布政使崔穆之为咨籍照例题豁已故推升知州贺祥麟亏项事札文抄稿　光绪十二年正月十八日
附件一：保定府完县印结抄稿
附件二：清河道印结抄稿
附件三：永平府昌黎县印结抄稿
附件四：通永道印结抄稿
浏阳县知县王必名为差传已故知县贺祥麟家属赴县出具无隐寄资财切结事票传抄稿　光绪十二年二月初六日
户族贺代宗等为已故推升知州贺祥麟无隐寄资财恳请加结转详事禀文抄稿　光绪十二年二月二十三日
户族贺代宗等为已故推升知州贺祥麟无隐寄资财事切结抄稿　光绪十二年二月二十三日
浏阳县知县王必名为已故推升知州贺祥麟无隐寄资财恳请加结转详事申文抄稿　光绪十二年二月
浏阳县知县王必名为已故推升知州贺祥麟无隐寄资财事印结抄稿　光绪十二年三月十七日

光绪年间开办黑龙江漠河金矿史料（上）

谢小华编选（2004·1·33）　中国第一历史档案馆
黑龙江将军文绪等为参疏纵俄人勾结华民过江淘金官员事奏折　光绪十年十一月十五日
黑龙江将军文绪等为报俄国收唤淘金俄人及调兵驱逐华民事奏折　光绪十一年八月初三日
黑龙江将军文绪等为报将漠河金厂华俄淘金各民驱逐事奏折　光绪十一年八月十四日
黑龙江将军文绪等为报将再次闯越淘金华俄人等驱逐事奏折　光绪十一年十月初二日
黑龙江将军恭镗等为请派员筹办漠河金矿事奏折　光绪十二年十二月十五日
著李鸿章遴派熟悉矿务干员迅往黑龙江勘办漠河金矿事上谕　光绪十二年十二月二十八日
吉林副都统恩泽为请仍将补用知府李金镛留吉省督率屯垦事片　光绪十三年正月二十八日
黑龙江将军恭镗为派员查看漠河金厂并拟开办事奏折　光绪十三年九月二十五日
直隶总督李鸿章为漠河金厂拟定官督商办章程事奏折　光绪十三年十二月初五日
附件：直隶总督李鸿章呈候补知府李金镛筹议黑龙江金厂公司章程十六条清单

光绪年间开办黑龙江漠河金矿史料（中）

谢小华编选（2004·2·27）　中国第一历史档案馆
总理衙门大臣奕劻为议漠河金厂开办事宜事奏折　光绪十四年正月初七日
附件：总理衙门大臣奕劻呈遵议李金镛所拟漠河金厂章程十六条清单
管理东三省练兵事宜大臣定安等为练兵难于为漠河金厂伐木开路事奏折　光绪十四年二月二十七日

直隶总督李鸿章为请派湖北候补副将郭长云襄助李金镛办矿事片	光绪十四年三月
黑龙江将军恭镗等为报漠河换防官兵到防日期事奏折	光绪十四年五月二十八日
黑龙江将军恭镗为报督理漠河金矿道员李金镛即日前往漠河事奏折	光绪十四年十月十二日
黑龙江将军恭镗为报督理漠河金矿道员李金镛抵漠河事奏折	光绪十五年正月二十八日
直隶总督李鸿章为请调派官员赴漠河金矿襄助李金镛事片	光绪十五年四月二十二日
直隶总督李鸿章为请议恤办理漠河矿务殉职官员事片	光绪十六年三月
直隶总督李鸿章为请优恤已故漠河金矿道员李金镛事奏折	光绪十六年十一月十六日
直隶总督李鸿章等为请饬袁大化暂行接办漠河矿务事片	光绪十六年十一月十九日
黑龙江将军依克唐阿为请漠河金矿暂缓开路事片	光绪十七年三月二十一日
直隶总督李鸿章为请将办理漠河矿务失职县丞强惠源革职事片	光绪十八年二月初九日
直隶总督李鸿章为请优恤办理漠河矿务殉职官员陈世敬事片	光绪十八年八月初四日
直隶总督李鸿章为请奖叙创办漠河矿务出力文武员弁事奏折	光绪十八年九月二十九日
黑龙江将军依克唐阿为派兵赴观音山地方驱逐偷挖私金流民事片	光绪十九年六月二十二日
直隶总督李鸿章为请将办理漠河金矿革员强惠源开复原官事片	光绪十九年七月二十六日
黑龙江将军依克唐阿为报派兵赴观音山地方驱逐偷挖私金流民情形事片	光绪十九年七月一十二月
直隶总督王文韶为报漠河矿务事片	光绪二十一年十月十四日
直隶总督王文韶为整顿漠河矿务事片	光绪二十二年十二月

光绪年间开办黑龙江漠河金矿史料（下）

谢小华编选（2004·3·25）　　中国第一历史档案馆

直隶总督王文韶为请将革员袁大化开复事片	光绪二十三年四月初十日
直隶总督王文韶为派员经海路前往漠河接办厂务等事片	光绪二十四年闰三月二十八日
直隶总督裕禄为查漠河金厂道员周冕被参事奏折	光绪二十四年九月二十八日
附件：直隶总督裕禄为报直隶候补道徐杰接办漠河金矿等事片	光绪二十四年九月二十八日
庆亲王奕劻等为议直隶总督裕禄请酌量变通漠河矿局新章事奏折	光绪二十五年二月初一日
直隶总督裕禄为请派直隶补用道钱镕接办漠河金厂总办事片	光绪二十六年正月初九日
黑龙江将军萨保为请重开漠河等处金矿事片	光绪二十八年五月初一日
庆亲王奕劻等为议复俄员觊觎漠河等处矿产情形事奏折	光绪二十八年六月二十九日
外务部为请俄员速与道员刘焌办理漠河等处金矿交接事致俄使照会	光绪二十九年八月二十五日
直隶总督袁世凯为造送漠河等处金矿被俄侵占后报销清册事咨呈	光绪三十一年四月二十日

俄国驻华公使璞科第为索赔偿俄国金商所受之亏事致外务部函　光绪三十二年八月十八日
直隶总督袁世凯为请照会俄使交接金矿事宜致外务部咨呈　光绪三十二年十月二十五日
直隶总督袁世凯为前发俄金商采勘执照作废事致外务部咨呈　光绪三十三年正月二十三日
署黑龙江将军程德全为前发俄人采金执照不合规章事致外务部咨呈　光绪三十三年三月初一日
署直隶总督杨士骧为办理接收漠河金矿事致外务部咨呈　光绪三十三年十一月十五日
署直隶总督杨士骧为与俄使交涉禁止俄人在漠河开采金矿事致外务部咨呈　光绪三十三年十二月二十四日

光绪十年户部等议奏开源节流办法折单

叶志如编选（1985・2・27）　中国第一历史档案馆

户部等遵旨议奏开源节流办法折单　光绪十年十二月
附：开源节流办法条款清单

光绪年间查禁伪造货币史料（上）

丁进军编选（2009・2・20）　中国第一历史档案馆

户部为遵旨议复御史汪鉴请严禁奸商化银提金片奉旨允准事致内务府咨文　光绪十一年七月十一日
附件：户部为遵旨议复御史汪鉴请严禁奸商化银提金奏折事片　光绪十一年六月初十日
刑部为移送拟结李庆春夹带私钱案抄单事致巡警部咨文　光绪三十二年四月初六日
附件：刑部为拟结李庆春等夹带私钱案事抄单
修订法律大臣沈家本等为定立伪造洋元治罪专条奉旨允准事致镶红旗汉军都统咨文　光绪三十二年四月十五日
附件：修订法律大臣沈家本等为请设立伪造洋元治罪专条事奏折　光绪三十二年四月初二日
刑部为移送拟结胡立祥伪造铜元案奏折抄单事致巡警部咨文　光绪三十二年四月二十一日
附件：刑部为拟结伪造铜元人犯胡立祥案事奏折　光绪三十二年闰四月十八日
刑部为移送拟结马玉生伪造假银案抄单事致巡警部咨文　光绪三十二年四月二十八日
附件：刑部为拟结马玉生伪造假银案事抄单　光绪三十二年四月
刑部为移送拟结静新云造买假银案抄单事致巡警部咨文　光绪三十二年五月初九日
附件：刑部为拟结静新云造买假银案事抄单
刑部为移送拟结高七伪造假洋元案抄单事致巡警部咨文　光绪三十二年六月初二日
附件：刑部为拟结高七伪造洋元案事抄单
刑部为移送拟结静人瑞造卖假银案抄单事致巡警部咨文　光绪三十二年八月十二日
附件：刑部为拟结静人瑞等造卖假银案事抄单
直隶总督袁世凯为查获王清和等销毁制钱案并请惩办事致巡警部咨文　光绪三十二年八月十四日
步军统领衙门为请将伪造铜元人犯侯连瑞等交刑部审办奏折奉旨允准事致军机处咨文　光绪三十二年八月十九日

附件：步军统领衙门为请将伪造铜元人犯侯连瑞等交刑部审办事奏折　光绪三十二年八月十七日
刑部为移送议复伪造洋元科罪办法奏折抄单事致军机处咨文　光绪三十二年九月初五日
附件：刑部为遵旨议奏伪造洋元科罪办法事奏折
步军统领衙门为请将化钱改铸人犯闫振本等交法部审办奏折奉旨允准事致军机处咨文　光绪三十二年九月二十四日
附件：步军统领衙门为请将化钱改铸人犯闫振本等交法部审办事奏折　光绪三十二年九月二十二日
步军统领衙门为请将化钱改铸人犯王山等交法部审办奏折奉旨允准事致军机处咨文　光绪三十二年九月二十四日
附件：步军统领衙门为请将熔化大钱改铸铜板人犯王山等交法部审办事奏折　光绪三十二年九月二十二日
外城预审厅为拟结陈福等行使假票案事致民政部申文　光绪三十三年四月二十日
大理院为会同法部拟结孙凤藻私铸银铜元案奏折奉旨允准事致民政部咨文　光绪三十三年七月十四日
附件：法部会同大理院为拟结孙凤藻等私铸银铜元案事奏折

光绪年间查禁伪造货币史料（下）

丁进军编选（2009·3·17）　　中国第一历史档案馆

外城预审厅为讯办高强儿等熔化大钱案事致民政部申文　光绪三十三年四月二十一日
外城预审厅为请将贝沣源等造假银锭人犯送大理院讯办事致民政部申文　光绪三十三年八月初七日
附件一：贝沣源等人犯供词
附件二：盘获武立桓等人犯行李等件清单
大理院为移送拟结桂宝等行使假票案抄单事致民政部咨文　光绪三十三年十一月十三日
附件：大理院为会同宗人府拟结桂宝等行使假票案事致民政部咨文
民政部为将伪造假钱票人犯于顺等交厅讯办事致地方审判厅札文　光绪三十三年十二月　日
外城预审厅为将陈四等伪造假票人犯酌拟罚工事致民政部申文　光绪三十二年十二月初六日
大理院为具奏拟结扈五等私铸假银案折奉旨允准事致民政部咨文　光绪三十四年正月二十八日
附件：大理院为拟结扈五等私铸假银案事奏折　光绪三十四年正月二十六日
民政部为王锦全伪造假银案应归审判厅讯办事致地方审判厅札文　光绪三十四年二月　日
大理院为拟结销毁大钱人犯案奏折奉旨允准事致民政部咨文　光绪三十四年三月十八日
附件：大理院为拟结销毁大钱人犯案事奏折
大理院为拟结徐添顺伪造铜元案奏折奉旨允准事致民政部咨文　光绪三十四年三月二十九日
附件：大理院为拟结徐添顺伪造铜元案事奏折　光绪三十四年三月二十三日

大理院为移送拟结程大谦等销毁制钱案奏折事致民政部咨文　光绪三十四年四月十九日
附件：大理院为拟结程大谦等销毁大钱案事奏折
大理院为拟结销毁大钱人犯案奏折奉旨允准事致民政部咨文　光绪三十四年四月二十二日
附件：大理院为拟结销毁大钱人犯案事奏折
大理院为具奏拟结连成等伪造纸币案折奉旨允准事致民政部咨文　光绪三十四年八月初九日
附件：大理院等为拟结连成等伪造纸币案事奏折　光绪三十四年八月初八日
稽查缉捕总局为将宋清江等造使假银人犯交大理院讯办事致民政部申文　光绪三十四年十月十七日
民政部为京师商会筹议收化私钱以维币制事奏底
附件：民政部与商会拟定收化私钱章程

光绪年间三海大修工程史料选载

叶志如　唐益年编选（1986·2·32）　中国第一历史档案馆
醇亲王奕譞等为三海修工钱粮不济请设法筹办事奏折　光绪十二年三月二十一日
海军衙门为借拨修工银两先由本衙门垫发事行奉宸苑等咨文　光绪十二年六月初三日
醇亲王奕譞为匀借海军衙门存款以济三海工程之急事奏片　光绪十二年六月
附：为北洋购置新式炮船入款不敷请饬解海防展捐事奏片　光绪十二年六月
海军衙门光绪十二年十月分收发款项数目清单　光绪十二年十一月初二日
海军衙门光绪十二年十二月分收发款项数目清单　光绪十三年正月初三日
署福州将军古尼音布为闽海关解工银改解北洋事致工程处咨文　光绪十三年三月初七日
内务府为呈进商人采办南海工程木植税银事奏折　光绪十三年十月二十九日
醇亲王奕譞等为澄怀堂等殿拆下木料拉运继园事行奉宸苑咨文　光绪十四年三月二十五日
醇亲王奕譞为发放安设中海轮车库各作匠夫赏银数目之堂谕　光绪十四年十一月初十日
附：发予兴隆厂各作头目匠夫银两数目清单
醇亲王奕譞为动支鼓铸铜佛等项银发放广丰等厂修工之堂谕　光绪十四年十一月十一日
附：鼓铸铜佛捐款盈余等项银两数目清单
福州将军希元为闽海关银径解北洋大臣兑收事行奉宸苑咨文　光绪十六年二月初一日
户部为闽海关解款径归北洋事致内务府咨文　光绪十六年闰二月初十日
附：福州将军希元为将关银径解北洋归款事奏折　光绪十六年一月
户部为垫款仍按原数关支并还库事行奉宸苑片　光绪十六年三月初八日
户部为承领暂借工程银两事行奉宸宛咨文　光绪十六年三月初八日
附：户部为库存平余收支情形并遵旨借拨修工款项事奏折　光绪十六年闰二月二十九日
户部为支领暂借部库银两事行奉宸苑咨文　光绪十六年三月三十日
户部为准银库开放工程银两日期事行知奉宸苑片　光绪十六年三月三十日
醇亲王奕譞等为福州将军捐工银交兑海军衙门事行奉宸苑咨文　光绪十六年九月二十日
奉宸苑为报南北海等处工程勘估实放银两数目清单事奏稿　光绪十七年三月
附件一：自光绪十一年四月开工至十六年十月止各项收发

银两数目清单
附件二：南、北海各工已放欠放钱粮总单
醇亲王奕譞等为将土药税厘款项提还海军衙门修工银两事奏片　光绪十七年

光绪十三年整顿当税史料

丁进军编选（1991·3·51）　中国第一历史档案馆

户部为整顿各省当税事奏折　光绪十三年
户部为请查明地方质当铺情形事片　光绪十三年
户部为请行征信册本事奏折　光绪十三年八月二十八日
附件一：户部拟具整顿当税章程
附件二：户部拟具地方各属征收当税征信册

晚清各省铸造银圆史料选辑（上）

丁进军编选（1997·1·28）　中国第一历史档案馆

两广总督张之洞为粤省拟铸银圆以备户部推广事奏片　光绪十三年正月二十四日
两广总督李瀚章为广东遵铸银圆已铸有成数发局搭用事奏折　光绪十六年五月十五日
附件：广东钱局呈试铸银圆式样清单
湖广总督张之洞为湖北拟请援案开铸银圆事奏折　光绪十九年八月十九日
直隶总督王文韶为北洋试造银圆添购机器议定价值等银数事奏折　光绪二十二年二月二十四日
直隶总督王文韶为筹办北洋机器局试铸银圆情形事奏片　光绪二十二年二月二十四日
直隶总督王文韶为北洋机器局铸造银圆未便遽停事奏片　光绪二十四年十二月十一日
直隶总督裕禄为请允准北洋机器局照旧铸造银圆事奏片　光绪二十五年五月二十九日
安徽巡抚邓华熙为购铸银圆机器请免关税事奏片　光绪二十三年
安徽巡抚邓华熙为呈送安省铸成银圆式样并陈办理情形事奏折　光绪二十四年七月十二日
安徽巡抚邓华熙为遵旨停铸银圆息借商款请予筹还事奏折　光绪二十五年八月初二日
闽浙总督许应骙为闽省开局试铸银圆请免其造报事奏片　光绪二十四年正月二十八日
盛京将军依克唐阿为报奉天设立机器制造局铸造银圆并行使情形事奏折　光绪二十四年九月二十六日
盛京将军赵尔巽为奉省圜法疲敝请准开铸银圆以资补救事奏折　光绪三十三年二月十三日
浙江巡抚廖寿丰为浙省仿照粤鄂银圆章程购器设厂鼓铸银圆事奏折　光绪二十五年正月二十六日
浙江巡抚刘树堂为浙江省铸造银圆遵旨停铸事奏折　光绪二十五年七月十四日
两江总督刘坤一为江南设立银圆局著有成效请准续办事奏折　光绪二十五年五月三十日
四川总督奎俊为川省难赴邻省附铸银圆拟请自行试造事奏折　光绪二十七年七月二十六日
四川总督锡良为照印度卢比标以汉文试铸银圆发行边台事奏片　光绪三十一年十一月二十九日
山西巡抚岑春煊为请晋省自行设局铸造银圆事奏折　光绪二十八年五月二十七日
云贵总督丁振铎为遵议添设滇局铸造银铜币事奏折　光绪三十二年二月二十二日

云贵总督丁振铎为滇省筹建造币分厂事奏片　光绪三十二年八月三十日
山东巡抚杨士骧为东省财政艰窘洋圆灌入请试铸银圆事奏折　光绪三十三年二月十六日
度支部尚书载泽等为进呈银币及议定成色分量章程事奏折　光绪三十三年七月初九日
附件：度支部拟定铸造银币分两成色章程

晚清各省铸造银圆史料选辑（下）

丁进军编选（1997·2·28）　中国第一历史档案馆
吉林将军长顺为请提借公款试铸银圆事奏片　光绪二十二年正月
吉林将军延茂为吉省试铸银圆一年期满据实复陈议指各节事奏折　光绪二十四年正月初六日
附件：吉林将军延茂请将试铸银圆赢余银两拨归机器局为铸本经费事奏片　光绪二十四年正月初六日
吉林将军延茂等为请敕部核议京师铸造银圆抵钱行使章程事奏折　光绪二十四年二月十五日
吉林将军延茂为吉省遵旨停铸银圆并陈现办情形事奏折　光绪二十五年六月初六日
吉林将军延茂为鼓铸银圆数目各项折耗一切局用及赢余银两遵章造报二结细册事奏折　光绪二十五年七月十二日
吉林将军延茂为报吉省铸造银圆三结净得赢余数目事奏折　光绪二十五年七月十二日
吉林将军延茂为鼓铸银圆数目各项折耗一切局用及赢余银两遵章造报三结细册事奏折　光绪二十五年七月十二日
吉林将军延茂为报复铸银圆日期事奏片　光绪二十五年七月二十六日
吉林将军长顺为请准以银圆并官帖交纳荒地租赋及七厘货捐事奏片　光绪二十五年十二月初八日
吉林将军长顺为请每年拨银三百万解吉省铸银圆后再放京饷事奏折　光绪二十八年四月二十二日
吉林将军长顺为奏销吉省重铸银圆第二届开支动用赢余等项银两数目事奏折　光绪二十九年十月十八日
署吉林将军富顺为奏销重铸银圆第三届开支动用赢余等项银两数目事奏折　光绪三十年十月十五日
署吉林将军诚勋为吉省重铸银圆请仍循前约再展限期事奏片　光绪三十二年四月二十日
署吉林将军达桂为奏销重铸银圆第四届用过银钱折耗工料等项银两事奏折　光绪三十二年十一月二日
署吉林将军达桂为奏销重铸银圆第五届用过银铜折耗工料等项银两事奏折　光绪三十二年十一月二日
署吉林将军达桂为奏销重铸银圆第六届用过银铜折耗工料等项银两事奏折　光绪三十三年四月十六日
吉林巡抚陈昭常为奏销重铸银圆第八届用过银铜折耗工料等项银两事奏折　宣统二年五月二十九日

晚清各省铸造银元史料续编（上）

丁进军编选（2003·3·44）　　中国第一历史档案馆

大学士阎敬铭等为遵议张之洞奏广东购机铸钱并试铸银元事奏折　光绪十三年三月初五日
河南道监察御史易俊为请铸银钱以收利权事奏折　光绪十九年八月二十二日
江西道监察御史陈其璋为请饬各省广铸银元事奏折　光绪二十一年十一月初三日
湖广总督张之洞等为湖北银元局请仍归南洋办理事奏折　光绪二十一年十一月十七日
黑龙江将军恩泽等为请将部拨俸饷解鄂鼓铸银元事奏折　光绪二十二年三月十七日
湖南巡抚陈宝箴为拟于湖南试铸半角一角二角小银元事片　光绪二十三年六月二十一日
吉林将军延茂为报吉林试铸银元渐有成效事奏折　光绪二十三年七月初六日
吉林将军延茂为请定私铸银元罪条律事片　光绪二十三年七月初六日
黑龙江将军恩泽为本省利用银元请将各省协饷解鄂代铸事奏折　光绪二十四年正月二十二日
给事中国秀等为京师现钱缺乏请令广东加铸小银元事奏折　光绪二十四年正月二十六日
给事中国秀等为请将江西等省解京饷银在广东改铸银元解京等事片　光绪二十四年正月二十六日
大学士麟书等为遵旨议复国秀等请添铸小银元事奏折　光绪二十四年二月初二日
督理农工商总局大臣端方等为请于京师鼓铸机制铜银元事奏折　光绪二十四年七月二十四日
监察御史宋伯鲁为请定价行使银元事片　光绪二十四年七月二十八日
四川按察使文光为铸造银元制钱动用货厘等款请予报销事奏折　光绪二十四年八月初二日
北洋委用道傅云龙为请于京师设立银元总局事奏折　光绪二十四年八月初五日
翰林院侍讲学士秦绶章为请由京师工务总局开铸大小银元等事奏折　光绪二十四年八月初六日
山东巡抚张汝梅为鼓铸银钱请饬整顿圜法事奏折　光绪二十四年十一月十一日
吉林将军延茂等为保奖吉林试铸银元出力人员事片　光绪二十四年十一月十五日
河南道监察御史秦夔扬为请将官钱与银元并铸事奏折　光绪二十四年十一月二十八日
京畿道监察御史潘庆澜为请饬户部变通钱法以利流通事奏折　光绪二十四年十二月十四日
陕西道监察御史吴鸿甲为请饬广用银元以维圜法事奏折　光绪二十五年七月二十五日

晚清各省铸造银元史料续编（中）

丁进军编选（2003·4·35）　　中国第一历史档案馆

编修彭述为请速定银元收放成数事片　光绪二十四年十二月十九日
户部尚书敬信等为捐生报捐应搭收三成银元事片　光绪二十五年正月十七日
盛京将军文兴等为遵旨酌定银元准价等事奏折　光绪二十五年四月初二日
监察御史熙麟为驳刘庆汾铸铜钱使用银元有利无弊之议片　光绪二十五年四月二十九日
军机章京继昌为请缓铸银元铜钱事致户部呈文　光绪二十五年五月初三日
监察御史熙麟为请停止试办机器铸造铜钱银元事奏折　光绪二十五年五月初三日
浙江巡抚刘树堂为浙省铸造银元机器调拨京局事片　光绪二十五年十月十六日
监察御史李擢英为请户部整饬库官以利银元流通事奏折　光绪二十五年十二月初一日

四川总督奎俊为请核销川省银元局撤并前支用经费事奏折　光绪二十五年十二月初四日
黑龙江将军恩泽等为请准自铸银元等事奏折　光绪二十五年十二月十四日
江苏巡抚鹿传霖等为请核销江南银元局开办经费事片　光绪二十六年正月二十六日
黑龙江将军寿山等为复奏江省宜自铸银元事奏折　光绪二十六年三月十八日
闽浙总督徐应骙为请将福建银元局改归官办仍旧铸造等事奏折　光绪二十六年闰八月二十一日
广东巡抚德寿为造送核销粤省铸造银元盈余清册事片　光绪二十六年十二月十五日
广东巡抚德寿为广东创造银元著有成效请援案奖励出力人员事奏折　光绪二十六年十二月二十一日
吉林将军长顺为报销吉省重铸银元动支银两数目事奏折　光绪二十八年九月十五日
署四川总督岑春煊为报川局复铸银元采办料件清单事片

晚清各省铸造银元史料续编（下）

丁进军编选（2004·1·45）　　中国第一历史档案馆

盛京将军增祺为奉省试造银铜元事奏折　光绪三十年正月二十八日
吉林将军富顺为请将银元作钱行使而征解悉以现银事片　光绪三十年四月十八日
两广总督张之洞为请湖北铸造大清银币试行事片　光绪三十一年正月十一日
庆亲王奕劻等为筹拟整顿圜法酌定各省通行章程事奏折　光绪三十一年七月二十二日
附件：庆亲王奕劻等筹拟整顿圜法章程
庆亲王奕劻等为酌拟天津造币总厂简明章程事奏折　光绪三十一年七月二十二日
附件：庆亲王奕劻等酌拟天津银钱总厂简明章程
庆亲王奕劻等为酌拟天津总厂铸造一两重银币并行用章程事奏折　光绪三十一年十月二十三日
附件：庆亲王奕劻等酌拟铸造银币分两成色章程
庆亲王奕劻等为议复滇省请鼓铸铜银元事奏折　光绪三十一年十二月二十七日
庆亲王奕劻等为议复四川仿造印度卢比铸造新币行用事奏折　光绪三十二年二月初四日
刑部左侍郎沈家本等为请设立伪造外国银币治罪专条事奏折　光绪三十二年四月初二日
商部右丞王清穆为铸造银币宜仿旧式龙元事奏折　光绪三十二年四月初二日
庆亲王奕劻等为遵议滇省奏请设局铸造银铜元事奏折　光绪三十二年闰四月初四日
盛京将军赵尔巽为请准奉省援照云南成案仍铸银元事奏折　光绪三十三年二月十三日
直隶总督陈夔龙为咨送度支部酌拟造币厂章程奏折及清单事致长芦盐运使司札　宣统二年六月初三日
附件：度支部尚书载泽为酌定造币厂章程事奏折　宣统二年五月十六日
驻藏办事大臣联豫为铸造宣统宝藏银铜元并呈进式样事奏折　宣统二年七月初一日
直隶总督陈夔龙为度支部已饬总厂赶铸旧式银元事致长芦盐运使司札　宣统二年九月十五日
直隶总督陈夔龙为度支部奏准奉天等地方造币分厂暂铸旧式银元事致长芦盐运使司札　宣统二年九月三十日
直隶总督陈夔龙为度支部暂准总厂代天津分厂铸旧式银元事致长芦盐运使司札　宣统二年十月初六日

光绪年间台湾修建铁路史料

谢小华编选（2005·1·11）　　中国第一历史档案馆

台湾巡抚刘铭传为请修台湾铁路事奏折	光绪十三年三月二十日
附件一：商人议立台湾铁路修建章程	
附件二：台湾巡抚刘铭传为请派员督办台湾铁路等事片	
总理海军事务衙门大臣奕譞等为议复台湾拟修铁路事奏折	光绪十三年四月二十八日
台湾巡抚刘铭传为请准杨宗翰留台总办台湾铁路商务事片	光绪十三年闰四月二十四日
台湾巡抚刘铭传为请改台湾铁路为官办事奏折	光绪十四年十月十六日
台湾巡抚刘铭传为台湾铁路经费事片	光绪十六年闰二月初七日
台湾巡抚刘铭传为台湾铁路经费事片	光绪十六年八月二十九日
台湾巡抚刘铭传为台湾铁路经费事片	光绪十六年十二月十四日
护理台湾巡抚沈应奎为台湾铁路经费事片	光绪十七年七月初二日
护理台湾巡抚沈应奎为台湾铁路经费事片	光绪十七年九月二十一日
台湾巡抚邵友濂为经费支绌请将台湾铁路造至新竹即行停止事片	光绪十八年十一月二十二日
台湾巡抚邵友濂为台湾铁路工程经费事奏折	光绪十九年五月十七日
台湾巡抚邵友濂为台湾铁路造至新竹工程告竣事奏折	光绪十九年十二月初七日
台湾巡抚邵友濂为奏销台湾铁路工程用款事奏折	光绪二十年正月二十五日
台湾巡抚邵友濂为请赏给英国人玛体孙宝星事片	光绪二十年三月二十五日

光绪朝直隶淮练军筑河抢险史料

宋小明编选（1998·1·47）　　中国第一历史档案馆

直隶总督李鸿章为东明黄河南堤续出巨险需另行添拨经费事奏折	光绪十三年九月十五日
直隶总督李鸿章为估报东明黄河南堤光绪十三年修防用款事题本	光绪十三年十二月初十日
直隶总督李鸿章为永定河抢办合龙事奏折	光绪十四年四月初七日
直隶总督李鸿章为遵旨保举抢办永定河合龙尤为出力员弁事奏折	光绪十四年十一月二十七日
直隶总督李鸿章为报直境黄河过水防修情形事奏折	光绪十五年正月初四日
直隶总督李鸿章为东明黄河南堤新出巨险照章请拨经费事奏折	光绪十五年九月初五日
直隶总督李鸿章为东明黄河伏秋大汛抢护平稳事奏折	光绪十五年十一月初二日
直隶总督李鸿章为遵旨保举尤为出力文武员弁事奏折	光绪十六年二月二十二日
直隶总督李鸿章为东明黄河南堤新出巨险照章另案添拨经费事奏折	光绪十六年九月十五日
直隶总督李鸿章为东明黄河伏秋大讯抢护平稳事奏折	光绪十六年九月二十二日
直隶总督李鸿章为请将丁忧统兵大员仍留防营事奏折	光绪十七年二月二十六日
直隶总督李鸿章为遵保宝坻县青龙湾河堤工程出力员弁事奏折	光绪十七年八月初八日
直隶总督李鸿章为东明黄河南堤新出巨险照章另案添拨经	光绪十七年八月二十七日

费事奏折
直隶总督李鸿章为东明黄河伏秋大汛抢护平稳事奏折　光绪十八年九月十三日
直隶总督李鸿章为东明黄河伏秋大汛抢护平稳事奏折　光绪十九年九月二十四日

清末珲春天宝山银矿创办史料（上）
舒秀峰编选（1993·1·46）　吉林省档案馆
吉林将军衙门为银矿办有成效请酌核速复以凭具奏事致珲春副都统恩泽咨文　光绪十六年七月初四日
珲春副都统恩泽为天宝山银矿试办情形事致吉林将军长顺咨文　光绪十六年九月
珲春副都统恩泽为委郑以桢赴天津购买洋炉事致吉林将军长顺咨文　光绪十六年十月二十七日
试办珲春矿务委员会程光第等为筹办天宝山银矿事致吉林将军长顺申文　光绪十七年六月初九日
试办珲春矿务委员程光第等为筹办本年矿务事致吉林将军长顺禀文　光绪十八年正月十九日
珲春副都统恩泽为郑委员将熔矿机炉运抵到矿等事致吉林将军长顺咨文　光绪十八年正月十九日
珲春副都统恩泽为据禀筹商熔炼矿砂并请出示严禁滋事致吉林将军长顺咨文　光绪十八年二月初五日
吉林将军衙门为严禁司事工匠人等借端滋事谕　光绪十八年二月二十四日
稽查天宝山矿务委员王昌炽查明天宝山矿务情形事致吉林将军长顺禀文　光绪十八年九月十六日
珲春副都统恩泽为给入股各商提分股利事致吉林将军长顺咨文　光绪十八年十一月十六日

清末珲春天宝山银矿创办史料（下）
舒秀峰编选（1993·2·53）　吉林省档案馆
吉林将军长顺为天宝山银矿暂缓置办洋炉事札文　光绪十八年十二月十七日
试办珲春矿务委员程光第等为报该局员司字识监工人等需用月支薪工银两呈文　光绪十九年十月十一日
试办珲春矿务委员程光第等为报该局矿丁名目及需用经费银两呈文　光绪十九年十月十一日
试办珲春矿务委员程光第为报矿务减色并该局收支经费数目清册事致珲春副都统呈文　光绪二十年七月二十六日
户部为天宝山银矿所办各案迅即妥议章程造册送部事致吉林将军长顺咨文　光绪二十一年正月十六日
吉林将军长顺为派李丞芹前往天宝山调查矿务情形事札文　光绪二十二年八月十八日

英法俄日等国把持清代邮政史料选

傅贵九编选（1984・3・21）　　南开大学图书馆

一、赫德把持中国邮政

光绪二十年十一月十四日　光绪二十一年六月二十四日　光绪二十二年二月初七日　光绪二十二年九月十七日　光绪二十三年十月十八日　光绪二十四年十月初二日

二、法国觊觎我国邮政

光绪二十二年四月初十日　光绪二十二年四月十一日　光绪二十二年四月十六日　光绪二十三年八月初一日

三、日本在沙市等新开四口增设邮局

光绪二十二年四月十四日　光绪二十二年五月初九日　光绪二十二年五月初十日　光绪二十二年六月十四日　光绪二十二年六月十五日　光绪二十二年七月初二日　光绪二十二年七月初五日　光绪二十二年十二月初三日　光绪二十二年十二月十二日

光绪二十三年正月十三日　光绪二十三年正月十七日

四、俄国在库伦、张家口等地添设邮局

光绪二十二年十一月初五日　光绪二十二年十一月初十日　光绪二十二年十一月十七日　光绪二十二年十一月二十日　光绪二十二年十一月二十四日　光绪二十二年十一月二十七日　光绪二十二年十二月初三日

五、德国在上海设局

光绪十二年八月初八日　光绪十二年八月十三日　光绪十二年八月十九日

六、美国领事向邮政局寻衅事件

光绪二十三年三月三十日　光绪二十三年四月初六日

清末正式创办邮政官局的两件史料

丁进军编选（1991・2・50）　　中国第一历史档案馆

恭亲王奕䜣等为总理衙门遵议办理邮政并与各国联会事奏折　光绪二十二年二月初七日

附件：总理衙门具呈赫德所拟开办邮政章程清单

昭信股票章程

丁进军编选（1993・2・59）　　中国第一历史档案馆

户部为遵旨筹议发行昭信股票缘由事奏折　光绪二十四年正月十四日

户部为遵旨拟定昭信股票章程事奏折　光绪二十四年二月初十日

附件：户部拟定的昭信股票章程

慈禧西逃时漕粮京饷转输史料

丁进军编选（1986・3・24）　　中国第一历史档案馆

甘肃布政使岑春煊请派专员赴江浙两湖坐催的饷事奏折　光绪二十六年八月十九日

护理直隶总督廷雍为藩库集银解赴太原行在事奏片　光绪二十六年八月二十四日

山东巡抚袁世凯为续办饷项解赴太原行在事奏折　光绪二十六年八月二十四日

山东巡抚袁世凯为将运库公款移充军饷解赴太原行在事奏片　光绪二十六年八月二十四日

江西巡抚松寿为饷令江西京饷改道解赴山陕事奏折　光绪二十六年八月二十四日

两江总督刘坤一为江苏等处解银粮起程赴晋情事奏折　光绪二十六年八月二十五日

两江总督刘坤一为江北漕粮改解何处请旨事奏折　光绪二十六年闰八月初六日
陕西巡抚岑春煊为改南漕由河南卫辉府道口镇陆运事奏折　光绪二十六年闰八月初九日
河南巡抚裕长为筹款购粮以济赴陕兵饷事奏片　光绪二十六年九月初十日
河南巡抚裕长为遵旨截留湖南京饷购粮运陕事奏片　光绪二十六年九月十三日
陕西巡抚岑春煊为江浙米石将抵陕境请定设局省分事奏折　光绪二十六年九月二十一日
河南巡抚于荫霖为豫省报解陕军米日期及扫数解齐事奏折　光绪二十六年十月初二日
湖南巡抚俞廉三为筹拨顺天备荒经费银解陕事片　光绪二十六年十月十八日
河南巡抚于荫霖为续筹起运购办米石赴陕事奏折　光绪二十六年十月二十日
河南巡抚于荫霖为截留漕折银两采购米石事奏片　光绪二十六年十月二十日
河南巡抚于荫霖为筹拨漕折银两赴陕交纳事奏片　光绪二十六年十月二十日
闽浙总督许应骙为拨闽省第三批各款京饷赴陕日期事奏片　光绪二十六年十月二十四日
两江总督刘坤一等为江苏存沪漕粮运陕余粮请准运京事奏折　光绪二十六年十二月初六日
护理陕甘总督李廷萧为派员采办京斗上色稻米解陕事奏片　光绪二十六年十二月二十一日
陕西巡抚岑春煊为皇帝启銮前将解京粮饷酌情运陕事奏片　光绪二十七年正月二十二日
江西巡抚李兴锐为起解赴陕第十一批漕折银两事奏片　光绪二十七年一月二十四日
陕西巡抚升允为报效经费并恳请敕部拨款以济要需事奏折　光绪二十七年六月初四日

天津常关归并海关税务司英文档案选译（上）

吴弘明选译（2005·3·10）

津海关税务司德璀琳呈总税务司赫德报告　1901年8月30日
天津常关司库卢浦呈1902年贸易报告　1903年1月24日
附表A：1902年所课内地税与子口税
附表B：1902年出海民船所载进出口货于大沽所课沿岸贸易税
附表C：1902年出海民船所载进出口货于北塘所课沿岸贸易税
附表D：1902年凭领事官或海关单照由内地输入旨在放洋之土货
附表E：1902年出口往内地之洋货
附表F：1902年出海民船由大沽出口之大宗货物

天津常关归并海关税务司英文档案选译（下）

吴弘明选译（2005·4·11）

附表G：1902年出海民船所载由大沽进口之大宗货物
附表H：1902年出海民船所载由北塘进口之大宗货物
津海关副税务司梅尔士呈天津常关报告　1903年12月8日
津海关代理税务司韩森呈1902至1906年天津常关报告　1907年3月30日
表一：价值　常关贸易值（关平银两）
表二：税课　所征税钞（关平银两　白宝）

清末漕运史料选辑

丁进军编选（1989·1·31）　中国第一历史档案馆

任道镕为报光绪二十七年分办理浙省新漕事奏折　光绪二十七年十二月二十四日
刘坤一等为报光绪二十七年苏省应征漕白粮本折数目事奏折　光绪二十七年十二月二十六日

诚勋为报光绪二十八年分办理浙省新漕事奏折　光绪二十八年十二月二十一日
聂缉椝为报光绪二十九年分办理浙省新漕事奏折　光绪二十九年十二月二十五日
聂缉椝为报光绪三十年浙省漕运经费数目事奏折　光绪三十年九月十三日
端方等为报光绪二十九年苏省漕白粮本折数目事奏折　光绪三十年十月十五日
胡廷幹为报光绪二十九年分江西漕项钱粮数目事奏折　光绪三十一年五月二十九日
陆元鼎为报光绪二十八年分苏省征解起运漕粮数目事奏折　光绪三十一年十二月二十七日
张曾敭为奏销光绪三十年分浙省漕项钱粮数目事奏折　光绪三十二年五月初三日
周馥为报光绪三十年苏省冬漕海运例支经费数目事奏折　光绪三十二年六月初二日
陈夔龙为报光绪三十年苏省漕粮征解起运事奏折　光绪三十二年十一月初九日
张曾敭为报光绪三十二年分浙省起运漕粮动支经费数目事奏折　光绪三十二年十一月十八日
溥颋等为遵旨议复吴郁生请缓苏省漕运事奏折　光绪三十三年二月十一日
端方等为报准增加苏省运漕经费事奏折　光绪三十三年六月初八日
瑞良为奏销光绪三十一年江西省漕项钱粮款数事奏折　光绪三十三年六月十五日
端方为报光绪三十一年苏省漕运支给各项经费事奏折　光绪三十三年六月二十一日
端方等为报光绪三十三年苏省冬漕分别本折酌定征价事奏折　光绪三十三年十二月初八日
增韫为报宣统元年办理浙省漕项事奏折　宣统元年十月三十日
增韫为请缓补光绪三十四年浙省未完漕粮事奏折　宣统元年十一月十八日
张人骏等为报宣统元年苏省起运漕粮本折银米约数事奏折　宣统二年正月初八日
增韫为报宣统二年浙省起运漕粮动支经费数目事奏折　宣统二年八月二十三日
程德全为报光绪三十四年苏省解运漕粮事奏折　宣统二年九月二十四日
张人骏等为报宣统元年苏省冬漕例支经费事奏折　宣统二年十一月初九日
增韫为报宣统三年浙省起运漕粮数目事片　宣统三年五月初十日
张人骏等为请缓解宣统元二两年苏省旧漕事奏折　宣统三年八月十三日

蒙旗垦务档案史料选编（上）

宝玉编选（1985·4·34）　　内蒙古自治区档案馆

贻谷为办理蒙旗垦务之示谕　光绪二十八年三月十九日
贻谷为会筹勘办蒙旗垦务情形之折稿　光绪二十八年三月二十□日
贻谷为照录奏刻木质关防日期原折及奉朱批事致吏部等咨文　光绪二十八年四月二十二日
附：贻谷驰报抵晋并刊用关防日期之奏稿　光绪二十八年三月二十一日
贻谷为设立垦务总局等机构并札委各差札文　光绪二十八年四月二十四日
贻谷为刊发各局处关防之札文　光绪二十八年五月二十六日
伊盟盟长阿尔斌巴雅尔为停止官田之作致绥远将军呈文　光绪二十八年六月二十六日
贻谷为乌伊两盟押荒归蒙旗一半租银全归蒙旗事之示谕　光绪二十八年七月十八日
贻谷等请饬理藩院严饬伊乌两盟长迅赴归绥筹商垦务折稿　光绪二十八年八月初六日
乌兰察布盟盟长凌旺诺尔布等为恳请停止盟内六旗屯垦事呈文　光绪二十八年八月十七日
贻谷为录饬谕乌伊两盟长迅赴归绥会商垦务上谕之咨文　光绪二十八年九月初三日
贻谷为赏加理藩院尚书衔之谢恩折稿　光绪二十八年九月初十日
贻谷为录开去阿尔宾巴雅尔盟长折之朱批事致包头垦务局　光绪二十九年十一月二十七日

札文
贻谷为开去阿尔宾巴雅尔伊盟盟长之任事折稿 光绪二十九年十一月初六日

蒙旗垦务档案史料选编（下）

宝玉编选（1986·1·51） 内蒙古自治区档案馆
贻谷为录设立各局处分委员司书等额数折并朱批事咨文 光绪二十九年十二月十九日
附：贻谷等为办垦设立各局处机构官员及薪工开支会奏折稿 光绪二十九年十一月十一日
贻谷为录派官设局大兴后套水利折并朱批事咨文 光绪三十一年八月十八日
附：贻谷派官设局及大兴后套水利折稿 光绪三十一年七月二十日
贻谷为录请严惩准噶尔旗聚众抗垦折及朱批事札文 光绪三十一年九月二十二日
附：贻谷为请严惩准噶尔旗聚众抗阻垦务事折稿 光绪三十一年九月初八日
西盟垦务总局总办姚学镜查勘五加河故道情形禀文 光绪三十一年十二月十七日
贻谷任职期间渠工前后截公司报销收发总分表
前截渠工报销收发分表 光绪二十九年八月至三十一年十二月底
后截渠工报销收发分表 光绪三十二年正月至三十三年十二月底

清末各地开设文报局史料

丁进军编选（1999·2·54） 中国第一历史档案馆
两广总督陶模为香港文报局差派委知县殷洪昌接办事致外务部咨文 光绪二十八年六月二十六日
分省补用知府董遇春为委办奉天文报事务兼办北洋文报局请发关防事致外务部函 光绪三十二年二月二十三日
陆军部为奉旨允准裁撤江南驻京提塘改设立文报局事致军机处知照 光绪三十三年六月二十三日
附件：陆军部为裁撤江南驻京提塘改设立文报局事奏折 光绪三十三年六月十八日
陆军部为奉旨允准奉天省裁撤驿站事致会议政务处咨文 光绪三十三年八月二十四日
附件：陆军部为奉天既已设立文报局原设驿站应行裁撤事奏折 光绪三十三年八月二十一日
陆军部为奉旨允准吉林省裁撤驿站改设文报局事致会议政务处知照 宣统元年三月初五日
附件：陆军部为查明复奏吉林省裁驿站改设文报局事奏折 宣统元年三月初二日
直隶总督端方为请札委蒋有荣南北洋文报局事致会议政务处咨文 宣统元年十月初一日
护理直隶总督崔永安为奏南北洋文报局合并一折奉朱批事致会议政务处咨文 宣统元年十月二十八日
署库伦办事大臣三多等为将奏设库伦驻京文报局一片抄呈事致会议政务处咨文 宣统二年六月二十三日
附件：驻库伦办事大臣三多为设库伦驻京文报局并刊给关防等事片 宣统二年六月二十三日

库伦驻京文报局为报局址及开办日期事致民政部呈文	宣统二年七月十八日
直隶总督陈夔龙为直隶驻京文报局开办日期事致军机处咨文	宣统二年六月二十五日
陆军部为已设文报局地方公文毋庸标注马递字样事致内阁会议政务处咨文	宣统二年七月二十三日
署两广总督张鸣岐为裁广东驻京驻省提塘改设文报局事致军机处咨文	宣统三年二月初六日
附件：署两广总督张鸣岐为裁广东驻京驻省提塘改设文报局事片	
广东驻京文报局委员张光鼐为报开局日期及局所地址事致法都呈文	宣统三年二月二十七日
法部收发所为广东驻京文报局址迁移事致本部各厅司处传文	宣统三年八月十九日

清代两次试办印花税史料

丁进军编选（1997·4·38）　　中国第一历史档案馆

直隶总督袁世凯为呈送印花票样事致外务部咨呈	光绪二十九年二月二十四日
度支部为遵旨研究印花税办法酌拟税则章程折奉旨允准事致会议政务处咨呈	光绪三十三年十一月初四日
附件一：度支部为遵旨研究印花税办法并酌拟税则章程制奏折	光绪三十三年十一月初四日
附件二：度支部拟定印花税则十五条清单	
附件三：度支部拟定印花税办事章程	
度支部为请仿行各国印花税预为研究办法奏折奉旨允准事致会议政务处咨呈	光绪三十三年九月
附件：度支部以拟请仿行各国印花税预为研究办法事奏折	
度支部为遵议印花税办法及请照奏定章程试办折奉旨允准事致会议政务处咨呈	光绪三十四年三月二十日
附件：度支部为遵议印花税办法拟请仍照奏定章程试办事奏折	
度支部承政厅等为印花税票制成请颁各省试用等事奏折奉旨准行事致堂上呈文	宣统元年闰二月十四日
附件：各种印花税票清单	
前河南补用知县应秉钧为呈进印花税条议事致度支部堂上禀文	宣统元年八月
附件：印花税条议	

清末开办陕西延长油矿史料

屈春海　郭慧编选（2003·1·62）　　中国第一历史档案馆

陕西巡抚升允为核查德国领本人于彦彪请开延长油矿事致外务部咨呈	光绪二十九年六月初八日
外务部为德国领本人于彦彪等请办延长油矿事致陕西巡抚升允咨稿	光绪二十九年八月初三日

陕西巡抚升允为遵查德国领本人于彦彪拟开办延长油矿事致外务部咨呈　光绪二十九年十月初八日
陕西巡抚升允为查拿德国领本人于彦彪事致外务部咨呈　光绪三十年三月初五日
德国驻华公使穆默为德商世昌洋行请开延长油矿事致外务部函　光绪三十年四月初七日
外务部为请查明延长油矿是否有美商承办事致陕西巡抚升允咨稿　光绪三十年四月十六日
德国驻华公使穆默为延长油矿应由德商世昌洋行承办事致外务部大臣奕劻函　光绪三十年五月初三日
附件：于彦彪与地方绅董刘德馨等订立开办延长油矿合同　光绪二十九年五月初八日
陕西巡抚升允为查明延长油矿并无另招美商承办事致外务部咨呈　光绪三十年六月十二日
德国驻华公使穆默为德商世昌洋行拟在延长开办油，矿事致外务部函　光绪三十年六月十九日
附件一：延长县知县佘元章为报绅商开采石油事致延安府知府及矿务局禀
附件二：德国领本人于彦彪等为商开延长油矿事致延长县知县禀
外务部为抄送本部与德使来往原函事致陕西巡抚升允咨稿　光绪三十年六月二十六日
陕西巡抚升允为自办延长油矿事致外务部咨呈　光绪三十年十月十二日
德国驻华公使穆默为延长油矿应由德商世昌洋行承办事致外务部照会　光绪三十一年三月十六日
外务部为延长油矿由陕省官商自办事复德使穆默照会稿　光绪三十一年三月
陕西巡抚曹鸿勋为试办延长油矿筹修道路事奏折　光绪三十一年十月二十二日
陕西巡抚恩顺为延长油矿聘请日本技师事致外务部咨呈　宣统二年三月
附件一：陕西延长油矿局聘请日本地质技师合同　宣统二年三月
附件二：陕西延长油矿局雇聘日本技工合同　宣统二年三月
农工商部为陕西延长油矿局聘请日本技师所订合同事致外务部咨呈　宣统二年八月初二日

光宣年间中国参加第六届万国邮联活动史料

丁进军编选（1999·3·42）　中国第一历史档案馆

总税务司赫德为复意大利第六届万国邮会改期派员从缓商订事致外务部申文　光绪三十年二月初十日
意大利公使巴乐礼为第六届万国邮会已确定日期事致外务部照会　光绪三十一年六月十八日
外务部为妥定第六届万国邮会会期并酌派专员事致总税务司赫德札文　光绪三十一年六月二十二日
外务部为派驻意大臣黄诰及副税务司赫承先参加邮会事致黄诰咨文　光绪三十二年二月初一日
外务部为派副税务司赫承先前往万国邮会事致总税务司赫　光绪三十二年二月

德札文
外务部为派驻意大臣黄诰及副税务司赫承先赴邮会事致意公使巴乐礼照会　光绪三十二年二月
驻意大利大臣黄诰为呈送赫承先所拟报告译文事致外务部函　光绪三十二年五月
附件：副税务司赫承先拟第六届万国邮会报告译文
外务部为将所收万国邮政总簿等附送备案事致税务处咨文　光绪三十二年八月初五日
督办税务大臣铁良等为抄呈赴会申文及黄诰演说译文事致外务部咨文　光绪三十二年八月初九日
附件：中国代表黄诰在第六届万国邮会上演说译文
外务部为抄送罗马万国邮会全书目录事致税务处咨文　光绪三十三年四月
附件：罗马万国邮会全书上下册目录
外务部为抄送意署使照请中国于邮约施行前将批文送交意国事致税务处咨文　光绪三十三年七月二十五日
附件：意国署使博尔济斯致外务部照会译文
税务部为请知照意使中国不在邮会协约签字但愿遵其章程事致外务部咨文　光绪三十三年八月十八日
外务部为中国不在邮约签字但愿遵其章程事致意署使博尔济斯照会　光绪三十三年八月二十日
外务部为中国如人万国邮会应如何办理希酌核声复事致邮传部咨文　光绪三十三年九月十九日
税务处为呈报中国应否乘时加入万国邮会事致外务部咨文　光绪三十三年九月十九日
外务部为中国应否乘时加入万国邮会转请核复事致邮传部咨文　光绪三十三年九月二十四日
意大利署使博尔济斯为开明现准邮会所办章程协约之各国清单事致外务部照会　光绪三十三年十一月初八日
外务部为请将以往邮政联约条款暨详细章程抄送邮传部事致邮政总办帛黎函　宣统二年七月初九日
第六届万国邮会修订章程

光绪三十年万县知县劝兴水利告示

范正银　李华成编选（1995·3·61）　重庆万县市档案馆
万县正堂汪劝兴水利白话告示

清末商务史料（上）

丁进军编选（1991·4·47）　中国第一历史档案馆
商部光绪三十年奏准办理各类局公司厂矿等统计表
附件一：商部奖励各类公司局厂创办人表
附件二：商部各类公司局厂等注册给照表
商部光绪三十一年奏准办理各类公司学堂路矿商会等事统计表
附件一：商部各类公司注册表
附件二：商部发给矿照表

清末商务史料（下）

丁进军编选（1992·1·48）　　中国第一历史档案馆

农工商部光绪三十二年奏准办理各类农场公司事统计表
附件一：农工商部各类公司注册表
附件二：独资商号注册表

清末济南潍县及周村开辟商埠史料

叶志如编选（1988·3·27）　　中国第一历史档案馆

直隶总督袁世凯等为添开济南潍县及周村商埠事奏折　光绪三十年三月十六日
直隶总督袁世凯为抄送请开济南等商埠一折事致外务部咨呈　光绪三十年三月十九日
附：山东巡抚周馥请开济南潍县及周村商埠事奏折　光绪三十年三月十六日
外务部为总税务司申呈济南开埠预筹事宜行北洋大臣等咨文　光绪三十年四月十一日
直隶总督袁世凯为酌拟济南口岸分关章程事致外务部咨呈　光绪三十年五月初八日
直隶总督袁世凯为济南城外开商埠暨拟章程缮单事奏折　光绪三十一年正月二十五日
袁世凯及胡廷干请将胶关存项提拔五成为商埠经费事片　光绪三十一年正月二十五日
北洋大臣袁世凯为济南城外开埠缮拟开办章程事奏折　光绪三十一年正月二十六日
附：济南城外开埠章程清单
外务部为请查核声复提拨胶关洋税经费事行户部咨文　光绪三十一年正月二十八日
外务部请声复北洋大臣等片奏动拨胶关洋税事行户部咨文　光绪三十一年正月二十九日
袁世凯请饬胶关拨解山东洋务暨济埠款项事呈外务部咨文　光绪三十一年三月初四日
外务部为北洋大臣请饬胶关动拨开埠款项事行户部咨文　光绪三十一年三月初八日
户部为片复袁世凯等不准提拨胶关洋税事行外务部呈稿　光绪三十一年三月十九日
外务部为济南开埠应暂不设关征税事行户部咨文　光绪三十一年三月二十五日
户部为准拨胶关征存银两作开埠经费事行外务部咨呈稿　光绪三十一年四月初八日
外务部为照复开埠经费不准提拨胶关洋税事行北洋大臣咨文　光绪三十一年四月十一日
外务部为准拨胶关洋税银为济南开埠经费事行赫德札文　光绪三十一年四月十二日
总税务司赫德为拨交济南等处埠款申复户部事致奕劻申呈　光绪三十一年四月十五日
袁世凯等为济南商埠续订开埠专章通行试办缘由奏片　光绪三十一年十二月初二日
附：续订济南城外自开商埠章程　光绪三十二年正月二十五日
署山东巡抚杨士骧为呈续订济南商埠专章奏片事致外务部咨呈　光绪三十二年十二月十七日
山东巡抚杨士骧为送济南开埠请拨经费折稿致外务部咨呈　光绪三十二年十二月十八日
附：山东巡抚杨士骧为济南等处开埠请旨饬拨经费事奏折
北洋大臣杨士骧为济南等埠经费不敷请敕部借拨银两事奏折　光绪三十四年十二月十二日
山东巡抚孙宝琦为呈英领事先后来函事致外务部函　宣统元年四月初二日
附：孙宝琦为呈与各洋商协商迁居情形再致外务部函　宣统元年四月初二日
山东巡抚孙宝琦恭录开埠收支原折及清单事致外务部咨文　宣统二年四月二十二日
附件一：山东巡抚孙宝琦为济南商埠局开局收支银钱数目奏折　宣统二年三月二十九日
附件二：山东商埠局开局期间收支清单
山东巡抚孙宝琦为呈送商埠经费归还商股本息事致外务部　宣统二年五月十九日

咨呈
附：山东巡抚孙宝琦等会陈济埠经费归还商股本息奏折　宣统二年五月十五日
度支部等为遵旨议陈济南商埠经费归还商股本息事奏折　宣统二年七月初二日
孙宝琦为抄录委任余则达济南商埠总办奏片致外务部咨呈　宣统三年五月二十七日
附：山东巡抚孙宝琦等为请委余则达总办济南商埠事宜片　宣统三年五月十一日

创办北洋烟草公司史料

丁进军编选（1989・2・42）　中国第一历史档案馆
北洋大臣袁世凯为创办北洋烟草公司保护利权事致商部咨文　光绪三十年八月十一日
北洋烟草公司总办黄璟为派员赴沪集股事致商部尚书载振禀　光绪三十年十月十一日
北洋烟草公司工场总董秦辉祖为陈创办北洋烟草公司为难情形事致商部呈文　光绪三十一年三月
附件一：北洋烟草公司历年出入各款并成货本利清折
附件二：北洋烟草公司光绪三十年分商况清折
北洋烟草公司工场总董秦辉祖为补注议约事致商部呈文　光绪三十一年三月
附件：官商合办烟草公司议约
黄璟为派员赴沪等处招股及分设公司事致载振禀　光绪三十一年五月十二日
黄璟为重订北洋烟草公司议约及章程事致商部详文　光绪三十一年十二月二十四日
附件一：重订官商合办北洋烟草有限公司议约
附件二：北洋烟草有限公司招股章程

光绪末年徐锐考察外洋商务史料

丁进军编选（1988・4・38）　中国第一历史档案馆
徐锐为出洋考察商务并招侨富建公司等事致商部尚书载振禀文　光绪三十二年正月初九日
商部为徐锐出洋考察商务事札稿　光绪三十二年正月十六日
徐锐为恳请照会英美驻使通饬各埠领事保护事致载振禀　光绪三十二年七月
徐锐为出洋考察各埠商务并联合华侨创设公司事致农工商部尚书溥颋禀　光绪三十三年四月初十日
徐锐为续往外洋各埠招股及回华事致农工商部尚书溥颋禀　光绪三十三年五月二十月
盛宣怀为徐锐回京晋谒事致农工商部右侍郎杨士琦函　光绪三十三年五月二十七日
附件：徐锐拟创办中国振兴商务大公司节略
徐锐为拟将已集股额先创办银行事致农工商部尚书溥颋禀　光绪三十三年九月十五日
附件一：新加坡中华商务总会为拟设中国银行事稿
附件二：上海商务会李厚祐等致新加坡中华商务总会函
附件三：新加坡中华商务总会复上海商务总会函

光绪末年徐锐考察外洋商务史料续编

王澈编选（2002・1・49）　中国第一历史档案馆
小吕宋中华商会公启　光绪三十二年十二月初十日
总领事苏锐演说词

徐锐观察演说词
商董林杰生演说词
新加坡中华商务总会布告　光绪三十三年二月初十日
中国总领事代表人随员陆同福演说词
新加坡商务总会总理蔡子庸演说词
徐锐观察演说词
沈保叔观察演说词
罗关石观察演说词
新加坡中华商务总会协理林文庆演说词
吉隆坡商务局为徐锐观察联合华商集资事布告　光绪三十三年三月二十三日
候选道徐锐为报亲赴南洋考察商务并办理集股事致农工商部尚书溥颋禀文　光绪三十三年四月初十日
农工商部为查核候选道徐锐集股数目事批文　光绪三十三年四月二十一日
候选道徐锐为报集股赴部定夺机宜事致农工商部尚书溥颋禀文　光绪三十三年五月二十日
代理槟榔屿副领事谢荣光为复该埠无股东姓名缘由事致农工商部申文　光绪三十三年六月二十日
新加坡中华商务总会为报徐锐招股情形事致农工商部尚书溥颋禀文　光绪三十三年六月二十三日
附：新加坡绅商认股清单
新加坡中华商务总会总理蔡名英为开具认股名单事致农工商部禀文
附：新加坡职商认股清单
驻新加坡总领事孙士鼎为报徐锐在槟榔屿招股情形事致农工商部申文　光绪三十三年六月二十九日
商部考察外埠商务大臣为报徐锐赴槟榔屿招股事致农工商部咨文　光绪三十三年七月初五日
小吕宋总领事苏锐钊为查明徐锐劝募商股情形事致农工商部申文　光绪三十三年十月初一日

清末内阁部院官员会议行用金本位说帖稿

叶志如编选（1984·4·29）　中国第一历史档案馆

内阁中书王在宣为现在不宜行用金币当于整顿旧制之说帖
内阁中书王崧策为行金本位望熟复深思勿轻一举之说帖
候补中书袁崇镇为金币之铸宜缓银币之铸应先之说帖
候补中书路赓寿为金币不能遽行虚定金位弊多之说帖
候补中书金葆祯为虚定金本位尚不如不纯金本位之说帖
法部尚书戴鸿慈等为丁法可以采用之说帖
修订法律大臣沈家本为所议虚定金本位法尚有未尽之处说帖
都察院都御史陆宝忠等为丁法可行须多储纸币之说帖
邮传部为会议用金币宜先将圜法公理宣布以定趋向之说帖

民政部为会议行用金币十议之说帖

清末北京外城商户调查表（上）

哈恩忠编选（2001·3·68） 中国第一历史档案馆

外城巡警右厅三区商户调查表

清末北京外城商户调查表（中）

哈恩忠编选（2001·4·46） 中国第一历史档案馆

外城巡警右厅三区商户调查表

外城巡警右厅四区商户调查表

清末北京外城商户调查表（下）

哈恩忠编选（2002·1·64） 中国第一历史档案馆

外城巡警右厅四区商户调查表

外城巡警左厅四区商户调查表

光绪三十二年创办东安市场史料

朱淑媛编选（2000·1·42） 中国第一历史档案馆

警保司为查核建造东安市场事行内城总厅片 光绪三十二年二月二十九日

附：东安市场现办章程

内城巡警总厅为任庆泰承领租地日期事复巡警部警保司片 光绪三十二年三月初一日

巡警部为如何建造鱼肉菜场事给内城巡警总厅札文 光绪三十二年三月

附：改拟东安市场规则

内城巡警总厅为任庆泰请变通更正市场条规事申文 光绪三十二年四月初六日

警保司为奉堂批事致内城总厅片 光绪三十二年四月十四日

附：商人任庆泰请变通章程禀文 光绪三十二年三月

巡警部给内城巡警总厅的批文 光绪三十二年闰四月

外城卫生局等查核建造菜场并拟纳捐办法事申文 光绪三十二年闰四月十七日

内城巡警总厅为遵札划地建造鱼肉菜场及抽捐办法事呈文

巡警部为批建鱼肉菜场事付警政司移文 光绪三十二年六月初八日

内城巡警总厅为报东安市场管理规则及捐章事致巡警部申文 光绪三十二年六月初七日

附：管理东安市场规则

附：捐章六条

东安市场棚摊铺户请仍准摆设玩艺致民政部呈文 光绪三十二年十月二十七日

民政部为请速出示晓谕事致内城巡警总厅札文 光绪三十二年十月

内城巡警总厅为办理东安市场摆设棚摊等事致民政部申文 光绪三十二年十一月十六日

内城巡警总厅为筹办图书馆事致民政部申文 光绪三十二年十月十二日

附：京师图书馆试办章程

附：京师图书馆公启

附：金梁拟试办图书馆章程

内城巡警总厅请颁发书籍存储图书馆以供检阅事致民政部 光绪三十二年十二月初九日

申文

清末海外华商设立商会史料

丁进军编选（1995·1·46）　　中国第一历史档案馆

商部为奉旨准予新加坡中华商务总会立案事致外务部咨文　光绪三十二年五月初七日
附件：商部为请准新加坡中华商务总会立案事奏折
农工商部为奉旨准予南洋槟榔屿中华商务总会立案事致外务部咨文　光绪三十二年十二月二十三日
附件：农工商部为请准南洋槟榔屿中华商务总会立案并颁给关防事奏折
泗水商务总会总理黄俊慧等为报奉到农工商部颁发关防并启用日期等事致外务部禀　光绪三十三年十月二十四日
泗水商务总会总理李炳耀等为报奉到农工商部委札并接任日期事致外务部申文　宣统元年闰二月初九日
附件：泗水商务总会宣统元年会董一览表
农工商部为奉旨准颁爪哇梭罗中华商务总会关防事致外务部咨文　光绪三十三年十二月初一日
附件：农工商部为请颁给爪哇梭罗中华商务总会关防事奏折
农工商部为奉旨颁给日惹、合厘及仰光三埠中华商务总会关防事致外务部咨文　光绪三十三年十二月二十一日
附件一：农工商部为请援案颁给爪哇日惹埠中华商务总会关防事奏折
附件二：农工商部为请援案颁给南洋合厘埠商务总会关防等事奏折
附件三；农工商部为请援案颁给缅甸仰光埠中华商务总会关防事奏折
农工商部奉旨准颁望加锡商务总会关防事致会议政务处咨文　光绪三十四年六月初三日
附件：农工商部为请援案颁给望加锡商务总会关防事奏折
农工商部为奉旨准颁爪哇渤良安商务总会关防事致会议政务处咨文　光绪三十四年七月初五日
附件：农工商部为请援案颁给爪哇渤良安商务总会关防事奏折
农工商部为奉旨准颁海参崴中华商务总会关防事致会议政务处咨文　光绪三十四年七月二十五日
附件：农工商部为请援案颁给海参崴中华商务总会关防事奏折
农工商部为奉旨准颁南洋安班澜华商总会关防事致会议政务处咨文　宣统元年二月十三日
附件：农工商部为请援案颁给南洋安班澜华商总会关防事奏折
农工商部为奉旨准颁南洋雪兰莪中华商务总会关防事致会　宣统元年闰二月十三日

议政务处咨文
附件：农工商部为请援案颁给南洋雪兰莪中华商务总会关防事奏折
农工商部为奉旨准咨南洋北般鸟华商总会关防事致会议政务处咨文 宣统元年四月初三日
附件：农工商部为请援案颁给南洋北般鸟华商总会关防事奏折
农工商部为奉旨准颁苏门答腊巨港埠华商总会关防事致会议政务处咨文 宣统元年十月十三日
附件：农工商部为请援案颁给苏门答腊巨港埠华商总会关防事奏折
农工商部为奉旨准颁苏门答腊把东华商总会关防事致会议政务处咨文 宣统元年四月二十三日
附件：农工商部为请援案颁给苏门答腊把东华商总会关防事奏折
农工商部为奉旨准颁加拿大温哥华华商总会关防事致会议政务处咨文 宣统元年五月二十一日
附件：农工商部为请援案颁给加拿大温哥华华商总会关防事奏折
农工商部为奉旨准颁日本大阪中华商务总会关防事致会议政务处咨文 宣统元年八月初八日
附件：农工商部为请援案颁给日本大阪中华商务总会关防事奏折
农工商部为奉旨准颁苏门答腊日丽中华商务总会关防事致会议政务处咨文 宣统元年九月二十三日
附件：农工商部为请援案颁给苏门答腊日丽中华商务总会关防事奏折
农工商部为奉旨准颁日本横滨中华商务总会关防事致会议政务处咨文 宣统元年十月初五日

清末修建兰州黄河铁桥史料

谢小华编选（2003·3·72） 中国第一历史档案馆
陕甘总督升允为送筹建兰州黄河铁桥合同事致外务部咨呈 光绪三十二年九月二十三日
附件：德商泰来洋行与甘肃藩臬道、洋务局订立修建兰州黄河铁桥合同 光绪三十二年九月十一日
陕甘总督升允为筹建兰州黄河铁桥事奏折 光绪三十三年十二月十九日
陕甘总督长庚为报兰州黄河铁桥竣工及用过银两事致外务部咨呈 宣统二年四月初五日
陕甘总督长庚为抄录奏销兰州黄河铁桥工程用款事奏折致外务部咨呈 宣统二年六月初十日
附件：陕甘总督长庚为奏销兰州黄河铁桥工程用款事奏折 宣统二年四月二十五日

度支部为核复兰州黄河铁桥工程款项事致外务部咨呈　宣统二年七月十九日

光绪末年中德贸易史料

王道瑞编选（2003·4·47）　中国第一历史档案馆

驻德国商务随员莫镇疆为报中德贸易情形事致农工商部呈文　光绪三十三年正月二十八日
驻德国商务随员莫镇疆为报中德贸易事清册　光绪三十三年
附件一：德国进口中国货物总数价值清单
附件二：德国出口中国货物总数价值清单
驻德国商务随员莫镇疆为报中德贸易情形事致农工商部呈文　光绪三十三年四月初十日
附件一：德国春季华茶行价比较表
附件二：德国春季进出口中国货物总数单
附件三：中国出口德国货物总数单
附件四：中国进口德国货物总数单
附件五：德国春季进出口茶数及华茶行价单
驻德商务委员水钧韶为报中德商务情形事致农工商部呈文　光绪三十三年秋季
附件一：德国进口中国货物总数清单
附件二：德国出口中国货物总数价值单
附件三：德国维尔登堡本年夏季羊毛商业情形
驻德商务委员水钧韶为报中德商务情形事致农工商部呈文　光绪三十四年
驻德商务委员水钧韶为报中德商务情形事致农工商部呈文　光绪三十四年

清末各省设立农会史料

丁进军编选（1998·2·63）　中国第一历史档案馆

直隶总督袁世凯为直隶农务局开办农务总会请予立案事致农工商部咨文　光绪三十三年三月二十八日
农工商部为奉旨准颁甘肃兰州府农务总会关防事致会议政务处咨文　光绪三十四年八月二十八日
附件：农工商部为请援案颁给甘肃兰州府农务总会关防事奏折
顺天府为设立农工学会请予立案事致农工商部咨文　光绪三十四年十二月初六日
附件一：顺天府为翰林院侍读学士恽毓鼎等请拨经费倡办林业事奏折
附件二：顺天府为恽毓鼎等拟具农工学会及种树章程事致农工商部呈文
农工商部为奉旨准颁河南开封府农务总会关防事致会议政务处咨文　宣统元年闰二月初二日
附件：农工商部为请援案颁给河南开封府农务总会关防事奏折
农工商部为奉旨准颁山东济南府农务总会关防事致会议政务处咨文　宣统元年六月十五日
附件：农工商部为请援案颁给山东济南府农务总会关防事

奏折
农工商部为奉旨准颁广东广州府农务总会关防事致会议政务处咨文　宣统元年八月二十四日
附件：农工商部为请援案颁给广东广州府农务总会关防事奏折
农工商部为奉旨准颁四川成都府农务总会关防事致会议政务处咨文　宣统元年九月十三日
附件：农工商部为请援案颁给四川成都府农务总会关防事奏折
农工商部为奉旨准颁奉天农务总会关防事致会议政务处咨文　宣统元年十一月初五日
附件：农工商部为请援案颁给奉天农务总会关防事奏折
农工商部为奉旨准颁福建福州府农务总会关防事致会议政务处咨文　宣统元年十一月初五日
附件：农工商部为请援案颁给福建福州府农务总会关防事奏折
农工商部为奉旨准颁湖北武昌府农务总会关防事致会议政务处咨文　宣统元年十一月二十四日
附件：农工商部为请援案颁给湖北武昌府农务总会关防事奏折
农工商部为奉旨准颁安徽安庆府农务总会关防事致会议政务处咨文　宣统二年五月初二日
附件：农工商部为请援案颁给安徽安庆府农务总会关防事奏折
农工商部为奉旨准颁吉林农务总会关防事致会议政务处咨文　宣统二年九月初三日
附件：农工商部为请援案颁给吉林农务总会关防事奏折
农工商部为奉旨准颁广西农务总会关防事致会议政务处咨文　宣统三年三月二十三日
附件：农工商部为请援案颁给广西农务总会关防事奏折
农工商部为奉旨准颁江宁农务总会关防事致会议政务处咨文　宣统三年三月十二日
附件：农工商部为请援案颁给江宁农务总会关防事奏折
农工商部为畿辅农工学会改为京师农务总会请予立案事奏折　宣统三年三月二十九日

晚清各省铸造铜元史料

丁进军编选（2010·1·15）　　中国第一历史档案馆

邮传部尚书陈璧为遵旨考察各省铜币事竣复命事奏折　光绪三十三年五月初八日
邮传部尚书陈璧为考察滇赣铜矿事片　光绪三十三年五月初八日
附件一：酌留各省造币分厂厂房机器成本余利出入款目清单
附件二：各省裁停局厂厂房机器料物数目清单
附件三：酌拟划一章程十六条清单

吉林珲春商埠史料

苏建新　陶敏编选（1995·3·63）　　吉林省档案馆

外务部为珲春等处开埠通商事致吉林巡抚咨文　光绪三十三年五月十八日

珲春副都统为调查在珲春开通商埠事致吉林交涉使咨文　光绪三十四年十一月初十日

延吉道尹张世铨为珲春划定埠界并送珲春商埠租建章程事致吉林省长呈文　1919年6月6日

附：吉林珲春商埠租建章程

吉林珲春商埠事务所自开商埠总章

吉林省长为珲春商埠订定章程拟备开放事致外务部咨文　1919年6月28日

珲春县知事熊孟鳌为开设商埠收买埠地请拨经费事致吉林交涉员呈文　1919年11月18日

吉林珲春商埠界内居住中外商民种类、户数表　1911年

吉林省长为设法借款俾资发展珲埠训令　1911年9月10日

吉林省长为禁止外国商民在珲春埠外居住营业事训令　1916年8月

清末山西合盛园票庄在日本开设分号史料

屈春海编选（2002·1·61）　　中国第一历史档案馆

两江总督端方为合盛元票庄于日本开设分号请咨驻日大臣保护事致外务部咨呈　光绪三十三年十月初五日

附件：清驻神户领事长福证明书

农工商部为合盛元票庄开设神户分号请照会日使保护事致外务部咨呈　光绪三十三年十月二十三日

附件：农工商部抄录合盛元票庄清单

外务部为合盛元号商在日开设分号请予保护事致驻日大臣李家驹咨文　光绪三十三年十月二十三日

外务部为合盛元在日开设分号已照会日使转达政府饬属保护事致农工商部咨文　光绪三十三年十月二十九日

外务部为合盛元在日开设分号请予保护事致日使照会稿　光绪三十三年十月二十九日

光绪末年清廷整饬京畿银钱比价史料

丁进军编选（1988·1·33）　　中国第一历史档案馆

署北洋大臣杨士骧为遵章查禁铜元暂保市面事奏折　光绪三十三年十一月初四日

度支部为查禁私运铜元入口事致民政部咨文　光绪三十三年十一月初五日

度支部为抄录查禁铜元入直并筹办法奏折事致民政部咨文　光绪三十三年十一月初十日

附：度支部为查禁铜元入直并筹办法事奏折

内外城巡警总厅为拟筹查禁铜元办法致民政部申文　光绪三十三年十一月二十二日

督理税务大臣为查禁铜饼进口事致民政部咨文　光绪三十四年一月十七日

外城巡警总厅为发布晓谕商民平物价告示事致民政部申文　光绪三十四年一月二十六日

附：外城巡警总厅为晓谕商民平物价事告示

顺天府为抄录设立公估官局筹办银钱平价奏折事致民政部咨文　光绪三十四年一月二十八日

附：顺天府为设立公估官局筹办银钱平价事奏折	
内外城巡警总厅为报拟定拉运铜元暂行办法致民政部申文	光绪三十四年二月十一日
附：内外城巡警总厅拟定拉运铜元暂行办法	
邮传部尚书陈璧为改定行旅入城携带铜元枚数事致民政部咨文	光绪三十四年二月十八日
度支部为拟令各厂暂行停铸铜元奏折事致民政部咨文	光绪三十四年二月二十九日
附：度支部为拟令各厂暂行停铸铜元事奏折	
邮传部尚书陈璧等为抄录公估局暂停收买铜元奏折事致民政部咨文	光绪三十四年三月十七日
附：邮传部尚书陈璧为公估局暂停收买铜元事奏折	
农工商部为停铸停发铜元以维市面事致民政部咨文	光绪三十四年六月十三日
河南巡抚林绍年为复铸铜元事奏片	光绪三十四年七月十九日

清末海外华商设立商会史料续编

丁进军编选（1997·2·42）　　中国第一历史档案馆

农工商部为奉旨准颁美属小吕宋中华商会关防事致会议政务处咨文	光绪三十三年十一月二十日
附件：农工商部为请援案颁给美属小吕宋中华商会关防事奏折	
农工商部为奉旨准颁美国旧金山中华商务总会关防事致会议政务处咨文	光绪三十四年十二月二十二日
附件：农工商部为请援案颁给美国旧金山中华商务总会关防事奏折	
农工商部为奉旨准颁南洋万里洞华商总会关防事致会议政务处咨文	宣统元年三月初一日
附件：农工商部为请援案颁给南洋万里洞华商总会关防事奏折	
农工商部为奉旨准颁坎拿大域多利华商总会关防事致会议政务处咨文	宣统元年六月初六日
附件：农工商部为请援案颁给坎拿大域多利华商总会关防事奏折	
农工商部为奉旨准颁日本神户中华商务总会关防事致会议政务处咨文	宣统元年八月十四日
附件：农工商部为请援案颁给日本神户中华商务总会关防事奏折	
农工商部为奉旨准颁日本横滨中华商务总会关防事致会议政务处咨文	宣统元年十月初五日
附件：农工商部为请援案颁给日本横滨中华商务总会关防事奏折	
农工商部为奉旨准颁伯利中华商务总会关防事致会议政务处咨文	宣统二年十月十四日

附件：农工商部为请援案颁给伯利中华商务总会关防事奏折
农工商部为奉旨准颁双城子中华商务总会关防事致会议政务处咨文　宣统二年十月二十四日
附件：农工商部为请援案颁给双城子中华商务总会关防事奏折
农工商部为奉旨准颁暹罗中华商务总会关防事致会议政务处咨文　宣统三年二月二十九日
附件：农工商部为请援案颁给暹罗中华商务总会关防事奏折
农工商部为奉旨准颁南洋婆罗洲山口洋埠中华商务总会关防事致内阁咨文　宣统三年闰六月初七日
农工商部为奉旨准颁南洋爪哇多隆亚公埠中华商务总会关防事致内阁咨文　宣统三年七月初二日
农工商部为奉旨准颁旅墨华侨商工总会关防事致内阁咨文　宣统三年九月二十四日

清末各省设立商会史料

丁进军编选（1996·2·48）　中国第一历史档案馆
农工商部为奉旨准颁长春商务总会关防事致会议政务处咨呈　光绪三十三年十二月十二日
附件：农工商部为请援案颁给长春商务总会关防事奏折
农工商部为奉旨准颁山西太原商务总会关防事致会议政务处咨呈　光绪三十四年三月初二日
附件：农工商部为请援案颁给山西太原商务总会关防事奏折
农工商部为奉旨准颁四川成都商务总会关防事致会议政务处咨呈　光绪三十四年四月二十三日
附件：农工商部为请援案颁给四川成都商务总会关防事奏折
农工商部为奉旨准颁河南商务总会关防事致会议政务处咨呈　光绪三十四年六月十二日
附件：农工商部为请援案颁给河南商务总会关防事奏折
农工商部为奉旨准颁奉天安东商务总会关防事致会议政务处咨呈　光绪三十四年七月十七日
附件：农工商部为请援案颁给奉天安东商务总会关防事奏折
农工商部为奉旨准颁皖北正阳关商务总会关防事致会议政务处咨呈　光绪三十四年九月十六日
附件：农工商部为请援案颁给皖北正阳关商务总会关防事奏折
农工商部为奉旨准颁吉林哈尔滨商务总会关防事致会议政务处咨呈　光绪三十四年十一月十八日
附件：农工商部为请援案颁给吉林哈尔滨商务总会关防事奏折
农工商部为奉旨准颁广东内河商船总公会关防事致会议政务处咨呈　光绪三十四年十一月十八日
附件：农工商部为请援案颁给广东内河商船总公会关防事奏折

农工商部为奉旨准颁广西柳州商务总会关防事致会议政务处咨呈	光绪三十四年十二月初八日
附件：农工商部为请援案颁给广西柳州商务总会关防事奏折	
农工商部为奉旨准颁山东济南商务总会关防事致会议政务处咨呈	光绪三十四年十二月二十四日
附件：农工商部为请援案颁给山东济南商务总会关防事奏折	
农工商部为奉旨准颁陕西西安商务总会关防事致会议政务处咨呈	宣统元年二月初五日
附件：农工商部为请援案颁给陕西西安商务总会关防事奏折	
农工商部为奉旨准颁四川重庆商务总会关防事致会议政务处咨呈	宣统元年二月二十二日
附件：农工商部为请援案颁给四川重庆商务总会关防事奏折	
农工商部为奉旨准颁湖北武昌商务总会关防事致会议政务处咨呈	宣统元年三月十一日
附件：农工商部为请援案颁给湖北武昌商务总会关防事奏折	
农工商部为奉旨准颁贵州商务总会关防事致会议政务处咨呈	宣统元年九月十四日
附件：农工商部为请援案颁给贵州商务总会关防事奏折	
农工商部为奉旨准颁张家口商务总会关防事致会议政务处咨呈	宣统元年十月十三日
附件：农工商部为请援案颁给张家口商务总会关防事奏折	
农工商部为奉旨准颁甘肃商务总会关防事致会议政务处咨呈	宣统二年二月三十日
附件：农工商部为请援案颁给甘肃商务总会关防事奏折	
农工商部为奉旨准颁广西百色厅商务总会关防事致会议政务处咨呈	宣统二年五月十二日
附件：农工商部为请援案颁给广西百色厅商务总会关防事奏折	
农工商部为奉旨准颁山东青岛商务总会关防事致会议政务处咨呈	宣统二年六月十三日
附件：农工商部为请援案颁给山东青岛商务总会关防事奏折	
农工商部为奉旨准颁黑龙江商务总会关防事致会议政务处咨呈	宣统二年十二月初三日
附件：农工商部为请援案颁给黑龙江商务总会关防事奏折	
农工商部为奉旨准颁江苏通崇海泰商务总会关防事致会议政务处咨呈	宣统三年二月二十日
附件：农工商部为请援案颁给江苏通崇海泰商务总会关防事奏折	
农工商部为奉旨准颁广西龙州商务总会关防事致会议政务处咨呈	宣统三年三月十二日
附件：农工商部为请援案颁给广西龙州商务总会关防事奏折	
农工商部为奉旨准颁广西桂林商务总会关防事致会议政务处咨呈	宣统三年四月初八日

附件：农工商部为请援案颁给广西桂林商务总会关防事奏折
农工商部为奉旨准颁河南陈州府周口镇商务总会关防事致会议政务处咨呈　　宣统三年八月初八日

唐绍仪出使日欧八国考察财政史料

李国荣编选（1990·2·63）　　中国第一历史档案馆

著唐绍仪考查日欧各国财政上谕　　光绪三十四年六月二十二日
唐绍仪为到欧洲时顺赴奥国事致外务部咨文　　光绪三十四年八月十三日
外务部为拟唐绍仪出使日欧所需国书事奏折　　光绪三十四年八月十四日
附：外务部拟致英日德法俄意奥比国国书稿
日使为日本政府欢迎唐绍仪考察事致外务部照会　　光绪三十四年八月十九日
外务部榷算司拟与日英德意往来照会致唐绍仪咨文稿　　光绪三十四年八月二十七日
唐绍仪为行抵上海乘船赴日事致外务部电　　光绪三十四年九月初九日
唐绍仪为抵达横滨即赴东京事致外务部电　　光绪三十四年九月十六日
唐绍仪为行抵东京受到欢迎事致外务部电　　光绪三十四年九月十九日
唐绍仪为觐见日皇日后事致外务部电　　光绪三十四年九月二十九日
唐绍仪为在日调查事竣起程赴美事致外务部电　　光绪三十四年十月十一日
唐绍仪为应否改发国书及避更新名事致外务部电　　光绪三十四年十月二十二日
外务部为办唐绍仪随员护照致德英法俄公使函　　光绪三十四年十月三十日
唐绍仪为调查日本财政已竣事奏折　　光绪三十四年十一月初十日
外务部为加备唐绍仪出使各国所需国书事奏片　　光绪三十四年十一月十七日
附：外务部撰拟国书稿
唐绍仪为报觐见意君主并呈递国书事致外务部电　　宣统元年二月二十日
唐绍仪为报觐见奥皇及前往德国日期事致外务部电　　宣统元年闰二月初二日
意大利君主复清帝国书　　1909年3月25日
唐绍仪为报欧洲七国大概情形事致外务部函　　宣统元年三月二十五日
唐绍仪为在大沽调治俟病痊回京事致外务部函　　宣统元年六月三十日
唐绍仪为抄录考察财政情形等奏片致外务部咨文　　宣统元年十二月十八日
附：唐绍仪为报考察各国财政情事奏折抄件

光绪三十四年荷商利济公司浮开浚浦土方案

方裕谨编选（1995·1·61）　　中国第一历史档案馆

江海关监督蔡乃煌为报荷商利济公司冒开泥价事理致两江总督电　　光绪三十四年七月初五日
两江总督端方为责成江海关道会同浚浦局等严行查办利济公司冒领泥价事致江海关监督电　　光绪三十四年七月初八日
江海关监督蔡乃煌为查利济公司舞弊案应凌空着笔事致两江总督电　　光绪三十四年七月初十日
两江总督端方为查利济公司舞弊案幸勿稍事含糊事致江海关监督电　　光绪三十四年七月十一日
江海关监督蔡乃煌为查利济舞弊案应饬辜到宁使洋员知不　　光绪三十四年七月十二日

能含糊了事致两江总督电	
江海关监督为查办利济公司舞弊加入洋员事致两江总督电	光绪三十四年七月十四日
江海关监督蔡乃煌为利济公司声称只允关道及税司查办事致两江总督电	光绪三十四年七月二十九日
两江总督端方为报查办荷商利济公司在浚浦挖泥工程中舞弊事致外务部电	光绪三十四年八月初三日
江海关道蔡乃煌会同税务司为应授关道税司查办利济公司舞弊案权事致外务部电	光绪三十四年八月二十二日
外务部为查办利济公司舞弊案应就近主持事致两江总督电	光绪三十四年八月二十四日
江海关监督蔡乃煌等为人证已堂讯十余次事致两江总督电	光绪三十四年九月十四日
沪税司好博逊为处罚利济公司事致两江总督电	光绪三十四年九月二十一日
两江总督端方为报查办利济公司舞弊案经过情形及处罚事致外务部电	光绪三十四年十月二十八日
署荷兰驻华公使欧登科为报修挖黄浦河道案节略致外务部文	光绪三十四年十一月二十八日
外务部为辜鸿铭应登报更正利济公司舞弊事致两江总督电	宣统元年元月十九日
两江总督端方为辜鸿铭不应为利济公司舞弊案登报更正事致外务部电	宣统元年正月二十三日
外务部为辜鸿铭仍应登报更正事致两江总督电	宣统元年三月二十八日
两江总督端方为利济公司舞弊一案已经查明辜鸿铭不必登报更正事致外务部电	宣统元年三月二十九日
两江总督端方为报查办利济公司舞弊情形事致度支部电	宣统元年三月二十一日
两江总督端方为应尽速了结利济公司舞弊案事致江海关监督电	宣统元年三月二十一日
两江总督端方为补偿辜鸿铭办理利济公司一案中赔累事致江海关道电	宣统元年四月初八日
两江总督端方为报利济公司舞弊案全部了结事致外务部度支部电	宣统元年四月初九日
两江总督端方为利济公司舞弊案已全部了结及送有关文件致外务部咨文	宣统元年四月十七日

光绪末年的吉林省渔业状况

李秀娟　苏建新编选（1997・1・50）　　吉林省档案馆

吉林交涉司为查明吉林省边界渔业状况的呈文	光绪三十四年七月二十日

京师当行商会创立思豫堂保险公益会史料

王澈编选（2000・1・60）　　中国第一历史档案馆

京师商务总会总理冯麟霈等为当行商会创思豫堂保险公益会代请立案事禀文	光绪三十四年九月十九日
附：京师当行保险会章程	
农工商部为批准当行商会创立思豫堂保险公益会致民政部咨文	光绪三十四年十一月二十八日

京师商务会总理冯麟霈为思豫堂保险公益会更正章程请立案事禀文　宣统元年七月初十日
附：思豫堂保火险公益会更正章程　宣统元年六月
外城巡警总厅为将当行商会更正保险公益会章程立案请批事申文　宣统元年七月二十四日

清末中国参加海牙万国汇兑会史料

哈恩忠编选（2000·4·43）　中国第一历史档案馆

外务部为拟参加荷兰万国汇兑会事致度支部咨文　光绪三十四年十二月初六日
度支部丞参厅为派员赴万国汇兑会事致大清银行移文　宣统元年二月初九日
度支部丞参厅为抄送荷兰汇票律译稿事致大清银行移文　宣统元年闰二月十二日
附件一：度支部抄呈荷兰汇票律译稿
附件二：荷兰汇票律译者附言
附件三：荷兰汇票之款式
度支部丞参厅为抄送荷兰汇票统一律研究问题译稿事致大清银行移文　宣统元年四月初三日
附件一：度支部抄送荷兰汇票统一律研究问题译稿
附件二：度支部抄送荷兰约束券律译稿
度支部丞参厅为咨送荷使欧登科法文节略译稿事致大清银行移文　宣统元年五月初一日
附件：度支部抄送荷使欧登科转呈万国汇兑会法文节略译稿
度支部丞参厅为抄送荷使贝拉斯照会事致大清银行移文　宣统元年九月十八日
附件：荷使贝拉斯为议定召开万国汇兑会事致外务部照会
度支部丞参厅为抄送外务部咨文等事致大清银行移文　宣统元年九月二十四日
附件一：外务部为抄送万国汇兑会节略等事致度支部咨文
附件二：驻京荷使署为万国汇兑会事致外务部照会附件
附件三：海牙国际私法会拟具汇兑票公会应议各种问题
驻荷使臣陆征祥为万国汇兑会开会情形事致外务部函　宣统二年五月十九日
驻荷使臣陆征祥为请调换译员江煌事致外务部函　宣统二年五月十九日
驻荷使臣陆征祥抄呈与会中国代表之答辩记录　宣统二年五月

晚清山东地方商会史料

丁进军编选（1996·4·45）　中国第一历史档案馆

山东劝业道为造报本省地方商会情事呈农工商部清册　光绪三十四年

宣统元年各省户数统计表册

丁进军编选 （1988·1·43）　中国第一历史档案馆

民政部汇造各省第一次查报户数表册

京外各省报部户数总表　黑龙江各府所属报部户数表　吉林全省报部户数表　奉天全省报部户数表　热河报部户数表　京师内外城报部户数表　直隶各府所属户数表顺天府属报部户数表　贵州省报部户数表　山东全省报部户数表　河南各府所属户数表　安徽各府所属户数表　江苏省

各府所属户数表　江苏省商埠户数表　江西府首县户数表　江西省报部船户表　江西省报部商埠户数表　湖北各府所属户数表　浙江各府所属户数表　福建全省报部户数表　湖南全省报部户数表　广东各府所属户数表　广东省报部户数表　广西各府所属户数表　云南全省报部户数表　四川各府所属户数表　陕西全省报部户数表　甘肃各府所属户数表　新疆各府所属户数表　科布多、库伦报部户数表　山海关、察哈尔报部户数表　京旗报部户数表　内务府、成都满营报部户数表　吉林各旗报部户数表　宁夏驻防报部户数表　西安驻防报部户数表　荆州驻防八旗报部户数表　广州驻防报部户数表　青州驻防报部户数表　江宁驻防报部户数表

宣统年间发行“爱国公债”史料

张桂素编选（1997·4·67）　　中国第一历史档案馆

农工商部为筹办公债参用外国利息办法奉旨依议事致会议政务处咨呈　　宣统元年八月二十五日

附：农工商部为筹借公债参用外国利息事奏折

度支部为募集公债及发行钞票办法事奏折　　宣统三年九月初九日

附件一：爱国公债章程

附件二：爱国公债施行细则

附件三：爱国公债票奖励及处分规则

认购公债各员职官开具清单

清末上海闸北地区兴办自来水公司史料

哈恩忠编选（1999·1·65）　　中国第一历史档案馆

两江总督张人骏为筹办上海自来水公司抄送片稿及合同事致农工商部咨文　　宣统元年十二月十二日

附件一：两江总督张人骏为在上海闸北筹办自来水接管再筹设公司事片　　宣统元年十一月

附件二：接管合同

农工商部为上海闸北筹设自来水公司及接管事致外务部咨呈稿　　宣统元年十二月十六日

外务部为筹办上海闸北自来水公司借款由三部会同办理事复农工商部咨文　　宣统元年十二月二十四日

两江总督张人骏为上海闸北自来水接管与筹设公司借款事片　　宣统二年二月十六日

度支部为请抄录前户部有关江海关道收款变通生息奏折事致农工商部片文　　宣统二年三月二十七日

度支部为上海闸北自来水公司续借工费银事致农工商部咨文　　宣统三年六月三十日

度支部为催还自来水公司所借款息事致两江总督张人骏咨文　　宣统三年闰六月初六日

清末新疆开办邮政史料

丁进军编选（2010·3·33）　　中国第一历史档案馆

甘肃新疆巡抚联魁为抄呈新疆开办邮政兼递文报奏折事致会议政务处咨文　　宣统二年正月初八日

附件：甘肃新疆巡抚联魁为新疆开办邮政兼递文报事奏折　　宣统元年十二月十九日

陆军部为奉旨允准新疆开办邮政兼递文报事致会议政务处咨文 宣统二年六月十三日
附件：陆军部为查明复奏新疆开办邮政兼递文报事奏折 宣统二年六月初八日

光绪三十年京师药行商会规则

方裕谨编选（1995·3·59） 中国第一历史档案馆

京师商务总会为报药行商会规约事致民政部图志馆函 宣统二年八月初十日
附件：药行商会规约

宣统二年京师外城巡警总厅抄送各商行规史料

方裕谨编选（1995·4·55） 中国第一历史档案馆

外城巡警总厅为抄送各行商业行规事致民政部图志馆移复 宣统二年八月二十七日
附：清单
附：清册
京师商务总会为抄送各行商会地址及商业行规事致民政部图志馆照复 宣统二年八月初六日

宣统年间宁沪商业金融恐慌文电选

叶志如编选（1984·3·36） 中国第一历史档案馆

刘桂馨等为吁请维持通海实业事致农工商部电 宣统二年九月十八日
农工商部为维持通海各厂事致张人骏电 宣统二年九月二十二日
张人骏为遵旨赴沪事致农工商部电 宣统二年九月二十三日
农工商部为已电请江督设法维持各厂事复通海商会电 宣统二年九月二十三日
农工商部为复电事致通海商会札文 宣统二年九月二十四日
通崇海总商务会为解除周廉商务分会总理事致农工商部电 宣统二年十月初五日
农工商部为解除周廉之职事致江宁劝业道电 宣统二年十月初九日
内阁为奉旨限拿原沪道蔡乃煌事致张人骏等电 宣统三年七月初二日
外务部为三庄倒款事致上海道电 宣统三年七月初五日
外务部为蔡乃煌逃匿青岛拟商德方交出事致驻德大臣梁诚电 宣统三年七月初八日
外务部为与德胶督交涉交出蔡乃煌事致孙宝琦电 宣统三年七月十二日
外务部为德方允交蔡乃煌事致张人骏等电 宣统三年七月十二日
内阁为奉旨查拿在逃蔡乃煌事致张人骏等电 宣统三年八月二十五日
上海道刘燕翼为金融恐慌沪关放款难收事致度支部等电 宣统三年八月二十五日
内阁为奉旨饬度支部核办拨支新币应付挤兑事致张人骏电 宣统三年八月二十六日
内阁为奉旨饬度支部议奏添铸旧制银元事致张人骏电 宣统三年八月二十七日
内阁为奉旨拨出新币以应挤兑之风致张人骏电 宣统三年八月二十八日
外务部为拟缓付庚子赔款以资周转事致驻俄美等大臣电 宣统三年八月二十八日
上海道刘燕翼为沪市金融恐慌事致外务部电 宣统三年八月二十八日
外务部为展缓庚子赔款息本事致刘燕翼电 宣统三年八月二十九日
内阁为奉旨准向洋行加借款项事致张人骏电 宣统三年九月初三日
内阁为奉旨饬部会商各省核办照用纸币事致各省督抚电 宣统三年九月初四日

外务部为罢请各国缓付赔款事致驻俄日美大臣电　宣统三年九月初四日
外务部为遵约偿付赔款事致张人骏等电　宣统三年九月初八日
内阁为奉旨饬度支部议奏暂行管辖造币厂事致张人骏电　宣统三年九月初八日
内阁为奉旨准向驻使及各国银行磋议展缓赔款事致江督等电　宣统三年九月初八日
内阁为奉旨准铸龙元并发行银币事致张人骏电　宣统三年九月初九日
外务部为向银行商借款项偿付赔款事致上海道电　宣统三年九月初十日

清末各省兴办农林实业史料

丁进军编选（2007·3·3）　中国第一历史档案馆

农工商部为抄送遵旨汇核各省办理农林工艺情形奏折及清单事致会议政务处咨文　宣统三年三月初一日
附一：农工商部为遵旨汇核各省办理农林工艺情形事奏折　宣统三年二月二十七日
附二：农工商部呈报各省已办农林工艺实业清单

清末与英俄美日等国商业贸易史料

关精明编选（1988·1·54）　中国第一历史档案馆

出使英国大臣刘玉麟关于英中商务报告
驻坎拿大总领事官王斯沅关于坎中商务报告
驻海参崴总领事官桂芳关于中俄沿边商务比较统计报告
出使美国大臣张荫棠关于中美商务报告
驻神户兼大阪正领事官王守善关于所驻地与本国商务报告

清末北京扩充自来水专管史料

丁进军编选（1992·2·64）　中国第一历史档案馆

农工商部为自来水公司扩充专管并官督商销事致民政部咨文　宣统三年八月初九日
农工商部为自来水公司扩充专管商准接展保息年限事奏折　宣统三年八月十六日
外城巡警总厅为扩充自来水专管办法致民政部申文　宣统三年九月初九日

宣统年间华侨经商及佣工史料

丁进军编选（1986·3·42）　中国第一历史档案馆

驻新加坡总领事官左秉隆关于华侨在新经商情形报告
驻海参崴总领事官桂芳关于华侨在崴商务情形报告
驻海参崴总领事官桂芳关于华侨在东海滨省佣工情形报告
出使美国大使张荫棠关于华侨在美经商情形报告
驻横滨总领事官吴仲贤关于华侨在本地经商情形报告
驻朝鲜总领事官马廷亮关于华侨在朝经商情形报告
驻朝鲜总领事官马廷亮关于华侨在朝佣工情形报告
驻仁川正领事官贾文燕关于华侨在本地经商情形报告
驻仁川正领事官贾文燕关于华侨在本地佣工情形报告
驻元山副领事官马永发关于华侨在本地经商情形报告
驻元山副领事官马永发关于华侨在本地佣工情形报告

驻甂南浦副领事官张国威关于华侨在本地经商情形报告
驻甂南浦副领事官张国威关于华侨在本地佣工情形报告

宣统三年北京电话史料（一）
王光越编选（1994·2·64）　　中国第一历史档案馆
宣统三年北京电话簿字画分类簿

宣统三年北京电话史料（二）
王光越编选（1994·3·55）　　中国第一历史档案馆
宣统三年北京电话簿字画分类簿

宣统三年北京电话史料（三）
王光越编选（1994·4·58）　　中国第一历史档案馆
宣统三年北京电话簿字画分类簿

宣统三年北京电话史料（四）
王光越编选（1995·1·72）　　中国第一历史档案馆
宣统三年北京电话簿字画分类簿

宣统三年北京电话史料（五）
王光越编选（1995·2·71）　　中国第一历史档案馆
宣统三年北京电话簿字画分类簿

宣统三年邮传部邮政报告三件
丁进军编选（2011·4·31）　　中国第一历史档案馆
十一月二十二日星期报告
十二月初七日星期报告
十二月十三日星期报告

清末修建武英殿史料（上）
方裕谨编选（1996·4·27）　　中国第一历史档案馆
武英殿各座殿宇房间月台丹陛墙垣海墁甬路等工丈尺做法清册

清末修建武英殿史料（下）
方裕谨编选（1997·1·45）　　中国第一历史档案馆
茶房　文昌堂　印信钱粮库　刷印作　值宿房　清运积土　施工用房
《武英殿各殿宇房间应需琉璃数目清册》

军　事

顺治十四年吉林拉发渡口建造战船题本

安双成编选（2000·3·3）　中国第一历史档案馆

多罗贝勒杜兰等为派员至拉发渡口建造战船事题本	顺治十四年三月初二日
工部尚书孙塔等为建造战船以征讨罗刹事题本	顺治十四年三月十五日
兵部左侍郎额赫里等为选调江浙水手前赴宁古塔事题本	顺治十四年三月二十日

洪承畴密陈三路进取贵州揭帖

叶志如编选　（1984·4·16）　中国第一历史档案馆

兵部尚书洪承畴为筹划三路进取贵州事宜密揭	顺治十五年二月初二日

雍正朝箭毒及解毒药方史料

哈恩忠编选（2007·1·3）　中国第一历史档案馆

云贵总督高其倬为请令广西查访毒树等事奏折	雍正二年十二月二十二日
广西提督韩良辅为报遵旨搜伐撒栱树情形事奏折	雍正三年五月十三日
附件：刨挖撒栱地名株数清单	
广西提督韩良辅为遵旨访查进呈解毒药方事奏折	
附件：访获解毒药方	
广西巡抚李绂为遵旨查访毒树与解药事奏折	雍正三年六月初九日
太医院院使刘声芳为奉旨辨别撒药及解药事奏折	雍正三年六月十六日
广西提督韩良辅为报遵旨搜访砍伐撒树事奏折	雍正三年八月十八日
广西提督韩良辅为遵旨呈进解毒方药事奏折	雍正三年八月十八日
云贵总督高其倬为奏谢恩赐解毒方药及缴回朱批等事奏折	雍正三年十一月十二日
广西提督韩良辅为报续查出撒树数目事奏折	雍正三年十一月十四日
广西提督韩良辅为报续查伐过撒树株数事奏折	雍正四年二月二十四日
贵州提督马会伯为接到解毒方药并转发官兵等事奏折	雍正四年七月十五日
贵州提督马会伯为用解药治愈受伤官兵等事奏折	雍正四年七月十五日
云贵总督鄂尔泰为遵旨议奏候补通判管旆条陈严禁药箭等事奏折	雍正五年正月二十五日
贵州巡抚元展成等为奉旨询购仲苗箭药及制药人等事奏折	雍正十一年九月初六日
内大臣丰胜额为令贵州巡抚元展成续购备箭药事片	雍正十一年十月初十日
贵州巡抚元展成等为遵议制造箭药事奏折	雍正十二年五月初九日
署宁远大将军查郎阿等为解到并试验箭药等事奏折	雍正十二年六月初十日
西路副将军张广泗为复卡伦杀贼未曾施用箭药缘由事奏折	雍正十二年十月二十二日
署宁远大将军查郎阿等为试验贵州等处解来药物药性减退事奏折	雍正十三年七月二十五日

清代《上谕军令条约·行军纪律》

李保文编选（2008·1·3）　中国第一历史档案馆

上谕军令条约

行军纪律

雍正末年拨放驻防官兵饷需史料

丁进军编选（1986·3·13）　　中国第一历史档案馆

张廷玉为拨放雍正十三年各省驻防官兵饷需事题本	雍正十二年十二月二十一日

雍正年间清廷办理西路军需钱粮销算史料

丁进军编选（2007·4·3）　　中国第一历史档案馆

果亲王允礼为雍正八、九、十年办理西路军需钱粮销算事题本	雍正十三年八月初四日

乾隆朝整饬民间鸟枪档案（上）

哈恩忠编选（2019·1·4）　　中国第一历史档案馆

河南巡抚富德为请将民间防御鸟枪编列号数镌刻姓名给令存留防护事题本	乾隆元年五月初四日
总理兵部事务鄂尔泰为密请酌宽民间鸟枪之例事题本	乾隆元年六月初三日
总理兵部事务鄂尔泰为议复给还近山民人防御鸟枪并编号登册等事题本	乾隆元年七月初四日
署理福建陆路提督苏明良为请停民间设立鸟枪以安民生事奏折	乾隆二年三月二十八日
福建水师提督王郡为请严台湾民枪之禁以重海疆事奏折	乾隆二年六月二十七日
贵州镇远镇总兵官刘永贵为苗疆已定详筹严禁火枪火炮事奏折	乾隆三年三月十二日
议政大臣尹泰等为议复福建陆路提督苏明良请仍沿旧例勿许民间制造鸟枪事奏折	乾隆三年五月初六日
保和殿大学士总理兵部事务鄂尔泰为议复严禁苗民私藏火枪火炮事奏折	乾隆三年五月初七日
闽浙总督郝玉麟为议复福建陆路提督苏明良请仍沿旧例勿许民间制造鸟枪事奏折	乾隆三年六月二十八日
署理马兰口总兵官布兰泰为请严鸟枪之禁以慎陵寝风水事奏折	乾隆七年四月二十四日
闽浙总督喀尔吉善等为闽省禁缴鸟枪宜从容查办事奏折	乾隆十二年三月二十四日
闽浙总督喀尔吉善为闽省查缴鸟枪及勘挖台湾遗留炮子事奏折	乾隆十二年九月初二日
福建按察使史奕昂为具报首缴鸟枪竹铳数目事奏折	乾隆二十四年七月十五日
广东按察使来朝为陈缴销民间鸟枪及殴差夺犯管见事奏折	乾隆二十四年十一月初十日
两广总督李侍尧为遵旨议复缴销民间鸟枪及殴差夺犯事奏折	乾隆二十五年二月二十八日
着湖广总督吴达善等查奏古州苗民私藏鸟枪等事上谕	乾隆三十五年闰五月初一日
湖广总督吴达善等为遵旨严查苗寨私藏鸟枪等事奏折	乾隆三十五年六月十九日
议政大臣福隆安等为核议前任古州镇总兵韩勋等失察民间私藏鸟枪罚俸事题本	乾隆三十六年十二月初五日

军机大臣舒赫德为请严民间制造私藏鸟枪事奏折	乾隆三十九年十月二十四日
暂署湖广总督陈辉祖为查缴禁书鸟枪请统归编保案内清办事奏折	乾隆四十年二月二十八日
着陈辉祖速行停止查办苗民鸟枪事上谕	乾隆四十年三月二十七日
暂署湖广总督陈辉祖为苗疆未编保甲守分自安尚未查办枪铳事奏折	乾隆四十年四月二十二日
着内地毋庸办理查禁民间鸟枪事上谕	乾隆四十年七月十九日
陕甘总督勒尔谨为办理查禁鸟枪疏率奉旨留任谢恩事奏折	乾隆四十年九月二十六日
两江总督高晋为接准部咨办理查禁鸟枪新例事奏折	乾隆四十年十月初八日
议政大臣福隆安为办理查禁鸟枪新例事题本	乾隆四十年闰十月十九日
署理陕西巡抚毕沅为遵旨查办民间私铸鸟枪事奏折	乾隆四十六年十一月二十七日
署理两江总督萨载为遵旨饬属查禁民间鸟枪事奏折	乾隆四十六年十一月二十八日

乾隆朝整饬民间鸟枪档案（下）

哈恩忠编选（2019·2·4）　　中国第一历史档案馆

江西巡抚郝硕为遵旨查办民间鸟枪事奏折	乾隆四十六年十二月初一日
山西巡抚雅德为遵旨查办民间鸟枪及官员考成事奏折	乾隆四十六年十二月初一日
管理陕甘总督李侍尧为遵旨查办民间鸟枪严禁私贩硝磺事奏折	乾隆四十六年十二月初六日
安徽巡抚农起为遵旨查办民间鸟枪事奏折	乾隆四十六年十二月初七日
湖广总督舒常等为议复民间查缴鸟枪事奏折	乾隆四十六年十二月初八日
军机大臣阿桂为议复甘肃番回鸟枪毋庸查禁事奏折	乾隆四十六年十二月十八日
着江苏巡抚闵鹗元一体查办鸟枪线枪事上谕	乾隆四十七年正月十四日
湖广总督舒常为查明湖北民情毋庸议存鸟枪事奏折	乾隆四十七年三月二十八日
湖广总督舒常为遵旨查缴湖南湖北民间鸟枪及查开失察官员职名事奏折	乾隆四十八年十一月二十六日
贵州巡抚永保为查缴鸟枪分拨营伍销毁配铸新枪事奏折	乾隆四十九年十一月十一日
江西巡抚伊星阿为查缴民间鸟枪及查开失察官员职名事奏折	乾隆四十九年十一月十五日
湖南巡抚陆燿为查缴腹地各州县民间鸟枪事奏折	乾隆四十九年十一月十五日
护理广西巡抚奇丰额为查缴民间鸟枪及查开失察官员职名事奏折	乾隆四十九年十一月十五日
两广总督舒常为查缴民间鸟枪及无失察官员事奏折	乾隆四十九年十一月二十日
陕西巡抚毕沅为查缴民间鸟枪及无失察官员事奏折	乾隆四十九年十一月二十五日
湖广总督特成额为查缴民间鸟枪及查开失察官员职名事奏折	乾隆四十九年十一月二十六日
云南巡抚刘秉恬为查缴民间鸟枪及无失察官员事奏折	乾隆四十九年十一月二十六日
陕甘总督福康安为查缴民间鸟枪事奏折	乾隆四十九年十一月二十八日
浙江巡抚福崧为查缴民间鸟枪及无失察官员事奏折	乾隆四十九年十一月二十八日
山西巡抚农起为查缴民间鸟枪及无失察官员事奏折	乾隆四十九年十一月二十九日
安徽巡抚书麟为查缴民间鸟枪及查开失察官员职名事奏折	乾隆四十九年十二月十一日
福建巡抚雅德为查缴民间鸟枪及查开失察官员职名事奏折	乾隆四十九年十二月二十三日
江苏巡抚闵鹗元为查缴民间鸟枪及无失察官员事奏折	乾隆五十年正月十二日

福建巡抚明兴为查缴民间鸟枪无失察官员及仍留编号鸟枪事奏折　乾隆五十年正月十八日
云贵总督富纲为查缴民间鸟枪无失察官员及仍留土司编号鸟枪事奏折　乾隆五十年十月十六日
四川总督李世杰为查缴民间鸟枪及补参失察官员职名事奏折　乾隆五十年十一月二十六日
湖广总督特成额为查缴民间鸟枪及查开失察官员职名事奏折　乾隆五十年十一月二十八日
山西巡抚伊桑阿为查缴民间鸟枪及无失察官员事奏折　乾隆五十年十二月初二日
山西巡抚勒保为查缴民间鸟枪及无失察官员事奏折　乾隆五十一年十一月十一日
江苏巡抚闵鹗元为查缴民间鸟枪及无鸟枪伤人案事奏折　乾隆五十一年十一月二十日
革职留任山西巡抚书麟为查缴民间鸟枪及无失察官员事奏折　乾隆五十五年十一月十二日
署理江苏巡抚长麟为查缴民间鸟枪及无鸟枪伤人案事奏折　乾隆五十五年十二月初八日
山西巡抚冯光熊为查缴民间鸟枪及无失察官员事奏折　乾隆五十六年十一月十一日
着将牵混查办漳浦县盗犯陈歪私藏鸟枪案福建巡抚浦霖申饬事上谕　乾隆五十六年十二月初十日
江西巡抚陈淮为查缴民间鸟枪及查开失察官员职名事奏折　乾隆五十七年十一月十二日
河南巡抚穆和蔺为查缴民间鸟枪及查开失察官员职名事奏折　乾隆五十七年十二月初三日
山西巡抚长麟为查缴民间鸟枪及查开失察官员职名事奏折　乾隆五十七年十二月初十日
山西巡抚蒋兆奎为查缴民间鸟枪及无失察官员事奏折　乾隆五十八年十一月初六日
直隶总督梁肯堂为收缴旧存鸟枪及失察私藏鸟枪案职名事奏折　乾隆五十八年十二月十九日
两广总督长麟等为查缴民间鸟枪及无失察官员事奏折　乾隆五十九年十月十八日
管理兵部刑部事务阿桂等为核参把总董上升等失察民间私藏鸟枪案事题本　乾隆六十年三月二十八日

乾隆三十一年各省民壮改练鸟枪档案

哈恩忠选编（2024·4·28）　　中国第一历史档案馆

山东巡抚崔应阶为东省民壮改练鸟枪责成巡道稽查事奏折　乾隆三十一年五月初五日
四川总督阿尔泰为遵旨查议办理川省各属民壮改练鸟枪事奏折　乾隆三十一年七月初二日
闽浙总督苏昌为遵旨查议办理闽省各属民壮改练鸟枪并复设台湾各属民壮事奏折　乾隆三十一年七月二十七日
河南巡抚阿思哈为遵旨查议办理豫省各属民壮改练鸟枪事奏折　乾隆三十一年八月二十八日
山西巡抚彰宝为遵旨查议办理晋省各属民壮改练鸟枪事奏折　乾隆三十一年八月二十八日
陕西巡抚明山等为遵旨查议办理陕省各属民壮改练鸟枪事奏折　乾隆三十一年九月初五日
湖广总督定长等为遵旨查议办理鄂省各属民壮改练鸟枪事奏折　乾隆三十一年九月二十二日
贵州巡抚方世俊等为遵旨查议办理黔省各属民壮改练鸟枪事奏折　乾隆三十一年九月二十四日
闽浙总督苏昌等为遵旨查议办理浙省各属民壮改练鸟枪事　乾隆三十一年十月初三日

奏折

陕甘总督吴达善为遵旨查议办理甘省各属民壮改练鸟枪事奏折　乾隆三十一年十月十三日

浙江巡抚熊学鹏为遵旨查议浙省民壮改练鸟枪迟缓蒙训谢恩事奏折　乾隆三十一年十一月初二日

署两广总督杨廷璋等为遵旨查议办理粤东各属民壮改练鸟枪事奏折　乾隆三十一年十一月初四日

广西巡抚宋邦绥等为遵旨查议办理粤西各属民壮改练鸟枪事奏折　乾隆三十一年十一月二十二日

湖南巡抚常钧等为遵旨查议办理湘省各属民壮改练鸟枪事奏折　乾隆三十一年十一月二十六日

直隶总督方观承为遵旨查议办理直隶各属民壮改练鸟枪事奏折　乾隆三十一年十二月初八日

蔡牵攻打大小担清军炮台史料

叶志如编选（1986·3·17）　中国第一历史档案馆

闽浙总督玉德等为报追捕蔡牵船队及审明被俘人员事奏折　嘉庆七年五月二十五日

两广总督吉庆为报在闽省铜山洋面巡缉蔡牵船队事奏片　嘉庆七年七月十四日

闽浙总督玉德等为查明大担门被失炮位及参处员弁事奏折　嘉庆七年七月十六日

闽浙总督玉德为筹建大担小担寨城事奏片　嘉庆七年七月十六日

闽浙总督玉德等为审办攻守大子担炮台被获各员情事奏折　嘉庆七年七月十六日

浙江巡抚阮元为审办普陀洋面被获之赖窟舵等人情形奏折　嘉庆七年九月十九日

嘉庆朝随扈翊卫档案

张小锐　王征编选（2013·4·26）　中国第一历史档案馆

掌湖广道监察御史良辅为请妥议皇帝祭祀坛庙随扈防守章程及太庙水门修固事奏折　嘉庆十八年十月二十八日

著妥议皇上亲诣坛庙祭祀出入扈卫章程事上谕　嘉庆十八年十月二十八日

庄亲王绵课等为遵旨议复郊坛大祀随扈翊卫章程事奏折　嘉庆十八年十一月初七日

附件：各旗营兵派拨方位清单

著为亲祀南郊翊卫无误恩赏御前大臣等事上谕　嘉庆十八年十一月三十日

庄亲王绵课等为皇上临莅清漪园酌拟翊卫官兵去留事奏折　嘉庆十九年闰二月二十一日

庄亲王绵课等为遵旨议复皇上等驾幸圆明园及进宫添减翊卫官兵事奏折　嘉庆十九年闰二月二十五日

附件一：皇上驾幸圆明园及进宫上年新添翊卫及查道官兵清单

附件二：皇后至圆明园及进宫上年新添随扈及站道查道官兵清单

附件三：阿哥出入上年新添随从官兵清单

附件四：内廷主位出入上年新添扈从站道查道官兵清单

庄亲王绵课等为遵旨议复皇上祭祀先农坛酌减翊卫官兵事　嘉庆十九年闰二月二十九日

奏折
附件：皇上祭祀先农坛站道及守护官兵清单
庄亲王绵课等为遵旨议复皇上驻跸圆明园及临幸静明园等处添减随扈侍卫官兵事奏折 嘉庆十九年三月十七日
附件一：皇上临莅静明园新添翊卫及站道官兵清单
附件二：皇上临莅静宜园新添宿卫及站道官兵清单
附件三：皇上临莅黑龙潭新添翊卫及站道官兵清单
庄亲王绵课等为遵旨议复南郊大祀新添翊卫官兵及酌减酌留事奏折 嘉庆十九年四月初一日
附件一：南郊大祀添减翊卫官兵清单
附件二：祈谷大祀添减翊卫官兵清单
庄亲王绵课等为遵旨议复皇上北郊大祀酌留酌减翊卫官兵事奏折 嘉庆十九年四月二十七日
附件：北郊大祀新添翊卫官兵清单
庄亲王绵课等遵旨议复皇上谒陵随扈翊卫章程及直隶添设官兵事奏折 嘉庆十九年六月初七日
附件一：酌拟增添随扈侍卫官兵数目清单
附件二：酌拟直隶随扈官兵数目清单
庄亲王绵课等遵旨议复皇上亲祭坛庙添减翊卫官兵事奏折 嘉庆十九年六月二十五日
附件一：皇上祀太庙按照原拟酌减翊卫官兵清单
附件二：皇上祀社稷坛按照原拟酌减翊卫官兵清单
附件三：皇上恭诣堂子行礼按照原拟酌减翊卫官兵清单
附件四：皇上亲诣奉先殿后殿行礼仍照原拟酌定翊卫官兵清单
附件五：皇上祀朝日坛按照原拟酌减翊卫官兵清单
附件六：皇上祀夕月坛按照原拟酌减翊卫官兵清单
附件七：皇上祀帝王庙按照原拟酌减翊卫官兵清单
附件八：皇上祝神祇坛按照原拟酌减翊卫官兵清单
附件九：皇上亲诣至圣先师庙释奠酌添翊卫官兵清单
庄亲王绵课等为天坛圜丘大祀裁减护卫官兵事奏折 嘉庆十九年十月二十六日
附件：冬至圜丘大祀扈从站道守护官兵数目清单
军机大臣董诰等为祈谷大祀遵续定章程酌拟裁减扈卫官兵数目事奏折 嘉庆十九年十二月十九日
庄亲王绵课等为遵旨议复皇上巡幸木兰进哨翊卫章程事奏折 嘉庆二十年四月十五日
附件：圣驾巡幸木兰随扈翊卫章程
著随扈斋宫外围健锐等营裁减官兵名数事谕旨 嘉庆二十年十一月初十日
为圜丘大祀皇帝天坛斋宿新添扈从官兵酌拟裁减事奏折 嘉庆二十年十一月初十日
附件一：圜丘大祀新添扈从站道守护官兵内上年减存数目清单
附件二：祈谷大祀新添扈从站道守护官兵内上年减存数目清单

军机大臣托津等为明年正月祈谷大祀新改御路设立护军官兵事奏折　嘉庆二十年十二月二十一日
为酌核天坛三大祀新添扈从官兵减存数目事奏片　嘉庆二十二年十一月初一日
附件一：圜丘大祀新添扈从站道守护官兵内现在减存数目清单
附件二：祈谷大祀新添扈从站道守护官兵内现在减存数目清单
著圜丘祈谷大祀应减侍卫官兵数目事谕旨　嘉庆二十二年十一月初一日
为再行酌核北郊大祀新添翊卫减存官兵数目事奏片　嘉庆二十三年四月二十八日
为再行酌核神祇坛新添翊卫减存数目事奏片　嘉庆二十三年五月初二日
附件：神祇坛新添翊卫站道官兵现在减存数目清单
圜丘大祀新添扈从站道守护官兵内现在减存数目清单　嘉庆二十三年十一月十四日
祈谷大祀新添扈从站道守护官兵内现在减存数目清单　嘉庆二十三年十一月十四日
减存新添扈从站道守护官兵较旧额增多数目清单　嘉庆二十五年十一月十三日
大学士曹振镛等为酌核南郊大祀减存翊卫官兵数目事奏折　嘉庆二十五年十一月十四日
附件：冬至圜丘大祀扈从站道守护官兵嘉庆二十三年减存数目清单

太平军北伐史料选辑（上）

丁进军编选（1990·2·48）　中国第一历史档案馆

桂良为造送盛京等处随征官兵名册事致巡防处呈文　咸丰三年
桂良为遵查正定府等地失防缘由事奏片　咸丰三年
载良等为僧格林沁追剿大城县属太平军情事致巡防处禀文　咸丰三年
文瑞等为报津郡战况事致巡防处呈文　咸丰三年
绵愉为复奏京城添设兵营事奏折　咸丰三年
文瑞等为近畿地方民情事致绵愉呈文　咸丰三年
董浩等为清军在静海防堵太平军情事致巡防处禀文　咸丰四年
董浩为安设官兵拨起事致巡防处禀文　咸丰四年
文瑞等为太平军在津郡活动情事致绵愉呈文　咸丰四年正月十二日
文瑞为太平军在津郡活动及官兵追剿事致巡防处呈文　咸丰四年正月十三日
文瑞为僧格林沁等追剿津郡太平军情事致绵愉呈文　咸丰四年正月十四日
固安县坐探为官兵追剿河间县东太平军情事送巡防处探报　咸丰四年正月十四日
乌尔棍为报攻剿河间地区太平军情事致绵愉呈文　咸丰四年三月
胜保为攻剿临清太平军情事致巡防处呈文　咸丰四年四月初三日
京城巡防处审录佚名供词
东光县坐探为围攻连镇太平军情事送巡防处探报　咸丰四年闰七月二十四日
总统防兵大臣为报河间地区民情事致绵愉呈文　咸丰四年闰七月二十七日
东光县坐探为攻剿连镇太平军情事送巡防处探报　咸丰四年八月初七日
沧州坐探为官兵攻剿连镇太平军情事送巡防处探报　咸丰四年十月初五日
总统防兵大臣为攻剿连镇太平军情事致巡防处呈文　咸丰四年十月初五日
东光县坐探为围剿连镇太平军情事送巡防处探报　咸丰四年十月初六日

东光县坐探为围剿连镇太平军情事送巡防处探报　咸丰四年十月初八日
胜保为督剿高唐州太平军情事奏折　咸丰四年十月十四日
东光县坐探为攻剿连镇太平军情事送巡防处探报　咸丰四年十月二十四日
总统防兵大臣为攻剿连镇太平军情事致巡防处呈文　咸丰四年十月二十五日
总统防兵大臣为攻剿连镇太平军情事致巡防处呈文　咸丰四年十一月二十八日
胜保为督剿高唐州太平军情事奏折　咸丰五年正月二十二日
联顺为严京城内外稽查事奏片　咸丰五年

太平军北伐史料选辑（下）

丁进军编选（1990·3·48）　中国第一历史档案馆

绵愉等为遵旨筹议军饷事奏折　咸丰三年
附：近畿各处驻防官兵日饷支放数目清单
绵愉等为核定粮台支放咸丰三年九月至咸丰四年一月款目事奏折　咸丰四年
办理顺天防兵粮台总局为支放咸丰四年二月十四日至三月十三日款目事致户部呈文　咸丰四年
办理顺天防兵粮台总局为支放咸丰四年六月十四日至七月十三日款目事致户部呈文　咸丰四年
顺天粮台总局为支放咸丰四年闰七月十四日至八月十三日款目事致户部呈文　咸丰四年
绵愉等为拟请户部筹拨银两事片　咸丰四年
绵愉等为办理顺天防兵粮台各案事奏片　咸丰五年

胡林翼为剿太平军致都兴阿信札九通

王玲编选（2009·2·15）　中国第一历史档案馆

胡林翼为请缓会剿太湖事致荆州将军都兴阿信函　咸丰八年十二月初一日
胡林翼为献议战守形势事致荆州将军都兴阿信函　咸丰八年十二月初一日
胡林翼为欲赴黄州料理军务事致荆州将军都兴阿信函　咸丰八年十二月初四日
胡林翼为赴黄州欲整顿军务事致荆州将军都兴阿信函　咸丰八年十二月初九日
胡林翼为赴黄州行程事致荆州将军都兴阿信函　咸丰八年十二月
胡林翼为部署黄州兵力事致荆州将军都兴阿信函　咸丰八年十二月十二日
胡林翼为陈滞留黄州原因事致荆州将军都兴阿信函　咸丰八年十二月十七日
胡林翼为拨马队二百名实难救援湖南事致荆州将军都兴阿信函　咸丰九年二月二十日
胡林翼为战守之策事致荆州将军都兴阿信函　咸丰九年二月二十四日
胡林翼信函原收藏者跋三篇

清末沙俄派军助剿太平军史料

吕坚编选（2001·2·73）　中国第一历史档案馆

恭亲王奕䜣等为俄国派兵助剿太平军请饬薛焕等筹议事奏折　同治元年闰八月二十九日
附件：俄使把留捷克为派颇颇福带兵船助剿太平军事致总　同治元年闰八月十八日

理事务衙门照会
恭亲王奕䜣等为拟借用俄兵船助剿太平军事片　同治元年闰八月二十九日
恭亲王奕䜣等为请饬曾国藩与到沪之颇颇福筹商助剿太平军事片　同治元年闰八月二十九日
著曾国藩与俄提督颇颇福筹商助剿太平军等事上谕　同治元年闰八月二十九日
恭亲王奕䜣等为报俄国续进枪炮等运京验收事片　同治元年十月初五日
两江总督曾国藩等为议复与俄国派兵助剿事片　同治元年十月十五日
署江苏巡抚李鸿章为报颇颇福兵船已到沪宜令暂驻事片　同治元年十一月初六日
著准照李鸿章所议留沪随时驾驭防剿等事上谕　同治元年十一月初六日
恭亲王奕䜣等为报俄使已晓谕该国商人等不许接济太平军事片　同治二年七月二十五日
附件：俄使为已行知俄商不得接济太平军事致总理衙门照会　同治二年七月初七日

同治七年清军镇压临邑捻军战守日记
枫一编选（1989·1·17）　南京太平天国历史博物馆
济南府临邑县呈送防剿捻军清册　同治七年三月二十八日至六月二十八日

光绪朝各省设立武备学堂档案（上）
哈恩忠编选（2013·2·4）　中国第一历史档案馆
直隶总督李鸿章为天津创设武备学堂拟由海防经费开支等事奏折　光绪十一年五月初五日
直隶总督李鸿章为天津武备学堂创设两年请奖在事员弁及优等学生事奏折　光绪十三年十月二十五日
直隶总督李鸿章为天津武备学堂又届期满请奖在事员弁及优等学生事奏折　光绪十六年三月二十一日
直隶总督李鸿章为请照异常劳绩奖叙武备学堂学生事片　光绪十七年
直隶总督李鸿章为天津武备学堂又届期满请奖在事员弁及优等学生事奏折　光绪十八年四月二十七日
直隶总督王文韶为请奖天津武备学堂在事出力员弁及屡考优等学生事奏折　光绪二十二年二月十八日
吉林将军长顺为变通营制添设武备学堂仿照西法教演炮位等事奏折　光绪二十二年二月二十日
浙江巡抚廖寿丰为添设武备学堂暨宁镇试办洋操事奏片　光绪二十三年六月十七日
直隶总督王文韶为援例于北洋武备学堂建昭忠祠事奏片　光绪二十三年七月二十八日
直隶总督王文韶为恳恩保奖武备学生及保奖展限等事奏折　光绪二十三年十二月二十三日
御史潘庆澜为武备学堂改试枪炮请饬严格管理事奏片　光绪二十四年三月初三日
贵州巡抚王毓藻为遵旨于省会筹建武备学堂事奏片　光绪二十四年五月十六日
山西巡抚胡聘之为遵议武科改制参酌晋省情形设立武备学堂事奏折　光绪二十四年五月十七日
江西巡抚德寿为遵议变通武科设立武备学堂事奏折　光绪二十四年五月二十六日
安徽巡抚邓华熙为遵议武科改制筹设武备学堂事奏折　光绪二十四年六月初二日

安徽巡抚邓华熙为遵旨筹办武备学堂事奏折　光绪二十四年十月初二日
云贵总督崧蕃为遵旨酌裁防绿营兵饷米节银留滇举办武备学堂等事奏折　光绪二十四年十一月初一日
山西巡抚胡聘之为报晋省开办武备学堂缘由事奏片　光绪二十五年正月二十二日
陕西巡抚魏光焘为陕省练习洋操各队挑募成军及开办武备学堂事奏折　光绪二十五年正月二十二日
四川总督奎俊为筹挪藩库饷银以充川省武备学堂经费事奏折　光绪二十五年四月十三日
陕西巡抚魏光焘为陕省创办武备学堂续拟简明章程事奏折　光绪二十五年四月十八日
附件：续拟陕西武备学堂章程八条
吏部为遵旨议奏直隶总督裕禄期满保奖天津武备学堂人员等事致军机处知照　光绪二十五年五月二十二日
附件：吏部为遵旨议奏直隶总督裕禄期满保奖天津武备学堂人员事奏折
吉林将军延茂等为吉林试办十旗武备学堂于本省厘捐项下筹拨经费事奏折　光绪二十五年七月初一日
吉林将军延茂为吉林武备学堂创办已届三年成效昭著事奏折　光绪二十五年七月初一日
直隶总督裕禄为北洋武备学堂在堂肄业各生请与防营各员一体补用事奏片　光绪二十五年七月二十二日
黑龙江将军恩泽等为黑龙江武备学堂工竣酌定常年经费事奏折　光绪二十五年十二月初一日
云贵总督崧蕃等为滇省武备等学堂落成甄别选取学生事奏折　光绪二十六年正月初八日
总理各国事务大臣奕劻等为遵旨议复黑龙江武备学堂经费事奏折　光绪二十六年二月二十六日
吉林将军长顺等为请将十旗学堂并入吉林武备学堂事奏折　光绪二十六年五月十一日
山西巡抚毓贤为裁撤晋省武备学堂将其经费另作添勇团练之需事奏片　光绪二十六年六月二十三日
吉林将军长顺为陈明无款可拨裁撤武备学堂事奏片　光绪二十六年十二月二十一日
四川总督奎俊为川省武备学堂拟聘日本教习事奏折　光绪二十七年五月二十二日
察哈尔都统奎顺等为就旗营添设武备学堂改练新军事奏折　光绪二十七年十一月二十日
闽浙总督许应骙为闽省遵旨设立武备学堂事奏折　光绪二十七年十二月初二日
归化城副都统文瑞为遵旨酌拟改练新军及无力开办武备学堂事奏折　光绪二十七年十二月二十八日
山西巡抚岑春煊为遵旨开办山西武备学堂事奏折　光绪二十八年二月十六日
附件：山西武备学堂章程清单
甘肃新疆巡抚饶应祺为遵设武备学堂分别常备续备等军认真训练事奏折　光绪二十八年三月二十七日

光绪朝各省设立武备学堂档案（下）

哈恩忠编选（2013·3·20）　中国第一历史档案馆

陕西巡抚升允遵旨开办陕西武备学堂事奏折　光绪二十八年四月十二日
革职留任湖南巡抚俞廉三为遵旨开办武备学堂情形事奏折　光绪二十八年五月十九日

杭州将军常恩等为满营改设武备学堂等事奏片	光绪二十八年五月二十一日
西安将军德铭等为挑选满营兵丁入学陕省武备学堂事奏折	光绪二十八年五月二十七日
山东巡抚张人骏为遵旨开办山东武备学堂事奏折	光绪二十八年六月十三日
附件：山东武备学堂暂行试办章程清单	
两广总督陶模为粤省筹建武备学堂情形事奏片	光绪二十八年六月十三日
河南巡抚张人骏为请饬下政务处兵部妥订武备学堂考选出身章程事奏片	光绪二十八年六月二十日
山西巡抚岑春煊为请留吏部主事李廷飏经理武备学堂并免扣资俸事奏片	光绪二十八年七月初二日
护理浙江巡抚诚勋为遵旨筹办武备学堂事奏折	光绪二十八年十二月十三日
护理江西巡抚柯逢时为具陈江西建立武备学堂情形事奏折	光绪二十八年十二月十九日
署理四川总督岑春煊为具陈川省开办武备学堂大概情形事奏折	光绪二十九年四月十二日
署理两广总督德寿等为具陈广东开办武备学堂大略情形事奏折	光绪二十九年五月二十日
安徽巡抚聂缉椝为皖省武备学堂头班学生毕业援案请奖事奏折	光绪二十九年七月二十六日
附件一：皖省武备学堂毕业学生姓名出身及拟奖官阶清单	
附件二：皖省武备学堂教习委员衔名及拟保官阶清单	
福州将军崇善为改定福建陆军武备学堂章程学规事奏折	光绪二十九年九月二十二日
附件：改定福建陆军武备学堂章程学规清单	
调署四川总督锡良为具陈川省武备学堂现已甄别学生分班授课事奏折	光绪二十九年九月三十日
绥远城将军贻谷为绥远城常备军暨武备学堂经费奇绌及办理情形事奏折	光绪二十九年十一月二十五日
山东巡抚周馥为裁撤东省德州等处水驿夫马节银拨归武备学堂事奏折	光绪三十年二月十六日
江西巡抚夏时为请敕候选知州黎丹速充武备学堂监督等事奏片	光绪三十年二月二十五日
调署四川总督锡良为川省武备学堂日本总教习松浦宽威劳勋尤著请颁宝星事奏片	光绪三十年六月初七日
安徽巡抚诚勋为皖省武备学堂三年期满教习等员勤劳卓著请奖事奏折	光绪三十年七月二十三日
绥远城将军贻谷为酌筹武备学堂等经费请免佐领等认领厂地岁租事奏片	光绪三十年九月二十一日
绥远城将军贻谷为酌筹武备学堂经费事奏片	光绪三十年十二月十一日
兵部左侍郎铁良为遵旨抽阅江苏等省营伍及武备学堂等情形事奏折	光绪三十一年正月十八日
热河都统松寿为筹建热河陆军武备学堂参照北洋现制增订章程事奏折	光绪三十一年二月初二日
附件：热河武备学堂试办章程清单	

安徽巡抚诚勋为增支皖省武备学堂练军饷糈经费事奏片　　光绪三十一年二月初二日
开缺陕西巡抚夏时为陕省武备学生毕业期满择尤给奖事奏折　　光绪三十一年四月二十一日
署理两广总督岑春煊为广东武备学堂改为两广陆军中学堂等事奏折　　光绪三十一年八月二十二日
安徽巡抚诚勋为皖省停办武备学堂练军事奏片　　光绪三十一年八月
察哈尔都统溥颋等为将原设武备学堂遵章改为察哈尔陆军小学堂事奏折　　光绪三十一年十月二十二日
署理两江总督周馥为江宁遵设陆军小学堂事奏折　　光绪三十一年十一月十五日
盛京将军赵尔巽为创建奉天陆军小学堂筹拟变通办法事奏折　　光绪三十一年十二月初七日
绥远城将军贻谷为续筹绥远武备学堂经费事奏折　　光绪三十一年十二月十二日
安徽巡抚诚勋为皖省开设陆军小学堂事奏折　　光绪三十二年正月初六日
署理山东巡抚杨士骧为东省遵设陆军小学堂事奏折　　光绪三十二年三月十二日
河南巡抚张人骏为遵章开设陆军小学堂事奏片　　光绪三十二年四月二十日
四川总督锡良为将川省武备学堂改设陆军中学堂等事奏片　　光绪三十二年六月初七日
署理贵州巡抚岑春蓂为黔省遵章设立陆军小学堂并陈开办情形事奏折　　光绪三十二年七月二十日
江苏巡抚陈夔龙为将苏省原设武备学堂改为陆军速成学堂事奏折　　光绪三十二年八月二十四日
河南巡抚张人骏为豫省武备学堂改设陆军小学堂并挑取学生留学日本事奏片　　光绪三十二年八月二十七日
陕西巡抚曹鸿勋为陕省遵设陆军小学堂事奏折　　光绪三十二年九月十一日
江苏巡抚陈夔龙为遵饬另行改派陆军小学堂总办监督缘由事奏片　　光绪三十二年九月二十八日
新疆巡抚联魁为请派员来新省任陆军小学堂教习事奏片　　光绪三十二年十月初二日
云贵总督丁振铎为滇省归并武备学堂设立陆军小学堂事奏折　　光绪三十二年十月十九日
绥远将军贻谷为武备学堂学生毕业将在事各员择尤请奖事奏折　　光绪三十二年十二月初五日
安徽巡抚恩铭为皖省武备学堂学生次第毕业即行裁撤专办陆军小学堂事奏折　　光绪三十二年十二月初八日
云贵总督丁振铎为遵章变通将武备学堂改为速成学堂事奏片　　光绪三十二年十二月十三日
绥远将军贻谷为将武备学堂改作陆军小学堂事奏片　　光绪三十二年十二月十四日
山东巡抚杨士骧为山东武备学堂学生毕业请奖在事各员事奏折　　光绪三十三年八月初六日
山东巡抚杨士骧为武备学堂总办张士珩始终勤勉逾格请奖事奏片　　光绪三十三年八月初六日
东三省总督徐世昌等为江省开办陆军小学堂事奏折　　光绪三十三年八月初十日

光绪朝北洋水师经远舰档案

王征编选（2019·3·32）　　中国第一历史档案馆
军机处为订购快船事致北洋大臣李鸿章电报　　光绪十一年六月二十四日
北洋大臣李鸿章为订购快船筹款事致军机处电报　　光绪十一年六月二十五日

北洋大臣李鸿章为派员分赴英德监督造船事致军机处电报	光绪十一年七月十五日
着曾纪泽等于各厂考察妥造合式快船事电旨	光绪十一年九月初九日
出使德国大臣许景澄为购铁甲快船样式事致军机处电报	光绪十一年九月十四日
着仿照西国通行式样订造快船事电旨	光绪十一年九月十五日
出使德国大臣许景澄为定购铁甲快船样式事致军机处电报	光绪十一年九月二十六日
北洋大臣李鸿章为定购快船样式追加银两事致军机处电报	光绪十一年九月二十八日酉刻
着电知许景澄照拟定造快船并由户部筹拨加价银事电旨	光绪十一年九月二十九日
直隶总督李鸿章为派拨参将邓世昌等前赴英德船厂验收驾回快船事奏折	光绪十三年二月初五日
直隶总督李鸿章为新购经远等快船到华酌定人数饷数请予照章支领事奏折	光绪十四年二月十九日
直隶总督李鸿章为出洋查勘各口海防情形并验驶新到经远等快船事奏折	光绪十四年四月初七日
直隶总督李鸿章为遵保林永升等接船回华尤为出力人员事奏折	光绪十四年四月二十七日
附件一：出洋接带四快船回华尤为出力员弁酌拟奖叙清单	
附件二：接带四快船回华出力洋员酌拟奖叙清单	
吏部尚书锡珍等为出洋接带快船出力各员请奖浮滥应核减事奏折	光绪十四年七月十四日
直隶总督李鸿章为订造经远来远铁甲快船出力德国洋员请奖事奏片	光绪十四年九月十三日
附件：订造经远来远快船出力德国洋员拟请奖励清单	
直隶总督李鸿章为保举曾宗瀛等监办船工出力员弁拟请给奖事奏片	光绪十五年正月二十二日
北洋大臣李鸿章为经远等舰抵威海事致军机处电报	光绪十五年三月十三日
大学士管理兵部事务额勒和布等为查明接带致远等快船回华出力各员保奖事奏折	光绪十五年三月二十二日
直隶总督李鸿章为核销订造英德两国四号快船收支款目事奏折	光绪十五年四月二十二日
附件：订造英德商厂四快船收支各款清单	
直隶总督李鸿章为请核销邓世昌等接船回华已支款项事奏片	光绪十五年四月二十二日
附件：派委华洋员弁赴英德接带四快船来华收支款项事清单	
海军衙门为拨交经远等舰船官兵本年俸饷等银两事奏片	光绪十五年九月二十五日
直隶总督李鸿章为光绪十四年收支经远等舰船薪粮公费等项银数报销事奏折	光绪十六年四月十六日
附件：光绪十四年收支经远等舰船薪粮公费等各项银数事清单	
直隶总督李鸿章为遵定章出洋会阅海军并查勘各处台坞工程事奏折	光绪十七年四月
直隶总督李鸿章等为会同校阅海军并查勘各海口台坞工程事奏折	光绪十七年五月初五日

直隶总督李鸿章为光绪十五年经远等船薪粮等项银数核销事奏片　光绪十八年五月十六日
直隶总督李鸿章为经远等舰船历届用款经部驳查据实核复请销事奏折　光绪十九年正月十九日
直隶总督李鸿章为光绪十六年经远等舰船俸饷等项银两核销事奏片　光绪十九年五月二十八日
直隶总督李鸿章为经远等船拟添购新式快炮分年订购陆续筹付价银事奏折　光绪二十年二月二十五日
直隶总督李鸿章为光绪十七年经远等舰船支用各款核销事奏折　光绪二十年五月十七日
直隶总督李鸿章为遵旨复陈经远等堪用舰船及筹备陆防各情事奏折　光绪二十年六月初二日
北洋大臣李鸿章为叶军陆行无法接济经远等舰梭巡洋面事致军机处电报　光绪二十年七月初三日
北洋大臣李鸿章为日军驶近威海令丁汝昌速带经远等十舰回防事致军机处电报　光绪二十年七月初十日子刻
直隶总督李鸿章为经远等舰陈旧丁汝昌不宜撤换事奏折　光绪二十年七月二十九日
北洋大臣李鸿章为经远等舰与日在大东沟交战或沉或伤事致军机处电报　光绪二十年八月十九日
直隶总督李鸿章为大东沟接仗经远管带林永升等员死事惨烈请旨优恤事奏折　光绪二十年九月初七日
直隶总督李鸿章为经远等舰阵亡将弁均属奋勇异常请从优议恤事奏片　光绪二十年十二月初二日
附件：经远等舰船接仗阵亡员弁请恤衔名清单

甲午战争期间中日平壤之战档案

哈恩忠编选（2014·4·28）　　中国第一历史档案馆

办理东三省练兵事宜大臣定安等为日兵构衅会商调派兵勇进驻平壤事奏折　光绪二十年六月十六日
著裕禄妥筹办理平壤后路防守事电旨　光绪二十年六月二十七日
著李鸿章妥办平壤后路及沿海各口防守调派得力兵将事电旨　光绪二十年七月初六日
著设法布置平壤后路粮运及接济叶志超军事电旨　光绪二十年七月初九日
著各军筹商进兵并询明叶志超军消息事电旨　光绪二十年七月十六日
著饬催各军迅赴平壤并择要扼扎后路设防事电旨　光绪二十年七月十七日
著李鸿章确探聂士成叶志超所部现在何处事电旨　光绪二十年七月十九日
著各军克期进兵汉城调派臬司周馥驰赴前敌并严守旅顺事电旨　光绪二十年七月二十二日
著进驻平壤各军妥协筹划及饬调宣化等军前赴平壤事电旨　光绪二十年七月二十四日
著直隶提督叶志超总统驻扎平壤各军事电旨　光绪二十年七月二十五日
著查明聂士成军何日可到平壤事电旨　光绪二十年七月二十五日
吉林将军长顺为平壤后路难守军情焦急事致北洋大臣李鸿　光绪二十年七月二十七日

章电	
北洋大臣李鸿章为日军进驻重兵图袭后路需厚集兵力事电报	光绪二十年八月初五日
黑龙江将军依克唐阿为日军图袭平壤敌众我寡请拨饷添兵事奏折	光绪二十年八月十五日
北洋大臣李鸿章为日军兵围平壤军情紧迫据实沥陈筹酌事奏折	光绪二十年八月二十日
著李鸿章查明赐恤议处各员并刘盛休暂驻义州严防后路等事电旨	光绪二十年八月二十一日
北洋大臣李鸿章为报平壤战况及伤亡事电报	光绪二十年八月二十一日
北洋大臣李鸿章为日军猛扑平壤各军退至安州据实参奏自请严议事奏折	光绪二十年八月二十二日
北洋大臣李鸿章为平壤之战失利水陆两军退至义州事电报	光绪二十年八月二十二日
北洋大臣李鸿章为各军伤亡太多军需缺乏请于义州休整事电报	光绪二十年八月二十二日
著黑龙江将军依克唐阿借饷银招募成军并统所部迅赴九连城防御事电旨	光绪二十年八月二十二日
盛京将军裕禄为左宝贵确已阵亡请调程文炳来奉统率事电报	光绪二十年八月二十二日
北洋大臣李鸿章为临阵脱逃官弁请予严拿革职正法事电报	光绪二十年八月二十三日
礼部右侍郎志锐为李鸿章贻误军机开去差使专筹战守事奏折	光绪二十年八月二十三日
北洋大臣李鸿章为各军退扎义州安州一带接护散勇事电报	光绪二十年八月二十四日
著左宝贵照提督例从优赐恤并宣馆立传事上谕	光绪二十年八月二十四日
著盛京将军裕禄查明左宝贵原统炮队情形事电旨	光绪二十年九月初二日
北洋大臣李鸿章等为遵旨查明左宝贵家世事奏片	光绪二十年九月初三日
北洋大臣李鸿章为叶志超注销关防代请假养病事电报	光绪二十年九月初五日
著由聂桂林接统左宝贵炮队事电旨	光绪二十年九月初五日
著准叶志超病假一月事电旨	光绪二十年九月初六日
监察御史高燮曾为李鸿章保案不实应请撤销交宋庆查究事奏片	光绪二十年九月初六日
监察御史高燮曾为平壤之战失利请议处卫汝贵叶志超事奏片	光绪二十年九月初七日
报告平壤之战的信函	光绪二十年九月初八日
著将叶志超卫汝贵撤职查办其所部由聂士成统带事电旨	光绪二十年九月十五日
钦差大臣李鸿章为遵旨查明日军内无叶志超等部溃卒及贩米济倭事奏折	光绪二十年十月二十六日
署吉林将军恩泽为请将卫汝贵就地正法事奏片	光绪二十年十月
帮办北洋军务宋庆为遵旨查办卫汝贵等统将被参各情据实复陈事奏折	光绪二十年十一月十五日
直隶总督李鸿章为在成欢平壤等处阵亡及高升轮船淹毙员弁从优议恤事奏折	光绪二十年十一月二十九日
著刑部严审解送到部之革员叶志超事上谕	光绪二十一年正月初三日

甲午战后清政府对北洋海军将弁议恤档案

赵增越编选（2014·4·43） 中国第一历史档案馆

著李鸿章查明戴宗骞力竭自尽请恤并设法送信给丁汝昌等事电旨 光绪二十一年正月十三日
北洋大臣李鸿章为已密派人赴威海探信事电报 光绪二十一年正月十三日
北洋大臣李鸿章为据报威海洋面炮声不绝事电报 光绪二十一年正月十三日
北洋大臣李鸿章为北洋水师全军覆没请旨罢斥事电报 光绪二十一年正月十四日
著李鸿章将刘公岛失守情形及带兵各员下落查明具奏事电旨 光绪二十一年正月十四日
北洋大臣李鸿章为据报刘公岛尚未失守事电报 光绪二十一年正月十四日
著李鸿章自念北洋水师覆没获咎之重力图补救事电旨 光绪二十一年正月十五日
北洋大臣李鸿章为刘公岛尚未失守事电报 光绪二十一年正月十五日
北洋大臣李鸿章为雷艇出口被日舰围击事电报 光绪二十一年正月十五日
北洋大臣李鸿章为刘公岛与所存兵舰仍与倭争战事电报 光绪二十一年正月十六日
北洋大臣李鸿章为报刘公岛近况事电报 光绪二十一年正月十六日
翰林院侍读学士文廷式为请将海军失律在事人员分别惩处事奏折 光绪二十一年正月十七日
北洋大臣李鸿章为转奏丁汝昌函北洋水师作战情形事电报 光绪二十一年正月十七日
著将威海临敌辄逃失事雷艇管驾登岸者拿获正法事电旨 光绪二十一年正月十八日
北洋大臣李鸿章为请迅催援军东来兼解岛舰之急事电报 光绪二十一年正月二十日
北洋大臣李鸿章为报前敌紧要军情事奏折 光绪二十一年正月二十一日
北洋大臣李鸿章为丁汝昌等三员皆尽难事电报 光绪二十一年正月二十一日
北洋大臣李鸿章为丁汝昌等三员已死日船至今未进口事电报 光绪二十一年正月二十二日
著查明丁汝昌等三员遇难实情事电旨 光绪二十一年正月二十二日
北洋大臣李鸿章为丁汝昌等三员已死属实并请予优恤事电报 光绪二十一年正月二十三日
山东巡抚李秉衡为刘公岛失陷丁汝昌等棺柩运送烟台事电报 光绪二十一年正月二十三日
北洋大臣李鸿章为请优恤力竭自尽之戴宗骞事奏片 光绪二十一年正月二十四日
著将戴宗骞照道员阵亡例从优议恤事电旨 光绪二十一年正月二十四日
著王文韶确查丁汝昌等遇难情形复奏事电旨 光绪二十一年正月二十四日
署北洋大臣王文韶为丁汝昌等灵柩已到烟台外国提督领事均来吊慰事电报 光绪二十一年正月二十八日
署北洋大臣王文韶为查明北洋海军阵亡将士情形事电报 光绪二十一年正月二十九日
吏科给事中余联沅为直陈丁汝昌之死可疑请饬李秉衡确查事奏片 光绪二十一年二月初十日
著山东巡抚李秉衡详细查明丁汝昌等死事情形事上谕 光绪二十一年二月初十日
署理北洋大臣王文韶为复奏查明丁汝昌等死事情形事奏折 光绪二十一年二月十三日
翰林院侍读学士文廷式为请饬李秉衡迅将海军失事情形并致败缘由详悉查明事奏片 光绪二十一年二月十四日
山东巡抚李秉衡为遵旨查明丁汝昌死事情形事奏折 光绪二十一年三月初三日
著将海军右翼总兵刘步蟾等从优议恤事上谕 光绪二十一年三月十五日
山东巡抚李秉衡为殉节道员戴宗骞功绩卓著吁恳宣付史馆立传事奏折 光绪二十一年三月二十九日

署理北洋大臣王文韶为据实纠参北洋海军失事情形事奏折　光绪二十一年四月初一日
附件一：海军失事各员弁职任衔名清单
附件二：续参海军失事各员弁衔名清单
著将所有失事将官林国祥等一并暂行革职听候查办事上谕　光绪二十一年四月初四日
著将已故道员戴宗骞生平事迹宣付国史馆立传事上谕　光绪二十一年四月十二日
署理北洋大臣王文韶为请将雷艇管带王登云等八员名分别革职事奏片　光绪二十一年六月初一日
署理北洋大臣王文韶为北洋海军受伤弁兵给发恤赏并将阵亡各员分别议恤事奏折　光绪二十一年七月初六日
附件一：北洋海军殉难阵亡官弁兵勇衔名及恤赏银数清单
附件二：北洋海军接仗受伤官弁兵勇衔名籍贯及应给养伤银数清单
北洋大臣王文韶为具陈查明北洋海军失事各员实在情形事奏折　光绪二十三年三月二十八日
北洋大臣袁世凯为已革北洋海军都司蔡廷干才尚可用请销罪留用事奏片　光绪三十一年六月二十一日
北洋大臣袁世凯等为已故大员丁汝昌请开复原官事奏折　光绪三十二年五月十四日
筹办海军大臣载洵为已故提督丁汝昌力竭捐躯恳恩开复原官原衔事奏折　宣统二年三月十六日

有关中日安平口战役的一件史料

沈慧瑛编选（1993·2·38）　江苏省苏州市档案馆
闽浙总督边宝泉为安平口战役详情事致直隶总督王文韶电　光绪二十一年五月

日本政府有关惠州起义电报

杨天石　尹俊春译（1986·3·67）
外务大臣青木周藏致驻福州领事丰岛舍松等电
1900年10月2日收　外机第41号附件
外务大臣青木周藏致驻厦门领事上野专一电
1900年10月11日　电送第984号
驻厦门领事上野专一致外务大臣青木周藏电
厦门1900年10月12日上午9点30分发　下午1点收　电受第2067号
驻厦门领事上野专一致外务大臣青木周藏电
厦门1900年10月12日下午6点5分发　13日上午1点30分收　电受第2072号
驻福州领事丰岛舍松致外务大臣青木周藏电
1900年10月16日发　外机字第41号
外务大臣青木周藏致驻厦门领事上野专一电
1900年10月18日　电送第1010号
驻厦门领事上野专一致外务大臣青木周藏电
厦门1900年10月19日上午10点10分发　下午2点收　电受第2114号
内务大臣末松谦澄秘电

1900 年 10 月 24 日发　机密第 74 号
外务大臣加藤高明致驻福州领事丰岛舍松和驻上海领事小田切万寿之助电
1900 年 10 月 25 日　电送第 10641065 号
外务大臣加藤高明致驻厦门领事上野专一电
1900 年 10 月 25 日　电送第 1063 号

清代吉林地方官兵额制沿革史料

苏建新　李秀娟编选（1998・2・75）　吉林省档案馆

吉林将军所属各处额设裁汰官兵数目册　光绪二十八年十一月二十五日

北洋新军初期武备情形史料

丁进军编选　（1989・2・36）　中国第一历史档案馆

湖南武备学堂总教习章遹骏为考察北洋军备事致赵尔巽禀文　光绪三十年三月初七日
附件：章遹骏考察北洋军队武备情形禀文

晚清新编陆军战法兵语字汇

丁进军编选（2008・2・19）　中国第一历史档案馆

新编陆军战法兵语字汇　光绪三十年六月

光绪三十二年京城管理镖局枪支史料

哈恩忠编选（2005・3・19）　中国第一历史档案馆

巡警部稽查处为将外城巡警总厅移文等移送核办事致警保司移文　光绪三十二年五月二十二日
附件一：外城巡警总厅为造送各镖局枪支清册及变通烙印办法事致稽查处移文　光绪三十二年五月十四日
附件二：各镖局枪支清册　光绪三十二年五月十四日
巡警部为自置火印烙印镖局枪支事致外城巡警总厅批文　光绪三十二年六月十三日
外城巡警总厅为呈报管理烙印枪支规则事致巡警部申文　光绪三十二年六月二十七日
附件：管理镖局枪支规则
巡警部为管理烙印枪支规则事致外城巡警总厅批文　光绪三十二年七月初八日
外城巡警总厅为咨行崇文门税局等查验枪支护照火印事致巡警部申文　光绪三十二年八月二十六日
巡警部为枪支火印仍改作验讫某号字样事致外城巡警总厅批文　光绪三十二年九月初六日
外城巡警总厅为已经烙印枪支请免销毁印文事致巡警部申文　光绪三十二年九月初十日
巡警部为已经烙印枪支随时销毁印文事致外城巡警总厅批文　光绪三十二年九月十六日

清末东三省陆军军医局史料

哈恩忠编选（1999・3・68）　中国第一历史档案馆

东三省总督徐世昌为筹办东三省陆军军医局事致陆军部咨文　光绪三十四年十二月初八日
附：东三省总督徐世昌为筹设东三省陆军军医局事奏折　光绪三十四年八月十九日

东三省总督徐世昌为东三省陆军军医局开办经费切实核减事致陆军部咨呈　宣统元年三月十七日
东三省总督锡良为军医局订购药械等事致陆军部咨文　宣统三年四月十八日
度支部为东省裁撤军医局添购药械等银毋庸开支等事致陆军部知照　宣统三年闰六月二十八日

清宫消防火班章程

丁进军编选（1990·4·61）　中国第一历史档案馆

步军统领衙门缮具的火班章程　光绪年间

宣统年间清政府拟定颁发勋章章程

哈恩忠编选（1999·3·73）　中国第一历史档案馆

训练禁卫军大臣载涛等为遵旨抄送请饬拟各项勋章折事致会议政务处咨文　宣统元年闰二月十三日
附件：训练禁卫军大臣载涛等为请拟颁行各项勋章事奏折　宣统元年闰二月十二日
外务部为请速议结勋章办法并拟添写条文事致会议政务处片　宣统三年正月十六日
外务部总理大臣奕劻等为遵旨会议各项勋章事宜并拟定章程事奏折　宣统三年二月
附件：外务部总理大臣奕劻等拟定勋章章程　宣统三年二月
外务部总理大臣奕劻等为拟定各项勋章颁行办法事片　宣统三年二月

宣统元年筹办海军大臣载洵巡阅海军奏折

哈恩忠编选（1999·4·78）　中国第一历史档案馆

筹办海军大臣载洵等为复陈辟建象山军港巡阅海军大概情形事奏折　宣统元年八月十四日

晚清《毅军陆操图》

王海青编选（2001·3·45）　中国第一历史档案馆

五营站排式
面排式
向中成队式
选锋迎敌式
顺排前进式
本队接应式
分翼策应式
应队对敌式
接应进步式
接应退步式
以退作进式
后队接应式
后队对敌式

后队战胜式
选锋再接式
得胜回营式

文教卫生

顺治甲午科乡试题本
方裕谨编选（1987·2·3）　　中国第一历史档案馆
礼部尚书郎丘等为蜀省甲午乡试应照各省一例举行事题本　顺治十一年正月十七日
广东巡抚李栖凤为粤东甲午乡试额数事题本　顺治十一年正月十九日
广东巡抚李栖凤为乌金超哈子弟参加粤省考试事题本　顺治十一年二月二十二日
礼部尚书郎丘等为山东甲午科场仍搭盖席棚事题本　顺治十一年三月初七日
礼部尚书胡世安等为各直省速将入学生员名册报部事题本　顺治十一年三月二十四日
兵部尚书噶达洪等为临巩二府武举应归甘镇考较事题本　顺治十一年四月十五日
礼部尚书胡世安等为国子监博士等官不准参加会试事题本　顺治十一年四月二十四日
管吏部尚书刘正宗等为参处河南提学道事题本　顺治十一年五月初三日
礼部尚书郎丘等为陈副榜充贡之法事题本　顺治十一年五月二十四日
礼科都给事中孙珀龄为陈科场要款事题本　顺治十一年五月二十九日
户部尚书车克为湖广甲午乡试所需经费事题本　顺治十一年七月十二日
湖广巡抚林天擎为楚省科考事题本　顺治十一年八月二十六日
礼部尚书郎丘等为查参顺天府失卷官事题本　顺治十一年九月初八日
湖广巡抚林天擎检举弃职幸进武举易为斌事题本　顺治十一年十一月十二日

顺治年间科举题本选
方裕谨编选（1987·3·16）　　中国第一历史档案馆
兵科给事中魏裔介为科考南北分卷宜公事题本　顺治十二年正月初九日
礼部尚书胡世安为磨勘乡试朱墨卷事题本　顺治十二年正月二十四日
礼部尚书胡世安陈科场条例题本　顺治十二年二月初七日
河南巡抚亢得时为纠参代笔滥中榜首武举李威事题本　顺治十二年四月初四日
礼部尚书恩国泰请定坐监月分事题本　顺治十二年七月初一日
礼科左给事中赵进美请严加复试以昭至公事题本　顺治十二年八月初八日
礼部尚书恩国泰查处多送副贡事题本　顺治十二年八月二十五日
刑部尚书图海为究拟易为斌隐匿职衔冒籍幸中武举事题本　顺治十二年八月二十五日
刑部尚书图海审议方文篪通役传文事题本　顺治十三年二月三十日
礼部尚书胡世安恭陈学政要款事题本　顺治十三年六月十四日
礼部尚书恩国泰敬陈学政之要事题本　顺治十三年十二月十二日
会试提调黄象雍检举会试题目刊误字事题本　顺治十六年八月十二日
兵部尚书伊图等再行会试武举事题本　顺治十七年四月初三日
礼部尚书乌赫等为滇黔举子用舍请视一律事题本　顺治十七年六月十八日

顺治废除制科取士中投拜门生陋习朱谕

叶志如编选（1985·2·14）　　中国第一历史档案馆

朱谕全文　　顺治十四年正月十五日

清代设立与管理育婴堂档案（上）

赵增越编选（2015·2·4）　　中国第一历史档案馆

著各省督抚劝募好善之人照京师设立普济育婴堂之例推而行之上谕　　雍正二年闰四月初十日

著将石麟报绅衿士民等捐助一折及开报名单交部议叙上谕　　雍正十三年五月二十四日

著各州县量行奖赏捐资赈助义仓义田及养老育婴之乐善好施者上谕　　雍正十三年十月二十日

著内务府给发京城普济堂育婴堂银两上谕　　雍正十三年十二月二十五日

翰林院侍讲学士戚麟祥为请敕各省开办育婴堂等事奏折　　雍正朝

工部左侍郎王钧为请将营成稻田交地方官招佃纳粮或充普济育婴堂等用事奏折　　乾隆元年二月十九日

四川巡抚杨馝为川省设立普济育婴堂义冢请饬部存案事奏折　　乾隆元年六月初六日

署理河南布政使温而逊为敬陈普济育婴两堂存息之弊事奏折　　乾隆二年二月初三日

署理河南巡抚尹会一为遵议温而逊普济育婴两堂存息之弊事奏折　　乾隆二年闰九月十二日

湖北巡抚崔纪为育婴堂费用不敷请于两关盈余银内支给事奏折　　乾隆四年正月十五日

江苏巡抚张渠为酌动公项银两筹建育婴堂及栖流所事奏折　　乾隆四年六月初九日

山西布政使胡瀛为设立育婴堂以禁绝溺女之风事奏折　　乾隆四年六月初九日

江苏巡抚徐士林为报苏州城建设育婴堂动用公项事奏折　　乾隆六年三月二十八日

议政大臣协理户部事务讷亲等为育婴善政渐致虚縻奏请睿裁以收实效事题本　　乾隆六年四月十九日

通政使司右参议薄海为敬陈普济育婴两堂宜交地方官经理事奏折　　乾隆六年四月二十六日

湖北布政使严瑞龙为请补修普济堂并接济育婴堂事奏折　　乾隆六年七月二十四日

湖广总督孙嘉淦等为遵旨议复接济育婴堂及再设普济堂事奏折　　乾隆六年十一月二十四日

署理福建巡抚周学健请设育婴堂以补溺女之危事奏折　　乾隆八年十一月十一日

闽浙总督马尔泰等为请拨给公项以存恤老慈幼之善政事奏折　　乾隆十年九月二十日

浙江巡抚方观承为请酌拨道库商捐银两接济育婴堂并生息还款事奏折　　乾隆十四年二月初十日

江苏巡抚陈弘谋为通州崇明河滩升科租息拨充普济育婴等堂公用事奏折　　乾隆二十四年正月初九日

呈乾隆二十六年份四季册报实散给养济普济育婴三堂钱米收讫清单　　乾隆二十六年十二月十九日

遵旨严讯借书吏名色用轻价置买育婴堂公产之天津道那亲阿事奏折　　乾隆二十八年四月二十九日

江西巡抚辅德为将查办还俗僧人卢秉纲违律田租拨入育婴堂事奏折　乾隆二十九年八月二十日
闽浙总督苏昌为将长汀县育婴堂剩银运营生息添补省会普济堂经费事奏折　乾隆三十一年六月十七日
大学士伊继善等为普济堂育婴堂养赡等类各循其旧照常办理事奏折　乾隆三十四年四月初四日
呈湖南湖北两省书院及育婴堂等项生息银两清单　乾隆三十四年
著将长辛店一带铺户买空卖空制钱赏拨育婴堂等处以示惠恤上谕　乾隆五十一年十一月初六日
长芦盐政征瑞为设立公办育婴堂委员专司皆天津应办之事奏折　乾隆五十九年九月三十日
都察院左副都御史陈嗣龙为请饬令东城御史稽查育婴堂事奏折　嘉庆四年十二月二十六日
著巡视东城御史随时查察育婴堂一切支发养赡银两事上谕　嘉庆四年十二月二十六日
巡视东城御史书兴等为拿获育婴堂开棺剥取幼孩寿衣首饰坑役事奏折　嘉庆六年十一月二十三日
各衙门捐赈银两支存数目清单　嘉庆七年五月三十日
兼管顺天府尹刘权之等为请赏给普济育婴二堂经费事奏折　嘉庆十三年六月十二日
著将杨继昌私开牙用应行入官钱文作为普济育婴二堂生息经费上谕　嘉庆十三年六月十二日
顺天府府尹费锡章为查明普济育婴二堂生息钱文被挪用请旨议处事奏折　嘉庆二十年十二月二十五日
两江总督百龄为查办鬻妻溺女恶俗议建育婴堂事奏折　嘉庆二十一年二月二十六日
著各州县倡率捐置育婴堂以革鬻妻溺女之恶俗事上谕　嘉庆二十一年三月初四日
安徽巡抚陶澍为省城建造育婴堂收养弃婴等事奏片　道光四年六月二十八日
安徽巡抚邓廷桢为绅士捐建育婴堂工程告竣请奖捐输绅民各员事奏折　道光九年二月二十三日
著将安徽太平府捐建育婴堂绅士分别奖励上谕　道光九年三月初七日
闽浙总督孙尔准等为筹议省城普济育婴两堂加增口粮额数分案报销事奏折　道光九年八月二十九日
著将被贩子女胡大姐等交顺天府育婴堂暂为收养谕旨　道光十二年十一月二十四日
安徽巡抚邓廷桢为借动育婴堂经费应请免造册报销事奏片　道光十五年七月九日
著准暂借育婴堂存典生息银兴修安徽当涂县圩堤事上谕　道光十五年七月二十七日
著各直省督抚通饬所属妥议章程实心经理育婴堂等处事上谕　道光十九年四月二十七日
户部尚书管顺天府尹事卓秉恬等为请将入官地亩拨充书院普济育婴二堂经费事奏折　道光二十年七月初十日
著将入官地亩历年租息以一半赏给京城育婴堂等三处添补经费上谕　道光二十年七月初十日
著查明文纶奏曾将各商记欠陋规作为公费津贴育婴堂经费等事上谕　道光二十年十月十九日
江西巡抚陈阡为请裁盐务公费银两酌筹省会育婴堂等处经　道光三十年十二月二十一日

费事奏折
著各直省督抚董饬所属地方官严禁溺女并广设育婴堂上谕　同治五年二月初十日
福州将军英桂等为请动支闽省道库盐厘银作为普济育婴堂经费事奏片　同治五年十二月十五日
著各该地方官多设育婴堂收养弃婴用广仁恩上谕　同治六年五月初二日
著各直省督抚妥议整顿吏治并举办社仓社学普济育婴章程上谕　同治八年三月十三日
著加恩照数赏给育婴堂等粟米妥为散放上谕　光绪三年十月二十一日
著照旧领给育婴堂等米石上谕　光绪四年五月十八日
江西巡抚刘秉璋为江西劝办育婴情形事奏折　光绪四年五月二十八日
翰林院侍讲王邦玺为请令各督抚饬州县认真办理义仓育婴堂等事奏片　光绪四年十二月二十五日

清代设立与管理育婴堂档案（下）

赵增越编选（2015·3·4）　中国第一历史档案馆

四川总督丁宝桢为德阳县民人捐钱倡建育婴堂等请旨旌表建坊事奏片　光绪五年二月十二日
湖南巡抚卞宝第为绅士倡办育婴吁恳旌表以昭激劝事奏折　光绪九年四月二十八日
湖南巡抚卞宝第为请饬两江总督等将盐商捐助育婴堂经费立为专案事奏片　光绪九年五月十九日
著江西巡抚潘霨等筹款兴办育婴堂以杜溺女之习上谕　光绪九年六月十二日
湖南巡抚卞宝第为广西提督苏元春等捐资育婴遵例建坊事奏片　光绪十二年六月十一日
直隶总督李鸿章为阎玉生遵父遗命捐银添建育婴分堂请旨照例自行建坊事奏片　光绪十二年十二月二十二日
湖南巡抚卞宝第为常璋等捐田给省城育婴堂收租纳课请饬部议叙事奏片　光绪十四年七月十三日
湖南巡抚卞宝第为常荣等捐田给育婴堂以助经费请建坊奖叙事奏片　光绪十四年八月初八日
两广总督张之洞为商定稽查外国教士所设育婴堂办法事奏折　光绪十五年八月初六日
四川总督刘秉璋为彭县监生罗文邦捐助育婴恤嫠公费银两请准建坊事奏片　光绪十七年三月二十六日
御史余联沅为请饬下总理各国事务衙门查出条约育婴一条与洋人辩论等事奏片　光绪十七年五月二十四日
河南道监察御史高燮曾为请预行停止教士育婴以释群疑事奏折　光绪十七年六月二十四日
户科掌印给事中洪良品为教案频兴皆由教堂育婴而起请定妥章以杜后患事奏折　光绪十七年七月二十四日
陕西道监察御史恩溥为各省教案缘育婴而起请饬广设育婴堂事奏折　光绪十七年九月十三日
著各直省将军督抚悉心体察妥为筹划广设育婴堂上谕　光绪十七年九月十三日

广西巡抚马丕瑶为遵旨饬劝广设育婴堂事奏片　光绪十七年十二月初七日
安徽巡抚沈秉成为遵旨饬令皖省各属广设育婴堂事奏折　光绪十七年十二月二十七日
黑龙江将军依克唐阿等为遵旨查明黑龙江省无育婴堂亦无因育婴起衅教案事奏折　光绪十八年二月十五日
四川总督刘秉璋为职员陈绶等捐助育婴田业请旨分别建坊事奏片　光绪十八年五月初九日
云南巡抚谭钧培为滇省筹款设立育婴堂情形事奏片　光绪十八年
云南巡抚谭钧培为监生李春培捐送育婴堂房产请旨建坊事奏折　光绪十九年二月二十三日
云南巡抚谭钧培为尽先都司罗绍裔捐助育婴堂经费请在原籍建坊事奏折　光绪十九年三月二十三日
湖广总督张之洞等为遵旨筹办湖北通省育婴情形事奏折　光绪十九年十一月十四日
湖广总督张之洞等呈遵办湖北育婴事宜各属收养婴孩数目及筹捐经费办法清单　光绪十九年十一月十四日
湖南巡抚吴大澄为新宁县同知职衔张锡笏捐修桥工并育婴银两请准建坊事奏片　光绪十九年十二月二十七日
护理湖南巡抚王廉为江西补用知州赵辉遵故父母命捐助育婴经费请旨建坊事奏片　光绪二十年二月十三日
署理湖广总督谭继洵为安庆协副将刘先文捐助育婴经费请准建坊事奏片　光绪二十一年五月初十日
户科掌印给事中洪良品为请于各教堂左右设堂自办育婴事奏片　光绪二十一年八月初七日
湖南巡抚陈宝箴为候选通政司经历常璋等捐田育婴请给奖叙事奏片　光绪二十一年九月初二日
热河都统寿荫为置买围场地亩请免升课所收租项尽归育婴堂经费事奏片　光绪二十一年十二月初十日
四川总督奎俊为大足县绅刘光乙报捐育婴局经费请自行建坊事奏片　光绪二十五年十二月十七日
四川总督奎俊为垫江县绅士邓禄征捐产育婴请恩准自行建坊事奏片　光绪二十六年四月二十六日
会办五城事宜尹堂为五城粥厂育婴堂等处应领十二月粟米事致户部移会　光绪二十七年十一月十九日
浙江巡抚任道镕为分省试用县丞孙家骏创设育婴堂并续捐经费请旨自行建坊事奏片　光绪二十七年十一月三十日
热河都统松寿为请豁免热河育婴堂地粮事奏折　光绪三十一年三月二十九日
热河都统松寿为查明热河育婴堂司事前锋校双明在堂十余年始终不懈请奖事奏片　光绪三十一年三月二十九日
总督仓场为育婴堂等三月应领米数事致度支部咨文　光绪三十三年三月初四日
总督仓场为贫民维艰育婴堂等处各粥厂请加放米数事致度支部咨文　光绪三十三年九月二十九日
浙江巡抚增韫为德清县节妇戚沈氏捐助育婴堂经费请旨建　宣统二年三月二十一日

坊事奏片
育婴堂为申送办理善堂善举表式事致管顺天府尹事务陆润庠等申文　宣统二年四月
两江总督张人骏为江宁通州孀妇刘张氏捐产创办育婴堂等请奖事奏片　宣统三年闰六月二十八日
育婴堂章程

清代咸安宫官学档案（上）

褚若千　赵郁楠编选（2017·2·4）　中国第一历史档案馆

庄亲王允禄等为咸安宫官学教习刘卓索要学生钱财请革免事奏折　雍正七年九月二十六日
庄亲王允禄等为咸安宫官学期满教习带领引见事奏折　雍正十一年二月十六日
总管内务府为遵旨将咸安宫官学教习周之晋等带领引见事奏折　雍正十一年二月十六日
内务府总管大臣来保等为咸安宫官学期满考试安排场地人员领用物品等事奏折　乾隆七年二月十三日
左都御史福敏等为进呈咸安宫官学与景山官学生试卷事奏折　雍正十二年十一月初六日
总管内务府为考取咸安宫景山官学学生委用事奏折　雍正十二年十二月二十六日
监察御史偏武等为特参管理咸安宫官学等员分别查议等事奏折　雍正十三年七月初九日
总管内务府为恭遇恩诏准将咸安宫官学成才无望学生退回原旗事奏折　雍正十三年十月二十二日
庄亲王允禄等请将咸安宫官学年纪已大之学生遴选引见等事奏折　乾隆元年二月十二日
庄亲王允禄等为遵旨议复咸安宫官学挑选八旗子弟等事奏折　乾隆元年三月初四日
内务府总管大臣来保为请将咸安宫官学教习马善等赏给官职等事奏折　乾隆元年四月十四日
著赏给法海等二人副都统衔协同来保办理咸安宫官学事务等事上谕　乾隆元年五月十七日
内务府总管大臣来保为请遣员代理咸安宫官学事务事奏折　乾隆二年正月二十六日
江苏巡抚邵基为报总理咸安宫官学学政胡香山在籍病故事题本　乾隆二年六月二十七日
翰林院侍读学士春台为请定咸安宫官学则例事奏折　乾隆二年八月初八日
著正詹事吴拜接管徐元梦原管稽查咸安宫翻译功课等事谕旨　乾隆二年九月初八日
翰林院侍读学士春台为请颁咸安宫官学书籍事奏折　乾隆二年九月十二日
内务府总管大臣来保等为请考试咸安宫官学生事奏折　乾隆四年正月二十六日
庄亲王允禄等为考取一二等咸安宫官学生派来保带领引见事奏折　乾隆四年三月初十日
总管内务府为咸安宫官学生乌尔登额等引见后授职事奏折　乾隆四年三月初十日
内务府总管大臣来保等为咸安宫官学考取翻译一二等学生带领引见事奏折　乾隆四年三月二十九日

监察御史恩特和穆等为请赏景山官学学生月银等事奏折　乾隆四年十一月十八日
总管内务府为议复请赏景山官学生月银等事奏折　乾隆四年十二月二十二日
保和殿大学士张廷玉等为会议咸安宫官学翻译助教全保期满请交部议叙事题本　乾隆五年六月二十二日
保和殿大学士张廷玉等为遵议咸安宫官学教习阿锡鼎等五年期满请议叙事题本　乾隆六年六月十三日
总管内务府为报咸安宫官学学生考试等第情形事奏折　乾隆七年三月十七日
准文渊阁大学士赵国麟回原籍事上谕　乾隆八年二月二十七日
内务府总管大臣来保为自内府银两支给稽查官学候补洗马陆宗楷薪俸事奏折　乾隆十年十月初十日
内务府总管大臣来保为请考试咸安宫官学生事奏折　乾隆十二年二月二十八日
庄亲王允禄等为报咸安宫官学学生考试等第事奏折　乾隆十二年四月初七日
保和殿大学士张廷玉等为议得咸安宫官学教习韦驮保期满分部试用事题本　乾隆十二年十一月初一日
总管内务府呈咸安宫官学满汉十一房考勤清单　乾隆十五年五月—七月
内务府总管大臣来保等为咸安宫教习阿弥浑年满议叙事奏折　乾隆十六年十月二十三日
文渊阁大学士史贻直等为遵议专管官学事务大学士来保等失察教习取巧规避照例处分事题本　乾隆十八年九月十五日
内务府总管大臣来保为请委咸安宫官学学生富灵官职事奏折　乾隆二十四年十月初二日
总管内务府为咸安宫后有房一处请拨给三通馆应用事奏折　乾隆三十二年三月二十四日
侍郎观保等为参咸安宫官学汉教习邱学敏事奏折　乾隆三十四年二月二十六日
总管内务府为咸安宫官学教习伊成额期满补放主事事奏折　乾隆三十五年八月初四日
咸安宫官学生富尼善为已就读三年是否依旧学习事致大学士等呈文　乾隆三十八年二月二十六日
内务府大臣德保奏为命协管咸安宫官学事务谢恩事奏折　乾隆四十八年十月二十一日
著各堂官自行带领咸安宫等学应行引见教习事上谕　乾隆五十三年四月十三日

清代咸安宫官学档案（下）

褚若千　赵郁楠编选（2017·3·4）　中国第一历史档案馆

著铁保总理咸安宫事务等事上谕　嘉庆四年正月初九日
铁保所管咸安宫官学等处事务清单　嘉庆四年二月二十七日
著达椿总理咸安宫官学事务等事谕旨　嘉庆四年二月二十七日
著原咸安宫官学教习吴省兰补授左春坊右中允事谕旨　嘉庆四年五月初五日
怡亲王等总管内务府大臣所管事务清单　嘉庆四年七月二十五日
著文宁管理咸安宫官学事务等事上谕　嘉庆六年二月二十七日
著咸安宫等处酌拟裁减内务府司员事谕旨　嘉庆七年四月二十六日
著将裁减咸安宫等处兼摄司员办理不当之丰绅济伦革职留任等事上谕　嘉庆七年五月初四日
著英和管理咸安宫事务等事上谕　嘉庆七年六月十六日
总管内务府大臣英和为奉旨管理咸安宫官学事务谢恩事奏折　嘉庆七年六月十七日
奉旨将英和所遗咸安宫等缺分列办理人员清单　嘉庆八年五月初九日

总管内务府大臣分管兼管各项事务清单	嘉庆八年九月十九日
著恩普管理咸安宫官学事务等事上谕	嘉庆九年十二月初三日
著多庆管理咸安宫事务等事上谕	嘉庆十一年正月初九日
著添派英和管理咸安宫官学事务等事谕旨	嘉庆十一年九月初十日
掌山西道监察御史陆言为请定期考试选拔各官学汉教习事奏折	嘉庆十二年十一月二十九日
著德文管理咸安宫官学事谕旨	嘉庆十三年六月二十九日
著常福管理咸安宫官学事谕旨	嘉庆十四年六月二十三日
松□所管各项差使清单	嘉庆十八年正月初八日
著铁保署理咸安宫总理事上谕	嘉庆十八年六月十三日
著佛住署理咸安宫官学等事上谕	嘉庆十九年闰二月二十六日
著英和管理咸安宫官学等事上谕	嘉庆十九年三月十二日
著穆彰阿署理咸安宫官学等事上谕	嘉庆十九年十月十七日
著廉善管理咸安宫事上谕	嘉庆二十三年五月初七日
著恩宁署理咸安宫事谕旨	嘉庆二十四年二月初十日
著将文颖馆烧毁房间归并咸安宫等处管理事谕旨	嘉庆二十四年十月二十一日
总管内务府大臣和世泰等为遵旨派员修整咸安宫正殿后檐熏损之处事奏折	嘉庆二十四年十一月十四日
著善庆兼署咸安宫等事上谕	嘉庆二十四年十二月初十日
著阿克当阿管理咸安宫官学等事上谕	嘉庆二十五年九月初八日
总管内务府大臣阿克当阿为奉旨管理咸安宫官学等处谢恩事奏折	嘉庆二十五年九月初九日
总管内务府大臣嵩年为奉旨管理咸安宫官学等处谢恩事奏折	道光元年十月二十四日
总管内务府大臣广泰为奉旨管理咸安宫官学事务谢恩事奏折	道光二年闰三月二十二日
著那清安管理咸安宫事上谕	道光二年五月十六日
著宝兴管理咸安宫等事上谕	道光四年十二月二十六日
著敬征管理咸安宫官学等事上谕	道光五年三月初四日
著奎照管理咸安宫官学事上谕	道光五年九月十七日
礼部尚书穆克登额为各官学汉教习考试请钦命四书题及诗题题目事奏片	道光六年三月二十二日
山西道监察御史续龄为一体严查八旗官学咸安宫官学等处积弊事奏折	道光六年十月初六日
著咸安宫等官学师生常川入学并查学大臣等不时稽查事上谕	道光六年十月初七日
著宝兴管理咸安宫官学事上谕	道光八年九月十八日
著贵庆署理咸安宫官学等事上谕	道光十年三月二十八日
著铁麟管理咸安宫官学事上谕	道光十一年十月十八日
户部左侍郎敬征为请简放人员会同管理咸安宫官学事务事奏折	道光十一年
著礼部议奏顺天科试挑选荐卷以供咸安宫官学等用事上谕	道光十二年五月十七日
著将咸安宫官学复考不符者扣除事上谕	道光十二年五月二十四日
著桂龄管理咸安宫官学事上谕	道光十四年六月二十九日

著穆彰阿管理咸安宫官学事上谕　道光十四年十一月初五日

著文庆署理咸安宫官学等事上谕　道光十七年六月初一日

著奎照管理咸安宫官学事上谕　道光十八年闰四月初八日

吏部尚书奕经等为议复咸安宫翻译教习春霖三年期满准其补用事题本　道光二十年三月初六日

著恩桂管理咸安宫官学事谕旨　道光二十一年四月二十七日

总管内务府大臣恩桂为奉旨管理咸安宫官学事务谢恩事奏折　道光二十一年四月二十八日

总管内务府大臣敬征为请简派人员会同管理咸安宫官学事务事奏折　道光二十一年五月

署理吏部尚书恩桂等为议复咸安宫官学监教候缺笔帖式德兴期满议叙事题本　道光二十二年十月十八日

总管内务府大臣福济为奉旨管理咸安宫官学事务谢恩事奏折　道光二十五年八月二十七日

河南道监察御史麟光为请整顿咸安宫官学等学务事奏折　道光三十年五月二十八日

总管内务府大臣基溥为请派员署理咸安宫官学事务事奏折　咸丰三年二月十九日

总管内务府为请派员管理咸安宫官学事务事奏折　咸丰三年九月二十二日

总管内务府大臣存佑为派员管理咸安宫官学事务事奏折　咸丰五年二月二十八日

吏部尚书花沙纳等为议复咸安宫官学教习文增期满照例准其遇缺补用事题本　咸丰五年十月二十日

咸安宫官学等处酌派管理大臣清单　同治元年二月十二日

恭亲王奕䜣为奉旨管理咸安宫官学事务谢恩事奏折　同治元年二月十三日

总管内务府大臣宝鋆为佩带总管内务府印钥管咸安宫事务谢恩事奏折　同治四年四月十三日

咸安宫官学事务请派员管理衔名清单　同治四年四月二十七日

总管内务府大臣瑞常为奉旨管理咸安宫官学等事务谢恩事奏折　同治四年四月二十八日

总管内务府大臣瑞常等为请派员署理印钥并所管咸安宫官学等处事奏折　同治四年九月十一日

附件：咸安宫官学事务请派员署理衔名清单

咸安宫官学事务请派员管理衔名清单　同治十一年三月十九日

总管内务府大臣崇纶为奉旨管理咸安宫事务谢恩事奏折　同治十一年三月二十日

吏部尚书宝鋆等为议复咸安宫教习桂芳期满给予记录一次事题本　同治十二年闰六月二十六日

咸安宫官学事务请派员管理衔名清单　同治十三年十二月二十四日

总管内务府大臣师曾为暂行署理咸安宫官学等处事务谢恩事奏折　光绪元年九月十七日

咸安宫官学事务请派员管理衔名清单　光绪元年九月初九日

咸安宫官学年满汉教习举人钟铭期满履历单　光绪二年十月十九日

验看咸安宫官学年满汉教习举人钟铭期满拟旨单　光绪二年十月十九日

验看咸安宫年满汉教习举人陈德熏拟旨单　光绪二年

咸安宫官学事务请派员管理衔名清单　光绪三年正月初十日

大学士宝鋆等为议复咸安宫官学监教官桂芳期满照例给予　光绪三年二月十二日

记录事题本

咸安宫官学年满汉教习张绍恺履历清单	光绪三年十一月初二日
验看咸安宫官学年满汉教习举人张绍恺拟旨单	光绪三年十一月初二日
验看咸安宫官学年满汉教习拟旨单	光绪三年
验看咸安宫官学年满汉教习举人陈树庭拟旨单	光绪三年
总管内务府大臣成林为奉旨管理咸安宫官学事务谢恩事奏折	光绪四年四月十四日
咸安宫官学年满汉教习举人舒士寯履历清单	光绪四年
验看咸安宫官学年满汉教习举人舒士寯拟旨单	光绪四年
总管内务府大臣广寿为奉旨管理咸安宫官学等处谢恩事奏折	光绪五年正月初一日
咸安宫官学事务请派员管理衔名清单	光绪五年八月十六日
总管内务府大臣恩承为奉旨管理咸安宫官学事务谢恩事奏折	光绪五年八月十七日
咸安宫官学年满汉教习徐宝晋履历清单	光绪五年
验看咸安宫年满汉教习徐宝晋拟旨单	光绪五年
咸安宫官学年满汉教习苏重熙履历清单	光绪六年
验看咸安宫官学年满汉教习苏重熙拟旨单	光绪六年
咸安宫官学年满汉教习吴德潚履历清单	光绪六年
验看咸安宫官学年满汉教习吴德潚拟旨单	光绪六年
咸安宫官学年满教习孟积伸履历清单	光绪七年
验看咸安宫官学年满教习孟积伸拟旨单	光绪七年
咸安宫官学年满教习周尔珍履历清单	光绪七年
验看咸安宫官学年满教习周尔珍拟旨单	光绪七年
咸安宫官学年满教习陈树庭履历清单	光绪七年
咸安宫官学事务请派员管理官员衔名清单	光绪八年五月初八日
总管内务府大臣志和为奉旨管理咸安宫官学等事务谢恩事奏折	光绪八年五月初九日
著礼部议奏志和酌拟整顿咸安宫官学事宜折等事上谕	光绪八年六月二十四日
刑科掌印给事中楼誉普为整顿咸安宫等官学疏通教习知县补缺班次事奏折	光绪八年八月二十六日
吏科掌印给事中戈靖为变通办理考试官学教习录取充补章程事奏片	光绪八年
总管内务府大臣师曾为奉旨管理咸安宫官学等事务谢恩事奏折	光绪九年二月初三日
呈咸安宫官学事务请派员管理衔名清单	光绪九年十月二十六日
总管内务府大臣福锟等为查勘咸安宫等处损坏情形并请速修事奏折	光绪十三年二月初九日
附件：咸安宫等处损坏应修各工清单	
吏部尚书锡珍等为议复咸安宫官学监看教官特图慎期满照例给予纪录事题本	光绪十三年六月十一日
咸安宫官学年满翻译教习文祺拟旨单	光绪十三年七月初四日
总管内务府大臣崇光为管理咸安宫官学等事务谢恩事奏折	光绪十四年正月十五日
咸安宫官学年满翻译教习全泰等拟旨单	光绪十四年六月十九日

著将引见教习漏未缮单之咸安宫官学堂司各官交部察议事上谕	光绪十七年七月初五日
咸安宫官学为翻译教习文禄期满照例带领引见事奏折	光绪十七年七月初五日
咸安宫官学为汉教习胡鼎彝期满照例带领引见事奏折	光绪十七年七月初五日
咸安宫官学员外郎联祥等各司库恭办庆典差务官员衔名清单	光绪二十年正月二十四日
著加赏咸安宫官学员外郎联祥等事谕旨	光绪二十年正月二十五日
著转咨宗人府等议奏整顿咸安宫官学等事谕旨	光绪二十四年八月初四日
总管内务府大臣启秀为奉旨管理咸安宫官学等事务谢恩事奏折	光绪二十四年九月二十日
拟引见咸安宫官学等处人员数量清单	光绪二十四年十月初四日
拟引见咸安宫官学等处人员数量清单	光绪二十四年十二月初九日
拟引见咸安宫官学等处人员数量清单	光绪二十五年三月十二日
拟引见咸安宫官学等处人员数量清单	光绪二十五年八月二十六日
咸安宫官学事务请派员管理衔名清单	光绪二十六年十一月二十五日
吏部尚书张百熙等为请将咸安宫等两处官学作为小学堂事奏片	光绪二十八年正月初六日
著准咸安宫官学改为小学堂等事上谕	光绪二十八年二月十二日
拟引见咸安宫官学等处人员数量清单	光绪二十八年二月二十五日
拟引见咸安宫官学等处人员数量清单	光绪二十八年七月初四日
拟引见咸安宫官学等处人员数量清单	光绪二十八年七月二十日
拟引见咸安宫官学等处人员数量清单	光绪二十八年十二月初五日
拟引见咸安宫官学等处人员数量清单	光绪二十八年十二月初八日
拟引见咸安宫官学等处人员数量清单	光绪二十九年六月初十日
拟引见咸安宫官学等处人员数量清单	光绪二十九年十二月初九日

河南贡院清代碑记两通

陈宁宁辑录（2012·4·49）

河东河道总督田文镜撰拟《改建河南贡院记》	雍正十年
河南巡抚鄂顺安撰拟《重修河南贡院碑记》	道光二十四年十月

乾隆元年荐举博学鸿词史料（上）

王澈编选（1990·3·13）　　中国第一历史档案馆

著直省督抚及在朝大臣保举博学鸿词上谕	雍正十三年十一月初九日
大学士张廷玉等为议复原江西巡抚常安等荐举博学鸿词事题本	雍正十三年十二月初二日
大学士张廷玉等为议复江苏巡抚高其倬等荐博学鸿词事题本	雍正十三年十二月初四日
大学士张廷玉等为议复原浙抚程元章等荐举博学鸿词事题本	乾隆元年正月二十二日
吏部奏为云南云龙州知州徐本仙等先行考试后回原任升用事奏折	乾隆元年二月初六日
奉天府尹宋筠为荐博学鸿词事题本	乾隆元年二月初七日
江苏巡抚高其倬为荐博学鸿词事题本	乾隆元年二月二十日

著户部按名给发赴京考试博学鸿词膏火银上谕　乾隆元年二月二十三日
大学士张廷玉等议复山东巡抚岳濬等荐博学鸿词事题本　乾隆元年三月初一日
吏部请对已保举博学鸿词许佩璜先行考试再赴新任　乾隆元年三月初五日
大学士张廷玉等为议复署兵部侍郎王士俊荐博学鸿词事题本　乾隆元年三月十三日
直隶总督李卫为荐博学鸿词事题本　乾隆元年三月十七日
署江苏巡抚顾琮为荐博学鸿词事题本　乾隆元年四月十二日
大学士张廷玉等为议复浙督嵇曾筠荐博学鸿词事题本　乾隆元年六月二十一日
署江苏巡抚顾琮为续举博学鸿词事题本　乾隆元年七月二十五日
陕西巡抚硕色为荐博学鸿词事题本　乾隆元年八月初四日
安徽巡抚赵国麟为荐博学鸿词事题本　乾隆元年八月初五日
云南巡抚张允随为荐博学鸿词事题本　乾隆元年八月初六日
福建学政周学健为荐博学鸿词事奏折　乾隆元年八月初九日
大学士张廷玉等为议复广东巡抚杨永斌荐博学鸿词事题本　乾隆元年八月三十日
大学士张廷玉等为参劾太仆寺卿蒋涟荐武生为博学鸿词事题本　乾隆元年九月初一日
山东巡抚岳濬为荐博学鸿词事题本　乾隆元年九月初十日
大学士鄂尔泰奏请于太和殿前考试博学鸿词　乾隆元年九月十五日

乾隆元年荐举博学鸿词史料（下）

王澈编选（1990·4·21）　中国第一历史档案馆

大学士张廷玉等议复陕西巡抚硕色荐博学鸿词事题本　乾隆元年九月二十一日
大学士张廷玉等为议复陕西巡抚硕色荐博学鸿词事题本　乾隆元年九月二十一日
大学士张廷玉等为议复江苏巡抚顾琮荐博学鸿词事题本　乾隆元年九月二十一日
大学士张廷玉等为议复安徽巡抚赵国麟荐博学鸿词事题本　乾隆元年九月二十一日
大学士张廷玉等为议复福建巡抚卢焯等荐博学鸿词事题本　乾隆元年九月二十一日
大学士张廷玉等为奉天府丞王河荐博学鸿词与例不符事题本　乾隆元年九月二十六日
大学士鄂尔泰等请钦点大臣阅卷　乾隆元年九月二十七日
大学士鄂尔泰等为请敕部查明滥举博学鸿词之员事奏折　乾隆元年十月初二日
附：博学鸿词试卷中诗句雷同及文理荒谬者名单
大学士鄂尔泰等为报明考取博学鸿词事奏折　乾隆元年十月初三日
附：考取博学鸿词人员名单
大学士鄂尔泰等请对已考取之博学鸿词者分别授官　乾隆元年十月初四日
吏部带领考取博学鸿词人员引见并奉谕旨分别授官　乾隆元年十月初五日
大学士张廷玉等为查明试卷雷同及议处滥举博学鸿词之员事题本　乾隆元年十一月初十日
山东学政李光墺为请将鸿博性理二科确定年限考试奏折　乾隆二年五月初二日
大学士张廷玉等带领考取博学鸿词人员引见并奉谕旨事　乾隆二年七月十六日

乾隆朝书院档案（上）

韩永福编选（2012·3·4）　中国第一历史档案馆

奉天府府丞王河为陈盛京学校事宜并请设奉天书院事奏折　乾隆元年正月初八日

直隶布政使张鸣钧为书院膏火经费不敷请旨酌添事奏折	乾隆元年二月十八日
著各直省督抚学政慎选书院山长严加考核事上谕	乾隆元年五月三十日
直隶总督李卫为议复酌筹保定莲池书院经费事奏折	乾隆元年六月二十四日
广东学政王丕烈为陈书院教长应保举分发等事奏折	乾隆元年八月初一日
奉天府府尹宋筠为请于奉省设立书院事奏折	乾隆元年九月初三日
江西巡抚俞兆岳等为报延请江南进士王恪至豫章书院督课生徒事奏折	乾隆二年正月二十七日
南书房行走钱陈群为请特颁谕旨整饬尼山洙泗两书院教授圣贤裔孙事奏折	乾隆二年四月十六日
署理陕西巡抚崔纪为请设立西安满城书院事奏折	乾隆二年闰九月十二日
甘肃巡抚元展成为请将平余银两留充书院经费事奏折	乾隆三年正月二十四日
江苏巡抚杨永斌为请动支关规银交商生息接济书院经费捕役给赏事奏折	乾隆三年二月初八日
福建巡抚卢焯为请颁赐鳌峰书院宝翰并再拨生息银两事奏折	乾隆三年三月二十二日
浙江巡抚卢焯为敷文书院经费不敷请赐帑金并颁宸翰事奏折	乾隆四年三月初八日
著加赐帑金一千两生息以资敷文书院膏火事上谕	乾隆四年三月二十三日
巡视台湾御史杨二酉为报贡生施士安报捐田亩请立书院事奏折	乾隆四年十二月
奉天府府丞傅为詝为请照例建立书院酌拨经费并敕发书籍事奏折	乾隆五年闰六月十五日
直隶总督高斌为请于营田工本内提银二万两发商生息以资莲池书院膏火事奏折	乾隆六年十二月二十二日
巡视台湾御史张湄为请增设台湾书院房舍膏火事奏折	乾隆八年二月十五日
直隶布政使沈起元为酌筹崇正书院等生息银两以资膏火事奏折	乾隆八年六月初八日
湖南巡抚蒋溥为请钦颁岳麓书院匾额事奏折	乾隆八年十一月二十九日
闽浙总督那苏图为遵议前巡台御史张湄奏请台湾海东书院添盖房屋等事奏折	乾隆八年十二月初五日
云南总督张允随为滇省五华书院讲习孙见龙期满请旨赏还庶吉士原衔事奏折	乾隆八年十二月二十日
直隶总督高斌为遵议布政使沈起元酌筹书院生息银两之事奏折	乾隆八年十二月二十五日
湖南巡抚蒋溥为报择吉悬挂钦颁岳麓书院匾额事奏折	乾隆九年三月二十二日
陕西巡抚陈弘谋为请颁赐白鹿洞书院匾额事奏折	乾隆九年四月十八日
湖南巡抚蒋溥为饬行府州县学申送岳麓书院必须学行兼优之士事奏折	乾隆九年五月初九日
巡视河东盐政吉庆为报捐修运城宏运书院并商人捐资兴办事奏折	乾隆九年七月初二日
湖北巡抚晏斯盛为各省书院讲习不敷请于现任翰林拣充等事奏折	乾隆九年七月初六日
署理安徽巡抚准泰为报奉到御书紫阳书院匾额日期事奏折	乾隆九年十一月初一日

翰林院侍讲学士沈德潜为敬陈书院院长应重讲求经学事奏折	乾隆九年十一月十二日
甘肃巡抚黄廷桂等为甘省皋兰书院教习盛元珍卓著成效请旨送部引见事奏折	乾隆十年三月十六日
湖南巡抚杨锡绂为报增设南城书院事奏折	乾隆十一年三月初八日
直隶总督那苏图为钦颁莲池书院匾额谢恩事奏折	乾隆十一年十月十三日
云贵总督张允随等为五华书院主讲孙见龙品学纯正请予鼓励事奏折	乾隆十四年十月初九日
山西巡抚阿里衮为报晋阳书院现在修膳膏火敷用毋庸拨款事奏折	乾隆十五年十月二十四日
著赐钟山书院等武英殿新刊十三经等书事上谕	乾隆十六年二月二十七日
署理陕西巡抚卢焯为请颁赐书院匾额事奏折	乾隆二十一年八月　日
署理陕西巡抚卢焯为奉到御书关中书院匾额并肄业举人生员恭谢天恩事奏折	乾隆二十一年十二月十三日
两江总督尹继善为代进沈德潜廖鸿章和韵御制紫阳书院诗事奏折	乾隆二十二年六月二十二日
著各省将赏恤兵丁与书院经费生息情形查明办理事上谕	乾隆二十四年三月初一日
河南巡抚胡宝瑔为遵旨筹议公项银两营运生息未可一概禁止事奏折	乾隆二十四年六月十四日
湖广总督硕色为遵旨筹议生息银两请免停止事奏折	乾隆二十四年闰六月初二日
山东巡抚阿尔泰为遵旨筹议公项生息书院经费等事奏折	乾隆二十四年闰六月十三日
两广总督李侍尧等为遵旨筹议公项生息书院经费等事奏折	乾隆二十四年闰六月二十二日
直隶总督方观承为遵旨查明直隶书院等生息银两办理无弊仍请存留事奏折	乾隆二十四年闰六月二十六日
云贵总督爱必达等为遵旨筹议云贵两省兵丁赏恤及书院经费仍请照旧交商生息事奏折	乾隆二十四年闰六月二十七日
闽浙总督杨廷璋等为遵议闽省绿营赏恤及鳌峰书院生息银两事奏折	乾隆二十四年闰六月三十日
四川总督开泰为遵旨筹议川省交商生息银两事奏折	乾隆二十四年七月二十八日
闽浙总督杨廷璋等为酌议浙省停止公项银两交商生息事奏折	乾隆二十四年八月初四日
陕甘总督杨应琚为遵旨查明陕甘二省各案生息银两难以议停事奏折	乾隆二十四年八月初九日
两江总督尹继善为遵旨筹议停止公项银两交商生息事奏折	乾隆二十四年八月十三日
广西巡抚鄂宝为遵旨酌议停止公项银两交商生息事奏折	乾隆二十四年八月二十一日
山西巡抚塔永宁为遵旨查明晋省营运生息银两分别留撤事奏折	乾隆二十四年十月初二日
著将莲池书院进献诗册之张郝元等赏给缎匹事上谕	乾隆二十六年三月初十日
著将敷文书院和诗之翟灏等赏给荷包事谕旨	乾隆二十六年三月十三日
江西巡抚明德为请将九江等关平余银及城壕地租拨充省城书院膏火事奏折	乾隆二十八年十月初四日
云贵总督刘藻为请将张甄陶留任黔省书院主讲事奏折	乾隆三十年九月初九日
著各省督抚将会城书院山长分别查明考核事上谕	乾隆三十年十月初六日

乾隆朝书院档案（下）

韩永福编选（2012·4·4）　　中国第一历史档案馆

河南巡抚阿思哈为请将书院山长陈浩再留二三年事奏折　乾隆三十年十一月初三日

著将各省书院主讲席者统名为院长事上谕　乾隆三十年十一月初八日

著各省书院院长不得延聘丁忧守制人员事上谕　乾隆三十年十一月二十八日

署两广总督杨廷璋等为请将粤华书院山长一体考核事奏折　乾隆三十年十二月二十三日

江苏巡抚明德为报延请在籍洗马韩彦曾为苏州紫阳书院副院长并甄别士子事奏折　乾隆三十一年正月二十六日

云贵总督刘藻为报延聘五华书院讲席事奏折　乾隆三十一年二月初一日

安徽巡抚冯钤为报延请黄兰谷为敬敷书院院长事奏折　乾隆三十一年四月十三日

贵州巡抚方世俊为请将贵山书院院长张甄陶留黔仍主讲席事奏折　乾隆三十一年五月二十四日

奉天府府丞李绶为请设立书院及借项生息以为膏火经费事奏折　乾隆三十一年八月十二日

大学士傅恒等为遵议奉天请设书院不准借帑滋生并交盛京将军等酌议事奏折　乾隆三十一年九月初七日

盛京将军社图肯等为遵议奉天府府丞李绶请设书院事奏折　乾隆三十一年十月初十日

河南巡抚阿思哈为请准将陈浩再留大梁书院一年事奏折　乾隆三十二年九月初七日

两江总督高晋为报江苏钟山书院院长叶酉年老辞馆延聘原宗人府主事顾镇接任事奏折　乾隆三十四年三月十二日

河南巡抚阿思哈为报延聘原任御史汤世昌为省城大梁书院院长事奏折　乾隆三十四年四月十八日

两江总督高晋为报紫阳书院院长沈德潜病故延请致仕侍郎彭启丰入院课读事奏折　乾隆三十四年十一月十七日

署湖南巡抚德福为遵旨考察年满岳麓书院院长王文清著有成效请交部议叙事奏折　乾隆三十五年十月初一日

广东巡抚德保为考核广州粤秀书院院长陆嘉颖六年期满著有成效事奏折　乾隆三十六年六月初六日

安徽巡抚裴宗锡为报敬敷书院院长黄兰谷病故另延原山东臬司沈廷芳充任事奏折　乾隆三十六年七月初二日

贵州巡抚李湖为黔省书院院长张甄陶六年期满著有成效请饬部议叙事奏折　乾隆三十六年十二月十三日

两江总督高晋为报延聘原任翰林院侍读学士卢文弨为钟山书院院长事奏折　乾隆三十七年十月二十九日

军机处为奉旨颁赏重刻淳化阁法帖拟进大臣并各省书院等清单事奏折　乾隆三十七年十一月初四日

山西巡抚三宝为奉赐并颁晋阳书院淳化阁法帖谢恩事奏折　乾隆三十七年十一月二十二日

河南巡抚何煟为报奉到颁赐大梁书院御刻淳化阁法帖事奏折　乾隆三十七年十一月二十三日

山东巡抚徐绩为颁赐法帖泺阳书院生员谢恩事奏折　乾隆三十七年十二月十二日

护理浙江巡抚王亶望为报延请原任内阁学士陆宗楷为省城敷文书院院长事奏折　乾隆三十八年正月二十六日

安徽巡抚裴宗锡为报延请原任宗人府府丞储麟趾为省城敬敷书院院长事奏折	乾隆三十八年闰三月十九日
江苏巡抚萨载为奉颁重刻淳化阁法帖紫阳书院肄业举监谢恩事奏折	乾隆三十八年闰三月二十日
两江总督高晋为颁赐钟山书院钦定重刻淳化阁法帖在院肄业诸生恭谢天恩事奏折	乾隆三十八年四月初八日
江西巡抚海成为报豫章书院更换院长并考选生童事奏折	乾隆三十八年五月二十日
浙江巡抚三宝为报聘请吴嗣富为敷文书院院长事奏折	乾隆三十八年九月初六日
陕西巡抚毕沅为报关中书院院长范泰恒辞馆延请江宁举人戴祖启接任事奏折	乾隆四十年正月二十九日
著照毕沅所奏各省大小书院务访学行兼优者以主讲席并严格考核稽查事上谕	乾隆四十年二月十五日
浙江巡抚三宝为报查明浙省书院院长名籍事奏折	乾隆四十年四月初八日
护理贵州巡抚韦谦恒为遵旨查明考核各属书院院长事奏折	乾隆四十年四月十九日
大学士仍管两广总督李侍尧等为查明粤秀书院院长朱纫兰等实心课导事奏折	乾隆四十年四月二十四日
顺天学政罗源汉为陈明定州及正定府二处岁试及考察书院情形事奏折	乾隆四十年五月十六日
闽浙总督钟音等为遵旨查明鳌峰书院院长朱仕琇教术可观事奏折	乾隆四十年五月十六日
广西巡抚熊学鹏为报延请秀峰书院院长并遵旨稽核各属书院院长事奏折	乾隆四十年五月二十八日
署理云贵总督图思德为遵旨考核稽查各属书院院长事奏折	乾隆四十年六月初二日
署理山西巡抚巴延三为遵旨考核稽查各属书院院长事奏折	乾隆四十年七月十五日
江西巡抚海成为遵旨查明江西书院院长训课情形事奏折	乾隆四十年八月十四日
护理湖南巡抚敦福为遵旨考核稽查各属书院院长事奏折	乾隆四十年九月二十七日
奉天府府丞李绶为请用学租余银购买士子应读各书事奏折	乾隆四十年十月十二日
山东巡抚杨景泰为更换省城泺源书院院长等事奏折	乾隆四十年十二月十九日
江苏巡抚萨载为遵旨考核稽查各属书院院长事奏折	乾隆四十一年正月二十七日
两广总督桂林等为广东粤秀书院院长朱纫兰期满循例甄别事奏折	乾隆四十四年八月初五日
浙江巡抚王亶望为报延请予告礼部侍郎金甡为敷文书院院长事奏折	乾隆四十四年十一月二十二日
陕西巡抚毕沅为关中书院掌教戴祖启六年期满请准赴部引见事奏折	乾隆四十四年十一月二十九日
贵州巡抚舒常为报延请原任御史鲁赞元为贵山书院院长事奏折	乾隆四十四年十二月初十日
署理两江总督萨载等为江西贡监生员干朝幹等愿随江南士子迎銮献赋恭候召试事奏折	乾隆四十五年三月十七日
著将戴祖启考试原卷发寄毕沅阅看事上谕	乾隆四十五年五月二十一日
前任陕西巡抚毕沅为出考戴祖启失实请交部察议事奏折	乾隆四十五年六月初九日

贵州巡抚李本为报延请贵山书院院长事奏折　乾隆四十七年二月十二日
江西巡抚郝硕为报更换豫章书院院长事奏折　乾隆四十七年五月十一日
闽浙总督陈辉祖为请准以李汪度掌教敷文书院事奏折　乾隆四十七年八月初十日
陕西巡抚毕沅为请拨添关中书院膏火事奏折　乾隆四十八年正月初八日
贵州巡抚李本为更换贵山书院院长事奏折　乾隆四十八年三月十八日
江苏巡抚闵鹗元为报苏州紫阳书院院长彭启丰病故延请在籍侍郎蒋元益接任事奏折　乾隆四十九年八月十六日
两江总督萨载为报钟山书院院长秦大成病故另延原任翰林院侍讲学士卢文弨主讲事奏折　乾隆四十九年十一月初二日
湖南巡抚陆燿为请将书院余存生息银两交商营运生息事奏折　乾隆四十九年十二月十六日
四川学政钱樾为请将府州县现有书院一体查核等事奏折　乾隆五十年五月十八日
湖南巡抚浦霖为考察年满书院院长并请议叙事奏折　乾隆五十三年正月二十日
浙江巡抚琅玕为报省城敷文书院延聘原任吏部郎中张培掌教事奏折　乾隆五十五年正月二十七日
贵州巡抚额勒春为延请告假回籍翰林院编修何泌为贵山书院院长事奏折　乾隆五十六年十一月十六日
湖南学政张姚成为请将学租余息拨作岳麓书院膏火经费事奏折　乾隆五十七年闰四月十八日
著将张姚成所奏筹建岳麓书院别院等事交湖南巡抚姜晟详查办理事上谕　乾隆五十七年五月初十日
湖南巡抚姜晟为遵旨据实复奏学租余银未便拨为岳麓书院膏火事奏折　乾隆五十七年六月十七日
湖南巡抚姜晟为岳麓书院院长原任鸿胪寺少卿罗典六年期满遵旨考察事奏折　乾隆五十八年十二月十二日
署两江总督苏凌阿为请拨补沙滩归入书院收租以充膏火事奏折　乾隆六十年七月二十三日
著为谕知苏凌阿请拨沙滩归入书院收租批交部议事上谕　乾隆六十年八月十一日

乾嘉时期科举冒籍史料

王澈编选（2000·4·13）　中国第一历史档案馆
江南道监察御史谢济世为请停外省人人籍广西应试事奏折　乾隆元年正月二十四日
署两江总督印迹山为报溧阳童生混攻冒籍喧闹府考事奏折　乾隆八年十一月二十日
顺天府尹熊学鹏为报顺天丙子乡试冒籍实系枪手事奏折　乾隆二十二年三月十八日
附件一：徐晴皋等人供单
附件二：邱沆等人呈词
山东巡抚阿尔泰为奉旨详查青州府徇私冒籍事奏折　乾隆二十三年三月二十五日
山东巡抚阿尔泰等为遵旨查明青州府冒籍童生事奏折　乾隆二十三年四月初七日
广东学政鞠恺为陈严惩冒籍办法事奏折　乾隆二十五年四月二十八日
浙江学政李培因为陈整肃怀挟冒籍事奏折　乾隆二十五年六月二十二日
四川学政陈筌为清理冒籍并罚停一科事奏折　乾隆二十六年五月初九日
广东学政郑虎文为将鹤山县冒籍生员咨回本籍肄业事奏折　乾隆二十六年六月十二日

福建学政阿肃为请严生员原名考试以防冒滥事奏折　乾隆三十五年八月初八日
署云贵总督彰宝为参劾纵容弟侄违例应试之参将等事奏折　乾隆三十五年十月二十日
山东巡抚富明安为奉旨严查东省武闱乡试并无顶冒事奏折　乾隆三十五年十一月二十六日
两江总督高晋为奉旨查无武员子弟顶冒兵粮并请禁应试事奏折　乾隆三十五年十二月初三日
两广总督李侍尧等为查明粤省童生偷渡台湾冒考事奏折　乾隆三十六年八月二十四日
河南学政嵩贵为检举乡试中式举人高汝英误填籍贯事奏折　乾隆三十六年九月十五日
广东布政使姚成烈为请明晰拨回原籍考试之规则事奏折　乾隆三十八年六月二十五日
江苏布政使吴坛为捐纳官生贡监全改籍名三代查销执照事奏折　乾隆四十四年七月初八日
湖北学政初彭龄为报处置冒籍考试之洪檀等事奏折　乾隆五十九年十月初六日
湖南巡抚高杞为审办生童张世伟呈控靖州十八姓冒籍考试事奏折　嘉庆八年五月三十日
刑部左侍郎赓音等为遵旨审拟湖南通道县武生梁东泰京控案事奏折　嘉庆九年正月十三日
湖南布政使朱绍曾为清查苗疆四厅县占籍考生以杜冒考事奏折　嘉庆十五年二月十六日
直隶总督温承惠为审拟吴桥县训导呈控童生冒考事奏折　嘉庆十五年九月二十八日
贵州巡抚景敏等为审拟黎平府苗童欧阳五彩赴京控告冒籍等事奏折　嘉庆十八年二月十四日
贵州巡抚景敏等为密查苗汉分棚后暗中阻考事片　嘉庆十八年三月初十日
陕西巡抚朱勋为酌定商州寄籍土著应试章程事奏折　嘉庆二十三年正月二十二日

清代台湾教化档案选编

伍媛媛编选（2016·2·4）　　中国第一历史档案馆

闽浙总督郝玉麟为台湾番人渐知礼义向化读书事奏折　乾隆元年三月十三日
巡视台湾兼理学政工科给事中单德谟为台湾人文日盛请建考棚事奏折　乾隆二年十月二十七日
著相度情形于台湾修造试院考棚事上谕　乾隆二年十二月二十七日
福建巡抚卢焯为台湾中额已增经额未定请旨划一办理事奏折　乾隆三年六月十八日
巡视台湾监察御史诺穆布等为台湾会试取中宜另编台字号以鼓士气事奏折　乾隆三年十一月二十二日
巡视台湾兼理学政贵州道监察御史杨二酉为请捐书院膏火等事奏折　乾隆四年
巡视台湾兼管学政监察御史张湄为请增书院膏火事奏折　乾隆八年二月十五日
闽浙总督那苏图为遵议酌增海东书院膏火事奏折　乾隆八年十二月初五日
闽浙总督阿林保等为台湾增添中额等事奏折　嘉庆十二年四月十一日
闽浙总督阿林保等为台湾人文日盛请准加广学额事奏片　嘉庆十二年四月十一日
闽浙总督汪志伊等为于台湾府淡水厅设立学校事奏折　嘉庆十九年八月十九日
闽浙总督颜伯焘等为噶玛兰厅应试文童较多请加学额添设廪增事奏折　道光二十一年十二月十八日

福建台湾道裕铎呈咸丰六年岁试台湾府属酌加文武学永远定额清单　咸丰六年五月二十二日
福建台湾道丁日健为明春举行台湾岁科两试令各厅县学官妥议章程事奏片　同治三年三月初五日
福建台湾道吴大廷为办理台湾社仓义学事奏片　同治六年六月十二日
福州将军文煜等为淡水噶玛兰二厅增广学额添设学校事奏折　同治十一年四月十二日
福建巡抚丁日昌为台湾府属岁试事竣并酌进番童归入府学事奏折　光绪三年三月初十日
福建巡抚丁日昌为预筹岁试以台番童应定学额酌量取进事奏片　光绪三年三月初十日
闽浙总督何璟等为新设台北府及所属各县建立官学改拨加增学额事奏折　光绪四年九月二十八日
闽浙总督杨昌濬等为台北府属新设学额请准添选拔贡额事奏折　光绪十一年正月二十七日
御史陈琇莹为添设台湾学政事奏片　光绪十二年
闽浙总督杨昌濬等为台湾学政仍请由巡抚兼理事奏折　光绪十三年四月二十日
福建台湾巡抚刘铭传为增改台湾各府厅县学额事奏折　光绪十六年闰二月初七日
附件：台湾省各府县学添设增改文武生童及廪增名额、出贡年限清单
福建台湾巡抚刘铭传为台湾云林苗栗二县添设县学训导事奏片　光绪十六年闰二月初七日
护理福建台湾巡抚沈应奎为查明台湾新设各学生员辖籍分拨归管事奏折　光绪十七年七月十四日

乾隆朝武科史料选编

王澈编选（1995·4·19）　中国第一历史档案馆
湖广彝陵镇总兵王进昌为严武科倩代事奏折　乾隆元年三月二十日
署江苏巡抚顾琮为请以总督专办文武乡试事奏折　乾隆元年六月十五日
两江总督那苏图为报武闱拿获贿嘱营私武生等事奏折　乾隆三年十月十二日
两江总督那苏图为陈明办理武闱选中六十三名事奏折　乾隆三年十月二十八日
大学士鄂尔泰等为部议武生捐监只仍准入武闱应试事奏折　乾隆八年五月初六日
山东学政李治运为请准武生出身之监生入文闱事奏折　乾隆八年十二月初一日
福建巡抚周学健为审讯有人捏称抚衙家人包中武举事奏折　乾隆九年十月十四日
福州将军新柱等为办理金朝荣撞骗案并自请议处事奏折　乾隆九年十月十五日
贵州总督张广泗为武闱乡试搜出怀挟一人事奏折　乾隆九年十月二十日
署广东巡抚策楞为查逐可疑武生并进呈试录事奏折　乾隆九年十月二十一日
湖南巡抚蒋溥为查出枪手并取中各员无顶倩各弊事奏折　乾隆九年十月二十一日
湖南巡抚蒋溥为请将武科外场分三等并于内场严加封锁事奏折　乾隆九年十月二十一日
四川巡抚纪山为武闱搜出雇倩及怀挟武生等事奏折　乾隆九年十月二十五日
苏州巡抚陈大受为武闱缉拿招摇作弊之人并取中人数事奏折　乾隆九年十一月三十日

闽浙总督喀尔吉善为报武闱取中额数并搜出怀挟及拿获撞骗棍徒事奏折　乾隆十二年十月二十日
福州将军新柱为报闽省武闱访拿撞骗并怀挟人等事奏折　乾隆十二年十一月初六日
四川提督岳钟琪为回避武科外场监射事奏折　乾隆十五年六月初一日
福建巡抚潘思榘为拿获指撞武生杨日光及陈明防弊之法事奏折　乾隆十五年十月初三日
监试御史七格等为武闱办竣并搜获怀挟一名事奏折　乾隆十五年十月十七日
护理河南巡抚辅德为办理武闱防止弊窦事奏折　乾隆二十七年九月二十九日
山西巡抚喀宁阿为遵旨查究参将听任鼓手虚擂事奏折　乾隆四十五年十月二十日
山西巡抚喀宁阿为严审定拟武闱鼓手虚擂事奏折　乾隆四十五年十二月二十一日

乾隆朝武科举史料续编（上）

哈恩忠编选（2005·1·3）　中国第一历史档案馆

贵州按察使方显为请停邻省调取武闱帘官事奏折　乾隆元年二月十九日
广东潮州总兵范毓馪为请准监生入武闱事奏折　乾隆元年三月二十九日
四川巡抚杨馝为请增陕甘武闱名额及设学政事奏折　乾隆元年八月十二日
侍读学士梁诗正等为顺天武乡试取中有误事奏折　乾隆三年十月二十四日
江南道监察御史齐轼为酌添稽察内帘御史等事奏折　乾隆四年十月初七日
署理马兰口总兵布兰泰为请满洲武举千把总一体会试事奏折　乾隆六年七月十八日
协理山东道监察御史禄谦为变通武闱以拔真才事奏折　乾隆六年十一月初七日
浙江道监察御史陈大玠为请停文武互试事奏折　乾隆七年三月初三日
浙江道监察御史薛澂为陈武闱乡会试管见四条事奏折　乾隆七年十月十九日

乾隆朝武科举史料续编（中）

哈恩忠编选（2005·2·7）　中国第一历史档案馆

湖南巡抚蒋溥为商改湖南武闱外场定例等事奏折　乾隆九年十月初一日
湖南巡抚蒋溥为请画一武闱条例事奏折　乾隆九年十月二十一日
四川道监察御史张孝捏为请武闱外场考试宽限二日事奏折　乾隆九年十一月初四日
湖北按察使石去浮为武闱外场分棚考试等事奏折　乾隆九年十二月初九日
镇远镇总兵唐开中为请定武举分营学习之例事奏折　乾隆十八年五月十六日
贵州巡抚定长为请严查武职子弟顶冒应试等事奏折　乾隆十八年十月十九日
山西布政使多伦为停止年老武举会试事奏折　乾隆十八年十一月初三日
安徽巡抚高晋为酌改武闱印面之例事奏折　乾隆二十一年十二月初七日
山西布政使蒋洲为武闱乡试武职会考等事奏折　乾隆二十二年六月初一日
江西布政使汤聘为请裁改武举现行事宜等事奏折　乾隆二十四年十一月十六日
江苏巡抚陈弘谋为陈武闱考试事宜事奏折　乾隆二十五年正月二十四日
贵州巡抚周人骥为考试武生武童照例裁汰四书论事奏折　乾隆二十五年三月二十日
浙江学政李因培为请严武举填写亲供事奏折　乾隆二十六年九月初三日
兵部右侍郎张映辰为请循武闱内场旧例事奏折　乾隆二十六年九月二十一日
陕西巡抚鄂弼为中式武举留省填写亲供等事奏折　乾隆二十七年十一月初二日
山东布政使梁翥鸿为文武会试领咨赴部事奏折　乾隆二十九年三月初二日

乾隆朝武科举史料续编（下）
哈恩忠编选（2005·3·3）　　中国第一历史档案馆
兵部右侍郎蒋檙为陈武闱外帘需慎密事奏折　乾隆三十一年九月二十三日
两江总督高晋为江南省文武闱督抚分责事奏折　乾隆三十三年正月初八日
山西巡抚苏尔德为请敕学政造送文武生员名册事奏折　乾隆三十三年六月十一日
鸿胪寺卿江兰为杜武闱弊端事奏折　乾隆四十年八月初九日
江南道监察御史李廷钦为请严武闱外场关防等事奏折　乾隆四十年八月初九日
兵部尚书嵇璜等为议复请严武闱外场关防等事奏折　乾隆四十年八月十五日
兵部尚书嵇璜等为议复武举会试各省掣签入围等事奏折　乾隆四十年八月十五日
两江总督高晋为武闱乡试舞刀请改鸟枪事奏折　乾隆四十二年十月二十日
山东道监察御史杨九思为请杜武闱传递弊窦事奏折　乾隆四十七年十二月初十日
广西巡抚孙永清为酌改武闱步射次序等事奏折　乾隆五十一年十月二十日
署广西巡抚姚棻为武闱试竣并陈武生遵例入伍事奏折　乾隆五十九年十月十九日

乾隆朝清厘僧道停颁牒照档案（上）
哈恩忠选编（2024·2·4）　　中国第一历史档案馆
管理苏州织造海保为遵旨复奏清厘僧道地方安静等事奏折　乾隆元年四月初一日
和硕庄亲王允禄等为遵旨议复颁领牒照之法清厘僧道等事题本　乾隆元年四月初四日
湖北巡抚钟保为酌令沙弥等年幼僧尼还俗事奏折　乾隆元年十一月初二日
和硕履亲王允裪等为议复盛京礼部侍郎德福盛京僧道土俗各异酌量颁发度牒等事题本　乾隆二年四月十二日
安庆巡抚赵国麟为办理僧道度牒蒙加训示并传谕邻省督抚事奏折　乾隆二年四月十二日
和硕庄亲王允禄等为议复礼部筹划颁发僧道牒照三条事奏折　乾隆三年五月二十一日
礼部尚书三泰等为遵旨议复贵州总督张广泗办理清厘僧道颁给度牒等事题本　乾隆三年六月初四日
山西巡抚石麟为遵旨董率属员留心务使僧道日渐减少事奏折　乾隆四年七月初一日
署广西巡抚安图为遵旨董率属员留心务使僧道日渐减少事奏折　乾隆四年八月初六日
江苏巡抚张渠为遵旨董率属员留心务使僧道日渐减少事奏折　乾隆四年九月初三日
云南巡抚张允随为遵旨董率属员留心务使僧道日渐减少等事奏折　乾隆四年十月初六日
礼部尚书三泰等为议复署贵州按察使宋厚清厘僧道给发牒照等事题本　乾隆四年十一月初九日
礼部尚书三泰等为遵旨议复江西按察使凌燽请定独子出家之禁事题本　乾隆四年十二月初三日
礼部尚书三泰等为遵谕进呈各省颁发度牒部照数目等事题本　乾隆四年十二月二十日
署贵州按察使宋厚为再请稽查未领度牒僧道等事奏折　乾隆四年
礼部尚书三泰等为议复署广西按察使李锡泰奏广西僧道禁用木印等事题本　乾隆八年二月十三日

甘肃巡抚黄廷桂为僧道名色不一筹酌办理之法事奏折　乾隆八年闰四月初二日

乾隆朝清厘僧道停颁牒照档案（下）

哈恩忠选编（2024·3·4）　中国第一历史档案馆
广西巡抚杨锡绂为遵旨饬属确查僧道度牒等事奏折　乾隆八年十一月十六日
礼部尚书三泰等为议复安庆巡抚范璨奏颁给度牒安插僧道等事题本　乾隆九年二月十一日
两广总督策楞为遵谕办理粤东清厘僧道事奏折　乾隆十年八月二十六日
川陕总督庆复等为陕省办理僧道度牒有减无增缘由事奏折　乾隆十年十二月二十六日
川陕总督庆复等为川省办理僧道度牒有减无增缘由事奏折　乾隆十一年正月二十一日
安徽巡抚魏定国为遵旨办理僧道度牒事奏折　乾隆十一年二月三十日
四川按察使仓德为复查僧道之牒照以杜奸民事奏折　乾隆十一年十月二十八日
广西巡抚李锡泰为请严失察奸邪僧道之令以杜聚匪煽惑事奏折　乾隆十八年二月
原吏部尚书梁诗正为遵旨复陈整饬僧道及其财产等事奏折　乾隆二十三年十月
礼部尚书伍龄安等为直省各府及直隶州属僧道官等铸给印记一概停止事奏折　乾隆二十四年闰六月二十一日
山东按察使沈廷芳为陈僧道犯奸酌加枷罪等管见三条事奏折　乾隆二十五年十月十一日
礼部尚书裘曰修等为议复四川布政使张逢尧查禁带发僧事题本　乾隆三十二年闰七月初六日
两江总督高晋为请复僧道年终奏报之例以重稽查事奏折　乾隆三十三年八月十三日
湖北布政使闵鹗元为请严僧道云游之禁以重稽核事奏折　乾隆三十三年八月十九日
浙江按察使曾日理为僧道外出宜给路照稽查以免奸匪潜匿事奏折　乾隆三十三年九月初二日
广西巡抚陈辉祖为粤西现设僧道官酌情变通以免悬旷事奏折　乾隆三十五年十月十九日
礼部为议复户部尚书王际华请另铸礼部印信钤盖牒照事致内务府咨文　乾隆三十九年五月初九日
附件：礼部为遵旨议复户部尚书王际华请另铸印信钤盖牒照事奏折抄稿
掌广西道监察御史陈桂森为请停缴僧道牒费以肃政体事奏折　乾隆三十九年六月初四日
着停止颁发僧道度牒等事谕旨　乾隆三十九年六月十一日
礼部为抄送御史戈源请停止僧道度牒折及上谕事致内务府咨文　乾隆三十九年六月二十四日
附件一：山西道监察御史戈源为请停官给度牒之例以免扰节费事奏折抄稿
附件二：着充补僧道官必须给有牒照之例停止等事上谕抄稿

乾隆初年整饬民风民俗史料（上）

哈恩忠编选（2001·1·28）　中国第一历史档案馆
江南总督赵弘恩为严禁赌博等事奏折　乾隆元年四月初三日
江南总督赵弘恩为请禁演戏及恭缴朱批等事奏折　乾隆元年四月十八日

安徽巡抚赵国麟为钦奉上谕宽禁演戏等事奏折　乾隆元年四月二十五日
江南道监察御史傅色纳等为严禁赌博并参奏知州徐德泰等事奏折　乾隆元年六月初四日
云贵总督尹继善为请饬敦崇礼教以端风化事奏折　乾隆元年六月初五日
江南提督南天祥为请禁女戏事奏折　乾隆元年七月初四日
广西右江总兵潘绍周为请禁赛会迎神事奏折　乾隆元年七月十一日
闽浙总督郝玉麟等为获刊印造谣人犯事奏折　乾隆元年七月二十日
监察御史承祚为请定例惩戢旗民赌博事奏折　乾隆元年七月二十六日
署理江西按察使凌俦为禁除邪教等事奏折　乾隆元年八月初四日
云南按察使徐嘉宾为请禁老病图赖陋习事奏折　乾隆元年八月初八日
工科给事中阎纮玺为请严禁京畿弹手歌郎事奏折　乾隆元年九月二十二日
湖北巡抚钟保为清理幼僧幼尼事奏折　乾隆元年十一月初二日
礼科给事中德山为请禁旗人入园看戏事奏折　乾隆元年十一月十二日
两广总督鄂弥达等为议复严禁赛会灯棚事奏折　乾隆二年正月十五日
闽浙总督稽曾筠为遵旨查明堕民本末事奏折　乾隆二年二月十五日
署理福建陆路提督苏明良为请严禁地方械斗恶习事奏折　乾隆二年三月二十八日
山西按察使元展成为报地方吏治民俗事奏折　乾隆二年四月初六日
两广总督鄂弥达等为实力化导民俗事奏折　乾隆二年九月初十日
安庆巡抚赵国麟为整饬凤阳地方民俗事奏折　乾隆二年闰九月十五日
湖北布政使安图为请旨劝禁浮华风气事奏折　乾隆二年闰九月二十五日
四川按察使李如兰为请定造卖赌具惩处条例及参处失察官员事奏折　乾隆三年二月十五日
云南道监察御史卢秉纯为请饬顺天府五城晓谕京师男女及时婚娶事奏折　乾隆三年二月三十日
云南道监察御史卢秉纯为请禁京师歌舞淫侈风气事奏折　乾隆三年二月三十日
户部尚书海望等为议复请禁京畿民间买卖妇女事奏折　乾隆三年五月十八日
福建水师提督王郡为请定例示禁下南戏童蓄发事奏折　乾隆三年五月二十五日
闽浙总督郝玉麟等为议复禁止下南戏童蓄发事奏折　乾隆三年八月二十六日
山西按察使萨哈谅为整饬晋省民风事奏折　乾隆三年九月二十八日
奉天府尹吴应牧为请定缉拿造贩赌具划一劝惩之法事奏折　乾隆四年三月初七日

乾隆初年整饬民风民俗史料（下）

哈恩忠编选（2001·2·25）　中国第一历史档案馆

两江总督那苏图为查禁西来教以正风俗事奏折　乾隆四年四月初一日
河南按察使沈起元为请禁越省进香陋习事奏折　乾隆四年五月初五日
湖广总督班第为整饬楚省刁徒干碍官司情俗事奏折　乾隆四年十月十八日
署理江南总督郝玉麟为议复请除压宝流弊事奏折　乾隆五年四月十二日
兵部左侍郎舒赫德为报奉天等处习俗事奏折　乾隆五年四月二十四日
山东巡抚朱定元为查访东省邪教事奏折　乾隆五年十二月初七日
江南提督南天祥为报拿获赌棍顾恒吉事奏折　乾隆五年十二月十三日
山东巡抚朱定元为遵旨办理劝民孝第情形事奏折　乾隆六年正月十七日

河南按察使沈起元为请杜豫省邪教之源事奏折　乾隆六年五月十六日
署理福州将军策楞为整饬闽省习俗事奏折　乾隆六年五月二十八日
江苏按察使陈弘谋为整饬停丧不葬事奏折　乾隆六年六月初二日
广东道监察御史李清芳为整饬闽省民俗条陈管见七条事奏折　乾隆六年七月十七日
兵科给事中钟衡为请敕谕督抚整治闽省民俗事奏折　乾隆六年七月二十七日
河南按察使王丕烈为请委员巡行地方化导闽省习俗事奏折　乾隆八年五月十五日
署理福建巡抚周学健为化导闽省民风事奏折　乾隆八年九月二十五日
江西巡抚陈弘谋为请定俗乐以裨风化事奏折　乾隆六年十月二十二日
署理福建巡抚周学健为请设育婴堂以除溺女恶习事奏折　乾隆八年十一月十一日
江南道监察御史欧堪善为条陈禁奢侈之风等六条事奏折　乾隆九年正月二十二日
福建布政使高山为请于闽地设房族长以靖地方风俗事奏折　乾隆九年四月二十七日
江苏按察使李学裕为请照原价回赎民间典鬻子女事奏折　乾隆九年九月二十日
河南按察使王丕烈为严禁赌博事奏折　乾隆九年十月二十八日
监察御史舒敏为请禁妇女游荡山寺习俗事奏折　乾隆九年十一月十四日
江西按察使翁藻为山界纠纷请令地方官亲勘其地以成信谳事奏折　乾隆十年正月初十日
山东巡抚喀尔吉善为查办东省邪教事奏折　乾隆十年四月二十五日
湖南巡抚杨锡绂为办理湖南民风吏治事奏折　乾隆十年九月二十五日
湖广总督鄂弥达为议复请严男女防闲等事奏折　乾隆十年十二月初四日

乾隆朝贡监档案（上）

哈恩忠编选（2017·4·4）　　中国第一历史档案馆

著准令各省贡监生等一体乡试等事上谕　乾隆元年四月十八日
礼部尚书杨名时为请准新捐贡监取具印结录科送考等事奏折　乾隆元年七月初七日
著将擅言捐监永停考职等事之御史谢济世严行申饬并确据回奏事上谕　乾隆二年三月二十四日
保和殿大学士张廷玉等为议复停教职催交贡监钱粮之例以专官守事题本　乾隆二年十月十四日
福建巡抚卢焯为远省贡监请照吏攒之例就近考试以广皇仁事奏折　乾隆三年六月十八日
保和殿大学士张廷玉等为议复远省贡监请照吏攒之例就近考试事题本　乾隆三年八月十四日
户部尚书海望等为议复顺天府丁卯科贡监生员等翻译乡试准报销应用各银事题本　乾隆三年十月初五日
陕西道监察御史程钟彦为请宽捐纳贡监人员换照限期事奏折　乾隆四年八月十九日
大学士张廷玉等为请定汉军贡监考试之例以为铨选事奏折　乾隆六年五月二十七日
监试官济安布等为请严投考贡监之例不得朦混事奏折　乾隆六年六月初三日
大学士张廷玉等为议复监试官济安布等请严投考贡监之例不得朦混事奏折　乾隆六年六月二十日
著汉军贡监准考主簿等职衔另议分班铨选事上谕　乾隆七年二月十三日
著各省督抚学臣慎重录送应试贡监等事上谕　乾隆七年二月十三日

广西巡抚杨锡绂为广西录送应试贡监不宜拘泥办理事奏折 乾隆七年四月二十五日
保和殿大学士张廷玉等为议复贡监等员河工效力与例不合宜核实定额事题本 乾隆七年十二月初二日
山西道监察御史熊学鹏为台湾科举免限定额及录科贡监等准考乡试事奏折 乾隆八年五月二十一日
广西道监察御史钱度为贡监考职宜严戒滥取以崇名器事奏折 乾隆九年五月二十四日

乾隆朝贡监档案（下）

哈恩忠编选（2018・1・9） 中国第一历史档案馆
著贡监考职等项考试仍从午门朝考旧例并严加复试事上谕 乾隆九年十月二十八日
著将陈奏国学不拘人数随收贡监等事之御史张孝捏申饬事谕旨 乾隆十一年七月二十三日
顺天府府尹蒋炳等为各省贡监即在本省送试事奏折 乾隆十二年二月三十日
著为副榜增额各省将贡监生员文理通明者送考事上谕 乾隆十二年五月初七日
革职留任湖北巡抚陈弘谋为请严贡监举优黜劣之例以端士习事奏折 乾隆十二年八月初四日
著为东省现行事例停止贡监封典照旧捐纳事上谕 乾隆十四年三月二十九日
山东巡抚准泰为东省改收本色贡监等捐谷各归州县等事奏折 乾隆十四年七月十一日
江南学政李因培为严催各属造具贡监生员细册迟延事奏折 乾隆二十二年四月初五日
户部左侍郎刘纶等为严查贡监生员冒籍大宛两县造册申报事奏折 乾隆二十二年六月初二日
大学士傅恒等为议复贡监考职甄别候选以汰衰冗而收实效事题本 乾隆二十二年九月三十日
江苏学政李因培为遵旨查参捐纳贡监造册迟延各员等事奏折 乾隆二十二年十二月十一日
江苏布政使托恩多为请减贡监捐数以裨灾地仓储事奏折 乾隆二十二年十二月十二日
江苏学政李因培为请厘贡监藉捐之籍贯以杜冒考事奏折 乾隆二十三年三月初十日
革职留任山西布政使刘慥为请严冒滥捐纳贡监及职衔以重名器事奏折 乾隆二十三年十一月二十四日
安徽巡抚高晋为奉部文停止安省已收捐本色贡监数目事奏折 乾隆二十四年五月二十一日
广东布政使史奕昂为逐一查明鹤山县贡监拨回原籍应试事奏折 乾隆二十七年七月十一日
江南安徽巡抚托庸为议复安省修葺城垣需费浩繁开捐贡监及职衔等事奏折 乾隆二十七年十一月二十九日
大学士傅恒等为议复安省怀宁等州县修葺城垣开捐贡监及职衔等事奏折 乾隆二十七年十二月十六日
著江浙等四省贡监收捐本色之例停止事上谕 乾隆二十八年九月二十五日
江西巡抚明德为议复江西捐纳贡监折收本色及补运截漕等事题本 乾隆二十八年十月十六日
贵州学政陈筌为通饬各属捐纳贡监造册备案遵例举报优劣事奏折 乾隆三十一年四月二十二日
浙江学政李宗文为加捐贡监验照补考等管见三条事奏折 乾隆三十一年七月初四日

著陕甘现行捐监之例停止及贡监仍准报捐事上谕	乾隆三十一年七月初四日
著直隶等省停止捐监及贡监仍准报捐等事上谕	乾隆三十一年十月初十日
安徽布政使富尼汉为贡监出继归宗应确查更补执照以广孝治事奏折	乾隆三十二年正月二十七日
江苏学政曹秀先为考录江宁贡监生童遗才事奏折	乾隆三十三年八月二十二日
著任满学政举荐生员汇试贡监会同督抚一体考核事上谕	乾隆三十四年六月初六日
著军机大臣等议复贡监报捐酌量职衔等事上谕	乾隆三十五年十月十一日
湖北布政使富尼汉为请定贡监录科由府考送之例以杜取巧规避事奏折	乾隆三十六年九月二十五日
著将巡幸天津照例考试位列二等之贡监生赏赐缎匹等事上谕	乾隆三十八年三月二十日
著闽浙总督钟音等回奏闽省贡监换照迟误事上谕	乾隆三十八年四月初七日
闽浙总督钟音为遵旨复奏闽省贡监换照延迟事奏折	乾隆三十八年四月二十八日
福建巡抚余文仪为遵旨复奏闽省贡监换照延迟事奏折	乾隆三十八年五月十三日
礼部尚书刘统勋等为议复闽省贡监换照延迟销去巡抚余文仪纪录二次事题本	乾隆三十八年七月初二日
山西学政曹锡宝为贡监录科卷面宜取消注明恩拔等字样事奏折	乾隆三十八年七月十八日
闽浙总督钟音等为遵旨查明闽省贡监换照延迟详列应参员名等事奏折	乾隆三十八年七月十九日
著于各省贡监生应试落榜者中选充书籍誊录事上谕	乾隆三十九年八月十九日
大学士于敏中等为预备考试各省进献诗册贡监生员等事奏折	乾隆四十一年四月十八日
著将跸经天津照例考试位列二等之贡监生人等赏赐缎匹事上谕	乾隆四十一年四月二十一日
著考列二等之山东天津贡监生员可效力四库全书处誊录事上谕	乾隆四十一年五月二十六日
两江总督萨载等为江西贡监生员愿迎驾献诗事奏折	乾隆四十五年三月十七日
吏部尚书永贵等为议复贡监生沈玮等誊录《音韵述微》告竣照例议叙事题本	乾隆四十六年十月二十七日
陕甘总督李侍尧为续查官员捏灾冒赈亲族捐纳贡监官职一体斥革事奏折	乾隆四十七年正月二十三日
著将妄议以粮准银捐纳贡监等事御史富森阿仍改用员外郎事上谕	乾隆五十年十二月初二日
著嗣后巡幸各省由俊秀报捐贡监生等员毋庸参加召试事上谕	乾隆五十三年二月二十五日
直隶及各省举贡监生不准预试名单	乾隆五十三年二月二十七日
礼部尚书德保等为奉命考录考职贡监及四库馆议叙誊录人员并呈览试卷事奏折	乾隆五十三年六月初一日
著将贡监考职录取滥额之礼部尚书德保等议处事上谕	乾隆五十三年六月初二日
工部尚书金简等为酌拟报捐贡监职衔防弊数条事奏折	乾隆五十三年六月二十八日
协办大学士福康安等遵旨回京审理黄寿龄考到贡监婪索银两案事奏折	乾隆五十三年九月十六日
著福康安等开导贡监生供吐严究黄寿龄婪索银两案事上谕	乾隆五十三年九月十六日

协办大学士福康安等为审明定拟黄寿龄考到贡监娄索银两案事奏折　乾隆五十三年九月十八日
军机处为黄寿龄考到贡监娄索银两案涉案贡监不必送京质讯事致河南巡抚咨文　乾隆五十三年九月十九日
著江苏等六省三科以前由俊秀报捐贡监生中式举人来年会试等事上谕　乾隆五十三年十一月二十三日
著旧科举人均准会试毋庸复试俊秀贡监中式举人事上谕　乾隆五十四年二月二十九日
著贡监生员等自甘禁律从重照依平人之例问拟事上谕　乾隆五十六年五月十一日
江南道监察御史曹锡龄为请更定贡监生考职之期以昭慎重事奏折　乾隆五十六年十二月初三日
安徽学政秦潮为本家应试贡监生员遵照新例回避事奏折　乾隆五十七年四月二十日
著刑部堂官审拟国子监典簿厅遗失贡监生文书印结案事上谕　乾隆五十八年六月二十三日
著后世子孙勿开捐例仅惟贡监一途事上谕　乾隆五十八年十一月二十日
为元旦颁诏酌拟贡监生免坐监一月等二十四条恩免事项事奏折　乾隆六十年十二月初五日
附件：酌拟二十四条恩赐事项清单

乾隆朝太医院事务档案（上）

哈恩忠选编（2021·4·12）　中国第一历史档案馆
镇安将军常赉等为兵马全撤随营医员是否撤留事奏折　乾隆元年四月二十二日
署宁远大将军查郎阿为太医院革职御医刘裕铎效力勤勉可遵诏回京等事奏折　乾隆元年四月二十六日
镇安将军常赉等为兵马全撤仍留吏目崔生伟调治额敏病患事奏折　乾隆元年六月二十七日
大学士总理兵部事务鄂尔泰等为核议效力军营太医院吏目议叙事题本　乾隆二年二月初四日
大学士管吏部事张廷玉等为御医汤裔和通呼尔哈之役阵亡遵旨议叙事题本　乾隆二年七月二十三日
和亲王弘昼为遵旨查察太医院院使钱斗保等迟延吏目顾琏议叙升补事奏折　乾隆四年九月初十日
大学士管吏部事张廷玉等为遵旨查察太医院院使钱斗保等迟延吏目顾琏议叙升补事题本　乾隆四年十一月初二日
刑部尚书尹继善等为议复太医院吏目顾琏妄议条陈辱骂长官案事题本　乾隆四年十二月十三日
大学士管吏部事张廷玉为议复太医院吏目升补不论议叙及年久事题本　乾隆五年五月初十日
觉和托为赴口外染病请遣太医院吏目金国柱调理事奏折　乾隆七年五月二十八日
大学士管吏部事张廷玉等为议复太医院《医宗金鉴》告成各项人员依例议叙事题本　乾隆八年四月十一日
大学士管吏部事张廷玉等为太医院吏目陈催驻防军营期满出具考语议叙事题本　乾隆八年十一月二十六日

直隶提督保祝为病已痊愈御医邓锡璋等回京起程日期等事奏折　乾隆九年六月初六日
大学士管吏部事张廷玉等为议复太医院役满书吏洪灏送部候选事题本　乾隆十年六月二十五日
山西巡抚阿里衮为身体渐愈御医邵正文回任供职事奏折　乾隆十一年十月初三日
大学士管吏部事傅恒等为太医院吏目陈催随军年满两次照例咨送考语议叙事题本　乾隆十五年三月二十五日
总管内务府为太医院滥用人参疗病院使刘裕铎等漫无觉察照律查议事奏折　乾隆十七年四月十八日
太医院院使花三格为失察太医院滥用人参疗病抵销加级纪录事致内务府堂启　乾隆十七年十二月初六日
吏部尚书史贻直等为太医院吏目侯玉随军期满按例咨送考语议叙事题本　乾隆十八年八月二十五日
户部为太医院随祭陵寝御医等人支领盘费事致内务府咨文　乾隆十九年三月二十八日
太医院为左院判邵正文原任降级之案开复事致内务府咨呈　乾隆二十年四月十八日
太医院为确查左院判邵正文原任降级三年期内无另案降级等事致总管内务府咨呈　乾隆二十年五月十八日
总管内务府为遵旨议处太医院宫值御医王炳等事奏折　乾隆二十年七月二十四日
吏部为抄录太医院院使王炳等开复上谕事致内务府咨文　乾隆二十一年七月十九日
附件：吏部抄录太医院院使王炳等从前革职之案着开复事上谕　乾隆二十一年七月十六日
果亲王为太医院圆明园值班医员擅自下班事奏折　乾隆二十四年六月
总管内务府为太医院圆明园值班医员擅自下班拟依例罚俸事奏折　乾隆二十四年闰六月三十日
太医院院使王炳等为诉告新收药材分赔价银原委等事奏折　乾隆二十五年三月初四日
为遵旨询问果亲王太医院新收药材分赔价银等事奏片　乾隆二十五年三月初六日
为询问太医院院使王炳等新收药材分赔价银等事奏片　乾隆二十五年三月初六日
总管内务府为遵旨察议太医院用药用人诸弊事奏折　乾隆二十五年三月二十日

乾隆朝太医院事务档案（下）

哈恩忠选编（2022·1·13）　中国第一历史档案馆

礼部尚书伍龄安等为太医院院使王炳病故左院判等人挨次升补事奏折　乾隆二十五年七月十四日
护理河南巡抚辅德为太医院御医张如璠施药调适抚臣胡宝瑔身体渐强事奏折　乾隆二十七年十月初九日
总管内务府为太医院右院判张如璠等耽延五阿哥病症遵旨治罪事奏折　乾隆三十年十二月二十三日
吏部尚书托恩多等为太医院吏目邹旋吉随军期满按例咨送考语议叙事题本　乾隆三十二年闰七月二十五日
太医院为遵例将掣补医士恩粮送府考验并先行告知日期事致内务府咨呈　乾隆三十六年四月

题名	时间
附件：送府考验未经掣补医士恩粮名单	
太医院为效力医生白应举等患病告退事致内务府咨呈	乾隆三十六年五月二十一日
太医院为医士刘钟等因病因贫出缺事致内务府咨呈	乾隆三十六年五月二十六日
太医院为考取掣补医缺勿仅凭文墨通顺等事致内务府移会	乾隆三十六年七月十六日
太医院为九品吏目施溥等拟补八品吏目等员缺事致内务府咨呈	乾隆三十七年四月十六日
附件：拟补八品吏目等缺之九品吏目施溥等履历单	
太医院为医士马敬伦奉差统俟回京拟定正陪考验事致内务府咨呈	乾隆三十七年十二月初三日
太医院为遵旨补授施溥为八品吏目等员缺事致内务府咨呈	乾隆三十七年十二月三十日
太医院为拣选恩粮李思谦等补授医士等员缺事致内务府咨呈	乾隆三十八年正月十五日
太医院为八品吏目陶尚义等补授御医等员缺事致内务府咨呈	乾隆三十八年五月初三日
太医院为八品吏目陶尚义等遵旨补授御医等员缺事致内务府咨呈	乾隆三十八年五月初七日
直隶总督周元理为稍受暑气蒙派太医院御医调治及赐药谢恩事奏折	乾隆三十八年五月初九日
工部尚书阎循琦等为太医院衙署等修理完竣核算相符准销事题本	乾隆三十九年五月二十五日
太医院为八品吏目陈继文等遵旨补授御医等员缺事致内务府咨呈	乾隆三十九年十二月二十七日
太医院为御医李彭年丁忧择员依次补授遗缺等事致内务府咨呈	乾隆四十二年八月十三日
附件：太医院为御医李彭年丁忧择员依次补授遗缺等事奏折抄单	乾隆四十二年七月二十九日
太医院为支领随围盛京之医生林文锦等编赏银两事致内务府咨呈	乾隆四十三年闰六月二十九日
太医院为八品吏目李德宣等遵旨补授御医等缺事致内务府咨呈	乾隆四十六年闰五月十二日
户部为太医院吏目林仪凤认买入官房屋交纳坐扣价银事致内务府咨文	乾隆四十七年九月二十三日
附件：户部为吏目林仪凤认买入官房屋交纳价银及坐扣俸银事致内务府等咨文抄单	
行在太医院为将现存衣物与堕车身故披甲德兴一并送京事致行在内务府咨呈	乾隆四十八年六月初九日
附件：堕车身故披甲德兴所带钱物清单	
太医院为院使陈世官认买房产扣清房价银两事致内务府咨呈	乾隆四十九年八月二十三日
总管内务府为太医院院判张肇基失于管理按例罚俸等事奏折	乾隆五十一年十月初二日
刑部尚书喀宁阿等为审拟太医院医官林仪凤刑逼皂役科派房屋钱文案事奏折	乾隆五十二年八月初三日
总管内务府为太医院御医姜晟诊视十一阿哥福晋错用药味降补八品吏目事奏折	乾隆五十三年三月初七日

户部为太医院革员林仪凤统交余剩入官房价银两事致内务府咨文	乾隆五十三年三月十七日
附件：太医院革员林仪凤统交余剩入官房价银两事知照抄单	
总管内务府大臣和珅等为太医院院判李德宣圆明园当班私自回家遵旨议罪事奏折	乾隆五十五年四月二十日
直隶提督闫正祥为偶感风痰给假调理并令太医院医官看视谢恩事奏折	乾隆五十七年二月初二日
着将任意开方用药之太医院院使等罚俸及福长安管理药房事谕旨	乾隆五十七年九月二十八日
大学士福康安为太医院屠景云等抵川诊治谢恩等事奏折	乾隆五十八年五月二十三日
吏部为内阁抄出着和珅管理太医院及药房上谕事致内务府咨文	乾隆五十八年五月三十日
附件：着和珅管理太医院及药房事上谕抄单	
太医院左院判屠景云为赴川诊治福康安途中补授院判谢恩事奏折	乾隆五十八年七月初一日
太医院御医胡增为遵旨诊治卓哩克图亲王病症及回京日期事呈文	乾隆五十九年十二月

乾隆朝整饬江河救生船档案

哈恩忠编选（2013·1·4）　　中国第一历史档案馆

著四川巡抚杨馝于滩水险恶处委勘设立救生船只准动正项报销事上谕	乾隆元年十一月初七日
两江总督那苏图为沿江州县请设救生船只以济民生事奏折	乾隆三年二月初十日
江西学政于辰为江南等地涉险江湖请敕议定救生船只数目事奏折	乾隆三年六月二十五日
江西巡抚岳浚为江西省江湖危险之处添改救生船事奏折	乾隆三年八月初三日
浙江巡抚卢焯为遵旨查明浙省现设救生船只经费有出事奏折	乾隆四年五月十五日
湖南巡抚蒋溥为陈明楚省酌办救生船事奏折	乾隆九年二月二十八日
署湖广总督新柱等为动拨公项银两估修归州救生船事奏折	乾隆十三年九月十九日
署理江苏巡抚雅尔哈善为请裁汰江省无益救生船只以节糜费事奏折	乾隆十四年五月十五日
兼理工部事务革职留任文渊阁大学士史贻直为裁汰无益救生船只以节浮费事奏折	乾隆十四年六月十四日
江西巡抚阿思哈为核查裁汰江西无益救生船事奏折	乾隆十四年十一月二十一日
革职留任陕西巡抚陈弘谋为查明韩城紫阳两县救生船有益民生照旧存留事奏折	乾隆十四年十一月二十一日
安徽巡抚卫哲治为查明安徽各处所设救生船情形分别存留裁汰事奏折	乾隆十四年十一月二十八日
四川总督策楞为查明川省所设救生船情形分别存留裁汰事奏折	乾隆十四年十二月初七日
闽浙总督喀尔吉善等为查明浙省原设救生船情形并无虚设	乾隆十四年十二月十二日

请存留事奏折	
湖北巡抚唐绥祖为查明楚北各地应留应裁救生船事奏折	乾隆十四年十二月十六日
湖南巡抚开泰为查明湖南各地所设救生船并非虚设请照旧存留事奏折	乾隆十五年三月二十一日
甘肃巡抚鄂昌为归德所救生船朽坏修补与例相符事奏折	乾隆十六年闰五月二十六日
湖广总督开泰为沔阳县救生船大修请动耗羡银两等事奏折	乾隆十八年十一月初二日
湖广总督硕色为江夏等地救生船届满小修动支公项银两事奏折	乾隆二十一年六月十六日
湖广总督苏昌为江夏等地救生船应行小修拆造分别动支公项事奏折	乾隆二十五年正月二十二日
降级留任湖南巡抚冯钤为长沙等处届满拆造救生船动支公项银两事奏折	乾隆二十五年七月二十日
湖广总督李侍尧为湖北各处救生船届满小修动支公项银两事奏折	乾隆二十八年十二月十九日
湖广总督吴达善为湘阴等地救生船届满小修动支公项银两事奏折	乾隆二十九年十二月初一日
江苏巡抚明德为查明汇奏江省岁修救生等船只事奏折	乾隆三十一年二月十三日
四川总督阿尔泰为查明川省例届应修渡船及救生船只尚可缓修事奏折	乾隆三十一年十二月初八日
四川总督阿尔泰为川省各地救生船及渡船尚可缓修事奏折	乾隆三十一年十二月初八日
浙江巡抚熊学鹏为钱江金衢等埠救生船只例限拆造事奏折	乾隆三十二年正月初四日
江西巡抚吴绍诗为查勘星子县等处应造应修救生等船只事奏折	乾隆三十二年正月二十六日
护理四川总督海明为川省各地救生船及渡船尚可缓修事奏折	乾隆三十三年十一月三十日
江苏巡抚彰宝为苏省岁修届限救生等船只分别应改应缓事奏折	乾隆三十四年正月初八日
革职留任安徽巡抚富尼汉为安省例限应行大修小修救生船事奏折	乾隆三十四年四月十五日
四川总督阿尔泰为查明川省例限救生等船尚可缓修事奏折	乾隆三十四年十一月初十日
湖北巡抚梁国治为勘明江夏等地救生船届限应行大修事奏折	乾隆三十四年十二月二十六日
署理四川总督德福为查明川省缓修救生等船只事奏折	乾隆三十五年十二月二十二日
湖广总督吴达善为遵例查明长沙等处救生船只需大修事奏折	乾隆三十五年十二月二十八日
署理江苏巡抚萨载为江宁等地岁修届限救生等船事奏折	乾隆三十七年正月二十四日
湖广总督富明安为遵例勘修均州等地救生等船只事奏折	乾隆三十七年三月二十九日
署理江苏巡抚萨载为上元等地遵例分别岁修救生等船事奏折	乾隆三十七年十二月初二日
暂署四川总督富勒浑为循例查明川省救生等船只缓修缘由事奏折	乾隆三十八年正月二十二日
湖北巡抚陈辉祖为黄冈等地救生船大修动支耗羡银两事奏折	乾隆三十八年十二月二十六日
附件：乾隆三十八年分湖北省应修救生船只清单	
护理湖南巡抚敦福为湘阴等地救生船小修动支公项事奏折	乾隆三十九年十一月二十三日
江苏巡抚萨载为勘明届限救生等船只分别岁修事奏折	乾隆三十九年十二月初九日

湖北巡抚陈辉祖为武昌等县救生船尚俱完固遵例缓修事奏折	乾隆三十九年十二月二十九日
署四川总督文绶为查明川省救生等船只尚堪驾驶应行缓修事奏折	乾隆四十年正月二十二日
湖北巡抚陈辉祖为遵例查明湖北省应修缓修救生船事奏折	乾隆四十年闰十月二十五日
护理湖南巡抚敦福为遵例查明湖南本年无例限应修救生等船只事奏折	乾隆四十一年十月二十二日
江西巡抚海成为查勘南昌等处应行修造救生船事奏折	乾隆四十一年十一月十四日
湖北巡抚陈辉祖为查勘江夏等地应修缓修救生船事奏折	乾隆四十一年十一月二十四日
江苏巡抚杨魁为查验苏省岁修届限救生等船只事奏折	乾隆四十一年十二月初十日
安徽巡抚闵鹗元为怀宁等县救生船例限拆造及小修事奏折	乾隆四十二年十一月十六日
浙江巡抚王亶望为勘明金衢等地救生船届限大修请动支程费事奏折	乾隆四十二年十二月初一日
湖广总督图思德为查明湖北江夏等地改修缓修救生船等事奏折	乾隆四十四年十一月初一日
为遵旨询明救生船头目刘永太等救活九人及拟赏银锞事奏折	乾隆四十五年四月初一日
为遵旨查问护军富祥等扬子江翻船被救情节事奏折	乾隆四十五年四月初一日
江苏巡抚吴坛为租息盈余酌请添拨救生船事奏折	乾隆四十五年六月二十九日
安徽巡抚农起为繁昌县救生船遵例动项大修及无裁汰房屋船只变价事奏折	乾隆四十五年十一月初二日
湖广总督舒常为勘报例限修理湖北救生船及无裁汰房屋船只变价事奏折	乾隆四十五年十二月初一日
湖广总督舒常为勘估江陵等县届应小修救生船估需银两事奏折	乾隆四十六年四月二十六日
安徽巡抚农起为怀宁县救生船届应小修拆造及无房屋船只变价事奏折	乾隆四十六年十一月初八日
湖广总督舒常为江夏等州县届限应修缓修及无房屋船只估变事奏折	乾隆四十六年十一月十八日
湖广总督舒常为委勘江夏等地小修拆造救生船只估需工料银两事奏折	乾隆四十七年二月二十三日
湖广总督舒常为查勘江夏等地应修缓修救生船及无房屋船只估变事奏折	乾隆四十七年十一月二十一日
湖广总督舒常为查勘江夏等地应修缓修救生船及无房屋船只估变事奏折	乾隆四十八年十一月二十九日
浙江巡抚福崧为钱塘县银杏埠等二处酌添救生船事奏折	乾隆四十九年八月二十二日
著为浙江巡抚福崧妄称晚禾丰收废弛救生船只严行申饬事上谕	乾隆四十九年九月十二日
湖广总督特成额为查勘江夏等地应修缓修救生船等及船只衙署变价待估事奏折	乾隆四十九年十一月十一日
安徽巡抚书麟为安省届满修造救生等船只及无房屋船只估变事奏折	乾隆五十年十一月十四日
湖广总督特成额为汇奏湖北省各属救生船应修缓修及战船	乾隆五十年十一月十八日

变价事奏折
浙江巡抚琅玕为钱塘县救生船届限小修及无房屋船只估变事奏折　乾隆五十一年十一月二十六日
署湖广总督舒常为湖北各州县救生船应修缓修事奏折　乾隆五十二年十一月二十七日
安徽巡抚书麟为安省救生船届应小修及无裁汰房屋船只估变事奏折　乾隆五十二年十二月初二日
安徽巡抚朱珪为汇奏安徽省各属救生船应修缓修及无房屋船只估变事奏折　乾隆五十五年十一月十七日
湖广总督毕沅为动支耗羡银两修造江夏等地限满救生船事奏折　乾隆五十五年十一月二十三日
湖广总督毕沅为遵例汇奏武昌等州县应修缓修救生船事奏折　乾隆五十五年十一月二十四日
湖广总督毕沅为遵例汇奏武昌等州县应修缓修救生船事奏折　乾隆五十六年十一月十三日
湖广总督毕沅为遵例汇奏武昌等州县应修缓修救生船事奏折　乾隆五十七年十一月十五日
湖广总督毕沅为遵例汇奏武昌等州县修竣及缓修救生船事奏折　乾隆五十八年十月十七日

乾隆朝乡饮酒礼史料

哈恩忠编选（2002·3·3）　中国第一历史档案馆
河南按察使隋人鹏为举行乡饮酒礼事奏折　乾隆二年正月初六日
署江西巡抚包括为将江西省乡饮酒礼存剩银两起运解部事奏折　乾隆六年五月十一日
山东道监察御史徐以升为录乡饮酒义事呈文　乾隆七年七月
庄亲王允禄等为议复乡饮酒礼应用乐章乐器事奏折　乾隆七年七月
大学士鄂尔泰等为遵旨议复庄亲王允禄等议乡饮酒礼事奏折　乾隆七年七月二十二日
四川布政使李如兰为请令川省所属动项奉行乡饮酒礼事奏折　乾隆九年八月二十二日
西安布政使张若震为请严乡饮报部之例事奏折　乾隆十八年三月初十日
顺天府尹程盛修为更定乡饮酒礼章程事奏折　乾隆二十五年八月二十四日
内阁学士李因培为请严乡饮之滥举并明定服色章程事奏折　乾隆二十七年七月十八日

清代皇史宬档案选编

谢小华选编（2024·4·4）　中国第一历史档案馆
礼部尚书三泰等为请将内阁恭修世宗宪皇帝圣训实录移往皇史宬贮藏事题本　乾隆九年三月二十四日
工部为宗人府及皇史宬贮藏玉牒应用黄红柜尺寸做法等事致玉牒馆咨呈　乾隆三十二年三月十八日
附件：工部贮藏玉牒黄红柜尺寸做法清单
宗人府玉牒馆为覆宗人府及皇史宬贮藏玉牒应用黄红柜尺寸做法等事说堂稿　乾隆三十二年四月二十四日
大学士舒赫德等为皇史宬藏将军印谱添注定西将军事迹等事奏底　乾隆四十一年
署工部尚书永贵等为核销修理皇史宬内外墙垣用过物料工　乾隆四十七年六月二十九日

料银钱事题本	
工部尚书复兴等为核销皇史宬正殿等处修理用过钱粮事题本	乾隆五十年二月二十四日
皇史宬贮藏实录单	乾隆朝
永昶等为配做龙柜盛放玉牒事奏折抄稿	嘉庆十一年六月初三日
办理皇史宬铜活郎中嘉禄等为暂领皇史宬修理殿座等需用工料银等事呈稿	嘉庆十一年八月十三日
为改做皇史宬台座及修整殿庑等事奏底	嘉庆十一年
皇史宬贮藏总档	嘉庆十一年
署礼部尚书瑚图礼等为皇帝亲诣皇史宬行礼应否拟订仪注事奏折	嘉庆十二年十月二十一日
内务府掌仪司为预备皇帝亲诣皇史宬行礼仪节事呈稿	嘉庆十二年十一月初二日
为派员勘估皇史宬添建碑亭所需钱粮事呈稿	嘉庆十二年十一月十四日
附件：总管内务府大臣苏楞额为钦派大臣勘估皇史宬添建碑亭所需钱粮事奏折	嘉庆十二年十一月十四日
礼部为移贮皇史宬原藏玉牒及本年续修玉牒礼仪事致内务府咨文	嘉庆十二年十二月初二日
附件：礼部为拟订皇史宬旧贮及本年续修玉牒移贮景山寿皇殿礼节事奏折	嘉庆十二年十一月二十三日
福建道监察御史潘恭辰为请循例将国史馆所修大臣列传贮藏皇史宬事奏折	嘉庆十六年七月二十五日
礼部为仁宗睿皇帝实录圣训书成择吉贮藏皇史宬事奏折	道光四年七月十六日
着为亲诣皇史宬行礼事谕旨	道光四年八月二十一日
皇史宬守尉阿昌阿等为报皇史宬受损情形事致内阁典籍厅呈文	道光二十四年三月
实录馆为派员前往皇史宬启视金匮式样尺寸事致内阁知照	咸丰四年二月二十五日
监修总裁官祁寯藻等为请核明贮藏宣宗成皇帝实录圣训应用金匮座数事奏折	咸丰四年三月二十六日
大学士裕诚等为遵旨复勘皇史宬金匮座数量度石台尺丈绘图恭呈御览事奏折	咸丰四年闰七月初十日
大学士彭蕴章等为请派亲王照料恭进盛京皇史宬并内阁贮藏实录圣训等事奏折	咸丰七年正月二十九日
礼部为宣宗成皇帝实录圣训贮藏皇史宬礼节事致内务府咨文	咸丰七年三月二十九日
附件：礼部为宣宗成皇帝实录圣训贮藏皇史宬礼节事奏折	咸丰七年三月二十七日
着为亲诣皇史宬行礼事上谕	咸丰七年四月初二日
嘉庆帝亲诣皇史宬行礼礼制清单	咸丰七年
着为亲诣皇史宬行礼事上谕	同治六年五月初五日
大学士官文等为查办皇史宬金匮丢失匮镮事奏折	同治七年二月
大学士管理吏部事务朱凤标等为议叙办理金匮出力各员事题本	同治七年闰四月十八日
大学士瑞麟等为查办皇史宬金匮上金匾被偷换情形事奏折	同治十二年五月十九日
大学士官文为报移贮皇史宬实录圣训金匮事奏底	同治朝

内阁令皇史宬守护人员按时轮流接替不准任意玩愒等事堂谕 同治朝
刑部湖广司为查核旗人赵二等私锯皇史宬树株一案事致内阁等呈稿 光绪元年九月
着为亲诣皇史宬行礼事上谕 光绪六年七月初六日
镶蓝旗满洲觉罗连保佐领下为觉罗丰裕因皇史宬值班失去金匾逃走事呈文 光绪七年
大学士李鸿章等为报各国联军撤兵后皇史宬遗失实录圣训事奏折 光绪二十七年七月初二日
大学士李鸿章为各国联军撤兵后皇史宬遗失虎钮银印事片 光绪二十七年七月初二日
附件：皇史宬遗失银印数目清单
大学士荣禄等为查明遗失皇史宬书籍数目并拟修补各情形事奏折 光绪二十七年十月初二日
附件一：皇史宬贮藏满汉蒙文实录圣训函数并遗失修补数目单
附件二：制备金匮什件锁匙等物并修书应需经费银两数目清单
内阁满本堂为预备皇史宬抖晾实录所用黄案桌套事致内务府移会 光绪三十三年四月初十日
内阁满本堂为皇史宬拔除蒿草事致民政部移会 光绪三十三年九月二十七日
内阁满本堂为皇史宬正殿等处构件脱落漏水应行勾抹事致民政部移会 光绪三十三年九月二十七日
皇史宬守尉祺山等为领得皇史宬拔草等工程银两事领 光绪三十三年十月二十一日
内阁为皇史宬正殿等处拔除蒿草事致民政部片 宣统三年八月十二日
民政部司员钟凯等为查勘皇史宬工程事禀 宣统三年八月二十一日
附件：三德木厂为查勘皇史宬内损坏情形略节 宣统三年八月
民政部为皇史宬工程钱粮过巨暂缓修理事致内阁咨呈稿 宣统三年八月二十九日
内阁为请速行发放宣统三年皇史宬守尉守吏冬令端罩事致内务府片 宣统三年十二月二十三日
为请归并贮藏历朝实录圣训以安设穆宗毅皇帝实录圣训事奏底 光绪朝
皇史宬吏名单

乾隆九年整饬科场史料选

王澈编选（1995·2·15） 中国第一历史档案馆
闽浙总督那苏图为清理科场监军事奏折 乾隆九年六月十八日
福建巡抚周学健为陈明剔除科场诸弊四条事奏折 乾隆九年六月二十二日
都察院左副都御史励宗万为请申严夹带文字之弊事奏折 乾隆九年七月十二日
鸿胪寺卿梅谷成为请禁生员自行具呈之弊事奏折 乾隆九年八月初一日
福建巡抚周学健为陈厘剔科场诸弊四条办法事奏折 乾隆九年八月初六日
顺天府尹蒋炳为请于外省复试以防舞弊事奏折 乾隆九年八月二十二日
湖南巡抚蒋溥为接旨严防科场舞弊事奏折 乾隆九年八月二十五日

山西巡抚阿里衮为报科场查出顶冒怀挟并取中举子事奏折	乾隆九年九月初二日
署安徽巡抚准泰为报办理文闱严防传递夹带事奏折	乾隆九年九月初五日
湖北巡抚晏斯盛为举子不许宿场以免滋弊事奏折	乾隆九年九月初八日
湖北巡抚晏斯盛等为报乡试考生夹带现已肃清事奏折	乾隆九年九月初八日
川陕总督庆复等为报严加搜检士子并分两次复试事奏折	乾隆九年九月初十日
贵州总督张广泗为报此次文武科场弊窦肃清事奏折	乾隆九年九月十二日
川陕总督庆复等为报复试查出文理荒谬之杨睿生事奏折	乾隆九年十月初二日
湖北巡抚晏斯盛为请将士子分别等第以端士习事奏折	乾隆九年十月初六日
署理两江总督尹继善为遵旨查明江南怀挟之人及枷号时限事奏折	乾隆九年十月二十九日
著将有意疏纵之署安徽巡抚准泰等交部察议上谕	乾隆九年十一月十一日
署广东巡抚策楞等为遵旨复试查出文理荒谬之张元瑞等事奏折	乾隆九年十一月十五日
四川巡抚纪山为陈明甲子科士子舞弊并请议处失察官员事奏折	乾隆九年十一月十五日
川陕总督庆复等为报第二次复试各生文理平通事奏折	乾隆九年十一月二十八日
云南道监察御史范咸为防科场弊窦上陈四条办法事奏折	乾隆九年

乾隆二十二年彭家屏私藏禁书案史料选

王澈编选（1991·4·18）　　中国第一历史档案馆

著河南巡抚图尔炳阿速勘夏邑等四县灾情并给赈一月事上谕	乾隆二十二年二月初九日
著将玩视民瘼之河南巡抚图尔炳阿等革职事上谕	乾隆二十二年四月十八日
著护豫抚刘慥会同东抚办理抚绥夏邑并严办主使叩阍之段昌绪等事上谕	乾隆二十二年四月十八日
著将夏邑等四县历年旧欠一并豁免事上谕	乾隆二十二年四月十九日
著将查出吴三桂伪檄之图尔炳阿等留原任并严查彭家屏家事上谕	乾隆二十二年四月二十日
著将藏匿违禁图书之彭家屏革职拿问事上谕	乾隆二十二年四月二十七日
直隶总督方观承等为审拟叩阍告赈之夏邑县民刘元德事奏折	乾隆二十二年五月初四日
直隶总督方观承为会同豫抚审拟传抄伪檄案并赈恤事奏折	乾隆二十二年五月初四日
直隶总督方观承等为遵旨搜查彭家屏家所藏书札情形事奏折	乾隆二十二年五月初四日
河南布政使刘慥为遵旨详查彭家屏家函札并无逆词事奏折	乾隆二十二年五月初四日
直隶总督方观承等为审拟抄评逆书之段苍绪事奏折	乾隆二十二年五月初十日
著直隶总督方观承等详查彭家屏所藏明末野史等书事上谕	乾隆二十二年五月十二日
直隶总督方观承等为夏邑士民叩谢抚恤事奏折	乾隆二十二年五月十三日
直隶总督方观承等为遵旨详查彭家屏所藏逆书情形事奏折	乾隆二十二年五月十三日
直隶总督方观承等为审讯彭家屏之子及管书家人事奏折	乾隆二十二年五月十四日
河南布政使刘慥为遵旨报明未曾查出彭家屏所供书籍缘由事奏折	乾隆二十二年五月二十六日
著军机大臣等将提解到京之彭家屏等案内人犯严审定拟事上谕	乾隆二十二年六月初四日

著将彭家屏斩监候并抄没其家产事上谕　乾隆二十二年六月初七日
河南巡抚图尔炳阿为报遵旨查抄彭家屏家并无明末野史事奏折　乾隆二十二年六月初八日
河南布政使刘慥为查抄彭家屏家产事奏折　乾隆二十二年六月十八日
著将彭家屏宽免肆市赐令自尽事上谕　乾隆二十二年七月十三日
河南巡抚胡宝瑔为劈毁彭家屏家谱事致军机处咨文　乾隆二十二年八月二十六日

乾隆朝整饬科场史料

王澈编选（1997・3・8）　中国第一历史档案馆

河南巡抚胡宝瑔为剔除科场弊窦事奏折　乾隆二十四年八月初六日
四川总督开泰为报搜出乡试怀挟人数及办理缘由事奏折　乾隆二十四年八月二十四日
浙江巡抚庄有恭为遵例报闻三场搜出怀挟一名事奏折　乾隆二十四年八月二十六日
江苏巡抚陈弘谋为报乡试搜出夹带等弊窦事奏折　乾隆二十四年八月二十九日
江西巡抚阿思哈为参稽查科场疏忽官员事奏折　乾隆二十五年八月二十二日
四川总督开泰为报乡试搜出怀挟人数及办理缘由事奏折　乾隆二十五年八月二十八日
江西巡抚阿思哈为参乡试错誊策卷各员事奏折　乾隆二十五年九月十九日
山东学政闵鹗元为办理撞棍诓骗童生银钱买求入学事奏折　乾隆二十五年十一月初九日
湖北学政温如玉为办理江夏生员吴名扬指撞抢银案事奏折　乾隆二十六年二月十七日
礼部左侍郎金德瑛为报河间天津岁试查获代倩事奏折　乾隆二十六年四月二十九日
云南学政李中简为报岁试查出枪手事奏折　乾隆二十六年五月十六日
四川学政陈荃为办理各府州岁试查获各案事奏折　乾隆二十六年十一月初八日
浙江学政李因培为遵旨陈报浙江岁试情形事奏折　乾隆二十六年十二月初五日
山东学政闵鹗元为遵旨陈报山东岁试情形事奏折　乾隆二十六年十二月十八日
湖北巡抚汤聘为报岁试学臣办事勤慎事奏折　乾隆二十七年六月十三日
顺天府尹罗源汉为请恢复变通科场旧规以除誊录之弊事奏折　乾隆二十七年七月十四日
江西学政周煌为报查出岁试越号生员事奏折　乾隆二十七年七月二十二日
安徽学政刘星炜为报乡试搜出夹带人数事奏折　乾隆二十七年八月十二日
河南巡抚胡宝瑔为报乡试二场搜出怀挟一人事奏折　乾隆二十七年八月十二日
山西巡抚明德为报乡试搜出夹带人数并办理事奏折　乾隆二十七年八月十七日
广东巡抚熊学鹏为报办理乡试情形事奏折　乾隆二十七年八月二十日
四川学政罗典为报川省岁试各棚情形事奏折　乾隆三十一年十一月初六日
顺天学政德保为报岁试官员失职情事奏折　乾隆三十一年十一月十五日
山东学政韦谦恒为请严童试场规事奏折　乾隆三十四年四月初一日
河南巡抚永德为报乡试查出怀挟越号并办理情形事奏折　乾隆三十五年八月二十日
陕西巡抚文绶为报乡试搜出怀挟生员事奏折　乾隆三十五年八月二十一日
广西巡抚陈辉祖为参士子临场改经以图幸售事奏折　乾隆三十五年九月十五日
山东巡抚周元理为报查出科场联号之弊审明定拟事奏折　乾隆三十六年八月二十四日
署云南巡抚诺穆亲为审拟夫匠军役包揽舞弊事奏折　乾隆三十六年九月初八日
四川学政孟超然为遵旨汇陈岁试撞骗顶冒诸弊事奏折　乾隆三十六年十月二十七日

乾隆年间法国代制得胜图铜版画史料

谢小华　刘若芳编选（2002·1·5）　　中国第一历史档案馆

内务府造办处办理平定准噶尔得胜图铜版画事记事录	乾隆二十九年—乾隆三十八年
署理两广总督杨廷璋等为转饬法国代刻得胜图铜版事奏折	乾隆三十年八月初一日
署理两广总督杨廷璋等为转发得胜图图样事致军机处咨呈	乾隆三十年　月　日
著李侍尧查明得胜图现在法国曾否刊刻完缴事上谕	乾隆三十三年七月二十六日
两广总督李侍尧等为查催得胜图铜版事奏折	乾隆三十三年八月二十五日
两广总督李侍尧等为法国代刻得胜图铜版逾限二年事奏折	乾隆三十三年九月初五日
两广总督李侍尧等为转催法商作速办理得胜图铜版事奏折	乾隆三十五年十一月二十六日
两广总督李侍尧等为传催法商作速办理得胜图铜版事奏折	乾隆三十六年十月十八日
两广总督李侍尧等为呈缴得胜图事奏折	乾隆三十七年九月初一日
两广总督李侍尧等为法国代刻得胜图铜版事致军机处咨呈	乾隆三十八年三月二十三日
两广总督李侍尧为报解送法国刊刻之得胜图事奏折	乾隆三十九年九月初一日
两广总督李侍尧等为遵旨查得胜图铜版送缴迟延事奏折	乾隆四十年闰十月十六日
两广总督李侍尧等为恭缴法国代刻得胜图铜版事奏折	乾隆四十一年十月初二日
两广总督李侍尧等为呈缴得胜图铜版及图画并奏销工价银两事致军机处咨呈	乾隆四十二年九月二十日

乾隆中晚期科举考试史料（上）

王澈编选（2002·3·32）　　中国第一历史档案馆

湖北学政洪朴为报襄阳等地生童科试情形事奏折	乾隆四十四年十二月初五日
山西学政百龄为报平阳等地生童科试情形事奏折	乾隆四十五年六月二十一日
江西巡抚郝硕为报庚子乡试首场生监违例事奏折	乾隆四十五年八月二十一日
福建巡抚富纲为报庚子乡试考试情形事奏折	乾隆四十五年八月二十二日
贵州学政潘起为报贵阳等地生童岁试情形事奏折	乾隆四十六年七月二十八日
陕甘学政温常绶为报凤翔等地生童岁试情形事奏折	乾隆四十九年六月初八日
湖北学政王懿修为报黄州等地生童岁试情形事奏折	乾隆四十九年七月初二日
浙江学政窦光鼐为报宁波等地生童岁试情形事奏折	乾隆四十九年七月初七日
安徽学政叶观国为报安庆等地生童岁试情形事奏折	乾隆四十九年九月初二日
陕甘学政温常绶为报凤翔等地生童岁试情形事奏折	乾隆四十九年十月初八日
浙江学政窦光鼐为报杭州等地生童岁试情形事奏折	乾隆四十九年十一月二十二日
江西学政刘跃云为报九江等地生童岁试情形事奏折	乾隆四十九年十一月二十二日
安徽学政叶观国为报庐州等地生童岁试情形事奏折	乾隆四十九年十二月初四日
广东学政平恕为报潮州等地生童岁试情形事奏折	乾隆五十年正月二十八日
浙江学政窦光鼐为报衢州等地生童岁试情形事奏折	乾隆五十年四月初六日
安徽学政叶观国为报和州等地生童岁试情形事奏折	乾隆五十年四月初七日
陕甘学政温常绶为报榆林等地生童岁试情形事奏折	乾隆五十年四月十六日
山西学政戴衢亨为报大同等地生童岁试情形事奏折	乾隆五十年五月十八日
广东学政平恕为报廉州等地生童岁科试情形事奏折	乾隆五十年六月初一日
江西学政刘跃云为报抚州等地生童岁试情形事奏折	乾隆五十年六月初九日
湖北学政王懿修为报襄阳等地生童岁试情形事奏折	乾隆五十年七月初六日

山东学政赵佑为报历城等地生童科试情形事奏折　乾隆五十年七月二十九日
陕甘学政温常绶为报兰州等地生童岁试情形事奏折　乾隆五十年十月十六日
江西学政刘跃云为报南昌等地生童岁试情形事奏折　乾隆五十年十一月初六日
安徽学政叶观国为报颍州等地生童科试情形事奏折　乾隆五十年十一月二十八日
浙江学政窦光鼐为报宁波等地生童科试情形事奏折　乾隆五十年十一月二十九日
四川学政钱樾为报松潘等地生童科试情形事奏折　乾隆五十一年三月初八日
陕甘学政温常绶为报巩昌等地生童岁科试情形事奏折　乾隆五十一年三月初十日
山东学政赵佑为报兖州科试生员乔汝襄代荣舒元顶名赴考事奏折　乾隆五十一年三月十九日
浙江学政窦光鼐为报台州生童科试情形事奏折　乾隆五十一年四月初四日
安徽学政叶观国为报滁州等地生童科试情形事奏折　乾隆五十一年四月十九日
河南学政李棨为报汝州等地生童科试情形事奏折　乾隆五十一年五月初三日
湖北学政王懿修为报武昌等地生童科试情形事奏折　乾隆五十一年五月二十四日
广东学政平恕为报肇庆等地生童科试情形事奏折　乾隆五十一年七月十七日
署理山西巡抚福崧为报乡试科场情形事奏折　乾隆五十一年八月二十日
江西巡抚何裕城为报丙午乡试情形事奏折　乾隆五十一年八月二十二日
山西学政童凤三为报汾州等地岁试情形事奏折　乾隆五十二年六月二十二日
陕西学政周兆基为报西安等地生童岁试情形事奏折　乾隆五十五年四月二十日
四川学政戴均元为报成都等地生童岁试情形事奏折　乾隆五十五年五月初六日
江苏学政胡高望为报常州等地生童岁试情形事奏折　乾隆五十五年五月二十四日

乾隆中晚期科举考试史料（中）

王澈编选（2002·4·12）　　中国第一历史档案馆

福建学政吉梦熊为报永春等地生童岁试情形事奏折　乾隆五十五年五月二十九日
河南学政茅元铭为报彰德等地生童岁试情形事奏折　乾隆五十五年六月二十八日
湖北学政李长森为报襄阳等地生童岁试情形事奏折　乾隆五十五年七月初八日
江苏学政胡高望为报丹阳等地生童岁试情形事奏折　乾隆五十五年八月二十七日
山西学政茹棻为报潞安等地生童岁试情形事奏折　乾隆五十五年九月十五日
安徽学政秦潮为报太平等地生童岁试情形事奏折　乾隆五十五年十月十六日
江苏学政胡高望为报江宁等地生童岁试情形事奏折　乾隆五十五年十月十七日
湖北学政李长森为报黄州等地生童岁试情形事奏折　乾隆五十五年十一月初二日
广西学政费振勋为报桂林等地生童岁试情形事奏折　乾隆五十五年十一月十二日
陕西学政周兆基为报庆阳等地生童岁科试情形事奏折　乾隆五十五年十一月二十二日
福建学政吉梦熊为报漳州等地生童岁试情形事奏折　乾隆五十五年十一月二十四日
两广总督福康安为报两广学政考试无弊事奏折　乾隆五十五年十二月初三日
山东学政邹炳泰为报泰安等地生童岁试情形事奏折　乾隆五十五年十二月初四日
广西学政费振勋为报浔州等地生童岁试情形事奏折　乾隆五十六年三月二十四日
安徽学政秦潮为报泗州等地生童岁试情形事奏折　乾隆五十六年三月二十八日
江苏学政胡高望为报通州等地生童岁试情形事奏折　乾隆五十六年四月十二日

乾隆朝中晚期科举考试史料（下）

王澈编选（2003·1·48）　　中国第一历史档案馆

山西学政茹棻为报宁武等地生童科试情形事奏折　乾隆五十五年九月二十四日
山东学政邹炳泰为报济南府属生童顶替代倩事奏折　乾隆五十六年八月初八日
福建学政吉梦熊为报福州科试查出夹带时文事片　乾隆五十六年八月十六日
江苏学政胡高望为报淮安等地生童科试情形事奏折　乾隆五十六年十一月十九日
湖北学政李长森为报黄州等地生童科试情形事奏折　乾隆五十六年十一月二十五日
安徽学政秦潮为报颍州等地生童岁试情形事奏折　乾隆五十六年十二月初二日
顺天学政吴省兰为报科试搜获夹带生童等事奏折　乾隆五十七年二月十八日
四川学政戴均元为报成都等地生童科试情形事奏折　乾隆五十七年二月二十四日
直隶总督梁肯堂为遵旨审拟冀州童生李人恒科试雇倩事奏折　乾隆五十七年三月初三日
广西学政费振勋为报柳州等地生童科试情形事奏折　乾隆五十七年三月十四日
湖北学政李长森为报应城等地生童科试情形事奏折　乾隆五十七年四月十五日
安徽学政秦潮为报和州等地生童科试情形事奏折　乾隆五十七年四月二十日
陕西学政周兆基为报凤翔等地科考完竣暨考试情形事奏折　乾隆五十七年闰四月十二日
署江西巡抚姚棻为遵旨查明兴国童生雇倩枪手情形事奏折　乾隆五十七年五月初四日
山东学政翁方纲为报青州等地生童科试情形事奏折　乾隆五十七年六月十三日
广东学政戴衢亨为严防岁试舞弊并报肇庆等地生童考试情形事奏折　乾隆五十八年四月十二日
顺天学政吴省兰为报拿获青县枪冒童生饬审情形事奏折　乾隆五十八年五月二十四日
顺天学政吴省兰为报保定府等地生童岁试情形事奏折　乾隆五十八年五月二十四日
湖北学政查莹为报德安等地生童考试情形事奏折　乾隆五十八年六月初十日
广东学政戴衢亨为报惠州等地生童考试情形事奏折　乾隆五十八年十一月十六日
贵州学政洪亮吉为报思南等地生童岁试情形事奏折　乾隆五十九年四月初二日
江苏学政胡高望为报沭阳等地生童岁试情形事奏折　乾隆五十九年五月二十一日
江西学政沈初为报饶州等地生员考试情形事奏折　乾隆五十九年六月初八日
顺天学政吴省兰为报保定府等地生童科试情形事奏折　乾隆五十九年十二月二十日
云南巡抚江兰为报搜获知县家人误带刻本文章入闱事奏折　乾隆六十年八月二十二日
著将失察家人误带刻本时文入闱知县夏瑚交部议处事上谕　乾隆六十年十月初二日

嘉庆朝如意馆画事档案（上）

哈恩忠选编（2022·3·4）　　中国第一历史档案馆

如意馆为绘制年节画及笺绢对实销用过材料银两事致造办处呈稿　嘉庆三年二月初十日
如意馆为装裱岁朝图等实销用过材料银两事致造办处呈稿　嘉庆四年二月初三日
附件：装裱岁朝图等实销用过材料银两清单
如意馆为托裱廓尔喀战图册页暂领工料银两事致造办处呈稿　嘉庆四年三月初六日
如意馆为绘画玉壶冰西楼等处暂领画绢材料银两事致造办处呈稿　嘉庆四年三月初六日
如意馆为绘画孝仪皇后像暂领画绢材料银两事致造办处呈稿　嘉庆四年三月十三日
如意馆为装裱孝仪皇后像暂领材料银两事致造办处呈稿　嘉庆四年三月十三日

如意馆为绘画圆明园等处暂领画绢材料银两事致造办处呈稿　嘉庆四年三月二十五日
如意馆为绘画太上皇像花纹暂领材料银两事致造办处呈稿　嘉庆四年三月二十八日
如意馆为运送画画桌张出西华门知会景运门事致造办处呈稿　嘉庆四年三月二十九日
如意馆为圆明园等处绘画做杉木桩子实销买办工银事致造办处呈稿　嘉庆四年六月二十四日
如意馆为裱做册页挂轴手卷等实销用过材料银两事致造办处呈稿　嘉庆四年九月初六日
附件：裱做册页挂轴手卷等实销用过材料银两清单
如意馆为绘画表盘等实销用过材料银两事致造办处呈稿　嘉庆四年十月初一日
附件：绘画表盘等实销用过材料银两清单
如意馆为绘画养心殿线法画暂领材料银两事致造办处呈稿　嘉庆五年二月二十八日
如意馆为绘画湖南苗疆战图等实销用过材料银两事致造办处呈稿　嘉庆五年三月二十七日
如意馆为裱做御笔岁朝图等实销用过材料银两事致造办处呈稿　嘉庆五年三月二十七日
附件：裱做御笔岁朝图等实销用过材料银两清单
如意馆为出东华门往圆明园运送纸张等知会景运门事致造办处呈稿　嘉庆五年四月初一日
档房为移会苏州织造拣选画画人并喻兰等回籍事致造办处呈稿　嘉庆五年四月二十三日
档房为移会粤海关等查明顶补绘画人沈焕籍贯等事致造办处呈稿　嘉庆五年七月二十八日
如意馆为养心殿换四海升平年节画暂领画绢事致造办处呈稿　嘉庆五年十二月十六日
如意馆为绘画大驾卤簿仪仗等图暂领材料银两事致造办处呈稿　嘉庆六年二月十四日
如意馆为画画人黄均因病回籍扣缴钱粮银事致造办处呈稿　嘉庆六年三月二十二日
如意馆为绘画重华宫台灯糟旧画片等暂领画绢纸张事致造办处呈稿　嘉庆六年九月初二日
如意馆为按年例行取炭斤事致造办处呈稿　嘉庆六年九月二十六日
如意馆为绘画横披手卷等实销用过材料银两事致造办处呈稿　嘉庆六年十二月十八日
附件：绘画横披手卷等实销用过材料银两清单
如意馆为仿画法界源流手卷实销用过材料银两事致造办处呈稿　嘉庆七年正月二十九日
附件：仿画法界源流手卷实销用过材料银两清单
如意馆为制作册页等实销用过材料银两事致造办处呈稿　嘉庆七年正月二十九日
附件：制作册页等实销用过材料银两清单
如意馆为绘画斋宫等处横披等实销用过材料银两事致造办处呈稿　嘉庆七年正月二十九日
附件：绘画斋宫等处横披等实销用过材料银两清单　嘉庆七年三月十三日
如意馆为裱做御笔岁朝图等实销用过材料银两事致造办处呈稿　嘉庆七年三月十三日

附件：裱做御笔岁朝图等实销用过材料银两清单

如意馆为绘画御笔心经头尾佛像实销用过材料事致造办处呈稿　嘉庆七年三月十三日

附件：绘画御笔心经头尾佛像实销用过材料清单

如意馆为绘画年节画等实销用过材料银两事致造办处呈文　嘉庆七年三月十三日

附件：绘画年节画等实销用过材料银两清单

嘉庆朝如意馆画事档案（下）

哈恩忠选编（2022·4·4）　中国第一历史档案馆

如意馆为往圆明园运送战图出西华门知会景运门事致造办处呈稿　嘉庆七年六月十一日

如意馆为领取画画人等九月钱粮公费银两事致造办处呈稿　嘉庆七年九月十一日

如意馆为绘画熙春园新工等处等实销用过材料银两事致造办处呈稿　嘉庆八年五月初一日

如意馆为绘画芰荷香殿等处通景画等实销用过材料银两事致造办处呈稿　嘉庆九年正月三十日

附件：绘画芰荷香等处通景画等实销用过材料银两清单

如意馆为绘画海晏堂西洋画棚顶等实销用过材料银两事致造办处呈稿　嘉庆九年七月二十九日

附件：绘画海晏堂西洋画棚顶等实销用过材料银两清单

如意馆为仿画丁观鹏职贡图实销用过材料银两事致造办处呈稿　嘉庆十年十二月初三日

附件：仿画丁观鹏职贡图实销用过材料银两清单

档房为遵旨办理画画人张舒仍进如意馆当差移会苏州织造事致造办处呈稿　嘉庆十一年十一月二十一日

如意馆为年例冬令行取活计炭斤事致造办处呈稿　嘉庆十二年十月十五日

如意馆为绘画圆明园三阿哥所横披等实销用过材料银两事致造办处呈稿　嘉庆十三年十二月二十四日

附件：绘画圆明园三阿哥所横披等实销用过材料银两清单

如意馆为绘画年节画暂领材料银两事致造办处呈稿　嘉庆十四年十二月十七日

如意馆为补绘静明园敞厅游廊画片实销用过材料银两事致造办处呈稿　嘉庆十五年十二月二十五日

附件：补绘静明园敞厅游廊画片实销用过材料银两清单

如意馆为往圆明园如意馆运纸等出东华门知会景运门事致造办处呈稿　嘉庆十六年九月十八日

静宜园为转知如意馆收拾洒兰书屋通景画事致造办处咨文　嘉庆十七年三月初五日

管理西洋堂事务崇禄等为如意馆行走西洋人贺清泰病故赏银事致内务府咨文　嘉庆十八年十一月二十八日

附件：管理西洋堂事务崇禄等为贺清泰病故应否赏银事奏折抄稿

如意馆为绘画圆明园远瀛观等处洋画实销用过材料银两事　嘉庆十九年十一月初五日

致造办处呈稿
附件：绘画圆明园远瀛观等处洋画实销用过材料银两清单
如意馆为绘画集锦扇子等实销用过材料银两事致造办处呈稿　嘉庆二十年十二月二十五日
附件：绘画集锦扇子等实销用过材料银两清单
如意馆为赶运高宗御笔字画等行取苏拉事致造办处呈稿　嘉庆二十一年十月初七日
如意馆为绘画热河烟雨楼等处画条等实销用过材料银两事致造办处呈稿　嘉庆二十二年八月二十九日
附件：绘画热河烟雨楼等处画条等实销用过材料银两清单
如意馆为绘画广宁行宫等处画条等实销用过材料银两事致造办处呈稿　嘉庆二十三年八月二十九日
附件：绘画广宁行宫等处画条等实销用过颜料银两清单
如意馆为装裱嵩祝寺挂轴实销用过材料银两事致造办处呈稿　嘉庆二十四年十一月二十四日
附件：装裱嵩祝寺挂轴实销用过材料银两清单
如意馆为绘画盘山太谷云岚殿等处线法画实销用过材料银两事致造办处呈稿　嘉庆二十五年五月初六日
附件：绘画盘山太谷云岚殿等处线法画实销用过材料银两清单
如意馆为天气寒凉主敬殿绘画必须烘烤行取炭斤事致造办处呈稿　嘉庆二十五年十月二十七日

嘉庆年间皂役及其子孙冒捐冒考史料

吕小鲜编选（1998・1・29）　中国第一历史档案馆

大学士庆桂等为遵旨议复给事中恩治请定番役子孙能否做官应试条陈事奏折　嘉庆七年十月十三日
九门提督禄康等为山东金乡县廪生苏承训来京呈控其弟冤抑事奏折　嘉庆八年四月初二日
湖南巡抚高杞等为审拟胡自雍呈控旷宗湘违例冒捐一案事奏折　嘉庆八年九月二十七日
直隶总督颜检为审拟滦州监生马闲京控冤抑一案事奏折　嘉庆八年十二月初十日
湖北巡抚瑚图礼为审拟长随张光先滥捐知县一案事奏折　嘉庆九年十月二十八日
左都御史英善等为滦州高景逸京控皂役冒捐冒考及其弟呈控反遭拘押事奏折　嘉庆九年十一月十六日
直隶总督革职留任颜检为审拟高景逸京控冤屈一案事奏折　嘉庆十年二月二十三日

嘉庆朝江西万载县土棚学额纷争案

吕小鲜编选（1994・1・12）　中国第一历史档案馆

江西学政李钧简为申明万载分考一案未能随同督臣定议缘由事奏折　嘉庆九年六月十八日
两江总督陈大文为江西万载县考试应加额分考事奏折　嘉庆九年七月二十四日
江西学政李钧简为万载考试应加额合考事奏折　嘉庆九年八月二十六日
江西学政曹振镛为遵旨会同秦承恩筹议万载土棚分考事奏折　嘉庆九年九月

江西巡抚秦承恩等为万载岁试请仍旧制土棚合考事奏折　嘉庆十年正月初九日
江西学政曹振镛为报各府县考试情形并万载土童抗不赴考事奏折　嘉庆十年十一月二十日
江西巡抚秦承恩等为万载土童拒考并现在办理情形事奏折　嘉庆十年十一月二十日
江西学政曹振镛为请恢复万载考试事奏折　嘉庆十一年四月初六日
江西学政曹振镛为万载考试土棚合考极为安静事奏折　嘉庆十一年六月二十三日
两江总督铁保为查明万载土童拒考及龙元亨京控各情形事片　嘉庆十一年
前福建瓯宁县知县孙馨祖为在京投首以求申冤事呈文　嘉庆十二年九月
大学士董诰等为孙馨祖在京投首请交铁保或金光悌审办事奏折　嘉庆十二年九月二十九日
御史邹家燮为请清查万载棚民占籍以绝讼原事奏折　嘉庆十二年十二月十八日
两江总督铁保为万载学额请仍照旧例土棚分别取进事奏折　嘉庆十二年十二月二十八日
左都御史特克慎等为已革知县周吉士遣家人在京具控请交部审办事奏折　嘉庆十三年十一月十四日
大学士董诰等为前署万载县知县周吉士控案请派吴璥等于江宁审办事奏折　嘉庆十三年十二月十一日
江西学政王宗诚为陈明岁试江西袁州等府情形事奏折　嘉庆二十五年五月初四日

嘉庆年间整顿八旗官学史料

叶志如编选（1989·3·36）　中国第一历史档案馆

礼部为查询景山官学人数实额情形事致内务府咨文　嘉庆十三年六月初四日
礼部为会奏梁上国条奏整顿各官学汉教习事致内务府咨文　嘉庆十三年六月初五日
礼部为遵旨议奏梁上国请整顿各官学教习事致内务府咨文　嘉庆十三年六月初五日
礼部为查询景山官学现有学生名额情形事致内务府咨文　嘉庆十三年六月十四日
礼部为知照梁上国条陈议定会奏全底事致内务府咨文　嘉庆十三年七月
附件：礼部等衙门为遵议梁上国条陈分别整顿汉教习事奏折　嘉庆十三年六月初六日
礼部为知照李莹条奏请禁八旗官学积弊折奉旨事致内务府咨文　嘉庆二十四年十一月二十六日
附件：监察御史李莹为请整顿八旗官学积弊以利人才培养事奏折　嘉庆二十四年十一月二十一日

嘉庆时期聂铣敏奉差乡试所撰《星轺便览》

龙耀华　杨帆辑录（2024·1·13）　长沙市图书馆

星轺便览　子玖记

清代文会书院规条节录

周文焰辑录（2024·1·22）

一、明德堂事宜
二、以吾书院十先生原则八则
三、以吾书院公酌条规
四、崇志书院公议条规

五、集贤书院条规

咸丰末期江苏安徽借闱浙江乡试档案

王澈　朱琼臻编选（2019·1·31）　　中国第一历史档案馆

浙江巡抚胡兴仁为修葺浙江贡院估需工料银两数目事奏折　咸丰八年十月二十九日
礼部尚书肃顺等为遵旨核议浙江巡抚胡兴仁请加广官卷中额与例不符事奏折　咸丰八年十一月二十七日
着为三旬万寿庆辰特开乡会试恩科事上谕　咸丰九年正月初二日
两江总督何桂清等为暂借浙闱举行乡试事奏折　咸丰九年三月十七日
浙江巡抚胡兴仁为陈明咨借浙闱乡试诸多窒碍事奏折　咸丰九年三月二十二日
大学士瑞麟等为议江南暂借浙闱举行恩科并补乙卯正科事奏折　咸丰九年四月初一日
安徽学政邵亨豫为岁科并试徽州府生童事奏折　咸丰九年五月初六日
两江总督何桂清等为遵旨会议苏皖借用浙闱乡试并酌拟分别办理事奏折　咸丰九年五月十一日
通政使张芾为皖省众绅吁请仍借浙闱乡试事奏折　咸丰九年六月初四日
安徽学政邵亨豫为皖省众绅请仍借浙闱举行本年乡试等事奏折　咸丰九年六月初四日
两江总督何桂清等为酌议借闱乡试科场事宜条款事奏折　咸丰九年六月二十九日
杭州织造恩麟为江苏士子借浙闱乡试拟请发给护照等事奏片　咸丰九年七月十四日
着酌办咸丰九年己未恩科江南文闱乡试内外帘事上谕　咸丰九年七月十六日
浙江巡抚胡兴仁为浙省武乡试请改期举行事奏片　咸丰九年七月二十四日
两江总督何桂清等为江南乡试分校内帘请照浙江成案调派十六员事奏折　咸丰九年八月初一日
安徽学政邵亨豫为办理借闱乡试情形事奏折　咸丰九年八月初六日
两江总督何桂清等为借用押运通判关防用于浙闱文场事件事奏片　咸丰九年八月十九日
两江总督何桂清等为借浙闱乡试应需文职各员并请借委浙员等事奏折　咸丰九年八月二十五日
江苏学政孙葆元为借闱乡试因号所限江苏取录较前稍严事奏片　咸丰九年九月初二日
江苏学政孙葆元为录送科举人数并起程赴浙日期事奏折　咸丰九年九月初三日
着浙江巡抚胡兴仁酌派各员办理江南借闱乡试事上谕　咸丰九年九月初五日
江苏学政孙葆元为江阴录遗并拿获滋事高邮生员时步瀛等情形事奏片　咸丰九年九月二十三日
江苏学政孙葆元为带病赴浙监临等情形事奏片　咸丰九年九月二十三日
安徽学政邵亨豫为皖北士子赴浙应试者较众请加中额事奏折　咸丰九年九月二十八日
安徽学政邵亨豫为宁广试竣赴浙送考情形事奏折　咸丰九年九月二十八日
安徽学政邵亨豫为皖南及寄寓皖南士子由皖南道转详学政处给咨事奏片　咸丰九年十一月二十日
江苏学政孙葆元为江南乡试情形事奏片　咸丰九年十一月二十五日

江苏学政孙葆元为抱病赴浙监临及由浙回苏各日期事奏片	咸丰九年十二月十八日
江苏学政孙葆元为斟酌办理镇江等处考试情形事奏片	咸丰九年十二月十八日
浙江巡抚罗遵殿为江南借闱乡试完竣并试官杨式穀等先后启程日期事奏片	咸丰九年十二月二十日
江苏学政孙葆元为镇江府请准岁科并考事奏折	咸丰十年正月二十二日
安徽学政邵亨豫为酌拟前往皖北体察情形以酌办考试事奏折	咸丰十年二月二十日

同治年间福建汀州府童试文书

李兵　邹燕妮　薛东凤辑录（2016·1·39）　　天津教育招生考试院

一、长汀县试文书

摄理长汀知县为县试时间事致七邑知县移文	同治五年十二月初二日
摄理长汀知县为县试入场纪律事牌示	同治五年十二月初二日
长汀知县为准备县试物件事致工房谕	同治五年十二月初二日
摄理长汀知县为发布县试日期牌示	同治五年十二月十一日
长汀县礼书李懋为县试改期事致长汀知县禀文	同治五年十二月十一日
署长汀知县为县试日期事致汀州知府申文	同治五年十二月十八日
署归化知县为县试日期事致长汀知县移文	同治五年十二月十九日
长汀县礼书李懋为改县试考期事长汀知县禀文	同治六年正月初六日
武平知县为县试日期事致长汀知县移文	同治六年正月初七日
永定知县为县试日期事致长汀知县移文	同治六年正月十一日
署连城知县为县试日期事致长汀知县移文	同治六年正月十二日
署上杭知县为县试日期事致长汀知县移文	同治六年正月十三日
署宁化知县为县试日期事致长汀知县移文	同治六年正月二十二日
摄理长汀知县为公布县考日期事牌示	同治六年正月
摄理长汀知县为县试改期牌示	同治六年正月
署清流知县为县试日期事致长汀知县移文	同治六年正月二十七日
署长汀知县为县试考题事致汀州知府呈文	同治六年二月初六日
署长汀知县为呈送县试取中童生试卷事致汀州知府申文	同治六年二月初六日
署长汀知县为呈送县试取中名单及试卷事致汀州知府申文	同治六年二月初六日
署长汀知县为县试卷价事致汀州知府申文	同治六年二月二十八日

二、汀州府试和院试文书

童生罗献文等为补考事致汀州知府禀文	同治六年二月初二日
汀州知府为府试选派民壮搜检瞭望事致长汀知县札文	同治六年二月初五日
汀州知府为府试饬派巡役事致长汀知县札文	同治六年二月初五日
童生马恒一等为补考事致汀州知府禀文	同治六年二月初七日
汀州知府为府试派人搜查考棚事致长汀知县札文	同治六年二月二十日
童生黄泮池等为补考事致学政申文	同治六年二月二十日
署长汀知县为童生黄泮池等补考事致汀州知府申文	同治六年二月二十一日
童生王寿康等为补考事致汀州知府禀文	同治六年二月十一日
汀州知府为通知考生准备院考事致长汀知县札文	同治六年三月十七日
摄理长汀知县为通知考生按时考试事牌示	同治六年三月二十七日

摄理长汀知县为考试时间事致县学移文　同治六年三月二十七日
汀州知府为院试选派民壮搜检瞭望事致长汀知县札文　同治六年四月十二日
汀州知府为院试饬派役巡逻事致长汀知县札文　同治六年四月十二日
汀州知府为准备院试事致长汀知县札文　同治六年四月二十四日
署长汀知县为童生赖道存等补考事致汀州知府申文　同治六年四月二十四日
童生曹龙图等为补考事致汀州知府禀文　同治六年四月二十八日
长汀知县为童生钟斌等补考府试致汀州知府申文　同治六年五月初三日
童生谢春池等为补考事致汀州知府禀文　同治六年五月初九日
汀州知府为府试补考事致长汀知县札文　同治六年五月十一日
署长汀知县为童生谢春池等补考事致汀州知府申文　同治六年五月十三日
汀州知府为院试更换考棚中水木两字号戳事致长汀知县札文　同治六年五月十七日
汀州知府为投送考生卷册事致长汀县谕　同治六年五月十八日
署长汀知县为卷价事致学政申文　同治六年五月十九日
汀州知府为承办桌号事致长汀县札文　同治六年五月二十日
汀州知府为科考花红给赏事致长汀县札文　同治六年五月二十二日
童生戴德为补考事致汀州知府禀文　同治六年五月
署长汀知县为查对水木两号戳致汀州知府申文　同治六年五月
汀州知府为解送院试卷箱事致长汀知县札文　同治六年六月初四日
摄理长汀县知县为拨役转解卷箱事致清流县知县移文　同治六年六月初七日
署长汀知县为解送卷箱事致学政申文　同治六年六月初七日
署长汀知县为派役领卷箱公文事致清流县票　同治六年六月初八日
侯官知县为追取解送卷箱事致沿途各驿站传单　同治六年七月初五日
摄理长汀知县为查解送卷箱延迟事致侯官知县移文　同治六年七月二十四日
汀州知府为催解送卷箱事致长汀县札文　同治六年七月二十六日
长汀知县为追查卷箱事致汀州知府申文　同治六年八月初二日
三、童试后应乡试文书
户部为广八旗中额学额事奏折　同治五年
汀州知府为俊秀贡监生应顺天乡试事致长汀知县札文　同治六年四月二十七日
长汀县贡生曹慕莲亲供单　同治十二年
房族曹考祥等为贡生曹慕莲保结单　同治十二年
长汀知县黄国培为贡生曹慕莲保结单　同治十二年

晚清欧洲人在华游历史料

郭慧编选（2002·4·64）　中国第一历史档案馆
英国公使威妥玛为请查办英人顾巴在滇游历被拘事致总理各国事务衙门大臣奕䜣照会　同治十年六月十一日
英国公使威妥玛为豫省不容英教士停留等情节事致总理各国事务衙门大臣奕䜣照会　光绪二年正月初八日
四川总督丁宝桢为委员劝导藏人准英人来藏游历事奏片　光绪十二年二月二十日
驻藏帮办大臣升泰为俄人游历藏北藏人劝阻折回事奏折　光绪十六年闰二月二十六日
附件：第穆呼图克图为劝阻俄人游历藏北等事致驻藏帮办

大臣升泰禀文	
甘肃新疆巡抚饶应祺为查明法教士雷济华等人境遵饬保护等事致外务部咨呈	光绪二十八年正月十五日
附件：法人雷钟和等报称法外务部写错其姓名事单	
外务部为英员满义福等游历需索应将地名人名查明以凭转复事致四川总督等咨文	光绪二十八年正月二十一日
热河都统色楞额等为德国公使穆默等游历热河事奏折	光绪二十八年三月二十日
英国驻华公使萨道义为英人游历内地违约照约究办事致外务部大臣奕劻照会	光绪二十八年九月二十日
泰宁镇总兵庆福为法人瞻陵时随有义国伯爵葛勒卑勒一并前来事致外务部函	光绪二十九年九月十三日
成都将军绰布哈等为按季造报来川游历传教外国人名册事致外务部咨呈	光绪三十一年十一月十四日
附件一：四川洋务局造呈光绪三十一年夏季法人来川传教游历姓名日期清册	光绪三十一年十月
附件二：四川洋务局造呈光绪三十一年夏季外国人来川游历姓名日期清册	光绪三十一年十月
甘肃新疆巡抚联魁为押解在吐鲁番滋事之法人和爽交法驻沪领事致外务部咨呈	光绪三十二年十一月十九日
法国驻华公使巴斯德为本国医生罗博类拟赴颐和园事致外务部大臣奕劻函	光绪三十三年三月初七日
江西巡抚瑞良为光绪三十二年九江关缴销洋人游历护照事致外务部咨文	光绪三十三年三月初八日
盛京将军赵尔巽为禁发洋人游历西藏护照事致外务部咨呈	光绪三十三年三月二十日
陕西巡抚曹鸿勋为查明陕局并未发过英人帕沃洛克游历西藏护照事致外务部咨文	光绪三十三年四月初二日
外务部为请阻止游历英人司代诺在敦煌擅挖古迹事致英公使朱迩典函	光绪三十三年四月初二日
英国公使朱迩典为英人司代诺在敦煌考察古迹不便阻止事致外务部大臣奕劻函	光绪三十三年四月初十日
陕甘总督升允为游历洋人多向地方官责索支应事致外务部大臣奕劻函	光绪三十三年四月十二日
法国公使巴斯德为法人罗德拟瞻皇宫事致外务部大臣奕劻函	光绪三十三年五月二十三日
署理法国公使藩荪纳为代达本国博士沙畹感谢优待事致外务部照会	光绪三十三年十月初六日
两广总督张人骏为英国游历护照违章擅填十八省字样请力拒事致外务部电报	光绪三十三年十月二十四日
驻英国大臣李经芳为呈阅增设领事并发英人福尔恩德游历护照等事致陈懋鼎等函	宣统元年十一月二十三日
闽浙总督松寿为发放英国教士游历护照并妥为保护事致浙江洋务局札文	宣统二年四月初六日

光绪朝同文馆教员学生考叙档案
郭琪编选（2020・1・26）　　中国第一历史档案馆
广州将军长善等为广东同文馆锡庆等学习期满给予翻译生员事奏折　光绪三年六月十三日
广州将军长善等为广东同文馆贵仁等学习期满请奖事奏片　光绪三年六月十三日
广州将军长善等为广东同文馆在馆各员教习期满分别奖叙事奏折　光绪三年十月初三日
附件：呈拟奖叙各员衔名清单
广州将军长善等为广东同文馆学生孔庆高等学习期满给予生监事奏折　光绪六年六月初七日
大学士管理兵部事务左宗棠等为核议广东同文馆提调官刘秉和议叙事题本　光绪七年二月二十二日
大学士管理吏部事务宝鋆等为核议广东同文馆同知衔进士茹庆铨议叙事题本　光绪七年四月二十日
广州将军长善等为广东同文馆学生曹广照等学习期满给予翻译生事奏折　光绪九年六月十五日
广州将军长善等为广东同文馆在馆各员及教习等期满分别奖叙事奏折　光绪九年八月二十四日
附件：拟请奖叙各员衔名清单
广州满洲副都统尚昌懋为广东同文馆翻译生茂连等当差得力期满请奖事奏片　光绪九年八月二十四日
兵部尚书景廉等为核议广东同文馆提调刘秉和照例议叙事题本　光绪九年十二月初五日
广州将军长善等为原保广东同文馆出力各员遵照部议另行请奖事奏折　光绪十年二月十四日
大学士管理吏部事务灵桂等为遵旨议叙同文馆学生杜法孟加一级事题本　光绪十一年四月初一日
广州将军继格等为广东同文馆董鸿钧等学习期满给予翻译生等事奏折　光绪十二年六月初六日
永德为同文馆汉教习江仁葆初次期满应请奖叙仍留馆训课事奏片　光绪十三年六月初二日
总理各国事务衙门大臣奕劻等为考试同文馆学生分别奖叙事奏折　光绪十三年六月初六日
附件：拟请奖叙同文馆学生衔名清单
总理各国事务衙门大臣奕劻为饬令程登甲充补同文馆汉教习事奏片　光绪十三年六月初六日
庆裕等为同文馆汉教习谢元祖教习期满请以知县分发省分归候补班补用事奏片　光绪十三年十月六日
总理各国事务衙门大臣奕劻等为同文馆算学生择优录送顺天乡试事奏片　光绪十四年四月初五日
总理各国事务衙门大臣奕劻等为上海广方言馆肄业算学生　光绪十四年四月初五日

拟赴京考同文馆事奏片	
总理各国事务衙门大臣奕劻等为考取同文馆汉教习缘由事奏片	光绪十四年十一月初十日
附件：拟考取同文馆汉教习履历籍贯清单	
为同文馆天文算学教习席淦学有成效请旨奖叙事奏片	光绪十四年
为同文馆汉教习陈孝基教习期满请以知县分发省分归候补班补用事奏片	光绪十四年
为饬令新补同文馆汉教习周仪典到馆任差事奏片	光绪十四年
总理各国事务衙门大臣奕劻等为同文馆汉教习程振淮教习期满请奖事奏折	光绪十五年六月初一日
总理各国事务衙门大臣奕劻等为请准同文馆学生王丰镐等参加恩科乡试事奏片	光绪十五年六月初一日
总理各国事务大臣奕劻为同文馆教习江仁葆教习期满请照章以知县补用事奏片	光绪十五年十月二十日
总理各国事务衙门大臣奕劻为请于本衙门大臣内简派人员专管同文馆事奏片	光绪十五年十月二十日
总理各国事务衙门大臣奕劻等为照章考试同文馆学生分别给奖记优事奏折	光绪十六年九月初十日
附件：同文馆学生奖叙清单	
总理各国事务衙门大臣奕劻等为同文馆汉教习周仪典教习期满照章请奖事奏折	光绪十六年十一月初九日
总理各国事务衙门大臣奕劻等为同文馆副教习胡玉麟等请准仍照原保给奖事奏折	光绪十七年二月十三日
总理各国事务衙门大臣奕劻等为同文馆教习王裕宸教习期满照章请奖事奏折	光绪十七年三月十二日
总理各国事务衙门大臣奕劻等为请准同文馆学生朱敬彝等参加辛卯科乡试事奏片	光绪十七年三月十二日
总理各国事务衙门大臣奕劻等为报同文馆考取满汉学生名数事奏折	光绪十七年五月十五日
为拣选夏曰盏等充补同文馆汉教习事奏片	光绪十七年
直隶总督李鸿章为以王裕宸充补同文馆汉教习事奏片	光绪十八年
总理各国事务衙门大臣奕劻等为同文馆汉教习夏曰盏教习期满请奖事奏折	光绪十九年二月十六日
总理各国事务衙门大臣奕劻等为同文馆汉教习陈启濬教习期满请奖叙事奏折	光绪十九年三月二十一日
总理各国事务衙门大臣奕劻等为考试同文馆学生照章分别保奖事奏折	光绪十九年四月二十九日
附件：拟考试同文馆学生给奖各员职名清单	
为挨传文聘珍充补同文馆汉教习事奏片	光绪十九年八月初四日
为驻德四等翻译官同文馆学生李德顺升补三等翻译官事奏片	光绪二十年
两广总督李瀚章为同文馆翻译分发试用知县樊淙当差期满	光绪二十年

甄别事奏片
两广总督谭钟麟等为广东同文馆学生学习期满给予翻译生等事奏折　光绪二十一年七月初四日
广州将军保年等为广东同文馆在馆各员教习期满分别给予奖叙事奏折　光绪二十一年十一月十二日
广州副都统兴存为广东同文馆翻译生薛永年等当差期满拟请奖励事奏片　光绪二十一年十一月十二日
兵部尚书荣禄等为核议广东同文馆提调官刘绍基督率有方议叙事题本　光绪二十二年六月十八日
广州将军保年等为广东同文馆学生柏荃等学习期满照章考试请奖事奏折　光绪二十四年六月初五日
两广总督谭钟麟等为广东同文馆各员教习期满请奖事奏折　光绪二十四年八月二十五日
两广总督谭钟麟等为广东同文馆翻译生焦益显等当差期满请分别给奖事奏片　光绪二十四年八月二十五日
两江总督刘坤一为同文馆等动用各项银两核销事奏片　光绪二十四年十月初三日
两广总督谭钟麟等为广东同文馆拟保文职各员遵奉部文改奖事奏折　光绪二十四年十二月十五日
广州将军寿荫等为广东同文馆英俄东三馆学生学习期满分别酌拟奖励事奏折　光绪二十七年十二月十六日
广州将军寿荫等为广东同文馆各员教习期满分别给奖事奏折　光绪二十八年五月初九日
广州将军寿荫等为广东同文馆许国桢等作为附贡生翻译生当差期满请奖事奏片　光绪二十八年五月初九日
盛京将军增祺等为前同文馆学生胡祖楷保奖重复请改奖事奏片　光绪二十九年三月十五日
为同文馆学生充当教习列保各员请照案准于分部分发事奏片　光绪朝

光绪朝留学生管理制度档案

王征编选（2017·4·40）　中国第一历史档案馆
总理各国事务衙门大臣奕劻等为遵拟出洋游历人员章程事奏折　光绪十三年四月二十六日
附件：总理各国事务衙门拟定出洋游历章程
著即拟定游学日本章程妥速具奏并咨催选定出洋学生事交片　光绪二十四年六月十五日
总理各国事务衙门大臣奕劻等为推广游学章程请旨通行饬遵事奏折　光绪二十四年八月二十五日
总理各国事务衙门大臣奕劻等为遵议使臣宜多带学生出洋事奏折　光绪二十四年八月二十五日
为日本变法立学确有成效请饬下总署速议游学日本章程等事奏片　光绪二十四年
总理各国事务衙门大臣奕劻等为遵议出洋肄业章程事奏折　光绪二十五年九月十一日
著各省督抚选派学生出洋游学事上谕　光绪二十七年八月初四日
湖广总督张之洞为遵议出洋游学生约束鼓励章程事奏折　光绪二十九年八月十六日

附件一：拟议《鼓励游学毕业生章程》清单	
附件二：拟议《约束游学生章程》清单	
附件三：拟议《自行酌办立案章程》清单	
出使比国大臣杨兆鋆致外务部信函	光绪三十年四月初五日
附件：拟《留学各国简明章程》清单	
出使日本大臣杨枢为日本参谋部议复《选派陆军学生游学章程》事致外务部丞参信函	光绪三十年六月二十一日
附件：译录日本参谋部《议复选派陆军学生游学章程》各款清单	
出使比国大臣杨兆鋆为比利时学费较廉请饬各省分遣学生游学事奏折	光绪三十年八月初五日
附件：拟定《各省派生游学比国章程》清单	
总理练兵事务大臣奕劻等为拟定陆军学生就学日本自费章程事奏稿	光绪三十年十一月
附件：拟定《自费生就学日本陆军学堂肄业章程》稿清单	
学务大臣孙家鼐等为遵旨议复考验游学日本毕业学生事奏折	光绪三十年十二月十三日
附件：拟议《考验出洋毕业生章程》清单	
外务部大臣奕劻等为遵旨会议西洋游学办法事奏折	光绪三十年十二月十七日
学务大臣孙家鼐等为酌拟考验出洋毕业学生办法事奏折	光绪三十一年四月二十七日
总理练兵处军学司咨送《自费生赴外洋陆海军学堂肄业暂行章程》稿	光绪三十一年四月
直隶总督袁世凯为陈明分饬官绅出洋游学游历情形事奏片	光绪三十一年六月二十一日
河南巡抚陈夔龙为扩充学校及派遣学生出洋拟请变通报效章程事奏折	光绪三十一年七月二十四日
军政司为酌拟留学日本陆军学生病故扶恤章程事致练兵处大臣呈稿	光绪三十一年八月
附件：留学日本陆军学生病故扶恤章程	
学部为恭录谕旨及《考验游学毕业生章程》原奏事至军机处咨文	光绪三十二年九月十四日
附件一：学部为详拟《考验游学毕业生章程》并请酌给奖励事奏折	光绪三十二年八月十五日
附件二：考验游学毕业生章程	
学部尚书荣庆等为请派员专管赴日游学事宜并酌拟章程事奏折	光绪三十二年十月十七日
附件：管理游学日本学生章程	光绪三十二年十月十七日
北洋大臣袁世凯等为请变通毕业回国留学生留用章程等事奏折	光绪三十三年四月初四日
商约大臣吕海寰为请派亲贵出洋游历以裨新政事奏折	光绪三十三年四月二十五日
著宗人府汇奏听候点派近支王公子弟报名出洋游学事谕旨	光绪三十三年八月初二日
呈《贵胄游学章程》	光绪三十三年十一月初一日
学部为恭录谕旨并进士馆留学各员毕业酌拟考试办法事致	光绪三十三年十一月十二日

会议政务处咨文
附件一：学部为进士馆留学各员毕业酌拟考试办法等事奏折　光绪三十三年十一月初五日
附件二：进士馆游学毕业学员考试章程
学部为游学生与未考试各生应如何体察情形限制调用事致宪政编查馆咨文　光绪三十三年十一月十二日
宪政编查馆大臣奕劻等为遵旨核定游学毕业生廷试录用章程事奏折　光绪三十三年十二月二十日
附件：游学毕业生廷试录用章程　光绪三十三年十二月二十日
宪政编查馆大臣奕劻等为议复御史孙培元奏留学生未经考试不得率请调用事奏折　光绪三十三年十二月二十日

光绪朝各省绘呈《会典·舆图》史料

谢小华编选（2003·2·37）　中国第一历史档案馆
盛京将军裕禄等为请奉天测绘舆图展限事片　光绪十六年十二月
广西巡抚马丕瑶为请广西测绘舆图展限事片　光绪十七年二月二十二日
护理甘肃新疆巡抚魏光焘为请新疆测绘舆图展限事奏折　光绪十七年七月二十六日
江西巡抚德馨为请江西测绘舆图展限事片　光绪十七年八月二十六日
湖广总督张之洞等为请湖北测绘舆图展限事奏折　光绪十七年十二月二十六日
两广总督李瀚章为报广东舆图测绘完竣解馆查收事片　光绪十八年六月初四日
江西巡抚德馨为请江西测绘舆图展限事片　光绪十八年七月
黑龙江将军依克唐阿为请黑龙江测绘舆图展限事奏折　光绪十九年五月初二日
浙江巡抚崧骏为报浙江测绘舆图告成事奏折　光绪十九年八月初三日
安徽巡抚沈秉成为请测绘安徽舆图展限事片　光绪十九年八月二十日
黑龙江将军依克唐阿等为拟筹款拣员另办黑龙江舆图事奏折　光绪十九年九月初五日
陕甘总督杨昌濬为甘肃舆图测绘事竣并办理情形事奏折　光绪十九年十月二十二日
陕西巡抚鹿传霖为报陕西舆图测绘告成事奏折　光绪二十年正月十二日
山东巡抚福润为报山东舆图测绘完竣事奏折　光绪二十年三月初七日
盛京将军裕禄等为奉天舆图测绘完竣事奏折　光绪二十年五月初十日
署理黑龙江将军增祺为请黑龙江测绘舆图展限事片　光绪二十一年正月十五日
四川总督鹿传霖为请奖叙陕西测绘舆图各员事片　光绪二十一年四月二十六日
湖北巡抚谭继洵为报湖北舆图测绘告成事奏折　光绪二十一年八月初一日
安徽巡抚福润为报安徽舆图测绘告成事奏折　光绪二十一年十一月初一日
湖南巡抚陈宝箴为报湖南舆图测绘告成等事奏折　光绪二十一年十一月二十四日
河南巡抚刘树堂为河南舆图测绘告成事片　光绪二十一年
云南巡抚崧蕃为报云南舆图测绘告成事奏折　光绪二十二年三月初一日
江西巡抚德寿为报江西舆图测绘告成等事奏折　光绪二十二年三月二十二日
安徽巡抚福润为遵旨保奖安徽测绘舆图出力员绅事奏折　光绪二十二年八月二十八日
黑龙江将军恩泽为请黑龙江测绘舆图展限事奏折　光绪二十三年七月初六日
浙江巡抚廖寿丰为请保奖浙江测绘舆图在事出力员绅事奏折　光绪二十四年正月二十日
浙江巡抚廖寿丰为遵旨保奖浙江前办舆图在事出力员绅事　光绪二十四年闰三月十二日
附件：浙江前办舆图在事出力员绅清单

黑龙江将军恩泽等为报黑龙江舆图测绘告成事奏折	光绪二十五年四月初五日
山东巡抚张人骏为酌保山东测绘舆图在事出力人员事奏折	光绪二十八年五月二十七日
广西巡抚丁振铎为请奖叙广西测绘舆图在事出力各员事奏折	光绪二十八年六月二十九日
盛京将军增祺等为请奖叙奉天办理舆图出力人员事片	光绪二十九年三月十五日
浙江巡抚聂缉椝为请奖叙浙江前办舆图在事出力员绅事奏折	光绪二十九年十二月十八日

光宣时期湖北两湖书院档案选编

郭琪选编（2024·1·28）　　中国第一历史档案馆

掌江西道监察御史讷清阿为陈明茶商赔累情形请饬张之洞将创修书院南商茶捐撤销事奏片	光绪十七年三月初二日
着湖广总督张之洞查明湖南茶商输捐一事是否属实事上谕	光绪十七年三月初二日
湖广总督张之洞为查明茶商捐助湖北两湖书院暨方言商务各学经费现酌减抽收事奏折	光绪十七年五月二十一日
掌山西道监察御史讷清阿为鄂省茶捐累商请饬裁蠲事奏折	光绪十八年五月十一日
着湖广总督张之洞悉心妥筹茶商捐助两湖书院经费以免累商事上谕	光绪十八年五月十一日
湖广总督张之洞为遵旨查明茶商捐助两湖书院经费情形妥筹裁撤事奏折	光绪十八年闰六月二十六日
湖广总督张之洞为遵部咨整顿书院改定学规课程等事奏片	光绪二十四年闰三月十五日
湖广总督张之洞为保举降调翰林院编修梁鼎芬送部引见事奏折	光绪二十五年六月十七日
湖北学政王同愈为整顿书院成效可睹酌奖经心两湖二书院院长及优等肄业生事奏折	光绪二十六年十一月十一日
着照湖北学政王同愈所奏保奖湖北各书院院长暨肄业各生事上谕	光绪二十六年十二月十五日
湖广总督张之洞为请常住两湖书院事致西安梁鼎芬电报	光绪二十七年八月初十日
两湖书院为兴办学堂事致西安梁鼎芬电报	光绪二十七年
署湖广总督张之洞为两湖大学堂聘定日本法学博士岛村君事致端方电报	光绪二十八年十月十九日
署湖广总督端方为两湖大学堂算学分校聘请教习事致广州算学分校曹棨三电报	光绪二十八年十一月二十三日
署湖广总督端方为王秉恩明年仍请监督两湖大学堂事致前湖北学政王同愈电报	光绪二十八年十二月初一日
署湖广总督端方为两湖大学堂开学请上元前后贲临事致前湖北学政王同愈电报	光绪二十九年正月初七日
署湖广总督端方为选派湖北各学堂学生并师范生尹集馨赴日游学事致外务部咨呈	光绪二十九年二月初四日
附件：两湖文高等学堂等赴日本游学学生名单	
为两湖文高等学堂约请算学领班事致广州应元书院吴伯海电报	光绪二十九年四月二十八日
为新拓好诗并收到白也事致宜昌两湖书院监督黄绍箕电报	光绪二十九年八月十四日

署湖广总督端方为两湖文高等学堂开学传知萧宗湘训导速回事致湖南布政使张绍华电报　光绪二十九年八月二十六日
武昌知府梁鼎芬为两湖文高等学堂拟聘邓廷林为副监督事致黄州府邓季翁电报　光绪二十九年十月十三日
湖北按察使梁鼎芬为两湖书院经学教习马贞榆等通经守正请建曲阜学堂研究孔学事奏片　光绪三十二年
湖广总督赵尔巽为吏部主事杨鸿发充任两湖师范学堂文学教习请援案免扣资俸事奏片　光绪三十四年三月十五日
湖南巡抚端方为贾文浩充两湖书院教习极资得力推荐照拂事致上海制造局沈幼彦信函　光绪朝
直隶总督端方为购两湖书院各种讲义数份寄津事致刘骧逵电报　宣统元年七月初九日
暂护湖广总督杨文鼎为两湖总师范学堂监督刘洪烈等办理学务成效昭著请分别给奖事奏片　宣统元年十一月二十九日
学堂监督左全孝为拟请两湖文高等学堂副监督邓邦述兼办湖南中学副监督事致端方信函　无朝年

光绪癸巳科广东乡试史料（上）

丁进军编选（2002·1·37）　　中国第一历史档案馆
两广总督李瀚章等为委知县葛肇兰暂收考官往来信牍事致广东正主考咨文　光绪十九年七月十三日
广东巡抚刚毅为预支副考官吴郁生路费银两事致广东正主考咨文　光绪十九年八月初五日
广东巡抚刚毅为移送《科场条约》《条例》及《磨勘则例》事致广东正主考咨文　光绪十九年八月初五日
广东巡抚刚毅为祭社稷坛斋戒之期仍穿朝服入闱事致广东正主考咨文　光绪十九年八月初五日
广东巡抚刚毅为移行乡会试回避条例事致广东正主考咨文　光绪十九年八月初五日
附件：乡会试回避条例
广东巡抚刚毅为申明旧例严防科场弊端事致广东正副主考咨文　光绪十九年八月初六日
广东巡抚刚毅为遵例严禁试卷内书写卦画及篆字事致广东正副主考咨文　光绪十九年八月初六日
广东巡抚刚毅为严防科试题目泄漏事致广东正副主考咨文　光绪十九年八月初六日
广东巡抚刚毅为士子策问应遵例默写头场文字等事致广东正副主考咨文　光绪十九年八月初六日
广东巡抚刚毅为遵谕厘正科场文体事致广东正副主考咨文　光绪十九年八月初六日
广东巡抚刚毅为试卷添注涂改字数应遵例于篇末注明事致广东正副主考咨文　光绪十九年八月初六日
广东巡抚刚毅为乡试临场人数不敷足额应遵例停考事致广东正副主考咨文　光绪十九年八月初六日

光绪癸巳科广东乡试史料（下）

丁进军编选（2002·2·54）　　中国第一历史档案馆

广东巡抚刚毅为乡试进卷依旧立章程办理事致广东正副主考咨文　光绪十九年八月初六日
广东巡抚刚毅为遵谕时文力戒冗蔓浮华事致广东正副主考咨文　光绪十九年八月初六日
广东巡抚刚毅为遵谕制艺不得以骈体为文事致广东正副主考咨文　光绪十九年八月初六日
广东巡抚刚毅为遵例科试酌改《春秋》题事致广东正副主考咨文　光绪十九年八月初六日
广东巡抚刚毅为房考荐卷应遵例由监试送主考官事致广东正副主考咨文　光绪十九年八月初六日
广东巡抚刚毅为考官须遵谕于试卷上签注批语等事致广东正副主考咨文　光绪十九年八月初六日
广东巡抚刚毅为考官须遵谕认真考校试卷事致广东正副主考咨文　光绪十九年八月初六日
广东巡抚刚毅为中卷核对事宜遵例办理事致广东正副主考咨文　光绪十九年八月初六日
广东巡抚刚毅为试卷书写格式遵例施行事致广东正副主考咨文　光绪十九年八月初六日
广东巡抚刚毅为经书重句命题遵例办理事致广东正副主考咨文　光绪十九年八月初六日
广东巡抚刚毅为考官亲属应遵例回避事致广东正副主考咨文　光绪十九年八月初六日
广东巡抚刚毅为遵谕考官出题须义旨精深事致广东正副主考咨文　光绪十九年八月初六日
广东巡抚刚毅为遵例办理科试命题等事致广东正副主考咨文　光绪十九年八月初六日
广东巡抚刚毅为遵例严申《科场条例》事致广东正副主考咨文　光绪十九年八月初六日
广东巡抚刚毅为遵例严办科试中抄袭旧文者事致广东正副主考咨文　光绪十九年八月初六日
广东巡抚刚毅为考官出题遵例不得割裂等事致广东正副主考咨文　光绪十九年八月初六日
广东巡抚刚毅为遵例认真厘剔科场积弊事致广东正副主考咨文　光绪十九年八月初六日
广东巡抚刚毅为遵例策题毋庸以本朝之人发问等事致广东正副主考咨文　光绪十九年八月初六日
广东巡抚刚毅为遵例内帘官阅卷不得互相抽看及私携入室事致广东正副主考咨文　光绪十九年八月初六日
广东巡抚刚毅为应试士子须遵例敬避庙讳事致广东正副主考咨文　光绪十九年八月初六日
广东巡抚刚毅为考官回京仍按旧制由驿路正站行走事致广　光绪十九年八月初六日

东正副主考咨文
广东巡抚刚毅为考官回京遵例仍由驿路行走事致广东正副主考咨文　光绪十九年八月初六日
广东巡抚刚毅为癸巳科乡试揭晓日期事致广东正副主考咨文　光绪十九年九月初四日
广东巡抚刚毅为癸巳乡试文场中式举人在本衙门行礼谢恩事致广东正副主考咨文　光绪十九年九月初九日

有关郑观应及《盛世危言》史料一则

吕坚编选（2002·4·77）　中国第一历史档案馆

江苏布政使邓华熙为进呈郑观应《盛世危言》一书并陈管见事奏折　光绪二十一年三月二十六日

光绪年间部分寺庙住持名录

丁进军编选（2005·2·17）　中国第一历史档案馆

管理僧录司正印行存等为率各寺住持为慈禧六旬寿辰峰经事致内务府呈文　光绪二十一年
附件：各寺住持名单

光宣年间浙江兴办新式学堂史料（上）

王道瑞编选（2004·2·38）　中国第一历史档案馆

浙江巡抚廖寿丰为遵旨开办求是书院兼课中西实学事奏折　光绪二十三年六月十七日
浙江巡抚廖寿丰为遵旨开办武备学堂事片　光绪二十三年六月十七日
浙江学政徐致祥为浙省按例保荐优等生员人太学肄业事题本　光绪二十三年十月初六日
浙江巡抚廖寿丰为请奖嘉善县绅士朱采捐资求是书院事片　光绪二十四年二月初八日
浙江巡抚廖寿丰为书院开设经济特科请饬妥议章程事奏折　光绪二十四年三月十六日
浙江巡抚任道镕为报全省书院遵旨改设学堂办理情形事奏折　光绪二十七年十二月十三日
杭州将军常恩为驻防满营梅青书院改为小学堂及开办武备学堂事片　光绪二十八年五月二十一日
绍兴府诸暨县为创办蒙养学堂订立章程事致浙江巡抚呈文　光绪二十八年五月二十九日
浙江巡抚任道镕为请奖捐资省城安定学堂、绍兴府通艺学堂官员事片　光绪二十八年八月初七日
浙江巡抚任道镕为请奖捐资绍兴府中学堂及藏书楼绅士事片　光绪二十八年九月二十五日
护理浙江巡抚诚勋为报筹办武备学堂聘日本教习事奏折　光绪二十八年十二月十三日
浙江巡抚聂缉椝为松阳县民捐资建初等小学堂请奖立牌坊事片　光绪三十年十一月十九日
浙江巡抚聂缉椝为余姚县绅士捐资办诚意学堂请奖匾额事片　光绪三十年十一月十九日
浙江巡抚聂缉椝为全省学堂次第兴办请设立学务处统管事奏折　光绪三十一年正月十三日
浙江巡抚聂缉椝为上虞县经正书院改设小学堂请奖捐资绅士事片　光绪三十一年二月初一日
浙江巡抚聂缉椝为浙省考选一百名官费生赴日学习师范事　光绪三十一年八月十六日

奏折

浙江巡抚张曾敭为拆改贡院筹办高等师范学堂事奏折　光绪三十二年六月初六日

浙江巡抚张曾敭为乐清县官绅遗孀捐办官立小学堂请予旌表建坊事片　光绪三十二年十一月十二日

浙江巡抚张曾敭为报省城开办法政学堂并拟定章程事奏折　光绪三十三年六月初二日

附件：浙江法政学堂章程

光宣年间浙江兴办新式学堂史料（下）

王道瑞编选（2004·3·38）　中国第一历史档案馆

浙江巡抚冯汝骙为署处州府知府肖文昭祖父等捐资创办学堂请予建坊事片　光绪三十三年十二月二十三日

浙江巡抚冯汝骙为宁波府法政学堂学生毕业请援案给奖事奏折　光绪三十四年三月初四日

浙江巡抚增韫为镇海县绅樊棻捐建便蒙小学堂请奖事奏折　宣统二年三月二十一日

浙江巡抚增韫为翰林院编修陈敬第欲创建私立法政学堂请援案允准事奏折　宣统二年六月初一日

浙江巡抚增韫为奉旨允准陈敬第开办私立法政学堂事致会议政务处咨文　宣统二年七月初五日

浙江巡抚增韫为条陈教育事宜事奏折　宣统二年十月初一日

浙江巡抚增韫为报省城开办中等工业学堂情形事奏折　宣统二年十一月二十六日

浙江巡抚增韫为创办省城高等医学堂情形事奏折　宣统二年十二月十二日

浙江巡抚增韫为江山县贡生毛云鹏创设西河女子小学堂请奖事片　宣统二年十二月十三日

浙江巡抚增韫为翰林院编修邵章办学成绩斐然请奖片　宣统三年三月初二日

浙江巡抚增韫为请给予法政学堂别科第一届毕业生出身事奏折　宣统三年闰六月二十八日

光绪末年顺天借闱河南乡试档案

王澈　朱琼臻选编（2024·3·40）　中国第一历史档案馆

着将本年乡会试展缓举行事上谕　光绪二十六年六月十五日

着将各省武乡试按照文乡试展缓日期以次递推事上谕　光绪二十六年七月初十日

留京办事大臣大学士崑冈等为本年乡试拟俟和议就绪再行举办事奏折　光绪二十六年九月十五日

两江总督刘坤一等为军务未竣请将各省恩正两科乡会试归并举行事奏折　光绪二十六年十月十八日

直隶总督李鸿章等为和议事竣各国撤兵再行开考事奏片　光绪二十七年二月十三日

兵部尚书兼理顺天府尹事务徐会沣为德兵拆毁京城贡院号板情形事奏片　光绪二十七年二月十三日

留京办事大臣大学士崑冈等为变通办理本年各省乡试题请简放考官事奏折　光绪二十七年三月初三日

留京办事大臣大学士崑冈等为京师贡院房舍毁坏严重修复　光绪二十七年三月初三日

尚难事奏片
都察院左都御史张百熙为停办各省乡试有碍大局请照旧举行事奏折　光绪二十七年三月二十六日
着各督抚详查各地实在情形可否开考事上谕　光绪二十七年三月二十六日
着明年顺天乡试借闱河南等事上谕　光绪二十七年十月二十四日
为京城贡院颇多残毁请饬直隶总督等查核能否依期举办顺天乡试事奏片　光绪二十七年
礼部尚书世续等为遵议顺天乡试借闱河南变通事宜事奏折　光绪二十八年二月初二日
附件：顺天借闱河南乡试变通章程清单　光绪二十八年二月初二日
军机大臣面奉顺天乡试借闱河南着派河南布政使入闱提调事上谕　光绪二十八年二月初二日
河南巡抚锡良为河务紧要未能兼顾请敕派河南学政代办监临乡试事奏片　光绪二十八年二月二十九日
顺天学政陆宝忠为筹办顺天乡试监临事奏折　光绪二十八年三月十三日
礼部尚书管理国子监事务徐郙等为顺天乡试借闱河南请旨简派二员办理录科事奏折　光绪二十八年四月十九日
礼部尚书世续等为顺天补行恩正并科乡试借闱河南请简派正副考官事奏折　光绪二十八年六月二十九日
附件：不应开列正副考官及应行扣除衔名清单　光绪二十八年六月二十九日
礼部尚书世续等为顺天补行恩正并科乡试借闱河南请简派同考官事奏折　光绪二十八年六月二十九日
附件：考过试差不应开列同考官及应行扣除衔名清单　光绪二十八年六月二十九日
礼部尚书世续等为顺天补行恩正并科乡试借闱河南开列应行回避南北两籍人员事奏折　光绪二十八年六月二十九日
附件：南北两籍人员扣除同考官衔名清单　光绪二十八年六月二十九日
军机处交礼部电知河南巡抚拣派道府二员充当顺天借闱乡试内帘监试事片　光绪二十八年七月初一日
河南巡抚锡良为顺天乡试借闱河南应试文生造具清册印结以杜顶冒事奏片　光绪二十八年七月初二日
河南巡抚张人骏为豫省乡试援照顺天借闱成案加用戳记事奏片　光绪二十八年十月初六日
礼部为顺天乡试考官亲赴军机处恭领钦命试题事奏片　光绪二十八年
顺天乡试题名录　光绪二十八年
着于本年举行癸卯恩科乡试明年举行甲辰恩科会试事上谕　光绪二十九年正月初一日
河南巡抚张人骏为癸卯恩科顺天乡试借闱河南请旨简派监临事奏折　光绪二十九年四月初一日
着顺天学政陆宝忠前往河南监临顺天乡试事上谕　光绪二十九年四月十二日
礼部尚书世续等为开列顺天乡试南北两籍应回避人员事奏折　光绪二十九年七月初二日
附件一：南北两籍省份单　光绪二十九年七月初二日
附件二：请派南北两籍人数单　光绪二十九年七月初二日
附件三：南北两籍人员扣除同考官衔名清单　光绪二十九年七月初二日

礼部尚书世续等为顺天乡试借闱河南请钦派正副考官事奏折	光绪二十九年七月初二日
附件一：本年未考试差之侍郎以下副都御史以上各衔名清单	光绪二十九年七月初二日
附件二：不应开列正副考官及应行扣除衔名清单	光绪二十九年七月初二日
附件三：上科顺天乡试及本科会试正副考官比较单	光绪二十九年七月初二日
礼部尚书世续等为顺天乡试借闱河南请简派同考官事奏折	光绪二十九年七月初二日
附件：考过试差不应开列同考官及应行扣除衔名清单	光绪二十九年七月初二日
顺天乡试考官徐郙等为报抵汴入闱日期事奏折	光绪二十九年八月初三日
顺天学政陆宝忠为顺天乡试借闱河南三场完竣并考试情形事奏折	光绪二十九年八月十七日
顺天学政陆宝忠为顺天乡试借闱河南慎重科场事奏片	光绪二十九年八月二十五日
顺天学政陆宝忠为顺天乡试借闱河南就近调考优生等事奏片	光绪二十九年八月二十五日
顺天学政陆宝忠为顺天乡试揭晓日期等事奏折	光绪二十九年九月十三日
顺天学政陆宝忠为查明顺天乡试年老未中诸生请恩赏举人副榜等事奏折	光绪二十九年九月十三日
顺天乡试考官徐郙等为监临顺天乡试事毕起程回京事奏折	光绪二十九年九月十七日
军机处交政务处会议丙午顺天乡试暨丁未会试举行地点事片	光绪三十一年正月二十四日
河南巡抚陈夔龙为筹款修复京师贡院春秋两闱仍在顺天举行事奏折	光绪三十一年二月二十五日

光绪末年山西陕西合闱乡试档案

朱琼臻选编（2022·2·28）　　中国第一历史档案馆

山西学政刘嘉琛为晋省上年拳教相仇戕害人民之城镇停文武考试请旨事奏折	光绪二十七年三月二十四日
山西巡抚岑春煊为遵旨查看晋省情形碍难举办恩正两科乡试请展至下年事奏折	光绪二十七年四月二十日
护理陕西巡抚升允为遵旨体察地方情形拟请将陕省恩正科乡试展缓事奏折	光绪二十七年四月二十日
山西巡抚岑春煊等为酌拟晋省停考事宜与调考章程事奏折	光绪二十七年六月十三日
陕西巡抚升允为请展期举办陕省庚子辛丑恩正科乡试事奏折	光绪二十七年七月二十六日
山西巡抚岑春煊为晋省乡试借用豫闱并腾挪日期请饬部核议事奏折	光绪二十八年正月二十日
山西巡抚岑春煊等为陕晋两省乡试请合闱办理事奏折	光绪二十八年四月十二日
山西巡抚岑春煊等为考充内帘人员拟请量为变通事奏片	光绪二十八年四月二十三日
政务处大臣奕劻等为遵旨议复陕晋两省乡试合闱办理事奏折	光绪二十八年五月初二日
陕西巡抚升允为请以按察使樊增祥充当本年补行恩正两科乡试提调事奏片	光绪二十八年五月十七日
礼部尚书世续等为简派陕省补行庚子辛丑恩正并科乡试正副考官事奏折	光绪二十八年六月二十一日
附件一：本年曾考试差之侍郎以下京堂各官衔名等拟派陕省考官清单	
附件二：本年未考试差之侍郎以下京堂各官衔名等拟派陕省考官清单	

礼部尚书世续等为简派晋省补行庚子辛丑恩正并科乡试正副考官事奏折	光绪二十八年六月二十一日
附件一：本年曾考试差之侍郎以下京堂各官衔名等拟派晋省考官清单	
附件二：本年未考试差之侍郎以下京堂各官衔名等拟派晋省考官清单	
陕西巡抚升允为陕晋合闱乡试入闱监临日期事奏折	光绪二十八年八月初六日
陕西巡抚升允为陕晋合闱乡试调派房考各员及乡试完竣接试翻译乡试事奏折	光绪二十八年九月初二日
陕西巡抚升允为报陕晋合闱乡试揭晓日期事奏折	光绪二十八年九月十九日
护理山西巡抚赵尔巽为查明晋省本年乡试未中年老附生贺桢等恳请恩施事奏折	光绪二十八年十一月二十八日
护理山西巡抚赵尔巽等为晋省癸卯乡试诸多窒碍请展缓至下届一并举行事奏折	光绪二十八年十二月初二日
护理山西巡抚赵尔巽为请展缓晋省下年乡试或将乡试中额暂缺数成留待下届事奏片	光绪二十八年十二月十三日
陕西巡抚升允为查明乡试三场完竣未经中式年老诸生事奏片	光绪二十九年二月二十九日
护理山西巡抚吴廷斌等为请将本年癸卯恩科乡试陕晋合闱举办事奏折	光绪二十九年闰五月初二日
陕西巡抚升允为报陕省文闱乡试经费动支地丁耗羡银两数目事奏片	光绪二十九年六月初十日
陕西巡抚升允为报陕晋合闱乡试入闱监临日期事奏折	光绪二十九年八月初四日
陕西巡抚升允为陕晋合闱乡试调取房考各官暨各试均安静事奏折	光绪二十九年九月初六日
陕西巡抚升允为报陕晋合闱乡试揭晓日期事奏折	光绪二十九年九月十七日
陕西巡抚升允为报本年恩科乡试出闱日期事奏片	光绪二十九年九月十九日

晚清中国参加日本大阪第五届劝业博览会史料

王海青编选（2005·4·17）　　中国第一历史档案馆

浙江分巡道为驻沪日本领事函送大阪劝业博览会章程并请提供物品事移文	光绪二十八年三月十三日
附件一：日本第五次内国劝业博览会通知及章程	
附件二：农商部第一百三十九号告示	
日本驻杭州通商领大河平为大阪开设劝业博览会事致杭州洋务总局照会	明治三十五年三月十八日（光绪二十八年九月初二日）
出使日本大臣蔡钧为大阪开设劝业博览会请劝商赴会事致外务部咨呈	光绪二十八年十一月初八日
总税务司赫德为赴大阪博览会之珐琅器皿应否免税事致外务部信函	光绪二十八年十二月初九日
外务部为大阪举行赛会请旨简派数员前往事奏稿	光绪二十八年十二月十一日
外务部为奉旨派出前往日本大阪观会衔名事致商部尚书载	光绪二十八年十二月十二日

振等咨稿	
外务部为奉旨派出前往大阪观会衔名事致日本代理使臣松井照会	光绪二十八年十二月十四日
北洋大臣袁世凯为呈送中国工商人士赴大阪博览会章程事致外务部咨呈	光绪二十九年正月二十日
附件：中国工商人士赴大阪博览会章程清折	
户部右侍郎那桐为奉旨赴大阪博览会考察酌带随员事抄折	光绪二十九年正月二十二日
山东巡抚周馥为派候补道何承焘届期赴大阪博览会经理事致外务部咨呈	光绪二十九年正月二十四日
闽浙总督许应骙为委派知府冯祥光赴大阪博览会事致外务部咨呈	光绪二十九年二月初一日
附件：福建省洋务局为报带赴大阪博览会货物清折	
署理湖广总督端方为汉口商务局申送湖北办理大阪博览会物表事致外务部咨呈	光绪二十九年二月初三日
商部尚书载振等为收讫并开用木质关防事致外务部咨呈	光绪二十九年二月十一日
赴大阪观会大臣商部尚书载振等为请酌拨治装银两事致外务部咨呈	光绪二十九年二月十一日
江海关道袁树勋为奉拨大阪博览会经费已交正金银行查收事致外务部咨呈	光绪二十九年二月十三日
北洋大臣袁世凯为开送赴博览会游览各员衔名及学生人数事致外务部咨呈	光绪二十九年二月十四日
附件：津海关道唐绍仪开送赴日人员清单	
外务部为核复绅商赴大阪博览会章程事致北洋大臣咨稿	光绪二十九年二月十九日
北洋大臣袁世凯为东海关道申送烟台赴日本观会商名货色事致外务部咨呈	光绪二十九年二月二十一日
附件：烟台参会商人呈具商号货物清单	
外务部为随往日本观会各员衔名开单知照事致出使日本大臣咨稿	光绪二十九年三月初三日
北洋大臣袁世凯为派令常备军炮队管带田中玉赴大阪博览会考察事致外务部咨呈	光绪二十九年五月初一日
商部尚书载振为赏给日本各员宝星事抄折	光绪二十九年七月初三日
附件：商部尚书载振缮具请奖日本各员宝星清单	
商部尚书载振为造送赴大阪观会经费银两清册事致外务部咨呈	光绪二十九年八月十八日
附件：商部尚书载振造送观会经费银两清册	
外务部为载振等为给黑泽礼吉宝星录旨知照事致总税务司札稿	光绪二十九年十月初四日

晚清赴美参加圣路易斯博览会史料

汪岳波编选（1987·4·22）　　中国第一历史档案馆

美国邀请清政府参加散鲁伊斯博览会请帖	光绪二十八年三月二十三日

外务部为美国博览会总理巴礼德来京吁恳觐见事奏稿　光绪二十八年六月十九日
总税务司赫德为选派柯尔乐前往美国赛会事致庆亲王申呈　光绪二十八年十一月初三日
户部为筹措赴美博览会经费事致各省督抚电稿　光绪二十九年二月二十六日
户部为摊派各省赴美赛会经费事给外务部咨呈　光绪二十九年二月二十八日
附：户部为开列南北洋大臣及各省应筹银两清单事奏折　光绪二十九年二月
四川总督岑春煊为解拨赴美赛会经费事给外务部咨呈　光绪二十九年三月十八日
署九江关监督宝棻为解拨美国赛会经费事致外务部呈　光绪二十九年三月十九日
赴美赛会正监督溥伦为催拨经费事致江海关道电　光绪二十九年三月二十七日
护理安徽巡抚联魁为解拨赴美赛会经费事奏片　光绪二十九年四月初六日
护理江西巡抚柯逢时为解拨赴美赛会经费事给外务部咨呈　光绪二十九年四月初八日
商人孙德源运赴美赛会物品清单　光绪二十九年四月十一日
直隶总督袁世凯为转交北京电报局赴美磁器致外务部咨呈　光绪二十九年五月二十一日
护理浙江巡抚翁曾桂为解拨赴美赛会经费事奏片　光绪二十九年闰五月十五日
溥伦为粤商创立广业公司赴赛会事致外务部咨呈　光绪二十九年十月
溥伦为广业公司请展缓报关放行及给照事致外务部咨呈　光绪二十九年十一月
溥伦为报抵美日期等事奏折　光绪三十年三月初八日
溥伦为报行抵赛会并开会陈设等事奏折　光绪三十年三月十五日
溥伦为奏销出洋收支经费事致外务部咨呈　光绪三十年十月十五日
附件一：溥伦为报销赛会收支四柱清册事奏底
附件二：光绪三十年赴美赛会收支经费四柱清册
美驻华公使康格为美总统参观并褒奖中方赴会致庆亲王函　光绪三十年十月二十三日
户部为补发赛会不敷银两事给外务部知照　光绪三十年十月二十六日
外务部榷算司为核销溥伦造报出洋收支经费事致户部咨呈　光绪三十年十月
总税务司赫德为琼海等关出口赴会物品免税事给庆亲王申呈　光绪三十二年二月十三日
美国博览会赠送中国赛会奖牌折单　光绪三十三年三月十八日

吴汝纶考察日本制学史料

檀赵金编选（1993·1·53）　安徽省安庆市地方志办公室
光绪二十八年六月初一（1902.7.5）—十三日（7.17）

晚清创办报纸史料（一）

丁进军编选（2000·2·60）　中国第一历史档案馆
政务处为议复四川学政吴郁生请广刻邸钞折奉旨允准事致外务部咨文　光绪二十八年十一月十五日
附件：政务处为议复四川学政吴郁生请广刻邸钞事奏折　光绪二十八年十一月初二日
分省试用县丞温宗尧等为请行令各省购阅《外交报》事致外务部禀文　光绪二十八年十二月
分省试用县丞温宗尧等为请编译《外交报》行令各省购阅事致外务部禀文　光绪二十九年二月二十三日
外务部为办理分省试用县丞温宗尧等请购阅《外交报》事致南北洋大臣等咨文　光绪二十九年三月十七日

署四川总督锡良为创办《四川官报》请予立案事致外务部咨文	光绪三十年三月二十二日
附件:《四川官报》体例	
内城巡警总厅为徐玉昆创办《大同报》请保护并呈章程事致巡警部申文	光绪三十二年六月初三日
附件:《大同报》馆章程	
江宁布政使继昌为呈送首期《南洋商务官报》事致巡警部申文	光绪三十二年八月三十日
附件:《南洋商务报》简章	
考察政治馆为酌拟办理《政治官报》章程折奉旨允准事致外务部咨文	光绪三十三年三月十三日
附件一:考察政治馆为办理《政治官报》酌拟章程事奏折	
附件二:《政治官报》章程	
宪政编查馆为《政治官报》出报日期并请停同式各报刊片奉旨允准事致外务部咨文	光绪三十三年九月二十日
附件:宪政编查馆为《政治官报》出报日期并请停同式各报刊事片	光绪三十三年九月十六日
驻藏办事大臣联豫为西藏开设《白话报》馆等事片	光绪三十三年四月初五日
《北京日报》等报馆为沥陈北京报界艰苦情形仰求维持事致民政部禀文	光绪三十三年八月　日
附件:民政部为《北京日报》等报馆仰求维持事禀文的批文	
大理院为《北京日报》等报馆仰求法庭观审暂不准行事致民政部咨文	光绪三十三年九月十一日
内阁为《北京日报》等报馆请派人到内阁抄取上谕等件未便准行事致民政部咨文	光绪三十三年九月十二日
法部为复《北京日报》等报馆仰求法厅观审未便特许事致民政部片	光绪三十三年十月二十八日
东三省总督徐世昌等为殷辂出有教育官报请予立案事致民政部咨文	光绪三十四年四月二十日
留日学生存忠等为在日本东京创办《大同报》请予核准事致民政部呈文	光绪三十三年　月　日
附件:民政部为留日学生存忠呈拟创办《大同报》事的批文	
浙江巡抚冯汝骙为呈送《大同报》等事致民政部咨文	光绪三十四年五月二十九日
外城巡警总厅为《国民纪念画报》是否准予立案事致民政部申文	光绪三十三年十一月十四日
附件:《国民纪念画报》出版广告及设立木牌之办法	
民政部令外城巡警总厅与《国民纪念画报》馆详商定议后再申请立案事批文	
两广总督张人骏为广东法政学堂创办《法政丛志》请备案事致民政部咨文	光绪三十四年六月二十日
民政部为《法政丛志》须删载时事各条方可免缴保费事致	光绪三十四年七月　日

两广总督张人骏咨文
民政部为送云南《自治白话报》简章事致警政司片　光绪三十四年七月十七日
附件:《自治白话报》简章
贵州巡抚庞鸿书为开设《黔报》请备案并补缴保押费事致民政部咨文　光绪三十四年九月三十日
附件：贵州试署巡警道贺国昌抄呈《黔报》馆清折
湖广总督陈夔龙为汪云章等开办《武汉商务日报》馆请立案事致民政部咨文　光绪三十四年十一月二十一日
附件：署汉阳府夏口厅同知金世和造报汪云章等开设《武汉商务日报》馆清册　光绪三十四年十一月十四日
内城巡警总厅为《英文北京日报》馆迁至内城事致民政部申文　宣统元年三月二十一日
附件:《英文北京日报》馆呈报表

晚清创办报纸史料（二）

丁进军编选（2000·3·60）　中国第一历史档案馆
安徽巡抚朱家宝为职绅高骧等创设《中江日报》请予备案事致民政部咨文　宣统元年十二月初九日
东三省总督锡良等为黑龙江省创办官报奉旨事致民政部咨文　宣统二年五月十七日
附件一：黑龙江巡抚周树模等为黑龙江省创办官报事奏折　宣统二年四月二十四日
附件二:《黑龙江官报》局简章
两广总督袁树勋为广东《匡正报》改名《华商日报》请予立案事致民政部咨文　宣统二年六月初九日
附件:《华商日报》馆呈报表　宣统二年五月
民政部为《匡正报》改名《华商日报》准予立案事致两广总督袁树勋咨文　宣统二年八月　日
两广总督袁树勋为广东开设《广东化学会实业报》请立案事致民政部咨文　宣统二年六月初九日
附件:《广东化学会实业报》馆呈报表　宣统二年五月　日
民政部为《广东化学会实业报》准予立案事致两广总督袁树勋咨文　宣统二年六月十六日
附件：天津各种报馆一览表
外城巡警总厅为核发《京津时报》新闻电报半价执照事致民政部申文　宣统二年六月十七日
附件:《京津时报》访员花名单
民政部为请发给《京津时报》新闻电报半价执照事致邮传部咨文　宣统二年六月　日
邮传部为已札电政局发给《京津时报》减价执照事致民政部咨文　宣统二年七月初六日
四川总督赵尔巽为四川省各报馆请予备案事致民政部咨文　宣统二年六月二十六日
附件：四川开设各报馆呈报表

两广总督袁树勋为广东《孔圣会星期报》请准立案事致民政部咨文	宣统二年七月十三日
附件:《孔圣会星期报》馆呈报表	
民政部为《孔圣会星期报》准予立案事致两广总督袁树勋咨文	宣统二年八月　日
东三省总督锡良为呈送奉天府承德县报馆调查表请予存案事致民政部咨文	宣统二年七月十九日
附件：奉天府承德县报馆调查表	
东三省总督锡良为呈送营口厅各报馆调查表请予存案事致民政部咨文	宣统二年八月十七日
附件：营口厅报馆一览表	
云贵总督李经羲为省城各报馆请予备案事致民政部咨文	宣统二年九月十二日
附件：云南巡警道杨福璋造送省城官报馆呈报表册	宣统二年八月二十五日
民政部为云南省城各报馆准予备案事致云贵总督李经羲咨文	宣统二年十一月　日
伊犁将军广福为伊犁创设《伊犁白话报》请予立案等事致民政部咨文	宣统二年十月十六日
民政部为伊犁创设《伊犁白话报》应准立案等事致伊犁将军广福咨文	宣统三年二月　日
直隶总督陈夔龙为李镇桐等创办《经纬日报》及《国声报》请立案事致民政部咨文	宣统二年十一月初八日
民政部为《经纬日报》及《国声报》应准立案事致直隶总督陈夔龙咨文	宣统二年十一月　日
署两广总督增祺为冯冕臣创办《佗城日日新闻报》请立案事致民政部咨文	宣统二年十一月十八日
附件:《佗城日日新闻报》馆呈报表	宣统二年九月　日
民政部为《佗城日日新闻报》准予立案事致两广总督增祺咨文	宣统二年十二月　日

晚清创办报刊史料（三）

丁进军编选（2000·4·63）　　中国第一历史档案馆

内城巡警总厅为《京津日报》创设准予立案事致民政部申文	宣统二年十一月二十一日
附件:《京津日报》呈报表	
民政部为赵福荫开设《京津日报》准予存案事致内城巡警总厅札	宣统二年十一月　日
署两广总督张鸣岐为郑岸父等创办《香山旬报》请予立案事致民政部咨文	宣统三年正月初七日
附件:《香山旬报》馆呈报表	
民政部为《香山旬报》准予立案事致两广总督张鸣岐咨文	宣统三年二月　日
署两广总督张鸣岐为顺德县设立《震旦日报》请立案事致民政部咨文	宣统三年正月二十七日
附件:《震旦日报》馆呈报表	

民政部为广州顺德县开设《震旦日报》准予立案事致署两广总督张鸣岐咨文　宣统三年二月　日
内城巡警总厅为那雨生组织《白话公民报》请予备案事致民政部申文　宣统三年二月二十二日
附件:《白话公民报》呈报表
广西巡抚沈秉坤为廖壁珍等创设《南风丛报》请予立案事致民政部咨文　宣统三年二月二十四日
附件：廖璋呈报《南风报》简章
民政部为廖璧珍等创设《南风丛报》准予立案事致广西巡抚沈秉坤咨文　宣统三年三月　日
直隶总督陈夔龙为天津创设《社会白话报》请予立案事致民政部咨文　宣统三年三月初三日
民政部为天津创设《社会白话报》应准立案事致直隶总督陈夔龙咨文　宣统三年三月　日
广西巡抚沈秉坤为广西创办《桂林官话报》请予备案事致民政部咨文　宣统三年三月初三日
附件：黎康祺等呈报《桂林官话报》简章
民政部为《桂林官话报》准予备案事致广西巡抚沈秉坤咨文　宣统三年三月　日
闽浙总督松寿为创办《福州医学报》请予立案事致民政部咨文　宣统三年三月初五日
附件：郑奋扬呈报《福州医学报》简章
民政部为《福州医学报》准予立案事致闽浙总督松寿咨文　宣统三年五月　日
直隶总督陈夔龙为天津创设《津话日报》请予备案等事致民政部咨文　宣统三年三月十七日
民政部为天津毕鸿钧创设《津话日报》准予备案事致直隶总督陈夔龙咨文　宣统三年三月　日
云贵总督李经羲为《云南官报》改良发行请予立案事致民政部咨文　宣统三年三月二十八日
附件一:《云南官报》章程　宣统三年正月
附件二：云南巡警道杨福章造报《云南官报》改良办法清册　宣统三年三月初九日
四川布政使王人文为铁路公司将报告改为《川路月报》请立案事致民政部呈文　宣统三年三月二十八日
附件：川汉铁路公司呈拟《川路月报》凡例大纲
湖南巡警道桂龄为已饬长沙省城报纸审慎言论事致民政部申文　宣统三年五月二十四日
外城巡警总厅为《宪志日刊》改为《宪报》补行备案事致民政部申文　宣统三年六月二十一日
附件：屠福同为《宪志日刊》改为《宪报》请核准事致外城巡警总厅呈文
护理川督王人文为《成都商报》已改为《商会公报》请查核事致民政部咨文　宣统三年六月二十四日

民政部为《成都商报》改为《商会公报》俟声复到部再行核办事致护理川督咨文 宣统三年七月 日
外城巡警总厅为衡寿珊拟发行《公民画报》请予立案事致民政部申文 宣统三年六月二十九日
附件：生员衡寿珊为发行《公民画报》请立案事致外城巡警总厅呈文 宣统三年六月十九日
民政部为衡寿珊禀设《公民画报》准予立案事致外城巡警总厅札文 宣统三年闰六月
外城巡警总厅为报《公民画报》出版日期事致民政部申文 宣统三年闰六月二十四日
外城巡警总厅为严一麟等拟开办《国光新闻》报馆等请立案事致民政部申文 宣统三年闰六月初一日
附件一：商民严一麟为拟办《国光新闻》事致外城巡警总厅禀 宣统三年闰六月二十三日
附件二：小京官马有略为办《北京法政学术杂志》事致外城巡警总厅禀 宣统三年闰六月二十六日
外城巡警总厅为《法政学术杂志》更名为《北京法政学术杂志》事致民政部申文 宣统三年八月二十六日
外城巡警总厅为《国光新闻》报更名《国事新闻》报事致民政部申文 宣统三年十月二十一日
外城巡警总厅为《国事新闻》报改用原名《国光新闻》报事致民政部申文 宣统三年十一月初三日
外城巡警总厅为《国风日报》改名《文话报》请予立案事致民政部申文 宣统三年闰六月十二日
附件：王赓雅为《国风日报》改名《文话报》请核准事致外城巡警总厅呈文
内城巡警总厅为遵报律呈报内城各报馆清册事致民政部申文 宣统三年闰六月十七日
附件：内城巡警总厅呈报内城各报馆清册
内城巡警总厅为《刍言报》停版事致民政部申文 宣统三年九月二十九日
内城巡警总厅为《京津镜报》迁往外城事致民政部申文 宣统三年八月二十五日
内城巡警总厅为《京津镜报》停版事致民政部申文 宣统三年九月十一日

晚清创办报纸史料（四）

丁进军编选（2001·1·65） 中国第一历史档案馆
广西巡抚沈秉壁为刘宗汉等开设《桂林白话报》请予立案事致民政部咨文 宣统三年闰六月十八日
附件：刘宗汉等呈报《桂林白话报》清单
民政部为《桂林白话报》准予备案事致广西巡抚沈秉堃咨文 宣统三年七月 日
外城巡警总厅为谢阔源拟办《警民白话报》请予立案事致民政部申文 宣统三年闰六月十九日
附件：《警民白话报》呈报清单
内阁为改设《内阁官报》折奉旨允准事致外务部咨文 宣统三年闰六月二十七日

附件一：内阁为改设《内阁官报》以为公布法律命令机关事奏折　宣统三年闰六月二十五日
附件二：内阁拟定《内阁官报条例》清单
附件三：内阁拟定《内阁官报》发行章程
两江总督张人骏为徐公时筹办《江淮报》请予立案事致民政部咨文　宣统三年七月二十一日
附件：徐公时禀办《江淮报》馆简章
民政部为《江淮报》简章须补报完备再行立案事致两江总督张人骏咨文　宣统三年八月　日
浙江巡抚增韫为开办《全浙公报》请予备案事致民政部咨文　宣统三年八月三十日
附件：《全浙公报》呈报表
山东巡警道潘延祖为造送山东各报馆清册请予备案事致民政部呈文　宣统三年九月十一日
附件：山东巡警道造呈山东省各报馆清册　宣统三年九月十一日
外城巡警总厅为张绍春拟办《民视报》请予立案事致民政部申文　宣统三年十月十六日
附件：张绍春为开办《民视报》请予立案事致外城巡警总厅呈文
外城巡警总厅为杨少堂拟办《震报》请予立案事致民政部申文　宣统三年十一月初二日
附件：杨少堂为拟办《震报》请予立案等事致外城巡警总厅呈文
外城巡警总厅为《震报》更名《民鉴》及换发行人事致民政部申文　宣统三年十二月初七日
附件：崔劫等为《震报》更名及换发行人请予立案等事致外城巡警总厅呈文
内城巡警总厅为刘子清拟开设《燕京时报》请予备案事致民政部申文　宣统三年十一月十二日
附件：《燕京时报》呈报表
外城巡警总厅为武哲开办《汇报》请予立案事致民政部申文　宣统三年十二月初九日
附件：武哲为创设《汇报》请予存案事致外城巡警总厅申文
外城巡警总厅为何兴华拟办《定一报》请予立案事致民政部申文　宣统三年十二月十三日
附件：《定一报》呈报清单
外城巡警总厅为张有德拟办《中国公报》请予立案事致民政部申文　宣统三年十二月十二日
附件：张有德为创设《中国公报》请予立案事致外城巡警总厅呈文
外城巡警总厅为李藉拟办《正报》请予立案事致民政部申文　宣统三年十二月二十日
附件：《正报》呈报清单

光绪二十八年四川总督岑春煊“劝戒缠足告示”

王道瑞编选（2003·3·69）　　中国第一历史档案馆

四川总督岑春煊为奉谕劝戒妇女缠足事告示	光绪二十八年末

光绪年间美国女画家卡尔为慈禧画像史料

王玲编选（2003·3·61）　　中国第一历史档案馆

美国驻华参赞卫理为卡尔即将来京事致外务部翻译恩厚函	光绪二十九年闰五月十三日
美国驻华公使康格为卡尔赴颐和园觐见事致庆亲王奕劻函	光绪二十九年闰五月十三日
美国驻华公使康格为卡尔赴颐和园觐见事致庆亲王奕劻函	光绪二十九年六月十二日
国子监司业徐世昌为卡尔赴颐和园觐见事致外务部函	光绪二十九年六月十五日
美国驻华参赞卫理为转送卡尔包封事致外务部函	光绪二十九年六月三十日
附件：美国驻华公使康格为谢赏卡尔及康格夫人事致内务府函	光绪二十九年六月三十日
内务府为转送慈禧赏赐卡尔事致外务部片	光绪二十九年八月初五日
内务府为转送慈禧赏赐卡尔事致外务部片	光绪二十九年十二月二十二日
美国驻华参赞卫理为公使康格请参观慈禧画像事致外务部左侍郎联芳函	光绪三十年二月二十六日
总税务司赫德为寄送慈禧画像事致外务部庆亲王奕劻申文	光绪三十年三月初三日
总税务司赫德为运送慈禧画像事致外务部函	光绪三十年三月初五日
总税务司赫德为运送慈禧画像事致外务部申文	光绪三十年三月初七日
附件：津海关德税务司收单（译文）	光绪三十年三月初六日
美国驻华公使康格为卡尔请假事致外务部左侍郎联芳函	光绪三十年四月初三日
总税务司赫德为谢慈禧赏赐卡尔事致外务部函	光绪三十年四月初七日
总税务司赫德为代卡尔受赏谢恩等事致外务部函	光绪三十年四月十一日
美国驻华公使康格为谢夫人因引荐卡尔受赏事致庆亲王奕劻函	光绪三十年四月十四日
总税务司赫德为代卡尔受赏谢恩事致外务部函	光绪三十年四月三十日
美国驻华公使康格为报卡尔赴烟台事致外务部函	光绪三十年五月十七日
总税务司赫德为代卡尔受赏谢恩事致外务部函	光绪三十年五月二十一日
驻美大臣梁诚为慈禧画像运抵美国事致外务部咨呈	光绪三十年四月十八日
钦命赴美国圣路易斯博览会正监督溥伦为报慈禧画像安抵美国事奏折	光绪三十年四月三十日
钦命赴美国圣路易斯博览会正监督溥伦为报慈禧画像安抵事致外务部咨呈	光绪三十年四月三十日
美国圣路易斯博览会副监督卡尔为慈禧画像运抵事致外务部电	光绪三十年五月初二日
驻美大臣梁诚为报慈禧画像陈列情形事致外务部函	光绪三十年五月初四日
总税务司赫德为转送卡尔收到画像收据并请示会毕画像如何办理事致外务部函	光绪三十年七月初五日
附件：美国圣路易斯博览会副监督卡尔为收到慈禧画像给清廷收据（译文）	光绪三十年四月三十日

辛亥革命前清政府对革命书刊的封禁

付美英　方裕谨编选（1982·2·41）　　中国第一历史档案馆

一、禁止邮寄购阅《国民日报》

南洋大臣魏光焘致外务部咨文　　光绪二十九年八月初九日

外务部和会司拟致总税务司赫德札文稿　　光绪二十九年八月十二日

总税务司赫德致庆亲王奕劻呈文　　光绪二十九年八月十七日

外务部和会司拟致南洋大臣魏光焘咨文稿　　光绪二十九年八月二十四日

总税务司赫德致庆亲王奕劻呈文　　光绪二十九年八月二十四日

二、加紧查控破坏革命书刊的出版发行

军机大臣致各督抚函　　光绪三十年三月二十三日

两广总督周馥致外务部咨文　　光绪三十三年五月初三日

恽毓鼎奏片　　光绪三十年十一月二十八日

外务部庶务司拟致各督抚将军咨文稿　　光绪三十三年十一月

军机处致湖广总督陈夔龙电　　光绪三十四年七月十七日

军机处致沿江沿海各督抚电　　光绪三十四年九月二十九日

两江总督端方致军机处电　　光绪三十四年十月初一日

军机处致沿江沿海各督抚电　　光绪三十四年十一月初一日

外务部考工司拟致民政部咨文稿　　宣统元年五月二十三日

外务部考工司拟致民政部咨文稿　　宣统元年六月二十六日

云贵总督李经羲致外务部咨文　　宣统三年五月二十九日

内阁致外务部函　　宣统三年十一月二十五日

三、勾结外国反动派破坏革命书刊出版发行

代理驻德使臣吴寿全致外务部禀文　　光绪三十三年五月十八日

外务部庶务司拟致日本驻华公使照会稿　　光绪三十三年七月

两广总督张人骏致外务部电　　光绪三十三年九月十四日

督理税务大臣致外务部咨文　　光绪三十四年十一月二十二日

邮传部致外务部咨文　　光绪三十四年十一月二十二日

驻缅领事肖永熙致外务部堂禀文　　宣统二年正月

附件：肖永熙致英驻缅瑞参赞照会　　宣统二年正月十四日（1910年2月23日）

瑞参赞复照　　宣统二年正月十四日（1910年2月23日）

瑞参赞复照　　宣统二年正月二十六日（1910年3月7日）

肖永熙致瑞参赞照会　　宣统二年正月二十九日（1910年3月10日）

瑞参赞复照　　宣统二年二月初四日（1910年3月14日）

瑞参赞复照　　宣统二年三月初七日（1910年4月16日）

肖永熙致瑞参赞照会　　宣统二年三月初十日（1910年4月19日）

中国红十字会的成立

方裕谨编选（1984·2·40）　　中国第一历史档案馆

驻美使臣梁诚陈请成立中国红十字会奏稿　　光绪三十年二月初十日

军机处为传知御史夏敦复奏片奉旨事给外务部交片　　光绪三十年二月十二日

附：御史夏敦复奏请成立中国红十字会片　　光绪三十年二月十二日

外务部请颁驻英大臣补签瑞士红十字会原约全权敕谕奏折　　光绪三十年三月初十日

附：颁给驻英使臣张德彝补签红十字原约敕谕稿
日内瓦万国红十字会总理为中国入会事致外务部函　1904 年 6 月 3 日
驻俄使臣胡惟德为荷政府碍难先准保和会约事致外务部咨文　光绪三十年六月初二日
附：译录驻俄荷使来文　1904 年 7 月
外务部为照缮保和会约请旨用宝事奏折　光绪三十年六月十二日
日内瓦红十字会会长为中国入会事复函　1904 年 8 月 12 日

清末练兵处厘定的游学任职等章程

丁进军编选（1989・3・51）　中国第一历史档案馆
练兵处为拟订选派陆军学生游学章程事奏折　光绪三十年四月初五日
附：练兵处拟订选派陆军学生游学章程
练兵处为拟订陆军任职等级补官章程事奏折　光绪三十一年八月十八日
附件一：练兵处拟订陆军军官军佐任职等级
附件二：练兵处拟订陆军人员补官章程
练兵处为拟定陆军毕业学生考试授官暂行章程事奏折　光绪三十一年九月初四日
附：练兵处奏呈陆军毕业学生考试授官暂行章程
练兵处军政司为拟订陆军实官退休年限暨退休减俸章程事致奕劻呈文　光绪三十二年闰四月十五日
附：军政司拟订陆军实官退休年限暨退休减俸章程

晚清报载电影管理史料

张天星辑录（2013・4・56）
一、阻止洋商在通商口岸之外放映电影之史料
批饬讯传　1904 年 8 月 21 日
禁阻影戏　1905 年 6 月 25 日
不准开演电戏　1905 年 9 月 29 日
演戏日人殴击巡长　1906 年 2 月 4 日
影戏未经照会停止开演　1906 年 2 月 5 日
日人索偿禁止演戏赔款　1906 年 4 月 18 日
禁止外人演戏　1906 年 6 月 25 日
禀禁洋人开演影戏　1906 年 7 月 3 日
影戏中止　1907 年 3 月 29 日
拟禀请驱逐影戏　1907 年 5 月 7 日
据约请禁电光影戏　1907 年 5 月 7 日
禁演影戏　1907 年 5 月 14 日
禁演影戏　1907 年 5 月 16 日
饬查违章开演影戏　1907 年 6 月 3 日
局探串庇影戏　1907 年 6 月 5 日
衢州禀请防范洋人演戏收脑　1907 年 7 月 9 日
谕禁洋人开设茶肆　1907 年 9 月 22 日
禀禁洋商在内地贸易　1908 年 1 月 27 日

请禁洋商在内地设肆 1908年1月27日
饬停影戏 1908年6月17日
禁止日人演电光戏 1908年9月23日
禁阻技术家擅入内地 1908年9月28日
分别准驳日商开演影戏 1908年9月30日
禁止日人影戏 1908年10月2日
禁止电光影戏 1908年10月25日
电光影戏已停 1908年10月29日
驱逐开演电影之法商 1909年9月30日
禁止洋商内地演戏 1909年10月4日
禁止洋商内地演戏之交涉 1909年10月26日
开演影戏之交涉 1910年1月17日
调查日人内地开演影戏 1911年2月25日
禁阻洋商演剧 1911年5月16日
二、因有碍治安而禁映电影之史料
驳复禁演影戏 1906年1月12日
饬移青莲阁影戏 1906年10月22日
咨照停演影戏 1906年10月22日
议禁电戏 1906年11月27日
批饬开演电光影戏 1906年12月22日
法领照请保护影戏 1907年3月7日
镇道照会停演影戏 1909年1月1日
示禁影戏 1909年7月6日
札查是否准演电影 1909年7月21日
鄂垣开办电光影戏之不准 1911年6月2日
三、因风化之虞而查禁电影之史料
饬禁影戏 1907年9月18日
风化攸关 1909年2月10日
戏园被罚 1910年
民政部取缔电影 1910年12月27日
四、因国丧禁映电影之史料
有信开演电影 1908年12月10日
影戏开演 1908年12月22日
五、电影检查法规条例之出现
颁定影戏规则 1906年10月10日
查验影戏捐照 1907年12月26日
法领取缔游戏影戏等场规则 1910年1月25日
准演影戏 1911年2月11日
上海城自治公所辛亥夏季议事会议决事件 1911年7月4日

光绪三十二年中国参加意大利米兰赛会史料（上）

郭慧编选（2006·1·37） 中国第一历史档案馆

意大利驻华公使巴乐礼为本国设立赛会内有渔业分会请转商部事致外务部照会	光绪三十一年二月二十日
清驻意大利大臣许珏为米兰赛会赛事致外务部咨呈	光绪三十一年七月初二日
清驻意大利大臣许珏为米兰赛会中国应派员参加事致外务部函	光绪三十一年七月初二日
附件一：驻意大利大臣许珏为转告商部办理赛会事致外务部函	
附件二：各国官订入会情形	
商部为谕各省各商赴意大利米兰赛会事致外务部咨文	光绪三十一年九月十六日
外务部为米兰赛会已奏请派驻意大臣届时赴会事致意公使照会稿	光绪三十一年十月初八日
意驻华公使巴乐礼为推荐达斐禄充任赛会随员事致外务部函	光绪三十二年正月二十八日
清驻意大利大臣黄诰为详陈米兰赛会及渔业公司章程等事致外务部函	光绪三十二年二月十五日
清驻意大利大臣黄诰为抄送米兰赛会日期并大略情形奏折事致外务部咨呈	光绪三十二年四月二十五日
附件：清驻意大利大臣黄诰为报赴米兰赛会日期并会场大略情形事奏折	
清驻意大利大臣黄诰为米兰赛会华商不愿洋员充当随员事致外务部函	光绪三十二年四月二十五日
附件：华商林子屏等恳请赛会勿用洋员禀文	
清驻意大利大臣黄诰为详陈米兰赛会并办理情形事致外务部函	光绪三十二年闰四月初七日
清驻意大利大臣黄诰为米兰赛会渔业分会有关情形事致外务部函	光绪三十二年五月初七日
附件：黄诰代表中国渔业公司开会致辞	

光绪三十二年中国参加意大利米兰赛会史料（中）

郭慧编选（2006·2·17） 中国第一历史档案馆

清驻意大利大臣黄诰为各国赛品情形等事致外务部函	光绪三十二年六月
清驻意大利大臣黄诰为失火抚恤华商等事致外务部函	光绪三十二年七月初一日
清驻意大利大臣黄诰为详述密拉诺赛会情形事致外务部函	光绪三十二年八月初五日
清驻意大利大臣黄诰为本国工艺尤宜改良应派员考查事致外务部函	光绪三十二年九月初二日
清驻意大利大臣黄诰为咨送参赛华商人员物品清册事致外务部咨呈	光绪三十二年十月二十六日
附件：清驻意大利大臣黄诰造报华商赴密拉诺赛会清册	

光绪三十二年中国参加意大利米兰赛会史料（下）

郭慧编选（2006·4·11）　中国第一历史档案馆

清驻意大利大臣黄诰为米兰赛会中国赛品得奖事致外务部函　光绪三十二年十月二十九日
清驻意大利大臣黄诰为抄送随员李鸿宾报米兰赛会各节事致外务部咨呈　光绪三十二年十月二十九日
附件：随员李鸿宾为米兰赛会事禀文
农工商部为收到米兰赛会奖凭事致外务部咨呈　光绪三十四年六月十五日

清末筹办贵胄法政学堂史料选载

叶志如编选（1987·4·43）　中国第一历史档案馆

修订法律大臣伍廷芳为请设法律学堂事奏折　光绪三十一年三月二十日
附：修订法律大臣请于各省课吏馆内设仕学速成科事片　光绪三十一年三月二十日
学务大臣复陈法律学堂可照直隶章程及地方情形办奏折　光绪三十一年七月初三日
谕内阁著派毓朗等充任贵胄法政学堂总理等职　宣统元年闰二月十八日
贵胄法政学堂为咨取学生名册克期开学事致内务府咨文　宣统元年四月十六日
附件一：宪政编查馆大臣奕劻为遵设贵胄学堂拟订章程缘由奏折　宣统元年闰二月
附件二：贵胄法政学堂章程清单
总理贵胄法政学堂事务毓朗等为变通课程事奏折　宣统元年九月二十九日
附：变通贵胄法政学堂课程清单
贵胄学堂为行送学堂课程并预算清单事致内务府咨文　宣统元年十一月十六日
附件一：毓朗等为续拟贵胄法政学堂章程事奏折　宣统元年十一月
附件二：续拟贵胄法政学堂章程清单
附件三：贵胄法政学堂预算经费数目清单
贵胄法政学堂为考试日期及察核考生各事项行内务府咨文　宣统元年十二月初八日

清末学政学务章程史料

叶志如编选（1989·2·52）　中国第一历史档案馆

总理学务处为佛教学务总公所筹建初等民小等事致内务府咨文　光绪三十一年九月二十五日
学部为设立佛教学堂事致内务府咨文　光绪三十二年七月二十四日
附：教育会章程清单
学部为抄送谢远涵等条陈学务原奏及谕旨事致内务府咨文　宣统元年四月初八日
附：学部为奉旨复陈御史谢远涵等条陈学务事奏片　宣统元年三月二十六日
资政院会同学部为议决地方学务章程事奏折　宣统二年十一月初一日
附：地方学务章程
学部拟将学务法律命令分别厘订事奏折　宣统二年十一月十九日
学部为复陈普及教育最要次要办法事奏折　宣统二年十一月二十五日
附：教育普及最要次要办法清单
管理护军营大臣等为送裁扈卫学兵营设学堂折及谕旨致内务府咨文　宣统三年四月二十七日

附：管理前护军营事务大臣等为裁扈卫学兵营并设学堂事奏折　宣统三年四月十五日
度支部为呈报簿记讲习所章程事致内务府咨文　宣统三年六月十九日
度支部为催送簿记讲习所学员事咨内务府片文　宣统三年六月二十八日

光绪三十一年留日学生风潮史料

郭慧编选（2001·3·62）　中国第一历史档案馆

驻日大臣杨枢为报留日学生不满日颁留学章程罢学事致陈名侃等函　光绪三十一年十一月初九日
附件一：日本文部省颁《收容清国人留学之公私立学校章程》　光绪三十一年十月初六日
附件二：留日学生为不满日本文部省颁留学章程事致驻日大臣杨枢禀文　光绪三十一年十一月初一日
驻日大臣杨枢为详陈留东学生风潮现已平静事致陈名侃等函　光绪三十一年十二月初九日
驻日大臣杨枢为学生罢学办理情形事奏折　光绪三十一年十二月二十三日

清学部成立档案史料

方裕谨编选（1989·1·50）　中国第一历史档案馆

学部为抄录建立学部之上谕致外务部咨文　光绪三十一年十一月十九日
学部为抄录本部酌拟官制等事宜折单事致外务部咨文　光绪三十二年闰四月初六日
附一：学部为酌拟本部官制及国子监并归等事宜奏折
附 1. 学部酌拟本部官制职守清单
附 2. 学部酌拟归并国子监事宜改定额缺章程清单
附二：学部为遵议各省学务官制办事章程等事奏折
附 1. 学部酌拟各省学务详细官制及办事权限章程清单
附 2. 学部酌拟劝学所章程清单
礼部为抄录学礼二部划分办事界限奏折事致外务部咨文　光绪三十二年闰四月二十一日
附：学部等为划分学礼两部办事界限事奏折
学部为抄录本部迁入新署日期奏折事致外务部咨文　宣统元年二月十五日
附：学部为报衙署落成诹吉迁入事奏折

光绪帝后除夕及元旦活动礼节清单

丁进军编选（2009·4·27）　中国第一历史档案馆

光绪帝后除夕活动礼节清单　光绪三十一年十二月三十日
光绪帝后元旦活动礼节清单　光绪三十二年正月初一日

清末开办京师习艺所史料

哈恩忠编选（1999·2·61）　中国第一历史档案馆

京师习艺所所长世常为申解存款折并截清存款数目事致巡警部申文　光绪三十二年二月初六日
巡警部为委任京师习艺所总监督事致署内城总厅厅丞朱启钤札文　光绪三十二年三月初一日

京师习艺所为抄送本所奏调人员履历事致巡警部警政司移付　光绪三十二年三月二十一日
附件：习艺所奏调各员履历清册
京师习艺所总监督朱启钤为习艺所开办及开用关防日期事致巡警部申文　光绪三十二年三月二十九日
巡警部为习艺所开办遇有罚充苦工人犯押送人所事致步军统领衙门及内务府咨稿　光绪三十二年四月初一日
巡警部为习艺所开办遇有罚充苦工人犯押送入所事致内外城巡警总厅札稿　光绪三十二年四月初一日
习艺所总监督朱启钤为暂缓收取刑部轻罪人犯并请转行咨复事致巡警部咨文　光绪三十二年闰四月初七日
附件一：刑部为拟结徒罪以下及常赦可原人犯可否转送习艺所事致京师习艺所咨文
附件：刑部为拟结徒罪以下及常赦可原人犯转送习艺所事致巡警部咨文抄单
巡警部为暂将刑部轻罪人犯解送顺天习艺所事复刑部咨文　光绪三十二年闰四月十三日
巡警部为京师开办习艺所并酌拟试办章程事奏折　光绪三十二年闰四月二十二日
附件：京师习艺所试办章程
习艺所总监督朱启钤为请添拨看守以资防卫事致巡警部申文　光绪三十二年五月初四日
巡警部恭录创立京师习艺所奏折及章程并谕旨事致各部院及地方各衙门咨文　光绪三十二年五月初七日
习艺所总监督朱启钤为报销第一次所领犯人贫民口粮事致巡警部申文　光绪三十二年五月二十五日
习艺所总监督朱启钤为申复本所习艺人数及需米石事复巡警部申文　光绪三十二年六月十二日
京师习艺所总监督朱启钤为报本所员役人等花名册事致巡警部申文　光绪三十二年六月二十四日
附件：习艺所提调兼典狱官以下员役人等花名清册
京师习艺所为申报请奖看守长及看守事致巡警部警政司禀文　光绪三十二年九月初二日
附件：申报请奖各员名单
京师习艺所职官详细出身履历清册　光绪三十四年
京师习艺所本利银两暨买料出货存货存料数目清单　宣统元年

清末选送考取留学生办法章程

叶志如编选（1989·1·59）　中国第一历史档案馆
学部为拟选游学大略办法事致内务府咨文　光绪三十二年二月二十日
学部为袁世凯奏送出洋毕业考验一片奉旨事致内务府咨文　光绪三十二年闰四月初七日
附：直隶总督袁世凯请将出洋毕业生咨送考验事奏片　光绪三十二年四月
学部为详拟考验游学毕业生章程并请酌给奖励事奏折　光绪三十二年八月十五日
附：考验游学毕业生章程五条
外务部为遣派游学生赴美办法大纲一折事致内务府咨文　宣统元年五月二十三日
附：外务部等为收还美国赔款遣派学生赴美留学事奏折　宣统元年五月二十三日

附：遣派游学学生大纲清单
学部为送酌拟考试毕业游学生章程一折致内务府咨文　　宣统元年六月二十四日
附：学部为酌拟考试毕业游学生章程事奏折　　宣统元年六月十五日
附：学部酌拟考试游学毕业生章程清单

清末《保定习艺所章程表册类纂》

刘志松编选（2015·2·44）　　日本东京大学东洋文化研究所

直隶总督袁奏创设罪犯习艺所办理情形折
天津府知府凌福彭禀呈
本所办法摘要
办公规则
看守兵服差简章
各厂工师服务规则

光绪末年学政史料选载

叶志如编选（1988·2·51）　　中国第一历史档案馆

学部尚书荣庆为请定教育宗旨宣示天下事奏折　　光绪三十二年三月初一日
为学部所请将教育宗旨通饬各省著照遵行之上谕　　光绪三十二年三月初一日
学部为询查裁汰冗员减缩冗费事致内务府咨文　　光绪三十二年四月初四日
户部为开办打牲乌拉学堂常年经费事致内务府咨文　　光绪三十二年六月初七日
翰林院侍读柯劭忞为陈整顿教育管见事奏折　　光绪三十二年十一月十七日
学部为议复黄运藩请复行科举折应毋议事奏折　　光绪三十三年九月二十一日
学部为钦奉懿旨严禁学生干预国政事致内务府咨文　　光绪三十三年十二月初六日
民政部为高等巡警学堂请立案严禁学生干预国政事致内务府咨文　　光绪三十三年十二月十六日

清末吉林省电影放映史料

李峰编选（1995·2·53）　　吉林省档案馆

俄驻吉外部大臣琅为希腊人拟在双城堡开演电灯影戏事致署吉林将军达桂照会　　光绪三十二年五月初二日
交涉总局为不准希腊人在双城堡开演影戏事致俄琅大臣复照　　光绪三十二年五月初四日
俄琅大臣为复请允希腊人在双城堡开演电灯影戏事致署吉林将军达桂照会　　光绪三十二年五月初九日
交涉局为希腊人在双城堡修设房屋概难承认事致俄琅大臣复照　　光绪三十二年五月十七日
俄琅大臣为奥国人欲在吉林开设电灯影戏所事致署吉林将军达桂等照会　　光绪三十二年六月二十三日
交涉总局为奥国人未便在吉省开演电灯影戏事致琅大臣复照　　光绪三十二年六月二十三日
交涉总局为传禁奥国人勾串通事开设影戏照会事致俄驻吉总巡捕厅照会　　光绪三十二年七月初四日
俄琅大臣为请查办华人开演电灯影戏被局押及奥人被殴打　　光绪三十二年七月初四日

事致署吉林将军达桂等照会

俄驻吉总巡捕厅为华人无故殴打奥人事致吉林交涉局复照　光绪三十二年七月初五日

交涉总局为奥人私开设电灯影戏并殴一华人事致俄驻吉总巡捕厅复照　光绪三十二年七月初七日

交涉总局呈民人杨自嘉等关于替洋人租房演戏经过供词　光绪三十二年七月初七日

俄琅大臣为奥意人于吉开演电影未便阻止事致署吉林将军达桂等照会　光绪三十二年七月二十日

交涉总局为请照会奥国人阿拉巴打等来吉应遵章旅游不得开演电影事致外务部咨文　光绪三十二年九月初五日

交涉总局为奥人爱拉品打等至吉开演电影滋事确情事致外务部咨文　光绪三十二年十月初五日

俄博大臣为俄人车尔讷巴也夫欲在吉省城开演影戏事致署吉林将军达桂等照会　光绪三十二年九月十九日

交涉总局为不准俄人车尔讷巴也夫在吉城开演影戏事致俄博大臣复照　光绪三十二年九月二十二日

俄博大臣为复请速准俄人车尔讷巴也夫在吉开设影戏事致署吉林将军达桂等照会　光绪三十二年十月初六日

交涉总局为俄人车尔讷巴也夫在吉开演影戏需待吉开为商埠后准行事致俄博大臣复照　光绪三十二年十一月十五日

晚清民政部设立图志馆档案（上）

赵增越选编（2023·4·23）　　中国第一历史档案馆

民政部为请将通商口岸租界等项图志送核事致外务部咨呈　光绪三十三年正月十二日

民政部为奉旨调取京外图志表册等事致宗人府咨文　光绪三十三年二月初八日

附件：民政部为调取京外图志表册等事奏折　光绪三十三年二月初三日

陕西巡抚曹鸿勋为赍送陕省各府厅州县图志事致民政部咨呈　光绪三十三年七月二十六日

江西巡抚瑞良为赍送全省及各属图志事致民政部咨文　光绪三十三年七月二十六日

陕西巡抚曹鸿勋为赍送西安府属泾阳等厅州县图志事致民政部咨呈　光绪三十三年十月初二日

民政部承政厅机要科为派陆增炜充图志馆提调等事致疆理司传知　光绪三十三年十月十九日

民政部承政厅机要科为派玉权等充图志馆总编纂等事致疆理司传知　光绪三十三年十月二十二日

民政部承政厅机要科为派王瑞祥等充图志馆测绘员及录事事致疆理司传知　光绪三十三年十一月初八日

民政部为催取各省图志以备图志馆参考事致各省咨文　光绪三十三年十一月

民政部为催取陕甘各属图志事致陕甘总督咨文　光绪三十三年十一月

民政部为催取广西全省图志事致两广总督咨文　光绪三十三年十一月

民政部承政厅机要科为派秦望澜充疆理司经界科行走仍兼图志馆纂修事致疆理司传知　光绪三十四年九月初四日

民政部疆理司图志科帮稿白堃为请开去差缺事呈　宣统元年二月

民政部疆理司为将图志馆购书用款存放银行事呈	宣统元年六月初一日
民政部会计科为交代图志馆存款数目及存折事致疆理司移付	宣统元年六月十一日
湖广总督陈夔龙为赍送湖广各府厅州县志书事致民政部咨文	宣统元年八月二十四日
附件：湖广各属赍到志书清单	
四川总督赵尔巽为赍送川省通志事致民政部咨文	宣统元年八月二十九日
江苏巡抚瑞澂为苏属志书俟汇齐即行送交事致民政部咨文	宣统元年九月初八日
广州将军增祺为赍送驻粤八旗志全书事致民政部咨文	宣统元年九月初八日
民政部为催取贵州各属通志事致贵州巡抚咨文	宣统元年十月
护理直隶总督崔永安为赍送直隶地图事致民政部咨呈	宣统元年十一月初三日
民政部疆理司图志馆为呈送调阅图志章程事致承政厅片呈	宣统元年十一月二十九日
附件：疆理司图志馆调阅图志章程	
民政部为设立图志馆调取地理书籍事致湖广等督抚咨文	宣统元年十一月
民政部承政厅机要科为暂派章容等在统计处帮办进呈表册事致图志馆传知	宣统元年十二月初二日
贵州巡抚庞鸿书为赍送贵筑县全境图表事致民政部咨文	宣统元年十二月十八日
山东巡抚孙宝琦为赍送东省各属各项图志事致民政部咨文	宣统元年十二月十九日
附件：山东呈送各府州县志书清单	
四川总督赵尔巽为赍送川省地理书籍并舆图事致民政部咨呈	宣统元年十二月十九日
附件：四川赍送地理书籍及舆图清单	宣统元年十二月十九日
民政部为图志馆现在尚未绘有青海等处地图事信函	宣统元年
闽浙总督松寿为赍送闽省各项图志事致民政部咨文	宣统二年正月二十三日
民政部尚书善耆等为设立图志馆搜罗图籍以备续修一统新志事奏折	宣统二年二月初三日
江苏巡抚宝棻为赍送地理图书事致民政部咨文	宣统二年二月初五日
附件：赍送苏省取各种图书书目清单	
民政部承政厅机要科为测绘生刘勃记功一次事致图志馆传知	宣统二年二月初七日
湖南巡抚岑春蓂为赍送图志馆各项图籍事致民政部咨文	宣统二年二月初八日
贵州巡抚庞鸿书为赍送贵州全省舆图事致民政部咨文	宣统二年二月十二日
民政部为具奏设立图志馆以备续修一统新志一折录旨知照事致外务部咨文	宣统二年二月十三日
民政部疆理司为具奏请设图志馆一折奉旨事致警政司移付	宣统二年二月十五日
民政部疆理司为移送图志馆钤记事致图志馆移付	宣统二年二月十八日
民政部疆理司为移送本部具奏设立图志馆以备续修一统新志一折事致图志馆移付	宣统二年二月十九日
民政部承政厅机要科为图志馆司书生遗缺派胡鉴补充事致疆理司传知	宣统二年二月二十日
民政部图志馆为本馆开用印信事致警政司片	宣统二年二月二十一日
民政部为所送图志均经照单收讫并未送到者仍请汇送事致山东巡抚咨文	宣统二年二月
民政部为札送本部设立图志馆以备续修一统新志奏折事致顺天府等札	宣统二年二月

民政部为送设立图志馆以备续修一统新志奏折及朱批事致京外各衙门咨文　宣统二年二月
民政部承政厅机要科为帅培寅等派充图志馆编辑员及译述员事致图志馆传知　宣统二年三月初一日
民政部营缮司为本司并无建筑公廨旧卷且新建公署亦未报部立案无从查考事致图志馆移付　宣统二年三月初四日
宪政筹备处为拟定办事简章八条堂批照准事致图志馆移付　宣统二年三月初七日
民政部营缮司为赍送重修正阳门案卷原咨清单事致图志馆移付　宣统二年三月十九日
民政部内城巡警总厅为移送内城地图事致图志馆移付　宣统二年三月二十日
图志馆为调取详细档案以备分门编纂事致警政司移付　宣统二年三月二十三日
附件：图志馆调取档案清单
民政部警政司为赍送两厅成立奏案及分科职掌章程事致图志馆片　宣统二年三月二十六日
民政部承政厅机要科为福瑞派充图志馆司书生事致图志馆传知　宣统二年四月初四日
民政部为调取各衙门图籍卷宗事致京内各衙门咨文　宣统二年四月十一日
附件：拟调各衙门文件清单
民政部为图志馆续修一统新志应用图籍卷宗事致奉宸苑咨文　宣统二年四月十五日
民政部承政厅庶务科为夏令入值添备早饭事致图志馆传知　宣统二年四月二十二日
附件：添备早饭事宜清单　宣统二年四月二十二日
民政部图志馆为调取京师地面设立电灯原案事致警政司移付　宣统二年五月初一日
云贵总督李经羲为送续云南通志稿事致民政部咨文　宣统二年五月十六日
民政部警政司为检送京师地面电灯原案事致图志馆移付　宣统二年五月十七日
浙江巡抚增韫为浙省图志各书已印成装箱运京事致民政部咨文　宣统二年六月十五日
民政部为再行调取图志馆应用案卷事致奉宸苑咨文　宣统二年六月十八日
民政部为再行调取设立图志馆应用各案卷事致宗人府咨文　宣统二年六月十八日
民政部为设立图志馆催取案卷事致外务部咨文　宣统二年六月十八日
镶黄旗护军统领卓凌阿为赍送本营衙署图说事致民政部咨文　宣统二年六月二十四日
内火器营为赍送本营办事公署九处地址全图事致民政部咨文　宣统二年六月二十五日
宗人府为赍送本府衙属全图事致民政部片行　宣统二年六月二十六日
外务部为咨送图志馆所调图籍卷宗事致民政部咨文　宣统二年六月二十七日
右翼前锋统领兜钦为赍送本营衙署全图事致民政部咨文　宣统二年六月二十八日
稽查右翼五处大臣祥普为赍送固安驻防防尉衙署全图事致民政部咨文　宣统二年六月二十九日

晚清民政部设立图志馆档案（下）

赵增越选编（2024·1·40）　　中国第一历史档案馆

正黄旗护军统领善豫为咨送本营衙署全图事致民政部咨文　宣统二年六月
管理健锐营事务大臣世铎为咨送本营印署教场学堂等总分　宣统二年七月初四日

图事致民政部咨文

大理院为本院衙署并无图籍卷宗事致民政部咨文	宣统二年七月初五日
农工商部为咨送本部衙署学堂局所全图并现行章程等事致民政部咨文	宣统二年七月初六日
附件：农工商部咨送衙署学堂局所全图及章程清单	
民政部外城巡警总厅为呈送派出所图册事信函	宣统三年七月初八日
民政部庶务科为移送内外城安设专电表事致图志馆移付	宣统二年七月十一日
学部为本部图志馆开办调取图籍卷宗事致民政部咨文	宣统二年七月二十日
民政部图志馆为调取内外厅区配置官警档案事致警政司移付	宣统二年八月初三日
京师商务总会为送各行规约等事致图志馆照会	宣统二年八月初六日
民政部为检送图志馆须参证各件事致外务部咨文	宣统二年八月十二日
民政部内城巡警总厅为送厅属各局编制地址及章程事致图志馆移文	宣统二年八月十四日
太医院为咨送衙署全图等事致民政部咨文	宣统二年八月二十日
附件：太医院衙署沿革及职制单	
民政部外城巡警总厅为送本厅章程规则及图志事致图志馆移复	宣统二年八月二十七日
附件：各项规则暨图志清单	
起居注馆为咨送复设本衙门上谕及衙署全图事致民政部咨文	宣统二年九月
民政部图志馆编辑译述员到馆离馆日期并编书未编书清单	宣统三年
图志馆章程	宣统朝
民政部图志馆呈送图志已到未到各省清单	宣统朝
民政部图志馆监督陈以丰等为编纂宣统京坊志体例事致民政部呈文	宣统朝
附件：宣统京坊志例	
图志馆司员陈以丰等为编辑地志十二门情形事禀文	宣统朝
图志馆拟派测绘内外城地图各员衔名及饭银数目单	无朝年
内城巡警总厅为函送各区管辖四至地图事致图志馆函	无朝年
民政部为图志馆职员薪水事呈	无朝年

光绪三十三年留学生史料

方裕谨编选（1998·1·60）　　中国第一历史档案馆

学部为录钦定进士馆留学毕业学员引见日期事致军机处咨文	光绪三十三年二月二十六日
附：学部为钦定引见进士馆留学毕业学员事奏折	
学部为录所奏外国速成毕业生不得参加留学生考验片奉旨事致军机处咨文	光绪三十三年五月二十二日
附：学部为外国速成学校毕业生不得参加留学生考验事片	
学部为本年八月考验留学毕业生事宜致军机处咨文	光绪三十三年五月二十六日
学部为朱笔圈出会考留学毕业生大臣等事致军机处咨文	光绪三十三年八月初九日
附：学部奏为遵章请简派大臣会考留学毕业生事奏折	
附：学部为遵旨议复请奖翰林院庶吉士事奏折	

学部为录所奏会同考验留学毕业生情形等折奉旨事致军机处咨文 光绪三十三年九月二十二日
附件一：学部为报会考留学毕业生情形事奏折
附件二：学部为请将考取之留学毕业生给予出身事奏折
附件二之学部带领验看之考取留学毕业生姓名履历分数清单
附录：学部为抄录咨行内阁验看廷试留学毕业生原单致军机处咨文
附录之附件：学部带领验看廷试游学毕业生履历等第清单
学部为扣考私自回国留学生事致军机处咨文 光绪三十三年十月十一月
学部为录议复考试留学毕业生请择优录用折奉旨事致军机处咨文 光绪三十三年十一月初三日
附：学部为遵旨议复考试留学毕业生请择优录用折事奏折
附录：掌云南道监察御史孙培元为考试留学毕业生请择优录用事奏折 光绪三十三年九月初三日
吏部为开送会考进士馆留学毕业学员大臣事致军机处片 光绪三十三年十一月初七日
邮传部为开送会考进士馆留学毕业学员大臣事致军机处片 光绪三十三年十一月初七日
大理院为本院不克开送会考进士馆留学毕业学员大臣事致军机处咨文 光绪三十三年十一月初八日
民政部为本部不克开送会考进士馆留学毕业学员大臣事致军机处片 光绪三十三年十一月初八日
农工商部为本部不克开送会考进士馆留学毕业学员大臣事致军机处咨文 光绪三十三年十一月初八日
陆军部为本部不克开送会考进士馆留学毕业学员大臣事致军机处咨文 光绪三十三年十一月初八日
都察院为本院不克开送会考进士馆留学毕业学员大臣事致军机处咨文 光绪三十三年十一月初八日
度支部为本部不克开送会考进士馆留学毕业学员大臣事致军机处咨文 光绪三十三年十一月初八日
度支部为本部不开送会考进士馆留学毕业学员大臣事致军机处咨文 光绪三十三年十一月初八日
礼部为开送本部考验进士馆留学毕业学员大臣事致军机处咨文 光绪三十三年十一月初八日
法部为本部考验进士馆留学毕业学员大臣事致军机处咨文 光绪三十三年十一月初九日
理藩院为本部不克开送会考进士馆留学毕业学员大臣事致军机处咨文 光绪三十三年十一月初九日
镶红旗蒙古都统葛宝华等为开送本旗会考进士馆留学毕业学员大臣衔名事致军机处咨文 光绪三十三年十一月初九日
外务部为本部不克开送会考进士馆留学毕业学员大臣衔名事致军机处咨文 光绪三十三年十一月初九日
内阁为开送本阁会考进士馆留学毕业学员大臣衔名事致军机处移会 光绪三十三年十一月初十日

正蓝旗汉军都统奎顺等为不克开送会考进士馆留学毕业学员大臣衔名事致军机处咨文	光绪三十三年十一月十一日
镶红旗满洲都统等为不克开送会考进士馆留学毕业学员大臣衔名事致军机处咨文	光绪三十三年十一月十一日
镶黄旗满洲都统等为开送会考进士馆留学毕业学员大臣堂衔事致军机处咨文	光绪三十三年十一月
正黄旗蒙古都统增祺等为不克开送本旗会考进士馆留学毕业学员大臣衔名事致军机处咨文	光绪三十三年十一月
镶白旗汉军都统桂祥等为不克开送会考进士馆留学毕业学员大臣衔名事致军机处咨文	光绪三十三年十一月
正蓝旗蒙古都统衙门为不克开送会考进士馆留学毕业学员大臣衔名事致军机处咨文	光绪三十三年
学部为录进士馆留学各员毕业酌拟考试办法折谕旨事致军机处咨文	光绪三十三年十一月十二日
附：学部为进士馆留学各员毕业酌拟考试办法等事奏折	
学部为录议复闽浙总督条陈日本留学生事宜折谕旨事致军机处咨文	光绪三十三年十一月十六日
附：学部为议复闽浙总督筹防留学生普通速成流弊折事奏折	
学部为录本部奏委派留日学生副总监督片谕旨事致军机处咨文	光绪三十三年十一月十六日
附：学部为委派留日学生副总监督事片	
学部为录本部奏内阁中书范熙壬等应仍赴日就学片谕旨事致军机处咨文	光绪三十三年十一月二十日
附：学部为内阁中书范熙壬等应仍赴日本就学事片	
学部为录本部奏会考进士馆留学毕业学员情形折谕旨事致军机处咨文	光绪三十三年十二月初一日
附：学部为报会考进士馆留学毕业学员情形事奏折	
学部为录本部奏考试进士馆留学毕业学员情形折谕旨事致军机处咨文	光绪三十三年十二月初四日
附：清单	

清末创办公共图书馆史料

哈恩忠编选（1999·1·52）　　中国第一历史档案馆

安徽巡抚冯煦为采访皖省遗书以备异日图书馆之用事奏折	光绪三十三年十月十九日
奉天图书馆造送报销四柱清册	光绪三十三年十一月
东三省总督徐世昌等为黑龙江省拟建图书馆事奏折	光绪三十四年七月初四日
归化城副都统三多为归化城创办图书馆事片	光绪三十四年十一月十二日
山东巡抚袁树勋为在济南创建山东省图书馆并附设金石保存所事奏折	宣统元年正月二十五日
浙江巡抚增韫为在杭州创设浙省图书馆并将官书局藏书楼归并事奏折	宣统元年二月十七日

山西巡抚宝棻为在太原创设晋省图书馆事奏折　宣统元年四月二十四日
山西巡抚宝棻为晋省创建图书馆请颁发《古今图书集成》事片　宣统元年
东三省总督锡良等为在吉林省城仿办图书馆并附设教育品陈列事奏折　宣统元年五月初七日
山西巡抚宝棻为恭谢颁发《古今图书集成》事奏折　宣统元年五月二十六日
直隶总督那桐为请颁《图书集成》事片　宣统元年六月初六日
署理云贵总督沈秉堃为在省会筹办云南省图书馆并酌拟章程事奏折　宣统元年六月初六日
黑龙江巡抚周树模为黑龙江省图书馆落成事片　宣统元年十月初一日
广西巡抚张鸣岐为广西创建图书馆并请颁发《古今图书集成》事奏折　宣统二年正月初六日
浙江巡抚增韫为筹建浙江省图书馆请赏西湖圣因寺空地事奏折　宣统二年五月二十一日

清末结社集会档案

李守郡编选（2012·1·35）　中国第一历史档案馆
宪政编查馆为会奏结社集会律会画列衔事致民政部咨文　光绪三十四年正月二十五日
民政部为会奏结社集会律已会画列衔事致宪政编查馆片　光绪三十四年正月三十日
宪政编查馆为修改结社集会律事致民政部咨文　光绪三十四年二月初七日
宪政编查馆等为拟订结社集会律事奏折　光绪三十四年二月初九日
附件：结社集会律清单
宪政编查馆等为现任职官须先行呈报方可参与结社集会事奏片　光绪三十四年二月初九日
邮传部员外郎陈家瓒等为创立尚志学会事致民政部呈文　宣统二年三月初三日
附件一：尚志学会序文
附件二：尚志学会章程
学部为批示尚志学会章程事致民政部咨文　宣统二年四月二十四日
附件：学部为陈家瓒等所呈尚志学会章程事批示　宣统二年四月二十四日
内城巡警总厅为尚志学会备案事致民政部申文　宣统二年七月初六日
民政部为尚志学会备案事批文　宣统二年七月十五日
邮传部七品小京官王侃等为创立江汉大学期成会事致民政部呈文　宣统二年九月
附件一：魏斯炅述稿《江汉大学期成会意见书》
附件二：江汉大学期成会章程
附件三：江汉大学期成会募款细则
附件四：江汉大学管理财产细则
附件五：江汉大学期成会会员姓氏录
内城巡警总厅为王侃等设立江汉大学期成分会事致民政部申文　宣统二年九月十九日
民政部为王侃等设立江汉大学期成分会事批文　宣统二年十月初十日

浙江巡抚增韫为政治研究社立案事致民政部咨文　宣统二年十月二十三日
附件一：政治研究社开办各款清折
附件二：政治研究社社章
民政部谘议官唐坚等为组织法政研究会事致内城巡警总厅呈文　宣统二年十一月　日
附件：法政研究会草章
内城巡警总厅为法政研究会立案事致民政部呈文　宣统二年十一月十三日
民政部为准予法政研究会立案事致内城巡警总厅批文　宣统二年十一月二十六日
慧仙女学堂教员孔劳缃等为成立女子戒食纸烟社事致内城巡警总厅呈文　宣统二年十二月
附件：女子戒食纸烟社开办简明章程
内城巡警总厅为女子戒食纸烟社立案事致民政部呈文　宣统二年十二月二十一日
镶红旗汉军章福荣为八旗期成公民会立案事致内城巡警总厅禀文　宣统二年十二月
内城巡警总厅为八旗期成公民会备案事致民政部申文　宣统二年十二月二十三日
民政部为修改政治研究社章程后方准立案事致浙江巡抚增韫咨文　宣统二年十二月
直隶总督陈夔龙为天津体育社立案事致民政部咨文　宣统三年正月初五日
附件：天津体育社章程
民政部为女子戒食纸烟社备案事批文　宣统三年正月初十日
民政部为设立八旗期成公民会事批文　宣统三年正月初十日
民政部为准予天津体育社备案事致直隶总督陈夔龙咨文　宣统三年正月二十三日
万国改良会驻华全权代表丁义华为设立万国改良会中国分会事致民政部呈文　宣统三年三月　日
附件一：万国改良会简章
附件二：万国改良会小史
外城巡警总厅为讲武社立案事致民政部申文　宣统三年四月二十日
附件：京师总议事会议员文耀为设立讲武社立案事致外城巡警总厅呈文
督办盐政大臣载泽为各省鹾业公会备案事致民政部咨文　宣统三年六月初四日
附件：各省鹾业公会简章
直隶总督陈夔龙为天津体育社备案事致民政部咨文　宣统三年六月十四日
附件一：天津体育社职员衔名
附件二：天津体育社职员社员取缔遵守规则
浙江巡抚增韫为政治研究社已遵饬修改章程请予备案事致民政部咨文　宣统三年六月二十七日
民政部为准天津体育社备案事致直隶总督陈夔龙咨文　宣统三年闰六月十一日
民政部为核办所有结社集会事致各省巡警道等咨文　宣统三年闰六月二十二日
内城巡警总厅为核准各会社事致民政部申文　宣统三年八月初七日
附件：内城各项集会结社清册
民政部为京师化学会备案事致农工商部等咨文　宣统三年八月　日

附件一：京师化学会草章
附件二：京师化学会职员会员名单
农工商部为京师化学会立案事致民政部咨文　宣统三年八月二十一日
中国报界俱进会首事人关当世等为设北京事务所申部立案事致内城巡警总厅呈文　宣统三年九月
附件：中国报界俱进会章程
内城巡警总厅为中国报界俱进会北京事务所立案事致民政部申文　宣统三年九月十三日
民政部为准予中国报界俱进会立案事批文　宣统三年九月
内城巡警总厅为蒙古同乡联合会备案事致民政部申文　宣统三年十一月十七日
附件：蒙古同乡联合会章程
民政部为准予蒙古同乡联合会备案事批文　宣统三年十一月二十一日

清末金韵梅任教北洋女医学堂史料

哈恩忠编选（1999·4·63）　中国第一历史档案馆
女医学堂总教习金韵梅为查勘育婴堂估建女医学堂事致长芦盐运使张镇芳禀文　光绪三十四年四月
补用知府仓永龄为监修女医学堂开工日期等事致长芦盐运使张镇芳禀文　光绪三十四年六月初八日
女医学堂总教习金韵梅为女医学堂招考开学日期等事致长芦盐运使张镇芳禀文　光绪三十四年六月二十二日
附件：女医学堂考取和报名待考学生清折
北洋女医局女医士戴文润为划分权限及免收号金事致长芦盐运使张镇芳禀文　光绪三十四年七月二十八日
直隶总督杨士骧为北洋女医学堂延聘英国医士卫淑贞事致长芦盐运使张镇芳札　光绪三十四年十二月初二日
长芦盐运使张镇芳为女医学堂总教习职任事与金韵梅订立议单　宣统元年八月二十一日
长芦盐运使张镇芳为移送金韵梅编答慈善行政调查书事致调查局文　宣统二年三月十八日
附件：女医学堂总教习金韵梅为编答慈善行政调查书事致长芦盐运使张镇芳文　宣统二年三月十五日
附件一：女医学堂总教习金韵梅抄录直隶调查局法制科第二股慈善行政调查书原稿　宣统二年三月
附件二：女医学堂总教习金韵梅编答法制科慈善行政调查书各款清折　宣统二年三月
女医学堂总教习金韵梅为拟添派药剂生事致长芦盐运使张镇芳禀文　宣统二年四月二十六日
女医学堂总教习金韵梅为改造修理病房等事致长芦盐运使张镇芳禀文。　宣统二年四月二十六日
女医学堂总教习金韵梅为添设副教习等事致长芦盐运使张　宣统二年四月二十七日

镇芳禀文

女医学堂总教习金韵梅为领学堂经费等事致长芦盐运使张镇芳禀文	宣统二年五月二十九日
直隶财政总汇处总办凌福彭等为海防粮饷股有关女医局经费事致长芦盐运司咨文	宣统二年七月二十八日
女医学堂总教习金韵梅为修盖房间银款不敷应用事致长芦盐运使张镇芳禀文	宣统二年九月十三日
附件：女医学堂总教习金韵梅拟定修盖房间所用工料银细数清折	宣统二年九月十三日
女医学堂总教习金韵梅为赴美探亲请假事致长芦盐运使张镇芳禀文	宣统二年九月十八日
女医学堂总教习金韵梅为拟定毕业凭照格式事致长芦盐运使张镇芳禀文	宣统二年十月二十一日
女医学堂总教习金韵梅为请将毕业凭照盖印过朱等事致长芦盐运使张镇芳禀文	宣统二年十一月十三日
附件：女医学堂头班简易科毕业学生情况清册	宣统二年十一月十三日
女医学堂总教习金韵梅为购买药品行知海关监督事致长芦盐运使张镇芳禀文	宣统三年闰六月十六日
女医学堂总教习金韵梅为医士卫淑贞病逝请恤等事致长芦盐运使张镇芳禀文	宣统三年七月初七日
女医学堂总教习金韵梅为请将毕业凭照盖印事致长芦盐运使汪士元禀文	宣统三年十月十三日
附件：女医学堂二班简易科毕业学生凭照清册	宣统三年十月十三日
女医学堂总教习金韵梅为学堂经费不敷应用等事致长芦盐运使汪士元禀文	宣统三年十月十四日
女医学堂总教习金韵梅为经费日绌请速拨款事致长芦盐运使洪恩广禀文	宣统三年十一月初一日
女医学堂总教习金韵梅为延聘正医士等事致长芦盐运使言敦源禀文	宣统三年十二月初九日
女医学堂总教习金韵梅为请筹发十二月经费事致长芦盐运使言敦源禀文	宣统三年十二月二十八日

清末北京中小学堂统计表册

丁进军编选（1992·2·50）　　中国第一历史档案馆

京师中小学堂一览表
内外城学区界址一览表
京师学务统计总表
京师学龄儿童及已就学者统计表
京师各学堂历年增减比较表
京师各学堂学生历年增减比较表
京师各学堂岁入类别统计表

京师各学堂岁出类别统计表
京师各学堂岁出类别比较表

北洋武备学堂学规
杜春和编选（1990·2·58）　中国社会科学院近代史所图书资料室
北洋武备学堂学规

清末军医何守仁考察美欧军医史料
哈恩忠编选（1999·1·62）　中国第一历史档案馆
前北洋医务股提调何守仁为赴美参加军医会并赴欧考察医务川资事致陆军部呈文
军需司长何守仁为赴美参加军医会及赴欧考察医务用资及补薪津事致陆军部呈文　宣统元年
附件：赴美参加军医会及考察欧洲各国医务所用各项清单

宣统年间清政府参加意大利博览会史料
沈慧瑛编选（1992·1·63）　江苏省苏州市档案馆
农工商部为传知各商报明参加意大利赛会物品事致苏州商务总会札　宣统元年闰二月初十日
农工商部为晓谕参赛各商赛址及章程事致苏州商务总会札　宣统元年闰二月十七日
附件一：意大利都郎万国博览会赛品目录
附件二：意大利都郎万国制造工艺赛会章程
附件三：赴会国所纳会费及租地章程
驻意大利使臣钱恂为参赛时应注意之事致农工商部咨文　宣统元年闰二月二十一日
江宁劝业道为赴赛物品装潢费用事致苏州商务总会照会　宣统三年四月初六日
江宁劝业道为垫解赴赛物品装潢费用事致苏州商务总会照会　宣统三年八月初四日

清末直隶警务处拟订客店戏场及预防传染病章程
王澈编选（1998·4·72）　中国第一历史档案馆
直隶总督杨士骧为警务处拟定客店等三章程致民政部咨文　宣统元年闰二月十七日
附件一：客店营业章程
附件二：戏场章程
附件三：预防传染病章程

宣统元年北京古玩行商会成立档案选编
方裕谨编选（1995·2·66）　中国第一历史档案馆
京师旅客古玩行商会董事种魁象等为古玩行集议坐商与行商并为一会事呈文　宣统元年闰二月二十三日
京师古玩行首事王致和为开列古玩行众号住址及执事人姓名事呈文　宣统二年闰二月
京师商务总会总理冯麟霈等为申请成立北京古玩行商会事

禀文
京师商务总会为农工商部已批准京师古玩行商会事照会　宣统元年三月初五日

宣统元年中国参加第七届万国实业化学研究会史料

郭慧编选（2005·3·22）　中国第一历史档案馆

外务部致英国驻华使臣朱迩典信函　宣统元年三月十八日
出使英国大臣李经方为派员赴会事致外务部咨呈　宣统元年三月十九日
出使英国大臣李经方为已派员赴会及发还其费用事致外务部咨呈　宣统元年四月十八日
附件一：吴匡时等赴伦敦与会报告
附件二：赴会用费清单
外务部为抄送化学研究会报告事致农工商部等咨文　宣统元年五月二十日

宣统元年安徽绩溪县官立东山高等小学堂清册

周向华编选（2014·2·32）　安徽师范大学图书馆

绩溪县官立东山高等官小学堂分类誊清　宣统元年三月立

清游美学务处档案史料

方裕谨编选（1997·3·63）　中国第一历史档案馆

外务部为拟定收还庚子赔款遣派学生赴美办法大纲事奏折　宣统元年五月二十三日
附：遣派留美学生办法大纲
外务部等为招考赴美留学生事致各省督抚电稿　宣统元年六月十三日
附：招考赴美留学生告示稿
张之洞为游美学务处官员设置事致外务部函　宣统元年六月二十三日
游美学务处为报本处开办情形及刊刻关防事致外务部呈文　宣统元年七月十八日
附：游美学务处暂行章程
附：游美学务处人员衔名薪水清单
考工司为留美学生陈容二人转由游美学务处酌拨经费事致游美学务处札稿　宣统元年七月二十二日
游美学务处为北洋大臣请将旧生附入庚子赔款碍难同意事致外务部呈文　宣统元年十一月十三日
考工司拟外务部为碍难将旧留美学生附入庚子赔款内事致北洋大臣咨文稿　宣统元年十一月十六日
游美学务处为请拨宣统元年第二次留美学生经费事致外务部呈文　宣统元年十二月初六日
附：请拨宣统元年第二次留美学生经费清单
外务部为增派范源廉等二人为游美学务处会办事片　宣统二年二月初一日
游美学务处为酌拟考选留美学生及各省提学使考送留美学生办法事致外务部呈文　宣统二年二月十一日

附：考选留美学生及各省提学使考送留美学生办法
驻美留学生监督容揆为报收到宣统元年第二次留美学生经费事致外务部呈文　宣统二年二月十一日
游美学务处为报宣统元年全年经费事致外务部呈文　宣统二年三月十四日
游美学务处为报本处开办经费事致外务部呈文　宣统二年三月十四日
游美学务处为报第一次遣派赴美留学生经费事致外务部呈文　宣统二年三月十四日
外务部等为报第二次遣派学生赴美入学情形事奏折　宣统二年十一月二十日
游美学务处为遵办使馆书记官改充官费学生事致外务部呈文　宣统二年十二月十六日
游美学务处为拟定学生考试期限事致外务部呈文　宣统二年十二月十八日
游美学务处为拟定学生考试期限事致外务部呈文　宣统二年十二月十八日
游美学务处为请电沪道加给军咨处遣派学生船资事致外务部呈文　宣统三年正月初八日
驻美大臣张荫棠为美议院同意中国派遣学生入西岬武学院事致外务部呈文　宣统三年二月初八日
附1：美国外交部照会　西历一千九百十一年正月十四号
附2：美国外交部致驻美公使照会　西历一千九百十一年三月三号
附：美国外交部所录美两院决议　西历一千九百十一年二月二十四号核准
附3：美国外交部照会　西历一千九百十一年三月八号
军咨大臣载涛等为已电饬学员陶叔懋等赴美就学事致外务部咨文　宣统三年四月十七日
游美学务处为复税务处请派学生赴美留学事致外务部呈文　宣统三年五月初九日
游美学务处为请拨宣统三年第二次留美学生经费事致外务部呈文　宣统三年六月初六日
附：请拨宣统三年第二次留美学生经费清单
游美学务处为派员护送第三次赴美留学生事致外务部呈文　宣统三年六月十二日
游美学务处为复北洋大学堂请准酌选人本年派赴美学额碍难照办事致外务部呈文　宣统三年闰六月初五日
游美学务处为请由黄鼎专司留美学生监督一职事致外务部呈文　宣统三年七月二十四日
江海关监督为已拨付宣统三年第三次留美学生经费事致外务部呈文　宣统三年八月二十三日

宣统年间清廷遣派赴美留学生史料选

方裕谨编选（1997·2·49）　　中国第一历史档案馆

游美学务处为报第一次留美学生报名及考试情形事致外务部呈文　宣统元年七月十八日
游美学务处为报第一次考取留美学生姓名年岁籍贯事致外　宣统元年八月初十日

务部呈文
附：考取第一次留美学生姓名年岁籍贯清册
游美学务处为报第一次赴美留学生到美入学情形事致外务部呈文 宣统二年正月十七日
游美学务处为报考试第二次留美学生事致外务部呈文 宣统二年正月十九日
附：考取第二次留美学生姓名年岁籍贯分数清册
游美学务处为报第三次考取留美学生清折事致外务部呈文 宣统三年六月十二日
附：第三次考取留美学生姓名年岁籍贯清册

清政府开办清华学堂史料选

方裕谨编选（1987·3·57） 中国第一历史档案馆

外务部为何日移交清华园地亩兴筑游美肄业馆事致内务府咨文 宣统元年八月十七日
官房租库库守永庆为报清华园归本库所管文
外务部为抄送请拨清华园地亩兴筑游美肄业馆折件致内务府片 宣统元年八月二十五日
附：外务部为兴筑游美肄业馆奏稿 宣统元年八月十五日
外务部为派员接受清华园地亩事致内务府片 宣统元年九月初九日
官房租库造报清华园房间册 宣统元年九月十三日
官房租库造报清华园树株册 宣统元年九月十三日
游美学务处报长顺等木厂包修字据事致外务部呈文 宣统元年十一月六日
附：长顺等三木厂包修字据 宣统元年十月十三日
游美学务处为将游美肄业馆改为清华学堂缘由致外务部申呈 宣统二年十一月二十日
外务部为订立清华学堂章程事奏折稿 宣统三年三月十一日
游美学务处添招留美学生缘由及招考简章致外务部申呈 宣统三年四月二十六日
附：游美学务处招考清华学堂学生简章
游美学务处改行清华学堂章程缘由致外务部申呈 宣统三年七月十四日
附：清华学堂章程

清末林伯渠吉林视学史料

苏建新 陶敏编选（2001·4·64） 吉林省档案馆

吉林提学司为请发省视学林祖涵等巡视学务沿路传单事致吉林兵备处移文 宣统元年九月初八日
省视学林祖涵为报视察伊通州学务情形事致吉林提学使呈文 宣统元年九月二十日
附件：视学日记
省视学林祖涵为报查视吉林府岔路河初等小学情形事致吉林提学使呈文 宣统元年九月二十日
省视学林祖涵为报视察磐石县学务情形事致吉林提学使呈文 宣统元年九月二十八日
附件：视学日记（续前）
省视学林祖涵等为拟定桦甸学务改良办法事致吉林提学使详文 宣统元年十月初四日

附件:《桦邑学务改良暨扩充办法八条》
省视学林祖涵为报视察桦甸学务情形事致吉林提学使呈文　宣统元年十月初九日
附件：视学日记（续前）
省视学林祖涵为报视察敦化学务情形事致吉林提学使呈文　宣统元年十一月初六日
附件：视学日记（续前）
省视学林祖涵等为拟定整顿敦化学务办法事致吉林提学使详文　宣统元年十一月二十七日
附件:《拟定整顿敦化学务办法六则》

清末修订报律史料选载

李国荣编选（1988·3·44）　中国第一历史档案馆
着宪政编查馆复核民政部酌拟修正报律草案事上谕　宣统二年二月十三日
为宪政编查馆所奏复核报律清单事着依议上谕　宣统二年八月二十八日
着民政部认真办理御史温肃奏请严示限制报律事谕旨　宣统二年十月二十二日
民政部为遵章会奏议决修正报律条文事复资政院片　宣统二年十一月
军机处为复议修正报律案事行资政院咨文　宣统二年十二月
附：重议修正报律条文
军机处为具奏修正报律案事复资政院咨文　宣统二年十二月
资政院为修正报律条文事行民政部咨文　宣统二年十二月二十六日
附：修正报律复议议决条文
军机处为送复议报律第十二条原折单事行民政部咨文　宣统二年十二月二十七日
民政部为送回画齐之修正报律折单事行军机处片　宣统二年十二月二十二日
资政院为缮单呈览议决修正报律条文事奏折稿　宣统二年十二月二十九日
军机大臣奕劻等为资政院复议报律第十二条窒碍难行事奏折　宣统二年十二月二十九日
附：资政院复议报律第十二条修正之原文
着民政部等改动报律第十二条字样事上谕　宣统二年十二月二十九日
钦定报律正文及附条

宣统二年归国留学生史料

王澈编选（1997·2·55）　中国第一历史档案馆
唐景崇等为请派游学毕业考试各科襄校官事奏折　宣统二年八月初二日
阿穆尔灵圭等为请分别给予游学毕业生等第及出身事奏折　宣统二年九月初二日
附：清单
荫昌等为选派军职人员赴日学习专科并拟定章程呈览事奏折　宣统二年十月三十日
附：清单
载涛等为请派钦差大臣会考留日陆军测绘毕业生事奏折　宣统二年十一月二十五日
载涛等为请添派考试留日测绘毕业生襄校官事片　宣统二年十一月二十五日
载瀛等为请分别给予补行验看游学毕业生出身事奏折　宣统二年十二月十一日
附：清单
唐景崇等为请钦定廷试游学毕业生日期事奏折　宣统三年二月十四日
那彦图等为请分别赏给游学毕业生出身事奏折　宣统三年四月初六日

附：清单

清末修订著作权律史料选载

丁进军编选（1989·4·46）　　中国第一历史档案馆

民政部为拟具著作权律草案理由事致资政院稿	宣统二年
民政部为拟定著作权律清单请旨交议事奏折	宣统二年九月
资政院及民政部为议决著作权律请旨裁夺事奏折	宣统三年十一月十六日
附件：资政院议决后的著作权律清单	
资政院为著作权律奉谕准行事致民政部咨文	宣统二年十二月
民政部为将著作遵章呈报注册事出示晓谕	宣统三年正月
民政部为迅速推行著作权律出示晓谕事致各省督抚咨文	宣统三年正月
民政部警政司为已将著作权律通咨京内各衙门等事复著作权注册局片	宣统三年正月二十三日
附件：民政部警政司开列已将著作权律通咨京内各衙门清单	
学部为著作权律已引起外国出版界重视事致民政部呈文	宣统三年四月初三日

清末东北地区爆发鼠疫史料（上）

王道瑞编选（2005·1·20）　　中国第一历史档案馆

民政部为京师设立防疫局拟定章程请旨事奏折	宣统二年十二月二十七日
附件：民政部拟定京师临时防疫局章程	
湖广总督瑞澂为报已于汉口设立防疫所事奏折	宣统三年正月二十八日
直隶总督陈夔龙为报直省筹办防疫情形事奏折	宣统三年正月二十八日
邮传部尚书盛宣怀等为验疫机关日臻完备请京奉铁路恢复开车事奏折	宣统三年二月初七日
庆亲王奕劻为拟于三月初五日于奉天召开国际防救时疫会事奏折	宣统三年二月初十日
山东巡抚孙宝琦为报山东疫情及办理情形事奏折	宣统三年二月十二日

清末东北地区爆发鼠疫史料（下）

王道瑞编选（2005·2·21）　　中国第一历史档案馆

黑龙江巡抚周树模为报黑龙江省鼠疫渐平办理情形事奏折	宣统三年二月十六日
邮传部尚书盛宣怀为议复奉省防疫经费请另行筹款事奏折	宣统三年二月十七日
给事中陈应禧为参奉省防疫总办道员张俊生事奏折	宣统三年二月二十五日
热河都统诚勋为报鼠疫防范情形并疫氛渐靖事片	宣统三年三月初二日
东三省总督锡良为防疫不力革职官员奉恩开复事片	宣统三年三月十二日
东三省总督锡良等为东三省疫气扑灭请奖出力者事奏折	宣统三年三月二十八日
附件：请奖东三省在事尤为出力人员清单	
东三省总督锡良为请奖叙奉省防疫人员事奏折	宣统三年四月十三日
附件：请奖奉天在事出力人员清单	
山东巡抚孙宝琦为陈善后事宜择尤保奖并请酌拨款项事奏折	宣统三年四月十四日
东三省总督锡良为奉天民政使张元奇等员殚精极虑调度得	宣统三年四月十七日

宜请奖事片
东三省总督锡良为新民府知府管凤和等员实属异常出力请奖叙片　宣统三年四月十七日
直隶总督陈夔龙为直隶疫气敉平请奖在事出力人员事奏折　宣统三年四月十八日
直隶总督陈夔龙为援例请奖补用道屈永秋医科进士事片　宣统三年四月十八日
东三省总督锡良为黑龙江防疫出力各员择优续奖三十四员事奏折　宣统三年五月初二日
直隶总督陈夔龙为陈出力人员事迹请奖事奏折　宣统三年五月十三日
直隶总督陈夔龙为驻津各国领事及医生和衷共济防疫出力请奖宝星事奏折　宣统三年五月十三日
直隶总督陈夔龙为筹办制浆厂以杜传染消疫未萌事片　宣统三年五月十九日
庆亲王奕劻为请奖派往东省各洋员事奏折　宣统三年五月二十日

宣统二年归国留学生史料续编

张书才编选（1997·4·52）　中国第一历史档案馆

唐景崇等为请照章录用廷试游学毕业生事奏折　宣统三年五月初九日
附：清单
唐景崇等为请简大臣主试游学毕业生事奏折　宣统三年八月初二日
溥伟等为请分别给予游学毕业生出身以示鼓励事奏折　宣统三年九月初六日
附：清单

民　　族

天命天聪年间蒙古文档案译稿（上）

李保文编选（2001·3·3）　中国第一历史档案馆

蒙古南喀尔喀岳特部恩格德尔为投努尔哈赤誓言　天命八年七月初三日
蒙古乌鲁特部诛诺颜为投努尔哈赤誓言　天命八年七月初四日
蒙古科尔沁部奥巴洪台吉与努尔哈赤结盟誓言　天命十一年六月初六日
蒙古科尔沁部土谢图额驸致努尔哈赤书　天命十一年六月初六日
蒙古科尔沁部土谢图额驸致扎希占布库书　天命十一年八月十七日
天聪汗给喀喇沁、土默特敕谕　天聪三年十月二十九日
天聪汗给蒙古人敕谕　天聪三年十一月初七日
济尔哈朗、萨哈廉致蒙古喀喇沁部苏布迪书　天聪四年正月初九日
济尔哈朗、萨哈廉致蒙古喀喇沁部台吉塔布囊书　天聪四年二月初一日
天聪汗致蒙古奈曼部洪巴图鲁敕谕　天聪四年四月初二日
天聪汗致达尔汉巴图鲁敕谕　天聪四年四月初四日
天聪汗信牌文　天聪五年正月初八日
天聪汗致蒙古四子部敕谕　天聪五年正月十三日
辛未年法规一　天聪五年四月初七日
辛未年法规二　天聪五年四月十一日
辛未年法规三　天聪五年四月十一日

辛未年法规四 天聪五年四月十二日
天聪汗致蒙古喀喇沁部苏布迪杜棱敕谕 天聪五年四月二十日
天聪汗致蒙古科尔沁部土谢图汗敕谕 天聪五年七月初五日

天命天聪年间蒙古文档案译稿（中）

李保文编选（2001·4·3） 中国第一历史档案馆

天聪汗致蒙古科尔沁部土谢图汗敕谕 天聪五年七月初五日
天聪汗致孙杜棱敕谕 天聪五年七月初五日
天聪汗致达赖楚琥尔等敕谕 天聪五年七月初五日
天聪汗致巴林等部敕谕 天聪五年七月初九日
天聪汗致鄂木布楚琥尔等敕谕 天聪五年七月初九日
天聪汗致绰克图太后敕谕 天聪五年七月初九日
天聪汗致蒙古科尔沁部土谢图额驸等书 天聪五年七月十九日
天聪汗致桑噶尔斋台吉敕谕 天聪五年十月初十日
天聪汗致蒙古科尔沁部土谢图汗敕谕 天聪五年十一月十九日
天聪汗致蒙古科尔沁部土谢图汗敕谕 天聪五年闰十一月二十八日
天聪汗为汤晒赐号敕谕 天聪五年十二月十一日
天聪汗敕谕 天聪五年十二月二十日
天聪汗致孙杜棱等敕谕 天聪五年十二月二十一日
天聪汗致阿鲁乌喇特国汗等敕书 天聪六年正月初三日
申年法规一 天聪六年正月十八日
天聪汗致噶拉珠色特尔敕谕 天聪六年正月二十四日
天聪汗致蒙古奈曼部达尔汉洪巴图鲁敕谕 天聪六年二月初二日
天聪汗致喀喇沁之土默特鄂木布楚琥尔敕谕 天聪六年三月二十七日
天聪汗致蒙古科尔沁部绰斯吉敕谕 天聪六年三月二十九日
天聪汗给喀喇沁部敕谕 天聪六年四月初六日
申年法规二 天聪六年十月初五日
蒙古北喀尔喀马哈撒嘛谛色臣汗等致天聪汗书 天聪九年五月二十七日
蒙古北喀尔喀马哈撒嘛谛色臣汗致察哈尔太后等敕谕 天聪九年五月二十七日

天命天聪年间蒙古文档案译稿（下）

李保文编选（2002·1·3） 中国第一历史档案馆

天聪汗给郭勒图色臣赐号敕谕 天聪九年七月二十四日
蒙古北喀尔喀马哈撒嘛谛色臣汗致天聪汗书 天聪九年十二月初七日
天聪汗致蒙古北喀尔喀马哈撒嘛谛色臣汗敕谕 天聪十年二月初二日
天聪汗致蒙古北喀尔喀乌珠穆沁部色臣济农敕谕 天聪十年二月初二日
天聪汗致蒙古北喀尔喀齐特部额尔德尼诺木齐敕谕 天聪十年二月初二日
天聪汗致蒙古北喀尔喀阿巴噶部扎萨克图济农敕谕 天聪十年二月初二日
天聪汗为托勒博图赐号敕谕 天聪十年二月初二日

崇德年间藏事档案译稿
李保文编选（2001·1·19）　中国第一历史档案馆
蒙古喀尔喀马哈撒嘛谛色臣汗为赞同大清国邀请达赖喇嘛事致皇太极书　崇德二年八月初六日
蒙古喀尔喀土谢图汗为遣使问安及赞同大清国邀请达赖喇嘛事致皇太极书　崇德二年八月初六日
蒙古喀尔喀钟根为遣使问安事致太后书　崇德二年八月初六日
蒙古喀尔喀绰克图卫征诺颜为拥护二汗之旨事致皇太极书　崇德二年八月初六日
蒙古喀尔喀比喇式等为拥护二汗之旨事致皇太极书　崇德二年八月初六日
蒙古喀尔喀乌巴三查色臣哈吞为互通使臣事致乌尔寨图色臣哈吞书　崇德二年八月初六日
皇太极为继承古代帝王所创政教之传统事致吐蕃特汗敕谕　崇德二年十一月十五日
皇太极往谕延请上师之使臣额尔德尼达尔汉喇嘛等敕书　崇德五年二月初十日
皇太极为延请上师事致蒙古喀尔喀札萨克图汗敕谕　崇德五年十月初十日
皇太极为倾听上师之旨事致色臣绰尔吉敕谕　崇德六年八月初八日
皇太极为遣使问安事致达赖喇嘛书　崇德八年五月初五日
皇太极为遣使问安事致班禅呼图克图书　崇德八年五月初五日
皇太极为遣使问安事致噶尔马书　崇德八年五月初五日
皇太极为遣使问安事致大萨迦呼图克图书　崇德八年五月初五日
皇太极为遣使问安事致济东呼图克图书　崇德八年五月初五日
皇太极为遣使问安事致布鲁克巴呼图克图书　崇德八年五月初五日
皇太极为遣使问安事致达克龙呼图克图书　崇德八年五月初五日
皇太极回复来文事与藏巴汗书　崇德八年五月初五日
皇太极为遣使延请圣贤事致顾实汗书　崇德八年五月初五日
原档另记

清初编审八旗男丁满文档案选译
安双成编选（1988·4·10）　中国第一历史档案馆
户部尚书车克等为编审八旗男丁事题本　顺治十四年十月十八日
总理户部事务允祥等为报顺康年间编审八旗男丁事奏本　雍正元年五月初四日
总理户部事务允祥等编审八旗男丁数目事奏本　雍正二年十一月初七日

顺治十七年招抚赫哲等部族之人史料
安双成编选（1995·2·5）　中国第一历史档案馆
户部尚书车克等为赫哲、费雅喀部三百五十一户归顺事题本　顺治十七年三月初二日
户部左侍郎叶成额等为奖赏赫哲、费雅喀部落新归顺村屯头领事题本　顺治十七年八月初九日
户部左侍郎叶成额等为奖赏赫哲、费雅喀、齐勒尔部新归顺村屯头领事题本　顺治十七年十一月十二日

康熙六年《蒙古律书》

李保文编选（2002·4·3）　　中国第一历史档案馆

第一条至第一百一十三条

新译噶尔丹属下口供

徐凯译　刘景宪校（1982·4·80）

噶尔丹属下多尔济之口供　　康熙三十六年三月二十一日

波罗忒宰桑和硕齐之口供　　康熙三十六年三月二十一日到

附言　商鸿逵

雍正初年镇压长寨苗民史料（上）

哈恩忠编选（2008·3·3）　　中国第一历史档案馆

兵部为议复云贵总督高其倬条奏治理苗疆事宜事奏折　　雍正三年四月十三日

署理贵州巡抚石礼哈为预先筹划安设塘汛添盖营房事奏折　　雍正三年十月十三日

署贵州巡抚石礼哈等为在苗寨修造官署营房等事奏折　　雍正四年三月二十日

贵州巡抚何世璂为广顺地方苗民阻建营房遣员化诲事奏折　　雍正四年四月初八日

云南巡抚鄂尔泰为请肃清广顺长寨等处顽苗事奏折　　雍正四年四月初九日

贵州提督马会伯为发遣官兵慑服阻建营房苗人情形事奏折　　雍正四年四月十六日

贵州巡抚何世璂为报遣员前往化诲阻建营房苗人情形事奏折　　雍正四年四月二十九日

贵州大定总兵丁士杰为议定广顺长寨地方修建营房事奏折　　雍正四年五月初十日

云贵总督鄂尔泰为报分路进兵进剿苗寨情形事奏折　　雍正四年五月二十五日

雍正初年镇压长寨苗民史料（下）

哈恩忠编选（2008·4·3）　　中国第一历史档案馆

贵州巡抚何世璂为报进兵日期及破关得寨等情形事奏折　　雍正四年五月二十九日

贵州粮驿贵东道李日更为报剿抚苗寨情形事奏折　　雍正四年六月初六日

威宁镇总兵石礼哈为攻破苗寨办理善后事奏折　　雍正四年六月十八日

云贵总督鄂尔泰为攻破苗寨设营防御事奏折　　雍正四年六月二十日

贵州巡抚何世璂为长寨等处苗民俱已招抚事奏折　　雍正四年六月二十九日

云贵总督鄂尔泰为苗寨已靖定议安营设兵事奏折　　雍正四年七月初九日

贵州提督马会伯为广顺苗人阻修营房遣兵进剿事奏折　　雍正四年七月十五日

著鄂尔泰审拟所获苗犯及将革职石文焯复职事上谕　　雍正四年七月十七日

两广总督孔毓珣为分饬广西交界处所防御逋逸仲苗事奏折　　雍正四年七月二十二日

著将进剿长寨有功之云贵总督鄂尔泰等官员及兵丁议叙事上谕　　雍正四年十二月

著滇黔蜀粤四省于接壤之处驻兵稽查土苗事上谕　　雍正五年二月初一日

兵部为议复云贵总督鄂尔泰疏奏经理仲苗事宜事奏折　　雍正五年三月二十七日

雍正年间平息布鲁克巴内乱史料（上）

王小红　宗印茹编译（2005·4·5）　　中国第一历史档案馆

副都统马喇等为报布鲁克巴诺彦林亲·齐类·拉卜济等遣　　雍正八年十二月二十九日

使呈书进献方物事奏折
副都统马喇等为报布鲁克巴之噶毕东罗布亲来呈书进献方物事奏折　雍正八年十二月二十九日
副都统马喇等为转奏贝子颇罗鼐奏书及所献布鲁克巴舆图事奏折　雍正八年十二月二十九日
副都统马喇等为议复布鲁克巴停战和解情形事奏折　雍正八年十二月二十九日
大学士马尔赛等为议复布鲁克巴归服事宜事奏折　雍正九年二月十六日

雍正年间平息布鲁克巴内乱史料（下）

王小红　宗印茹编译（2006·1·19）　中国第一历史档案馆
都统青保等为报布鲁克巴再起兵戈遣员前往探信事奏折　雍正十一年七月十九日
大学士鄂尔泰等为议奏颇罗鼐之使先行送京不必等候布鲁克巴使人事奏折　雍正十一年九月初八日
都统青保等报遣员前往布鲁克巴和解缔约情形事奏折　雍正十二年二月初二日
附件一：布鲁克巴诺彦林亲·齐类·拉卜济等之奏书
附件二：布鲁克巴噶毕东罗布喇嘛之奏书
附件三：布鲁克巴两造和合约结
附件四：布鲁克巴两造呈给都统青保所遣和解之员和合结文
都统青保等为报布鲁克巴使人启程赴京及沿途办给驮骑廪饩事奏折　雍正十二年二月初二日
大学士鄂尔泰等为议复都统青保遣人俾布鲁克巴两造和好事片　雍正十二年三月十七日
附件：大学士鄂尔泰等为议复布鲁克巴使人启程来京所拟应办各事片
副都统马喇等为会同颇罗鼐商议布鲁克巴等应行赏给印信封号事奏折　雍正十二年五月初四日
附件：布鲁克巴呼毕勒罕喇嘛等三人应赏印信封号单
大学士鄂尔泰等为议复赏给布鲁克巴呼毕勒罕喇嘛等三人印信封号事奏折　雍正十二年八月二十二日
副都统马喇等为报布鲁克巴呼毕勒罕等接奉敕印遣使谢恩事奏折　雍正十三年七月二十二日
和硕庄亲王允禄等为将布鲁克巴呼毕勒罕等接奉敕印谢恩各情存案事奏折　雍正十三年九月初四日

乾隆朝旗人冒入民籍案档案选编

刘心怡选编（2024·3·19）　中国第一历史档案馆
内务府为拖欠参银吴国用等冒入民籍妄图规避拿交刑部审拟事奏折　乾隆四年二月十三日
吏部左侍郎阿克敦等为审明定拟投充庄头王峰等冒入民籍案请敕部议复事奏折　乾隆六年六月十一日
刑部尚书来保等为会审镶蓝旗护军常海家奴六十三欺主行　乾隆六年十月十五日

贿私入民籍案事题本
署理刑部尚书阿克敦等为正黄旗下家奴大狗子等冒入民籍等案遵旨汇题事题本 乾隆十七年十二月十二日
户部为定议八旗冒籍另记档案之人条例事奏折 乾隆二十一年三月十二日
议政大臣来保等为核议定拟云骑尉佛岳洛等呈控家奴叶文章等私入民籍事题本 乾隆二十三年十二月十八日
户部为原任将军清葆具控家奴高乔桄私入民籍进学捐贡一案事致内务府咨文 乾隆三十年正月初九日
礼部为转饬查明都虞司鹰户吴廷选等更名私入民籍考中文武生员事致内务府咨文 乾隆三十三年九月
附件：礼部为转饬查明都虞司鹰户吴廷选等更名私入民籍考取文武生员事致内务府知照
总管内务府为审明定拟苏拉杨立住假冒民人卖身诓食钱粮一案事奏折 乾隆三十四年八月初六日
暂署吏部尚书托庸为宋钰更名冒入民籍中式案审明定拟滥准各职员事题本 乾隆三十四年八月十四日
为正红旗满洲前锋全德呈报家人翁尚儒呈控家奴翁希私冒民人隐匿伊主地亩事咨文 乾隆五十六年八月二十八日

乾隆五年十二月云南彝汉文布告
余孟良编选（1991·1·22） 云南省石屏县志编纂委员会

乾隆朝绥远城设立八旗官学满文档案
郭美兰编译（2012·2·46） 中国第一历史档案馆
绥远城将军补熙等为请仍照原奏设立满蒙学馆教育兵丁子弟事奏折 乾隆六年十二月初六日
军机大臣鄂尔泰等为议复请设满蒙学馆教育兵丁子弟事奏折 乾隆六年十二月十八日
绥远城将军补熙等为请设蒙古学以便翻译文移事奏折 乾隆八年九月初三日
绥远城将军补熙等为改设满蒙文翻译笔帖式并由蒙古八旗内考取事奏折 乾隆十一年四月初三日
绥远城将军补熙为设立满汉翻译学以便选取笔帖式事奏折 乾隆十一年七月十四日
吏部左侍郎德龄等为制定满蒙文翻译生员奖惩章程事奏折 乾隆十一年十二月十七日
绥远城将军容保为设立满蒙八旗学五所支给教习及学生银两钱文事奏折 乾隆三十七年九月十六日
绥远城将军集福等为请改设满汉翻译学并设学训练八旗子弟事奏折 乾隆五十年九月二十二日
军机大臣和珅等议复改设翻译官学并设学训练八旗子弟事奏折 乾隆五十年十月初五日

雍乾年间广西部分地区改土归流史料
丁进军编选（1990·4·14） 中国第一历史档案馆
李锡秦汇造雍乾年间广西部分地区改土归流情形清册 乾隆十七年四月

清代咸安宫蒙古官学档案（上）

赵郁楠编译（2023·1·4）　　中国第一历史档案馆

着都统多尔济管理咸安宫蒙古学事务事上谕　乾隆二十七年五月十一日
着朋苏克喇锡管理咸安宫蒙古学事务等事上谕　乾隆三十七年八月二十一日
咸安宫蒙古学为保送当差年久苏拉皂柱坐补披甲之缺事致总管内务府咨文　乾隆三十八年六月十四日
咸安宫蒙古学为复请年久苏拉皂柱坐补披甲之缺事致总管内务府咨文　乾隆三十八年十一月初四日
着德勒克管理咸安宫蒙古学事务事上谕　乾隆四十七年七月二十八日
咸安宫蒙古学为依例保送当差年久苏拉福庆坐补披甲之缺事致总管内务府咨文　乾隆五十三年十一月初一日
管吏部事务和珅等为遵旨查议咸安宫蒙古学都统德勒克违例办理补用期满助教永宁事题本　乾隆五十八年四月初一日
着奎舒管理咸安宫蒙古学等学事务事上谕　乾隆五十九年五月初七日
咸安宫蒙古学为请移交满洲学空闲茶房作为蒙古学学房事致总管内务府咨文　乾隆五十九年十月十九日
着额勒登保补放理藩院尚书之缺并兼管咸安宫蒙古学等三学事务等事上谕　嘉庆六年五月三十日
咸安宫蒙古学为可否自行领办公项事致总管内务府咨文　嘉庆八年二月初二日
着特克慎署理理藩院尚书兼管咸安宫等学事务等事上谕　嘉庆十三年七月初四日
着佛尔卿额管理咸安宫蒙古学等三学事务等事上谕　嘉庆十五年二月十三日
理藩院尚书佛尔卿额为请调内阁侍读学士松宁一同管理咸安宫唐古忒等学事务请旨事奏折　嘉庆十五年五月十九日
着侍读学士松宁与佛尔卿额一同管理咸安宫唐古忒托忒学事务等事上谕　嘉庆十五年五月十九日
着松筠管理咸安宫蒙古学等三学事务伊到任前庆祥署理事上谕　嘉庆十七年十一月初二日
着庆祥管理咸安宫蒙古学等三学事务事上谕　嘉庆十八年六月二十五日
着和世泰管理雍和宫及咸安宫蒙古学等三学事务事上谕　嘉庆十八年十二月初五日
营造司值年员外郎达三等为支领修理咸安宫蒙古学南房东一间所需工价银事呈稿　嘉庆二十一年闰六月初二日
附件一：营造司房库呈咸安宫蒙古学南房东一间修理料估清册
附件二：营造司木库呈咸安宫蒙古学南房东一间粘补装修清册
营造司画匠房呈咸安宫蒙古学用桌张机凳油什清册　嘉庆二十一年十二月二十六日
着派托津管理咸安宫蒙古学等三学事务等事上谕　嘉庆二十二年六月初二日
现管咸安宫蒙古学等处事务亲王大臣名单　嘉庆二十二年六月初二日
着松筠等管理咸安宫蒙古学等处事务事上谕　嘉庆二十二年六月
着和宁署理理藩院尚书及咸安宫蒙古学等三学事务事上谕　嘉庆二十二年七月十一日
着穆克登额署理咸安宫蒙古学等三学事务事上谕　嘉庆二十三年二月二十七日

着穆克登额署理理藩院尚书兼管咸安宫蒙古学等三学事务等事上谕	嘉庆二十三年七月初九日
着松筠署理理藩院尚书及咸安宫蒙古学等三学事务事上谕	嘉庆二十四年二月二十八日
着和宁署理咸安宫蒙古学等三学事务等事上谕	嘉庆二十四年六月二十三日
着赛冲阿管理托津所管咸安宫蒙古学等三学事务事上谕	嘉庆二十五年九月初八日
理藩院尚书禧恩为兼管雍和宫及咸安宫蒙古学等三学事务谢恩事奏折	道光二年五月二十五日
着托津管理咸安宫蒙古学等三学等事务事上谕	道光五年十一月初九日
咸安宫官学为领取蒙古翰林等道光九年四月采买肉菜等项银两事致广储司咨文	道光九年三月
附件：咸安宫官学为领取肉菜折价银出具领文事致广储司咨文	
咸安宫官学为领取蒙古教习等道光九年四月香油等项折价银两事致广储司咨文	道光九年三月
附件：咸安宫官学为领取香油等项折价银出具领文事致广储司咨文	
咸安宫官学为领取蒙古教习等道光九年八月香油等项折价银两事致广储司咨文	道光九年七月二十八日
附件：咸安宫官学为领取香油等项折价银出具领文事致广储司咨文	
咸安宫官学为领取蒙古翰林等道光九年八月采买肉菜等项银两事致广储司咨文	道光九年七月二十八日
附件：咸安宫官学为领取肉菜折价银出具领文事致广储司咨文	
咸安宫官学为领取蒙古教习等道光九年九月香油等项折价银两事致广储司咨文	道光九年八月三十日
附件：咸安宫官学为领取香油等项折价银出具领文事致广储司咨文	
咸安宫官学为领取蒙古翰林等道光九年九月采买肉菜等项银两事致广储司咨文	道光九年八月三十日
附件：咸安宫官学为领取肉菜折价银出具领文事致广储司咨文	
咸安宫官学为领取蒙古教习等道光九年十月香油等项折价银两事致广储司咨文	道光九年九月三十日
咸安宫官学为领取蒙古翰林等道光九年十月采买肉菜等项银两事致广储司咨文	道光九年九月三十日
附件：咸安宫官学为领取肉菜折价银出具领文事致广储司咨文	
咸安宫官学为领取蒙古翰林等道光十年正月采买肉菜等项银两事致广储司咨文	道光九年九月三十日
附件：咸安宫官学为领取肉菜折价银出具领文事致广储司	

咨文
咸安宫官学为领取蒙古教习等道光十年正月香油等项折价银两事致广储司咨文　道光九年十二月二十日
附件：咸安宫官学为领取香油等项折价银出具领文事致广储司咨文
咸安宫官学为领取蒙古教习等道光十年九月香油等项折价银两事致广储司咨文　道光十年八月
附件：咸安宫官学为领取香油等项折价银出具领文事致广储司咨文
咸安宫官学为领取蒙古翰林等道光十年九月采买肉菜等项银两事致广储司咨文　道光十年八月
附件：咸安宫官学为领取肉菜折价银出具领文事致广储司咨文
理藩院为请派本院堂官兼管雍和宫及咸安宫蒙古学等三学事务事奏折　道光十六年七月二十八日
着武忠额管理咸安宫蒙古学等三学事务等事上谕　道光十六年七月二十八日
员外郎卓林为勘估修理西华门内咸安宫蒙古房间等项活计所需工料银事呈稿　道光二十年四月二十三日

清代咸安宫蒙古官学档案（下）

赵郁楠编译（2023·2·11）　中国第一历史档案馆
主事文霖为请领修理西华门内蒙古学房等项活计估需工料银两事呈稿　道光二十年六月初二日
吏部尚书奕经等为考试咸安宫托忒学生赛尚阿毋庸回避阅卷等请旨事奏折　道光二十一年七月初六日
穆荫为派管咸安宫三学事务谢恩事奏折　咸丰十一年九月十八日
内务府堂掌稿笔帖式广敏等为请领修理咸安宫蒙古学所占后院三间正房工料银事呈稿　同治八年十二月二十九日
附件：修理咸安宫蒙古学所占后院三间正房用银清单
吏部尚书宝鋆等为咸安宫蒙古学教习桂芳期满给予纪录议叙事题本　同治十二年闰六月二十六日
咸安宫蒙古学为请将原旧房屋派员开单修理事致内务府咨文　光绪三年八月二十日
大学士管理吏部事务宝鋆等为咸安宫蒙古学教习珠尔罕布期满给予纪录议叙事题本　光绪七年七月二十五日
大学士管理吏部事务灵桂等为咸安宫蒙古学监教官崇林期满照成案给予纪录议叙事题本　光绪十年七月十三日
吏部尚书锡珍等为咸安宫蒙古学监看教官特图慎期满照成案给予纪录议叙事题本　光绪十三年六月十一日
大学士管理吏部事务张之万等为咸安宫蒙古学监教官笔帖式达三期满议叙事题本　光绪十八年十二月初一日
咸安宫官学为领取蒙古翰林等光绪二十年二月煤炭事致营　光绪二十年正月二十九日

造司咨文	
咸安宫官学为领取蒙古翰林等光绪二十年六月煤炭事致营造司咨文	光绪二十年五月十七日
咸安宫官学为领取蒙古学生等光绪二十年六月老米事致关防衙门咨文	光绪二十年五月十七日
咸安宫官学为领取蒙古学生等光绪二十年七月老米事致关防衙门咨文	光绪二十年六月十九日
咸安宫官学为领取蒙古翰林等光绪二十年八月煤炭事致营造司咨文	光绪二十年七月二十一日
咸安宫官学为领取蒙古学生等八月份老米事致关防衙门咨文	光绪二十年七月二十一日
大学士管理理藩院事务崑冈为请简员管理咸安宫三学事务事奏折	光绪二十七年二月初十日
大学士管理理藩院事务崑冈为管理咸安宫等三学事务谢恩事奏折	光绪二十七年三月初十日
管理咸安宫蒙古三学事务崑冈为蒙古学教习清瑞期满暂行变通请旨验放事奏折	光绪二十七年四月初三日
钦派验放大臣魁斌等为验放咸安宫蒙古学所送三年期满教习事奏折	光绪二十七年六月初六日
敬信为管理咸安宫三学等事务谢恩事奏折	光绪二十七年九月初八日
满档房为请旨简派管理咸安宫蒙古三学事务官员事奏折	光绪三十年九月十七日
咸安宫蒙古官学为请补本学出缺委监教事致理藩部咨文	光绪三十三年六月初十日
咸安宫蒙古官学为请补本学出缺委监教官事致理藩部咨文	光绪三十三年六月初十日
领办处为扩充蒙古学务购地建房等事奏折	光绪三十三年九月初四日
学务处为刷送扩充咸安宫蒙古学并开办详细章程折片旨等事呈堂稿	光绪三十四年十二月二十七日
管理三学事务恩顺为整顿咸安宫三学以培养翻译人才并请饬拨办公银两事奏折抄稿	宣统元年闰二月初六日
理藩部为蒙古学肄业生援案坐补马甲钱粮缺事致内务府咨文	宣统二年五月十四日
着派荣勋管理咸安宫蒙古三学事务等事谕旨	宣统三年十月初十日
咸安宫蒙古学为派教习恩浓领门照事致内务府文	宣统三年十二月

清代八旗官兵红白事赏赐银两史料

郭春芳编译（2005・1・8）　　中国第一历史档案馆

大学士傅恒等为议复赏赐八旗官兵红白事银两事奏折	乾隆二十七年十月初十日
户部为议复八旗官兵红白事赏银事奏折	乾隆二十七年

查访土尔扈特回归奏折选译

毛必扬编选（1988・2・36）　　中国第一历史档案馆

车布登札布等为俄罗斯派使臣来告土尔扈特出走事奏折	乾隆三十六年三月二十二日
车布登札布等报鄂木布等从俄罗斯出逃原因奏折	乾隆三十六年四月二十三日
伊勒图为探土尔扈特消息及安置意见事奏折	乾隆三十六年五月初二日

伊勒图为遵旨准备安置归来土尔扈特部奏折　乾隆三十六年五月初六日

清代土尔扈特蒙古回归后赴藏熬茶满文档案

郭美兰编译（2013·4·4）　中国第一历史档案馆

钦差大臣色布腾巴勒珠尔为遵旨赴伊犁妥善安置土尔扈特等事奏折　乾隆三十六年六月二十四日
哈密办事大臣明起等为赴西藏熬茶土尔扈特人返回哈密并分别前往各处游牧事奏折　乾隆三十九年三月十三日
附件：由藏返回游牧之土尔扈特、和硕特等人名单
塔尔巴哈台参赞大臣惠龄为土尔扈特亲王奇哩布派人赴京献伯勒克事奏折　乾隆四十八年十月二十七日
塔尔巴哈台参赞大臣惠龄等为土尔扈特盟长阿克萨哈勒呈请派人赴藏拜佛延医等事奏折　乾隆五十年六月初七日
塔尔巴哈台参赞大臣惠龄等为遵旨酌办霍博克赛里土尔扈特赴藏熬茶等事奏折　乾隆五十年八月初六日
塔尔巴哈台参赞大臣惠龄等为遵旨准土尔扈特盟长阿克萨哈勒酌减人数入藏熬茶事奏折　乾隆五十年八月二十八日
塔尔巴哈台参赞大臣惠龄为土尔扈特盟长阿克萨哈勒赴藏熬茶等事奏折　乾隆五十年十月初九日
塔尔巴哈台参赞大臣永保等为护送土尔扈特亲王车凌乌巴什赴藏熬茶人等起程事奏折　乾隆五十七年二月二十四日
著暂缓土尔扈特汗策林纳木扎勒派人赴藏熬茶事上谕　乾隆五十七年三月二十七日
哈密办事大臣塔琦等为遵旨令土尔扈特和硕特赴藏熬茶人员返回各自游牧事奏折　乾隆五十七年四月二十七日
西宁办事大臣奎舒为遵旨令土尔扈特和硕特赴藏熬茶人员返回各自游牧事奏折　乾隆五十七年闰四月十一日
伊犁将军保宁为遵旨拟定土尔扈特和硕特等人赴藏熬茶习艺事宜章程事奏折　乾隆五十七年闰四月十八日
哈密办事大臣塔琦等为遵旨令赴藏熬茶土尔扈特等即刻遣返各自游牧事奏折　乾隆五十七年五月初七日
塔尔巴哈台参赞大臣永保等为赴藏熬茶土尔扈特亲王车凌乌巴什属下人返回游牧事奏折　乾隆五十七年六月二十一日
伊犁将军保宁为奉旨传谕土尔扈特和硕特台吉等廓尔喀事竣可派人赴藏熬茶事奏折　乾隆五十七年十月十五日
西宁办事大臣特克慎为护送赴藏熬茶土尔扈特和硕特等通过西宁地界事奏折　乾隆五十八年十月初八日
西宁办事大臣特克慎为赴藏熬茶土尔扈特和硕特等途经青海返回情形事奏折　乾隆五十九年九月三十日
伊犁将军保宁为赴藏熬茶土尔扈特和硕特等返回各自游牧事奏折　乾隆五十九年十一月十一日
塔尔巴哈台参赞大臣伍弥乌逊等为土尔扈特亲王车凌乌巴　乾隆五十九年十二月初三日

什进献阿济苏奔巴事奏折	
塔尔巴哈台参赞大臣伍弥乌逊为土尔扈特亲王车凌乌巴什谢赏哈达佛龛事奏折	乾隆六十年闰二月二十日
伊犁将军松筠为俟土尔扈特汗王贝勒等禀报齐赴藏熬茶人数后再奏请办理事奏片	嘉庆十年九月初二日
伊犁将军松筠为和硕特汗王等派人赴藏熬茶选派锡伯总管图伯特率兵护送事奏折	嘉庆十年十二月二十一日
伊犁将军松筠为土尔扈特和硕特汗王等派人赴藏熬茶请赏借俸银事奏片	嘉庆十年十二月二十一日
伊犁将军松筠为土尔扈特亲王车凌乌巴什谢准赴藏熬茶事奏折	嘉庆十一年二月初二日
伊犁将军松筠为劝阻土尔扈特亲王车凌乌巴什赴藏熬茶事奏片	嘉庆十一年二月初二日
伊犁将军松筠为土尔扈特和硕特汗王公台吉等派人赴藏熬茶遵旨借给俸银事奏折	嘉庆十一年二月二十二日
伊犁将军松筠为哈喇沙尔土尔扈特贝子恭坦因宽免治罪来伊犁谢恩事奏折	嘉庆十一年二月二十八日
伊犁将军松筠为土尔扈特和硕特汗王公等叩谢施恩赏借俸银事奏折	嘉庆十一年四月十三日
伊犁将军松筠为原土尔扈特亲王策伯克多尔济之妻布尼来伊犁谢恩事奏折	嘉庆十一年七月十五日
驻藏办事大臣玉宁等为土尔扈特亲王车凌乌巴什等抵藏熬茶日期事奏折	嘉庆十一年十一月十五日
驻藏办事大臣玉宁等为土尔扈特亲王车凌乌巴什请派西藏喇嘛赴其游牧诵经事奏折	嘉庆十一年十一月十五日
驻藏办事大臣玉宁等为土尔扈特亲王车凌乌巴什等熬茶事毕由藏返回游牧事奏折	嘉庆十二年三月十五日
伊犁将军松筠等为土尔扈特亲王车凌乌巴什赴藏熬茶返回谢恩等事奏折	嘉庆十二年九月二十二日
塔尔巴哈台参赞大臣祥保等为土尔扈特亲王车凌乌巴什三子出家为喇嘛事致军机处咨呈	嘉庆十三年十月初八日
伊犁将军长龄为霍博克赛里游牧土尔扈特亲王请准由藏所请堪布喇嘛回藏事奏折	嘉庆二十一年闰六月二十日
伊犁将军庆祥为土尔扈特公阿咱拉等因病不能赴藏熬茶等事奏折	嘉庆二十五年五月二十八日
驻藏办事大臣玉麟等为土尔扈特和硕特汗王等派员抵藏熬茶念经等事奏折	嘉庆二十五年十一月二十日
驻藏办事大臣文干等为土尔扈特和硕特汗王等派员赴藏熬茶事毕返回事奏折	道光元年四月二十一日
塔尔巴哈台参赞大臣百顺等为土尔扈特亲王恩克济尔噶勒进献阿济苏奔巴事奏折	道光元年十一月二十五日

塔尔巴哈台参赞大臣百顺等为土尔扈特亲王恩克济尔噶勒谢赏绸缎事奏折	道光二年闰三月二十六日
伊犁将军布彦泰为准土尔扈特和硕特汗王贝勒等照例派人赴藏熬茶事奏折	道光二十三年十二月二十四日
伊犁将军布彦泰为土尔扈特和硕特汗王贝勒等派人赴藏熬茶请借给俸银事奏折	道光二十三年十二月二十四日
伊犁将军布彦泰等为土尔扈特亲王恩克济尔噶勒因病不能赴藏熬茶事奏折	道光二十四年六月二十七日
伊犁将军萨迎阿等为请准土尔扈特亲王恩克济尔噶勒长子策林喇布坦承袭王爵事奏折	道光二十八年十月初三日

乾隆四十一年制作“嘎布拉”记事录

叶志如编选（1984·2·35） 中国第一历史档案馆

内务府造办处制作嘎布拉记事录	乾隆四十一年四月十七日

蒙古博尔济锦氏族谱（上卷）

李保文编选（1996·3·61） 中国第一历史档案馆

蒙古家谱 二卷传抄本 江瀚 撰

蒙古博尔济锦氏族谱 二卷传抄本 奉宽 撰

蒙古博尔济锦（博本作“吉忒”）氏族谱序

蒙古家谱 上卷 喀喇沁罗密 原著 扎噜特奉宽 校阅

蒙古博尔济锦氏族谱（下卷）

李保文编选 （1996·4·63） 中国第一历史档案馆

蒙古家谱 下卷 喀喇沁罗密 原著 扎噜特奉宽 校阅

三世章嘉呼图克图圆寂前后史料选译（上）

张玉编译（1995·4·32） 中国第一历史档案馆

札萨克喇嘛格勒克纳木喀为报章嘉呼图克图二次受寒未愈事致行在理藩院呈文	乾隆五十一年三月十六日
札萨克喇嘛格勒克纳木喀等为请代章嘉呼图克图转奏事致军机处呈文	乾隆五十一年三月二十三日
乾清门侍卫佛尔卿额为报章嘉呼图克图病情及御医用药情形事奏折	乾隆五十一年三月二十五日
附件：御医胡增为报章嘉呼图克图病案片	
乾清门侍卫佛尔卿额为报章嘉呼图克图病症事致军机大臣呈文	乾隆五十一年三月二十五日未时
章嘉呼图克图为请将请安并谢恩折代为转奏事致大学士呈文	乾隆五十一年三月二十五日
乾清门侍卫佛尔卿额为报章嘉呼图克图病情稍有好转并报御医诊治情形事奏折	乾隆五十一年三月二十六日
附件：御医胡增为报章嘉呼图克图病案片	

乾清门侍卫佛尔卿额为奉旨留驻五台山以便办理一应事宜致大学士等呈文　乾隆五十一年三月二十六日

乾清门侍卫佛尔卿额为报章嘉呼图克图拟另具折谢恩事奏折　乾隆五十一年三月二十六日

章嘉呼图克图为谢皇帝赏赐佛像哈达及派御医等事奏折　乾隆五十一年三月二十六日

章嘉呼图克图为请代为转奏谢恩折事致大学士等函　乾隆五十一年三月二十六日

着敏珠尔呼图克图等乘驿前往五台山探望章嘉呼图克图上谕　乾隆五十一年三月二十七日

乾清门侍卫佛尔卿额为续报呼图克图病情及二十七日用药情形事奏折　乾隆五十一年三月二十八日

附件：御医胡增报呼图克图病情及用药情形片

章嘉呼图克图为报疑患有伤寒及水肿等多种疾病事致大学士和砷呈文　乾隆五十一年三月二十八日

理藩院侍郎巴忠为奉旨前往探视呼图克图病情事奏折　乾隆五十一年三月二十八日

大学士和珅为告知呼图克图之奏折所奉朱批并祝愿早日康复事致章嘉呼图克图呈文　乾隆五十一年三月

福大臣为告知面奉谕旨并祝愿早日康复事致章嘉呼图克图呈文　乾隆五十一年三月

乾清门侍卫佛尔卿额为报呼图克图病情恶化事奏折　乾隆五十一年四月初一日

附件：御医胡增为报章嘉呼图克图病情骤变及用药情形片

乾清门侍卫佛尔卿额为报章嘉呼图克图于初二日酉时圆寂事奏折　乾隆五十一年四月初二日

山西巡抚伊桑阿为报章嘉呼图克图于初二日圆寂事奏折　乾隆五十一年四月初五日

乾清门侍卫佛尔卿额为可否照章嘉呼图克图遗言火化事奏折　乾隆五十一年四月初五日

三世章嘉呼图克图圆寂前后史料选译（下）

张玉编译（1996·1·38）　　中国第一历史档案馆

拉果呼图克图等为呈请代为转奏章嘉呼图克图遗言事致钦差大臣呈文　乾隆五十一年四月初五日

理藩院侍郎巴忠为奉旨赴普乐院办理章嘉呼图克图善后事宜事奏折　乾隆五十一年四月初六日

理藩院侍郎巴忠为奉旨再次返回五台山踏勘镇海寺事奏折　乾隆五十一年四月初七日

理藩院侍郎巴忠为报敏珠尔呼图克图因病回京调养再赴多伦诺尔任职事奏折　乾隆五十一年四月初九日

理藩院侍郎巴忠为安放章嘉呼图克图灵塔拟扩建镇海寺事片　乾隆五十一年四月

理藩院侍郎巴忠为敕请达赖喇嘛撰文祈祷章嘉呼图克图之呼毕勒罕早日转世事片　乾隆五十一年四月

舒文为量得章嘉呼图克图柏木窝龛尺寸及另拟四方金塔纸样事奏折（汉文）　乾隆五十一年四月

山西巡抚伊桑阿为踏勘镇海寺以供奉章嘉呼图克图灵塔事片　乾隆五十一年四月

四川总督保宁为拟令阿旺簇勒提木撰文祈祷章嘉呼图克图之呼毕勒罕转世事奏折　乾隆五十一年五月初一日

驻藏大臣留保住等为奉旨按章嘉呼图克图遗愿令诺门汗进　乾隆五十一年五月二十六日

京掌管喇嘛印务事奏折
驻藏大臣留保住等为报西藏各寺庙皆为章嘉呼图克图熬茶诵经事片　乾隆五十一年五月二十六日
驻藏大臣留保住等为报诺门汗已撰写祈祷呼毕勒罕早日转世之祷文事奏折　乾隆五十一年六月十九日

清代佐领的几件史料

丁琼编选（1989·1·24）　中国第一历史档案馆

镶黄旗满洲报佐领莽泰恩赏缘由
镶黄旗满洲报佛成等三个世管佐领补放缘由
正黄旗汉军报世管佐领祖大眷元孙尚德补放缘由
正黄旗汉军报勋旧佐领耿汉补放缘由
镶黄旗汉军头甲嘈佐领赵楷等查明方赵二姓系互相袭替佐领缘由　嘉庆八年十二月
镶红旗汉军都统报世管佐领如何补放缘由　光绪九年七月
正蓝旗汉军都统朱震等奏灵保等人所管六个勋旧佐领缘由　光绪十九年九月

嘉庆年间广西南丹土司的四件委任状

杨文定　覃秋盛辑注（2016·3·29）　广西南丹县文物管理所

嘉庆四年南丹州正堂委莫启任为并哨总管内目委任状　嘉庆四年六月
嘉庆八年南丹州正堂委莫仕强为总理二厅内目委任状　嘉庆八年五月二十五日
嘉庆十三年南丹州正堂委莫显才为并哨哨总委任状　嘉庆十三年十二月二十一日
嘉庆十八年南丹州正堂委莫量勋等为并哨哨总委任状　嘉庆十八年二月二十九日

道光初筹议八旗生计史料

吕小鲜编选（1994·2·3）　中国第一历史档案馆

大学士伯麟为密陈调剂旗人生计三款事奏折　道光元年六月初十日
镶黄旗满洲都统英和等为议驳福彰阿请售旗地一折并请清理旗地事奏折　道光元年八月十六日
喀什噶尔参赞大臣武隆阿等为请以绿营马兵之半改为旗额事奏折　道光元年十月二十六日
喀什噶尔参赞大臣武隆阿等为密陈妄议旗人生计缘由事奏折　道光元年十月二十六日
镶黄旗满洲都统英和等为筹计旗人疏通惩劝之法事奏折　道光五年四月二十六日

光绪年间“巴塘事件”史料辑译

杨铭译（1998·3·72）

英国驻云南府总领事务谨顺致 E. 萨道义爵士公函　（1905 年 4 月 28 日发，1905 年 6 月 14 日伦敦收）
英国驻腾越代理领事烈敦致蓝斯顿侯爵公函　（1905 年 5 月 14 日发，1905 年 6 月 14 日收）
英国驻成都总领事剑白尔致 E. 萨道义　（1905 年 3 月 30 日发，1905 年 6 月 19 日伦敦收）

爵士公函
英国驻成都代理总领事高凡致 E. 萨道义爵士公函 （1905 年 4 月 25 日发，1905 年 7 月 17 日伦敦收）
英国驻成都代理总领事高凡致 E. 萨道义爵士公函 （1905 年 5 月 3 日发，7 月 17 日伦敦收）
英国驻成都代理总领事高凡致 E. 萨道义爵士公函 （1905 年 5 月 12 日发，7 月 31 日收）
英国驻成都代理总领事高凡致 E. 萨道义爵士公函 （1905 年 5 月 24 日发，7 月 31 日收）
英国驻华公使 E. 萨道义爵士致蓝斯顿侯爵电 （1905 年 8 月 6 日发，北京）
英国驻成都代理总领事高凡致 E. 萨道义爵士公函 （1905 年 5 月 31 日发，8 月 14 日伦敦收）
英国驻云南府总领事务谨顺致蓝斯顿侯爵公文 （1905 年 6 月 30 日发，8 月 21 日收）
附件：镇北营管带杨建勋关于巴塘暴乱事件的报告 （署期：1905 年 5 月 16 日）
英国驻成都代理总领事高凡致 E. 萨道义爵士公函 （1905 年 6 月 10 日发，8 月 28 日伦敦收）
英国驻腾越代理领事烈敦致蓝斯顿侯爵公函 （1905 年 8 月 4 日发，9 月 4 日收）
附件：英国驻腾越代理领事烈敦致印度政府外交大臣公函（提要） （1905 年 8 月 3 日）
英国驻华公使 E. 萨道义爵士致蓝斯顿侯爵电 （1905 年 11 月 16 日发）

晚清肃亲王善耆考察蒙古史料
丁进军编选（2009·4·23） 中国第一历史档案馆
肃亲王善耆为考察蒙古并陈管见事奏折 光绪三十二年九月十七日

人　物

有关吴三桂的几件史料
刘如仲供稿（1990·1·14）
兵部为清兵拟进辽东犯抢事题稿 崇祯十一年二月初八日
兵部为报清兵在辽东骚扰事题稿 崇祯十一年二月初九日
吴三桂等俘获明永历帝后康熙之诏书 康熙元年三月十二日
康熙平定吴三桂敕谕 康熙十三年八月初三日
敕平南王尚之信招抚吴三桂部下谕 康熙十六年六月十四日
康熙平定吴三桂后颁布的善后诏谕 康熙二十年十二月二十日

曹雪芹家世史料

张书才编选（2002·2·2）　　中国第一历史档案馆

旗鼓牛录章京曹振彦因功加半个前程　　天聪八年四月初九日
大同府知府曹振彦履历　　顺治朝
阳和县升任知府曹振彦履历　　顺治十二年
两江总督阿山为请安事奏折　　康熙四十一年七月初四日
著三处织造官员以后太监人等取要东西务须奏明事上谕　　康熙四十四年三月十九日
两江总督噶礼为查明两淮亏欠库银情由事奏折　　康熙四十八年十二月初六日
两淮盐政张应诏为陈明两淮盐课余银始末事奏折　　康熙五十九年六月二十日
两淮盐政谢赐履为解过织造银两请令曹頫解还户部事奏折　　雍正元年十二月初一日
两江总督查弼纳为起程前往扬州清理曹頫亏空事题本　　雍正二年十月初八日
两江总督查弼纳为报清理曹頫亏空等事竣回署日期事题本　　雍正二年十月二十七日
怡亲王允祥等为报销江宁织造钱粮等事题本　　雍正三年九月二十七日
两淮盐政噶尔泰为访得扬州知府吕大云及曹頫等人居官情形事奏折　　雍正五年正月
苏州织造高斌为敬聆曹頫传旨恭谢天恩事奏折　　雍正五年三月初四日
管理淮安关务年希尧为跪聆曹頫传谕事奏折　　雍正五年三月初九日
两淮盐政噶尔泰为谢曹頫口传圣谕教诲事奏折　　雍正五年三月初十日
江宁织造隋赫德为报解完曹頫赔补缎匹事奏折　　雍正七年七月初二日

冯铨被劾案

张书才编选（1981·4·12）　　中国第一历史档案馆

浙江道监察御史吴达题参冯铨本　　顺治二年八月初一日
江西道试监察御史李森先题参冯铨本　　顺治二年八月初四日
陕西道监察御史罗国士题参冯铨本　　顺治二年八月十二日
贵州道试监察御史桑芸题参冯铨本　　顺治二年八月二十九日
广西道监察御史王守履题参冯铨不实求罢本　　顺治二年九月初七日
工科给事中许作梅题参冯铨不实求罢本　　顺治二年九月十三日
谕吏部冯铨等人着分别致仕降革　　顺治八年闰二月十八日
吏科都给事中杜立德题参冯铨本　　顺治八年三月十七日

有关多尔衮史料选译

江桥编选（1987·3·10）　　中国第一历史档案馆

追封太祖大妃多尔衮生母纳喇氏为太皇后并上谥号礼仪　　顺治七年七月
皇父摄政王多尔衮外出围猎日记　　顺治七年十一月——十二月
刑部尚书韩岱等为审理刚林等事　　顺治八年闰二月二十八日

祖大寿家族中的一起袭职之争

安双成编选（1995·2·8）　　中国第一历史档案馆

吏部尚书孙廷铨等为审议已故都统祖泽润何子袭职事题本　　顺治十七年十二月二十四日

顺康年间《续金瓶梅》作者丁耀亢受审案

安双成编选（2000·2·29）　　中国第一历史档案馆

吏部尚书伊图等为请将逾期不接任知县丁耀亢革职事题本　顺治十七年十二月二十七日
刑部尚书尼满等为丁耀亢一俟到案即行严审议罪事题本　康熙三年十二月十八日
刑部尚书龚鼎孳等为审讯丁耀亢事题本　康熙四年十二月二十四日

山东巡抚佛伦密陈徐乾学等劣迹满文奏折

沈原编选（1996·3·9）　　中国第一历史档案馆

山东巡抚佛伦为陈前任抚臣品行及地方乡绅劣迹事奏折　康熙二十九年三月十九日
山东巡抚佛伦为陈孙光祀劣迹事奏折　康熙二十九年五月十七日
川陕总督佛伦为请恢复赵吉师原官事奏折　康熙三十三年四月初八日
川陕总督佛伦为请安事奏折　康熙三十三年六月二十九日
川陕总督佛伦为报郭琇等人情形事奏折　康熙三十三年八月二十七日
川陕总督佛伦为报江南总督傅拉塔逝后徐乾学等人情形事奏折　康熙三十三年八月二十七日

新发现的有关曹雪芹家世档案史料

高振田　任世铎译校（1984·1·24）　　中国第一历史档案馆

总管内务府为曹顺等人捐纳监生事咨户部文　康熙二十九年四月初四日

两江总督傅拉塔密陈于成龙等劣迹满文奏折

王小虹编选（1996·3·15）　　中国第一历史档案馆

两江总督傅拉塔为恸陈枉遭江苏巡抚郑端诬陷事奏折　康熙三十一年正月初四日
两江总督傅拉塔为请圣安并是否参劾施世纶等事奏折　康熙三十一年十二月初一日
两江总督傅拉塔为报众人议论兴永朝于成龙等情形事奏折　康熙三十三年三月十七日

两江总督阿山参劾张鹏翮满文奏折

关孝廉　沈原编译（1996·3·19）　　中国第一历史档案馆

两江总督阿山为未能详审盐枭孔文泰缘由事奏折　康熙三十九年十月十二日
两江总督阿山为河道总督张鹏翮袒护盐枭孔文泰事奏折　康熙三十九年十月十八日
两江总督阿山为报佟世禄叩阍等事奏折　康熙四十三年五月二十九日
两江总督阿山为条陈张鹏翮劣迹事奏折　康熙四十三年九月十六日
附件：上谕一道　康熙四十四年五月初六日

嘉庆朝前在清宫服务的西洋人史料

郭慧编选（2004·3·16）　　中国第一历史档案馆

广东巡抚杨琳为报西洋人郎世宁等请求进京效力事奏折　康熙五十四年八月十六日
广东巡抚杨琳为西洋人严嘉乐等来粤请求进京效力事奏折　康熙五十五年八月初十日
广东巡抚杨琳为委员护送西洋人严嘉乐等进京效力事奏折　康熙五十五年九月二十八日
两广总督杨琳为续到洋船有法兰西医生安泰等委员护送进京事奏折　康熙五十八年六月二十四日

两广总督杨琳为报西洋教化王特使艾若瑟来华等事奏折　康熙五十八年八月十二日
两广总督杨琳等为报将西洋教化王使臣及随员送京事奏折　康熙五十九年七月二十四日
两广总督杨琳等为报西洋人费理伯等赍捧教化王表前来复命事奏折　康熙五十九年七月二十九日
两广总督杨琳等为报续到西洋人贾蒙铎等人事奏折　康熙五十九年八月十四日
两广总督杨琳等为报西洋教化王使臣嘉乐到粤随从十人欲进京效力事奏折　康熙五十九年九月初四日
广州将军策楞为西洋人庞进仁等入京事致内务府咨文　乾隆八年十二月十二日
西洋人戴进贤等为有通晓天文之艾启蒙等愿来京效力事奏折　乾隆九年九月二十七日
两广总督阿里衮为报西洋波尔都噶尔遣使来华等事奏折　乾隆十七年七月三十日
广东巡抚托恩多为拟派员护送西洋人安国宁等入京效力事奏折　乾隆二十四年正月初三日
广东巡抚托恩多为意大利修士安德义等愿入京效力事奏折　乾隆二十六年七月二十六日
两广总督苏昌等为委员护送情愿入京效力之西洋人安德义等起程事奏折　乾隆二十七年正月十七日
著广东总督杨廷璋将西洋巴医生护送进京效力事上谕　乾隆三十年十二月初十日
两广总督李侍尧为西洋人李俊贤等情愿入京效力事奏折　乾隆三十七年五月二十二日
著两广总督李侍尧将情愿赴京效力西洋人存记档案事上谕　乾隆三十九年七月初九日
两广总督舒常为护送西洋人罗广祥等入京效力事奏折　乾隆四十七年正月二十二日
两广总督舒常为西洋人德天赐等进京效力事致军机处咨文　乾隆四十九年七月
广东巡抚孙士毅为送西洋人汤士选等进京效力事奏折　乾隆四十九年九月十六日
著两广总督舒常等将西洋人德天赐等护送来京事上谕　乾隆四十九年十一月三十日
广东巡抚郭士勋为西洋人窦云山等愿入京效力事奏折　乾隆五十七年三月十六日
军机处为西洋人福文高等人谙晓天文可否准其入京事片　嘉庆五年九月初七日
著两广总督吉庆将西洋人福文高等人护送来京事上谕　嘉庆五年九月初七日
两广总督倭什布等为西洋人高守谦等情愿入京效力事奏折　嘉庆九年二月初三日
佚名为请将西洋人苏振生等护送回国事片　嘉庆十年

王鸿绪事略清册

丁进军编选（1991·3·11）　中国第一历史档案馆

江南松江府华亭县儒学为进呈王鸿绪年表事实碑铭事清册　雍正元年
王鸿绪奉旨撰拟明史列传事略
附：王鸿绪为进呈明史列传全稿事奏折　康熙五十三年
王鸿绪奉旨撰修明史事略
附：王鸿绪为明史告竣进呈事奏折
王鸿绪为纠参邪教事奏本　康熙二十年七月初七日
附：王鸿绪为请申饬驻防官兵以绥民政事题本　康熙二十六年七月初三日
附：王鸿绪为请敕部详核改注人员分隶八旗事题本　康熙二十六年三月初八日
康熙三十八年奉命督催高堰河工事略
康熙帝送王鸿绪等老大臣诗　康熙五十八年六月
王鸿绪墓志铭

新发现的查抄李煦家产折单

任世铎　张书才编选（1981·2·35）　　中国第一历史档案馆

总管内务府奏查抄李煦在京家产情形折（附清单）　　雍正元年四月初九日

查弼纳奏查明李煦苏州家产并请另行查办李煦亏欠折　　雍正元年五月二十六日

查弼纳奏报查抄李煦家产及审讯其家人史料

高振田编选（1985·4·3）　　中国第一历史档案馆

吏部尚书隆科多为陈查弼纳奏折所奉传之谕旨　　雍正二年七月二十二日

两江总督查弼纳为审讯李煦家人及查其家产事奏折

雍正三年参劾年羹尧案史料

叶志如编选（1986·2·7）　　中国第一历史档案馆

吏部等为年羹尧遵旨回奏事参劾年羹尧奏本　　雍正三年六月

河南巡抚田文镜备陈年羹尧破坏盐法茶政事题本　　雍正三年六月十九日

吏部尚书隆科多等为遵旨回奏范时捷所参年羹尧罪情题本　　雍正三年六月十九日

四川提督岳钟琪为参年羹尧擅发兵丁等项银两事题本　　雍正三年六月二十三日

都察院左都御史能泰等为赵之垣呈诉历受年羹尧冤抑事奏本　　雍正三年七月十六日

内阁等衙门请诛年羹尧事奏本　　雍正三年七月十八日

吏部尚书隆科多为年羹尧紊乱盐法茶政照例降爵事题本　　雍正三年七月二十一日

署川陕总督岳钟琪请诛年羹尧事题本　　雍正三年八月初四日

户部右侍郎托时等请诛年羹尧事题本　　雍正三年八月初六日

兵部尚书孙柱等为拔那谋判案请降调年羹尧等职事题本　　雍正三年八月十六日

吏部等议奏年羹尧等应严加治罪事奏本　　雍正三年八月十八日

兵部尚书孙柱等为遵旨回奏李维钧参劾年羹尧三罪事题本　　雍正三年八月二十四日

查嗣庭文字狱案史料（上）

张书才编选（1992·1·3）　　中国第一历史档案馆

吏部尚书孙柱等为议将查嗣庭降二级调用事题本　　雍正四年四月初七日

著将乡试命题悖谬之江西主考查嗣庭革职拿问事上谕　　雍正四年九月二十六日

著各督抚藩臬不得以私情关说嘱托事上谕　　雍正四年十月初二日

著浙抚李卫将查克上解京并复审王友揭事上谕　　雍正四年十月初三日

著浙抚李卫加意整饬乡绅交结官府事上谕　　雍正四年十月初五日

著三法司审讯查嗣庭虚记进献物品事上谕　　雍正四年十月初八日

著将请托诸人质审并批驳查嗣庭等讥谤时政事上谕　　雍正四年十月十六日

著将今年五经取中副榜准作举人一体会试事上谕　　雍正四年十月十六日

著严禁以官印用于私函手本事上谕　　雍正四年十月十九日

著各部堂官详加甄别所属司官不得瞻徇容隐事上谕　　雍正四年十月二十日

著将迎合查嗣庭之江西巡抚汪潍解任来京质问事上谕　　雍正四年十月二十三日

杭州将军鄂密达等为遵旨差员搜检查嗣庭家藏字迹书本事奏折　　雍正四年十月二十五日

查嗣庭文字狱案史料（下）

张书才编选（1992·2·20）　中国第一历史档案馆

浙江巡抚李卫为遵旨将查嗣庭之子查克上收禁解京事奏折　雍正四年十月二十五日

著曾受查嗣庭寄信请托之嵇曾筠不必来京陛见事上谕　雍正四年十一月初九日

著将浙江乡试会试停止事上谕　雍正四年十一月二十七日

著严禁科甲同年师生夤缘请托朋比营私事上谕　雍正四年十二月十二日

著浙籍官员姚三辰同谢济世前往阿尔泰军前效力事上谕　雍正四年十二月十二日

著李卫等照沈近思条陈整饬浙江风俗十款严行禁约事上谕　雍正四年十二月十六日

著将向查嗣庭妄递传单夤缘请托之马倬等拿往江南质审事上谕　雍正五年正月二十七日

著分别议处将举人牌坊银两扣送主考官之汪潍丁士一等事上谕　雍正五年二月初四日

刑部尚书塞尔图等为判处王以言揭案内人犯事题本　雍正五年四月二十四日

内阁等衙门为审结查嗣庭大逆不道案事题本　雍正五年四月二十四日

新发现的有关曹雪芹家世的档案

张书才　王道瑞　俞炳坤等编选（1983·1·35）　中国第一历史档案馆

镶黄旗满洲都统陈泰等为缉获曹颀佐领下卖米人事致内务府咨文　雍正六年七月十七日

正黄旗包衣五参领为领嫁娶赏银事致内务府呈文　雍正六年十一月二十二日

江宁织造隋赫德为陆续偿还公助熊赐履之子生息本银事致内阁典籍厅移会　雍正七年七月初一日

刑部为知照曹頫获罪抄没缘由业经转行事致内务府移会　雍正七年七月二十九日

刑部为知照查催曹寅得受赵世显银两情形事致内务府咨文　雍正七年十二月初四日

宗札布案满文译稿

安双成编选（1997·1·9）　中国第一历史档案馆

抚远大将军年羹尧为遵旨审理宗札布案奏折　雍正朝

宗札布案满文译稿（续）

安双成编选（1997·2·10）　中国第一历史档案馆

耶稣会传教士刘松龄档案史料

韩永福编选（2011·1·34）　中国第一历史档案馆

著监副刘松龄升补钦天监监正员缺事上谕　乾隆十一年闰三月十六日

传旨著西洋人刘松龄认看各色千里镜　乾隆十三年十月十五日

传旨著西洋人刘松龄认看显微镜　乾隆十三年十二月二十五日

传旨著郎世宁同刘松龄等酌准照旧图另画木兰图　乾隆十四年七月十六日

两广总督阿里衮为遵旨料理西洋贡使起程赴京事奏折　乾隆十七年十一月二十五日

广东巡抚苏昌为报西洋贡使起程进京日期事题本贴黄　乾隆十七年十一月二十七日

内务府堂抄为奉旨照式成造天球仪事奏稿　乾隆十七年十二月初九日

刘松龄接引西洋贡使甚属黾勉著加恩赏给三品职衔食俸事上谕	乾隆十八年四月初四日
署两广总督班第等为报西洋贡使至省并抵澳门日期事奏折	乾隆十八年九月十七日
广东巡抚苏昌为报西洋贡使开船回国日期事题本	乾隆十八年十二月二十一日
为失察属员之钦天监监正刘松龄等著加恩免议事谕旨	乾隆二十三年七月初五日
广东巡抚托恩多为遵旨委员伴送西洋人安国宁等起程赴京事奏折	乾隆二十四年正月初三日
军机大臣为刘松龄测算晋省日食有所不同事奏片	乾隆二十五年五月十二日
庄亲王允禄等为请将蒋友仁所进《坤舆全图》量加修饰事奏折	乾隆二十五年十二月二十四日
广东巡抚托恩多为意大利修士安德义等情愿进京效力代奏请旨事奏折	乾隆二十六年七月二十六日
大学士傅恒等为遵旨议复重申京粤西洋人书信物品寄送章程事奏折	乾隆三十一年九月初七日
钦天监监正刘松龄等为报本年初雷时刻方位事题本	乾隆三十二年二月二十五日
大学士傅恒为西洋人赵进修等到京交刘松龄安顿事奏片	乾隆三十三年六月二十八日
钦天监监正刘松龄等为报本年秋分时刻风向事题本	乾隆三十四年八月二十四日
钦天监监正刘松龄等为报本年春分时刻风向事题本	乾隆三十五年二月二十四日
钦天监监正刘松龄等为报月食时刻方位事题本	乾隆三十六年九月十七日
永瑢为遵旨带领刘松龄等查看明代制造天体仪难以改造修理事奏折	乾隆三十六年十月二十六日
永瑢为遵旨派员会同刘松龄等成造天仪地仪事奏折	乾隆三十七年四月十六日
传旨著刘松龄认看西洋银钱	乾隆三十八年正月初七日
钦天监监正刘松龄为陈请休致事奏折	乾隆三十八年十月十三日
为刘松龄著不必休致自行酌量精力行走事谕旨	乾隆三十八年十月十三日
总管内务府大臣福隆安为钦天监监正刘松龄等病故酌赏银两事奏片	乾隆三十九年九月三十日

庄有恭准朱晻捐银赎罪案

王澈编选（1990·1·19）　　中国第一历史档案馆

江苏巡抚庄有恭为报明朱晻准罚银米赎罪事奏折	乾隆二十一年十一月十七日
原任江苏布政使彭家屏为朱晻案系臬司审理事致军机处禀文	乾隆二十一年十二月初四日
两江总督尹继善等为拟速将朱晻等押解来省严审事奏折	乾隆二十一年十二月二十一日
两江总督尹继善为因朱晻案尚未确查不敢草率上闻事奏折	乾隆二十一年十二月二十五日
著庄有恭不可赴河道总督任上谕	乾隆二十二年正月十二日
两江总督尹继善为报审庄有恭罚赎案迟延缘由事奏折	乾隆二十二年正月十四日
两江总督尹继善为再报审讯庄有恭罚赎案迟延缘由事奏折	乾隆二十二年正月十四日
两江总督尹继善等为报庄有恭罚赎张毂孙等联号舞弊案奏折	乾隆二十二年正月十四日
著将庄有恭革职拿问上谕	乾隆二十二年正月十七日
两江总督尹继善等为报审讯朱晻案有关官民情形事奏折	乾隆二十二年正月十七日
附：朱晻等案犯供词	

附：许松佶供词
著成林等不必过于严苛庄有恭家属上谕　乾隆二十二年二月初九日
著将尹继善等交部严察上谕　乾隆二十二年二月十四日
著将许松佶等解往山东候讯上谕　乾隆二十二年二月二十八日
大学士傅恒等为审拟庄有恭等情罪事奏折　乾隆二十二年四月初十日
办理庄有恭等诸臣之罪上谕　乾隆二十二年四月初十日
禁止民间词讼滥行准罚赎罪以肃吏治上谕　乾隆二十二年四月二十五日

乾隆三十九年太监高云从泄密案档案

刘文华编选（2017・3・30）　中国第一历史档案馆
著将妄议道府记载之观保等革职交部查审事上谕　乾隆三十九年七月二十三日
军机大臣等为遵旨讯问太监高云从事奏片　乾隆三十九年七月二十三日
著将未奏报高云从案之舒赫德等严行申饬事上谕　乾隆三十九年七月二十四日
著两广总督李侍尧将李文照押解来京事上谕　乾隆三十九年七月二十五日
著德魁务必以李文照为鉴安分供职事上谕　乾隆三十九年七月二十五日
著山东巡抚徐绩将现任临清州知州革职严审具奏事上谕　乾隆三十九年七月二十五日
著内务府官员毋与太监往来交结痛自警省事上谕　乾隆三十九年七月二十六日
著山东巡抚徐绩将参将王普革职严审具奏事上谕　乾隆三十九年七月二十六日
著舒赫德将观保等如何私议道府记载情形严切讯明具奏事上谕　乾隆三十九年七月二十六日
著嗣后除军机处外其余各部院衙门奏折悉从奏事处官员接转事上谕　乾隆三十九年七月二十八日
山东巡抚徐绩为审办太监高云从交通外臣为伊弟代荐知州长随事奏折　乾隆三十九年七月二十八日
吏部尚书官保等为接奉申饬事奏折　乾隆三十九年七月二十九日
总管内务府为将奉到谕旨当众宣示晓谕事奏折　乾隆三十九年七月二十九日
著将私议道府记载之观保等交刑部按律定拟具奏事上谕　乾隆三十九年七月二十九日
总管内务府大臣福隆安为嗣后各处进呈贡物由兵役人等抬进毋许太监与外人交接事奏片　乾隆三十九年七月二十九日
总管内务府大臣福隆安等请将高云从即行正法事奏折　乾隆三十九年七月二十九日
著搪塞完案之舒赫德等明白回奏并著众大臣痛自内省事上谕　乾隆三十九年七月三十日
著于敏中革职留任事谕旨　乾隆三十九年七月三十日
著福隆安等总司经理宫门抬运贡物事宜并酌拟章程具奏事谕旨　乾隆三十九年八月初一日
著山东巡抚徐绩将东昌府知府胡德琳革职拿问严讯事上谕　乾隆三十九年八月初六日
山东巡抚徐绩为拿解高云龙并饬提王普确讯事奏折　乾隆三十九年八月初六日
两广总督李侍尧为查办太监高云从将其弟嘱托外官案并起解李文照事奏折　乾隆三十九年八月初十日
著东河总督姚立德自行议罪具奏事上谕　乾隆三十九年八月十五日
山东巡抚徐绩为查讯胡德琳王普荐托高云龙事奏折　乾隆三十九年八月十六日
附件：革职副将王普等供单

著山东巡抚徐绩再行将万绵前等严讯不得袒护迁就事上谕　乾隆三十九年八月十九日
河东河道总督姚立德为自行议罪谢恩事奏折　乾隆三十九年八月二十日
著严行申饬大学士舒赫德等并将观保等另行讯供具奏事上谕　乾隆三十九年八月二十二日
著倪承宽加恩释放赏给编修仍在阿哥书房行走事上谕　乾隆三十九年八月二十二日
山东巡抚徐绩为遵旨提讯万绵前等事奏折　乾隆三十九年八月二十三日
著将观保蒋赐棨吴坛加恩释放事上谕　乾隆三十九年九月初二日
著姚立德革职摘顶仍留任东河总督事上谕　乾隆三十九年九月初二日
著刑部尚书英廉将李文照高云惠严讯具奏事上谕　乾隆三十九年九月十三日
著刑部尚书英廉将高云龙讯明具奏事上谕　乾隆三十九年九月十三日
刑部尚书英廉为讯明高云龙供情事奏折　乾隆三十九年九月十八日
附件：高云龙供单
军机大臣等为原湖北按察使杨仲兴到京提奏事奏片　乾隆三十九年九月二十九日
总管内务府为革职粤海关监督李文照解送到京事奏片　乾隆三十九年十月十八日
总管内务府为审明李文照乱收长随案分别治罪事奏折　乾隆三十九年十一月初三日
山东巡抚杨景素为讯明知府胡德琳等分别定拟事奏折　乾隆三十九年十一月初九日
著将河东河道总督姚立德严行申饬并令据实回奏事上谕　乾隆三十九年十一月十三日
河东河道总督姚立德为明白回奏两次引见高云龙事奏折　乾隆三十九年十一月十八日
河东河道总督姚立德为前请罪折内含混其词传旨申饬谢恩事奏折　乾隆三十九年十二月初五日
著准大学士于敏中开复事上谕　乾隆四十三年闰六月初一日
著撤革于敏中之孙于德裕轻车都尉世职事上谕　乾隆六十年五月二十一日

绵懿阿哥迎娶福晋史料

刘诺　常嘉林编选（2004·2·18）　　中国第一历史档案馆

钦天监为绵懿择取良辰吉日事单　乾隆五十年正月二十六日
总管内务府大臣永瑢等为绵懿迎娶福晋行定婚礼及聘礼等事奏折　乾隆五十年七月二十五日
附件：福晋分例应得银器等清单
总管内务府大臣永瑢等为绵懿迎娶福晋行成婚礼仪注事奏折　乾隆五十年十月十七日
附件：绵懿福晋每日食物分例清单
总管内务府大臣永瑢等为绵懿迎娶福晋行初定礼筵宴请旨事片　乾隆五十年十月二十七日
总管内务府为绵懿迎娶福晋行礼事奏折　乾隆五十年十一月十六日
总管内务府为绵懿迎娶福晋请旨赏赐表里马匹事奏折　乾隆五十年十二月初九日
总管内务府大臣永瑢等为绵懿分府迁居事奏折　乾隆五十一年五月二十五日
附件：贝勒绵懿应得分例什物等清单
总管内务府大臣永瑢等为将已故淑慎公主府人口庄头分给绵懿贝勒府当差事奏折　乾隆五十一年闰七月初三日
总管内务府大臣永瑢等为绵懿分府选派近支王公送行事奏折　乾隆五十一年十月初九日
伊龄阿为绵懿购买官房开设典当事奏折　乾隆五十二年正月二十一日

乾隆年间曹锡宝参奏和珅家人刘全档案

谢小华编选（2016·1·4）　中国第一历史档案馆

著严行访查和珅家人刘全是否借端撞骗事上谕　乾隆五十一年六月十五日
协办大学士和珅为将家人刘全押解至京收审事奏折　乾隆五十一年六月十七日
著留京王大臣等详悉访查曹锡宝参奏和珅家人刘全事上谕　乾隆五十一年六月十七日
留京王大臣永琅等为遵旨面询御史曹锡宝参奏刘全撞骗钱财事奏折　乾隆五十一年六月十七日
著留京王大臣等复详悉访查曹锡宝参奏和珅家人刘全事上谕　乾隆五十一年六月十八日
留京王大臣永琅等为遵旨面询御史曹锡宝参奏和珅家人撞骗钱财事奏折　乾隆五十一年六月十九日
留京办事王大臣永琅等为请旨将御史曹锡宝交部议处事奏折　乾隆五十一年六月二十二日
大学士阿桂为遵阅曹锡宝参奏刘全一折及相关谕旨事奏片　乾隆五十一年七月
军机大臣梁国治等为请将曹锡宝交部议处事奏折　乾隆五十一年七月初二日
暂署吏部尚书绰克托等遵旨议处曹锡宝事奏折　乾隆五十一年七月十五日
著将曹锡宝革职留任事上谕　乾隆五十一年七月十八日
陕西道监察御史革职留任曹锡宝为参奏不实恭谢宽处事奏折　乾隆五十一年七月二十七日
著追赠曹锡宝副都御史衔事上谕　嘉庆四年正月二十八日
著将刘全等从宽发往黑龙江为奴等事上谕　嘉庆四年四月二十六日

乾隆五十一年骆愉因呈《盐法策》获罪案

王澈编选（1992·1·29）　中国第一历史档案馆

著直隶总督刘峨等饬令沿途各州县速将骆愉解京事上谕　乾隆五十一年十月初一日
直隶总督刘峨为遵旨委员催解骆愉事奏折　乾隆五十一年十月初三日
军机大臣为呈递审讯骆愉供词事奏片　乾隆五十一年十月初三日
附：供词
著两淮盐政徵瑞密查骆愉所供各条并两淮盐务有无弊端事上谕　乾隆五十一年十月初四日
著两江总督李世杰等即将骆愉供词所涉人犯并案卷分别解送来京事上谕　乾隆五十一年十月初四日
两江总督李世杰为查明骆愉所供诸人俱已亡故事奏折　乾隆五十一年十月十五日
附：汪晋泰之子并黄稼培之房东及邻佑等人供单
仓场衙门为应连夜煞审骆愉事片　乾隆五十一年十月十六日
著安徽巡抚书麟等于骆愉扬州寓所及滁州原籍详查有无违碍字迹事上谕　乾隆五十一年十月十七日
大学士阿桂等为遵旨审拟骆愉所呈《盐法策》各款事奏折　乾隆五十一年十月十八日
大学士阿桂等为检阅江吴二商控案并无情弊事奏片　乾隆五十一年十月二十二日
两淮盐政徵瑞为遵旨察看骆愉扬州寓所实无违碍不法字迹奏折　乾隆五十一年十月二十九日
附：骆愉在扬州之房主孙廷供单
大学士阿桂等请将骆愉勾决事奏折　乾隆五十一年十一月初六日
安徽巡抚书麟为遵旨派员严查骆愉家中并无逆词事奏折　乾隆五十一年十一月初八日

两淮盐政徵瑞为遵旨将骆愉扬州寓所书籍字画送交事奏折	乾隆五十一年十一月十二日
两淮盐政徵瑞为遵旨将骆愉扬州寓所书画等送军机处事呈文	乾隆五十一年十一月二十四日
两江总督李世杰等为详查江吴二商控案业经查明别无情弊事奏折	乾隆五十一年十一月二十九日

嘉庆朝杨道纯三上奏疏档案

赵增越编选（2016·4·31）　　中国第一历史档案馆

成亲王永瑆等为呈进河南偃师县民杨道纯呈递策表事奏片	嘉庆四年九月二十三日
著加恩以从九品未入流任用呈递策表之民人杨道纯事上谕	嘉庆四年九月二十三日
直隶总督胡季堂为特参南乐县典史杨道纯出位妄言请予革职事奏折	嘉庆五年九月二十二日
著将妄行条奏之杨道纯从宽免其革职交胡季堂严加管束事上谕	嘉庆五年九月二十四日
著直隶总督颜检派员查勘蝗灾据实查奏事上谕	嘉庆九年六月二十九日
著将讳匿灾情之直隶总督颜检交部议处事上谕	嘉庆九年七月初九日
直隶总督颜检为办理南乐县劫案及内黄县伙贼夺犯伤差事奏折	嘉庆十年正月二十四日
直隶总督颜检为审出捕役栽赃教供各确情并请将南乐知县许鼎亨革职事奏折	嘉庆十年五月二十日
著将轻信捕役栽赃教供之南乐县知县许鼎亨革职严审定拟事上谕	嘉庆十年五月二十二日
著直隶总督颜检将直隶各州县亏短银两及不行奏咨之故查明复奏事上谕	嘉庆十年五月二十八日
著直隶布政使裘行简密奏直隶亏空之由并据实参奏颜检事上谕	嘉庆十年五月二十八日
著将直隶总督颜检交部严加议处事上谕	嘉庆十年五月二十九日
著将直隶总督颜检革职留任以主事衔在吉地工程处效力事上谕	嘉庆十年六月初八日
著署直隶总督熊枚等彻底清查亏项事上谕	嘉庆十年六月十五日
吏部为报颜检到京情形事奏片	嘉庆十年六月十七日
直隶布政使裘行简为代南乐县典史杨道纯转奏折件并擅拆折件自请议处事奏折	嘉庆十年六月二十七日
附件一：大名府南乐县典史杨道纯请代递陈叙督宪欺君罔上奏折事禀文	嘉庆十年六月十三日
附件二：直隶南乐县典史杨道纯纠参直隶总督颜检疏文	
著将杨道纯革职拿问解送来京交军机大臣会同刑部严审定拟事上谕	嘉庆十年六月二十八日
署理直隶总督熊枚为审明南乐县案件并清查仓库亏空钱粮事奏片	嘉庆十年六月
直隶布政使裘行简为误拆奏折钦奉加恩宽免谢恩并查明南乐县盗案事奏折	嘉庆十年闰六月初六日

著直隶总督吴熊光据实参奏颜检并将杨道纯革职拿问即行解京审办事上谕　嘉庆十年闰六月初八日
直隶总督吴熊光为查明南乐县典史杨道纯妄言肆讦遵旨革职拿问解京事奏折　嘉庆十年闰六月十九日
杨道纯供单　嘉庆十年闰六月
大学士管理吏部事务庆桂为遵旨会同审拟杨道纯呈递封折事奏折　嘉庆十年闰六月二十六日
附件：呈杨道纯供单
吏部尚书德瑛等为审明南乐县典史杨道纯等案分别议处事题本　嘉庆十一年二月二十二日

嘉庆十年江西监生况元礼时务条陈

吕小鲜编选（1992·4·28）　中国第一历史档案馆

署山东巡抚全保为代进江西监生况元礼条陈事奏折　嘉庆十年四月初十日
附一：监生况元礼为请山东署抚全保转奏条陈事呈文　嘉庆十年四月初五日
附二：江西监生况元礼上时务切要之五事条陈
附三：上两广总督长麟书　乾隆五十八年十二月二十三日
附四：粤东捕盗条议　乾隆五十八年十二月二十三日
著赏给况元礼银缎令其自行回籍上谕　嘉庆十年四月十五日

嘉庆朝宗室移住盛京档案（上）

赵增越编选（2019·2·22）　中国第一历史档案馆

着宗人府妥议筹划禄康等奏于盛京安置宗室等事上谕　嘉庆十三年八月二十五日
着仪亲王永璇请将宗室移住盛京之议无庸再议事上谕　嘉庆十三年八月二十八日
宜兴请将宗室移住盛京之议窒碍难行着无庸交议事上谕　嘉庆十三年十月十二日
着和宁等会同量度盛京可建盖宗室住房之处妥议具奏事上谕　嘉庆十七年五月十九日
盛京将军和宁等为遵旨酌议建盖宗室房间并拨给地租事奏折　嘉庆十七年六月十一日
盛京将军和宁为缘事发遣盛京宗室可否一体赏给钱粮房屋事奏片　嘉庆十七年六月二十八日
着不得赏给缘事发遣盛京宗室住房钱粮事上谕　嘉庆十七年六月二十八日
着盛京建盖移住宗室房屋工料银两及分拨地租银两等均照所议办理事上谕　嘉庆十七年六月二十八日
着松筠与和宁等会办查勘盛京陵寝河道工程与移住宗室房屋地亩等事上谕　嘉庆十七年六月二十九日
着松筠赴盛京查验建盖移住宗室房屋等事上谕　嘉庆十七年六月二十九日
着和宁等会同筹度建盖移住盛京宗室房屋事上谕　嘉庆十七年七月初八日
着宗人府酌议遴选人员管带移住盛京宗室章程事上谕　嘉庆十七年七月初八日
宗人府宗令绵课等为酌议派员弹压移住盛京宗室章程事奏折　嘉庆十七年七月十四日
着宗人府开列宗室觉罗人员衔名候钦派管带移住盛京等事谕旨　嘉庆十七年七月十四日
吏部尚书松筠为筹议移住盛京宗室建盖营房事奏折　嘉庆十七年七月二十七日

着和宁等与松筠会勘建盖营房及旗屯地亩事上谕	嘉庆十七年八月初五日
着松筠等筹建宗室移住之处须便于就近管辖稽查事上谕	嘉庆十七年八月十二日
盛京将军和宁等为遵旨饬禁盛京宗室等黄几等称谓事奏折	嘉庆十七年八月十三日
吏部尚书松筠等为报遵旨择地建盖移住盛京宗室官房情形事奏折	嘉庆十七年八月二十日
着松筠等即陆续开垦地亩并将所交粮石于附近存贮留为将来添赡旗人之用事上谕	嘉庆十七年八月二十五日
着将因欲移住盛京故意滋事之宗室麟鉴交宗人府圈禁事上谕	嘉庆十七年八月二十七日
吏部尚书松筠等为遵旨筹建移住盛京宗室房间详核工料银两等事奏折	嘉庆十七年八月二十八日
着绵课等公同酌拟添派十五户共成七十户移往盛京事上谕	嘉庆十七年九月初五日
着和宁等即派穆腾额监督所有建盖宗室住房工程等事上谕	嘉庆十七年九月初五日
盛京将军和宁等为移住宗室住房等各工酌拟分年备料修理等事奏折	嘉庆十七年九月十三日
盛京将军和宁等为建盖宗室房间所需工料银两请实用实销事奏折	嘉庆十七年十一月二十二日
着盛京建盖移住宗室房间无须援照京工办理事上谕	嘉庆十七年十二月初四日
为查验盛京建盖移住宗室房间工程事奏片	嘉庆十八年四月
宗人府宗令绵课等为查明移住盛京宗室户口人数并酌议章程事奏折	嘉庆十八年六月初九日
附件一：移住盛京宗室章程清单	
附件二：移住盛京宗室户口并随从人数清单	
着宗人府于宗室觉罗中拣选数员酌派驻扎盛京事上谕	嘉庆十八年六月初九日
宗室移住盛京各项事宜略节	嘉庆十八年六月十六日
着嗣后书写宗室妻室氏族宜照本姓书写事上谕	嘉庆十八年六月十七日
宗人府宗令绵课为遵查移住盛京宗室并无与汉人联姻事奏折	嘉庆十八年六月十七日
着派盛京将军和宁等专管移住宗室户口等事上谕	嘉庆十八年六月十七日
呈宗人府奏请简派护送宗室前往盛京之贝子等三员清单	嘉庆十八年六月十七日
着奕绍等管带盛京宗室事竣查勘兴京盛京陵寝宫殿各工程事上谕	嘉庆十八年七月十六日
盛京将军和宁等为会商移住宗室派员沿途替护及安置住宿事奏折	嘉庆十八年八月初一日
盛京将军和宁等为会议安置移住宗室章程事奏折	嘉庆十八年八月初一日
着直隶所派文员于移住盛京宗室出关后按起送至盛京等事上谕	嘉庆十八年八月初三日
着和宁等饬知沿途各地方官预为寻觅房间安置移住盛京宗室等事上谕	嘉庆十八年八月初十日
着刑部查明移住盛京宗室果敏自勒身死缘由事上谕	嘉庆十八年九月初一日
着嗣后不得挑派家有恒产者移住盛京事上谕	嘉庆十八年九月十二日
宗人府宗令绵课为误拟宗室果敏移住盛京自请议处事奏折	嘉庆十八年九月十四日
着办理移居宗室不善自请交议之绵课不必议处事上谕	嘉庆十八年九月十五日

盛京副都统绪庄等为报查验建盖移住盛京宗室房间情形事奏折　嘉庆十八年九月十六日
着第三起移住盛京宗室停止起程等事上谕　嘉庆十八年九月二十二日
钦差大臣晋隆为报管带第一起移住宗室行抵盛京事奏折　嘉庆十八年九月二十六日
盛京将军和宁为头起移住宗室户口到省安置妥协情形事奏折　嘉庆十八年九月二十六日
为请将移住盛京宗室住房亦予保固事奏片　嘉庆十八年九月
钦差大臣裕瑞为第二起移住盛京宗室户口到奉安置妥协事奏折　嘉庆十八年十月初一日
盛京将军和宁等为第二起移住宗室户口到省安置妥协事奏折　嘉庆十八年十月初一日
着晋隆管带移住宗室完竣查勘盛京陵寝宫殿等各工程事上谕　嘉庆十八年十月初九日
御制移居盛京诸宗室训　嘉庆十八年十月二十三日
呈拟赏御制训移居盛京诸宗室墨刻名单　嘉庆十八年十月二十三日
宗室弘谦等为接奉御制训移居宗室清汉墨刻谢恩事奏折　嘉庆十八年十月二十九日
盛京将军和宁为革职宗室觉罗等分别到省安置事奏折　嘉庆十八年十一月二十三日
盛京将军和宁为报盛京工程已请全行停止并效力革员可否回京事奏片　嘉庆十八年十二月初二日
成都副都统东林为接奉御制训移居盛京诸宗室墨刻谢恩事奏折　嘉庆十八年十二月十七日
杭州将军积拉堪为接奉宗室移居盛京墨刻谢恩事奏折　嘉庆十八年十二月十八日

嘉庆朝宗室移住盛京档案（下）

赵增越编选（2019・3・10）　　中国第一历史档案馆

着将不能约束移住诸宗室之裕瑞劣迹据实查参事上谕　嘉庆十九年三月二十八日
着将裕瑞等分别惩处事上谕　嘉庆十九年四月十八日
盛京礼部侍郎诚安为移住宗室内有祖父母父母在京病故者请准告假奔丧事奏折　嘉庆十九年七月十七日
着移住盛京宗室遇有祖父母父母在京病故者俱准给假事上谕　嘉庆十九年七月二十九日
大学士曹振镛等为核销建盖宗室住房等工料钱粮事题本　嘉庆十九年八月二十一日
盛京将军晋昌等为移住盛京之宗室福清泰外出未归事奏折　嘉庆二十年二月初三日
着盛京将军等访拿外出移住宗室福清泰事上谕　嘉庆二十年二月十七日
宗人府宗令绵课等为移住宗室福清泰私自回京自首遵旨审明定拟事奏折　嘉庆二十年三月初三日
着准福清泰在京侍奉伊母俟养亲事毕再行押往盛京事谕旨　嘉庆二十年三月初三日
掌陕西道监察御史夏国培为条陈择选由京师往盛京移住宗室事奏折　嘉庆二十年三月二十五日
宗人府宗令绵课等为遵旨询问妄言宗室移住事宜之御史夏国培事奏折　嘉庆二十年三月二十五日
着免去以挑派移住宗室不公妄行陈奏之御史夏国培职任事上谕　嘉庆二十年三月二十六日
盛京将军晋昌等为移住宗室户口到省安置妥当事奏折　嘉庆二十年四月二十一日
钦差大臣奕绍等为报管带移住宗室到沈日期事奏折　嘉庆二十年四月二十一日

着将在盛京恣意游荡强奸民妇之移住宗室喀勒明阿勒令自缢事上谕	嘉庆二十年四月二十三日
着将奏到安置移住宗室情形一折作伪列衔之文宁等交部察议事上谕	嘉庆二十年五月初四日
盛京将军晋昌等为移住盛京之宗室人数众多请设立族长等事奏折	嘉庆二十年五月初十日
着晋昌等于移住宗室内拣选族长等事上谕	嘉庆二十年五月二十二日
盛京将军晋昌为移住盛京宗室中若有寻常过犯分别圈禁事奏片	嘉庆二十年五月二十二日
盛京将军晋昌为请派管理移住宗室事务大臣事奏折	嘉庆二十年九月初三日
盛京将军晋昌等为报拣选移住宗室族长等事奏折	嘉庆二十年十月二十日
盛京将军晋昌等为报审拟酗酒生事之移住宗室奕让情形事奏折	嘉庆二十年十月二十日
着将恃醉逞凶之移住宗室奕让重责并在盛京圈禁事上谕	嘉庆二十年十一月初四日
兵部尚书明亮等为晋昌等不能约束宗室遵旨议处事奏折	嘉庆二十年十一月二十三日
着将晋昌等分别惩处事上谕	嘉庆二十年十一月二十三日
盛京将军晋昌为遵旨圈禁宗室奕让并宗室禄康腿疾不愈事奏片	嘉庆二十年十二月初十日
着宗人府会同刑部提集移住宗室盛云在京窝赌案内人证严审事上谕	嘉庆二十年十二月二十三日
盛京将军晋昌为请钦派管理盛京移住宗室事务大臣事奏折	嘉庆二十一年五月二十四日
盛京将军晋昌为请钦派管理盛京移住宗室事务大臣事奏折	嘉庆二十一年闰六月初九日
附件：盛京侍郎衔名清单	
盛京将军晋昌为请钦派管理移住宗室事务大臣事奏折	嘉庆二十一年十一月二十日
附件：盛京侍郎衔名清单	嘉庆二十一年十一月二十日
着令移住盛京宗室一体接驾事上谕	嘉庆二十三年正月初六日
盛京将军富俊为报移住盛京宗室能诗文骑射者并详勘接驾处所事奏折	嘉庆二十三年正月十七日
盛京将军富俊等为会同酌拟移住宗室章程等事奏折	嘉庆二十三年六月初九日
为报盛京移住宗室习骑射步射者名数事奏片	嘉庆二十三年八月二十日
着赏给移住盛京宗室官用缎事谕旨	嘉庆二十三年八月二十日
着将移住盛京宗室每年于盛京户部内仓额征粟米项下赏给仓石事上谕	嘉庆二十三年九月初三日
着绷武布等接管移住宗室事上谕	嘉庆二十三年九月初四日
着宗人府查明盛京宗室营空闲房屋并将宗室奏明移住事上谕	嘉庆二十三年十月二十六日
盛京将军赛冲阿为恩宁奉旨调京应否简员管理移住宗室事务事奏折	嘉庆二十三年十二月初九日
着瑞麟协同管理移住宗室事务等事上谕	嘉庆二十三年十二月二十一日
盛京将军赛冲阿为请简派管理移住宗室大臣事奏折	嘉庆二十四年二月初九日
着奕颢管带应行移住盛京宗室事上谕	嘉庆二十四年三月二十二日
宗人府宗令绵课等为酌拨宗室移住盛京事奏折	嘉庆二十四年三月二十二日

盛京将军赛冲阿为遵旨查明奉省旧住宗室散处各城缘由事奏折　嘉庆二十四年三月二十六日
盛京将军赛冲阿等为遵旨办理移居宗室户口到省安置事奏折　嘉庆二十四年闰四月十七日
钦差大臣奕颢为报管带移住宗室到省日期等事奏折　嘉庆二十四年闰四月十七日
着将父子聚麀之移住宗室喜福敦柱绞决事上谕　嘉庆二十四年闰四月二十八日
盛京将军赛冲阿为宽免处分管理移居宗室之主事绷武布等失察之咎谢恩事奏片　嘉庆二十四年五月二十二日
盛京将军赛冲阿等为管理移居宗室之正副族长等三年期满事奏折　嘉庆二十四年八月十三日
盛京将军松筠等为移住宗室成丁子弟渐增酌于本营就近设立官学事奏折　嘉庆二十五年二月初一日
着准松筠所请添建圈禁获咎者空房等事上谕　嘉庆二十五年二月十四日
盛京将军松宁为请旨钦派管理移住宗室事务大员事奏折　嘉庆二十五年七月二十八日
盛京将军松箖为请派员管理移居宗室事务等事奏折　嘉庆二十五年九月二十九日
附件：盛京侍郎衔名清单
盛京将军松箖等为移住盛京宗室等呈请进京祭扫坟茔事奏折　嘉庆二十五年十二月初五日

孔庆镕两次赴京为嘉庆祝寿记实

孔繁银　张秀荣编选（1984·1·25）　山东省曲阜县文物管理委员会

嘉庆十四年赴京祝寿活动记实
嘉庆二十四年赴京祝寿活动记实

有关高鹗的几件档案史料

张书才编选（1985·4·29）　中国第一历史档案馆

江南道监察御史高鹗为严禁新疆书吏役满久留事奏折　嘉庆十五年四月二十一日
谕内阁著照高鹗所奏严禁新疆书吏役满久留　嘉庆十五年四月二十一日
高鹗为酌核外任丁忧旗员服满后仍赴原省候补事奏折　嘉庆十六年二月二十六日
吏部尚书松筠等为验得二月分升选月官均无事故事题本　嘉庆十八年三月十四日
谕内阁失察林清一案之科道官员著分别申饬议处　嘉庆十八年十月二十八日
吏部尚书铁保等为遵旨议处失察林清一案之汉军等事奏折　嘉庆十八年十一月初九日
谕著将高鹗等改为降三级调用丁孝彝等改为降二级调用　嘉庆十八年十一月初九日

嘉庆朝山东泰安徐文诰宅劫案档案

吴焕良编选（2017·2·26）　中国第一历史档案馆

著和舜武等秉公审办徐文诰案并查明所涉官员事上谕　嘉庆二十三年六月初二日
山东巡抚和舜武为遵旨查审徐文诰案情形事奏折　嘉庆二十三年六月十七日
山东巡抚和舜武为遵旨严审徐文诰案情形事奏折　嘉庆二十三年十一月初六日
山东巡抚和舜武为续获徐文诰案内逸犯供情互异并严缉放枪逸犯事奏折　嘉庆二十四年二月二十六日
山东按察使温承惠呈审明徐文诰案内续获逸犯王大丫头等情禀文　嘉庆二十四年二月三十日

著山东巡抚和舜武一年限内严缉徐文诰案逸犯定谳拟结事上谕　　嘉庆二十四年二月三十日
山东巡抚程国仁为审明徐文诰案错谬自请交部议处事奏折　　嘉庆二十四年五月初六日
著山东巡抚程国仁提讯徐文诰案盗犯分别定拟并暂存自请严议折事上谕　　嘉庆二十四年五月初十日
山东巡抚程国仁为拿获徐文诰案逸犯王大壮等请交新任臬司童槐勘办事奏片　　嘉庆二十四年九月初五日
著将徐文诰案交新任臬司童槐审明定拟具奏事上谕　　嘉庆二十四年九月初十日
山东巡抚程国仁为遵旨访查前任臬司温承惠及革职回籍事奏折　　嘉庆二十四年九月二十四日
步军统领英和等为徐文诰控案驳审翻供请令认真究明事奏折　　嘉庆二十四年十月十四日
著文孚等随带刑部司员驰驿山东讯办徐文诰案事谕旨　　嘉庆二十四年十月十四日
山东按察使童槐为遵旨审明徐文诰案按律定拟事奏折　　嘉庆二十四年十月二十二日
著文孚等复讯徐文诰案如无遁饰先行枭示王大壮等二犯事上谕　　嘉庆二十四年十月二十八日
刑部右侍郎文孚等为遵旨审办徐文诰案等情形事奏折　　嘉庆二十四年十一月初六日
刑部左侍郎帅承瀛为遵旨复审徐文诰案按律定拟事奏折　　嘉庆二十四年十一月初九日
著将童槐等分别交部议叙议处事上谕　　嘉庆二十四年十一月十二日
吏部尚书英和为遵旨复审徐文诰案分别议叙议处事奏折　　嘉庆二十四年十一月十六日
著将徐文诰案顶详之前任济南府知府钱俊等分别降级调用等事谕旨　　嘉庆二十四年十一月十六日
山东巡抚程国仁为臬司任内徐文诰案审转错误降级留任谢恩事奏折　　嘉庆二十四年十二月初一日
山东按察使童槐为办理徐文诰案允当奉旨议叙谢恩事奏折　　嘉庆二十四年十二月初七日
著各省督抚严行饬禁讳盗不报故勘事主等事上谕　　嘉庆二十四年十二月初九日

阮元《研经室集》未录诗文三篇

颜建华辑注（2013·1·63）
梁恭人传
楼桑邨
读长离阁诗漫题卷末

道光朝内阁中书徐松妻陈安人墓志铭

李军辑注（2015·3·45）
内阁中书徐君妻陈安人墓志铭

道光十年盐枭黄玉林案档案

方裕谨编选（2014·3·42）　　中国第一历史档案馆
著两江总督蒋攸铦严密查拿仪征盐枭黄玉林等归案事上谕　　道光十年闰四月初一日
两江总督蒋攸铦为遵旨查办仪征盐枭黄玉林情形事奏折　　道光十年闰四月十一日
著两江总督蒋攸铦不可畏难擒捕踪迹诡秘盐枭黄玉林事上谕　　道光十年闰四月十八日

两江总督蒋攸铦为仪征盐枭黄玉林赴官投首自愿效力赎罪事奏折　道光十年五月十二日
著两江总督蒋攸铦等随时体察勿令盐枭黄玉林等别滋事端事上谕　道光十年五月二十一日
著署两江总督陶澍查奏盐枭黄玉林等指引缉私及妥为安置事上谕　道光十年七月十六日
署两江总督陶澍为遵旨据实呈报黄玉林等指拿枭匪尚知图奋等情形事奏折　道光十年七月二十八日
署两江总督陶澍为呈报黄玉林指拿各犯后枭犯逃散事奏片　道光十年八月初八日
著署两江总督陶澍等不可将投首枭徒滥行收纳事上谕　道光十年八月初八日
著两江总督陶澍通盘筹画斟酌处置黄玉林投首案等事上谕　道光十年八月二十七日
两江总督蒋攸铦等为黄玉林复图贩私审明拟罪事奏折　道光十年九月初十日
两江总督陶澍为查明办理黄玉林案及两淮盐政详情事奏折　道光十年九月十六日
著将办理两淮盐务缉私不力之蒋攸铦等交部分别严加议处事上谕　道光十年九月十八日
著两江总督陶澍查明伍步云等于黄玉林复图贩私是否知情同谋等事上谕　道光十年九月十八日
两江总督陶澍为遵旨查明枭犯黄玉林被正法后两淮盐务情形事奏折　道光十年十月初四日
著两江总督陶澍严审定拟黄玉林案各犯及筹议两淮盐务事上谕　道光十年十月十六日

道光朝备办诸阿哥出痘仪式钱物档案

哈恩忠选编（2021·2·25）　中国第一历史档案馆

广储司磁库为请九江关监督烧造阿哥等出喜痘应用磁器事呈文　道光十三年五月二十日
营造司员外郎富文等为四阿哥出喜痘预备各项应用支领银钱事呈文　道光十三年八月初五日
附件一：铁作预备四阿哥出喜痘应用什物活计清册　道光十三年八月初五日
附件二：器皿库预备四阿哥出喜痘应用什物活计清册　道光十三年八月初五日
附件三：画匠房预备四阿哥出喜痘应用什物活计清册　道光十三年八月初五日
房库预备五阿哥出喜痘拴挂彩子等项料估活计清册　道光十六年六月十七日
房库预备六阿哥出喜痘拴挂彩子等项料估活计清册　道光十六年六月十七日
营造司员外郎富文等为五阿哥六阿哥出喜痘应用各项支领银钱事呈文　道光十六年六月二十日
营造司员外郎和尔锦等为七阿哥出喜痘应用各项支领银钱事呈文　道光二十四年五月初八日
附件：房库预备七阿哥出喜痘拴挂彩子等项料估活计清册　道光二十四年五月初八日
营造司员外郎庆连等为八阿哥出喜痘应用各项支领银钱事呈文　道光二十七年六月初五日
附件一：铁作预备八阿哥出喜痘应用什物活计清册　道光二十七年六月初五日

附件二：器皿库预备八阿哥出喜痘应用什物活计清册	道光二十七年六月初五日
附件三：木库预备八阿哥出喜痘应用什物活计清册	道光二十七年六月初五日
附件四：画匠房预备八阿哥出喜痘应用什物活计清册	道光二十七年六月初五日
营造司员外郎和尔锦等为八阿哥出喜痘预备各项应用支领银钱事呈文	道光二十七年六月二十日
附件：房库预备八阿哥出喜痘拴挂彩子等项估料活计清册	道光二十七年六月二十日
器皿库预备九阿哥出喜痘应用什物活计清册	道光三十年五月十九日
木库预备九阿哥出喜痘应用什物活计清册	道光三十年五月十九日
房库预备九阿哥出喜痘拴挂彩子等项估料活计清册	道光三十年五月十九日
铁作预备九阿哥出喜痘应用什物清册	道光三十年五月十九日

道光年间西陵管库郎中庆玉侵盗僭越案（上）

吕小鲜编选（1994·4·6）　　中国第一历史档案馆

马兰镇总兵琦琛为特参隐匿公文意图侵吞之管库郎中庆玉事奏折	道光十九年十二月初五日
马兰镇总兵琦琛为郎中庆玉系积年大蠹请钦派大臣查办事片	
著将管理筹备库四品衔郎中庆玉革职查抄事上谕	道光十九年十二月初八日
马兰镇总兵琦琛为报明查抄庆玉家产情形事奏折	道光十九年十二月初十日
九门提督奕经等为报明查抄庆玉在京家产情形事奏折	道光十九年十二月十四日
马兰镇总兵琦琛为报明严追官吏收留庆玉奇顿财物事奏折	道光十九年十二月十四日
贝勒奕细为陈明借住庆玉房屋缘由事奏折	道光十九年十二月十六日
定郡王载铨等为追查泄漏查抄庆玉家产消息之人牵出工部尚书陈官俊事奏折	道光十九年十二月十八日
附：户部主事全孚供单	
工部尚书陈官俊为泄漏查抄庆玉家产消息遵旨明白回奏事奏折	道光十九年十二月十九日
户部主事全孚供词	
定郡王载铨等续查泄漏查抄庆玉消息一案牵出穆彰阿事奏折	道光十九年十二月二十二日
著将工部尚书陈官俊暂行解任事上谕	道光十九年十二月二十二日
解任工部尚书陈官俊供词	
著工部尚书陈官俊再行据实具供事上谕	道光十九年十二月二十三日
工部侍郎文蔚为庆玉等供词牵涉琦琛请将本案提京审讯事奏折	道光十九年十二月二十三日
附：郎中庆玉呈出供单	道光十九年十二月二十四日
附：解任工部尚书陈官俊供词	
附：全孚供词	
吏部尚书奕经等为拟将陈官俊革职事奏折	道光十九年十二月二十六日
定郡王载铨等为拟将全孚发军台效力赎罪事奏折	道光十九年十二月二十六日
著将陈官俊革职全孚发军台效力事上谕	道光十九年十二月二十六日
解任马兰镇总兵琦琛供单	道光二十年正月
解任马兰镇总兵琦琛供单	道光二十年正月

工部侍郎文蔚为并未偏袒庆玉事奏折　道光二十年正月初六日
解任马兰镇总兵琦琛供词
睿亲王仁寿供词
禧恩供词

道光年间西陵管库郎中庆玉侵盗僭越案（下）

吕小鲜编选（1995·1·15）　中国第一历史档案馆

著严行查究庆玉隐匿家产并将已查抄家产解京事上谕　道光二十年正月十二日
查抄京外庆玉家产清单
查抄庆玉家产头起运京清单
兵部尚书裕诚等为拟将琦琛革职事奏折　道光二十年正月二十日
著将马兰镇总兵琦琛革职事上谕　道光二十年正月二十日
定郡王载铨等为审拟庆玉侵盗僭越一案事奏折　道光二十年二月初七日
著将庆玉及其子魁明发往新疆充当苦差事上谕　道光二十年二月初七日
定郡王载铨等为审拟隐匿寄顿庆玉家产各犯事奏折　道光二十年二月初七日
庆玉贪黩把持一案无庸再行查办事上谕　道光二十年二月初七日

道光十九年庆玉案（上）

方裕谨编选（1999·3·22）　中国第一历史档案馆

马兰镇总兵琦琛为特参筹备库郎中庆玉隐匿公文意图侵吞帑项事奏折　道光十九年十二月初五日
马兰镇总兵琦琛为查出庆玉将孝陵隆恩殿拆下楠木私自装修事片　道光十九年十二月初五日
著文蔚驰驿前往马兰镇会同琦琛查办庆玉案件事上谕　道光十九年十二月初八日
著即将庆玉立即革职拿问并严抄其家产事上谕　道光十九年十二月初八日
马兰镇总兵琦琛为特参庆玉碰损孝陵隆恩殿宫门门框等事奏折　道光十九年十二月初十日
马兰镇总兵琦琛为查出庆玉冒领修理筹备库银两事片　道光十九年十二月初十日
马兰镇总兵琦琛为报查抄庆玉家中情形事奏折　道光十九年十二月初十日
著步军统领衙门严密查抄庆玉京中家产事上谕　道光十九年十二月十二日
著文蔚等逐款研讯庆玉并将明吉等解任归案审办事上谕　道光十九年十二月十二日
步军统领衙门奕经等为报查抄庆玉在京住所木厂缎铺情形事奏折　道光十九年十二月十四日
附1：查抄庆玉乾元寺住房清单
附2：查抄庆玉庆祥号绸缎铺清单
附3：查抄庆玉广立木厂清单
附4：查封中立木厂清单
马兰镇总兵琦琛为查参收留寄顿庆玉财物官员差役事奏折　道光十九年十二月十四日
奕细为守护陵寝借住庆玉房间事奏折　道光十九年十二月十六日
著文蔚等对收留庆玉寄顿财物官员差役严讯确情事上谕　道光十九年十二月十六日
定郡王载铨等为报讯明庆玉案预先得信情形事奏折　道光十九年十二月十八日

附：全孚供词
著陈官俊明白回奏如何将庆玉案告知全孚事上谕　道光十九年十二月十八日
附：全孚供词　道光十九年十二月十七日
附：陈官俊供词
附：全孚供词
著将庆玉房间没收交守陵之官员居住事上谕　道光十九年十二月十九日
工部尚书陈官俊为遵旨回奏庆玉案传言全孚事奏折　道光十九年十二月十九日
著将户部主事全孚解任交载铨等会审事上谕　道光十九年十二月二十一日
奕细等为报东陵石门工部查出庆玉短交各项官物事奏折　道光十九年十二月二十二日
附：石门工部庆玉应交未交各项回残物件清单
定郡王载铨等为报会讯如何传出查抄庆玉家产事奏折　道光十九年十二月二十二日
钦差侍郎文蔚为请将庆玉案人犯证供提京审讯事奏折　道光十九年十二月二十三日
附：庆玉供单
附：魁明供单
著将麻老解交文蔚归案严行审讯事上谕　道光十九年十二月二十三日
著陈官俊再行据实具供事上谕　道光十九年十二月二十三日
附：陈官俊供词
著将琦琛解任交文蔚派员解京归案审讯事上谕　道光十九年十二月二十四日
著文蔚将庆玉案所有人证卷宗迅速解京会审事上谕　道光十九年十二月二十四日
著文蔚将庆玉案查出物件检明封固并查此外有无寄顿之处事上谕　道光十九年十二月二十四日
著将工部尚书陈官俊交刑部严加议处事上谕　道光十九年十二月二十四日
著将全孚应得罪名审拟具奏事上谕　道光十九年十二月二十四日
著将庆玉短交各项官物有关官员交相关衙门察议事上谕　道光十九年十二月二十五日
吏部尚书奕经等为将陈官俊照溺职例革职事奏折　道光十九年十二月二十六日
定郡王载铨等为将全孚发往军台效力赎罪事奏折　道光十九年十二月二十六日
著陈官俊革职并将全孚发往军台效力赎罪事上谕　道光十九年十二月二十六日
钦差侍郎文蔚为报庆玉案应讯人证卷宗解京日期事奏折　道光十九年十二月二十六日
钦差侍郎文蔚为遵旨将查抄庆玉家产验明封固并开单呈览事片　道光十九年十二月二十六日
附：琦琛供词　道光二十年正月
附：琦琛供词　道光二十年正月
附：琦琛供词　道光二十年正月
附：琦琛供词　道光二十年正月
著文蔚明白回奏琦琛指控之处事上谕　道光二十年正月初五日
著文蔚来京事上谕　道光二十年正月初五日
钦差侍郎文蔚为审理庆玉案未曾偏袒亦未斡旋事奏折　道光二十年正月初六日
钦差侍郎文蔚为报查出庆玉地亩有隐匿情形事奏折　道光二十年正月初八日

道光十九年庆玉案（下）

方裕谨编选（1999·4·43）　中国第一历史档案馆

著原审王大臣质讯琦琛事上谕　道光二十年正月初九日

著前内务府大臣禧恩明白回奏庆玉之大柁事上谕 道光二十年正月初九日
前内务府大臣禧恩为报庆玉所交大柁去向事奏折 道光二十年正月初十日
敬徵等报庆玉大柁去向事奏折 道光二十年正月初十日
著德兴将查抄庆玉家产除木料外陆续解京事上谕 道光二十年正月十二日
著将琦琛交部严加议处事上谕 道光二十年正月十五日
附：睿亲王供词
附：禧恩供词
署马兰镇总兵德兴为所抄庆玉家产酌拟运京事奏折 道光二十年正月十九日
附：检明庆玉家产清单
兵部尚书裕诚等为请将收受馈送之琦琛革职事奏折 道光二十年正月二十日
著将收受馈送之琦琛革职事上谕 道光二十年正月二十日
著德兴将所抄庆玉家产派员分起解京事上谕 道光二十年正月二十三日
署马兰镇总兵德兴为报运送查抄庆玉家产头起起程日期事奏折 道光二十年二月初四日
附：头起运送查抄庆玉家产清单
署马兰镇总兵德兴为报续行查出庆玉家产事片 道光二十年二月初四日
附：续经查出庆玉家物件及追出寄顿衣物清单
定郡王载铨等讯明庆玉被参各款按例定拟事奏折 道光二十年二月初七日
定郡王载铨等为报会同审理庆玉抄家时隐匿寄顿各犯事奏折 道光二十年二月初七日
著将庆玉发往伊犁充当苦差事上谕 道光二十年二月初七日
著不必再次追究庆玉家产来由事上谕 道光二十年二月初七日
署马兰镇总兵德兴为报二起解送查抄庆玉之家产起程日期事奏折 道光二十年二月初十日
附：二起运送查抄庆玉家产清单
直隶总督琦善为查明邦均镇庆元当内庆玉所领银两事片 道光二十年二月二十一日
署马兰镇总兵德兴为报三起运送查抄庆玉之家产赴京起程日期事奏折 道光二十年三月初六日
附：三起运送查抄庆玉家产清单
署马兰镇总兵德兴为查出庆玉家人寄顿之物事片 道光二十年三月初九日
奕细等为报盘查永济仓米数相符事奏折 道光二十年四月十一日
署马兰镇总兵德兴为所抄交剩庆玉家产应否按股分给其亲属事奏折 道光二十年四月二十六日
署马兰镇总兵德兴为所存回干木料交石门工部事片 道光二十年四月二十六日

林则徐家书五通

沈炳尧编选（2002·1·31） 浙江省博物馆

林则徐致郑夫人及汝舟函 道光二十二年七月十八日于平凉
林则徐致郑夫人及汝舟函 道光二十三年七月于伊犁
林则徐致郑夫人及汝舟函 道光二十三年十一月十七日于伊犁
林则徐致郑夫人及汝舟函 道光二十三年十一月二十四日
林则徐致郑夫人及汝舟函 道光二十四年一月于伊犁

道光朝林则徐新疆履勘荒地档案

哈恩忠编选（2016·1·12）　　中国第一历史档案馆

著传谕林则徐并选派协领同赴阿克苏等处履勘荒地等事上谕	道光二十四年十月二十九日
伊犁将军布彦泰为谨候钦派大臣履勘和阗等处荒地事奏片	道光二十四年十一月十三日
著传谕林则徐并选派之协领前赴喀什噶尔履勘荒地事上谕	道光二十四年十二月初八日
伊犁将军布彦泰为遵旨传谕林则徐查勘各城地亩并暂留全庆会勘事奏折	道光二十四年十二月十四日
著传谕林则徐查勘各城地亩并暂留全庆会勘事上谕	道光二十五年正月十四日
库车办事大臣常清为遵旨护理篆务所办开垦荒地各工一律完竣事奏折	道光二十五年正月二十日
喀喇沙尔办事大臣全庆为遵旨会同林则徐履勘荒地具报卸篆起程日期事奏折	道光二十五年二月初八日
著全庆俟各城勘荒事竣会同林则徐亲履喀喇沙尔荒地事上谕	道光二十五年三月初七日
叶尔羌参赞大臣奕经等为叶尔羌可开荒地试验水利充裕候全庆等顺道查勘事奏折	道光二十五年三月十二日
伊犁将军布彦泰为全庆林则徐呈报查勘库车地亩体察情形并复加酌核事奏折	道光二十五年三月二十四日
著全庆林则徐查勘叶尔羌和尔罕荒地并妥议应否交由回户承种事上谕	道光二十五年四月十七日
军机大臣穆彰阿为议复勘明库车荒地交由回户承种等事奏折	道光二十五年五月初九日
著将勘明库车荒地交由回户承种并预防流弊事上谕	道光二十五年五月初九日
著布彦泰与新任参赞大臣德全核明库车渠工是否如式等事上谕	道光二十五年五月二十九日
军机大臣穆彰阿为议复喀喇沙尔续垦荒地捐廉开渠招户试种升科并以粮折银事奏折	道光二十五年五月二十九日
军机大臣穆彰阿等为议复乌什撤屯安汛所遗地亩酌拨回户耕种纳粮事奏折	道光二十五年六月初七日
著全庆林则徐履勘吐鲁番伊拉里克地方可垦地亩事上谕	道光二十五年六月十九日
军机大臣穆彰阿等为议复勘明阿克苏新垦地亩请仍酌给回户耕种升科事奏折	道光二十五年六月二十三日
军机大臣穆彰阿等为议复勘明和阗地亩请仍酌给回户耕种升科事奏折	道光二十五年七月十八日
著全庆林则徐前往哈密履勘塔尔纳沁荒地事上谕	道光二十五年七月二十五日
军机大臣穆彰阿等为议复勘明叶尔羌地亩请分别民回耕种升科事奏折	道光二十五年七月二十六日
军机大臣穆彰阿等为议复勘明喀什噶尔地亩请分别民回耕种升科事奏折	道光二十五年八月初四日
军机大臣穆彰阿等为议复勘明喀喇沙尔地亩并渠工筹款请免捐输事奏折	道光二十五年八月十八日
伊犁将军布彦泰为遵旨传谕林则徐前赴哈密查勘塔尔纳沁官荒地亩事奏片	道光二十五年八月

著林则徐回京以四五品京堂候补事上谕 道光二十五年九月二十八日
著林则徐迅即驰赴陕甘接任事上谕 道光二十五年十一月初四日
军机大臣穆彰阿为等为议复勘回疆地亩并据情各招民回耕种事奏折 道光二十五年十一月初五日
军机大臣穆彰阿为等为议复勘明吐鲁番伊拉里克地方地亩事奏折 道光二十五年十二月初四日
著约束伯克鱼肉回户及查明扎萨克郡王伯锡尔进献地亩可否安置民户事上谕 道光二十六年正月二十三日
军机大臣穆彰阿等为议复勘明哈密官荒地亩及扎萨克郡王伯锡尔进献地亩事奏折 道光二十六年二月初九日
军机大臣穆彰阿等为议复回疆各城新垦地亩一律核定科则事奏折 道光二十六年三月初二日
军机大臣穆彰阿等为和阗新垦地亩招集回户定则升科事奏折 道光二十六年四月二十八日
军机大臣穆彰阿等为议复喀喇沙尔招徕种地户民拟定章程事奏折 道光二十六年十二月十八日
附件：议复喀喇沙尔招徕户民经久章程四条

道光三十年道士薛执中在京“编造妖言”案档案

赵增越编选（2017·1·34） 中国第一历史档案馆

著将编造妖言之薛执中及薛李氏交刑部严行审讯事上谕 道光三十年六月初五日
刑部尚书阿勒清阿等为薛执中案内牵涉官员并宗室请饬令明白回奏事奏折 道光三十年六月十四日
著萨迎阿等照薛执中原供各情据实明白回奏事上谕 道光三十年六月十四日
著将薛执中案内牵涉大员并御史职官分别解任质讯事上谕 道光三十年六月十四日
吏部尚书文庆为牵涉薛执中案遵旨回奏自请交部议处事奏折 道光三十年六月十五日
户部侍郎福济为牵涉薛执中案遵旨回奏自请交部议处事奏折 道光三十年六月十五日
护军统领丰伸为遵旨回奏牵涉薛执中案自请交部治罪事奏折 道光三十年六月十五日
著刑部提案犯薛执中逐层研鞫务得确情事上谕 道光三十年六月十五日
著派军机大臣会同宗人府等严审薛执中编造妖言案事上谕 道光三十年六月二十二日
刑部左侍郎全庆等为与牵涉薛执中一案吏部尚书文庆同年自请回避事奏折 道光三十年六月二十三日
著准全庆彭蕴章回避薛执中一案事上谕 道光三十年六月二十三日
江苏巡抚傅绳勋为遵旨查取在籍候补中书潘曾沂供词事奏折 道光三十年六月二十七日
附件：照录在籍候补内阁中书潘曾沂亲笔供单 道光三十年六月二十六日
宗人府宗令载铨等为解任御史谢荣埭供词狡展请予革职严究事奏折 道光三十年六月二十九日
陕甘总督琦善为遵旨取具甘肃按察使明谊牵涉薛执中案亲供事奏折 道光三十年七月初八日
附件：甘肃按察使明谊亲供单 道光三十年七月初八日
国子监祭酒胜保为薛执中妖言倡获请明伸国典以正人心而弥后患事奏折 道光三十年七月初八日

为录呈妄布妖言等刑律事奏片	道光三十年七月初八日
伊犁参赞大臣奕山为薛执中并未在将军衙门传授延年益寿之法事奏折	道光三十年七月十三日
伊犁将军萨迎阿为遵旨回奏薛执中在将军衙门传授延年益寿之法事奏折	道光三十年七月十三日
伊犁镇总兵穆特布为牵涉薛执中案遵旨明白回奏事奏折	道光三十年七月十三日
前叶尔羌帮办大臣忠泰为遵旨回奏并无薛执中传授延年益寿之法事奏折	道光三十年七月二十六日
宗人府宗令载铨等为请旨饬查薛执中供词并请将牵涉各员分别议处事奏折	道光三十年七月二十六日
宗人府宗令载铨为定拟薛执中罪名意见不同另折具奏事奏折	道光三十年七月二十六日
大学士穆彰阿等为会审薛执中案另行酌议罪名事奏折	道光三十年七月二十六日
著将薛执中定为斩监候涉案大臣分别处分事上谕	道光三十年七月二十六日
著将访获薛执中之巡视中城给事中德奎等交部议叙事上谕	道光三十年七月二十七日
军机大臣为上谕著自行核办明谊等各回奏事交刑部片	道光三十年七月
刑部尚书阿勒清阿等为承审案件与牵涉人证明谊系姻亲乡会试同年例应回避事奏片	道光三十年七月
著阿勒清阿等无庸回避复核明谊亲供事上谕	道光三十年八月初二日
刑部尚书阿勒清阿等为明谊亲供与犯证供词不符请旨解任质询事奏折	道光三十年八月初五日
著刑部提讯薛执中查核萨迎阿等回奏各折具奏事上谕	道光三十年八月十一日
刑部尚书阿勒清阿等为查核牵涉薛执中案大员回奏各折与犯供相符请旨交部议处事奏折	道光三十年八月十七日
著将萨迎阿等员一并交部议处事上谕	道光三十年八月十七日
著将萨迎阿等员加恩改为降四级留任事上谕	道光三十年八月二十四日
伊犁将军萨迎阿等为薛执中案内议复处分奉旨改为降四级留任等谢恩事奏折	道光三十年十月二十七日
伊犁镇总兵穆特布为薛执中案内议复处分奉旨改为降四级留任等谢恩事奏折	道光三十年十月二十七日
刑部尚书阿勒清阿等为讯明薛执中案内解任甘肃按察使明谊亲供与各供相符事奏折	道光三十年十一月十二日
著将明谊交部严加议处事上谕	道光三十年十一月十二日
陕甘总督琦善为遵查薛执中登苏公塔打坐书符念咒一案按例办理事奏折	道光三十年十一月二十七日
陕甘总督琦善为薛执中借医招摇行踪诡秘情词狂悖照录出示禁止原稿呈览事奏片	道光三十年十二月十五日
附件：禁邪术以正人心事告示单	

咸丰三年清廷议恤与太平军作战死亡官绅名录

韩永福　丁进军编选（1993・2・24）　　中国第一历史档案馆

礼部尚书麟魁等为复议殉难文武各官恤典事奏折	咸丰三年十二月二十五日

附件一：礼部遵旨呈报照一品官议恤入祠各员清单
附件二：礼部酌拟请谥之二品官各员清单
附件三：礼部酌拟入祠之三品以下各员清单
附件四：礼部呈报遵旨议恤现在尚未具题案内人员清单
附件五：礼部呈报给过恤典之额外外委等阵亡人员清单

咸丰年间胡林翼致严树森信札

何家欢辑录（2024・4・39）　　四川博物院

胡林翼致阎敬铭书信选（上）

杜春和　耿来金编选（1989・2・26）　　中国社科院近代史所资料室

咸丰九年五月十八日　咸丰九年六月十八日　咸丰九年十二月二十六日

咸丰十年三月　咸丰十年三月十四日　咸丰十年闰三月初五日　咸丰十年闰三月初六日　咸丰十年闰三月初九日　咸丰十年闰三月初十日　咸丰十年闰三月初十日　咸丰十年闰三月十二日　咸丰十年闰三月十六日　咸丰十年闰三月十七日　咸丰十年闰三月二十日　咸丰十年闰三月二十四日　咸丰十年闰三月二十七日　咸丰十年四月初四日　咸丰十年四月初五日　咸丰十年五月十四日　咸丰十年五月二十四日　咸丰十年五月二十八日　咸丰十年五月二十九日　咸丰十年六月　咸丰十年七月二十一日　咸丰十年八月十四日　咸丰十年八月二十二日　咸丰十年八月二十三日　咸丰十年八月二十五日　咸丰十年九月十一日　咸丰十年九月十九日

胡林翼致阎敬铭书信选（下）

杜春和　耿来金编选（1989・3・41）　　中国社科院近代史所资料室

咸丰十年九月十八日　咸丰十年九月二十日　咸丰十年九月二十二日　咸丰十年九月二十五日　咸丰十年十月初二日　咸丰十年十月十四日　咸丰十年十月二十日　咸丰十年十二月初五日　咸丰十年十二月初九日　咸丰十年十二月十一日　咸丰十年十二月十四日　咸丰十年十二月十六日　咸丰十年十二月二十一日

咸丰十一年二月十八日　咸丰十一年五月十四日　咸丰十一年五月十九日　咸丰十一年五月十九日

晚清官员遗折选编（上）

赵增越选编（2022・2・4）　　中国第一历史档案馆

胡林翼遗折	咸丰十一年八月二十六日
桂良遗折	同治元年六月二十二日
翁心存遗折	同治元年十一月初八日
彭蕴章遗折	同治元年十一月十一日
王茂荫遗折	同治四年六月十九日
祁寯藻遗折	同治五年九月十二日
周祖培遗折	同治六年四月初六日
骆秉章遗折	同治六年十一月十七日
毛鸿宾遗折	同治七年八月十二日
谭廷襄遗折	同治九年四月初八日

曾国藩遗折	同治十一年二月初四日
文祥遗折	光绪二年五月初五日
吴棠遗折	光绪二年闰五月二十九日
翁同爵遗折	光绪三年八月初一日
袁保恒遗折	光绪四年四月初五日
沈葆桢遗折	光绪五年十一月初六日
夏同善遗折	光绪六年七月二十三日
沈桂芬遗折	光绪七年正月初三日
张树声遗折	光绪十年九月初八日
左宗棠遗折	光绪十一年七月二十六日
丁宝桢遗折	光绪十二年四月二十一日
鲍超遗折	光绪十二年七月初一日
曾纪泽遗折	光绪十六年闰二月二十五日
彭玉麟遗折	光绪十六年三月初五日
曾国荃遗折	光绪十六年十月初二日
潘祖荫遗折	光绪十六年十一月初二日
奕譞遗折	光绪十六年十一月二十一日
郭嵩焘遗折	光绪十七年六月十三日
宝鋆遗折	光绪十七年八月初三日
阎敬铭遗折	光绪十八年二月初九日
李成谋遗折	光绪十八年八月十一日
卞宝第遗折	光绪十八年九月初二日
刘铭传遗折	光绪二十一年十一月二十八日
奕䜣遗折	光绪二十四年四月初十日
孙毓汶遗折	光绪二十五年三月初九日

晚清官员遗折选编（下）

赵增越选编（2022·3·38）　　中国第一历史档案馆

李瀚章遗折	光绪二十五年八月初七日
裕长遗折	光绪二十六年九月二十六日
善联遗折	光绪二十六年十二月十二日
钱应溥遗折	光绪二十七年十二月十九日
黄槐森遗折	光绪二十八年正月初八日
杨儒遗折	光绪二十八年正月初十日
冯子材遗折	光绪二十九年七月二十六日
长顺遗折	光绪三十年正月初十日
李兴锐遗折	光绪三十年九月二十二日
许应骙遗折	光绪三十二年六月初二日
张百熙遗折	光绪三十三年二月十八日
恩铭遗折	光绪三十三年五月二十六日
孚琦遗折	宣统三年三月初十日

良弼遗折　　宣统三年十二月十四日

同治初年各省督抚藩臬履历（上）

丁进军编选（1995·4·45）　　中国第一历史档案馆

刘长佑　郑敦谨　李鹤年　曾国藩　吴棠　李鸿章　万启琛　刘郇膏　郭柏荫　左宗棠　徐宗幹　张铨庆　张运兰　谭廷襄　阎敬铭　贡璜　丁宝桢　沈桂芬　王榕吉

同治初年各省督抚藩臬履历（下）

丁进军编选（1996·1·44）　　中国第一历史档案馆

锺秀　毛鸿宾　郭嵩焘　吴昌寿　李瀚章　张凯嵩　刘坤一　苏凤文　沈葆桢　孙长绂　文辉　乔松年　马新贻　英翰　张之万　苏廷魁　王正谊　蒋益沣　恽世临　石赞清　兆琛　张亮基　龚自闳　裕麟　熙麟　恩麟　刘于浔　刘蓉　林寿图　张集馨　劳崇光　贾洪诏　林鸿年　刘岳昭

同治初年湖北督抚藩臬道府官员履历

叶志如编选（1988·1·26）　　中国第一历史档案馆

吏部造送湖北省督抚藩臬道府官员履历清册　　同治二年

官文　严树森　厉云官　武蔚文　吴焯　盛康　张建基　欧阳正墉　郑兰　黄昌辅　钟谦钧　黄益杰　董绍昌　庆春　王潞　陈洪钟　聂光銮　夏锡麒

同治二年郭嵩焘未刊手札七通

唐佳辑注（2020·4·20）　　武汉大学图书馆

苏松粮道郭嵩焘为拟荐陈倬等事致直隶总督刘长佑函　　同治二年二月十三日
苏松粮道郭嵩焘为协调将勇等事致直隶总督刘长佑函　　同治二年二月二十三日
苏松粮道郭嵩焘为协调将勇等事致直隶总督刘长佑函　　同治二年三月初四日
苏松粮道郭嵩焘为协调将勇等事致直隶总督刘长佑函　　同治二年三月初九日
苏松粮道郭嵩焘为协调将勇等事致直隶总督刘长佑函　　同治二年三月二十二日
苏松粮道郭嵩焘为协调将勇等事致直隶总督刘长佑函　　同治二年四月二十三日
两淮盐运使郭嵩焘为协济直隶军饷等事致直隶总督刘长佑函　　同治二年六月初三日

同治朝郑亲王承志档案选编

赵增越编选（2017·3·48）　　中国第一历史档案馆

著所有郑亲王怡亲王世袭王爵均加恩赏还事上谕　　同治三年七月二十五日
著宗人府另行拣选合例之人一并带领引见事上谕　　同治三年七月二十九日
著辅国公承志袭封郑亲王爵事上谕　　同治三年九月十九日
著所有镶蓝旗护军营纛旗仍移交郑亲王承志执掌事上谕　　同治三年九月二十四日
著于郑亲王承志应得甲数内划出护军领催红甲四分白甲十六副给岳灵承领事上谕　　同治三年十二月二十二日
掌广东道监察御史刘庆为参郑亲王承志品行不端请旨饬查惩办事奏折　　同治三年十二月二十二日
著派存诚带领宗人府章京等赴郑亲王府查案事交片　　同治三年十二月二十二日

步军统领存诚等为郑亲王承志交出护卫王二等犯事奏折　同治三年十二月二十五日
著宗人府会同刑部严审王二等犯事上谕　同治三年十二月二十五日
宗人府宗令奕䜣为会审御史奏参郑亲王承志狎优比匪各款等事奏折　同治四年二月二十日
著御史刘庆将所参承志与优人聚会演唱一款指实复奏事上谕　同治四年二月二十日
著宗人府会同刑部按照御史刘庆复奏各情再行提犯研讯事上谕　同治四年二月二十二日
宗人府宗令华丰等为会同审拟郑亲王承志被参各款一案等事奏折　同治四年四月二十五日
著将郑亲王承志交宗人府议处事上谕　同治四年四月二十五日
著派郑亲王承志等分诣觉生寺等处拈香祈雨事上谕　同治四年五月十三日
著步军统领衙门等迅速严拿务获刺杀福珣案犯送交刑部审办事上谕　同治九年八月二十八日
郑亲王承志未经奉旨擅自戴用三眼花翎著交宗人府议处事上谕　同治十年正月十六日
著宗人府传令郑亲王承志到案质讯并派军机大臣会同宗人府刑部详细研鞫事上谕　同治十年四月二十九日
恭亲王奕䜣等为郑亲王供词狡展请旨先行革审事奏折　同治十年五月二十二日
著将承志先行革去王爵由管理宗人府王等军机大臣会同刑部严审人证事上谕　同治十年五月二十二日
宗人府等衙门为审明伙谋殴毙职官案犯并究出亲王主令各情定拟具奏事奏折　同治十年六月二十日
著将已革王爵承志折罚养赡钱粮一年并圈禁二年事上谕　同治十年六月二十日
著将郑亲王承志革爵以庆至袭封事上谕　同治十年八月十四日

同治四年总兵庆锡等为父鸣冤案档案

赵增越编选（2018·4·47）　中国第一历史档案馆

都察院左都御史全庆等为已革马兰镇总兵庆锡等代父伸冤一案事奏折　同治四年闰五月初十日
附件：已革马兰镇总兵庆锡等为代父伸冤事呈状
着刑部核议具奏已革马兰镇总兵庆锡等代父鸣冤恳请昭雪事上谕　同治四年闰五月初十日
大学士管理刑部事务周祖培等为遵旨复议庆锡等代父耆英鸣冤事奏折　同治四年闰五月二十五日
附件一：恭亲王奕䜣为会同定拟耆英罪名事奏折　咸丰八年五月十六日
附件二：署工部尚书肃顺为遵旨会议耆英罪名意见未合专折具奏事奏折　咸丰八年五月十六日
着将庆锡等呈请代父鸣冤恳恩昭雪之处毋庸议事上谕　同治四年闰五月二十五日

晚清部分王公生辰清册

丁进军编选（2001·1·62）　　中国第一历史档案馆

同治五年宗人府造送王公生辰清册

同治六年宗人府造送王公生辰清册

光绪九年宗人府造送王公生辰清册

光绪二十二年宗人府造送王公生辰清册

光绪二十九年宗人府造送王公生辰清册

新发现的曾国藩遗折抄件

徐枫　丁进军编选（1993·4·63）

曾国藩遗折抄件　　同治十一年二月末

吉林省图书馆藏吴大澂致王懿荣、吴云书札

唐田恬辑录（2024·2·21）　　吉林省图书馆

一、吴大澂致王懿荣书札

二、吴大澂致吴云书札

同治十三年左宗棠未刊咨文档案

邹晗辑录（2022·4·21）　　台北故宫博物院

陕甘总督左宗棠为抄录复西征粮台咨稿事致军机处咨文　　同治十三年十月二十日

附件：陕甘总督左宗棠为暂停借银采购军粮事致西征粮台袁保恒咨文

陕甘总督左宗棠为抄录复西征粮台咨稿事致军机处咨文　　同治十三年十月二十日

附件：陕甘总督左宗棠为停止采购驼只事致西征粮台袁保恒咨文

陕甘总督左宗棠为抄录复西征粮台咨稿事致军机处咨文　　同治十三年十月二十日

附件：陕甘总督左宗棠为不必多购车驼事致西征粮台袁保恒咨文

陕甘总督左宗棠为抄录复西征粮台咨稿事致军机处咨文　　同治十三年十一月初一日

附件：陕甘总督左宗棠为驳各军停兵以待诸论事致西征粮台袁保恒咨文

陕甘总督左宗棠为抄录复西征粮台咨稿事致军机处咨文　　同治十三年十一月十四日

附件：陕甘总督左宗棠为出关粮运经费事致西征粮台袁保恒咨文

陕甘总督左宗棠为抄录复西征粮台咨稿事致军机处咨文　　同治十三年十一月十四日

附件：陕甘总督左宗棠为驳预购车驼事致西征粮台袁保恒咨文

陕甘总督左宗棠为抄录复西征粮台咨稿事致军机处咨文　　同治十三年十一月十七日

附件：陕甘总督左宗棠为酌拨骡头来甘事致西征粮台袁保恒咨文

陕甘总督左宗棠为抄录复西征粮台咨稿事致军机处咨文　　同治十三年十一月十七日

附件：陕甘总督左宗棠为无需在凉州置办车辆事致西征粮

台袁保恒咨文
办理西征粮台户部左侍郎袁保恒为抄录复陕甘总督左宗棠咨稿事致军机处咨呈　同治十三年十二月初八日
附件：办理西征粮台户部左侍郎袁保恒为预筹关外粮运请鉴苦衷事致陕甘总督左宗棠咨呈

光绪初年李鸿章致周恒祺书札 42 通
刘兴亮辑录（2023·1·20）　重庆中国三峡博物馆

马嘉理案史料（一）
屈春海　谢小华编选（2006·1·28）　中国第一历史档案馆
云南巡抚岑毓英为马嘉理案事致总理各国事务衙门函底　光绪元年三月初九日
总理各国事务衙门为马嘉理案事复云南巡抚岑毓英函底　光绪元年四月初七日
总理各国事务衙门大臣沈桂芬等与英国驻华公使馆中文秘书梅辉立为马嘉理案交涉事晤谈记录　光绪元年七月十六日
总理各国事务衙门大臣沈桂芬等与英国驻华公使馆中文秘书梅辉立为马嘉理案交涉事晤谈记录　光绪元年七月二十日
总理各国事务衙门大臣沈桂芬等与英国驻华公使馆中文秘书梅辉立为马嘉理案交涉事晤谈记录　光绪元年七月二十二日
总理各国事务衙门大臣崇厚与英国驻华公使馆中文秘书梅辉立为马嘉理案交涉事晤谈记录　光绪元年七月二十三日
总理各国事务衙门大臣沈桂芬等与英国驻华公使馆中文秘书梅辉立为马嘉理案交涉事晤谈记录　光绪元年七月二十八日
总理各国事务衙门大臣沈桂芬等与英国驻华公使馆中文秘书梅辉立为马嘉理案交涉事晤谈记录　光绪元年

马嘉理案史料（二）
屈春海　谢小华编选（2006·2·9）　中国第一历史档案馆
总理各国事务衙门存审讯滇案供词　光绪元年十月二十八日
总理各国事务衙门存审讯滇案供词　光绪元年十月三十日

马嘉理案史料（三）
屈春海　谢小华编选（2006·4·3）　中国第一历史档案馆
总理衙门存审讯滇案供词　光绪元年十一月初三日
总理各国事务衙门存审讯滇案供词　光绪元年十一月初九日
总理各国事务衙门存审讯滇案供词　光绪元年十一月十七日
缅甸蛮允各棉司给新街首官信件译文　光绪元年

马嘉理案史料（四）
屈春海　谢小华编选（2007·1·14）　中国第一历史档案馆
总理各国事务衙门存复讯滇案供词　光绪二年正月十四日

总理各国事务衙门存复讯滇案供词　光绪二年二月初四—初六日
总理各国事务衙门存复讯滇案供词　光绪二年二月初四日
总理各国事务衙门存马嘉理案案犯供招册　光绪二年二月
总理各国事务衙门大臣沈桂芬等与英国驻华公使威妥玛关于马嘉理案交涉事会晤记录　光绪二年四月十九日
总理各国事务衙门拟定各省保护持照游历洋人通行告示稿本　光绪二年七月
同文馆总教习丁韪良与章京绪关于马嘉理案晤谈记录　光绪二年　月二十二日
湖广总督李瀚章致英国驻华公使馆参赞格维讷节略　光绪二年

晚清《申报》刊载的薛福成史料

张天星辑录（2015・4・49）
光绪十年（1884 年）
光绪十一年（1885 年）
光绪十二年（1886 年）
光绪十三年（1887 年）
光绪十四年（1888 年）
光绪十五年己丑（1889 年）
光绪十六年（1890 年）
光绪十七年（1891 年）
光绪十九年（1893 年）
光绪二十年（1894 年）
光绪二十二年（1896 年）

曾纪泽致曾国荃未刊手札

张祥干辑录（2023・3・19）
一、为中法交涉献计三策等事函　光绪十年十月初八日
二、为存缅祀、越南善后等事函　光绪十一年十一月初六日
三、为开办海军衙门、办理缅甸事务等事函　光绪十一年十一月十六日
四、为英相允存缅祀、拟游观英国各厂局等事函　光绪十一年十二月十一日
五、为奉命办理缅甸一案不能迅速归国等事函　光绪十二年二月十一日
六、为稍缓归期、游观英德二国厂局等事函　光绪十二年四月二十八日

光绪朝大阿哥溥儁档案

赵增越选编（2021・1・20）　中国第一历史档案馆
着贝勒载漪之第二子命名为溥儁事谕旨　光绪十一年十二月二十九日
端郡王门上为光绪二十年溥儁应入小考事呈报　光绪二十年八月
端郡王门上为光绪二十年溥儁应入大考事呈报　光绪二十年八月
总管内务府为领取进贡端郡王之子溥儁等应得回赏福字等物品事致宗人府等处片　光绪二十年十一月初九日
赏给翎支缎匹清单　光绪二十年十一月十四日
端郡王载漪为派护卫领取溥儁等赏项事致宗人府门文　光绪二十年十一月

端郡王门上为查明光绪十三年正月至二十一年七月应入应改事件事呈报	光绪二十一年七月
端郡王门上为溥儁应入光绪二十二年大考事呈报	光绪二十二年八月
端郡王门上为溥儁应入光绪二十四年小考事呈报	光绪二十四年八月
端郡王门上为溥儁应入光绪二十四年大考等事呈报	光绪二十四年九月
着赏给溥儁等头品顶戴事上谕	光绪二十五年正月十三日
端郡王门上为溥儁应入小考事呈报	光绪二十五年八月
着以端郡王载漪之子溥儁承继为穆宗毅皇帝之子事上谕	光绪二十五年十二月二十四日
着溥儁在弘德殿读书等事上谕	光绪二十五年十二月二十四日
着派溥儁至大高殿等处恭代行礼事上谕	光绪二十五年十二月二十四日
为恭备大阿哥位下分例着交各司处开单报堂事等堂谕	光绪二十五年十二月二十四日
着大阿哥溥儁及王贝勒等元旦在皇极门内行礼事懿旨	光绪二十五年十二月二十六日
礼亲王世铎等为敕封皇子恭贺皇上事奏折	光绪二十五年十二月二十六日
直隶总督裕禄为敕封皇子恭贺皇太后事奏折	光绪二十五年十二月二十七日
直隶总督裕禄为敕封皇子恭贺皇上事奏折	光绪二十五年十二月二十七日
东河总督任道镕为敕封皇子恭贺皇太后事奏折	光绪二十五年十二月二十八日
东河总督任道镕为敕封皇子恭贺皇上事奏折	光绪二十五年十二月二十八日
河南巡抚裕长为敕封皇子恭贺皇太后事奏折	光绪二十五年十二月二十八日
河南巡抚裕长为敕封皇子恭贺皇上事奏折	光绪二十五年十二月二十八日
为大阿哥诣皇太后前请安等事宜行程路线事致内务府知照	光绪二十五年十二月二十九日
首领祥福为传知张得安为乾清宫六品官职总管兼当大阿哥谙达差使等事传	光绪二十五年十二月二十九日
领侍卫内大臣处为大阿哥诣皇太后前请安道新喜等事宜行程路线事致内务府咨文	光绪二十五年十二月三十日
总理各国事务衙门为立端郡王之子溥儁为皇子事致各国使臣照会稿	光绪二十五年十二月
总理各国事务衙门为立溥儁为皇子等事致出使大臣杨儒等电报	光绪二十六年正月初四日
着责成徐桐等保奏品学兼优者侍奉大阿哥读书事上谕	光绪二十六年正月初五日
安徽巡抚邓华熙为敕封皇子恭贺皇太后事奏折	光绪二十六年正月初六日
安徽巡抚邓华熙为敕封皇子恭贺皇上事奏折	光绪二十六年正月初六日
为钦定大阿哥入学读书时间事上谕	光绪二十六年正月初七日
云贵总督崧蕃为敕封皇子恭贺皇太后事奏折	光绪二十六年正月初九日
云贵总督崧蕃为敕封皇子恭贺皇上事奏折	光绪二十六年正月初九日
掌山东道监察御史余诚格为沪局电报总办经元善聚众妄为等事奏折	光绪二十六年正月初九日
着盛宣怀查拿危词要挟之经元善事上谕	光绪二十六年正月初九日
领侍卫内大臣处为大阿哥诣孝全成皇后御容前拈香行礼往返行程事致内务府知照	光绪二十六年正月初十日
两江总督刘坤一为敕封皇子恭贺皇太后事奏折	光绪二十六年正月初十日
两江总督刘坤一为敕封皇子叩贺皇上事奏折	光绪二十六年正月初十日

署理两江总督鹿传霖为敕封皇子恭贺皇太后事奏折　光绪二十六年正月初十日
署理两江总督鹿传霖为敕封皇子恭贺皇上事奏折　光绪二十六年正月初十日
云南巡抚丁振铎为敕封皇子恭贺皇太后事奏折　光绪二十六年正月十二日
云南巡抚丁振铎为敕封皇子恭贺皇上事奏折　光绪二十六年正月十二日
领侍卫内大臣处为大阿哥至奉先殿寿皇殿拈香往返行程事致内务府咨文　光绪二十六年正月十三日
领侍卫内大臣处为大阿哥至大高殿等处恭代拈香行礼行程事致内务府咨文　光绪二十六年正月十四日
吉林将军长顺等为敕封皇子叩贺皇太后事奏折　光绪二十六年正月二十七日
钦天监为雍和宫后安供大阿哥本命星君牌位开送大阿哥本命日期事致内务府咨文　光绪二十六年正月二十八日
总理衙门为立端郡王之子溥儁为皇子事致各出使大臣咨稿　光绪二十六年正月
总理衙门为立端郡王之子溥儁为皇子事致各国使臣照会稿　光绪二十六年正月
江西巡抚松寿为预立皇嗣叩贺皇太后事奏折　光绪二十六年二月初四日
江西巡抚松寿为预立皇嗣叩贺皇上事奏折　光绪二十六年二月初四日
上驷院堂为预备大阿哥入学读书所需乘用马匹及司鞍等项事等咨呈　光绪二十六年二月初五日
上驷院左司为采买大阿哥乘用朱轮绿围车所需骡头事呈稿　光绪二十六年二月十三日
上驷院为大阿哥现在入学读书预备乘用马匹等事致总管内务府等咨呈　光绪二十六年二月十七日
车库值年内管领文昭等为领大阿哥传用红银朱油车辆等项所需银两事等呈稿　光绪二十六年二月二十三日
领侍卫内大臣处为大阿哥诣孝全成皇后御容前行礼往返行程事致内务府知会　光绪二十六年二月二十七日
上驷院为大阿哥入学读书遵例预备乘用马匹等承差应给马银等事致内务府等咨呈　光绪二十六年二月二十八日
随从阿哥司鞍司辔等添给马银清单　光绪二十六年二月二十八日
总理御茶膳房为侍卫士俊等现重大阿哥讳字音呈请更名等事致内务府咨呈　光绪二十六年三月初一日
领侍卫内大臣处为大阿哥至御容圣容前随从行礼往返行程事致内务府知照　光绪二十六年三月初五日
领侍卫内大臣处为大阿哥诣孝贞显皇后神牌前行礼往返行程事致内务府知会　光绪二十六年三月初九日
打牲乌拉总管云生为预立皇嗣叩贺皇太后圣喜事奏折　光绪二十六年三月十二日
打牲乌拉总管云生为预立皇嗣叩贺皇上事奏折　光绪二十六年三月十二日
总理谙达处为大阿哥入学所悬蒙古谙达等缺着文惠等补授等事致内务府知照　光绪二十六年三月十三日
苏拉处值年内管领为支领备皇上大阿哥驻跸颐和园传用大车抬夫等项所需银两等事呈稿　光绪二十六年三月十九日
领侍卫内大臣处为大阿哥诣奉先殿寿皇殿拈香行礼行程事致内务府知会　光绪二十六年三月二十二日

着大阿哥溥儁等分诣觉生寺等处拈香祈雨事上谕　光绪二十六年四月初四日
领侍卫内大臣处为大阿哥至觉生寺拈香并诣皇太后前请安行程事致内务府知会　光绪二十六年四月初五日
着荆州将军祥亨以都统候补充大阿哥清文谙达事上谕　光绪二十六年四月初六日
祥亨在教习大阿哥清文谕旨内缮作清文谙达事奉旨单　光绪二十六年四月初六日
着派大阿哥溥儁等分诣觉生寺等处拈香祈雨事上谕　光绪二十六年四月十一日
大阿哥诣觉生寺恭代拈香报谢往返行程单　光绪二十六年四月十二日
领侍卫内大臣处为知照大阿哥诣孝静成皇后御容前随从行礼往返行程事致内务府知照　光绪二十六年五月初十日
为皇太后召见用膳等事宜并大阿哥诣皇太后前请安等事宜行程事上谕　光绪二十六年五月十二日
为派大阿哥溥儁诣大高殿拈香祈雨事上谕　光绪二十六年五月十六日
领侍卫内大臣处为大阿哥诣大高殿拈香往返行程事致内务府知照　光绪二十六年五月十七日
为代进两江总督刘坤一送皇太后龙袍等事奏片　光绪二十六年九月十四日
穆宗毅皇帝位下皇子溥儁事件单　光绪二十六年
着撤去溥儁大阿哥名号事上谕　光绪二十七年十月二十日
着溥儁回京后在载瀛府第居住事懿旨　光绪二十七年十二月初三日
二等镇国将军载瀛为接收溥儁事呈报　光绪二十七年十二月十五日
宗人府为撤去溥儁大阿哥名号星源集庆穆宗毅皇帝位下男册应否仍行缮办事奏折　光绪二十七年
镶红旗满洲都统荣禄等为载漪并其子等衔名移于镶白旗本支等事致宗人府咨呈　光绪二十八年十一月十九日
贝勒载瀛门上司仪长富刚为查明溥儁并无添生子女等事呈报　光绪三十二年正月二十三日

清练兵处主要官员履历

丁进军编选（1997·3·58）　中国第一历史档案馆

姚锡光　朱彭寿　许秉琦　沈翊清　邓邦述　岳嗣仪　苏锡第　熙明　戢翼翚　陈诜　刘学濂　绪和

中川恒次郎报告孙中山革命活动的信

（日）狭间直树　何培忠编选（1986·3·64）

1895年3月4日
1895年4月17日

清政府镇压孙中山革命活动史料选

方裕谨编选（1985·1·34）　中国第一历史档案馆

两广总督谭钟麟为严密购拿孙中山奏折　光绪二十一年十二月初八日
两广总督谭钟麟为孙中山已去长崎事片　光绪二十一年十二月初八日
杨枢报告孙中山在东京发表演说函　光绪三十一年七月二十五日
附：东京刊印的孙中山演说会的海报

附：孙中山演说词

两广总督周馥为孙中山现住香港致外务部电	光绪三十二年四月二十四日
巡警部史云为密报孙中山在海外发售军务债票禀文	光绪三十二年七月初九日
外务部为禁孙中山发售军务债票致驻英荷使电	光绪三十二年八月十六日
两广总督周馥为孙中山现在河内致外务部电	光绪三十三年四月二十八日
外务部为严防孙中山入滇致滇督桂抚电	光绪三十三年五月初八日
云贵总督锡良为孙中山已往新加坡并未入滇事致外务部电	光绪三十三年五月十五日
广西巡抚张鸣岐为孙中山现在越南致外务部电	光绪三十三年六月初九日
广西巡抚张鸣岐为孙中山现在河内致军机处等电	光绪三十三年十一月三十日
外务部为随时密查孙中山活动致桂抚电	光绪三十三年十二月初九日
广西巡抚张鸣岐为查明孙中山河内住址致外务部电	光绪三十三年十二月十八日
外务部为孙中山已被捕致桂抚电	光绪三十三年十二月二十一日
外务部为孙中山已乘轮离河内致粤督桂抚电	光绪三十三年十二月二十八日
外务部为孙中山已住新加坡致驻英使电	光绪三十四年正月初七日
两江总督端方为孙中山在爪哇事奏片	光绪三十四年七月二十日
新加坡总领事左秉隆为孙中山由暹罗回新加坡致外务部电	光绪三十四年十二月初一日
檀香山总领事梁国英为报该处革命党人情况禀文	宣统二年九月十三日
驻美使馆书记生周本培报孙中山与法记者谈话记录	宣统三年八月
路透社关于孙中山与英人康德黎谈话电	宣统三年十月初三日
樊棻为报孙中山由美返国致赵尔巽函	宣统三年十月十三日

张人骏辛丑日记

张守中辑注（2023・4・4）

光绪帝被囚瀛台医案

卢经　陈燕平编选（2003・2・60）　　中国第一历史档案馆

吴凤柱致陈宝箴手札一则

陈柏泉供稿（1984・3・34）　　江西省博物馆

日本外交史料馆藏孙中山资料选译

邹念之译（1986・4・67）

神奈川县知事中野继明关于孙中山抵达横滨给外务大臣大限重信的报告	秘甲字第 403 号　1897 年 8 月 18 日发　同年 8 月 19 日收　收文编号为机密受字第 1522 号
神奈川县知事中野继明关于孙中山前往警察署给外务大臣大限重信的报告	秘甲字第 410 号　1897 年 8 月 21 日发
外务大臣大限重信致驻清公使矢野文雄电	机密第 73 号　1897 年 8 月 26 日发　同月 27 日收
神奈川县知事浅田德则关于孙中山等人活动情况给外务大臣青木周藏的报告	秘甲字第 99 号　1899 年 3 月 8 日发
神奈川县知事浅田德则关于孙中山与某人密谈要点给外务大臣青木周藏的报告	秘甲字第 212 号　1900 年 6 月 11 日发

关于孙中山等人活动情况的报告	乙秘字第316号　6月19日发　抚密受字第1381号
兵库县知事大森钟一关于孙中山谈话给外务大臣青木周藏的报告	兵发秘字第410号　1900年7月25日发
神奈川县知事周布公平关于孙中山由新加坡到日给外务大臣青木周藏的报告	秘甲字第308号　1900年8月10日发
神奈川县知事周布公平关于孙中山离日去上海给外务大臣青木周藏的报告	秘甲字第334号　1900年8月22日发
兵库县知事大森钟一关于中国人活动情况给外务大臣青木周藏的报告	兵发秘字第483号　1900年8月25日发
福冈县知事深野一三关于孙中山华南独立计划给外务大臣青木周藏的报告	高秘字第848号　1900年8月26日发
福冈县知事深野一三关于孙中山行动计划给外务大臣青木周藏的报告	高秘字第874号　1900年9月2日发
长崎县知事服部一三关于孙中山等人抵神户致外务大臣青木周藏的报告	高秘字第329号　1900年9月4日发
长崎县知事服部一三关于岛田经一等人行动致外务大臣青木周藏的报告	高秘字第336号　1900年9月7日发
长崎县知事服部一三关于孙中山抵长崎致外务大臣青木周藏报告	高秘字第347号　1900年9月11日发
长崎县知事服部一三致外务大臣青木周藏的报告	高秘字第361号　1900年9月18日发
福冈县知事深野一三关于孙中山与日本人商谈事项给外务大臣青木周藏的报告	高秘字第1000号　1900年9月28日发
福冈县知事深野一三关于孙中山由基隆到日给外务大臣加藤高明的报告	高秘字第1131号　1900年11月15日发
神奈川县知事周布公平关于孙中山谈话给外务大臣加藤高明的报告	秘甲字第500号　1900年11月27日发

有关川岛浪速的几件史料

丁进军编选（1993·4·67）　　中国第一历史档案馆

管理工巡局委员陶大均为聘川岛为警务学堂监督等事与川岛所订合同	光绪二十七年七月初一日
日本内田公使为续聘川岛为学堂监督事所拟合同（甲种）	光绪三十一年　月　日
日本内田公使为聘川岛为巡警部总顾问事所拟合同（乙种）	
巡警学堂督办赵秉钧驳议日本田公使所拟甲种合同之声明	光绪三十一年四月初八日
巡警部委员熙栋等与川岛会晤问答节略	
巡警部委员熙栋等与川岛改订合同清单	光绪三十二年七月初一日
高等巡警学堂为川岛监督合同期满是否续订事致民政部申文	光绪三十四年六月十二日
川岛为回国葬亲事毕禀请销假事致民政部呈文	光绪三十四年十月
高等巡警学堂熙栋为请将续订合同下发川岛收执事致民政部申文	光绪三十四年十一月初三日

附：高等巡警学堂总理熙栋与川岛改订合同清单　光绪三十四年七月初一日
参议厅为复核高等巡警学堂续订川岛合同底稿事致警政司照会　光绪三十四年十一月十七日
内城巡警总厅为请饬禁川岛等任便趋役巡警事致民政部申文　光绪三十四年十二月二十日
消防公所为请饬令川岛兼充消防队教习事致民政部申文　宣统元年七月二十九日
高等巡警学堂总办丁士源为续聘川岛为学堂监督所订合同　宣统二年七月初一日

黎元洪早期履历

丁进军编选（1989·3·59）　中国第一历史档案馆
湖北武昌府江夏县知县陈树屏造呈黎元洪履历清册　光绪二十八年十二月

两广总督等查缉孙中山革命活动密札

王美嘉编选（1986·3·34）　广东省档案馆
德寿为兴中会员由外洋运军装入口事致九龙关税司札文　光绪二十九年二月初九日
岑春煊为革命党在外购枪拟由港运内事致九龙关税司密札　光绪三十一年八月二十八日
岑春煊为防孙中山党人起义严查军火事致九龙关税司札文　光绪三十二年八月二十二日
周馥为查缉军械进口事致琼海关税司札文　光绪三十三年二月二十四日
胡湘林等为查运省石船以防密运军火事致九龙关税司照会　光绪三十三年五月初八日
胡湘林为传闻孙中山密运军火至惠潮事致九龙关税司密札　光绪三十三年五月二十九日
胡湘林为严防革命党人用棺柩运军火事致九龙税司札文　光绪三十三年六月初九日
广东厘务总局为革命党雇轮运械入长江事致九龙税司照会　光绪三十三年六月初九日
胡湘林为探闻孙中山购运军火到港送省事致九龙关税司密札　光绪三十三年八月十四日
张人骏为防备孙中山潜运军火入潮事致九龙关税司札文　光绪三十三年十月二十八日
胡湘林为会订查验军火新章程事致九龙关税司照会　光绪三十四年六月二十八日
张人骏为外部电告美人代购运炸药图举事致九龙关税司札文　宣统元年正月十一日
张人骏为孙中山从缅运枪到滇黔桂事致九龙关税司札文　宣统元年二月二十一日
关务处为查缉革命党人运军火进口事致九龙关税司函　宣统二年五月二十三日
琼海关税务司为查缉革命党人事致常关委员林翊函　宣统二年九月
常关委员林翊复琼海关税务司函　宣统二年九月十二日
海关监督为查缉由雪梨埠潜返香山的革命党人事致九龙关税司函　宣统二年十一月二十二日
江门关署税司为查缉革命党人运炸弹事致九龙关税司密函　宣统三年闰六月初四日
张鸣岐为严防革命党人运军火入江门事致九龙关税司札文　宣统三年闰六月二十三日

张绍曾早期履历

丁进军编选（1993·4·52）　中国第一历史档案馆
陆军第五镇炮队第五标统带官张绍曾履历清册　光绪三十一年五月

巡警部主要官员履历

丁进军编选（1994·2·63）　中国第一历史档案馆
巡警部造呈本部堂官履历清册　光绪三十一年十月二十五日

徐世昌　宗室毓朗　赵秉钧

有关刘鹗的几件史料

丁进军编选（1992·1·58）　　中国第一历史档案馆

盛京将军赵尔巽为批驳刘鹗所呈盐务合同事致外务部函　　光绪三十二年

附件一：刘鹗与日本前驻天津总领事郑永昌订立合股经营辽东半岛盐业合同事致赵尔巽禀　　光绪三十一年

外务部为辽东半岛盐滩不得与日商合股经销事复赵尔巽咨文　　光绪三十二年十二月

甘肃新疆巡抚联魁为刘鹗已解到配事致外务部咨文　　光绪三十四年二月十七日

甘肃新疆巡抚联魁为抄呈刘鹗在监病故片稿事致外务部咨文　　宣统元年九月初六日

附件：甘肃新疆巡抚联魁为奏刘鹗在监病故事片稿

两江总督端方侦缉孙中山革命活动史料

叶秀云编选（1986·2·42）　　中国第一历史档案馆

端方为派员赴日侦查留日学生追随孙中山情形之密札　　光绪三十二年十二月二十日

端方为严防孙中山购运军火发动江浙起义事给江宁将军等咨文　　光绪三十三年三月初三日

端方为防孙中山由苏门答腊购运军火起义事给徐宝山密札　　光绪三十三年四月十七日

端方为派员缉拿革命党人私运军火事给凌汉骞等密札　　光绪三十三年四月十八日

端方为派员前往香港侦探孙中山活动事密札　　光绪三十三年四月三十日

冯国璋早期履历

丁进军编选（1995·1·60）　　中国第一历史档案馆

署理正黄旗蒙古副都统冯国璋造呈履历清册　　光绪三十三年二月

光绪临终前脉案选

李松龄编选（1983·4·34）　　中国第一历史档案馆

光绪三十四年九月二十一日（二件）　九月二十三日（二件）　九月二十四日　九月二十五日　九月二十八日（二件）　九月二十九日

十月初三日　十月初四日　十月初五日　十月十二日　十月十三日　十月十四日　十月十六日　十月十七日　十月十八日（三件）　十月十九日（五件）　十月二十日（四件）　十月二十一日　十月二十一日子刻　十月二十一日午刻

光绪年间官员履历单选载

叶秀云　秦国经编选（1985·1·22）　　中国第一历史档案馆

鹿传霖　唐炯　容闳　张荫桓　丁振铎　胡燏棻　增祺　柯逢时　汪凤藻　张人骏　赵尔巽　俞廉三　廕昌　伍廷芳　盛宣怀　李经羲　吕海寰　那桐　端方　袁世凯　梁诚　严复　谭嗣同　瑞澂　唐绍仪　沈瑜庆　张怀芝　袁大化　梁鼎芬　徐锡麟　张勋　李经迈

熊成基被捕案

王道瑞编选（1982·3·27）　　中国第一历史档案馆

署长春西路兵备道颜世清为捕获熊成基事致东三省总督锡良的信　宣统元年闰二月二十四日
王怀庆函
录呈熊成基供词
录呈臧贯三供词
吉林提法使司为呈报熊成基供词致安徽巡抚朱家宝电稿　宣统元年十二月二十八日
臧贯三供词　宣统元年十二月二十九日
审讯臧贯三堂单　宣统元年十二月三十日
锡良等为安徽已派员前来会验事致吉林提法司札文　宣统二年正月十四日
锡良等为照录电奏稿事致吉林提法司札文　宣统二年正月十四日
附：吉林巡抚陈昭常为拿获熊成基事致军机处请代奏电稿　宣统元年十二月二十六日
吉林提法司为会验熊成基情形及正法日期事致督抚奏咨　宣统二年正月二十一日
审讯臧贯三、董冠三堂单　宣统二年正月二十六日
吉林提法司为报熊成基供词并遵旨正法事致督抚呈文稿　宣统二年二月初四日
有关徐尚德等之堂单　宣统二年二月初九日
吉林提法使司为长春警务长陈友璋呈文批示　宣统二年二月十三日
附：长春警务长陈友璋为巡官肖万春捕获熊成基收到赏银事致吉林提法司呈文　宣统二年二月初七日
徐尚德要求释保的禀文　宣统二年二月
锡良等为抄示关于奖叙捉拿熊成基出力人员事致吉林提法司札文　宣统二年三月初三日
附：锡良、陈昭常奏折　宣统二年二月十一日
吉林提法司收到总督锡良等有关臧贯三批语　宣统二年三月十五日

清末汪兆铭被捕后的供单及有关史料

叶志如编选（1983·2·21）　　中国第一历史档案馆

谕民政部法部等将汪兆铭等永远牢固监禁　宣统二年三月二十日
司法大臣绍昌等为开释汪兆铭等人奏折　宣统三年九月十六日
司法大臣绍昌等为钞录汪兆铭亲供事片　宣统三年九月十六日
附：钞录汪兆铭亲供清单

吴佩孚早期履历

丁进军编选（1990·2·72）　　中国第一历史档案馆

陆军第三镇统制官曹锟呈造吴佩孚履历清册　宣统三年四月

宣统帝任命袁嘉谷为浙江提学使敕谕

佘孟良编选（1991·1·59）　　云南石屏县志编纂委员会

清末部分八旗都统履历

丁进军编选（1989·4·36）　　中国第一历史档案馆

张英麟　崇勋　世泽　李殿林　奎俊　景丰　魁斌　继禄　寿荫、讷勒赫　芬车　增崇　那彦图　载振　色楞额　荫昌　希璋　博迪苏

清末部分八旗副都统履历（上）

丁进军编选（1991·1·49）　　中国第一历史档案馆

希朗阿　善旌　德济　三多　依英阿　景恩　王士珍　丰升阿　敬昌　都凌阿　景麟　景秀　麟寿　段祺瑞　常山　恒顺　瑞启　志钧　常英　崑源　卓凌阿　棍布扎布

清末部分八旗副都统履历（下）

丁进军编选（1991·2·59）　　中国第一历史档案馆

保成　柏梁　成安　岳梁　丰深　连魁　善豫　福海　吴禄贞　苏那穆策麟　文泰　诚全　秦绶章　秀昌　灵熙　额勒春　达赉　陈宝琛　李经迈　寿勋　依凌阿　瑞丰　载光

清外务部部分主要官员履历

丁进军编选（1986·4·40）　　中国第一历史档案馆

瞿鸿禨　伍廷芳　唐绍仪　那桐　梁敦彦　联芳　邹嘉来

清外务部部分重要官员履历单

丁进军编选（1992·1·61）　　中国第一历史档案馆

梁如浩　吴宗濂　周自齐　曹汝霖

载沣等王公亲贵履历

丁进军编选（1988·1·58）　　中国第一历史档案馆

载泽　载润　载沣　溥伒

清官员履历单选登

叶秀云　秦国经编选（1987·1·36）　　中国第一历史档案馆

吴重熹　沈家本　朱益藩　升允　孙宝琦　赵尔丰　杨士琦　延祉　梁士诒　曾广铨　赵东阶　咸麟　杨枢　吴宗濂　张荫棠　刘式训　韩大武　潘盛年　刘玉麟　谢明良　左念慈　熊希龄　钱能训　李盛铎　江朝宗　章达　陆光熙　张謇　赵从蕃　王大贞　翁斌孙　高而谦　郑孝胥　陆锦　陈贻范　蒋廷黻　劳乃宣　赵滨彦

章太炎史料拾遗两则

颜建华辑（2010·3·35）

与龚宝清书

仲昂庭先生家训序

海关洋员名录（一）

丁进军　王澈编选（1994·1·64）　　中国第一历史档案馆

海关总税务司署洋员名录

造册处洋员名目　驻英总司署洋员名目　山海关洋员名目　秦王岛海关洋员名目　津海关洋员名目　东海关洋员名目　胶海关洋员名目　重庆关洋员名目　宜昌关洋员名目　沙市关洋员名目

海关洋员名录（二）

丁进军　王澈编选（1994·2·36）　　中国第一历史档案馆

长沙关洋员名目　岳州关洋员名目　江汉关洋员名目　九江关洋员名目　芜湖关洋员名目　金陵关洋员名目　镇江关洋员名目　江海关洋员名目　苏州关洋员名目　杭州关洋员名目　福海关洋员名目　瓯海关洋员名目　浙海关洋员名目　闽海关洋员名目　厦门关洋员名目

海关洋员名录（三）

丁进军　王澈编选（1994·3·52）　　中国第一历史档案馆

潮海关洋员名目　粤海关洋员名目

海关洋员名录（四）

丁进军　王澈编选（1994·4·27）　　中国第一历史档案馆

九龙关洋员名目　拱北关洋员名目　江门关洋员名目　三水关洋员名目　梧州关洋员名目　琼海关洋员名目　亚东关洋员名目　北海关洋员名目　龙州关洋员名目　专条大巡船　飞虎大巡船　思茅关洋员名目　腾越关洋员名目　并征大巡船　开办大巡船　厘金大巡船　流星大巡船　蒙自关洋员名目　祈假洋员名目　出差洋员名目

清末在华邮政洋员名录

丁进军　王澈编选（1991·4·38）　　中国第一历史档案馆

总邮政司署洋员名目　北京邮界洋员名目　太原副邮界洋员名目　开封副邮界洋员名目　西安副邮界洋员名目　牛庄邮界洋员名目　天津邮界洋员名目　济南副邮界洋员名目　烟台邮界洋员名目　胶州邮界洋员名目　重庆邮界洋员名目　宜昌邮界洋员名目　万县副邮界洋员名目　沙市邮界洋员名目　岳州邮界洋员名目　汉口邮界洋员名目　九江邮界洋员名目　芜湖邮界洋员名目　南京邮界洋员名目　镇江邮界洋员名目　上海邮界洋员名目　苏州邮界洋员名目　杭州邮界洋员名目　宁波邮界洋员名目　温州邮界洋员名目　三都澳邮界洋员名目　福州邮界洋员名目　厦门邮界洋员名目　汕头邮界洋员名目　广州邮界洋员名目　梧州邮界洋员名目　琼州邮界洋员名目　北海邮界洋员名目　龙州邮界洋员名目　蒙自邮界洋员名目　思茅邮界洋员名目　长沙邮界洋员名目　腾越邮界洋员名目　大通邮界洋员名目

民国档案史料

综　合

民国初年临时政府内务部大事记略

丁进军编选（1999·1·70）　　中国第一历史档案馆

民国初年临时政府内务部大事记略

天津《大公报》载孙中山佚文

吴元康编选（2003·2·72）

为催南下来宁事致唐绍仪电　1912年3月14日
为辩诬事致国务院电　1912年6月24日报载
为张振武案与某访员的谈话　1912年8月29日报载
为张方一案在临时参议院的演说　1912年8月28日
在国务员欢迎会上的答词　1912年8月29日
为财政等问题与袁世凯的谈话　1912年9月1日报载
为借款事与袁世凯等人的谈话　1912年8月31日
为停办国民捐事致袁世凯函　1912年9月3日
为借款事与袁世凯的谈话　1912年9月13日
为授特别勋位事与梁士诒的谈话　1912年9月14日报载
为报告参见日本天皇各情事致袁世凯电　1913年2月20日报载
为中日同盟问题事致袁世凯电　1913年2月23日报载
为竞选正式大总统事与日本记者的谈话　1913年2月25日报载
为不愿被列为候补总统事致国务院电　1913年4月20日报载
为不允辞职事复张伯烈函　1917年11月6日报载
为伍廷芳应诉状所作证明书　1920年5月2日报载
为训诫事致西南各省要人电　1921年1月26日报载
为斥责陈炯明事与某要人的谈话　1921年3月11日报载
为关余问题事致北京公使团电　1921年4月12日报载
为是否派代表参与华盛顿会议事与某人的谈话　1921年10月3日报载
为拒绝吴佩孚拉拢与某要人的谈话　1921年12月5日报载
为拒绝拉拢与吴佩孚代表的谈话　1921年12月5日报载
为赞助西南普选在五一纪念大会上的演说　1922年5月1日
与东方通讯社记者的谈话　1922年8月14日
为坚持实行兵工政策与北京代表的谈话　1922年9月8日报载
为解决法统纠纷事致黎元洪电　1922年9月12日报载
关于时局的谈话　1922年10月16日
与大阪《每日新闻》记者田村关于时局的谈话　1923年1月5日
为闽事致林森电　1923年1月22日
离沪赴粤前与东方社记者的谈话　1923年2月15日
在广州军事大会上的演说　1923年2月24日

关于北方图粤与某记者的谈话　1923 年 3 月 20 日
为时局剧变与某外报记者的谈话　1923 年 6 月 22 日报载
为国会南迁事复焦易堂电　1923 年 6 月 23 日
为不再坚持召集民八国会事与某人的谈话　1923 年 7 月 6 日报载
为拟派员赴欧与某外人的谈话　1924 年 2 月 19 日报载
在统一财政大会上的演说　1924 年 2 月 15 日
关于整顿军额的通令　1924 年 2 月 27 日报载
为查验各军实数事致军政部令　1924 年 2 月 27 日报载
为西江防务事致粤军总司令部令　1924 年 3 月 23 日报载
与西江联军代表冯某的谈话　1924 年 5 月 3 日报载
为筹拨沈鸿英军款项事致大本营财政委员会令　1924 年 5 月 5 日
就中日携手与某访员的谈话　1924 年 6 月 8 日
为北上事致段祺瑞电　1924 年 11 月 7 日

孙中山致唐继尧函一通

刘镜亮编选（1987・3・67）　广东省档案馆

孙中山致唐继尧函　1917 年 10 月 4 日

杨明轩文献选刊

王自成编选（1991・1・60）　陕西省档案馆

人格感化为教育第一要义　1919 年
养成适应之人才　1919 年
教育者宜认教育为终身事业　1919 年
爱情在教育之价值　1919 年
敬告旅京陕西学生
关于商税统拨教育经费专款不得挪用的训令　1927 年 2 月
关于教育宗旨的训令　1927 年 3 月
关于整顿小学教育的训令　1927 年 3 月
关于教育决议案的训令　1927 年 3 月
附件：关于教育决议案
关于教育人员自起表率的训令　1927 年 4 月
致邓宝珊函　1946 年 12 月 25 日
在延安庆贺徐特立 70 寿辰会上的讲话　1947 年 2 月 1 日
致周恩来副主席函　1948 年 3 月 15 日
送杜斌丞先生挽联　1948 年 10 月
在边区政府常驻议员、边区政府委员联席会上的闭幕词　1949 年 2 月

孙中山致徐谦函电六件

本刊资料室（1984·3·77）

天津《益世报》载孙中山佚文

吴元康辑注（2013·2·37）

在全国学生联合会评议部闭会式上的演说　1919年8月5日
为请协助讨桂事致湘军师长赵恒惕电　1920年10月25日
与日本大阪《朝日新闻》特派员的谈话　1920年11月8日报载
与护法议员某君的谈话　1920年11月10日报载
为特赦徐傅霖事致司法部长徐谦训令　1921年4月24日报载
为嘉慰入桂作战粤军事致粤军总司令陈炯明大总统令　1921年7月24日报载
与大阪《每日新闻》驻广州特派员的谈话　1922年6月17日报载
与北京地方公益会代表张君的谈话　1922年9月4日
与大阪《每日新闻》驻上海特派员的谈话　1922年10月2日报载
与某西报记者的谈话　1923年1月20日报载
为数日后赴粤事致江苏督军齐燮元、陆军检阅使冯玉祥电　1923年1月29日
与东方社记者的谈话　1923年2月22日报载
在广州欢宴军政各界时的演说　1923年3月17日
与要求取消日本“二十一条”而游行之广州学生请愿代表的谈话　1923年4月2日
痛诋黎元洪的通电　1923年7月11日报载
与日本男爵福原俊丸、池田长康的谈话　1924年12月4日报载
与日本子爵须田的谈话　1924年12月4日报载
与奉军总司令部副官长杨毓珣的谈话　1924年12月19日
与汪精卫的谈话　1925年1月31日

陈独秀等为易白沙蹈海致易培基函

邢建榕编选（1984·3·57）　上海市档案馆

陈独秀致易培基函　1921年6月23日
马君武致易培基函　1921年7月
胡汉民致易培基函　1921年7月3日
章太炎致易培基函　1921年7月11日

孙中山致张静江亲笔信

孔庆泰编选（1985·4·57）　中国第二历史档案馆

孙中山致张静江函　1923年1月8日
孙中山致张静江函　1924年6月15日

《张隐韬烈士日记》连载（一）

王金凤　周秀珍　王炳仲编选（1988·3·71）　河北省南皮县档案馆

《张隐韬烈士日记》第一册　1923年8月1日于北京起记
《自序》（隐韬1924年7月10日于粤军校）　1923年8月1日—10月7日

《张隐韬烈士日记》连载（二）
王金风　周秀珍　王炳仲编选（1988·4·67）　　河北省南皮县档案馆
1923 年 10 月 8 日—1924 年 2 月 1 日

《张隐韬烈士日记》连载（三）
王金风　周秀珍　王炳仲编选（1989·1·70）　　河北省南皮县档案馆
1924 年 2 月 7 日—3 月 21 日

《张隐韬烈士日记》连载（四）
王金风　周秀珍　王炳仲编选（1989·2·69）　　河北省南皮县档案馆
1924 年 6 月 25 日—8 月 15 日

《张隐韬烈士日记》连载（五）
王金风　周秀珍　王炳仲编选（1989·3·71）　　河北省南皮县档案馆
1924 年 8 月 16 日—9 月 4 日

四川省文史研究馆新发现的孙中山九件佚文
李殿元供稿（1993·2·64）　　四川省文史研究馆
1923 年 11 月 21 日致范石生函
1923 年 11 月 24 日致范石生函
1923 年 12 月 22 日致范石生函
1924 年 1 月 12 日给范石生令
1924 年 3 月 1 日致范石生函
1924 年 4 月 13 日致范石生函
1924 年 9 月 20 日由胡汉民代孙中山下达给范石生的命令
1924 年 10 月 10 日给范石生、廖行操电
1924 年 10 月 13 日给范石生电

孙中山先生批牍选
本刊资料室（1987·2·57）
孙中山批陈新政等函
附：陈新政等上孙中山函
孙中山批周应时函
附：周应时上孙中山函
孙中山批刘灯维函
附：刘灯维上孙中山函
孙中山批刘季谋函
附：刘季谋上孙中山函
孙中山批马光晔函
附：马光晔上孙中山函
孙中山批于右任函

附：于右任上孙中山函
孙中山批蔡元培及张相文函
附：蔡元培及张相文上孙中山函
孙中山批赵泰纪函
附：赵泰纪上孙中山函
孙中山批王鼎函
附：王鼎上孙中山书
孙中山批林森及吴景濂函
附：林森及吴景濂上孙中山函
孙中山批林修梅函
附：林修梅上孙中山函
孙中山批陆福廷函
附：陆福廷上孙中山函
孙中山批焦易堂函
附：焦易堂上孙中山函
孙中山批伍毓瑞函
附：伍毓瑞上孙中山函
孙中山批丁惟汾等函
附：丁惟汾上孙中山函
孙中山批汪德渊函
附：汪德渊上孙中山函
孙中山批黎尃及丁士杰函
附：黎尃及丁士杰上孙中山函
孙中山批姚畏青函
附：姚畏青上孙中山函
孙中山批罗鉴龙函
附：罗鉴龙上孙中山函
孙中山批徐东坦函
附：徐东坦来函
孙中山批张铁梅及王升平函
附：张铁梅及王升平上孙中山函
孙中山批曹锟函
附：曹锟上孙中山函
孙中山批陈际熙函
附：陈际熙上孙中山函
孙中山批廖湘芸函
附：廖湘芸上孙中山函
孙中山批林支宇函
附：林支宇上孙中山函
孙中山批赵伸及李伟函
附：赵伸及李伟上孙中山函

孙中山批陈肇英函
附：陈肇英上孙中山函
孙中山批彭素民函
附：彭素民上孙中山呈
孙中山批黄展云等电
附：黄展云等上孙中山电

刘凤池致溥仪信函选（上）
方裕谨编选（1997·1·66）　中国第一历史档案馆

刘凤池致溥仪信函选（下）
方裕谨编选（1997·2·73）　中国第一历史档案馆

张宗昌与溥仪来往信函
张书才编选（1982·1·32）　中国第一历史档案馆
溥仪致张宗昌函　1926年8月20日
张宗昌复溥仪函　1926年
溥仪致张宗昌手谕　1928年10月
张宗昌呈溥仪函　1928年10月
张宗昌致溥仪函　1929年8月1日
溥仪致张宗昌谕稿　1929年8月
张宗昌致溥仪函　1930年夏
张宗昌致溥仪函　1930年
张宗昌致溥仪函　1930年

汪精卫致王懋功密函选
马长林编选（1984·4·58）　上海市档案馆
1928年8月15日函
1928年10月19日函
1929年1月1日函
1929年3月3日函
1929年4月10日函
1929年5月7日函
1929年5月9日函
1929年6月15日函
1929年7月14日函
1929年7月21日函
1929年8月8日函

章炳麟致冯玉祥的五封信

李佳　潘绢贤编选（1981・2・70）　　中国第二历史档案馆

1933年1月29日信

1933年2月8日信

1933年10月10日信

1936年1月29日信

1936年4月13日信

吉鸿昌给冯玉祥的一封信

潘绢贤编选（1981・1・66）　　中国第二历史档案馆

1934年6月9日

翦伯赞复冯玉祥的信

潘绢贤编选（1981・1・80）　　中国第二历史档案馆

1948年4月12日

政　治

自贡地方议事会时期档案选刊

雷显能　杨德琴编选（1991・3・67）　　四川省自贡市档案馆

自贡地方议事会的成立	1911年12月31日
自贡地方议事会筹设各部科议决案	1911年12月31日
自贡地方议事会为减征盐厘议决案	1912年1月3日
自贡地方议事会为解决审判问题六则的议复案	1912年1月5日
自贡地方议事会关于剪辫放足的议决案	1912年1月6日
自贡地方议事会为清理各区仓贮和八垣皮房等处存款的议决案	1912年1月8日
自贡地方议事会为对付滇军欲侵权限的议决案	1912年1月　日
自贡地方议事会关于设立工厂收纳游民的议决案	1912年1月11日
自贡地方议事会为审查财政收入的议决案	1912年1月15日
自贡地方议事会为处理清获官盐的议决案	1912年1月16日
自贡地方议事会为孙中山就任大总统庆祝办法通告	1912年1月25日
自贡地方议事会拟定盐务条例征求盐务习惯法的公告	1912年1月30日
自贡地方议事会关于清帝退位民国统一举行庆祝大典通告	1912年3月1日
自贡地方议事会为奉令推行军用银票通告	1912年3月1日
富顺县地方司令官郭武勋张祚文为限期剪辫告示	1912年3月18日
富顺县知事为奉令将地方司令官改称知事事给坵垱区令	1912年4月17日
自贡地方行政长王晋涵为议职人员暂停支薪一月通令	1912年8月31日
自贡地方行政长王晋涵为不准将公私基业售与外国人令	1912年10月23日
自贡地方行政长王晋涵为庆祝自贡独立周年纪念日应撙节令	1912年11月16日
自贡地方行政长王晋涵为禁止妇女在茶馆内替人烧烟令	1912年12月14日
井灶枧商为恳请解决纸币困商贻害两厂事呈自贡商会报告	1913年

临时大总统孙中山整顿吏治的批示和命令

李安庆　蔡鸿源　孙必有编选（1981・3・4）　　中国第二历史档案馆

孙中山对内务部请颁文官试验令的批示　　1912年2月14日

孙中山颁布的整顿吏治令　　1912年3月20日

1912—1915年中俄呼伦贝尔交涉史料选译（上）

陈春华译（1989・2・61）

外交大臣沙查诺夫致驻北京公使库朋斯齐电　　1912年5月6（19）日

外交大臣沙查诺夫致内阁总理大臣科科弗采夫函　　1912年5月16（29）日

驻北京公使库朋斯齐致代理外交大臣尼拉托夫电　　1912年7月20日（8月2日）

外交大臣沙查诺夫致驻北京公使库朋斯齐密电　　1913年11月5（18）日

驻北京公使库朋斯齐密电　　1913年11月5（18）日

驻北京公使库朋斯齐致驻海拉尔副领事吴萨谛公函　　1914年1月7（20）日

驻北京公使库朋斯齐致外交大臣沙查诺夫电　　1914年1月24日（2月6日）

外交大臣沙查诺夫致财政大臣科科弗采夫函　　1914年1月28日（2月10日）

外交大臣沙查诺夫致驻北京公使库朋斯齐电　　1914年2月6（19）日

驻北京公使库朋斯齐致外交大臣沙查诺夫电　　1914年2月10（23）日

驻北京公使库朋斯齐致外交大臣沙查诺夫电　　1914年3月1（14）日

外交大臣沙查诺夫致驻北京公使库朋斯齐电　　1914年3月3（16）日

驻北京公使库朋斯齐致外交大臣沙查诺夫紧急报告　　1914年3月21日（4月3日）

附件：1914年3月15（28）日中国政府对俄国政府所提呼伦贝尔与中国和解条件之四点答复

1912—1915年中俄呼伦贝尔交涉史料选译（下）

陈春华译（1989・3・61）

驻北京公使库朋斯齐致外交大臣沙查诺夫紧急报告

附件1：中国外交总长陆征祥致俄国驻北京公使库朋斯齐照会　　1915年10月28日（11月10日）

附件2：中国外交总长陆征祥致俄国驻北京公使库朋斯齐照会　　1915年10月24日（11月6日）

外交大臣沙查诺夫致驻北京公使库朋斯齐函　　第787号 1915年12月5（18）日

袁世凯等有关张振武案的电文一组

胡菊蓉编选（1983・1・72）　　中国第二历史档案馆

黎元洪致袁世凯电　　1912年8月11日

陆军部致黎元洪电　　1912年8月15日

黎元洪致袁世凯等电　　1912年8月19日

黎元洪致袁世凯等电　　1912年8月21日

武昌刘心源等公电　　1912年8月21日

武昌黎本唐等致袁世凯等电　　1912年8月21日

汉口商务总会公电　　1912年8月

社团改进会群进会申请立案档选

李安庆编选（1982·1·36） 中国第二历史档案馆

一、社团改进会

谭人凤等致内务部警政司呈	1912年9月28日
附：社团改进会发起意见书	
附：社团改进会草案	
警政司呈	1912年10月8日
附：谭人凤答复书	
附：警政司原拟条件	
内务部批稿	1912年10月11日
内务部复大总统秘书厅函稿	1913年9月30日

二、群进会

国务院交内务部函	1912年10月24日
孙武等呈	1912年10月14日
附：群进会宣言	
附：群进会总章	
附：群进会人名表	
附：首事人姓名履历地址	
附：佐理人姓名履历地址	
附：办事人姓名履历地址	
内务部咨稿	1912年10月25日
内务部批	1912年10月25日

中华全国商会联合会第一次代表大会（上）

叶万忠　林植霖编选（1982·4·41） 江苏省苏州市档案馆

中华全国商会联合会发起会议纪要	1912年11月13日
中华全国商会联合会缘起	1912年11月
上海总商会协理王震等致工商部呈	1912年11月
附：中华全国商会联合会章程	
工商部批	1912年11月
全国商联会江苏省事务所致各地商会函	1914年2月16日
苏州商务总会致江苏省事务所函稿	1914年3月25日
全国商联会江苏省事务所致苏州商务总会函	1914年3月6日
附：选举补救方法三条	
苏州商务总会致江苏省事务所函稿	1914年3月7日
全国商联会第一次大会须知	1914年3月15日
全国商联会第一次大会开会词	1914年3月15日
中华全国商会联合会第一次会议章程	
中华全国商会联合会第一次大会议事规则	

中华全国商会联合会第一次代表大会（下）

叶万忠　林植霖编选（1983·1·44）　　江苏省苏州市档案馆

全国商联会第一次大会议员一览表

大会决议　　1914年3月15—16日

审查会报告办法

议案审查细则

议案审查人员名单

全国商联会复日本领事函　　1914年3月19日

全国商联会第一次大会致农商部呈　　1914年3月

农商部长张謇致全国商联会函　　1914年3月13日

农商部复陈介电　　1914年3月21日

向瑞琨致周、贝两会长及与会代表电　　1914年3月

全国商联会第一次大会闭会秩序　　1914年4月11日

法日公使与袁世凯政府关于“善后借款”的谈话

胡菊蓉编选（1982·3·42）　　中国第二历史档案馆

日法两使与陆征祥、周学熙谈话记录　　1912年12月31日

法使与陆征祥谈话记录　　1913年1月15日

日法两使与陆征祥谈话记录　　1913年1月21日

廖宇春助袁胁迫清帝退位的一件史料

孔庆泰编选（1984·2·44）　　中国第二历史档案馆

张淑信致稽勋局折　　1913年

中国共和党呈请立案史料

孔庆泰编选（1985·4·42）　　中国第二历史档案馆

廖容等为请准中国共和党立案事致内务部呈　　1913年4月25日

内务部为中国共和党章程字句应行修改事致廖容等批复稿　　1913年4月30日

中国共和党为遵令修改章程字句暨具报职员名单事致内务部呈　　1913年5月7日

内务部为照准中国共和党备案事致廖容等批复稿　　1913年5月12日

孙中山等反袁革命活动史料选

王美嘉编选（1989·3·64）　　广东省档案馆

广东省民政长李开侁致琼海关税务司函　　1914年2月16日

琼海关监督程福庆致琼海关税务司函　　1914年3月3日

琼海关监督程镇瀛致琼海关税务司函　　1914年3月26日

琼海关监督程镇瀛致琼海关税务司函　　1914年4月15日

广东省民政长李开侁致琼海关税务司函　　1914年4月30日

广东巡按使致琼海关税务司函　　1914年7月7日

琼海关监督程镇瀛致琼海关税务司函　　1914年11月25日

琼海关监督程镇瀛致琼海关税务司函　1914年12月8日
琼海关监督朱孝威致琼海关税务司函　1915年7月13日
琼海关监督朱孝威致琼海关税务司函　1915年7月13日
附：琼海关为抄送修正海关查缉私运军火奖罚章程致袁世凯呈稿
琼海关监督朱孝威致琼海关税务司函　1915年12月4日
琼海关监督朱孝威致琼海关税务司函　1915年7月至1916年1月间
琼海关监督朱孝威致琼海关税务司函　1916年1月14日
琼海关监督赵曾蕃致琼海关税务司函　1916年1月
琼海关监督赵曾蕃致琼海关税务司函　1916年1月至5月间

“二十一条”签订经过的史料一组

冯月庵　张凤兰　潘国华　陆可平　刘玉岐编选（1983·2·53）　辽宁省档案馆

外交部致吉林巡按使咨　1915年5月11日
附件一：中华民国四年一月十八日日本公使日置益提出条件
附件二：中华民国四年四月二十六日日本驻京全权公使第二次送交条款
附件三：中华民国四年五月一日修正案
附件四：觉书
附件五：中国政府答复日本政府最后通牒节略
吉林交涉署致财政厅等函稿　1915年5月12日
吉林交涉署致财政厅等密函稿　1915年5月13日
附：现在结定条款稿大略
吉林交涉署致财政厅等密函稿　1915年5月15日
吉林交涉署致四路道尹密函稿　1915年5月22日
外交部致各省将军及巡按使电　1916年5月26日
外交部致各省将军及巡按使电　1915年5月27日

护国运动期间唐继尧等文电一组

邹明德编选（1981·4·65）　中国第二历史档案馆

唐继尧、任可澄致袁世凯电稿　1915年12月23日
唐继尧讨袁通电稿　1915年12月25日
唐继尧、蔡锷等五人讨袁通告稿　1915年12月27日
唐继尧、蔡锷等七人讨袁檄文　1915年12月31日
云南将军行署、云南巡按使署致外国公使领事照会稿　1915年12月31日
陆荣廷致唐继尧、刘显世、蔡锷电　1916年3月15日
陆荣廷致唐继尧、刘显世电　1916年3月15日
陈炳焜等致唐继尧、刘显世电　1916年3月15日
陈炳焜等讨袁通电　1916年3月15日
中华民国军政府第一号宣言书　1916年4月18日
中华民国军政府第二号宣言　1916年4月18日

中华民国军政府第三号宣言书　1916 年 5 月 7 日
中华民国军政府第四号宣言书　1916 年 5 月 7 日
中华民国军政府第五号宣言书　1916 年 5 月 9 日

护国战争期间张贴于川东的一些告示

谢守平编选（1989·1·65）　重庆市档案馆

署四川巡按使陈宧拥戴袁世凯称帝告示　1915 年 12 月 31 日
永川县知事公署转发更改年号告示　1916 年 1 月 19 日
入川北洋军第七师师长张敬尧告示　1916 年 2 月 5 日
入川北洋军第八师师长李长泰告示　1916 年 2 月
北洋军十五师三十旅旅长黄鹄举就地正法侦探告示　1916 年 3 月 18 日
署四川巡按使陈宧转发撤销帝制年号告示　1916 年 3 月
北洋军特派行军总司令曹锟等所发告示　1916 年
北洋军十五师三十旅长黄鹄移驻永川告示　1916 年 5 月 13 日
四川招抚处处长游德崇等告示　1916 年 6 月
护国军第一军总司令蔡锷告示　1916 年
东川道道尹唐贤绰不添招军队告示　1916 年 7 月
东川道道尹唐贤绰关于军队原地驻防无令不准擅行告示　1916 年 7 月

护国战争时期贵州宣布独立文件

陈集忍　邵斌编选（1985·2·40）　贵州省档案馆

宣布贵州独立通令　1916 年 1 月 27 日
宣告贵州都督府成立示　1916 年 1 月 27 日
宣告贵州独立示　1916 年 1 月 27 日
贵州独立后应照旧遵办事项示　1916 年 1 月 29 日

平民社会党申请立案档选

李安庆编选（1982·2·54）　中国第二历史档案馆

京师警察厅总监吴炳湘详　1916 年 6 月 27 日
附：殷仁宣言
平民社会党宣言
平民社会党规约
内务部批稿　1916 年 7 月 14 日
京师警察厅总监详　1916 年 7 月 30 日
内务部指令稿　1916 年 8 月 21 日

张勋复辟时熊希龄与赵凤昌来往函电

陈时伟编选（1988·4·64）　北京图书馆

熊希龄致赵凤昌电　1917 年 7 月 1 日
熊希龄致赵凤昌电　1917 年 7 月 4 日
熊希龄致赵凤昌函　1917 年 7 月 4 日

赵凤昌复熊希龄电	1917年7月5日
赵凤昌致冯国璋电	1917年7月6日
熊希龄致赵凤昌电	1917年7月6日
熊希龄致叶揆初转赵凤昌电	1917年7月7日
熊希龄致赵凤昌电	1917年7月7日
熊希龄致叶揆初转赵凤昌电	1917年7月9日
赵凤昌复熊希龄电	1917年7月11日

护法运动中孙中山致唐继尧电报选

李明编选（1985·4·45）　　云南省档案馆

孙中山请唐继尧早日就元帅职的密电	1917年8月16日
孙中山为派军府参议张左丞为驻滇代表事致唐继尧密电	1917年9月24日
孙中山再请唐继尧即日宣布就元帅职密电	1917年9月29日
孙中山为催促伍廷芳来粤事致唐继尧密电	1917年10月5日
孙中山请唐继尧务于北伐前先电宣布就元帅职密电	1917年10月8日
孙中山为接受李烈钧为滇省全权代表事复唐继尧密电	1917年11月10日
孙中山为援助黄复生等所组织之民军事致唐继尧密电	1917年11月10日
孙中山为靖国联军第七军宣布独立事请唐继尧转至张煦嘉慰电	1917年11月13日
孙中山为发起西南联合会议事致唐继尧等电	1917年11月14日
孙中山为鼓励张煦爱国电	1917年11月21日
孙中山为滇军在川大捷再促就元帅职等事致唐继尧密电	1917年11月21日
孙中山为黔军大捷致袁祖铭部贺电	1917年11月21日
孙中山为询问委任袁祖铭何职事致唐继尧等转林参议电	1917年11月22日
孙中山为荆襄形势促唐继尧等迅从宜昌东进武昌密电	1917年12月10日
孙中山为联络刘存厚及钟体道等义军事致唐继尧密电	1917年12月18日
孙文为龙济光与陆荣廷勾结附北等事致章太炎密电	1917年12月21日
孙中山为委任黄复生及卢师谛职务事致唐继尧的密电	1917年12月29日
孙中山为派张继及汪精卫赴日事致唐继尧密电	1917年12月29日
孙中山为请加电甘肃马然良事致唐继尧电	1918年1月12日
孙中山为号召举兵拥护共和事请唐继尧转马翰如电	1918年1月13日
孙中山为联合滇黔进取川中事致黄复生卢师谛密电	1918年1月21日
孙中山为刘存厚反复无常需察情伪事致唐继尧电	1918年1月21日
孙中山为译转石青阳等来电并催促唐继尧就元帅职密电	1918年1月25日
孙中山为莫荣新部擅行捕杀军府卫队人员事致唐继尧等电	1918年1月25日
孙中山为呼吁护法各将领及各界人士支持护法军政府通电	1918年2月22日
孙中山为呼吁各执权者以国本为念速复和平通电	1918年2月22日
孙中山为成都攻克后四川都督人选等问题致唐继尧密电	1918年3月1日
孙中山为请复东电事致唐继尧密电	1918年3月5日
孙中山为劝唐继尧克日就元帅职务事密电	1918年3月13日
孙中山为命石青阳为四川陆军第二师长等职事致唐继尧等电	1918年3月13日

大元帅府秘书处为命张左丞赴川协助石青阳电　1918年3月13日
孙中山为表明对南北和战的态度致唐继尧密电　1918年3月15日
孙中山为请联络各省护法并发通电讨逆事致唐继尧密电　1918年3月19日
孙中山为解释任命石青阳军职原由事致唐继尧电　1918年3月26日
孙中山为催唐继尧即日宣布就元帅职密电　1918年4月1日
孙中山为坚持恢复旧国会为改组军政府先决条件复唐继尧密电　1918年4月2日
孙中山为允准石青阳以师长兼军务会办事致唐继尧密电　1918年4月9日
孙中山为李国定筹军讨逆事致唐继尧密电　1918年4月10日
孙中山为商请委任田应诏及周则范军职事致唐继尧密电　1918年4月12日
孙中山向国会非常会议辞去大元帅职的通电　1918年6月4日

南京青年学生在五四爱国运动中的斗争

李祚明等编选（1981·2·39）　中国第二历史档案馆

江苏教育厅代电　1918年5月23日
江苏留日学生救国团警告本省父老昆弟书　1918年6月
江苏省教育会分事务所致江苏省议会函稿　1918年6月20日
袁希涛致陈容函　1919年5月8日
江苏教育厅致江苏公立医学专门学校密函　1919年5月20日
江苏教育厅代电　1919年5月27日
江苏省立第一女子师范学校致江苏公立法政专门学校函　1919年5月28日
陈容致北洋政府教育部、江苏省长公署呈稿　1919年5月
江苏教育厅代电　1919年6月3日
袁希涛致陈容函　1919年6月
江苏省教育会通告　1919年6月
江苏教育厅长胡家祺函　1919年6月16日
江苏教育厅函　1919年12月9日
江苏教育厅函　1920年3月
南京高等师范学校校务会议记录　1920年4月12—15日
江苏教育厅函　1920年4月16日
张景范致郭秉文函　1920年4月24—27日
江苏省立第五师范学校教职员宣言　1920年4月
蔡文森致江苏公立法政专门学校函　1920年5月6日

1919—1921年中外交涉关余及接管海关史料（上）

王美嘉编译　林石川　吴宏明校审（1987·1·51）　广东省档案馆

协约国驻广州领事致军政府函　1919年1月16日（广州）
附：电报之抄件
中华民国军政府外交部长伍廷芳致粤海关税务司柯尔乐函　1919年2月26日（广州）
伍廷芳致总税务司安格联函　1919年3月6日

伍廷芳致安格联电　1919年3月13日
伍廷芳致柯尔乐函　1919年3月18日（广州）
伍廷芳致粤海关税务司函　1920年4月20日（上海　戈登路3号）
南方政府外交部长温宗尧致安格联函　1920年5月6日（广州）
附：中华民国军政府外交部致外交使团照会　1920年5月4日（广州）
伍廷芳致外交使团团长函　1920年12月2日
伍廷芳致安格联函　1921年1月
广州英国领事致北京英国公使急电　1921年1月15日（第三号电报）
广州英国领事致北京英国公使急电　1921年1月15日（第四号电）
安格联致伍廷芳急电　1921年1月16日下午5时40分（北京）
伍廷芳致安格联函　1921年1月18日
南方军政府的公开正式声明　1921年1月18日（广州）
安格联致伍廷芳电　1921年1月19日上午10时（北京）
伍廷芳复安格联函　1921年1月20日（广州）
安格联致伍廷芳电　1921年1月23日下午8时30分（北京）
伍廷芳再致安格联函　1921年1月24日（广州）
伍廷芳致粤海关税务司威尔逊函　1921年1月27日（广州）
中华民国军政府外交部致广州领事团函　1921年1月27日（广州）

1919—1921年在中外交涉关余及接管海关史料（下）

王美嘉编译　林石川　吴宏明校审（1987·2·71）　广东省档案馆

安格联致伍廷芳急电　1920年1月28日下午11时40分（北京）
伍廷芳致安格联电　1921年2月1日
安格联致伍廷芳电　1921年2月2日下午4时15分（北京）
安格联提交伍廷芳的备忘录　1921年2月2日（北京）
伍廷芳致安格联电　1921年2月4日
伍廷芳致安格联电　1921年2月17日
安格联致伍廷芳电　1921年2月18日下午1时30分（北京）
安格联致伍廷芳急电　1921年2月23日下午3时30分（北京）
伍廷芳致安格联电　1921年2月25日
安格联致伍廷芳电　1921年3月26日下午1时50分（北京）
威尔逊致伍廷芳函　1921年3月2日
附：安格联回电　1921年3月1日（北京）
附：送郭泰琪先生的译电　1921年3月2日
安格联致伍廷芳电　1921年3月3日上午11时20分（北京）
伍廷芳致安格联电　1921年3月24日
伍廷芳致安格联电　1921年3月28—29日
安格联致伍廷芳电　1921年3月28日下午1时25分（北京）
安格联致伍廷芳电　1921年4月2日下午12时45分（北京）
威尔逊致伍廷芳函　1921年4月9日
伍廷芳致安格联电　1921年7月25日

伍廷芳致安格联电	1921年8月6日
安格联致伍廷芳电	1921年8月7日下午8时45分（北京）

北洋政府处理日本在延吉等地非法设警文电

张凤兰　潘国华　陆可平　冯月庵　刘玉岐编选（1983·3·55）　　辽宁省档案馆

孟富德等致吉林省公署快邮代电稿	1919年5月5日
外交部致吉林督军公署电稿	1919年5月7日
吉林督省二署致孟富德等电稿	1919年5月8日
孟富德等复吉林督省二署电	1919年5月12日
吉林督省二署复孟富德等电稿	1919年5月13日
孟恩远等致外交部电稿	1919年5月13日
孟恩远等复国务院电稿	1919年5月14日
孟富德等致吉林督省二署电	1919年5月15日
吉林督省二署复孟富德等电稿	1919年5月16日
吉林督省二署致孟富德等电稿	1919年5月16日
孟恩远等致国务院电稿	1919年5月16日
国务院复孟恩远等电	1919年5月16日
吉林督省二署致张世铨等电稿	1911年5月19日
张世铨致吉林省公署呈文	1919年5月20日
赵宪章致吉林省公署呈文	1919年5月25日
张作霖致吉林省公署密咨	1919年5月28日
张世铨致吉林督省二署电	1919年6月3日
吉林督省二署复张世铨电稿	1919年6月4日
孟恩远等致国务院电稿	1919年6月5日
国务院复吉林督省二署电	1919年6月7日
张世铨致吉林督省二署快邮代电	1919年6月17日
张世铨致吉林督军公署呈文	1919年6月
张世铨致吉林省公署电	1919年8月4日
刘延祺致吉林省公署禀文	1919年8月21日
郭宗熙致国务院等代电稿	1919年9月16日
张世铨致吉林省公署电	1919年10月5日
附：抄函稿一件	
张世铨致吉林省公署呈文	1911年11月10日

张敬尧在吴佩孚撤防北归期间致北洋政府的电报

陈长河编选（1983·1·65）　　中国第二历史档案馆

致陆军部铣电	1919年8月18日
致国务院等咸电	1919年9月15日
致国务院等删电	1919年9月15日
致国务院等号电	1919年9月20日
致大总统等沁电	1919年9月27日

致国务院等庚电	1919 年 1 月 8 日
致大总统等艳电	1920 年 1 月 29 日
致参谋本部等艳电	1920 年 2 月 29 日
致国务院等江电	1920 年 3 月 3 日
致大总统等寒电	1920 年 3 月 14 日
致国务院等马电	1920 年 3 月 21 日
致国务院等俭电	1920 年 3 月 28 日
致国务院等东电	1920 年 4 月 1 日
致大总统等歌电	1920 年 5 月 5 日
致大总统等庚电	1920 年 5 月 8 日
致大总统等蒸电	1920 年 5 月 10 日
致大总统等删电	1920 年 5 月 15 日
致大总统等铣电	1920 年 5 月 16 日
致国务院等哿电	1920 年 5 月 20 日
致陆军部代总长罗开榜号电	1920 年 5 月 20 日
致陆军部哿电	1920 年 5 月 20 日

孙中山与段张建立反直同盟函电选

本刊资料室（1986・3・50）　　中国第一历史档案馆

孙中山述剿除桂系军阀及联皖排直目的复王文华函	1920 年 3 月 27 日
孙中山嘱与徐树铮洽商军事复廖仲恺等电	1921 年 11 月 22 日
孙中山派吴忠信接洽军事致张作霖函	1922 年 5 月
孙中山为派汪精卫商讨曹吴复张学良函	1922 年 9 月 22 日
孙中山请出兵北京并派汪精卫面洽复张作霖函	1922 年 9 月 22 日
孙中山为宣扬主义复宁武函	1922 年 9 月 27 日
孙中山为派杨庶堪来商时局致卢永祥函	1922 年 9 月 29 日
孙中山述闽局前途复王永泉函	1922 年 11 月 10 日
孙中山为协商时局复张作霖函	1922 年 11 月 30 日
孙中山为辟许崇智徐树铮交恶谣传复杨大实函	1922 年 11 月
孙中山为攻粤图存复王永泉函	1922 年 12 月 29 日
孙中山为派程潜往商军事致张作霖函	1922 年
孙中山为派于右任商洽要事致段祺瑞函	1923 年 1 月 26 日
孙中山论东北交涉复佟兆元函	1923 年 2 月 1 日
孙中山告陈败沈起当继续讨贼复于冲汉函	1923 年 2 月 1 日
孙中山告陈败沈起望协力讨贼复李友兰函	1923 年 2 月 1 日
孙中山为沈变事复李梦庚函	1923 年 2 月 1 日
孙中山告粤局近况复杨宇霆函	1923 年 2 月 1 日
孙中山允为剖白复辟谣诼等情复张作霖电	1923 年 4 月 12 日
孙中山为商讨时局复张作霖函	1923 年 5 月 3 日
孙中山嘱向张作霖商助军费事致汪精卫电	1923 年 5 月 3 日
张作霖为商讨时局致叶恭绰函	1923 年 8 月

孙中山告派汪精卫去奉接洽要事复宁武函　1923 年 9 月 22 日
孙中山告讨贼军情致张作霖函　1923 年 11 月 25 日
张学良赴奉未遇为歉复叶恭绰函　1924 年 1 月 8 日
杨宇霆为不必为联合悲观复叶恭绰函　1924 年 1 月 8 日
杨宇霆促回粤报告联合无虞复叶恭绰函　1927 年 1 月 11 日
伍朝枢为商告各事项致叶恭绰函　1924 年 1 月 15 日
杨宇霆为继续从事联合复叶恭绰函　1924 年 1 月 18 日
胡汉民等为注意联合不应违反主旨致叶恭绰电　1924 年 1 月 19 日
叶恭绰为解释对联合忧虑复杨宇霆函　1924 年 1 月 19 日
孙中山关于解决国事办法复吴忠信函　1924 年 4 月 24 日
孙中山为可派飞机师往助致卢永祥电　1924 年 9 月 5 日
孙中山讨伐曹吴复卢永祥电　1924 年 9 月 10 日
孙中山为讨伐曹祺复段祺瑞电　1924 年 9 月 19 日
孙中山拟即出师北伐致卢永祥电　1924 年 9 月 24 日
张作霖为告知第二次直奉之战情况致叶恭绰函　1924 年 9 月 20 日
孙中山答卢永祥去职由复叶恭绰电　1924 年 10 月 14 日
孙中山请徐树铮来韶襄助致叶恭绰电　1924 年 10 月 15 日
孙中山为告即日北上致冯玉祥等电　1924 年 10 月 27 日
孙中山为告即日北上事致段祺瑞电　1924 年 10 月 27 日
孙中山为告即日北上事致孙科电　1924 年 10 月 28 日
孙中山为派吴忠信往晤致段祺瑞函　1924 年 10 月
孙中山为告即日北上事复冯玉祥等电　1924 年 11 月 4 日
孙中山为告即日北上事复张作霖电　1924 年 11 月 4 日
孙中山为嘉慰为主义奋斗事复冯玉祥电　1924 年 11 月 7 日
孙中山为告拟派李烈钧回赣复段祺瑞电　1924 年 11 月 18 日
孙中山望截拿吴佩孚致齐燮之电　1924 年 12 月 9 日
孙中山为力争善后会议应容纳人民团体代表致段祺瑞电　1925 年 1 月 17 日

李大钊领导北京共产主义青年团等革命活动史料
杜春和编选（1991·4·60）　中国社会科学院近代史所资料室
密探关谦为刘仲容等筹集赴俄川资会议事致步军统领衙门呈文　1921 年 2 月 28 日
密探关谦为北京共青团第四次大会情形事致步军统领衙门呈文　1921 年 4 月 1 日
附 1：萧俊章致陈德荣函
附 2：北京青年团代表何孟雄带交致国际少年共产党大会书
载德为密报李大钊与无政府主义者斗争情形事致京畿卫戍司令呈文　1922 年 10 月 21 日
曹锟破坏李大钊在北大所设秘密革命机关等事致王怀庆密电　1923 年 2 月 9 日
载德为朝鲜社会党人王东明与李大钊等聚谈事致王怀庆呈文

临城劫车案文电一组

胡菊蓉编选（1981·2·57）　　中国第二历史档案馆

交通部致内务部咨	1923年5月8日
熊炳琦致国务院等密电	1923年5月11日
熊炳琦致国务院等密电	1923年5月15日
王怀庆致交通部代电稿	1923年5月15日
吴毓麟致王怀庆、冯玉祥密电	1923年5月15日
田中玉致大总统等密电	1923年5月16日
内务部致直隶省等咨稿	1923年5月17日
吴毓麟等致大总统密电	1923年5月18日
外交部致曹锟电	1923年5月19日
田中玉致大总统等电	1923年5月31日
田中玉致大总统等密电	1923年6月1日
	1923年6月3日
	1923年6月6日
	1923年6月12日
田中玉致曹锟等电	1923年6月13日
田中玉致大总统等电	1923年6月13日
田中玉致国务院等电（二件）	1923年6月25日
郑士琦致国务院等密电	1923年12月20日

关于北京社会主义青年团活动的密报

孔庆泰编选（1984·2·65）　　中国第二历史档案馆

国务院致内务部密函	1923年5月17日
附：密报原件	

1923年北京学生纪念“五·一”史料一则

孔庆泰编选（1984·2·64）　　中国第二历史档案馆

京师警察厅总监薛之珩呈	1923年5月24日

杨宇霆为破坏曹锟贿选与各方来往信函

冯月庵　陆可平　刘玉岐编选（1982·2·61）　　辽宁省档案馆

杨宇霆复杨琪山函稿	1923年6月21日
姚震致杨宇霆函	1923年6月22日
金永炎致杨宇霆函	1923年6月27日
姚震致杨宇霆函	1923年7月2日
王永江致杨宇霆函（二件）	1923年约7月上旬
杨宇霆致杨毓珣函稿	1923年7月27日
王永江致杨宇霆函	1923年8月
杨宇霆复郎克庄函稿	1923年8月21日
杨宇霆致曾毓隽函稿	1923年8月27日

杨宇霆复金永炎函稿　1923年9月4日
姚震致杨宇霆函稿　1923年9月10日
杨宇霆复姚震函稿　1923年9月12日
杨宇霆复刘振生函稿　1923年9月19日
杨毓珣致杨宇霆函稿　1923年约9月中旬
杨宇霆致段祺瑞函稿　1923年约9月中旬
姚震致杨宇霆函　1923年9月25日
杨宇霆致段祺瑞函稿　1923年9月29日
杨宇霆致姚震函稿　1923年9月29日
刘哲致杨宇霆函　1923年10月7日
姚震致杨宇霆函稿　1923年10月7日
姚震致杨宇霆函　1923年10月9日

孙中山为反击陈沈叛军致朱培德函令

马长林　邢建榕编选（1983·3·64）　上海市档案馆

孙中山致朱培德函　1923年11月19日
孙中山致朱培德训令　1923年12月2日
孙中山致朱培德函　1923年12月4日
孙中山致朱培德函　1924年1月26日

孙中山镇压广东商团叛乱文电

沈家五　袁润芳　李路　蔡鸿元编选（1982·1·47）　中国第二历史档案馆

陈廉伯等致内政部呈　1924年8月11日
大本营内政部指令稿　1924年8月13日
广东商团全体团军致大本营等代电　1924年8月24日
广州市工人代表会通电　1924年9月1日
胡汉民致李登同电　1924年9月23日
孙中山致胡汉民等密电　1924年10月9日
蒋介石致孙中山密电　1924年10月10日
谭延闿致胡汉民密电　1924年10月11日
谭延闿致胡汉民密电（二件）　1924年10月13日
孙中山致胡汉民等密电　1924年10月13日
孙中山致胡汉民等密电　1924年10月14日
孙中山致胡汉民密电（二件）　1924年10月15日
孙中山致胡汉民密电　1924年10月16日
孙中山致胡汉民等密电　1924年10月16日
孙中山致胡汉民等密电　1924年10月19日
孙中山致胡汉民密电　1924年10月19日

溥仪出宫后图谋恢复优待条件史料

张书才编选（2000·1·66）　　中国第一历史档案馆

陆军检阅使冯玉祥布告　1924 年 10 月 23 日
代大总统黄郛指令　1924 年 11 月 5 日
民国政府修正清室优待条件　1924 年 11 月 5 日
溥仪内务府致国务院函底　1924 年 11 月
段祺瑞致冯玉祥等电　1924 年 11 月 5 日
段祺瑞致冯玉祥等电　1924 年 11 月 6 日下午
溥仪内务府致各国大使函底　1924 年 11 月 30 日
溥仪内务府致国务院函底　1924 年 12 月 3 日
溥仪内务府致内务部函底　1924 年 12 月 24 日
绍英等致张作霖函底　1924 年 12 月 30 日
满蒙协进会等致张作霖呈文　1924 年 12 月
吴佩孚致王子铭函　1925 年 11 月 28 日
吴佩孚致郑孝胥函　1926 年 1 月 25 日
康有为致吴佩孚函　1926 年初春
吴佩孚致康有为函　1926 年春
吴佩孚致迟程九函　1926 年 4 月 28 日
迟云鹏致王怀庆函底　1926 年 5 月 4 日
王怀庆呈吴佩孚手折　1926 年 5 月
迟云鹏致溥仪手折　1926 年 5 月
胡嗣瑗致溥仪手折　1926 年 5 月 25 日
附件：胡嗣瑗拟定规复优待皇室办法清单
胡嗣瑗致溥仪手折　1926 年 5 月 29 日
康有为致王士珍等人电　1926 年 6 月
胡嗣瑗致溥仪手折　1926 年 7 月 27 日
附件：胡嗣瑗拟定规复优待条件办法清单

孙中山先生秘书处致溥仪内务府绍英等人函

张书才编选（1981·3·5）　　中国第一历史档案馆

孙中山先生秘书处致溥仪内务府绍英等人函
附：溥仪内务府致孙中山函底

上海公共租界工部局董事会有关五卅惨案会议录摘录（上）

章克生译　邓云鹏校（1983·3·66）　　上海市档案馆

1925 年 6 月 1 日（星期一）上午 11 时
1925 年 6 月 2 日（星期二）上午 11 时 45 分
1925 年 6 月 3 日（星期三）上午 11 时 45 分
1925 年 6 月 4 日（星期四）上午 11 时 45 分
1925 年 6 月 5 日（星期五）上午 11 时 45 分
1925 年 6 月 6 日（星期六）上午 11 时 45 分

1925 年 6 月 7 日（星期日）上午 11 时 45 分
1925 年 6 月 8 日（星期一）上午 11 时 45 分
1925 年 6 月 9 日（星期二）上午 11 时 45 分
1925 年 6 月 10 日（星期三）上午 11 时 45 分
1925 年 6 月 11 日（星期四）上午 11 时 45 分
1925 年 6 月 12 日（星期五）正午 12 时
1925 年 6 月 14 日（星期日）正午 12 时
1925 年 6 月 15 日（星期一）正午 12 时
1925 年 6 月 16 日（星期二）正午 12 时
1925 年 6 月 18 日（星期四）正午 12 时
1925 年 6 月 19 日（星期五）正午 12 时
1925 年 6 月 22 日（星期一）正午 12 时
1925 年 6 月 26 日（星期五）正午 12 时
1925 年 6 月 29 日（星期一）正午 12 时
1925 年 6 月 30 日（星期三）正午 12 时

上海公共租界工部局董事会有关五卅惨案会议录摘录（下）

章克生译　邓云鹏校（1983·4·55）　　上海市档案馆

1925 年 7 月 4 日（星期六）正午 12 时
1925 年 7 月 4 日（星期六）晚 6 时 30 分
1925 年 7 月 6 日（星期一）正午 12 时
1925 年 7 月 10 日（星期五）正午 12 时
1925 年 7 月 11 日（星期六）正午 12 时
1925 年 7 月 16 日（星期四）正午 12 时
1925 年 7 月 18 日（星期六）正午 12 时
1925 年 7 月 21 日（星期二）正午 12 时
1925 年 7 月 27 日（星期一）正午 12 时
1925 年 7 月 31 日（星期五）正午 12 时
1925 年 8 月 4 日（星期二）正午 12 时
1925 年 8 月 10 日（星期一）正午 12 时
1925 年 8 月 13 日（星期四）正午 12 时
1925 年 8 月 27 日（星期四）正午 12 时
1925 年 9 月 1 日（星期二）正午 12 时
1925 年 9 月 12 日（星期六）正午 12 时
1925 年 9 月 17 日（星期四）正午 12 时
1925 年 10 月 1 日（星期四）正午 12 时
1925 年 12 月 14 日（星期一）下午 5 时
1925 年 12 月 15 日（星期二）下午 5 时
1925 年 12 月 18 日（星期五）正午 12 时
1925 年 12 月 20 日（星期日）正午 12 时
1926 年 1 月 6 日（星期三）下午 4 时 13 分

天津各界五卅反帝斗争史料

蓝长澐　邢毓芬编选（1986·1·62）　　天津市档案馆

标题	日期
天津学联为反对列强事致天津商会函	1925年6月5日
南开大学学生沪案后援会派员调查英日货品在津销售情形函	1925年6月8日
南开大学学生后援会为呈送英日货品调查员证书函	1925年6月9日
附:《调查证书》样式	
天津总商会为接待南开大学沪案后援会调查员致各行业公会函	1925年6月9日
附:介绍公函	
南开中学高三年级沪案后援会要求商会制止粮价暴涨函	1925年6月11日
天津同文书院全体学生为沪案事宣言	1925年6月13日
附:致段执政电文	1925年6月13日
天津教育团体沪案后援会宣言书	1925年6月
天津中等以上各学校教职员联合会宣言	1925年6月
直隶督办等严禁天津各界联合会组织游行罢市罢工之训令	1925年6月28日
附:天津警察厅长杨以德为报联合会开会情形呈文	1925年6月21日
天津警察厅为制止津埠学生游行募捐函	1925年6月28日
天津警察厅为严禁宝成等纱厂工人罢工事复函	1925年8月17日
天津总商会号召各商家悬持白旗哀悼沪案布告	1925年6月6日
天津总商会恳请北京政府严重交涉沪案之代电	1925年6月6日
天津总商会电请各商会协助抗争沪案函	
（1）天津总商会函	1925年6月6日
（2）直隶宣化县商会复函	1925年6月11日
（3）怀来县商会复函	1925年6月12日到
（4）玉田县商会复函	1925年6月14日
（5）元氏县商会复函	1925年6月13日
（6）安国县商会复函	1925年6月15日
（7）阜平县商会复函	1925年6月16日到
天津总商会为设立援助沪案收捐处布告	1925年6月13日
附:募捐简章暨收受保存汇寄方法	
天津银行公会为捐款援助上海失业工人复函	1925年6月16日
天津国货售品所拟提取门市余利援助上海工人复函	1925年6月16日
天津总商会议决与英日经济绝交并筹募款项汇沪代电	1925年6月20日
附:保定总商会询问援助沪案如何举动代电	1925年6月17日
天津总商会请中国银行转汇捐款函	1925年6月21日
各界联合会请天津总商会将捐款汇寄上海函	1925年6月22日
天津总商会分销各界联合会发起筹款义演戏票函	1925年6月29日
天津总商会转汇直隶深泽县立女小学校师生捐款复函	1925年7月12日
附:直隶深泽县立女小学校师生捐款函	1925年7月
天津总商会号召各商家抵制英日货物实行经济绝交布告	1925年7月26日
天津学联为提取捐款援助津地罢工海员事函	1925年

天津各界联合会经济委员会提取天津总商会代收捐款收条 1925年8月3日
天津总商会汇转故城县商会郑镇事务所捐款复函 1925年8月22日
附：故城县商会郑镇事务所请代汇捐款函 1925年7月30日

北洋政府镇压奉天声援五卅运动函电选
陆可平　冯月庵　张凤兰　潘国华　刘玉岐编选（1984·1·51）　辽宁省档案馆
王永江致张作霖电稿 1925年6月9日
王永江致张作霖电稿 1925年6月10日
张作霖复王永江电 1925年6月10日
张作霖复王永江等电 1925年6月11日
奉天省署致各道县等电稿 1925年6月13日
陈文学致王永江快邮代电 1925年6月13日
储镇致王永江快邮代电 1925年6月14日
奉天省署致各道县等电稿 1925年6月14日
储镇复王永江快邮代电 1925年6月15日
陈文学致王永江快邮代电 1925年6月15日
张德恒致王永江电 1925年6月16日
佟兆元致王永江快邮代电 1925年6月16日
吴廷绪致王永江快邮代电 1925年6月16日
萧德润复王永江快邮代电 1925年6月17日
张全福复王永江快邮代电 1925年6月17日
佟兆元致张作霖等电 1925年6月17日
张元恺致王永江电 1925年6月17日
省署复张元恺电稿 1925年6月17日
陈耀先致王永江电 1925年6月17日
西丰县中师学生联合会致王永江电 1925年6月17日
廷瑞致省署呈 1925年6月19日
廷瑞致省署呈 1925年6月19日
祁彦树呈王永江禀 1925年6月19日
李家鼎致王永江快邮代电 1925年6月19日
省署致各道县电稿 1925年6月19日
王永江致张作霖电稿 1925年6月19日
省署致各道县电稿 1925年6月20日
陈亚新致王永江快邮代电 1925年6月21日
省署致各道县电稿 1925年6月22日
高乃济致王永江快邮代电 1925年6月22日
李家鼎致王永江快邮代电 1925年6月22日
萧道润致王永江呈 1925年6月23日
省署致各县知事电稿 1925年6月27日
张作霖致王永江等电 1925年6月27日
石秀峰复王永江快邮代电 1925年6月30日

苏显扬致王永江呈　1925 年 6 月 30 日
王永江致叶恭绰电稿　1925 年 7 月 4 日
内务部致各省电　1925 年 7 月 13 日
王耀中致王永江呈　1925 年 7 月 19 日

省港大罢工及沙基惨案电报选译

宗凡编译　王美嘉译审（1988·2·60）　广东省档案馆

易纨士 1925 年 6 月 11 日上午 11 时电
贝泐 1925 年 6 月 17 日下午 8 时电
贝泐 1925 年 6 月 19 日下午 4 时 30 分电
贝泐 1925 年 6 月 22 日上午 10 时 15 分电
贝泐 1925 年 6 月 23 日下午 7 时 30 分电
铎博赉等 1925 年 6 月 24 日上午 9 时 30 分电
贝泐 1925 年 6 月 24 日上午 11 时电
贝泐 1925 年 6 月 24 日上午 11 时 30 分电
贝泐 1925 年 6 月 24 日下午 3 时 40 分电
贝泐 1925 年 6 月 24 日下午 4 时电
贝泐 1925 年 6 月 24 日午夜 12 时电
贝泐 1925 年 6 月 25 日下午 5 时电
贝泐 1925 年 6 月 26 日下午 11 时电
贝泐 1925 年 6 月 27 日中午 12 时电
贝泐 1925 年 6 月 29 日上午 7 时电
铎博赉 1925 年 6 月 29 日下午 4 时电
贝泐 1925 年 6 月 30 日上午 6 时电
贝泐 1925 年 7 月 2 日下午 4 时 30 分电
贝泐 1925 年 7 月 3 日中午电
铎博赉等 1925 年 7 月 3 日下午 3 时 30 分电
贝泐 1925 年 7 月 5 日中午 12 时电

上海《诚言》反动传单印发始末

邓云鹏　杜志杰　马晶华　瞿丽珍编选（1982·3·45）　上海市档案馆

工部局董事会会议记录摘要　1925 年 6 月 15 日
工部局梯斯台致莱门的信　1925 年 6 月 18 日
工部局董事会会议记录　1925 年 6 月 26 日
香港科脱华尔致大英银行经理向普金的密信　1925 年 6 月 26 日
工部局董事会会议记录　1925 年 6 月 29 日
工部局董事麦赛给班尼的信　1925 年 6 月 30 日
科脱华尔给向普金的密信　1925 年 6 月 30 日
科脱华尔给向普金的信　1925 年 7 月 7 日
工部局董事贝克给工部局总董费信惇的信　1925 年 7 月 7 日
工部局总裁约翰逊致向普金的信　1925 年 7 月 7 日

工部局董事会会议记录摘要　1925年7月8日
沛登·格利芬致向普金的信　1925年7月9日
亚细亚火油公司致《字林西报》等函　1925年7月15日
工部局董事会会议记录摘要　1925年7月16日
商务广告公司向密令顿汇报散发工作情况　1925年7月22日
商务广告公司向密令顿汇报散发工作情况　1925年7月23日
工部局董事会会议记录摘要　1925年7月下旬
上海英商会代汉口英商会索要《诚言》的信　1925年7月24日
工部局宣传处会见商务广告公司埃文思的备忘录　1925年7月28日
宣传处截止到1925年7月31日的工作报告　1925年7月31日
工部局董事会会议记录摘要　1925年8月4日
工部局董事会会议记录摘要　1925年8月27日
工部局总董费信惇致别林斯的信　1925年8月27日
工部局宣传处给总办的八月份工作报告
工部局一九二五年六、七、八月份宣传工作报告　1925年11月11日

溥仪离宫后的活动及与日本的关系史料

宋志勇编译（1993·1·57）

日本驻华公使芳泽谦吉致外务大臣币原喜重郎电报　1926年1月20日发　1月21日收
附：宣统帝之状况（大正十四年十二月调查）
外务大臣币原喜重郎致日本驻天津领事有田八郎电报　1926年2月8日发
日本驻天津总领事有田八郎致外务大臣币原喜重郎电报　1926年2月10日发　2月11日收
附：日本驻天津总领事有田八郎致亚细亚局长木村锐市信函　1925年12月14日
日本驻上海总领事矢田七太郎致外务大臣币原喜重郎电报　1926年5月7日发
日本驻天津总领事有田八郎致外务大臣币原喜重郎电报　1926年5月8日发　5月9日收
日本驻天津总领事有田八郎致外务大臣币原喜重郎报告　1926年6月3日发　6月11日收
日本驻天津总领事有田八郎致亚细亚局长木村锐市信函　1926年6月4日
日本驻天津总领事有田八郎致外务大臣币原喜重郎报告　1926年9月14日发　9月22日收
日本驻天津总领事有田八郎致亚细亚局长木村锐市报告　1926年10月4日发　10月14日收
日本驻英国大使松井庆四郎致外务大臣币原喜重郎报告　1926年10月27日发　11月18日收
日本驻英国大使松井庆四郎致外务大臣币原喜重郎续报　1926年11月2日发　11月25日收

北伐战争发动前后美国对华政策函电选译

牛大勇译　奚博铨校（1986·3·70）

一、对中国革命阵营内部矛盾的认识

驻华公使马慕瑞致国务卿电　1926年3月24日下午4时北京发　同日上午11时收
驻华代办麦耶致国务卿电　1926年10月31日中午北京发　同日上午10时10分收
驻华公使马慕瑞致国务卿电（释义）　1926年11月19日下午4时北京发　同日下午1时45分收

二、探讨对广州国民政府的对策

驻广州总领事詹金斯致驻华出使函（第380号） 1926年2月6日广州发

驻华公使马慕瑞致国务卿电（释义） 1926年5月20日下午3时北京发 同日上午11时37分收

国务卿致驻华公使马慕瑞电 1926年5月21日下午1时华盛顿发

驻华公使马慕瑞致国务卿电 1926年6月26日下午4时北京发 同日上午10时收

驻华公使马慕瑞致国务卿电（释义） 1926年7月7日上午8时北京发 同日上午9时45分收

驻华代办麦耶致国务卿电 1926年9月15日下午6时北京发 同日上午10时20分收

远东司司长詹森的备忘录 1926年11月11日于华盛顿

三、对北京政府和北洋军阀的态度

驻华公使马慕瑞致国务卿电 1926年5月18日下午6时北京发 同日上午11时17分收

驻华公使马慕瑞致国务卿电 1926年7月24日下午6时北京发 同日下午2时55分收

万县惨案电报一束

方庆秋 吴菊英等编选（1981·1·45） 中国第二历史档案馆

（一）英帝国主义制造"万县惨案"

杨森致外交部电 1926年9月1日

外交部致杨森电 1926年9月4日

吴佩孚致外交部电 1926年9月5日

杨森致外交部电 1926年9月5日

外交部致吴佩孚及杨森电 1926年9月10日

（二）万县各法团控诉英帝国主义暴行及全国各界声援

万县全体机关法团学校人民等快邮代电 1926年8月31日

四川万县各机关法团暨全县人民电 1926年9月5日

万县法团各机关学校暨全体人民快邮代电 1926年9月6日

万县商会会长会董致国务院等电 1926年9月6日

四川旅宜同乡会快邮代电 1926年9月7日

旅北京议员王猷等通电 1926年9月19日

万县九五惨案抗英大会通电 1926年9月20日

四川民团代表快邮代电 1926年9月 日

上海总商会致国务院等电 1926年10月4日

菲律宾中华商会致外交部电 1926年10月 日

四川国民雪耻会通电 1926年10月12日

烟台国货维持团等致外交部电 1926年10月 日

（三）北洋政府与英国交涉

重庆关监督致外交部电 1926年9月6日

外交部致吴佩孚及杨森电 1926年9月13日

外交部致驻英代办电 1926年9月14日

外交部致杨森电 1926年9月15日

外交部致重庆关监督电 1926年9月15日
外交部致宜昌关监督电 1926年9月16日
驻英代办致外交部电 1926年9月16日
万县各法团致外交部电 1926年9月18日
外交部致宜昌关监督电 1926年9月22日
外交部致重庆关监督转杨森电 1926年9月24日
驻日来佛代表致外交部等电 1926年9月25日
宜昌关监督致外交部电 1926年9月27日
驻英代办致外交部电 1926年9月28日
外交部致杨森及重庆关监督电 1926年10月1日
宜昌关监督致外交部电 1926年10月8日
重庆关监督致外交部电 1926年10月8日
重庆关监督致外交部电 1926年10月12日
杨森致外交部电 1926年10月12日
外交部致宜沙交涉员电 1926年10月14日
特派四川交涉员致外交总长电 1926年10月26日
重庆关监督致外交部电 1926年10月28日
外交部致重庆关监督电 1926年11月2日
杨森致外交部等电 1926年11月8日
赖心辉致外交部电 1926年11月15日
外交部致驻英代办电 1926年11月22日

中国人民收回汉浔英租界前后美国对华政策电报选译

牛大勇译　奚博铨校（1989·4·54）

一、中国形势与列强保卫侵华权益的措施

驻华公使马慕瑞致国务卿凯洛格电 1926年11月29日下午4时北京发　同日上午8时44分收
驻华公使马慕瑞致国务卿凯洛格电 1926年12月4日中午北京发　同日上午6时16分收
驻华公使马慕瑞致国务卿凯洛格电 1926年12月19日上午10时北京发　20日上午6时3分收
国务卿凯洛格致驻华公使马慕瑞电 1926年12月23日上午11时华盛顿发
驻华公使马慕瑞致国务卿凯洛格电 1927年1月6日下午2时北京发　同日上午8时50分收
驻华公使马慕瑞致国务卿凯洛格电 1927年1月6日下午7时北京发　同日上午10时45分收
驻华公使马慕瑞致国务卿凯洛格电 1927年1月16日下午3时北京发　同日下午2时30分收
驻华公使马慕瑞致国务卿凯洛格电 1927年2月22日上午11时北京发　同日下午12时30分收

代理国务卿格鲁致驻华公使马慕瑞电报释义　1927年2月25日下午2时华盛顿发

二、美国对国民革命阵营的窥探与分化

驻华公使马慕瑞致国务卿凯洛格电报释义　1926年12月2日下午5时北京发　同日下午8时5分收

驻华公使马慕瑞致国务卿凯洛格电报释义　1926年12月4日下午4时北京发　5日上午10时40分收

驻华公使马慕瑞致国务卿凯洛格电　1926年12月11日下午1时北京发　同日上午7时17分收

驻华公使马慕瑞致国务卿凯洛格电　1926年12月19日下午3时北京发　同日上午11时20分收

国务卿凯洛格致驻华公使马慕瑞电报释义　1926年12月23日下午1时华盛顿发

国务卿凯洛格致驻华公使马慕瑞电报释义　1927年1月28日下午5时华盛顿发

国务卿凯洛格致驻华公使马慕瑞电报释义　1927年1月31日下午1时华盛顿发

驻华公使马慕瑞致国务卿凯洛格电　1927年2月7日下午5时北京发　同日上午10时55分收

驻华公使马慕瑞致国务卿凯洛格电报摘编　1927年2月21日北京发　4月4日收

驻华公使马慕瑞致国务卿凯洛格电　1927年3月14日下午8时北京发　同日上午2时27分收

三、美国对北洋军阀的态度

驻华公使马慕瑞致国务卿凯洛格电　1926年12月18日上午11时北京发　同日上午7时4分收

四一二前后美国对华政策函电选译

张文质　牛大勇译　奚博铨校（1988·2·64）

一、论证扩大对华武装干涉政策的可行性

驻上海总领事高斯致国务卿电　1927年3月21日下午4时上海发　同日上午9时40分收

驻上海总领事高斯致国务卿电　1927年3月23日午夜上海发　同日下午5时18分收

驻上海总领事高斯致国务卿电　1927年3月27日下午6时上海发　同日下午1时55分收

驻华公使马慕瑞致国务卿电（释义）　1927年3月31日晚11时北京发　4月1日下午3时15分收

国务卿凯洛格致驻华公使电（释义）　1927年4月12日下午6时华盛顿发

二、利用南京事件交涉诱迫蒋介石叛变

驻华公使马慕瑞致国务卿电　1927年3月25日下午7时北京发　3月26日上午1时45分收

驻日本大使麦克维夫致国务　1927年3月28日下午8时东京发　同日下午12时30分收

卿电

国务卿凯洛格致驻华公使马慕瑞电（释义）	1927 年 3 月 31 日下午 6 时华盛顿发
驻华公使马慕瑞致国务卿电	1927 年 4 月 1 日上午 9 时北京发　同日下午 2 时 30 分收
国务卿凯洛格致驻华公使马慕瑞电（释义）	1927 年 4 月 2 日中午华盛顿发
国务卿凯洛格致驻华公使马慕瑞电（释义）	1927 年 4 月 2 日下午 3 时华盛顿发
国务卿凯洛格备忘录	1927 年 4 月 6 日华盛顿
驻南京领事戴维斯致国务卿电	1927 年 5 月 3 日下午 1 时南京美舰“麦考密克号”发　同日下午 1 时 50 分收

三、分化武汉国民政府

驻汉口总领事洛克哈特致国务卿电	1927 年 4 月 17 日汉口发　18 日上午 11 时 10 分收
驻汉口总领事洛克哈特致国务卿电	（无日期）汉口发　1927 年 4 月 23 日上午 10 时 10 分收
驻汉口总领事洛克哈特致国务卿电	1927 年 4 月 25 日汉口美舰“辛辛那提”号发　26 日上午 11 时收
驻华公使马慕瑞致国务卿函（第 1036 号）	1927 年 5 月 10 日北京发　6 月 13 日收

1927 年奉系军警查抄苏联使馆事件函电选译

习五一编译（1990・4・73）

蓝普森致奥斯汀・张伯伦函	1927 年 4 月 11 日发　6 月 1 日收
附件一：第 52 号通告（特别）	1927 年 4 月 7 日
附件二：京师警察厅致领袖公使函	1927 年 4 月 6 日
附件三：欧登科致顾维钧博士函	1927 年 4 月 6 日
附件四：蓝普森先生致欧登科函	1927 年 4 月 5 日
附件五：第 53 号通告	1927 年 4 月 8 日
京师警察厅致荷兰公使兼领袖公使函	1927 年 4 月 7 日
附件六：苏联使馆致外交部会抗议照	1927 年 4 月 6 日
附件七：欧登科致京师警察厅函	1927 年 4 月 8 日
美驻华公使马慕瑞致国务卿电	1927 年 4 月 7 日上午 8 点发　4 月 7 日 3 点 20 分收
美驻华公使马慕瑞致国务卿电	1927 年 4 月 8 日上午 9 点发　4 月 8 日上午 7 点收
美驻华公使马慕瑞致国务卿电	1927 年 4 月 9 日下午 1 点发　下午 9 点 30 分收
美国务卿致驻华公使马慕瑞电	华盛顿　1927 年 4 月 11 日中午
美驻华公使马慕瑞致国务卿电	1927 年 4 月 21 日下午 11 点发　4 月 21 日下午 3 点 37 分收

1927 年蒋介石等联汪制桂函电选

孔庆泰编选（1984·1·62）　　中国第二历史档案馆

张人杰致陈立夫电稿	1927 年 8 月 13 日
张人杰致李济深电稿	1927 年 9 月 17 日
陈果夫致张人杰函	1927 年 10 月 2 日
蒋介石致李煜瀛等函	1927 年 10 月 30 日
蒋介石致张人杰电	1927 年 11 月 3 日
蒋介石致张人杰电	1927 年 11 月 9 日
张人杰等致蒋介石函稿	1927 年 12 月 11 日
曾养甫致张人杰等函	1927 年 12 月 14 日
谭延闿致张人杰函	1927 年 12 月 27 日
谭延闿致张人杰函	1927 年 12 月 29 日
吴敬恒等致蒋介石电稿	1928 年 1 月 2 日
国民政府致蒋介石电稿	1928 年 1 月 2 日
蒋介石致张人杰函	1928 年 1 月 17 日
蒋介石致吴敬恒等函	1928 年 2 月 7 日
李煜瀛等致蒋介石电稿	1928 年 2 月 8 日
张人杰致中国国民党中央政治会议等电稿	1928 年 2 月 8 日

陕西渭华起义史料选刊

王自成编选（1988·2·74）　　陕西省档案馆

中共陕西省委军委报告（节录）	1927 年 11 月 17 日	
中共陕西省委对许权中旅党组织的指示	1927 年 11 月 26 日	
中共中央给中共陕西省委的公函（节录）	1928 年 1 月 2 日	
中共陕西省委第三十号通告（节录）	1928 年 1 月 28 日	
中共中央对陕西工作决议案（节录）	1928 年 3 月 18 日	陕西代表出席　中央会议决定
中央给权忠同志信（节录）	1928 年 3 月 20 日	
华县高塘农民惩办豪绅之经过		
中共陕东特委通告第一号	1928 年 4 月 2 日	
中共陕东特委通告第三号	1928 年 4 月 9 日	
中共陕西省委关于工农革命军从渭华退到洛南后情形的报告（节录）	1928 年 8 月 1 日	

1927 年国民党中执委致蒋介石书

王自成编选（1993·3·72）　　陕西省档案馆

国民党中央执行委员会致蒋介石书

附录议案大纲全文

蒋介石抵制胡汉民孙科在欧活动函电选

孔庆泰编选（1984·2·66）　　中国第二历史档案馆

蒋介石致谭延闿等密电	1928 年 2 月 13 日

李煜瀛致张人杰密电	1928 年 4 月 27 日
张人杰致李煜瀛密电稿	1928 年 4 月 28 日
李煜瀛致张人杰电	1928 年 4 月 29 日
李煜瀛致张人杰密电	1928 年 4 月 29 日
李煜瀛致张人杰密函	1928 年 5 月 1 日
张人杰致李煜瀛密电稿	1928 年 5 月 3 日
李煜瀛致张人杰等密电	1928 年 5 月 6 日
李煜瀛致张人杰密电	1928 年 5 月 7 日
李煜瀛致张人杰等密电	1928 年 5 月 9 日
李煜瀛致张人杰等密电	1928 年 5 月 9 日
张人杰致李济深密电稿	1928 年 5 月
蒋介石致张人杰等密电	1928 年 5 月 12 日
张人杰致李煜瀛密电稿	1928 年 5 月 13 日
张人杰致李煜瀛密电稿	1928 年 5 月 13 日
谭延闿致张人杰密电	1928 年 5 月 14 日
李煜瀛致张人杰密函	1928 年 5 月 17 日
蒋介石致黄郛密电稿	1928 年 5 月 20 日
蒋介石致陈立夫密电	1928 年 5 月 24 日
张人杰致李煜瀛密电稿	1928 年 5 月 25 日
张人杰致李煜瀛密电稿	1928 年 5 月 29 日
李煜瀛致张人杰密电	1928 年 6 月 12 日
齐致致张人杰等密电	1928 年 7 月 21 日

胡汉民孙科为拟订训政大纲致谭延闿等电

胡菊蓉编选（1983・3・82）　　中国第二历史档案馆

胡汉民、孙科为拟订训政大纲致谭延闿等电	1928 年 6 月 3 日

1930 年以后各国在华租界

孔庆泰编选（1984・1・65）　　中国第二历史档案馆

各国在华租界一览表

1931 年宁粤和平会议

李祚明编选（1982・1・70）　　中国第二历史档案馆

会议前夕蒋介石与汪精卫等人来往函电

汪精卫等函	1931 年 10 月 22 日
特种外交委员会电	1931 年 10 月 23 日
邹鲁等函	1931 年 10 月 23 日
蔡元培、张继等电	1931 年 10 月 23 日
汪精卫等函	1931 年 10 月 23 日
蒋介石函	1931 年 10 月 24 日

会议纪要和有关函件

汪精卫函	1931 年 10 月 26 日
十月二十六日谈话纪要	1931 年 10 月 26 日
第一次会议纪要	1931 年 10 月 27 日
第二次会议纪要	1931 年 10 月 28 日
第三次会议纪要	1931 年 10 月 29 日
第四次会议纪要	1931 年 10 月 30 日
第五次会议纪要	1931 年 10 月 31 日
第六次会议纪要	1931 年 11 月 4 日
第六次会议纪要	1931 年 11 月 6 日
第七次会议纪要	1931 年 11 月 7 日
粤方关于“保障人民自由权利提案”	

抗日战争前塞克特访华史料选译（上）

吴景平编译（1993·1·66）

高级顾问麦根逊致陶德曼公使函	1933 年 4 月 11 日
陶德曼公使致外交部电	1933 年 5 月 22 日
驻华公使陶德曼致外交部电	1933 年 8 月 26 日
外交部秘书处官员伏克斯的备忘录	1933 年 10 月 19 日
外交部国务秘书毕洛的备忘录	1933 年 11 月 8 日
附件：朱家骅部长 1933 年 11 月 2 日致毕洛电报	
外交部长牛赖特的备忘录	1933 年 11 月 11 日
第四司官员阿尔德博格的备忘录	1933 年 11 月 23 日
驻华公使陶德曼致外交部电	1933 年 12 月 30 日

抗日战争前塞克特访华史料选译（下）

吴景平编译（1994·3·74）

驻日本大使狄克逊致外交部电	1934 年 1 月 19 日
外交部长牛赖特的备忘录	1934 年 2 月 8 日
国务秘书毕洛的备忘录	1934 年 3 月 13 日
驻华公使陶德曼致外交部电	1934 年 5 月 17 日
驻华公使致外交部函	1934 年 5 月 29 日
驻日本大使狄克逊致外交部电	1934 年 8 月 9 日
国务秘书毕洛致驻日本大使馆电	1934 年 8 月 13 日
驻华公使陶德曼致外交部电	1934 年 8 月 20 日
驻华公使陶德曼致国务秘书毕洛	1934 年 8 月 28 日
附件一：备忘录	1934 年 8 月 19 日
附件三：塞克特致陶德曼函	1934 年 8 月 20 日
驻日使馆代办诺博尔致外交部电	1934 年 11 月 1 日
驻华公使陶德曼致外交部电	1934 年 12 月 1 日
驻华使馆参赞罗登斯拉格致外交部电	1935 年 2 月 15 日

驻华公使陶德曼致外交部长牛赖特函　1935 年 2 月 22 日
驻华公使陶德曼致外交部电　1935 年 3 月 1 日

生产人民党总纲草案
李路　孙修福编选（1983·1·76）　中国第二历史档案馆
生产人民党总章草案　1933 年 11 月

两广“六一”事变前龙云与蒋介石等来往函电选
李明　何玉菲编选（1987·1·68）　云南省档案馆
李宗仁致龙云电　1935 年 6 月 8 日
龙云复李宗仁电　1935 年 6 月 10 日
蒋介石致龙云电　1935 年 6 月 12 日
邹鲁呼吁国民奋起救亡之通电　1935 年 6 月 19 日
刘震寰致龙云电　1935 年 6 月 21 日
国民党中央执委会西南执行部致龙云转中央当局电　1935 年 6 月 22 日
龙云致陈济棠转刘震寰电　1935 年 6 月 26 日
龙云致蒋介石电　1935 年 6 月 26 日
蒋介石复龙云电　1935 年 6 月 29 日
刘震寰致龙云电　1935 年 7 月 1 日
缪云台致龙云函　1935 年 7 月 3 日
缪云台致龙云函　1935 年 7 月 4 日
龙云复缪云台电　1935 年 7 月 4 日
龙云致陈济棠电　1935 年 7 月 8 日
陈济棠复龙云庚电　1935 年 7 月 10 日
龙云致蒋介石电　1935 年 7 月 11 日
龙云致陈济棠电　1935 年 7 月 13 日
刘震寰致龙云电　1935 年 7 月 23 日
龙云致蒋介石电　1935 年 7 月 24 日
蒋介石复龙云电　1935 年 8 月 5 日
龙云拟致陈济棠等电稿　1935 年 8 月
刘震寰致龙云电　1935 年 8 月 31 日
蒋介石复龙云电　1935 年 9 月 4 日
龙云致蒋介石电　1935 年 9 月 6 日
龙云致刘震寰电　1935 年 9 月 6 日
但懋辛致李宗仁电　1935 年 9 月 7 日
龙云致陈济棠电　1935 年 9 月 7 日
龙云致蒋介石电　1935 年 9 月 7 日
但懋辛复李宗仁电　1935 年 9 月 11 日
蒋介石复龙云电　1935 年 9 月 13 日
刘震寰致龙云电　1935 年 9 月 14 日
邹鲁致龙云电　1935 年 9 月 17 日

邹鲁致但懋辛电 1935年9月19日
龙云致蒋介石电 1935年10月28日
龙云致蒋介石电 1935年10月31日

两广"六一"事变后蒋介石与李宗仁等来往函电
舒福蓉编选（1987·4·75） 重庆市档案馆
胡道文致李宏锟等电 1936年6月23日
李宏锟复胡道文电稿 1936年6月23日
蒋介石致李宗仁等函 1936年8月30日
黄绍竑致李宗仁等函 1936年8月30日
黄绍竑致李宗仁等函 1936年8月31日
国民政府军事委员会委员长行辕训令 1936年9月5日
蒋介石致李宗仁函 1936年9月7日
蒋介石致白崇禧函 1936年9月7日
程潜致李宗仁等函 1936年9月8日
陈诚致李宗仁函 1936年9月8日
陈诚致白崇禧函 1936年9月8日
黄绍竑致李宗仁等函 1936年9月9日
黄骚致李宗仁函 1936年9月9日
李宗仁致李宏锟电 1936年9月16日
黄旭初致李宏锟电 1936年9月16日
广西各界抗日救国会为促蒋抗日致李宏锟电 1936年9月26日

红军陕甘支队告红二十五、二十六军书
刘陆军编选（1986·4·64） 陕西省档案馆

冯玉祥为营救"七君子"与蒋介石往来密电
李佳编选（1981·1·67） 中国第二历史档案馆
冯玉祥致蒋介石密电 1936年11月26日
蒋介石复冯玉祥密电 1936年12月3日
冯玉祥复蒋介石密电 1936年12月4日

西安事变档案资料选辑
陈鸣钟编选（1981·1·68） 中国第二历史档案馆
何应钦致孔祥熙电 1936年12月12日
孔祥熙致张学良密电稿 1936年12月12日
张学良致宋子文等密电 1936年12月13日
张学良、杨虎城致冯玉祥密电 1936年12月13日
冯玉祥致张学良密电稿 1936年12月13日
薛笃弼致冯玉祥函 1936年12月14日
李维城等致冯玉祥电 1936年12月14日

长耀致冯玉祥函	1936 年 12 月 15 日
孔祥熙致樊崧甫密电稿	1936 年 12 月 15 日
秦德纯复冯玉祥密电	1936 年 12 月 16 日
秦德纯复冯玉祥电	1936 年 12 月 16 日
阎锡山致孔祥熙密电（二则）	1936 年 12 月 17 日
冯钦哉致于右任电	1936 年 12 月 17 日
孔祥熙致樊崧甫密电稿	1936 年 12 月 19 日
于右任致国民党中央密电	1936 年 12 月 19 日
阎锡山致张静江电	1936 年 12 月 19 日
阎锡山致赵丕廉等密电	1936 年 12 月 20 日
阎锡山致孔祥熙何应钦密电	1936 年 12 月 20 日
阎锡山致赵丕廉密电	1936 年 12 月 21 日
阎锡山复冯玉祥密电	1936 年 12 月 21 日
阎锡山致赵丕廉密电	1936 年 12 月 22 日
孔祥熙致林森等密电稿	1937 年 1 月 3 日
杨虎城致孔祥熙密电	1937 年 1 月 3 日
孔祥熙复杨虎城密电稿	1937 年 1 月 3 日
许静芝致孔祥熙密电	1937 年 1 月 4 日
杨虎城复严庄密电	1937 年 1 月 4 日
戈定远致孔祥熙密电	1937 年 1 月 7 日
陈端致孔祥熙密电	1937 年 1 月 9 日
孔祥熙复陈端密电稿	1937 年 1 月 10 日
孔祥熙致蒋介石密电稿	1937 年 1 月 10 日
何应钦致孔祥熙密电	1937 年 1 月 10 日
蒋介石致孔祥熙密电	1937 年 1 月 11 日
孔祥熙致杨虎城密电稿	1937 年 1 月 11 日
于学忠致孔祥熙密电	1937 年 1 月 12 日
陈端致孔祥熙密电	1937 年 1 月 13 日
韩复榘致孔祥熙何应钦密电	1937 年 1 月 14 日
孔祥熙复韩复榘密电稿	1937 年 1 月 15 日
孔祥熙致陈端密电稿	1937 年 1 月 15 日
孔祥熙致樊崧甫密电稿	1937 年 1 月 16 日
蒋介石致孔祥熙密电	1937 年 1 月 15 日
孔祥熙复蒋介石密电稿	1937 年 1 月 16 日
孔祥熙致蒋介石密电稿	1937 年 1 月 16 日
孔祥熙致杨虎城密电稿	1937 年 1 月 17 日
孔祥熙致于学忠密电稿	1937 年 1 月 17 日
许静芝致孔祥熙密电	1937 年 1 月 17 日
孔祥熙致蒋介石密电稿	1937 年 1 月 17 日
孔祥熙致林森等密电稿	1937 年 1 月 17 日
严庄致杨虎城密电	1937 年 1 月 17 日

西安事变电报选载

刘镜亮编选（1988·3·57）　　广东省档案馆

1936年12月12日交通部俞飞鹏发各省各局密电
1937年1月10日何应钦发余汉谋及黄慕松密电
1月11日何应钦发余汉谋及黄慕松密电
1月12日于学忠复黄慕松密电
1月12日何应钦发余汉谋及黄慕松密电
1月13日何应钦发余汉谋及黄慕松密电
1月14日黄慕松复何应钦密电
1月14日何应钦发余汉谋及黄慕松密电
1月15日何应钦发余汉谋及黄慕松密电
1月16日何应钦发余汉谋及黄慕松密电
1月17日何应钦发余汉谋及黄慕松密电
1月18日何应钦发余汉谋及黄慕松密电
1月19日何应钦发余汉谋及黄慕松密电
1月20日何应钦发余汉谋及黄慕松密电
1月21日何应钦发余汉谋及黄慕松密电
1月22日何应钦发余汉谋及黄慕松密电
1月23日何应钦发余汉谋及黄慕松密电
1月24日何应钦发余汉谋及黄慕松密电
1月25日何应钦发余汉谋及黄慕松密电
1月26日何应钦发余汉谋及黄慕松密电
1月27日何应钦发余汉谋及黄慕松密电
1月28日广西各界民众大会通电
1月29日何应钦发余汉谋及黄慕松密电
1月30日何应钦发余汉谋及黄慕松密电
1月31日何应钦发余汉谋及黄慕松密电
2月1日沈克与檀自新等背叛张杨通电
2月1日何应钦发余汉谋及黄慕松密电
2月2日何应钦发余汉谋及黄慕松密电
2月3日何应钦发余汉谋及黄慕松密电
2月3日何应钦发余汉谋及黄慕松密电
2月3日何应钦发余汉谋及黄慕松密电
2月3日何应钦发余汉谋及黄慕松密电
2月4日何应钦发余汉谋及黄慕松密电
2月5日何应钦发余汉谋及黄慕松密电
2月6日何应钦发余汉谋及黄慕松密电
2月7日何应钦发余汉谋及黄慕松密电
2月8日何应钦发余汉谋及黄慕松密电
2月9日何应钦发余汉谋及黄慕松密电
2月10日何应钦发余汉谋及黄慕松密电

2月11日何应钦发余汉谋及黄慕松密电
2月12日何应钦发余汉谋及黄慕松密电
2月13日何应钦发余汉谋及黄慕松密电
2月14日何应钦发余汉谋及黄慕松密电
2月15日黄慕松复何应钦密电
2月15日何应钦发余汉谋及黄慕松密电
2月16日何应钦发余汉谋及黄慕松密电

美国外交档案中关于西安事变电文选译

吴景平译（1991·4·69）

驻华大使詹森致国务卿电
第349号　南京　1936年12月13日上午10时　[12月13日上午8时收到]
驻华大使馆参赞罗克哈特致国务卿电
第605号　北平　1936年12月13日下午3时　[12月13日上午9时收到]
驻华大使詹森致国务卿电
第350号　南京　1936年12月14日上午10时　[12月14日上午7时收到]
代理国务卿穆尔致驻华大使詹森电
第79号　华盛顿　1936年12月14日下午1时
代理国务卿穆尔致驻华大使詹森电
第80号　华盛顿　1936年12月14日下午2时
驻华大使詹森致国务卿电
第352号　南京　1936年12月15日下午4时　[12月15日上午9：35收到]
驻华大使詹森致国务卿电
第354号　南京　1936年12月16日中午　[下午4：55收到]
驻华大使詹森致国务卿电
第355号　南京　1936年12月17日中午　[12月17日上午9：25收到]
驻华大使詹森致国务卿电
第357号　南京　1936年12月17日下午4时　[12月17日下午1：30收到]
驻华大使詹森致国务卿电
第360号　南京　1936年12月18日中午　[12月18日上午8：45收到]
美国驻意大使菲力浦斯致国务卿电
第536号　罗马　1936年12月18日中午　[12月18日上午9：30收到]
驻华大使詹森致国务卿电
第361号　南京　1936年12月18日下午4时　[12月18日上午10：30收到]
代理国务卿穆尔致驻华大使詹森电
第84号　华盛顿　1936年12月18日下午7时
驻华大使詹森致国务卿电
第362号　南京　1936年12月19日下午1时　[12月19日上午7：50收到]
驻华大使詹森致国务卿电
第365号　南京　1936年12月19日晚11时　[12月19日下午4：30收到]
代理国务卿穆尔致驻华大使詹森电

第86号　华盛顿　1936年12月19日午夜
驻华大使詹森致国务卿电
第368号　南京　1936年12月21日下午4时　[12月21日上午9: 04收到]
驻上海总领事高斯致国务卿电
第662号　上海　1936年12月21日下午4时　[12月21日12: 05收到]
驻华大使詹森致国务卿电
第369号　南京　1936年12月21日下午5时　[12月21日上午8: 25收到]
驻华大使詹森致国务卿电
第370号　南京　1936年12月21日下午6时　[12月21日上午11时收到]
驻华大使詹森致国务卿电
第371号　南京　1936年12月22日上午11时　[12月22日凌晨2: 26收到]
驻华大使詹森致国务卿电
372号　南京　1936年12月22日中午　[12月22日凌晨2: 38收到]
驻华大使馆参赞罗克哈特致国务卿电
第633号　北平　1936年12月23日中午　[12月23日上午7时收到]
驻华大使詹森致国务卿电
第377号　南京　1936年12月23日下午6时　[12月23日上午11: 18收到]
驻华大使馆参赞罗克哈特致国务卿电
第637号　北平　1936年12月23日下午7时　[12月23日下午5: 10收到]
驻华大使詹森致国务卿电
第379号　南京　1936年12月24日中午　[12月24日上午6: 50收到]
驻华大使詹森致国务卿电
第380号　南京　1936年12月25日下午7时　[12月25日上午9: 25收到]
代理国务卿穆尔致驻华大使詹森电
第90号　华盛顿　1936年12月25日夜11时
驻华大使詹森致国务卿电
第381号　南京　1936年12月26日下午2时　[12月26日上午7: 21收到]
驻华大使馆参赞罗克哈特致国务卿电
第641号　北平　1936年12月28日中午　[12月28日上午7时收到]
驻华大使馆参赞罗克哈特致国务卿电
第664号　北平　1936年12月29日下午3时　[12月29日上午9: 50收到]

西安事变时国民党驻洛阳办事处密电

杜春和　耿来金编选（1986·2·49）　　中国社科院近代史研究所图书资料室

第一号　12月16日
第二号　12月17日
第三号　12月17日
第四号　12月17日
第五号　12月17日
第六号　12月18日
第七号　12月18日

第八号 12月18日
第九号 12月18日
第十号 12月18日
第十一号 12月18日
第十二号 12月18日
第十三号 12月19日
第十四号 12月19日
第十五号 12月19日
第十六号 12月19日
第十七号 12月19日
第十八号 12月19日
第十九号 12月19日
第二十号 12月19日
第二十一号 12月20日
第二十二号 12月20日
第二十三号 12月20日
第二十四号 12月20日
第二十五号 12月20日
第二十六号 12月20日
第二十七号 12月20日
第二十八号 12月20日
第二十九号 12月20日
第三十号 12月20日
第三十一号 12月20日
第三十二号 12月20日
第三十三号 12月21日
第三十四号 12月21日
第三十五号 12月21日
第三十六号 12月21日
第三十七号 12月21日
第三十八号 12月21日
第三十九号 12月21日
第四十号 12月21日
第四十一号 12月22日
第四十二号 12月22日
第四十三号 12月22日
第四十四号 12月22日
第四十五号 12月22日
第四十六号 12月22日
第四十七号 12月22日
第四十八号 12月22日

第四十九号 12月22日
第五十号 12月22日
第五十一号 12月22日
第五十二号 12月22日
第五十三号 12月22日
第五十四号 12月22日
第五十五号 12月22日
第五十六号 12月22日
第五十七号 12月23日
第五十八号 12月23日
第五十九号 12月23日
第六十号 12月23日
第六十一号 12月23日
第六十二号 12月24日
第六十三号 12月24日
第六十四号 12月24日
第六十五号 12月24日
第六十六号 12月24日
第六十七号 12月24日
第六十八号 12月24日
第六十九号 12月25日
第七十号 12月25日
第七十一号 12月25日
第七十二号 12月25日
第七十三号 12月25日
第七十四号 12月25日
第七十五号 12月25日
第七十六号 12月25日
第七十七号 12月25日
第七十八号 12月25日
第七十九号 12月25日
第八十号 12月25日
第八十一号 12月25日
第八十二号 12月25日
第八十三号 12月25日

复兴社在“西安事变”时的活动史料

谢守平　王荣地编选（1986·4·65）　重庆市档案馆

复兴社在“西安事变”的应变报告 1936年12月28日
复兴社负责人请求处分的报告 1936年12月29日
复兴社报告南京情况及善后意见 1936年12月29日

“七君子”案件档案选

谢守平　王荣地　陈亮编选（1985·3·69）　　重庆市档案馆

江苏高等法院检查官起诉书　1937 年 4 月 3 日
裁定移转的申请书、公函、刑事裁定
撤回起诉的呈、训令、公函、理由书、牌告

陕甘宁边区政府查禁毒品史料选（上）

陈子平编选（1993·1·72）　　陕西省档案馆

苏维埃政府西北办事处关于禁止鸦片的布告　1937 年 5 月 27 日
陕甘宁边区禁烟毒条例（草案）
国民革命军第十八集团军总司令部陕甘宁边区政府关于禁烟的布告　1941 年 10 月 23 日
陕甘宁边区政府关于成立陕甘宁边区禁烟督察处命令　1942 年 1 月 14 日
附一：陕甘宁边区禁烟督察处组织规程　1942 年 1 月公布
附二：陕甘宁边区查获鸦片毒品暂行办法　1942 年 1 月公布
陕甘宁边区政府关于印发查获鸦片毒品暂行办法的命令　1942 年 1 月 18 日
陕甘宁边区查获鸦片毒品修正办法　1942 年 9 月 16 日公布
陕甘宁边区政府关于查禁鸦片烟苗的命令　1943 年 1 月 17 日
陕甘宁边区政府关于再申禁种鸦片烟苗的命令　1943 年 3 月 12 日
陕甘宁边区政府为饬令延属专署铲除烟苗事快邮代电　1943 年 4 月 13 日
陕甘宁边区政府关于彻底铲除鸦片的快邮代电
附一：延属分区行政督察专员公署关于已密令子长县铲除烟苗的呈文（密）　1943 年 4 月 16 日
附二：延属分区行政督察专员公署关于转报子长县鸦片烟苗已铲除的函　1943 年 5 月 31 日

陕甘宁边区政府查禁毒品史料选（下）

陈子平编选（1993·2·68）　　陕西省档案馆

陕甘宁边区政府关于批准督察处修正组织规程及查获毒品修正办法的批答　1943 年 5 月 30 日
附：陕甘宁边区禁烟督察处呈文
一、陕甘宁边区禁烟督察处修正组织规程
二、陕甘宁边区查获鸦片毒品第三次修正办法
陕甘宁边区政府为禁止吸毒事给专员公署县（市）政府的指示信　1943 年 9 月 11 日
陕甘宁边区政府禁烟督察处查获鸦片毒品奖金办法　1943 年秋季度
陕甘宁边区政府为加强缉私工作的命令　1943 年 11 月 24 日
陕甘宁边区政府严禁料面入境的命令　1945 年 5 月 11 日
附：周兴等就料面一案给边府的呈文
陕甘宁边区政府关于公布查缉毒品办法的命令　1946 年 2 月 22 日
陕甘宁边区查缉毒品办法

陕甘宁边区政府委任查缉毒品委员会委员令　1946 年 2 月 22 日
陕甘宁边区政府关于料面犯处理问题的批答　1946 年 7 月 6 日
附：绥德专署呈文
陕甘宁晋绥边区政府、联防军区通令　1948 年 2 月 22 日
陕甘宁边区政府关于严禁种鸦片给米脂乔县长令　1948 年 3 月 27 日
陕甘宁晋绥边区政府西北军区司令部关于加强缉私及颁发修正缉私规章的指示　1949 年 1 月 10 日
附：陕甘宁晋绥边区暂行缉私规章
陕甘宁边区政府通令　1949 年 5 月 12 日

何香凝为营救七君子致宋子文孙科函

胡菊蓉编选（1982・3・58）　中国第二历史档案馆

1937 年 7 月 4 日

“七・七事变”至平津沦陷蒋何宋等密电选

丁思泽　陈长河编选（1985・1・51）　中国第二历史档案馆

严宽致何应钦密电　7 月 5 日
严宽致何应钦密电　7 月 8 日
严宽致何应钦密电　7 月 8 日
俞飞鹏致何应钦密电　7 月 8 日
严宽致何应钦密电　7 月 9 日
蒋介石致孙连仲密电稿　7 月 9 日
蒋介石致宋哲元密电稿　7 月 9 日
严宽致何应钦密电　7 月 9 日
何应钦致冯治安等密电　7 月 9 日
俞飞鹏致何应钦等密电　7 月 9 日
宋哲元致蒋介石密电　7 月 9 日
蒋介石致宋哲元密电稿　7 月 10 日
严宽致何应钦密电　7 月 10 日
秦德纯致钱大钧密电　7 月 10 日
严宽致何应钦密电　7 月 10 日
何应钦之密电稿　7 月 10 日
蒋介石致宋哲元密电稿　7 月 10 日
钱大钧致徐永昌密电　7 月 10 日
钱大钧致秦德纯密电　7 月 11 日
严宽致何应钦密电　7 月 11 日
何应钦之密电稿　7 月 11 日
秦德纯等致蒋介石密电　7 月 11 日
严宽致何应钦密电　7 月 12 日
秦德纯致钱大钧密电　7 月 12 日
秦德纯等致蒋介石等密电　7 月 12 日

钱大钧致秦德纯密电稿 7月12日
秦德纯致钱大钧密电 7月12日
何应钦致宋哲元密电稿 7月12日
严宽致何应钦密电 7月13日
严宽致何应钦密电 7月13日
宋哲元致何应钦密电 7月14日
严宽致何应钦密电 7月14日
蒋介石致何应钦电稿 7月14日
严宽致何应钦密电 7月14日
何应钦致秦德纯等密电 7月14日
赵巽致何应钦密电 7月14日
严宽致何应钦密电 7月14日
熊斌致蒋介石密电 7月14日
秦德纯等致钱大钧密电 7月14日
严宽致何应钦密电 7月15日
严宽致何应钦密电 7月15日
熊斌致何应钦等密电 7月15日
熊斌致蒋介石密电 7月15日
赵巽致何应钦密电 7月15日
何应钦致宋哲元等密电 7月15日
宋哲元致何应钦密电 7月16日
熊斌致何应钦等密电 7月16日
何应钦致宋哲元等密电 7月17日
严宽致何应钦密电 7月17日
张樾亭致何应钦密电 7月17日
熊斌致何应钦等密电 7月17日
蒋介石致宋主任密电稿 7月17日
蒋介石致徐永昌密电稿 7月17日
蒋介石致熊斌密电稿 7月17日
熊斌致何应钦密电 7月17日
严宽致何应钦密电 7月18日
熊斌致何应钦等密电 7月18日
赵巽致何应钦密电 7月18日
何应钦致秦德纯密电 7月19日
严宽致何应钦密电 7月19日
熊斌致何应钦密电 7月19日
宋哲元致何应钦密电 7月19日
赵巽致何应钦密电 7月19日
熊斌致何应钦等密电 7月19日
秦德纯等致钱大钧密电 7月19日
严宽致何应钦密电 7月20日

何应钦致宋哲元密电	7月20日
严宽致何应钦密电	7月20日
严宽致何应钦密电	7月20日
熊斌致蒋介石等密电	7月20日
宋哲元致何应钦密电	7月21日
严宽致何应钦密电	7月21日
孙连仲致蒋介石密电	7月21日
严宽致何应钦密电	7月21日
孙连仲致蒋介石密电	7月21日
宋哲元致何应钦密电	7月22日
严宽致何应钦密电	7月22日
严宽致何应钦密电	7月22日
何应钦致刘峙密电稿	7月22日
赵巽致何应钦密电	7月22日
杨宣诚致何应钦的报告	7月22日
严宽致何应钦密电	7月23日
赵巽致何应钦密电	7月23日
何应钦致宋哲元密电稿	7月23日
吉星文致何应钦快邮代电	7月24日
严宽致何应钦密电	7月24日
严宽致何应钦密电	7月24日
熊斌致何应钦密电	7月25日
冯治安等致蒋介石等密电	7月25日
严宽致何应钦密电	7月25日
宋哲元致何应钦密电	7月26日
宋哲元致蒋介石等密电	7月26日
严宽致何应钦密电	7月26日
宋哲元致何应钦密电	7月26日
严宽致何应钦密电	7月26日
宋哲元致蒋介石等通电	7月27日
严宽致何应钦密电	7月27日
宋哲元致何应钦密电	7月27日
宋哲元致蒋介石等密电	7月27日
宋哲元致蒋介石密电	7月27日
蒋介石致宋哲元密电稿	7月27日
宋哲元致蒋介石等密电	7月27日
严宽致何应钦密电	7月27日
宋哲元致蒋介石等密电	7月28日
严宽致何应钦密电	7月28日
蒋介石致宋哲元密电稿	7月28日
蒋介石致庞炳勋密电稿	7月28日

宋哲元致蒋介石等密电 7月28日
严宽致何应钦密电 7月28日
严宽致何应钦密电 7月28日
宋哲元致何应钦密电 7月29日
严宽致何应钦密电 7月29日
宋哲元致蒋介石等密电 7月29日
严宽致何应钦密电 7月29日
孙连仲致钱大钧密电 7月29日
宋哲元致蒋介石等密电 7月30日
宋哲元致蒋介石密电 7月30日
宋哲元致蒋介石等密电 7月30日
秦德纯致何应钦密电 7月31日
秦德纯致蒋介石密电 7月31日
冯治安致蒋介石密电 7月31日
严宽致何应钦密电 7月31日
严宽致何应钦密电 7月31日
宋哲元致蒋介石等密电 8月1日
张樾亭致钱大钧密电 8月1日
孙连仲致蒋介石密电 8月1日
严宽致何应钦密电 8月3日
张樾亭致钱大钧等密电 8月3日
何应钦致冯治安密电 8月3日
孙连仲致何应钦密电 8月15日

抗战初期中苏关系文件选译（上）

王真译（1995·3·79）

苏联外交人民委员致苏联驻华全权代表卢干滋电 1938年1月3日
苏联驻华全权代表卢干滋致苏联外交人民委员会电 1938年1月30日
苏联驻华全权代表卢干滋致苏联外交人民委员会电 1938年1月31日
苏联副外交人民委员斯托莫尼亚科夫致卢干滋电 1938年2月1日
苏联外交人民委员李维诺夫与孙科会谈记录 1938年2月9日
苏联驻华全权代表卢干滋致苏联外交人民委员会电 1938年2月26日
苏联驻华全权代表卢干滋致苏联外交人民委员会电 1938年4月7日

抗战初期中苏关系文件选译（下）

王真译（1995·4·69）

苏联驻华全权代表卢干滋致苏联外交人民委员会电 1938年5月16日
苏联副外交人民委员斯托莫尼亚科夫同孙科会谈记录 1938年5月19日
苏联驻华全权代表卢干滋与蒋介石会谈记录 1938年6月14日
苏联外交人民委员李维诺夫致卢干滋电 1938年8月28日
苏联驻华全权代表卢干滋致苏联外交人民委员会电 1938年8月29日

苏联驻华全权代表卢干滋致苏联外交人民委员会电　1938 年 9 月 2 日
苏联副外交人民委员波将金致卢干滋电　1938 年 9 月 18 日
苏联副外交人民委员波将金同中国驻苏大使蒋廷黻会谈记录　1938 年 9 月 8 日
苏联驻华全权代表卢干滋致苏联外交人民委员会电　1938 年 9 月 24 日
苏联外交人民委员李维诺夫同中国驻苏大使杨杰会谈记录　1938 年 10 月 15 日
苏联外交人民委员李维诺夫同中国驻苏大使杨杰会谈记录　1938 年 10 月 29 日

谢晋元在孤军营期间的函件选辑
戴琼瑗　施泉平编选（1982・4・52）　上海市档案馆
致工部局董事会函　1938 年 3 月 3 日
附：工部局总办菲力浦复函
致工部局副总办何德奎函　1938 年 4 月 9 日
致工部局函　1938 年 7 月 22 日
附：寇尔斌少校函
附：工部局代理总办葛勃复函
致工部局秘书处函　1938 年 7 月 28 日
致工部局函　1938 年 8 月 20 日
致工部局函　1938 年 11 月 16 日
致工部局函　1939 年 3 月 24 日
致工部局函　1939 年 3 月 24 日
致工部局总董樊克令函　1939 年 4 月 5 日
致工部局函　1939 年 7 月 26 日
致何德奎函　1939 年 8 月 21 日
致工部局总董樊克令函　1939 年 12 月 9 日

抗战时期陕甘宁边区政府统战工作史料
张素慧编选（1987・3・68）　陕西省档案馆
边区政府八路军后方留守处及边区党委训令　1938 年 5 月 27 日
林伯渠谈巩固与扩大统一战线问题　1939 年 1 月
边区政府给延川等县政府的训令　1939 年 9 月 10 日
边区政府给延安县市及甘泉县政府的训令　1939 年 10 月 7 日
边区政府关于新区行政工作之决定　1940 年 4 月 4 日
边区政府给陇东专署正副专员王维舟等便函　1940 年 6 月 7 日
林伯渠谈统一战线的各种政策　1941 年 2 月 19 日

抗战时期国民党政府与日本秘密接触史料
陆大钺　谢守平　王荣弟编选（1992・3・66）　重庆市档案馆
孔令侃为转呈上海樊光阳晨齐巳两电给盛昇颐的密电　1939 年 1 月 10 日
孔令侃为呈与铃江言一秘密接触给孔祥熙的密电　1939 年 1 月 23 日
孔令侃为转呈上海樊光与百步秘密接触给孔祥熙的密电　1939 年 1 月 25 日
孔令侃为转呈上海原顺伯鱼电给孔祥熙的密电　1939 年 2 月 8 日

孔令侃为转呈上海原顺伯江电给孔祥熙的密电　1939年2月9日
马伯援为呈与小川平吉秘密接触由给孔令侃的密电　1939年4月5日
姚文凯为呈与百武秘密接触由给孔令侃的密电　1939年4月27日
原顺伯为呈与小川平吉秘密接触由给孔令侃的密电　1939年5月11日
原顺伯为请示能否维持小川路线由给孔令侃的密电　1939年5月20日
陈宝言原顺伯为呈代孔令侃宴请小川平吉由给孔令侃的密电　1939年5月27日
陈宝言原顺伯为转呈上海胡鄂公有255、艳261两电给孔令侃的密电　1939年7月1日
孔令侃为转呈上海胡鄂公真282电给孔祥熙的密电　1939年7月15日
孔令侃为呈与和知代表何一之秘密接触由给孔祥熙的密电　1939年11月　日
孔令侃为呈再晤何一之由给孔祥熙的密电　1939年11月　日
盛昇颐为呈评述日方和谈条件由给孔祥熙的密电　1940年1月23日
盛昇颐为呈与前途秘密接触由给孔祥熙的密电　1940年2月18日

抗战时期南北两伪政权合流档案选

李安庆编选（1983·2·70）　中国第二历史档案馆

南北两伪府合流问题　1939年
“中华民国政府联合委员会”成立宣言　1938年9月
“中华民国政府联合委员会”组织大纲　1938年9月
“联合委员会”准备会之谅解事项　1938年9月
“联合委员会”办事规则　1938年9月
“中华民国政府联合委员会”第二次宣言　1938年11月3日

有关复社的两件史料

冯绍霆编选（1983·4·69）　上海市档案馆

复社社约
复社第一届年会记录　1939年4月1日

陈嘉庚组织南洋华侨回国慰问团函

韩森编选　（1983·4·72）　中国第二历史档案馆

南洋华侨筹赈祖国难民总会主席陈嘉庚致国民党政府中央广播事业管理处处长函　1940年1月28日

襄东战役档案史料选

李祚明编选（1985·3·56）　中国第二历史档案馆

李宗仁致蒋介石密电　4月14日
李宗仁致蒋介石密电　5月2日
张自忠致蒋介石密电　5月2日
张自忠致蒋介石密电　5月3日
张自忠致蒋介石密电　5月5日
孙连仲致蒋介石密电　5月5日

李宗仁致蒋介石密电 5月6日
孙连仲致蒋介石密电 5月6日
黄琪翔致徐永昌密电 5月6日
张自忠致蒋介石密电 5月6日
张自忠致蒋介石密电 5月6日
张自忠致蒋介石密电 5月7日
孙连仲致蒋介石密电 5月8日
张自忠致蒋介石密电 5月8日
张自忠致蒋介石密电 5月10日
孙连仲致蒋介石密电 5月11日
黄琪翔致蒋介石密电 5月11日
张自忠致蒋介石密电 5月12日
黄琪翔致徐永昌密电 5月13日
张自忠致蒋介石密电 5月13日
李宗仁致蒋介石密电 5月14日
孙连仲致蒋介石密电 5月14日
张自忠致蒋介石密电 5月14日
黄琪翔致蒋介石密电 5月15日
张自忠致蒋介石密电 5月15日
第卅三集团军枣宜地区会战战斗详报（节录） 5月16日
李宗仁致蒋介石密电 5月17日
黄琪翔致蒋介石密电 5月17日
李宗仁致蒋介石电 5月18日
李宗仁致蒋介石密电 5月18日
李宗仁致蒋介石密电 5月19日
汤恩伯致蒋介石密电 5月19日
李文田致徐永昌密电 5月20日

日军在江苏吴江县罪行史料选辑

仇怀耕编选（1991·3·76） 江苏省吴江县档案馆

敌蹄蹂躏吴江东南部的罪行 1940年9月18日
日军在芦、莘、库、周制造大屠杀 1945年
震泽平望制丝所遭日军焚毁 1945年

汪伪上海地区清乡条规章则选

钱根娣编选（1984·1·68） 上海市档案馆

关于上海地区清乡工作中日协定 1942年8月16日
清乡委员会上海分会清乡地区各特别区公署编组自卫团暂行条例 1942年8月22日
清乡委员会上海分会致太湖东南地区工作人员训练团函稿 1942年9月16日
国民政府清乡委员会上海分会第二期第一次清乡工作实施 1943年

要纲

重庆较场口事件档案选载

凌承学　杨文凯编选（1986·1·78）　　重庆市档案馆

军统渝组为中共及民盟将召开庆祝政协和平大会给渝区情报　1946年2月6日
国民党重庆市党部第二十次临时执委会会议记录　1946年2月8日
军统渝组为中共及民盟召开庆祝政协成功大会呈复渝区情报　1946年2月9日
军统渝组为市党部紧急会议部署对付大会办法给渝区之情报　1946年2月9日
军统渝组为庆祝大会会场情形给渝区情报　1946年2月10日
军统渝组为庆祝大会会场情形给渝区所报情报　1946年2月10日
刘野樵及周德侯等为诬告李公朴等向法院所提自诉状　1946年2月18日
李公朴及章乃器等人为刘野樵等诬告事向法院提出的辩诉　1946年3月14日
李公朴等为大会被破坏及代表被殴事向法院提出的自诉状　1946年3月14日
军统渝特区对直属情报员一情报的签批　1946年4月25日
附：军统渝特区直属情报员一情报节录　1946年4月25日
国民党重庆市党部为召开临时执委会情况给中执会呈　1946年5月17日

日本侵略军制造的南京大屠杀案

郐明德　胡菊蓉　丁思泽编选（1982·4·61）　　中国第二历史档案馆

审判战犯军事法庭谷寿夫战犯案件起诉书　1946年12月25日
审判战犯军事法庭谷寿夫战犯案件判决书　1947年3月10日
审判战犯军事法庭向井敏明、野田毅战犯案件起诉书　1947年12月4日
审判战犯军事法庭向井敏明等战犯案件判决书　1947年12月18日

杀害项英、周子昆二烈士的叛徒自供

孔庆泰　王玉文编选（1981·2·81）　　中国第二历史档案馆

刘厚总给蒋介石的报告　1948年5月10日

李克廷致毛人凤的信

潘景隆　魏显洲编选（1987·2·77）　　吉林省档案馆

华蓥山区伪清剿指挥所会议决议案

黄光烈编选（1988·4·77）　　四川省武胜县档案馆

会议决议案记录　1948年11月1日

1949年2月陕甘宁边区第三届参议会常驻议员政府委员暨晋绥边区代表联席会议史料选

赵万吉编选（1992·1·71）　　陕西省档案馆

习仲勋代议长在联席会议上的开幕词　1949年2月8日
贺龙司令员在联席会议上的讲话　1949年2月8日
杨明轩副主席在联席会议上的闭幕词　1949年2月17日
陕甘宁边区政府通令　1949年2月21日　通字第12号

附：各厅、处、院、行、会负责人名单表

国民党川东北党政军民座谈会讨论总结

黄光烈编选（1989·4·73）　　四川省武胜县档案馆

川东北党政军民座谈会讨论总结　1949年10月

武胜县绥靖会议记录　1949年10月24日

附：川鄂边区绥靖公署大竹前进指挥所印发“二五减租”问答　1949年8月

经　　济

南京临时政府拟以招商局产抵借日债史料

孔庆泰编选（1983·3·43）　　中国第二历史档案馆

招商局办事董梁庆榴、唐国泰致伍廷芳函稿　1912年1月20日

附：原信一封

伍廷芳复轮船招商总局董事会函　1912年1月21日

沪军都督陈其美致招商局照会　1912年1月21日

招商总局办事董梁庆榴、唐国泰复陈其美函稿　1912年1月22日

招商总局致孙中山、黄兴电稿　1912年1月22日

黄兴致陈其美电　1912年1月22日

黄兴致招商局电　1912年1月24日

招商总局致黄兴电稿　1912年1月24日

轮船招商总局开临时股东会广告稿　1912年1月

招商总局致孙中山电稿　1912年1月25日

黄兴致陈其美等电　1912年1月25日

总统府复招商总局电　1912年1月26日

轮船招商总局开临时股东会广告稿　1912年1月

招商总局临时股东会宗旨稿　1912年1月

甘作培等致孙中山电　1912年1月30日

招商总局致孙中山、黄兴电稿　1912年2月2日

孙中山致招商总局电　1912年2月2日

程德全致招商总局电　1912年2月2日

孙中山致招商局电　1912年2月3日

轮船招商总局致孙中山、黄兴函稿　1912年2月3日

孙中山致招商局函　1912年2月6日

附：契约书

招商总局办事董梁庆榴致陈其美函稿　1912年2月6日

附：原函三件

轮船招商总局广告稿　1912年2月6日

招商总局致天津招商局电稿　1912年2月7日

招商总局致香港招商局电稿　1912年2月7日

汪兆铭致招商局函　1912年2月8日

潘明训致各董事函稿 1912年2月9日
梁庆榴致董事会函 1912年2月13日
孙中山致港、澳招商局股东甘作培等电 1912年2月13日
沪军都督府致招商局董事会函 1912年2月21日

辛亥革命后原清室皇庄土地占有关系的变化
叶志如编选（1983·2·25） 中国第一历史档案馆
溥仪内务府会计司为原皇庄佃户仍旧交租之晓谕 1912年5月
溥仪内务府为承安地租按裁缺例咨东三省都督文 1912年6月
溥仪内务府为庄头呈控旗人恃党圈占差地事咨顺天府文 1913年5月
附：庄头于长之禀文 1913年
溥仪内务府会计司为缴回办理东安县房书串佃隐地案情之移付 1913年6月
附：溥仪内务府慎刑司移送案册片 1913年5月
溥仪内务府为欠租庄头地亩撤归各该县收管事咨直隶都督文 1913年10月
附：庄头名册
溥仪内务府为所属庄头请拟保佃收租章程事行总统府函稿 1913年
附：溥仪内务府会计司三路庄头为请立保佃收租章程事之呈文 1913年
溥仪内务府为催促庄头从速完欠皇租之堂谕 1913年12月24日
附：袁世凯关于严格履行皇室优待条件取缔抗租之命令 1913年12月8日
溥仪内务府为庄头金凤銮退还差地事咨内务部文 1915年4月
附：金凤銮退佃甘结 1915年2月
溥仪内务府为请札饬通县查办庄头呈诉占地案事咨内务部文 1915年5月
附：庄头徐仓儿呈稿 1915年5月
溥仪内务府为派员提取滦县租银事札委会计司掌稿文 1916年
内务部为催头出卖庄地与天主教堂事致溥仪内务府函 1917年2月15日
附：京兆尹王达呈内务部函并卖地契约抄录 1916年12月25日
内务部为曹升刘克伦争地应照黑地例处事复溥仪内务府函 1917年4月
附：京兆尹王达为查办该案咨内务总长呈 1917年5月17日
溥仪内务府会计司为革退东路南路庄头之堂谕票底 1917年6月
附：革退庄头名册
项王氏为控项华樵唆佃贿串知事关押其子租课难收之呈文 1918年1月
庄头高作霖等为请民国政府查办佃户抗租事致中堂之呈文 1918年6月
溥仪内务府会计司为请查明杨志贤等盗卖皇产致武清县函 1918年8月
溥仪内务府为严禁庄头盗卖皇产事致遵化县公署函 1920年1月
附：佃户王克慈等禀为庄头等盗卖皇产事文 1920年1月
溥仪内务府为庄头呈诉佃户聚众抗租事致内务部函 1921年1月
附：庄头白松秀之呈稿 1921年

沙皇俄国贷款外蒙史料选译

陈春华译（1990·4·63）

代理外交大臣沙查诺夫致财政大臣科科弗采夫函	第937号　1912年9月10日[23日]　秘密
驻蒙古外交代表亚·密勒尔紧急报告	第312号　1913年11月8日[21日]
外交大臣沙查诺夫致财政大臣科科弗采夫函稿	
驻蒙古外交代表亚·密勒尔密电	1913年12月7日[20日]
外交大臣沙查诺夫致驻蒙古外交代表亚·密勒尔密电	第81号　1914年1月11日[24日]
外交大臣沙查诺夫致驻蒙古外交代表亚·密勒尔函	第42号　1914年1月17日[30日]
驻蒙古外交代表亚·密勒尔致外交大臣沙查诺夫电	第77号　1914年3月10日[23日]
外交部一等参事阿尔吉罗普洛致驻蒙古外交代表亚·密勒尔电	第1174号　1914年6月2日[15日]
外交大臣沙查诺夫致财政大臣巴尔克函	1914年6月23日[7月6日]
驻蒙古外交代表兼总领事亚·密勒尔致外交大臣沙查诺夫电	第185号　1914年7月4日[17日]
驻蒙古外交代表兼总领事亚·密勒尔致外交大臣沙查诺夫电	第192号　1914年7月8日[21日]
外交大臣沙查诺夫致驻蒙古外交代表兼总领事密勒尔电	第1549号　1914年7月16日[29日]
驻蒙古外交代表亚·密勒尔致外交大臣沙查诺夫电	第262号　1915年10月25日[11月7日]

民国初年实行印花税的几件史料

丁进军编选（1990·1·68）　　中国第一历史档案馆

临时大总统袁世凯颁布印花税法	1913年
财政部颁发印花税法施行细则	1913年
财政部颁发贴用印花税票细则	1913年
财政部为实行印花税事给商民的通告	1913年
财政部为发行印花税票事通告	1913年
财政部为劝谕住户铺户还账收账各据须贴用印花票通告	1913年6月
财政部为劝导各住户铺户租赁房折均宜贴用印花票通告	1913年6月
财政部颁发印花贴用须知及各铺户住户注意事项	1913年
财政部为办理租赁房屋印花税事致内务府官房租库函	1914年4月10日

1914年奉天议借日款密电选

孔庆泰编选（1984·2·46）　　中国第二历史档案馆

张锡銮致袁世凯密电	1914年5月9日
政事堂复张锡銮电	1914年5月13日

张锡銮致袁世凯密电　　1914年5月14日
政事堂复张锡銮密电　　1914年5月18日

民国初年日本制造奉天挤兑风潮档案选
于彤编选（1983·2·40）　中国第二历史档案馆
财政部等致张锡鸾电稿　　1914年5月9日
谈国桓致财政总长等密电　　1914年6月11日
国务院等会议解救奉省纸币挤兑风潮办法　　1914年6月22日
外交部财政部致陆宗舆密电稿　　1914年6月23日
张锡鸾致大总统等密电　　1914年6月29日
张锡鸾致国务卿等密电　　1914年7月2日
张锡鸾致财政总长密电　　1914年7月3日
外交总长会晤日本代理公使问答录　　1914年7月29日
外交部致财政部咨　　1914年10月12日
方尚义致财政部详　　1914年10月28日
财政部筹议整理奉省纸币办法　　1914年约11月
张元奇致财政总长密电　　1914年11月9日
财政部致张元奇密函稿　　1914年11月11日
张元奇致政事堂等密电　　1915年3月21日
中国银行致财政部函　　1916年1月4日
财政部致国务院咨稿　　1916年7月5日
李启琛致财政部呈　　1916年10月1日
附件一：协定限制兑现大纲
附件二：协定限制兑现细则
中国银行致财政部函　　1917年8月3日
附件：中日协定调节金融办法

日人谋夺原清皇室官庄密报
孔庆泰编选（1984·3·42）　中国第二历史档案馆
徐祝平密报日人谋夺原清皇室官庄呈　　1915年7月11日

刘显世接管贵州中国银行有关史料选
于彤编选（1984·2·49）　中国第二历史档案馆
中国银行致财政部密函　　1916年2月11日
中国银行致财政部密函　　1916年3月11日
中国银行致财政部函　　1916年10月13日

1921年前中国已开商埠
孔庆泰编选（1984·2·54）　中国第二历史档案馆
民国自开商埠年月表　　1920年2月
直省开设商埠年月事项一览表　　1920年2月

内务部经办商埠一览表 1921年11月1日

孙中山在永丰舰上亲躬理财史料（上）

王耿雄编选（1994·3·58）

批海军司令请款呈 1922年6月18日
附：盛延祺领款收据
批马伯麟请款呈 1922年6月18日
批李章达请款呈 1922年6月18日
批袁良骅收款条 1922年6月19日
饬发陈泽南公费手令 1922年6月20日
饬发杨华馨公费手令 1922年6月25日
批□玉龙请款书 1922年6月25日
饬发蒋尊簋招待费手令 1922年6月25日
饬发何福昌公费手令 1922年6月26日
批徐苏中等旅费条 1922年6月26日
饬发谢良牧公费手令 1922年6月27日
批李天德请款呈 1922年6月27日
批林直勉请款呈 1922年6月28日
附：韩恢领款收据
批李燕仪请发医药费呈 1922年6月28日
批孙祥夫等请款呈 1922年6月30日
批李天德领款条 1922年6月30日
饬发肇和取回机件费手令 1922年7月1日
饬发黄骚经费手令 1922年7月1日
饬交款项条 1922年7月1日
饬发吴志馨等经费手令 1922年7月3日
饬赏福安舰员手令 1922年7月3日
批程潜请款呈 1922年7月3日
饬发徐树荣经费手令 1922年7月5日
饬发海防司令经费手令 1922年7月5日
饬发韩恢经费手令 1922年7月5日
饬发庶务副官经费手令 1922年7月5日
批陈策请款呈 1922年7月5日
批孙祥夫等请款呈 1922年7月5日
批胡轩医药费呈 1922年7月5日
批马伯麟请款呈 1922年7月5日
批陈策请款呈 1922年7月6日
饬发香港《晨报》津贴手令 1922年7月7日
签收支款项条 1922年7月7日
签邓泽如来款收据 1922年7月7日
饬发李廷铿等旅费手令 1922年7月8日

饬发沈彬旅费手令 1922年7月8日
批陈策请款呈 1922年7月9日
批陈若时请款呈 1922年7月9日
批袁良骅请款呈 1922年7月9日
饬发陈群管理经费手令 1922年7月10日
饬发黄骚买汽船手令 1922年7月11日
批陈策请款呈 1922年7月11日
批冯肇宪请款呈 1922年7月11日
批林若时医药费呈 1922年7月11日
签收款条 1922年7月11日
签收款条 1922年7月11日
饬发冯肇宪经费手令 1922年7月12日
饬发三山水陆各军伙食费手令 1922年7月12日
签收款条 1922年7月12日
批丁培龙请款呈 1922年7月12日
批陈策请款呈 1922年7月12日
饬发陈策为各军伙食费手令 1922年7月12日
批招钰琪医药费呈 1922年7月12日
饬发马伯麟经费手令 1922年7月14日
签收款条 1922年7月15日
批招挂章请款呈 1922年7月17日
饬发黄骚经费手令 1922年7月17日
饬发黄骚经费手令 1922年7月18日
批伤兵赏恤费 1922年7月19日
批马湘收款条 1922年7月20日
批陈侠夫收款条 1922年7月20日
批黄惠龙收款条 1922年7月20日
批永丰等舰员饷金呈 1922年7月20日
饬发严月生公费手令 1922年7月22日
饬发杨虎经费手令 1922年7月22日
饬发连声海经费手令 1922年7月23日
批嘉利洋行收据 1922年7月23日
手令 1922年7月24日
签收款条 1922年7月24日
签付款条 1922年7月24日
批招桂章请款呈 1922年7月24日
批欧阳格请款呈 1922年7月25日
批欧阳琳请款呈 1922年7月27日
批同安舰请款呈 1922年7月27日
批冯肇宪请款呈 1922年7月27日
批张文焕等人领款条 1922年7月27日

批陈策请款呈	1922年7月28日
批招桂章请款呈	1922年7月28日
批黄骚请款呈	1922年7月29日
饬发江顺舰饷款令	1922年7月29日
饬发程潜经费令	1922年7月29日
批欧阳格所呈领状	1922年7月29日
批钱慰卿请款呈	1922年7月
批兴业公司煤行收据	1922年7月
批豫章舰伤员抚慰费	1922年7月
批 BERBLINGER 公司收据	1922年7月
批冯肇宪请款呈	1922年8月1日
批兴业公司煤行收据	1922年8月1日
饬发廖湘芸经费令	1922年8月2日
饬发黄骚经费令	1922年8月2日
批陈策请款呈	1922年8月3日
批胡文灿请款呈	1922年8月3日
批韩恢请款条	1922年8月5日
批黄百借款呈	1922年8月7日
签收款条	1922年8月7日
饬发陈际熙经费令	1922年8月7日
批陈策请款呈	1922年8月8日
批谢心准借款呈	1922年8月9日
批林若时请款呈	1922年8月9日

孙中山在永丰舰上亲躬理财史料（下）

王耿雄编选（1994·4·68）

欧阳格领款收据	1922年6月16日
招桂章领款收据	1922年6月18日
欧阳格借款收据	1922年6月19日
招桂章领款收据	1922年6月19日
马金麟等领款收据	1922年6月20日
招桂章领款收据	1922年6月20日
招桂章领款收据	1922年6月20日
孙祥夫等领状	1922年6月20日
田士捷领状	1922年6月22日
李天德请款呈	1922年6月22日
吴志馨领状	1922年6月22日
马伯麟请款单据	1922年6月23日
孙祥夫请款呈	1922年6月23日
温树德领状	1922年6月23日
袁良骅领款单据	1922年6月23日

何瀚澜领状 1922年6月24日
何瀚澜领状 1922年6月24日
冯肇宪领款单据 1922年6月20日
冯肇宪领款单据 1922年6月24日
招桂章请款单据 1922年6月24日
林若时领状 1922年6月24日
欧阳格领状 1922年6月25日
林拯民借款收据 1922年6月26日
周伯甘领款收据 1922年6月26日
杨柏生领款收据 1922年6月26日
朱宪民领款收据 1922年6月27日
包顺健领款收据 1922年6月27日
陈策领款收据 1922年6月27日
招桂章请款单据 1922年6月28日
蒋国光领款单据 1922年6月28日
何瀚澜领状 1922年6月29日
李天德领款单据 1922年6月30日
袁良骅领款收据 1922年7月1日
欧阳格请款单据 1922年7月1日
支付款项条 1922年7月3日
冯肇宪请款借据 1922年7月6日
招桂章请款借据 1922年7月6日
欧阳格领款收据 1922年7月6日
何瀚澜领状 1922年7月7日
程潜领款单据 1922年7月7日
林若时领款单据 1922年7月9日
招桂章请款借据 1922年7月11日
欧阳琳领款单据 1922年7月12日
豫章舰领款收据 1922年7月13日
欧阳琳领款收据 1922年7月13日
招桂章请款单据 1922年7月13日
代支款项单据 1922年7月14日
冯肇宪领款收据 1922年7月14日
张德恩领款收据 1922年7月14日
张德恩领款收据 1922年7月14日
冯肇宪借款收据 1922年7月16日
支付煤炭费单据 1922年7月18日
支付煤炭费单据 1922年7月18日
陈策请款呈 1922年7月19日
陈策请款呈 1922年7月19日
欧阳琳借款收据 1922年7月19日

欧阳格领款单据	1922 年 7 月 19 日
欧阳琳领款单据	1922 年 7 月 19 日
招桂章领款单据	1922 年 7 月 19 日
冯肇宪借款单据	1922 年 7 月 19 日
招桂章领款单据	1922 年 7 月 19 日
招桂章领款单据	1922 年 7 月 19 日
楚豫舰借饷单据	1922 年 7 月 19 日
永丰舰借饷单据	1922 年 7 月 19 日
招桂章领款单据	1922 年 7 月 19 日
欧阳格收款单据	1922 年 7 月 20 日
欧阳琳领状	1922 年 7 月 20 日
袁良骅领款单据	1922 年 7 月 20 日
欧阳格收款单据	1922 年 7 月 21 日
欧阳琳领状	1922 年 7 月 21 日
黄骚购物单据	1922 年 7 月 21 日
欧阳格请款单据	1922 年 7 月 24 日
欧阳琳领款单据	1922 年 7 月 24 日
吴煦泉收款单据	1922 年 7 月 25 日
赖达请款单据	1922 年 7 月 25 日
收据	1922 年 7 月 29 日
冼澄宇领款单据	1922 年 8 月 2 日
楚豫舰领款单据	1922 年 8 月 3 日
蒋中正请款信函	1922 年 8 月 7 日
蒋中正请款条	1922 年 8 月 7 日
何成濬收款条	1922 年 8 月 7 日
蒋中正请款条	1922 年 8 月 9 日
□□正请款条	1922 年 8 月 9 日
□□正请款信函	1922 年 9 月

冯玉祥对西北开发的史料

王自成编选（1990·1·74）　　陕西省档案馆

陕甘建设会议议决案

国民党政府“废两改元”案

柏禹郜编选（1982·1·51）　　中国第二历史档案馆

浙江省政府呈	1928 年 3 月 21 日
附：统一国币应先实行废两用元案　马委员提出	
财政部复呈	1928 年 4 月 23 日
虞洽卿与行政院来往电	1932 年 7 月
虞洽卿电	7 月 25 日
行政院复电	7 月 27 日

国民政府训令 1933年4月6日
财政部钱币司函 1934年9月29日
上海宝银登记总额表

代理总税务司罗福德对近代中国海关缉私情形的回顾
郑泽隆译 王美嘉校 （1992·2·68） 广东省档案馆
代理总税务司罗福德对近代中国海关缉私情形的回顾 1934年8月4日

国民党政府的法币政策
魏振民编选（1982·1·56） 中国第二历史档案馆
一、推行“法币”政策的措施和办法
孔祥熙致各省政府主席等电稿 1935年11月3日
财政部致关务署令稿 1935年11月3日
财政部致各部会电 1935年11月15日
二十四年十一月份财政部钱币司工作报告 1935年12月21日
财政部钱币司二十五年一月份工作报告 1936年2月20日
财政部钱币司二十五年二月份工作报告 1936年3月20日
中央银行致财政部公函 1936年4月7日
财政部钱币司二十五年五月份工作报告 1936年6月20日
财政部钱币司给部次长的签呈 1937年5月7日
兑换法币补充办法
财政部给行政院的提案稿 1937年9月25日
金类兑换法币办法
二、宣布“法币”政策后各方反响
虞和德等致实业部电 1935年11月23日
宁夏省主席马鸿逵致宋子文密电 1935年12月17日
宁夏全省商会联合会等致蒋介石电 1935年12月24日
刘湘给蒋介石密电 1935年12月27日
湖南益阳县商会主席田兆龙致蒋介石等代电 1936年1月2日
周翼翮致财政部呈 1936年5月18日
广西博白县商会给国民政府等快邮代电 1936年11月13日
三、历年“法币”发行数额和物价指数
施行法币前夕各主要银行发行数目表 1935年11月3日
历年法币发行数额表 1927年9月至1938年7月
历年法币逐月发行数额表

日本对国民党政府法币政策的态度
魏振民编选（1982·2·74） 中国第二历史档案馆
一、日本对国民党政府法币政策的态度
中国驻日本大使馆向行政院的报告 1935年12月9日
中国驻日本大使馆向财政院的报告 1936年1月20日

参谋本部给财政部的通报　1936 年 6 月 9 日
二、冀察币政特殊化
外交部致财政部咨　1936 年 2 月 29 日
林世则致李毓万密电　1936 年 3 月 25 日
李毓万复徐世则密电稿　1936 年 3 月 30 日
外交部致财政部密咨　1936 年 3 月 31 日
财政部致外交部咨稿　1936 年 4 月 10 日
中中交三行致财政部密函　1936 年 5 月 2 日
萧振瀛致孔祥熙密电　1936 年 5 月 7 日
孔祥熙致萧振瀛密电稿　1936 年 5 月 9 日
萧振瀛致孔祥熙密电　1936 年 5 月 9 日
中央银行津行经理李达致中央银行业务局密电　1936 年 5 月 25 日
张群致孔祥熙函　1936 年 5 月 27 日
孔祥熙致萧振瀛密电稿　1936 年 5 月 30 日
萧振瀛致孔祥熙密电　1936 年 5 月 31 日
国民政府文官处文书局第一科给文官长的签呈　1936 年 7 月 31 日
孔祥熙致宋哲元电稿　1936 年 8 月 2 日
宋哲元致孔祥熙电　1936 年 8 月 18 日
天津市银行业同业公会致交通天津分行函　1936 年 11 月 19 日

国民党政府的中央机器厂

孔庆泰编选（1982・3・60）　中国第二历史档案馆
资源委员会机器制造厂概况　1938 年 5 月
机器制造厂计划纲要　1937 年 7 月
资源委员会各事业单位最近工作状况　1937 年 5 月 29 日
经济部资源委员会二十七年一年内工作报告
资源委员会中央机器有限公司一年来工作概况　1947 年 10 月

抗日时期中国工业损失状况部分统计

于彤编选（1990・2・73）　中国第二历史档案馆
表一　战时工业直接损失统计表
表二　敌人摧毁各电气公司及电厂一览表
表三　各省市主管机关电告工厂矿场损毁情形一览表
表四　敌人摧毁各工厂一览表
表五　抗战时期工矿企业财产损失统计表

汪伪政权的中央储备银行

李安庆编选（1982・4・72）　中国第二历史档案馆
伪中央储备银行成立经过情形与营业概况　1941 年 3 月 13 日
伪中央储备银行组织大纲草案　1940 年 12 月 26 日
伪中央储备银行日本顾问及顾问附暨顾问辅佐一览　1945 年

伪中央储备银行与日本银行第一次借款契约书 1942 年 7 月 28 日
伪中央储备银行与日本银行第二次借款契约书 1944 年 8 月 25 日
伪国民政府行政院财政部公函 1940 年 12 月 31 日
伪财政部给伪中央储备银行总行函 1941 年 1 月 11 日
伪中央储备银行总行致伪财政部函 1941 年 1 月 18 日
国民党军事委员会调查日本国内印制伪中储券情形 1946 年 1 月 14 日
附件一：查报日本国内印制伪中储券情形
附件二：继报日本国内印制伪中储券情形

1927—1936 年帝国主义国家在华倾销石油史料
孔庆泰编选（1983·1·51） 中国第二历史档案馆
抗战前吾国石油产品市场 1948 年 6 月
我国战前进口油料之来源 1948 年 1 月
全国经济委员会公路处制：长江下游七埠进口石油炼品之数量及价值表（1920—1932 年） 1934 年 6 月
全国经济委员会公路处制：长江下游七埠进口石油炼品之数量价值所占全国进口之百分数表（1920—1932 年） 1934 年 6 月
全国经济委员会公路处：1932 年太湖区域七商埠 * 进口之炧 ** 品 1934 年 6 月
全国经济委员会公路处：中国进口石油炼品之数量及价值表
有关东北地区石油制品的进口、销售等资料
全国经济委员会制：汽油需要概况 1936 年 3 月
全国经济委员会公路处编：我国汽油需供情形略述

1946—1948 年石油制品进口
孔庆泰编选（1983·4·74） 中国第二历史档案馆
资源委员会中国石油有限公司稿：《柴油供需情形》 1947 年 6 月 12 日
资源委员会中国石油有限公司复全国经济委员会秘书处第三组函稿＜摘＞ 1947 年 7 月 15 日
资源委员会中国石油有限公司稿：《石油产品输入情形节略》＜摘＞ 1947 年 7 月
交通部航政司司长李景潞致资源委员会中国石油有限公司协理张兹闿函 1948 年 1 月 15 日
资源委员会中国石油有限公司协理张兹闿复交通部航政司司长李景潞函稿 1948 年 1 月 24 日
交通部航政司司长李景潞致资源委员会中国石油有限公司总经理张兹闿函 1948 年 6 月 28 日
资源委员会中国石油有限公司总经理张兹闿致交通部航政司司长李景潞函稿 1948 年 7 月 8 日
1946 年石油制品进口数（根据海关统计）
附：1947 年石油制品进口数

1948 年石油制品进口数
1938—1948 年进口油品数量表

1949 年初南北通航通商的一组档案

王玉文编选（1983·2·74）　　中国第二历史档案馆

行政院致财政部代电　1949 年 2 月 1 日
行政院致财政部代电　1949 年 2 月 28 日
航业界代表魏文翰等致行政院报告　1949 年 3 月 18 日
中华民国轮船业同业公会联合会致财政部代电　1949 年 3 月 23 日
全国轮船业联合会致财政部电　1949 年 3 月 30 日
上海市药材业同业公会等致财政部代电　1949 年 4 月
上海市商会致财政部代电　1949 年 4 月 7 日
附件一：恢复南北洋航运办法（草案）
附件二：全国轮船业联合会天津船舶统一调配委员会组织简则
附件三：上海与华北交换物资管理办法（草案）
附件四：交换物资管理委员会组织规程（草案）
附件五：维护航行安全实施办法

四川解放前夕农地减租史料选编

黄光烈　吕建秋编选（1991·4·64）　　四川省武胜县档案馆

四川省农地减租实施办法　1949 年 7 月 6 日
实施减租及登记换约问题解答　1949 年 7 月 6 日
四川省农地租约登记及换订租约办法　1949 年 7 月 6 日
农地减租补充提示事项　1949 年 7 月 6 日

军　事

民军光复上海广州南京等地的档案资料选辑

韩森编选（1981·3·7）　　中国第二历史档案馆

彭邦栋陈述宜章光复经过为彭遂良、彭昭请恤呈　1912 年 3 月 24 日
罗裕淜等陈述顺德光复经过并为梁璧联请勋致临时稽勋局呈　1913 年 2 月
李德铭关于香山光复调查报告的补充说明　1913 年 3 月 20 日
许乙垣陈述广州光复经过并请奖励致陆军部呈　1913 年 5 月 1 日
刘福彪陈述上海光复经过并请奖励呈　1913 年 6 月 2 日
李燮和陈述光复军成立并先后光复上海、南京等地咨呈　1913 年 6 月 7 日
虞克昌陈述烟台光复经过致陆军部军法司长函　1913 年 7 月 19 日

1913 年赣宁之役档案史料选

丁思泽　陈长河编选（1981·4·52）　　中国第二历史档案馆

江西部分
黎元洪密电　6 月 16 日

黎元洪密电	6月17日
黎元洪密电（二件）	6月19日
廖伯琅等电	7月6日
贺国昌等电	7月6日
颜丙临等电抄件	7月7日
国务院复电	7月10日
欧阳武通电	7月10日、7月13日
李纯密电	7月11日
黎元洪密电	7月12日
李纯密电	7月12日
黎元洪通电	7月13日
李纯密电（二件）	7月13日
黎元洪密电	7月13日、7月14日
袁世凯密电稿	7月15日
参陆两部密电稿	7月15日
黎元洪密电	7月15日、7月17日
戈克安密电	7月25日、7月27日
李纯通电	8月3日
陆军部电	8月20日
黎元洪密电	9月26日
马继曾密电	10月7日
南京部分	
周自齐等密电	7月16日
国务院函稿	7月18日
张勋通电	7月18日
杜淮川电	8月2日
陈之骥电	8月3日
周自齐密电	8月6日
茅乃封电	8月15日
冯国璋电	8月26日
冯国璋密电	8月27日
雷震春电	9月1日
刘冠雄通电	9月2日
蒋雁行密电	9月2日
冯国璋电	9月2日
冯国璋密电	9月2日
徐宝珍电	9月2日
张宗昌报告	9月1日
白武致段祺瑞函	9月　日
汪岱呈文	9月　日
张宗昌密电	9月24日

北洋陆军第五师宁垣之役详报选

黄丽辉　冯蓉编选（1984·4·42）　　中国第二历史档案馆

1913年8月9日　1913年8月10日　1913年8月11日　1913年8月12日　1913年8月15日　1913年8月16日　1913年8月17日　1913年8月19日　1913年8月20日　1913年8月22日　1913年8月23日　1913年8月25日　1913年8月26日　1913年8月27日　1913年8月28日　1913年8月29日　1913年8月30日　1913年8月31日

1913年9月1日　1913年9月2日

冯玉祥驻兵常德史料选辑

马沇编选（1990·3·60）　　中国人民革命军事博物馆

练兵宜结实耐劳坚忍令
注重精神教育令
考试各学科办法令
目兵在吃饭时识字令
教兵宜求实在令
劝告目兵爱惜来处不易之钱
各营行军由旅领款以备误损民物赔偿令
不可打骂民夫令
保护侨居我国之外人令
吸食鸦片按军法惩治令
不买洋货令
旧历年关查禁饮酒赌博令
官兵不准私自结盟令
步二团一营行军纪律不严营长宋哲元记过令
副兵张致远行军扰民著枪决令
官兵不可开口骂人举手打人令
恤金概给现洋令
传知冯连长治安镇静慑敌情形令
为兵夫讲说财政困难令
派员监视焚毁烟土令
发给官长五月七日二十一条字本令
本旅官佐目兵奖励规则

第二次直奉战争时直系函电选

杜春和编选（1990·3·69）　　中国社科院近代史所图书资料室

吴佩孚致总统府军事处电　1924年8月21日
鼓寿莘致曹锟探报　1924年9月3日
王怀庆致曹锟电　1924年9月17日
彭寿莘致吴佩孚电　1924年9月18日
张福来致曹锟等电　1924年9月25日
彭寿莘致曹锟等电　1924年9月26日
彭寿莘致曹锟等宥电　1924年9月26日

彭寿莘致曹锟等电 1924年10月2日
米振标致曹锟等电 1924年10月2日
总统府军事处致吴佩孚电 1924年10月10日
胡景翼致曹锟等电 1924年10月18日

章杰在宁密筹迎接北伐军入城史料

孔庆泰编选（1985·4·58） 中国第二历史档案馆

章杰经过宁垣及浦口工作情形敬告民众书 1927年6月20日

红军第三军团第一次夺取长沙史料选

翟学超编选（1985·3·45） 湖北省武汉市档案馆

红军占领长沙 1930年5月15日
红军游击新市、永安 1930年7月15日
传闻红军占领长沙 1930年7月28日
危粟钟部围剿平江与红军攻克长沙简况 1930年7月29日
红军在长沙除恶安民 1930年7月30日
红军在长沙筹款 1930年7月31日
长沙城内安靖红旗飘悬 1930年8月1日
红军在长活动及何健部反扑长沙 1930年8月4日
何健军入城及红军退出长沙 1930年8月5日
红军退出长沙 1930年8月6日
红军占领长沙期间的情况汇报 1930年8月9日

中央革命根据地红军战况史料

翟学超编选（1986·1·74） 湖北省武汉市档案馆

上海商储银行汉行红军又近吉安函稿 1930年6月30日
上海商储银行汉行红军退至石城致程顺元函 1930年7月16日
上海银行通讯简介红军在赣活动及蒋介石围剿计划 1932年8月27日
上海商储银行浔行红军退出乐平致区经理函 1932年8月31日
上海商储银行浔行红军主力由赣南撤至闽境致区经理函 1932年12月27日
何健关于江西红军全部向西转移致汉农商等行电文 1934年11月9日
袁鸿超关于红军大半已离赣境报告 1934年12月31日

湘鄂革命根据地红军作战情况史料

刘会信 翟学超 刘望云编选（1987·1·62） 湖北省武汉市档案馆

贺龙等部在长沙市周围的活动 1930年7月15日
红军占领长江沿岸数百里 1930年9月27日
红军攻克监利并逼近沙市 1930年10月1日
红军在鄂豫皖湘赣闽的活动 1932年5月4日
邝继勋部攻占正阳关王泰部由豫入鄂 1932年5月13日
贺龙等部已撤至陕西 1932年5月16日

红军在鄂之现状 1932年5月24日
贺龙部袭击沙市等处 1932年8月17日
贺龙部在沙市周围的活动 1932年8月18日
贺龙部在鄂的活动 1932年8月24日
孔荷宠部游击九江 1934年2月26日

马占山江桥抗战电报选

张凤兰编选（1985·4·60） 辽宁省档案馆

张学良致东省特区长官公署等电 1931年9月23日
张景惠致张学良等电稿 1931年9月24日
张学良致东省特区长官公署等电 1931年9月25日
莫德惠致张景惠电 1931年9月25日
高维岳复张景惠电 1931年9月28日
张学良致中央党部等通电 1931年11月6日
马占山等致中央党部等电 1931年11月10日
张学良致张景惠等电 1931年11月15日
张学良致张景惠等电 1931年11月15日
张学良致张景惠等电 1931年11月18日
张学良致张景惠等电 1931年11月20日
张学良致张景惠等电 1931年11月20日
张学良致张景惠等电 1931年11月22日
张学良致张景惠等电 1931年11月23日

国民党“围剿”我中央根据地红军史料

刘镜亮编选（1987·4·60） 广东省档案馆

（一）国民党赣粤闽边区“围剿”红军计划大纲及方案
国民党赣粤闽边区“围剿”红军计划大纲
国民党赣粤闽边区“围剿”红军方案
（二）陈济棠部“围剿”红军战斗详报
陆军第一军附第二军第四师第一第二独立旅赣南战报 1932年6月
陆军独立第三师南雄水口战役经过详报 1932年9月22日

“一·二八”淞沪抗战史料选

陈长河编 丁思泽编选（1984·4·64） 中国第二历史档案馆

蒋光鼐等致何应钦等电 1月29日
何应钦致各省电 1月29日
何应钦致吴铁城等电 1月31日
何应钦致何成濬电 2月1日
上海市政府致英美等国领事通告书 2月3日
上海市政府致中央执行委员会等电 2月3日
熊式辉致何应钦电 2月6日

何应钦致吴铁城电 2月6日
外交部提请英美国出使阻止日舰再向长江增加文 2月6日
何应钦致吴铁城等密电 2月8日
蒋光鼐等致何应钦电 2月8日
蒋光鼐致何应钦等电 2月9日
王俊致何应钦电 2月9日
何应钦致吴铁城电 2月9日
蒋介石致何应钦密电 2月10日
何应钦致吴敬恒密电 2月12日
何应钦致蒋介石等电 2月12日
何应钦致蒋光鼐等电 2月12日
上海市政府致何应钦等电 2月12日
熊式辉致何应钦电 2月13日
何应钦等致蒋光鼐等电 2月13日
罗文平等致蒋光鼐等电 2月13日
何应钦致蒋光鼐电 2月13日
何应钦致林森等密电 2月14日
何应钦致蒋光鼐等电 2月14日
何应钦致汪兆铭电 2月14日
上海市政府致何应钦等电 2月14日
何应钦致吴铁城电 2月14日
张治中致林蔚密电 2月14日
何应钦致吴铁城等电 2月15日
王俊致何应钦电 2月15日
上海市政府致何应钦等密电 2月16日
张治中致何应钦电 2月16日
吴铁城致何应钦等电 2月18日
上海市政府致何应钦等电 2月19日
上海市政府致何应钦等密电 2月21日
陈铭枢致蒋介石电 2月22日
蒋介石复陈铭枢电 2月22日
张治中致蒋介石电 2月28日
张治中致蒋介石电 3月1日
张治中致蒋介石密电 3月11日
孔祥熙致蒋介石密电 3月13日
张治中致蒋介石电 3月13日
蒋介石复张治中电 3月14日
陈立夫等致蒋介石电 3月21日
孔祥熙致蒋介石密电 3月21日

喜峰口战役中宋哲元致国民政府电报选

李安庆编选（1984·2·72）　　中国第二历史档案馆

1933年3月10日密电　1933年3月11日密电　1933年3月12日电　1933年3月13日电　1933年3月14日电　1933年3月14日电　1933年3月14日电　1933年3月15日电　1933年3月16日电　1933年3月16日电　1933年3月17日电　1933年3月17日电　1933年3月18日电　1933年3月18日电　1933年3月19日电　1933年3月20日电　1933年3月20日电　1933年3月21日电　1933年3月22日电　1933年3月24日密电　1933年3月25日密电　1933年3月25日电　1933年3月26日密电　1933年3月27日密电 1933年3月27日电　1933年3月30日电

1933年4月4日密电　1933年4月7日密电　1933年4月8日电　1933年4月9日电　1933年4月11日密电　1933年4月12日电　1933年4月13日电　1933年4月14日电　1933年4月15日电　1933年4月16日电　1933年4月17日电　1933年4月18日电　1933年4月19日电　1933年4月21日电

1933年5月12日密电　1933年5月12日电　1933年5月13日电　1933年5月14日电　1933年5月15日电　1933年5月17日密电　1933年5月19日密电　1933年5月22日密电

湘鄂川黔根据地红军战况史料

翟学超　吴敏编选（1989·1·74）　　湖北省武汉市档案馆

肖克部进击湘赣	1934年9月4日
肖克贺龙部在湘黔的活动	1934年11月14日
红军由湘入粤桂边境	1934年11月17日
红军占领永顺等处	1934年11月20日
肖克贺龙部进击湘西	1934年11月23日
肖克贺龙部在湘西活动	1934年11月27日
红军进占大庸	1934年11月27日
肖克贺龙部弃大庸进驻桑植	1934年11月28日
红军主力集中大庸	1934年11月29日
红军进出溪口近逼常德	1934年12月1日
肖克贺龙部进攻乌宿	1934年12月12日
贺龙部队攻战浯家河	1934年12月17日
肖克贺龙部进入桃源等处	1934年12月19日
肖克贺龙部于浯家河大败卅四旅	1934年12月19日
肖克贺龙部退往桃源	1934年12月24日
红军主力转至桃源等处	1934年12月25日
红军击战漆家河攻克慈利	1934年12月29日
肖克贺龙部游击慈利等处	1935年5月2日
肖克贺龙部进逼石门等处	1935年5月11日
肖克贺龙部在慈利等处大捷	1935年6月8日
红军一年来战情	1935年11月27日

蒋介石追堵北上红军电报选

王自成编选（1989·4·65）　　陕西省档案馆

1934年10月28日　10月31日　11月3日　11月8日

1935年1月2日　1月25日　1月27日　2月12日（二件）2月13日（三件）2月14日　2月15日（二件）2月16日　2月18日（二件）2月20日　2月22日　2月24日（二件）2月25日（二件）3月2日　5月1日　5月7日　5月27日　5月31日　6月1日　6月3日　6月23日　6月26日　6月27日　6月29日　7月1日　7月2日　7月4日　7月14日　7月18日　7月20日　7月22日　7月24日　7月30日　7月31日　8月1日　8月3日　8月9日　8月19日　8月20日

1935年×月26日

1935年×月×日

1935年×月27日

红军长征途经贵州时蒋介石与龙云来往电

顾金龙编选（1988·4·73）　　云南省档案馆

龙云致蒋介石电	1935年2月14日
龙云致蒋介石电	1935年2月26日
龙云致蒋介石电	1935年2月27日
蒋介石复龙云电	1935年3月1日
龙云致蒋介石电	1935年4月13日
黄毅夫致龙云电	1935年4月19日
蒋介石致龙云电	1935年4月26日
龙云复蒋介石宥电	1935年4月28日
蒋介石致龙云电	1935年4月30日
黄毅夫致龙云电	1935年5月1日
蒋介石致龙云电	1935年5月14日
蒋介石致龙云电	1935年6月16日
蒋介石致龙云电	1935年7月13日
龙云致蒋介石电	1935年7月16日
龙云致蒋介石电	1935年7月17日
龙云致蒋介石电	1935年7月18日
蒋介石致龙云电	1935年7月26日
龙云复蒋介石电稿	1935年7月31日
蒋介石致龙云电	1935年8月5日
龙云致蒋介石电	1935年10月14日
蒋介石复龙云电	1935年11月27日

陕北陕甘边根据地红军活动史料选

王自成　刘陆军编选（1986·4·51）　　陕西省档案馆

中共陕甘边区特委决议案	1935年8月5日
中共陕甘晋省委对进行游击战争与游击队突击的决定	1935年9月15日

中共陕甘晋省委宣传部给各级党部的紧急通知——关于进行粉碎三次“围剿”宣传周及检阅赤少队工作　1935年10月3日

中共陕甘晋省委组织部关于扩红工作的通告　1935年10月5日

陕北省苏维埃政府为粉碎帝国主义国民党军阀三次“围剿”的紧急动员令　1935年10月

“八·一三”淞沪抗战史料选

马振犊编选（1985·2·44）　中国第二历史档案馆

蒋介石致何应钦等电　7月13日

俞鸿钧致蒋介石电　7月14日

俞鸿钧致何应钦电　7月24日

俞鸿钧致蒋介石电　7月28日

俞鸿钧致何应钦电　8月6日

俞鸿钧致军委会等电　8月8日

俞鸿钧致军委会等电　8月9日

俞鸿钧致何应钦等电　8月10日

俞鸿钧致军委会等电　8月11日

上海作战日记　8月11日

俞鸿钧致何应钦电　8月12日

俞鸿钧致军委会电　8月13日

上海作战日记　8月13日

何应钦致俞鸿钧电　8月14日

上海作战日记　8月14日

俞鸿钧致军委会等电　8月14日

俞鸿钧致军委会等电　8月14日

俞鸿钧致军委会等电　8月15日

钱大钧转报白崇禧上海作战意见的签呈　8月15日

蒋介石致何应钦电　8月15日

钱大钧转报张治中总攻部署的签呈　8月16日

蒋介石致程潜电　8月18日

钱大钧致蒋介石电话　8月19日

俞鸿钧致军委会等电　8月19日

何应钦致欧阳格电　8月20日

大本营致罗卓英等电　8月22日

钱大钧转报陈诚、张治中战况报告的签呈　8月22日

陈绍宽致黄绍竑电　8月23日

陈诚致蒋介石电　8月23日

陈诚致何应钦等电　8月24日

俞鸿钧致行政院等电　8月25日

蒋介石致冯玉祥等电　8月27日

蒋介石致冯玉祥电　8月27日

陈诚致蒋介石等电 8月27日
陈诚致蒋介石等电 8月28日
陈诚致蒋介石等电 8月29日
宋子文致蒋介石电 8月31日
顾祝同致蒋介石等电 8月31日
蒋介石致罗卓英电 9月1日
参谋本部第二厅抄报张培哲关于罗店战败原因的报告 9月2日
顾祝同致蒋介石电 9月2日
钱大钧转报张发奎兵力配置的签呈 9月3日
蒋介石致陈果夫电 9月3日
大本营情报 9月6日
陈诚致蒋介石等电 9月7日
顾祝同致蒋介石电 9月10日
军事委员会第一部作战组情报 9月11日
蒋介石致张治中电稿 9月12日
陈诚致蒋介石等电 9月12日
陈诚致蒋介石等电 9月13日
陈诚致蒋介石等电 9月18日
顾祝同致何应钦电 9月21日
军事委员会第一部作战组情报 9月26日
陈诚致何应钦等电 9月27日
顾祝同致蒋介石电 9月28日
军事委员会快邮代电 9月29日
戴笠致蒋介石电 9月29日
陈诚致何应钦电 9月29日
钱大钧转报唐生智关于后方交通筑路等事电话报告 10月2日
陈诚致何应钦电 10月6日
陈诚致蒋介石等电 10月8日
顾祝同致蒋介石电 10月9日
戴笠致蒋介石电 10月12日
军事委员会第一部作战组情报 10月17日
军事委员会第一部作战组情报 10月18日
陈诚致蒋介石等电 10月19日
俞鸿钧致何应钦电 10月20日
陈诚致蒋介石电 10月21日
戴笠致蒋介石电 10月22日
陈诚致何应钦电 10月22日
陈诚致蒋介石等电 10月23日
蒋介石致邹作华电 10月28日
郑吉致侍从室电 10月30日
顾祝同致蒋介石电 10月30日

军事委员会第一部作战组情报 11月7日
戴笠致蒋介石电 11月9日
戴笠致蒋介石电 11月11日
邹作华致蒋介石电 11月15日
徐永昌致顾祝同等电 11月18日
蒋介石致顾祝同等电 11月20日

台儿庄战役期间李宗仁密电选

沈家五　马振犊编选（1984·3·59）　中国第二历史档案馆

1938年3月5日　3月5日　3月7日　3月14日　3月15日　3月15日　3月16日　3月16日　3月16日　3月17日　3月18日　3月18日　3月18日　3月19日　3月20日　3月20日　3月21日　3月22日　3月25日　3月25日　3月25日　3月25日　3月25日　3月25日　3月26日　3月26日　3月27日　3月27日　3月27日　3月28日　3月29日　3月29日　3月29日　3月30日　3月30日　3月30日　3月30日　3月30日　3月30日　3月31日　3月31日　3月31日　3月31日　3月31日

4月1日　4月1日　4月2日　4月3日　4月4日　4月4日　4月4日　4月4日　4月4日　4月4日　4月5日　4月5日　4月5日　4月6日　4月6日　4月6日　4月6日　4月6日　4月6日　4月7日　4月7日　4月7日　4月7日　4月9日　4月9日　4月10日　4月13日　4月17日

新四军进入江南第一年抗战报告

李祚明编选（1985·1·76）　中国第二历史档案馆
说明书 1939年3月10日

宜昌战役档案史料选

李祚明编选（1985·4·65）　中国第二历史档案馆
李宗仁致蒋介石密电 6月1日
蒋介石致李宗仁等密电 6月1日
陈诚致蒋介石密电 6月3日（重发）
李宗仁致蒋介石密电 6月3日
汤恩伯致蒋介石密电 6月3日
郭忏致蒋介石密电 6月4日
蒋介石致李宗仁等密电稿 6月5日
郭忏致蒋介石密电 6月5日
蒋介石致汤恩伯密电稿 6月6日
陈诚致蒋介石密电 6月6日
蒋介石致孙连仲密电稿 6月7日
陈诚致蒋介石密电 6月7日
陈诚致蒋介石密电 6月8日
郭忏致蒋介石密电 6月9日
陈诚致蒋介石密电 6月8日

李宗仁致蒋介石密电 6月10日
陈诚致蒋介石密电 6月10日
陈诚致蒋介石密电 6月11日
郭忏致蒋介石密电 6月11日
蒋介石致顾祝同密电稿 6月11日
蒋介石致薛岳密电稿 6月11日
蒋介石致李宗仁等密电稿 6月12日
陈诚致蒋介石密电 6月12日
孙连仲致蒋介石密电 6月12日
陈诚致蒋介石密电 6月13日（重发）
陈诚致蒋介石密电 6月13日
蒋介石致李宗仁等密电稿 6月13日
郭忏致蒋介石密电 6月17日
郭忏致蒋介石密电 6月18日
李宗仁致蒋介石密电 6月18日
蒋介石致李宗仁等密电稿 6月19日
陈诚致蒋介石密电 6月19日
李宗仁致蒋介石密电 6月20日
陈诚致蒋介石密电 6月21日
蒋介石致李宗仁等密电稿 6月24日
陈企佛呈报敌陷荆沙后暴行 1940年10月

中国驻印军反攻侵缅日军作战经过史料

李安庆编选（1985·2·65） 中国第二历史档案馆

中华民国驻印军反攻缅北第一期作战经过概要
中华民国驻印军反攻缅北第二期战斗经过概要

胡长庚日记选载

潘景隆 魏显洲编选（1988·1·65） 吉林省档案馆

1948年2月10日—7月20日

文教卫生

1914年设立清史馆的几件史料

王国彬辑（2003·4·58）

国务院为请设清史馆事致大总统袁世凯呈文 1913年初
大总统袁世凯设置清史馆令 1914年3月9日
大总统袁世凯为延聘赵尔巽为清史馆馆长事致赵尔巽函
大总统袁世凯为尽速筹办清史馆事批文 1914年7月25日
清史馆馆长赵尔巽为报开馆日期事致袁世凯呈文 1914年8月31日
大总统袁世凯特颁征书令 1914年9月28日

清史馆馆长赵尔巽为查明地方通儒硕彦著作事致各省巡按使咨文 1914 年 10 月 15 日
清史馆馆长赵尔巽为各省分布征书章程事致各省巡按使咨文 1914 年 10 月 17 日
附件：清史馆征书章程
清史馆为征集各省、府、县图志事通告 1914 年 10 月 16 日
清史馆为征集私家传记碑铭墓碣等事通告 1914 年 10 月 30 日

段祺瑞政府解除部分报刊禁令史料选
李军萍编选（1987·3·64） 中国第二历史档案馆
内务部为通行解除被禁报刊印刷物事致各省巡按使等咨文 1916 年 7 月 6 日
内务部为请邮递解禁各报刊致交通部咨文 1916 年 7 月 8 日
交通部为已准邮递解禁各报刊致内务部函 1916 年 7 月 10 日
内务部解禁及不予解禁前被禁中外报刊印刷物名称及原因 1916 年 7 月

鲁迅主张废止袁世凯《教育纲要》签注一则
方庆秋编选（1981·1·43） 中国第二历史档案馆
鲁迅在教育部参事室说帖上的签注 1916 年 8 月 日
附：教育部参事室说帖

蔡元培等请设华法教育会史料一则
沙兰芳编选（1984·3·50） 中国第二历史档案馆
京师警察厅报蔡元培等在京设立华法教育会呈 1917 年 5 月 20 日

陶行知教育活动片断
李祚明编选（1981·2·48） 中国第二历史档案馆
在南京高等师范学校校务会上的提案 1919 年 12 月—1920 年 2 月
规定女子旁听办法案 1919 年 12 月 17 日
致拳术为随意科案 1919 年 12 月 17 日
添设速记打字讲习科案 1920 年 2 月 4 日
关于聘任钟心暄问题致郭秉文函 1920 年 4 月 27 日
在学制系统讨论会上的发言 1921 年 12 月 8 日
为辞东南大学职务事致刘伯明函 1923 年 7 月 28 日
为介绍李友梅致冯玉祥函 1935 年 1 月 27 日
为约撰写对士兵实施国难教育稿件致冯玉祥函 1936 年 2 月—3 月
要求追认晓庄学校毕业生资格致国民党政府教育部呈文 1937 年 3 月 27 日
为晓庄学院立案事致吴俊升函 1938 年 10 月 10 日
在国民参政会一届二次会议上的提案 1938 年 10 月
为筹募晓庄研究所及育才学校经费事致孔祥熙函 1941 年 6 月
在民国参政会二届二次会议上的提案 1941 年 11 月

胡适考证《红楼梦》往来书信选（一）
杜春和编选（1994·1·71）
胡适致顾颉刚函 1921年4月2日
顾颉刚致胡适函 1921年4月2日
胡适致顾颉刚函 1921年4月3日
顾颉刚致胡适函 1921年4月4日
胡适致顾颉刚函 1921年4月5日
顾颉刚致胡适函 1921年4月12日

胡适考证《红楼梦》往来书信选（二）
杜春和编选（1994·2·74）
胡适致顾颉刚函 1921年4月13日
顾颉刚致胡适函 1921年4月16日
胡适致顾颉刚函 1921年4月16日
顾颉刚致胡适函 1921年4月19日
胡适致顾颉刚函 1921年4月19日
顾颉刚致胡适函 1921年4月20日
胡适致顾颉刚函 1921年4月20日
顾颉刚致胡适函 1921年4月20日

胡适考证《红楼梦》往来书信选（续三）
杜春和编选（1994·3·74）
容肇祖致胡适函 1921年4月21日
顾颉刚致胡适函 1921年4月23日
顾颉刚致胡适函 1921年4月26日
顾颉刚致胡适函 1921年4月30日
胡适致顾颉刚函 1921年5月5日
顾颉刚致胡适函 1921年5月9日
附：俞平伯致顾颉刚函 1921年5月4日

胡适考证《红楼梦》往来书信选（三）
杜春和编选（1994·4·63）
胡适致顾颉刚函 1921年5月20日
顾颉刚致胡适函 1921年5月26日
胡适致顾颉刚函 1921年5月30日
顾颉刚致胡适函 1921年6月6日

胡适考证《红楼梦》往来书信选（四）
杜春和编选（1995·1·77）
俞平伯致胡适函 1921年6月10日
胡适致顾颉刚函 1921年6月18日

顾颉刚致胡适函 1921年6月23日
胡适致顾颉刚函 1921年6月28日
顾颉刚致胡适函 1921年7月10日
顾颉刚致胡适函 1921年7月18日

胡适考证《红楼梦》往来书信选（五）

杜春和编选（1995·2·75）
顾颉刚致胡适函 1921年9月6日
朱希祖致胡适函 1921年9月24日
顾颉刚致胡适函
蔡元培致胡适函 1922年1月4日
胡祥木致胡适函 1922年1月21日
刘昱厚致胡适函 1922年3月15日
王独清致胡适函 1922年6月14日
容庚致胡适函 1924年12月6日
容庚致胡适函 1924年12月10日
胡星垣致胡适函 1927年5月22日
胡适致钱玄同函 1927年8月11日
吴春晗致胡适函 1930年6月29日

胡适考证《红楼梦》往来书信选（六）

杜春和编选（1995·3·74）
储皖峰致胡适函 1930年7月24日
吴春晗致胡适函 1930年
李辰冬致胡适函 1933年1月14日
胡适致秋岳函 1935年5月5日

班乐卫请赞助巴黎建筑万国大学村庄致孙中山函

孔庆泰编选（1985·1·42） 中国第二历史档案馆
法国学者班乐卫为请赞助巴黎建筑万国大学村庄事致孙中山函 1922年1月12日

溥仪赏溥杰皇宫中古籍及书画目录（上）

方裕谨编选（1996·1·88） 中国第一历史档案馆
宣统十四年
七月十三日 十四日 十五日 十六日 十八日 二十日
八月初六日 初七日 初八日 十四日 十五日 十六日 十七日 十八日 十九日 二十日 二十一日 二十二日 二十三日 二十四日 二十五日 二十六日
九月初一日 初二日 初三日 初四日 初六日 初七日 初八日 初九日 十一日 十二日 十三日 十四日 十五日 十八日 十九日 二十日 二十一日 二十三日 二十五日 二十八日 三十日

十月初六日　十一日　十七日　十八日　十九日　二十日　二十一日　二十二日　二十五日　二十七日　二十八日　二十九日

十一月初一日　初二日　初三日　初四日　初五日　初六日　初七日　初八日

溥仪赏溥杰皇宫中古籍及书画目录（下）

方裕谨编选（1996·2·62）　　中国第一历史档案馆

十一月初九日　初十日　十一日　十二日　十三日　十四日　十五日　十六日　十七日　十八日　十九日　二十日　二十一日　二十二日　二十三日　二十四日　二十五日　二十六日　二十七日　二十九日

十二月初一日　初二日　初三日　初四日　初五日　初六日　初八日　初九日　初十日　十一日　十二日　十八日

柳亚子等所办《新黎里报》被控案

尹承瑜　李军平编选（1983·4·49）　　中国第二历史档案馆

陆陛云致内务部呈　1923年7月16日

内务部致江苏省长咨稿　1923年8月13日

江苏省长公署致内务总长咨　1923年8月20日

附：劳动纪念特刊宣言

劳动问题和中国

劳工与劳农

1923年日本关东大地震后中国留日学生状况史料选编

魏显州　苏建新　陶敏编选（1997·1·52）　　吉林省档案馆

吉林驻日留学生经理员朱永浚为抵京都调查吉生被难情形致省教育厅长呈文　1923年9月12日

吉林留日学生同乡会长赵春庆为请速发救恤金救助罹灾学生致省教育厅长呈文　1923年9月23日

吉林驻日留学生经理员朱永浚为前往东京侦察吉生被难情形事致省教育厅长呈文　1923年9月30日

吉林驻日留学生经理员朱永浚为办理救济留日学生灾款情形事致省教育厅长呈文　1923年10月15日

吉林教育厅为拟具吉林留日被灾各生救济费给予办法事致省长呈文　1923年11月10日

附件：吉林留日被灾各生救济费给予办法

罹灾留日学生归国报告书　1923年10月18日

留日华侨虐杀抗议后援会为详陈日人杀害我华工及王希天事实快邮代电　1923年11月17日到

延吉道道尹陶彬为驻延日领照称留东吉生开具名单事致吉林省长呈文　1924年1月5日

吉林交涉署为日领照送震灾地中国留学生现状一册事致吉林省长呈文　1924年3月28日

东京横滨千叶居留中华民国留学生现状（节录）

国民党政府查封上海华兴书局案

张克明编选（1981·1·62）　　中国第二历史档案馆

河南省政府呈　1931年1月11日
中央宣传部公函　1931年1月29日
国民政府文官处公函　1931年2月10日
附：原函、原呈、原抄书目
行政院函　1931年2月18日
上海市政府呈　1931年2月23日
淞沪警备司令部呈　1931年3月23日

国民党政府财政部北平档案保管处盗档事件

孔庆泰　王玉文编选（1981·2·72）　　中国第二历史档案馆

财政部关于北平商业学校学生周桢等来函稿由　1936年9月23日
蔡光辉呈财政部文　1936年10月21日
穆印等呈财政部文　1936年11月
保管员陈诵芬呈折　1936年12月
肖希超的签呈　1936年12月9日
费起鹤呈财政部文　1937年2月6日
财政部秘书陈汝霖折呈　1937年4月
国立北平研究院致财政部公函　1936年10月27日
顾颉刚致孔祥熙函　1936年11月6日
行政院秘书处致财政部函　1936年11月24日
行政院关于故宫博物院请将各部会存平旧档拨归整理案审查会记录　1936年12月3日
行政院秘书处致财政部函　1936年12月26日

人　　物

一九一二年袁世凯被炸案

叶志如编选（1983·3·40）　　中国第一历史档案馆

外城警备管带冯骏英为呈报袁世凯被炸情形禀　宣统三年十一月二十八日
京防营务处探访队为拿送暗放炸弹人犯黄芝萌事呈稿　宣统三年十一月二十八日
京防营务处探访队官李寿庚为获送暗放炸弹人犯杨禹昌事呈稿　宣统三年十一月二十八日
外城总厅警备队解送拿获要犯单　宣统三年十一月二十八日
内城巡警总厅为获送陶鸿源等犯函　宣统三年十一月二十八日
原附：计送陶鸿源、许同华、肖生三名附单一件
亲军中营管带官李德竣为开列押送人犯之呈文　宣统三年十一月二十八日
民政部左侍郎乌珍等奏为失防请议处折　宣统三年十一月二十九日

内阁奏为总理大臣被炸请严处疏防之警厅事片　　宣统三年十一月二十九日
内阁总理袁世凯奏为都司袁振标被炸身亡请优恤事片　　宣统三年十二月十九日

中国同盟会部分会员录（上）

韩文昌　沙兰芳编选（1981·3·85）　　中国第二历史档案馆

丁更石　门炳岳　万廷献　于恩波　马玉麟　方声洞　文春庭　王从周　王兆离　王伯群　王法勤　王震　王伯龄　倪映典　仇亮　邓雨亭　邓英　石绍麟　石瑛　石蕴光　左南屏　叶惠钧叶楚伧　关焕章　刘公　刘岐山　刘复基　刘铁汉　刘梅卿　刘溥霖　朱述堂　成济安　伍安全向讦谟　任鸿年　吕仕标　孙武　孙稳　毕仲远　宋元恺　宋春亭　宋振　沙淦　李元鼎　李天钧　李国定　李学诗　李维植　李竟容　李湛　李煜堂　李德铭　李灏深　杨寿彭　杨帝镜　杨庶堪　余用宾　余邦宪　肖佛成

中国同盟会部分会员录（下）

韩文昌　沙兰芳编选（1981·4·73）　　中国第二历史档案馆

吴品芳　吴楚　吴醒汉　陈与燊　陈仲权　陈芸生　陈其清　陈其美　陈敬岳　陈新政　陈筹硕　陈鼎　陈赞臣　邵元冲　郑亚青　郑祖荫　郑钺　郑照　欧阳琳　欧铸　林之夏　林文田　林公竞　林尹民　林斯琛　林森　贺逸然　周瑞麟　张文光　张仁奎　张百麟　张成清　张自忠　张劲夫　张知竞　张奂池　张恭　张铁震　张通典　张培爵　易继春　柏文蔚　赵声　赵伸　胡廷佐　胡廷翼　胡达顺　胡应文　钟山　钟杰　段邦宪　席绥　徐龙骧　徐良湝　徐宗汉　殷承献　钱鼎　耿丹　秦昌恩　秦毓鎏　凌钺　郭忠清　夏绍虞　高祖宪　高蝓　曾鲁　谈春谷　章天水　康达　黄为材　黄尔宽　黄实　黄郛　黄既明　黄隆生　龚霞初　续桐溪　舒炳荣　傅儒材　常泰旭　谢英伯　谢明星　谢持　谢震　葛谦　彭世安　彭楚藩　蒋伯功　蒋衍升　韩伯棠　程子明　焦达峰　喻培伦　廖湘芸　谭其茳　谭赞　熊朝霖　管曙东　潘达微　樊毓秀　薛成华　薄守德　戴任　范光启

黄花岗烈士表

杜春和　耿来金编选（1986·1·59）　　中国社会科学院近代史研究所图书资料室

黄花岗七十二烈士就义表

章炳麟出任东三省筹边使档案史料选

陟樯　刘敏编选（1991·1·71）　　吉林省档案馆

吉林都督陈昭常为国务院委任章炳麟为筹边使给劝业道札文　　1912 年 12 月 1 日
为请委任郭同为筹边公署参赞事致袁世凯呈文　　1912 年 12 月 12 日
为请领开置办公费用致财政部函　　1912 年 12 月 14 日
为请委张祖策任筹边公署参赞事致袁世凯呈文　　1912 年 12 月 14 日
为筹边集款招股事致湖南商工会照会　　1912 年 12 月 19 日
为筹实业基金事致奉天及吉林都督函　　1912 年 12 月 20 日
请将东三省屯垦局存款提作筹边署屯垦经费事致财政部函　　1912 年 12 月 22 日
为保护筹边署派员行东北三省都督咨文　　1912 年 12 月 22 日
为筹措扩垦经费事致黑龙江都督函　　1912 年 12 月 22 日
为商借英比银公司款项筹办实业银行等事致张参事照会　　1912 年 12 月 22 日

为照章买票不坐专车事复交通部函 1912年12月26日
为请发特别密电码事致总统府秘书厅函 1912年12月26日
国务院为委章炳麟筹边使职发吉林都督陈昭常电 1912年12月27日
为请饬诚统领移驻峋械局以接用道署旧址致陈昭常电 1912年12月30日
为报东三省筹边公署开办日期给大总统的呈文 1913年1月1日
为奉命筹边于长春设立公署给副总统呈文 1913年1月1日
为切实保护本使委员安全行孟护军使咨文 1913年1月
为请领开办经费及送章程等事致财政部咨文 1913年1月3日
附：东三省筹边使公署办公员额暨暂行章程
为请推让旧道署址致吉林都督转裴少将急电 1913年1月3日
为再催让出旧道署址致陈昭常转裴少将电 1913年1月4日
为询借款事致上海张伯纯三电稿
（一）1913年1月1日
（二）1913年1月15日
（三）1913年1月18日
为发晓谕三省军民通告事训令稿 1913年1月18日
为聘杨福洲及松毓为顾问事书 1913年1月21日
为委任张祖策等任职事令 1913年2月13日
请令农安等州县派警保护本署委员行吉林都督咨文 1913年2月19日
为杨待前往长江一带招丁招商所发护照 1913年3月1日
为掷还农安县知事廖楚璜违式公文事令 1913年4月26日
为辞职撤署接管事行吉林民政长徐鼎康咨文 1913年7月13日

章太炎史料拾遗

周宁辑（2009·1·16）

章太炎在岭南大学讲演 1917年1月2日
章太炎致民友会书 1917年5月20日
章太炎宣言不预闻和战 1918年9月29日
章太炎大骂南方各总裁 1919年6月15日
白沙子传 1921年9月9—10日
章太炎电责于右任 1921年10月12日
章太炎关于省宪之来电 1922年8月8日
章太炎再商联省会议电 1922年8月10日
章太炎对时局之主张 1922年11月18日
章太炎将编议员历史 1923年2月11日
章太炎论中国语言统系 1923年12月21—24日
章太炎反对段祺瑞执政政府 1924年12月3日
章太炎等挽留冯玉祥电 1924年12月7日
章太炎对孙中山逝后时局之观察 1925年3月17日
章太炎与唐绍仪联名反对孙中山国葬电 1925年3月20日
章太炎对日记者团之谈话 1925年11月5日

章太炎关于冯玉祥下野谈　1926 年 1 月 13 日
章太炎对时局之表示　1926 年 4 月 25 日
章太炎谈反赤　1926 年 6 月 30 日
章太炎劝中医审霍乱之治　1926 年 8 月 19 日

胡适史料拾遗（上）
吴元康辑（2004·4·25）
为请陶孟和代理职务一事通告　1917 年 12 月 16 日报载
为开会安排致英文教员公启　1918 年 4 月 10 日报载
为继续辟谣事致《北京大学日刊》函　1919 年 3 月 11 日报载
为收齐《北京大学月刊》第四期稿件启事　1919 年 3 月 25 日报载
为征集赙仪事与李大钊等人联名公启　1919 年 4 月 25 日报载
为征集赙仪事与蔡元培等人联名公启　1919 年 4 月 25 日报载
为还书所作启事　1919 年 5 月 22 日报载
为营救被捕学生与林损等人致全校教职员函　1919 年 6 月 3 日
为 1919 年北大预科招生所出英文试题　1919 年 7 月 23 日报载
为 1919 年北大续招预科新生所出英文试题　1919 年 8 月 25 日报载
为英文教学事布告　1919 年 9 月 23 日报载
在山西国民师范学校的演讲　1919 年 10 月 13 日
为山西大学预科毕业生转学北大等事布告　1919 年 10 月 29 日报载
为准许青岛高等专门学校学生沈焘来北大旁听等事布告　1919 年 11 月 1 日报载
为山西大学学生赵守耿转学北大等事布告　1919 年 11 月 1 日
为公布学生各班班长等事布告　1919 年 11 月 5 日报载
为同济医工学校毕业生张传普入北大旁听等事布告　1919 年 11 月 5 日
为准山西大学学生章延谦等人转学北大等事布告　1919 年 11 月 7 日
为是否征收讲义费等事布告　1919 年 11 月 8 日

胡适史料拾遗（中）
吴元康辑（2005·1·27）
为编辑“世界丛书”所拟条例
在北京女界联合会举行的五四纪念会上的演讲
为挽留马叙伦事致北大教职员会总务会议主席姚憾函　1920 年 12 月 10 日
为授课事致教务处注册部函
为学生面试改为笔试启事
公布学生考试结果启事　1921 年 10 月 15 日
为筹赈俄灾事与熊希龄等人联名通电　1922 年 2 月 11 日
为 1922 年北大招考预科新生所出英文试题
为 1922 年英文学系写定的课程指导书
在日本福田德三博士演讲会上的介绍词
在日本福田德三博士演讲会上的结束语
在北大裁兵运动大会上的演说

为往济南赴会期间办理教务事布告
在第八届全国教育联合会开幕大会上的发言
为要求安徽省第三届省议会全部改选与在京皖籍名人联名通电
为不能回京上课事致蒋梦麟等函

胡适史料拾遗（下）

吴元康辑（2005・2・33）
在泰戈尔 64 岁生日聚会上的演讲
在泰戈尔讲演大会上的发言
在《申报》附刊《平民周刊》上发表的诗作——《不死》
在哲学系师生联欢会上的讲话
为汇款救济上海罢工工人与沈兼士等联名致国立各校校长函
在上海美术专科学校的演讲
在徽社上海总部的演讲
为请释放熊克武事致汪精卫电
为如何处置英国庚款问题复凌竹铭函
在上海妇女会关于英国庚款问题的演讲
在上海广学会欢迎会上的演说
安抵伦敦启事
在上海总商会商业图书馆的演说
在中国公学学生欢迎会上的训辞

胡适史料拾遗续编（上）

吴元康辑（2007・2・3）
关于中国文学改良问题的演讲
为《新青年》刊登《睡美人歌》所作按语
为《新青年》刊毕《藏晖室札记》所作跋语
为《新青年》刊发一组讨论世界语文章所作按语
为译作《老洛伯》一文说明中的失误所作更正启事
于《易卜生主义》一文前所作的说明
为袁振英《易卜生传》一文所作的推介
为宋春舫《近世名戏百种目》一文所作的说明
为《不朽》所作的附注
为《希望》一诗所作的说明
为陈衡哲《散伍归来的“吉普色”》一诗所作的注解
为《一封未寄的信》所作的跋语
为《尝试集》出版事项所发启事
为美国学者著《世界战争与中国》中译本所作序言
为口译杜威演讲《社会哲学与政治哲学》所作引言
于高一涵《罗素的社会哲学》一文前所作的声明

为杨遇夫译《儿童个性之研究》一书所作的序言
为杨昌济译《西洋伦理学史》所作的跋语
与安徽省立第二师范学校教员胡培楷的谈话
为讨论统一问题致任鸿隽函
为《存疑主义》一文所作的说明
为袁复礼《记新发现的石器时代的文化》一文所作的说明

胡适史料拾遗续编（下）

吴元康辑（2007·3·7）

为初级中学国语课程纲要起草的附表“略读书目举例”
为高级中学起草的公共必修的国语课程纲要
为高级中学第一组必修的特设国文课程起草的纲要
为高级中学第一组必修的伦理学初步课程起草的纲要
为讨论白话文的欧化等问题致顾颉刚函
为《国学季刊》刊发顾颉刚《郑樵（1104—1162）传》一文所作的说明
于《戴东原在中国哲学史上的位置》文前所作的说明
在“清代思想史”课程上的一段讲词
在武汉湖南中学的演讲
为《女儿国》一书所作跋语
在北京大学国学研究所恳亲会上的演讲
关于英国庚款问题答复旦社记者问
对北京大学学术研究会与国语演说会的临别赠言
在伦敦中国留学生宴会上的演说
在上海北京大学同学会成立大会上的演说
在上海光华大学学生会编辑委员会茶话会上的讲话
于《中国近三百年的四个思想家》一文前所作的说明
在苏州女中实验小学答该校教员的询问
为《吴稚晖的人生观》一书所作的引论
为劝息争致章铁民汪静之函
为续劝息争致章铁民信

孙中山撰山田良政碑文及建碑纪念词

冯绍霆编选（1985·2·42）　上海市档案馆

孙中山手书山田良政碑文　1919年9月29日
孙中山撰山田良政建碑纪念词　1919年9月

杨熙绩为易白沙蹈海致易培基函

邹宏斌供稿（1993・2・63）

柳亚子史料选刊

仇怀耕编选（1993・3・64）　江苏省吴江县档案馆

对于旅大问题之我见　1923 年

劳工与劳农　1923 年

对于啸岑华昇结婚之感想　1923 年

《新黎里》周年纪念宣言　1924 年

祥经丝织厂的惨剧　1924 年

五月一日　1924 年

报纸是给什么人看的？　1924 年

上海公共租界工部局有关孙中山北上警务日报选译

胡思凡　李雪云编选（1985・1・43）　上海市档案馆

1924 年 4 月 8 日

5 月 6 日　5 月 17 日　5 月 21 日

6 月 3 日　6 月 14 日

10 月 6 日

11 月 17 日　11 月 19 日　11 月 20 日　11 月 21 日　11 月 22 日　11 月 26 日

12 月 2 日　12 月 6 日　12 月 10 日　12 月 16 日　12 月 20 日

关于张国焘 1924 年被捕和叛变的记载

万仁元编选（1981・2・64）　中国第二历史档案馆

北洋政府京师警察厅呈报拘捕张国焘文　1924 年 5 月 24 日

北洋政府京师警察厅呈报张国焘已移送卫戍总司令部讯办文　1924 年 5 月 29 日

北洋政府京畿卫戍总司令王怀庆为咨送张国焘口供文　1924 年 6 月 2 日

王怀庆要求通缉李大钊致内务总长程克函　1924 年 6 月 14 日

北洋政府内务部为密咨张国焘口供致各地文稿　1924 年 6 月 9 日

北洋政府京师警察厅呈报拘捕范体仁文　1924 年 6 月 12 日

北洋政府内务部密咨为如何处置嫌疑文稿　1924 年 7 月

张人杰关于孙中山病情的记述

孔庆泰编选（1985・1・48）　中国第二历史档案馆

张人杰侍奉孙中山病情记事（稿）　1925 年 2 月 2 日—23 日

朱德任国民革命军第二十军党代表期间史料两则

黄立人编选（1984・1・61）　重庆市档案馆

邓演达为朱德兼代二十军政治部主任事致杨森公函　1926 年 9 月 24 日

邓演达为军宣传队由朱德指挥事致杨森公函　1926 年 9 月 24 日

冯玉祥对李大钊遇害事所发文电
王自成编选（1987·4·56）　陕西省档案馆
国民革命军第二集团军总司令宣言　1927 年 5 月 5 日
国民党西北临委会告全体党员书　1927 年 5 月
冯玉祥致各部队各级党部电　1927 年 5 月 10 日

陈延年同志遇害后杨虎致吴稚晖函
蔡鸿源　孙必有编选（1982·4·51）　中国第二历史档案馆
杨虎致吴稚晖函　1927 年 7 月 2 日

胡适佚文二则
张泽麟辑（2005·3·28）
我们所应走的路　1932 年 12 月 4 日
我们对新旧文化应取的途径　1932 年 12 月 5 日

民国初期黔籍部分殉难志士史料
戴志强编选（1988·1·61）　贵州省档案馆
周仲良等为优抚民初殉难烈士事呈文　1936 年 10 月
附：贵州殉难党员事略
沪浙同仇记　1935 年

戴安澜将军家书一封
李安庆编选（1984·4·77）　中国第二历史档案馆
戴安澜将军家书一封　1937 年 11 月 17 日

林伯渠关于作风问题的四次讲话
刘陆军编选（1986·2·65）　陕西省档案馆
使我们的作风更民主　1945 年 6 月 13 日
检讨作风很有必要　1945 年 6 月 19 日
做人民的勤务员　1945 年 6 月 19 日
一定要改善作风　1945 年 7 月 25 日

谢觉哉关于工作作风问题的讲话提纲
刘陆军编选（1986·2·73）　陕西省档案馆
关于工作作风问题　1945 年 7 月 25 日

佟麟阁等抗日将领殉国事迹史料
孔庆泰编选（1985·3·51）　中国第二历史档案馆
行政院交办（议）案件通知单　1948 年 4 月 16 日
抄原代电

陕甘宁边区专员县长名录

陈子平编选（1991·1·79）

学　术　论　文

综　　合

修志与档案　孙景悦（1989·4·121）
记注档案及其史料价值　倪道善（2007·1·44）
关于里耶秦“户籍”档案简的几点臆测　刘　敏（2008·4·32）
从居延三简档案史料论“民爵”　刘　敏（2007·1·49）
中国古代廉政俭约史谈　李国荣（1997·1·80）
浅谈西夏的公文及制度　赵彦龙　石月兰（2004·1·61）
《明太祖实录》稿部分抄本初考　刘玉岐　潘国华（1985·3·80）
中国第一历史档案馆藏《明会要稿》献疑　徐　凯（2007·4·36）
近代世界体系的确立与中非关系的根本性转变　孙红旗（2007·4·24）
《满文老档》原本与重抄本比较研究　关孝廉（1990·1·115）
《旧满洲档》与“内国史院档”关系考析　乔治忠（1994·1·80）
合璧书写的演变与清朝的国家认同　强光美（2022·3·63）
清朝皇帝的华夷观　张双志（2008·3·32）
清代地方衙门档案文书的时间标识考释　李升涛（2022·4·79）
论清代的奢与俭　梁严冰（2008·2·68）
清代请安折初探　强光美　陈　鹏（2013·3·83）
清康熙朝满文朱批奏折刍议　关孝廉（1994·1·84）
允禵奏折考辨　白新良（2004·4·74）
《葡萄牙东波塔档案馆藏清代澳门中文档案汇编》序　韦庆远（1998·3·121）
中国近代历史演进“三段式”表述的再思考　郭卫东（2022·4·112）

政　　治

“二重证据”看秦汉下层民思想的两个特色　刘　敏（2010·3·37）
“辽水”原为“潦水”考　张士尊（2008·1·16）
唐代的时代特征及其监察机制　王春瑜（2006·4·19）
从《明实录》看中亚帖木儿王朝的政治制度　张文德（2009·3·34）
《明太祖实录》沙州屯田事勘误　周　松（2022·4·60）
从《明太祖实录》稿本谈明初立储问题　丁　亮　张会会（2018·2·76）
试论明初“郭桓案”背后的政治深意　李　珂（2003·2·82）
阶层与流动：明初农户入仕案例分析　宗　韵（2010·3·44）
论明与中亚帖木儿王朝的关系　张文德（2007·1·58）
明代司礼监文书房考　胡　丹（2012·4·61）
明代赣州府巡检司的设置　黄文保（2015·4·66）

明代潮州府巡检司的设置与山海防御　周伟峰　黄忠鑫（2017·3·70）
明代的关防　张纪伟（2016·1·55）
明代内官墓志撰写与流传探析　李建武（2017·1·72）
明代京外罪囚五年审录制度　张纪伟（2017·4·72）
明代抚民官的设置及其兴废原因考察　朱绍祖（2018·2·62）
明代南京京卫建置考　张登璨（2023·2·51）
明代锦衣卫镇抚司建置考论　唐佳红（2023·3·68）
明代江防同知初探　刘　森（2024·3·68）
试论明朝对琉球的册封　李金明（1999·4·82）
明代的赐服与中日关系　赵连赏（2005·3·51）
马祖列岛开发历史初探　张书才（2000·1·79）
明代海禁政策与普陀道场的兴废　胡　端（2018·2·69）
题用与咨用：明代督抚监镇的选将权　曹　循（2014·2·45）
明代诏书文本差异考析　李新峰（2016·2·55）
——以五府分区方案为例
明代奏带制度的演变与违法现象探析　程彩萍（2023·4·56）
明代《南京至甘肃驿铺图》考释　田大刚（2021·3·54）
明清时期的朝觐考察　常越男（2014·2·51）
从《毅庵奏议》纸背文献看明代官吏考核制度　杜立晖（2021·1·58）
明代徽州司法办案中的差票　郑小春（2024·3·59）
明代兵部尚书的群体特征　黄群昂（2019·3·73）
明代凤阳署户的人身管理与差役负担　张登璨（2019·3·82）
明代吏部司官选任与迁转特点考论　时　亮（2022·2·42）
明代都转运盐使司的沦溺与振拔　夏　强（2022·4·49）
明清琉球册封使与中国文化传播　李金明（2005·3·56）
浅谈明清时期中国与琉球中医药交流　冯立军（2007·1·65）
明清之际中国册封使与琉球戏的产生　孙　薇（2013·2·50）
明清颁历授时体制下的琉球历书历制　刘萌萌　董煜宇（2023·2·61）
明清时期朝鲜对华外交使节初探　李善洪（2008·2·55）
明清内阁沿革与职掌　秦国经（2009·1·38）
从明人墓志看官民违律纳妾问题　陈昱良（2012·2·52）
试论永乐年间的瑞应入献　李若晴（2008·2·63）
明代宣府镇守内官研究　李建武（2014·4·68）
明清河东巡盐御史制度的沿袭与变迁　郭瑞鹏（2019·2·76）
明中叶天子不见群臣之说析疑　陈　旭（2016·1·63）
明中后期浙江沿海“军图”初探　黄忠鑫（2013·1·66）
明代中后期宫廷医官生存状态探微　程彩萍（2018·3·61）
明代心学家王守仁从祀孔庙述论　王黎芳　刘　聪（2017·1·61）
近代早期西班牙在东亚的天主教传播活动　李德霞（2011·4·33）
虞山绝婚与万历党争　崔广哲（2021·1·66）
明万历年间四川行都司裁革之争　赖　锐（2023·1·63）

崇祯南迁之议考辨 侯振龙（2019·3·117）
明国本案与泰山三阳观新考 田承军（2005·4·42）
明清档案文献中对葡萄牙的称谓 杨继波（1999·4·88）
明清易代与明遗民的心理氛围 孔定芳（2004·4·47）
清初明遗民的身份认同与意义寻求 孔定芳（2006·2·44）
论明遗民之出处 孔定芳（2009·1·46）
论努尔哈赤的用人策略 刘金德（2013·3·72）
清代朝鲜对华外交文书的传送 李善洪（2009·3·41）
——兼谈宗庙礼制中的成案传统
八旗汉军的佐领拣放及佐领下“诸姓宗族” 张春阳（2023·2·83）
——以国家图书馆藏清代满文印轴为中心
皇太极嗣位与诸大贝勒的矛盾 王思治（1984·3·79）
清太宗经略索伦辨 阎崇年（2004·2·61）
皇太极与汉军八旗的设立 佟永功（2009·4·32）
清代珲春八旗驻防初探 顾松洁（2008·3·43）
清代督抚制度的确立 徐春峰（2006·1·62）
清代四川督抚旗籍考 佟大群（2008·1·39）
清代直隶道员设置小考 周勇进（2013·3·78）
清代道台衙门的书吏与差役 苟德仪（2012·2·77）
——以川东道衙为考察中心
清代刑案律例发展的内因浅析 姚旸（2007·2·24）
论清代军流《道里表》 王云红（2012·2·58）
论《大清律例》“比照”与“照”的区别 张本照（2013·2·70）
论清代“逐级审转复核”制度下的人犯递解 李明（2015·1·64）
清代山西上党禁赌碑刻解读 朱文广（2015·4·94）
清代的举人大挑制度 马镛（2011·1·66）
再论清代的举人大挑制度 张振国 王月（2012·2·70）
清代官书档案所见汉奸一词指称及其变化 吴密（2010·1·56）
清代封赠制度探析 马镛（2015·2·78）
清代宗室世子为“爵”考 郑永华（2015·2·70）
“不食”的政治：清宫“不食牛”考辨 李尔岑（2024·4·76）
清初册封琉球国王尚质始末 吴元丰（1996·4·75）
清初地方官考满程序初探 薛刚（2009·3·47）
清初直隶州的推广与行政层级的简化 傅林祥（2010·4·57）
清初步军统领设立渊源考 唐彦卫（2015·2·63）
清代卫所改制中的户籍编制与徭役承应 张爱萍（2022·1·93）
——以麻阳县为中心的考察
清前期贵州卫所之裁撤及其屯田处置 施剑（2014·2·57）
清代升祔制度的形成与运作 陈晨（2023·2·74）
清代官员惩治体系中的“效力赎罪”问题 王云红（2019·1·57）
清代东北流人逃亡探析 李德新 孙国雁（2019·1·66）

清代地方文职官概论　单士魁（1984·3·118）
从刑部监狱看清代恤囚思想与狱制实践　王超群（2021·2·93）
清代笔帖式　李　红（1994·2·89）
清初的笔帖式　沈一民（2006·1·58）
从中俄外交文书看清前期中俄关系　王和平（2008·3·51）
论议政处与清代前期之决策　赵志强（1992·4·86）
清代官员考课中的“四格八法”　常越男（2011·4·41）
清前期京师初级审判制度之变更　胡祥雨（2007·2·42）
紫禁城守卫与红铺的变迁　常　欣（2002·4·86）
清代琉球国朝贡活动概述　戈　斌（1993·2·90）
清代琉球国贡使官生的病故及茔葬考　朱淑媛（1994·2·80）
清代琉球贡使居京馆舍研究　戈　斌（1994·3·84）
清代流放制度初探　张铁纲（1989·3·80）
清代慈善机构述论　岑大利（1998·1·79）
清代的引见制度　黄十庆（1988·1·79）
清朝大学士班次问题初探　刘　洋（2011·1·45）
清代“宰杀马牛”律研究　刘　鄂（2015·3·67）
清朝的废员及起废制度　徐雪梅（2015·4·80）
清朝丁忧制度研究　徐雪梅（2016·3·74）
清代旗人选任绿营提督考　王　妍（2016·4·61）
清代任官中的“署理”运用　吴佩林　万海荞（2017·1·81）
清代雨泽奏报制度　刘炳涛（2017·2·70）
清代宁夏地震与政府救济　刘锦增（2017·2·79）
清代漕运水手群体初探　曹金娜（2017·3·77）
清代甘肃循化厅乡约职能探析　李稳稳（2017·3·84）
清朝抬旗、降旗、换旗述论　陈　力（2017·4·81）
清代丧葬中的洗筋之禁　刘　鄂（2018·2·85）
论清代司道府官员的考核　常越男（2018·3·78）
清代盛京巡察官考述　陈　晨（2018·3·85）
清代圆明园与紫禁城关系考辨　何　瑜（2018·4·67）
清代中央部院大臣的群体结构及仕途流动　王　卫（2024·1·51）
清代入功臣之家为奴刑罚考论　宋兴家　陈苗苗（2024·3·97）
清代诉讼文书中的稿票考释
——以浙南诉讼文书为例　于　帅（2020·2·83）
官房：清代太行山村社祭赛与自治的新空间
——以山西平定为中心　王鹏龙（2024·4·67）
清代华北乡村治理研究
——以顺天府宝坻县乡保制为例　任吉东（2007·2·61）
吴达海揭帖的发现与《顺治律》制定过程新考　胡祥雨（2017·4·100）
顺治朝南北党争探析　李嘉昌　刘德州（2018·4·90）
顺治朝多尔衮神主升祔太庙浅考　张小李（2016·4·80）

清前期京师五城司坊官缉捕案犯制度　王子涵　雷炳炎（2024·4·54）
清前期鳌拜家族佐领承袭与联姻情况刍探　刘金德（2017·4·107）
紫禁城内外门禁合符考述　毛宪民（2011·1·61）
试论清宫侍卫的生活保障与日常管束　陈　章（2020·2·90）
平一统贺王盛复明案始末　何龄修（1990·1·78）
简析近代范式中外条约的开篇　郭卫东（2016·4·103）
清康熙时期中央决策制度研究　朱金甫（1987·1·80）
从起居注看康熙帝颁赐御书的政治功用　张万兴（2012·2·85）
浅论康熙帝治台政策　刘　盛（1998·1·87）
清初黑龙江驿站站丁来源考　范传南　佟大群（2014·3·62）
康熙朝鳌拜罪案辨析　杨　珍（2016·3·88）
康熙帝与西洋传教士　高振田（1986·1·87）
康熙皇帝与西洋传教士　安双成（1994·1·91）
一篇有关康熙朝耶稣会士礼仪之争的满文文献
——兼及耶稣会士的宣言书《Brevis Relatio》　罗丽达（1994·1·94）
礼仪之争爆发后康熙对传教士的态度　吴伯娅（2002·3·80）
关于康熙朝一条查禁天主教史料的重新认识
——基于中西文献对比的研究　陈青松（2010·2·35）
清代京城的俄罗斯馆　刘　燕（2007·4·48）
清朝俄罗斯文馆（18世纪初—19世纪中叶）　（俄）拉宾·帕维尔（2011·1·52）
试析康熙平定吴三桂叛乱后的善后诏谕　刘如仲（1990·1·83）
康熙帝亲征礼仪　刘　燕（2004·4·63）
康熙东巡史事钩补　王佩环（1987·1·89）
康熙朝官员的“捐助”活动　郭松义（1989·1·84）
康熙朝起居注官侍直制度略探　杜　望（2020·4·72）
康熙现行则例考
——律例之外的条例　郑　秦（2000·3·87）
康熙朝进折人员考略　白新良（2005·2·38）
盛京围场建置时间考辨　杨永耀　赵井我（1990·3·81）
清代图赖问题的成因、禁革与治理　杨　扬（2021·1·74）
清代盛京地区保甲制度之推行
——以盛京内务府抄存档案黑图档为中心　李小雪（2020·4·81）
清代四川外国教会述论　刘　君（2002·4·92）
清代巴县衙门书吏与差役　李荣忠（1989·1·95）
“卜魁”考释　夏家骏　孟宪振（1983·4·91）
清代中琉关系文书研究　秦国经（1994·4·79）
清代州县陋规　李映发（1995·2·85）
康熙晚年抑制汉官的典型事件
——“赵凤诏贪污案”　成积春（2007·4·53）
论台湾朱一贵抗清起义的历史原因　张　莉（1990·2·89）
从台湾朱一贵起义信息看日本江户幕府的情报网络　仲光亮（2013·2·62）

噶礼张伯行互参案述论　范金民　孔潮丽（1996·4·84）
康熙五十三年噶礼获罪原因再探　杨　珍（2017·2·94）
论清代人事回避制度　韦庆远（1989·2·79）
皇子开释与圈禁高墙：康雍宫廷史事辨析　杨　珍（2015·1·76）
雍正初年笔帖式考　王敬雅（2015·2·104）
清世宗选贤任能述论　刘桂林（1985·2·88）
雍正年间的直隶州政策　（日）真水康树（1995·3·86）
从咸安宫到郑家庄：皇太子允礽废黜之后　杨　珍（2009·4·39）
雍正帝杀害允禩允禟考　薛瑞录（2009·4·49）
清代直隶州知州选任制探析　王　月　张振国（2021·2·103）
清代辛者库　王道瑞（1983·4·85）
清代的军机处　刘子扬（1981·2·99）
军机处成立时间考订　赵志强（1990·4·86）
军机处初设时间新证（上）　俞炳坤（1991·3·86）
——兼与七年说和八年说商榷
军机处初设时间新证（下）　俞炳坤（1991·4·90）
——兼与七年说和八年说商榷
雍正朝军机大臣考补　赵志强（1991·3·93）
清代地方佐杂官选任制度之变革　张振国（2008·3·64）
史贻直与雍正年间的宣谕化导　史全生（2010·1·35）
清代西南治理与义学发展　于爱华（2022·2·80）
蒙古亲王僧格林沁家族与清皇家的世代政治联姻考述　杜家骥（2003·1·85）
雍正朝引见文官地理分布试析　王志明（2007·3·41）
雍正朝官员处分程序：议定、开复与纠正　孟姝芳（2016·1·81）
雍正朝造办处机构改革与事权扩张　王嘉乐（2022·2·96）
论帮会产生的社会条件　张　莉（1999·4·92）
论帮会在清代的演化　张　莉（2001·1·79）
黄天教在清代的传播　张　莉（1996·3·97）
雍乾时期刑科题本中的造卖纸牌案初探　吕晓青（2019·1·83）
乾隆朝三礼馆考　张　涛（2016·2·86）
清代军机处与题本的批答　宋希斌（2009·4·53）
——以乾隆朝上谕档为中心的考察
乾隆朝对黑龙江下游及库页岛地区管辖一例　佟永功　关嘉录（1984·1·88）
从乾隆朝巴县档案看知县对乡村的管理　王亚民（2014·2·71）
中国第一历史档案馆藏乾隆朝查禁天主教档案述论　马　钊（1999·2·85）
清朝贡貂赏乌林制度的确立及演变　关嘉录　佟永功（1986·3·93）
清代州县衙门中的官媒　吴佩林　张加培（2018·3·69）
顶戴羽翎与清代侍卫研究三题　陈　章（2022·2·69）
乾隆初年《四川全图》考析　马　剑　朱莉娜（2019·4·85）
乾隆帝巡幸盘山、天津述论　白新良（2007·4·62）
清乾隆时期收元教的流传　孙以东（1997·2·94）

试析清代缅甸的藩属国地位问题 何新华（2006·1·72）
清代盛京掌关防佐领考 刘国超（2022·3·47）
乾隆防御沙俄侵略的措施 栗振复（1983·3·84）
清代伊犁将军衙门内设机构浅析 吴元丰（2009·2·44）
从档案史料看天地会的起源 秦宝琦（1982·2·93）
天地会起源“乾隆说”新证 秦宝琦（1986·1·92）
——伍拉那、徐嗣曾关于天地会起源的奏折被发现
略论天地会的创立宗旨 郝治清（1986·2·89）
——兼与秦宝琦同志商榷
天地会起源新论 秦宝琦（2007·3·32）
略论清代会党与土匪的关系 刘 平（1999·1·96）
清代乾隆朝《推广捐复之例》研究 赵德贵（1994·1·98）
论乾隆朝对东北的封禁 陈 跃（2017·3·93）
乾隆朝宣谕化导使考论 王学深（2024·1·82）
福建巡抚周学健与乾隆十一年福安教案 吴伯娅（2014·3·80）
清代前期的华侨政策与红溪惨案 韩永福（1992·4·99）
乾隆年间白氏飘琉获救叙事述论 徐艺圃（1994·1·109）
乾隆朝州县驿站管理改革研究 王昱淇 廖吉广（2015·3·92）
——以乾隆二十年的驿丞裁撤为中心
清高宗御制诗与乾隆四十三年仪封河决 刘 冬（2010·3·72）
韩国所藏清朝塘报关联文献初探 丁晨楠（2021·4·91）
——以首尔大学藏《环报删节》为中心
清代徽州外来棚民与地方社会的反应 谢宏维（2003·2·96）
清代新疆遣犯的“年满为民”问题 华 立（2021·1·83）
乾隆之女嫁孔府及相关问题之考辨 杜家骥（1992·3·98）
里达喀及其进京纳妇浅析 关嘉录（1982·4·111）
马戛尔尼跪谒乾隆帝考析 王开玺（1999·2·90）
乾隆朝年终密考制度的形成 张楚南（2015·1·83）
乾隆朝热河道设置考论 王 月（2020·1·104）
庄有恭案与乾隆朝捐输赈济 王科杰（2020·2·108）
从新见禀文奏稿谈乾隆朝福康安对云南铜运的整顿 王 瑰（2020·4·90）
“圆明园密旨”与乾隆帝嗣统考辩 刘 洋（2013·1·91）
广府侨乡契约文书中的图甲户籍问题研究 石坚平（2011·4·48）
——以沥滘契约文书研究为例
王聪儿起义 李 建 田子渝 雷志雄（1984·1·91）
清乾嘉时期八卦教案考 马西沙（1986·4·101）
台湾八卦会起义述略 邵 雍（1990·4·97）
乾嘉年间对西洋人往来书信的管理 丁 琼（2006·2·61）
乾嘉时期新疆官犯的“捐资赎罪” 方华玲（2015·2·112）
西方传教士眼中的《圣谕广训》 刘姗姗（2015·2·96）
清代中期东北移民落籍举措探析 褚宏霞（2023·2·92）

浅析嘉庆帝亲政后的首次木兰行围　郝艳红（2005·3·83）
嘉庆朝御赏贡参制度　滕德永（2012·2·98）
嘉庆年间天地会在广东复兴的社会根源　雷冬文（2002·3·85）
嘉庆二年紫禁城乾清宫失火案　毛宪民（2005·2·59）
嘉庆十一年京畿船户投充王府宗室案述析　刘　涛（2013·3·93）
从新发现的有关马礼逊梁发传教档案看新教的传入及影响　吕　坚（1996·4·93）
嘉庆年间英国水手刺死中国人黄亚胜案　冷　东　沈晓鸣（2014·2·77）
金乡义和拳辨析　程　歗　陆景琪（1982·1·85）
嘉庆二十四年朝政失密案研究　马维熙（2016·4·95）
新马华人秘密会党社会构成之探讨　邱格屏（2003·4·84）
嘉道时期漕运旗丁呈控案述论　沈胜群（2018·4·97）
嘉道时期两广总督阮元对外交涉述析　郭英夫（2022·4·94）
清中后期两江总督与南河总督的责权关系探析　贾国静（2019·1·104）
晚清昌图设治与边陲社会管理　王乃丰（2024·1·93）
道光十年私造假照案概述　方裕谨（1997·1·89）
道光朝赖懋端京控图赖案中的司法裁判　杨　扬（2023·1·107）
试论姚莹对台湾游民的整治　方　英（2004·2·72）
鸦片战争前中国内陆的鸦片流通问题　郭剑波（2003·3·96）
鸦片战争前夕清朝整饬教化的论争　安东强（2011·4·58）
鸦片战争时期的帮会　邵　雍（1995·3·92）
有关禁烟运动的几点新认识　郦永庆（1986·3·79）
——从档案记载看鸦片战争期间的禁烟运动
鸦片战争前后清政府以夷制夷对外策略问题探析　郦永庆　林　岷（1991·1·87）
第一次鸦片战争后福州问题考辨　郦永庆（1990·2·95）
琦善从未签订《穿鼻草约》　庄建平（1986·3·99）
不平等条约与鸦片输华合法化　郭卫东（1998·2·91）
1844—1848 年中法关于在琉球的法国传教士之交涉考　李中勇（2016·2·104）
论港英政府早期华人管治政策的形成　刘金源（1999·1·103）
中国近代买办职业群体略论　张　萍（2007·4·115）
略论早期华工移居澳大利亚的社会历史条件　张秋生（2007·3·28）
东南亚华人秘密会党的社会角色分析　邱格屏（2008·4·75）
日本对近代中国几次变革态度浅析　吴丽华（2008·4·6）
教育救国思潮与近代社会变迁　关　威（2002·3·90）
伊里布在浙江查办夷务析　炎　明（1993·3·93）
徐阿满事件与美国在华领事裁判权问题　仇华飞（2003·1·92）
道光帝确曾立奕䜣为皇太子　王开玺（2007·3·50）
道光年间江西私盐案浅探　吴海波（2007·3·56）
——以《刑案成式》为例
试析五口通商大臣体制的制度缺陷　何新华　王小红（2005·1·5）
关于道光二十九年的“伪诏”考析　郦永庆（1992·2·100）
试论拜上帝会组织的信宜大寮起义　陈周棠（1982·2·105）

广西官员奏报金田起义与清廷谕令进剿金田时间考　崔　岷（2010・1・68）
略论避讳在太平天国史料考订中的利用　许　元（2005・1・71）
美国排华问题初探　郝贵远（1983・4・98）
简析19世纪50年代美国对华“修约”外交　刘国柱（2000・4・95）
近代中西交冲初期的另类
——以黄恩彤在“弛禁”中的行状为分析个案　郭卫东（2006・3・51）
清总理衙门刊印《聘盟日记》考　尤淑君（2013・3・102）
晚清政府何时何地开始实行“就地正法之制”　邱远猷（2000・3・93）
论清代“就地正法”之制的产生时间　张本照（2016・1・98）
清代咸同政局和地方两司署任的变化　苗月宁（2008・4・41）
咸同之际广西士绅与天地会起义　雷冬文（2010・4・72）
粮食与咸同之际会党起义　雷冬文（2014・3・94）
1853年台湾天地会大起义述略　邵　雍（1988・3・98）
太平天国时期清政府基督教政策新探　赵树好（2008・4・47）
太平天国时期河南联庄会事件述论　池子华（2007・3・64）
试析清廷分化太平军的策略
——从韦志俊等人叛变谈起　薛瑞录（1999・2・95）
太平天国战后移民与皖南教案　葛庆华（2009・1・75）
白齐文为何投向太平军　韩　森（1984・1・103）
略论太平天国战争失败的基本原因　张一文（1994・3・103）
第二次鸦片战争时期中美赔偿问题论略　刘劲松（2007・2・74）
19世纪60年代中俄西段边界的划定　樊明方（2007・2・80）
恒祺与1860年北京议和　赵惠蓉（1983・3・92）
胜保与辛酉政变　任恒俊（1986・2・97）
奕䜣与总理衙门的建立述评　刘耿生（1990・3・92）
总理衙门的翻译官　李文杰（2011・2・92）
从总理衙门到外务部
——清季部院用人体制改革初探　张　季（2014・2・91）
俄国驻华公使始于何时　霍长全（1987・3・121）
新发现的研究中琉关系的重要史料
——梅孙著《汉文》　徐艺圃（1996・3・102）
晚清政府关于外国传教士护照政策概述　杨大春（2004・2・76）
晚清新政与社会的变迁　陈向阳（1998・3・79）
晚清政府的条约外交　张效民（2006・1・78）
向西方遣使的首次尝试：晚清斌椿使团评析　刘　洋（2019・3・100）
论洋务派的“中学为体，西学为用”思想　史全生（1998・3・86）
晚清电报的引入之于公文现代化的意义　侯吉永（2010・4・81）
晚清电码纸上的电报要素与机密问题考辨　张文洋（2024・3・113）
19世纪中后期湘境哥老会研究　彭先国（2000・3・107）
曾国藩的幕府及其“功业”　朱谐汉（1994・2・93）
试论咸同时期教案　吕　坚（1986・3・103）

晚清教案中的习俗冲突　程　歗　张　鸣（1996·4·99）
晚清时期苏浙皖交界地区的土客冲突和融合　葛庆华（2013·3·110）
左宗棠三次涉略台湾事务综述　姚永森（1988·2·108）
清末天津教案发动者探析　郭亚全（2009·2·72）
崇厚与天津机器制造局　汤仁泽（2010·2·68）
保荐与钦准之间：晚清中央权力状况的透视
——以首任津海关道陈钦的任职经历为视角　谭春玲　郭　琪（2011·1·76）
1871 年中日立约分析　米庆余　薛敬文（1982·4·123）
1872 年河南固始与安徽霍丘的捻党起义　郭豫明（1998·1·91）
“太平玉玺”考释　郭毅生（1981·1·96）
“丁戊奇荒”与教会救灾
——以山西为中心　赵英霞（2005·3·93）
藏锡边界纠纷与英国两次侵藏战争　朱昭华（2013·1·96）
晚清电报的引入对清代谕旨奏折制度的影响　夏维奇（2009·1·79）
光绪二年苏北赈灾与江南士绅
——兼论近代义赈的开始　王卫平（2006·1·99）
光绪三年新铸台湾总兵关防考论　郑永华（2017·2·101）
马嘉理被杀案件的审理　屈春海　倪晓一（2007·4·106）
李鸿章曾纪泽对中法战争的态度　关　威（2010·2·55）
赫德与中法谈判（1884—1885 年）　曹必宏（2005·3·99）
局绅、盐枭与团民：四川东乡抗粮研究　梁　勇（2009·3·61）
论哥老会之起源　吴善中（1999·3·105）
晚清清流派的恤民思想　陈勇勤（2003·2·105）
醇亲王奕譞《豫杜妄论疏》辨释　徐笑运（2022·4·101）
清政府对琉球分割条约的迁延政策初探　（日）山城智史（2009·2·54）
光绪朝河南呼冤案述论　苏　华（1991·1·100）
光绪朝长沙开埠与英商入城交涉始末　张建斌（2017·1·105）
论兴安城总管衙门的兴废　郭美兰（1987·4·101）
从南部档案浅析清代地方司法中的保释　吴　冬（2020·1·86）
论清季农务整顿视野下的保董　苟德仪（2020·4·106）
从英国公共档案馆中文档案看张之洞与华工出洋问题　温春来（2009·2·92）
郑藻如的护侨努力与构想述略　梁　建（2011·1·71）
中葡《通商和好条约》与澳门勘界问题　邹爱莲（1999·4·114）
赫德兄弟干预《藏印条约》谈判之伎俩　刘武坤（1992·3·109）
清末《中英会议藏印续约》交涉中的通商问题　朱时宇（2024·4·96）
光绪十七年热河金丹道教起义　李国荣（1988·4·98）
光绪朝三海工程与北洋海军　叶志如　唐益年（1986·1·106）
甲午战争前后的会党问题　邵　雍（2001·2·114）
浅析甲午战争后十余年间中日关系的特征　湛贵成（2007·1·96）
清代朝鲜最后赴京使团考　（韩）孙成旭（2014·4·89）
丁汝昌与威海卫防御战　郑守正（1995·4·107）

帝党主战析辨　王开玺（1991·1·95）
李鸿章扣压效卯急电与方伯谦冤案　（美）方俪祥（1995·2·95）
汤寿潜与清末杭州江墅铁路兴建　周东华　陈子涵（2023·3·104）
同盟会之成立与革命派对外策略的整合　吴宝晓（2004·2·90）
正视历史　吸取教训——中日友好世代相传　唐　彪（1982·4·83）
甲午战争时期的天津《直报》及其对战后舆论的导向　徐建平（2004·3·97）
李鸿章与中日马关议和　周　彦（2009·2·98）
日本对列强掀起瓜分中国狂潮的三种论调　王美平（2013·1·111）
甲午战后拒割台湾的国际法运用　张卫明（2016·3·97）
甲午战后山东教案刍议　程　歗（1987·3·89）
甲午战争后张之洞聘用日本军人考　陶祺谌（2015·3·108）
光绪年间中英“高升”轮索赔案述要　屈春海（2002·2·106）
划定天津日租界的中日交涉　张利民（2004·1·74）
李鸿章签订《中俄密约》中的两个问题　谭文凤（1999·4·119）
《中韩通商条约》的议定、缔结及影响　谭春玲　郭　琪（2024·3·121）
陈宝箴与时务学堂的创办　黄细嘉（1995·3·96）
光绪末期海口贩运华工出洋若干史实　朱荣基（1984·4·106）
清末中俄东北边境电报线的交涉　王　东　金　坡（2014·1·98）
九龙城事件及中英交涉　丁三青（1993·4·107）
关于戊戌政变二三事之管见　孔祥吉（1983·3·99）
论戊戌维新运动中的帝党　史全生（1984·4·90）
戊戌变法与戊戌变法档案　秦国经（1998·4·115）
戊戌维新与立宪运动述论　邢丽雅（2009·4·85）
戊戌“军机四卿”被捕时间新证　马忠文（1999·1·116）
张荫桓与戊戌年间清廷外交礼仪改革——以光绪皇帝接见德国亨利亲王为例　王莲英（2011·3·69）
论康梁滞日与中日交涉　周　彦（2008·1·79）
清末驻外使领馆始建馆舍初探　沈　原（2007·4·73）
清末驻巴拿马总领事馆的设立　徐春峰　屈春海（2017·1·112）
试析晚清驻外公使群体构成与知识结构　任云仙（2007·4·88）
晚清驻外参赞研究　李文杰（2015·1·91）
宋育仁对西方议会制的追求　刘菊素（2008·3·90）
梁启超流亡日本初期政治态度的双重性　刘菊素（2002·1·110）
近代留学生与中国官僚政治　王奇生（1991·1·105）
湖南新旧党争浅论并简介《明辨录》　邝兆江（1997·2·105）
涡阳刘疙瘩牛世修起义　李鹏年（1983·1·95）
义和团兴起初嘉祥县民教冲突形态研究　周育民（1997·2·112）
义和团在山东活动情况二三事　张寄谦（1981·1·103）
《清德宗实录》和《拳时上谕》与《义和团档案史料》　林树惠（1984·1·99）
义和团运动若干重要史实辨析　孔祥吉（1988·1·99）
直隶士绅与义和团运动　徐建平（2002·3·102）

“琐图血案”述略 王远大（1987·4·106）
略论中美粤汉路权交涉的几个问题 李守郡（2007·4·97）
义和团时期沙俄对我国东三省的侵略 宋秀元（1982·2·111）
庚子围攻使馆之和战问题补证 刘　芳（2021·1·91）
庚子时期直隶提督聂士成行实之再检讨 高春花（2023·1·116）
庚子慈禧西行议定过程考析 郑泽民（2020·4·99）
从《荣禄存札》看《辛丑条约》的签订 杜春和（1984·4·99）
从《荣禄存札》看晚清官场请托 冬烘刚（2013·4·102）
北京中山公园保卫和平牌坊之由来 赵友慈（1989·4·115）
八国联军占领期间天津若干问题考析 刘海岩（2005·2·76）
清末新政前期江北地方官制的变革与因袭（1901—1905） 冀满红　吕　霞（2010·4·88）
清政府收回海关权的最初谋划 李永胜（2006·2·72）
张之洞与清末新政的起源 吴宝晓（2002·4·100）
——兼论清末新政的多种动机及其影响
清末新政期间地方雨泽上报的变化探析 刘炳涛（2024·1·114）
——以顺天府档案为中心
清末司法改革对皇族司法制度之影响 屈春海（2001·2·120）
清末“罪犯习艺所”简考 陈兆肆（2010·3·99）
中国司法检验体制的近代化转型 李光和（2011·2·117）
——以法医取代仵作为中心的历史考察
晚清中央审判中实体法的适用 韩　涛（2012·3·114）
——以大理院司法文书为中心的考察
论邮传部与地方督抚的关系 苏全有（2006·1·110）
“关东州”的归属问题 孔凡岭（2000·2·107）
清王朝最后七年的政体嬗变 陈晓东（2000·2·111）
论清政府的“预备立宪” 李文海（1982·1·77）
论清末朝野在筹设审计院中的博弈 熊元彬（2021·4·83）
清末民初江南乡镇社会的权力结构变动 小　田（1998·2·98）
柔克义与抵制美货运动 郝贵远（1987·2·95）
试论美国第一次返还庚子赔款 李守郡（1987·3·100）
满洲贵族与清末宪政 田东奎（2006·3·97）
预备立宪是中国政治制度近代化的开端 侯宜杰（1991·4·104）
晚清政治体制的近代化与中国传统文化 张雪梅　梁严冰（2007·3·105）
晚清政府对地方自治的操纵与控制 马小泉（1995·4·112）
清末新政与中国近代化 周　彦　李　丹（2010·2·62）
光绪末年清廷参加第二次海牙保和会的困窘 王　静（2021·1·104）
20 世纪初叶入藏日人矢岛保治郎及其活动 秦永章（2005·1·83）
试析 1900 年“东南互保”中的几个问题 戴海斌（2014·1·106）
近代京师警察职业群体略论（1901—1927 年） 李自典（2010·2·40）
关于张作霖受抚的几个问题 石　鹏（1983·1·100）
从奉系军阀档案解读张作霖被清政府招抚之相关问题 赵菊梅　曲香昆（2015·3·114）

清末日僧来华与中日交涉 贺金林（2010·2·50）
1904年中葡交涉述论 李永胜（2009·3·76）
外国媒体对清末五大臣出洋的观察与反应 潘 崇（2014·4·96）
1905年中英上海公堂案的后续交涉 杨秀云（2012·1·106）
晚清大理院审判官员调配及履历考论 韩 涛（2011·3·79）
丁未政潮与清末政局 梁严冰（2010·2·78）
丁未政潮中康梁派活动考略 郭卫东（1990·1·107）
从丁未政潮到洪宪败亡
——岑春煊与护国战争 王惠荣（2011·3·105）
清末中央设置学务处史实考 左松涛（2010·2·82）
对邮传部主持之利权回收运动的检讨 苏全有（2008·1·85）
也谈同盟会第一次筹备会议人数 郑会欣（2006·2·93）
清末反报禁斗争 张运君（2009·4·90）
宣统元年反抗户口调查风潮 殷俊玲（1999·3·110）
宣统二年法官考试录取名录考论 李在全（2010·1·87）
清末司法区划方案中县级行政区并非只设初级厅 欧阳湘（2009·3·85）
清末顺直咨议局活动述论 冀满红 赵艳玲（2005·2·84）
清末广东谘议局与禁赌 冀满红 刘文军（2006·2·81）
《图们江中韩界务条款》的附图及中日谈判 李花子（2024·4·104）
也谈“两种清末宪法草案稿本”中的“甲残本” 彭 剑（2011·3·91）
再论清末《大清宪法案》稿本问题 崔学森（2017·2·109）
中国第一历史档案馆藏“大清帝国宪法法典”考论 崔学森（2019·2·104）
我国第一个议会旁听规则 罗华庆（1993·4·111）
清末责任内阁人员编制考 张振国（2014·4·104）
杭州福寿堂事件述略 何扬鸣（2001·1·98）
1911年春天之俄牒风波 樊明方（1990·3·102）
辛亥革命 李 新（1981·4·87）
美国与辛亥革命 张小路（1990·4·105）
辛亥革命期间满铁的侵华阴谋 里 容 权芳敏（1999·2·113）
辛亥革命时期的美国传教士与美国对华政策 何大进（1998·4·119）
英国公使朱尔典与辛亥革命 滕 帅（2013·2·116）
论辛亥革命时期的妇女参政运动 周亚平（1993·2·118）
辛亥革命后孙中山对政党体制的选择 王业兴（2004·3·103）
武昌军政府内部矛盾演变与湖北辛亥革命的失败 张 皓（2004·1·87）
辛亥革命中的奉天保安会：从革命机关到反“革命”工具 李 皓（2022·3·92）
统一中的对立
——民国元年同盟会、北洋集团的合作与斗争 张华腾（2006·2·98）
辛亥袁世凯再起述论 丁 健（2010·2·89）
孙中山承认不平等条约新解 吴修申（2010·2·95）
从漠视、排斥到认同、提倡
——清末民初调解政策的大逆转 欧阳湘（2011·1·95）

论民国初年议会政治失败的原因 王业兴（1996・4・107）
中国历史上的第一个资产阶级共和国——南京《临时政府公报》研究札记 彭　明（1981・3・93）
南京临时政府的政治制度 黄　武　何　磊（1984・2・108）
《中华民国国旗史略》正误 李学智（1996・2・105）
论民初中央政府组织形式之争 姚　琦（1995・2・113）
民初昙花一现的民宪党 陈长河（2008・1・93）
民国湖南会党散论 彭先国（2002・3・108）
中华全国商会联合会的成立与中国资产阶级完整形态的形成 虞和平（1986・4・114）
民国福建侨务机构沿革及侨务档案述要 林　真（1989・2・118）
关于北洋军阀统治时期兵变的几个问题 方庆秋（1982・1・104）
民国新旧约法与蔡锷的认同取向 张华腾　南友锋（2008・3・107）
古德诺与洪宪帝制关系辨析 曾景忠（2007・3・111）
民初宪政转型失败与革命党人的失策 徐立刚（2011・3・96）
张勋与1913年江苏反袁独立 李琴芳　陈长河（2004・2・97）
民国初期新闻战线上的反袁斗争 张克明（1981・4・117）
1914年郴州地区反袁起义 陈长河（1990・4・119）
浅论日本对我国东北农村移民 杨韶明（1995・4・97）
1916年前后山东民军的反袁斗争 陈长河（2000・2・116）
辽东护国军反袁起义经过 陈长河（1996・2・113）
简述郑家屯事件 杨永耀　梁桂华（1991・2・110）
论“护国演说社” 力　文（1985・2・107）
冯玉祥屯兵浦口与武穴主和 陈长河（1989・3・108）
段祺瑞卖国投日和五四爱国运动爆发 陈鸣钟（1981・2・113）
五四时期妇女解放运动初探 吴淑珍（1987・2・101）
五四运动前后的中国无政府主义派 方庆秋（1981・2・105）
孙中山三大革命政策的产生和历史作用 郑则民（1986・4・80）
蒋介石进出永泰之始末 伯　亮（1998・4・125）
英国与1919年的中国南北议和 张北根（2002・1・115）
徐世昌与1919年南北议和 景东升（2008・1・108）
巴黎和会后至华盛顿会议前英国对待山东问题的态度 张北根（2008・1・98）
江南乡村妇女职业结构的近代变动 小　田（2001・3・107）
中国共产党成立时期几个史实的考证 曾长秋（1992・3・125）
有关国民党改组的几件史事之我见 杨振亚（1988・1・105）
1921年广州中华民国政府未设司法部 欧阳湘（2007・1・124）
孙中山、叶夏声与“五权宪法”草案 欧阳湘（2008・4・91）
孙中山先生葬事筹备处述略 李恭忠（2006・1・119）
民国北京政府与孙中山葬礼 郭　辉（2011・4・113）
民国时期佛教与基督教思潮关系考 李少兵（1996・4・112）
大革命时期中共北方区委的主要活动 赵秀德　江　丽（1998・2・121）
大革命时期中共北方区委及所辖组织概况 赵秀德　江　丽（1999・1・120）

段祺瑞出任临时执政的几个片断 陈鸣钟（1982·2·117）
五卅运动与海外爱国侨胞 张注洪（1990·4·123）
善后会议简述 陈鸣钟（1984·1·115）
关于夏斗寅叛乱的两个问题 孔庆泰（1989·1·106）
甘肃事变中地方实力派与中央政府的博弈 邵玮楠 王敦琴（2010·1·103）
1926 年上海公共租界会审公廨收回交涉述评 谷小水（2007·2·97）
关于 1927 年 4 月蒋介石汪精卫上海会谈 冯春明（1983·3·122）
武汉国民政府外交两重性析论 牛大勇（1990·3·109）
1927 年宁案与宁案处理始末 孔庆泰（1987·2·108）
1929—1937 年国民党政府推行公务员制度的特点及其历史反思 窦泽秀 王义（1996·4·118）
土地革命战争时期中共对“根本”之地的争取 张敏卿（2007·2·103）
从自卫到自治——论国民政府的保甲制度 肖如平（2005·1·103）
中国知识界与“五五宪草”之制定 邓丽兰（2007·3·120）
民国文官考试制度的运作成效 李里峰（2004·1·101）
国民党中央特别委员会述评 史全生（2002·3·115）
南京政府成立初期的中美商税纠纷 仇华飞（2002·1·121）
20 世纪 30 年代的冤狱赔偿运动 孙彩霞（2004·2·103）
20 世纪 30 年代的南昌商人与新生活运动——以南昌“商人节”为中心 张芳霖（2005·2·100）
“九·一八”事变后《大公报》与《申报》关于中日和战问题之讨论 张玮 范瑞（2007·1·108）
论吴佩孚之死 苏全有（2010·2·101）
从国民精神总动员看战时新生活运动的积极性 乔兆红（2010·2·105）
抗战时期中国西部开发的理论 唐润明（2005·4·86）
抗战时期国民政府粮政研究——田赋征实弊失分析 郝银侠（2010·2·112）
国难会议综述 张北根（1999·4·123）
肖振瀛与华北危局 张皓（1998·3·105）
埃德加·斯诺与中国革命 张注洪（1989·4·92）
张君劢与抗战时期的民主宪政运动探析 王玉祥（1996·2·117）
三十年代中德关系初探 张宪文（1990·2·119）
试论福建人民革命政府失败的原因及其影响 沈家五（1983·3·124）
福建事变述论 方庆秋（1983·1·103）
遵义会议是中国革命的伟大转折点 黄允生（1986·3·109）
略论国民党的战时体制 陈雷（2004·4·117）
西安事变“善后”结局的认识 郝银侠（2006·2·113）
共产国际与东北抗日武装统一战线的形成 谢文（1993·3·119）
伪满政权机构沿革概述 吴庆仁（1988·4·121）
皇姑屯事件前后 习五一（1990·2·114）

从有关冯玉祥档案中看国民党政府对西安事变的对策 陈兴唐 韩文昌 潘缉贤（1985·2·112）
中国共产党关于抗日民族统一战线策略的演变 王荣先（1989·3·119）
红军长征与北上抗日方针的实现 王荣先（1991·4·121）
朝鲜民族革命党与朝鲜民族反日统一战线 朴英姬（2001·4·109）
试论班洪佧佤十七王民族自决会 一 言（1999·3·118）
侵华日军在南京大屠杀的罪行不容抹煞 郭传玺（1994·4·116）
试论蒋介石与四川抗日根据地的策定 唐润明（1994·4·112）
何梅协定中梅津备忘录第二部分的内容何时出笼 佐 民（1990·1·113）
武汉会战期间长江历次决堤概述 毕春富（1994·3·111）
陕甘宁边区行政区划演变概述 任中和（1988·3·116）
陕甘宁边区的对外活动 李忠全（1989·1·109）
陕甘宁边区抗日民主政权的建立发展及其特点 任中和（1987·3·113）
陕甘宁边区历史简述 王自成 胡新民（1987·1·122）
蒋介石解决“两广事变”的方针和策略 陈鸣钟（1983·2·110）
略述中国远征军的两次缅甸战役 李安庆（1985·3·117）
略论华北伪政权 姚洪卓（1996·2·125）
论抗战时期国民政府的对日经济战 齐春风（2004·2·111）
抗战时期福建侨务工作及其特点 林 真（1996·1·125）
论抗日战争时期湖北敌后国统区政权组织的职能和作用 徐旭阳（2005·2·108）
国际友人在抗日战争中的贡献和作用 张注洪（1998·3·113）
华侨在抗日战争中的贡献 韩 森（1987·4·125）
论国民参政会的成立及其首届首次会议 俞曙民 孔庆泰（1988·2·115）
试论国民参政会在战时民主宪政运动中的作用 陈 雷 陈 闪（2005·4·78）
行政三联制之考察 陈 雷 汪增相（2006·4·106）
华北北部敌占区 1943 年的饥荒 魏宏运（2005·4·94）
论“王通事件”及其影响 朴英姬 石建国（2002·4·124）
中外记者西北参观团访问延安记述 王自成（1994·2·116）
试论抗日战争胜利前后中国共产党政治路线的发展 汪 新（1992·4·115）
关于抗日战争时期敌后战场的几个问题 魏宏运（1985·3·110）
抗战时期国民党政府的国际宣传处 武燕军（1990·2·125）
民族解放战争史的一曲凯歌——纪年抗日战争胜利四十周年 费云东 潘合定（1985·3·105）
台湾省行政长官公署论析（1945.10—1947.4） 白 纯（2003·2·126）
较场口事件述略 黄立人（1988·4·112）
论抗战后杭州地区保甲运作中的保长与保干事 杨焕鹏（2004·4·122）
抗战后体制内自由主义政治运动的特点 张玉龙（2008·4·97）
九台事件真相 王元年 白玉武（1988·4·118）
陕甘宁边区的一次重大转折——1949 年 2 月陕甘宁边区参议会常驻议员政府委员暨晋绥边区代表联席会议简介 任中和（1991·1·127）

论“邮发合一”体制的确立 武志勇（2006·3·121）
美国与中国的西藏问题 乔兆红（2008·4·102）

经　济

古代通州的河流水系与水利工程 朱冠登（1995·3·81）
从洪武中盐法看盐商的历史作用 李　珂（1997·4·77）
明代开中制下商灶购销关系脱节问题再探 李　珂（1992·4·79）
明代开中制度下商灶购销关系脱节问题三探 李　珂（2004·3·54）
明代盐政经济的剥削机制及其形式上的演变 李　珂（2005·3·42）
明代地方财政的形成与扩张 侯　鹏（2013·3·59）
——以浙江“均平银”为中心的考察
明代北京营建事宜述略 高寿仙（2006·4·23）
明代凤阳赋役优待探研 郑　宁（2016·2·62）
论明代中期京畿地区庄田的膨胀和清理 林延清（2000·3·80）
再论明亡内库存银问题 李　园（2019·2·67）
明清社会的士商渗透及其影响 乔凌霄　梁衍东（1999·1·78）
明清闽粤海商的构成与特点 陈伟明（2000·2·80）
明清碑刻所见山西泽州民间“水官”规制 姚春敏（2013·2·44）
明清时期山东的粮食流通 许　檀（1995·1·81）
明清时期运河的商品流通 许　檀（1992·1·80）
从民间契约看明清徽州的山场经营 杨冬荃（1991·3·82）
徽商的奢侈性消费及其心理探析 李琳琦（1995·4·78）
通过鱼鳞图册看明清时期的土地所有关系 汪庆元（2006·1·5）
——以徽州府为中心
明清徽州的自杀纠纷及法律解决郭学勤 周致元（2014·1·64）
清入关前对长城沿线的贸易经营 刘巳齐（2022·4·69）
——以张家口和归化城为中心
清朝对索伦和达斡尔两族的官营贸易 金　鑫（2015·4·87）
明遗民生计图景 杨　茜（2015·3·55）
——以耕读处馆的张履祥为中心
盛京内务府粮庄述要 佟永功　关嘉录（1995·1·89）
清代前期的九江关及其商品流通 许　檀（1999·1·86）
清代赣关税收的变化与大庚岭商路的商品流通 廖声丰（2001·4·85）
清代芜湖关的设置及其管理体制的演变 廖声丰　黄志繁（2004·4·57）
试论清代榷关的管理制度 廖声丰（2008·1·32）
清代批头考 杜立晖　王爱民（2010·3·80）
——以《滨州革除歇家批头记》为中心
关于明清之际“歇家”的再探讨 杜立晖（2012·3·72）
——以《滨州革除歇家批头记》为中心
清代田赋蠲缓研究之回顾与反思 李光伟（2011·3·42）

清代前期漕粮蠲缓改折概论　俞玉储（1990·2·80）
清代江西赋税纠纷案浅析　龚汝富（2005·3·68）
清代土地买卖中的陋规习惯
——以陕南地区为例　王德庆（2006·3·67）
清宫高丽布的输入及其用途　孙雨苗（2023·4·94）
清代早期宗室人口寿命浅探　胡启松（1993·2·86）
从入迁到外流：清代镇番移民研究　潘春辉（2013·1·71）
清代地丁合一改革与广西州县经济发展　李映发（1997·4·93）
清代广西的地方商人　李　华（1992·1·86）
清代老年人口政策　王跃生（1989·4·80）
清代灾后土地原价回赎政策　刘宗志（2018·4·77）
清代救灾期间的耕牛保护制度　赵晓华（2019·2·88）
清初漕赋　赵　践（1999·3·86）
论清代前期赋役制度的改革　朱金甫（1982·4·91）
从入迁到外流：清代镇番移民研究　潘春辉（2013·1·71）
浅议清前期铸局中的“卯”　李　强（2007·4·58）
清初茶马制度述论　郭孟良（1989·3·87）
清代前期江南织造缎匹产量考　范金民（1988·4·80）
清代中国和琉球贸易初论（上）　俞玉储（1993·3·86）
清代中国和琉球贸易初论（下）　俞玉储（1993·4·91）
再论清代中国和琉球的贸易　俞玉储（1995·1·98）
从房契文书看清代北京城中的旗民交产　刘小萌（1996·3·83）
清代皇族人口呈报制度　鞠德源（1988·2·80）
试论清初对自流井盐业的开发　陈　然　曾凡英（1992·3·88）
清朝加派“练饷”始末　刘光禄（1982·1·92）
清代三藩之乱期间盐课岁入辨析　陈　锋（1989·3·91）
吉林至盛京驿站考略　张志强（1993·4·87）
清初吉林至瑷珲驿站考　孟宪振（1982·4·107）
谈康熙时期与西欧贸易　吕　坚（1981·4·113）
清代赣闽粤边区盐粮流通与市镇的发展　周　琍（2008·3·59）
清代贵州钱局设立时间及铸钱利润考　王德泰　强文学（2013·4·74）
早期中俄贸易研究　郦永庆（1996·2·79）
论雍正时期对台湾的开发　李国荣（1992·4·94）
清代滇铜厂欠与放本收铜　马　琦（2015·2·87）
清代贵州铅矿业中的“放本收铅”　温春来（2016·2·81）
清代“滇铜京运”源起　邹建达　邹　翀（2019·3·91）
论清代烧锅政策的演变　牛贯杰　王　江（2002·4·78）
清粮价奏报制度的确立及其作用　王道瑞（1987·4·80）
清代两广盐区私盐初探　王小荷（1986·4·95）
从档案史料看清代湖广私盐问题　吴海波（2011·2·66）
清代广州三大行商家族事迹补考　刘和富（2024·1·62）

清前期巴县城市工商业者差役初探　　刘　君（1991·2·87）
会考府考略　　江　桥（1985·1·98）
清代重庆八省会馆　　梁　勇（2011·2·56）
略论乾隆年间从暹罗运米进口　　李鹏年（1985·3·83）
李卫与清代前期的盐政　　张小也（1999·3·93）
清代前期商品流通的运道　　邓亦兵（2000·1·99）
清代前期夔关的商品流通研究　　廖剑南　廖声丰（2022·2·87）
——以闽海关为例
清前期凤阳关的税收与商品流通徐俊嵩　　郝晓丽（2024·3·77）
山西摊丁入地若干问题辨析　　史志宏（1984·3·92）
清代总理回疆事务参赞大臣养廉银研究　　王　超（2015·3·99）
清代安西州采金考述　　王祥伟（2019·4·76）
清代中叶广东的太平关及其商品流通　　许　檀（2005·4·67）
乾隆初年钱价增昂问题初探　　王光越（1984·2·95）
乾隆朝陕西灾荒及救灾政策　　张　莉（2004·3·81）
乾隆三年宁夏大地震　　刘　源（2002·2·91）
从《三姓档》看清代吉林官庄　　关嘉录　佟永功（1991·2·80）
盛京上三旗包衣佐领述略　　佟永功　关嘉录（1992·3·93）
清代雍和宫的香灯地租　　孟　修（2013·1·85）
清前期喀什噶尔及叶尔羌的对外贸易　　潘志平　王　熹（1992·2·82）
乾隆帝惩处高朴私贩玉石述略　　江　珊（1993·1·95）
清前期的商品粮政策　　吴建雍（1986·3·87）
论中俄恰克图茶叶贸易　　郭蕴深（1989·2·89）
乾隆年间榷关的免税措施　　何本方（1987·4·87）
乾隆刑科题本与清代前期农村社会经济研究　　刘永成（1981·2·87）
乾隆时内府典当业概述　　叶志如（1985·2·92）
宫中朱批奏折所见乾隆时的粮食调剂措施　　葛贤惠（1988·4·88）
乾隆二十一年随封兵役勒赏滋事案析　　俞玉储（2000·4·87）
乾隆时期内地与新疆哈萨克的贸易　　林永匡　王　熹（1985·4·83）
从归化城副都统衙门档案谈清代旅蒙贸易及部票制度　　田　宓（2016·4·87）
清代重庆地区农田租佃关系中的几个问题　　李映发（1985·1·81）
清代川江铜铅运输简论　　张永海　刘　君（1988·1·87）
试析乾隆时期的私铸　　王光越（1988·1·92）
清代山东的周村镇　　官美堞（1990·4·80）
乾隆限令广州一口通商政策与英商洪任辉事件述论　　陈东林　李丹慧（1987·1·94）
乾隆朝盐务陋规案简析　　晏爱红（2006·4·58）
——从二十六年河南盐务陋规案谈起
清代塞外贸易的山西忻代商人　　郭娟娟　王泽民　刘建生（2016·3·80）
乾隆年间恰克图贸易三次闭关辨析　　郦永庆　宿丰林（1987·3·80）
乾隆朝甘肃捐监冒赈众贪案　　卢　经（2001·3·80）
乾隆朝山西义仓初探　　王　璋（2012·3·86）

乾嘉道年间南疆官兵俸饷发放中的银钱搭放 刘锦增 王薪宇（2024·4·85）
简述嘉道年间对行钞的议论及咸丰朝纸币的发行 宋秀元（1993·2·99）
清代两淮盐务首总制度研究 王振忠（1993·4·101）
从档案看自贡盐业契约股份经营特色 陈 然（1998·2·84）
乾隆时期河东盐课归丁改革 林永匡（1982·3·90）
乾隆五十三年的荆州大水及善后 徐凯希（2006·3·39）
清代步军统领衙门经费初探
——以生息利银为中心 王春伟（2023·1·78）
中国近代海关与禁烟禁毒 孙修福（1996·1·103）
论中国经济近代化滞缓的原因 王业兴（2001·2·108）
亚东关为何不征税 刘武坤（1993·4·105）
浅论美国早期对华鸦片贸易 李守郡（1983·2·104）
嘉庆中期吉兰泰盐务述论 方裕谨（1991·2·93）
嘉道年间的京城保甲制度与社会治安 王开玺（2002·2·97）
论道光朝河政 郑师渠（1996·2·88）
论道光朝漕政 郑师渠（1997·4·103）
道光五年试行海运漕粮述略 郑师渠（1999·3·100）
试论道光初年漕粮海运 倪玉平（2002·1·93）
道光初年两淮私盐研究 方裕谨（1998·4·80）
私盐、盐枭与政府
——以道光十年仪征黄玉林案为例 吴海波（2008·1·60）
关于早期澳洲华人史的几个问题 张秋生（1997·2·101）
鸦片战争前的淮安关及其商品流通 廖声丰 胡晓红（2010·1·48）
论道光中叶以后上海在徽茶贸易中的地位 张燕华 周晓光（1997·1·95）
晚清时期海关洋税的统计与汇报 陈 勇（2011·3·60）
浅析晚清常关衰落的原因 廖声丰 廖慧贞（2012·2·112）
早期澳大利亚华人的经济生活与主要职业构成 张秋生（2008·2·79）
近代澳门城市商业经济管理（1840—1911） 陈伟明 付 勇（2013·2·95）
新发现的《做茶节略》 李琳琦 吴晓萍（1999·3·114）
道咸时期雇商海运漕粮的得失 张照东（1988·2·97）
道咸时期的两广盐政
——以清代广东衙门档案为中心 段雪玉（2011·2·73）
近代冀南棉纺织手工业的蜕变与延续 王 翔（2007·2·68）
19世纪中后期的江西外贸与城乡经济 钟建安（2007·2·87）
从《赋役全书》看薪俸工食银的核算与发放 余格格 郭永钦（2021·2·112）
咸丰朝北京地区大钱流通始末 赵惠蓉（1987·4·94）
咸丰末年俄商赴京贸易之争 衣长春（2006·2·68）
试论太平天国“照旧交粮纳税”政策 俞玉储（1985·3·91）
旧中国的制药工业 刘鲁亚（1995·2·105）
晚清陕西官钱局委员舞弊案考略 牛 济（1988·4·95）
《申报》中晚清救荒资料述略 李 岚（2006·1·92）

上海早期的外商证券市场 彭厚文（2000·3·97）
论近代环渤海地区社会生活的嬗变 周俊旗（2000·3·113）
论清末商会对长芦盐务风潮的平息 胡光明（1994·2·99）
晚清海关监督制度初探 任智勇（2004·4·83）
晚清时期的西部开发 史全生（2004·2·82）
晚清江浙乡村寡妇财产纠纷问题试探 曹婷婷（2010·3·94）
晚清近代企业的涉外雇佣 赵入坤（2011·2·102）
浅析晚清香港轮船航运业肇兴缘由 夏巨富（2016·2·111）
晚清云南新式工矿业布局析述 张永帅 吴 波（2021·3·91）
晚清经略西北中的海关协饷调拨 刘锦增 武进升（2022·2·105）
晚清江苏厘金制度的起源与推广实态考
——以 1853—1865 年为背景 徐 毅（2006·3·59）
清末载公府与嵩祝寺互控地亩案探析 刘 芳（2014·2·85）
泰国华商的资本原始积累 石维有（2008·1·66）
中国近代保险业述略 谭文凤（2001·2·103）
关于我国第一家民族保险公司的查证 何 英 翟海涛（2005·3·89）
中国早期保险中介人探析 何 英（2008·2·85）
晚清保险市场研究
——早期保险市场的信息不对称问题 何 英 翟海涛（2011·4·105）
近代在华日本领事报告述论 王 力（2008·1·71）
近代中国邮政述略 陈 钢（2004·1·70）
《中国引水总章》及其在近代中国的影响 李恭忠（2000·3·103）
近代中国的股份制 邹进文（1995·3·100）
近代中国股份企业的官利制 邹进文（1996·2·99）
刘铭传与近代台湾茶业的发展 陈九如（2005·1·57）
1882 年的上海股票市场 李 玉（2000·2·88）
中法战争与清廷财政 梁义群（1987·1·102）
《光绪会计表》中的“财政盈余”问题 陈先松（2010·1·81）
三海工程筹款述论 陈先松 陈兆肆（2009·2·77）
第二次海防大讨论与海防经费的筹措 陈先松 莫世亮（2011·2·81）
光绪十三至十四年黄河郑州决口堵筑工程述略 申学锋（2003·1·98）
1887—1915 年拱北关鸦片贸易述略 郭雁冰（2015·1·107）
清后期江南织造的演变 范金民（1992·1·109）
近代海南岛开发 何 瑜（1992·2·92）
开平煤矿被英商骗占及收回经过 王 波（1991·4·98）
张之洞与晚清货币改革 刘四平 李细珠（2002·1·100）
袁世凯与直隶工业 苏全有（2005·1·77）
清末北京的华资银行 司马城（1997·1·102）
清代广东始铸银元时间 丁进军（1996·3·113）
清末福建官脑局兴办始末 屈春海（2003·3·102）
清末白话报刊与下层社会的西方经济思想启蒙 李 丹（2019·1·111）

近代以来日本对我国东北邮政的侵夺　丁三青（1995·3·105）
清末经济特科探析　何　玲（2004·1·81）
终清一代漕运未废　丁进军（1987·1·112）
晚清政府参与万国铁路公会考论　潘怡君（2023·3·96）
甲午战前京津铁路线的筹议述论
——兼议中国近代铁路建设起步的动力选择　朱从兵（2009·2·60）
近代日本农商务省的对华经济调查　王　力（2012·3·100）
晚清中国与万国邮联交往述略　丁进军（1998·3·94）
近代新兴城市青岛的形成　马庚存（2009·3·69）
清末"新政"与财政　梁义群（1990·1·101）
由档案史料看晚清政府灾赈的若干变化　王　娟（2011·3·74）
德州北洋机器制造局略考　孟繁新　朱兴泉（1990·4·103）
清末农学会述论　苏全有（2013·4·94）
清末商会兴商学活动述论　赵洪宝（1997·1·112）
清末延长油矿创办述略　屈春海（2005·2·92）
清末奉天盐厘述论　张士尊（2010·4·104）
中国近代第一部商标法的颁布及其夭折　崔志海（1991·3·105）
清末中外关于《商标注册试办章程》交涉史实考评　屈春海（2012·4·87）
清末五大臣出洋经费考　潘　崇（2010·3·104）
天津商会档案　蓝长澐　张鸿藻（1983·3·106）
论清末民初新疆与帝俄的贸易　郭蕴深（1993·3·115）
清末筹备立宪中审计思想初探　方宝璋（2003·1·103）
新政时期清政府地方外债政策评析　马陵合（2008·4·53）
光宣年间吉林蚕业的兴衰　潘景隆　谭　禹（1985·1·103）
清末地方省份的鸦片专卖　刘增合（2006·4·63）
1908年北京内外城的人口与统计　王　均（1997·3·103）
清末华北铁路与经济变迁　吴宝晓（2001·3·102）
清王朝覆灭前财政体制的改革　周育民（2001·1·90）
武昌起义后清政府财政的彻底崩溃　王开玺（1993·4·120）
辛亥革命爆发后四个月间的交通银行　魏振民（1981·3·97）
试论近代天津企业规模化发展路径　宋美云（2004·4·101）
清末民初吉林西部蒙边地区商品经济的发展　徐　洁（2006·3·109）
论清末民初成都工商同业组织　李柏槐（2005·1·89）
论清季农务整顿视野下的保董　苟德仪（2020·4·106）
从成都平原租佃纠纷个案论押租制的双重意义　李德英（2005·1·97）
孙中山对中国经济近代化发展模式的构想　王业兴（1998·1·97）
近代江西地方银行业的几个发展时期　伍常安（1990·2·106）
中国近代货币改革思想评论　戴建兵（2008·2·101）
略论近代西北地区的陆路交通　李建国（2008·2·107）
从农商部注册看北洋时期民族资本的发展　沈家五（1984·4·110）
略论民国旅津山东商人行业分布　王　静（2010·4·111）

民国北京铺底研究 吴丽平（2012·1·112）
民国时期南昌商会组织的分化与重组
——南昌商社档案研究 张芳霖（2004·4·93）
民国时期的晋江社会慈善事业
——以晋江市档案馆馆藏资料为中心 许金顶 魏 丹（2008·2·113）
袁世凯政府的庙产政策述评 许效正 张华腾（2010·1·91）
袁世凯政府振兴实业的措施 张学继（1990·4·112）
南京临时政府的币制金融措施 于 彤（1989·2·109）
1917—1927 年大丰等六盐垦公司植棉简况 姚恩荣 邹迎曦（1983·3·113）
中华汇业银行的资本结构及其营业概况 魏振民（1981·1·107）
无锡在二十年代形成经济中心的原因及其职能 顾继瑞（1985·4·107）
江浙金融财团的三个问题 姚会元（1998·2·113）
民国时期的商标立法与商标保护 赵敏坤（2003·3·119）
民国时期国民党土地政策述要 姜爱林（2001·4·114）
武汉国民政府集中现金风潮述略 徐凯希（1992·2·114）
国民党政府的石油进口初探 孔庆泰（1983·1·111）
从长芦五纲总被扣案看商会与国民党政府关系 王兆祥（2000·1·116）
克兰计划与中德关系 张北根（1997·4·117）
孙科与“庚关两款筑路计划” 王启华（2005·1·119）
英国、国联与“九·一八”事变
——兼评《李顿调查报告》 王宇博（2002·2·123）
20 世纪 30 年代成都市产业结构分析 李德英（1998·3·99）
试论国民党政府的法币政策 虞宝棠（1983·4·114）
抗战前南京国民政府的农业推广政策 郭从杰 陈 雷（2008·1·115）
略论抗战前南京国民政府的经济建设
——兼谈对抗日战争的作用 陈 雷（2010·1·108）
孔祥熙的战时财政理论和战时财政政策 蔡志新（2006·1·125）
抗日战争时期通货膨胀述评 郭传玺（1990·3·119）
中央农业实验所述论 李自典（2006·4·113）
试论 1935 年白银风潮的原因及其后果 郑会欣（1984·2·113）
试论国民党政府的法币政策 董长芝（1985·1·112）
民国年间中国邮政简易寿险述论 王庆德（2001·1·107）
陈仪与台湾公营事业的初步建立
——兼论台湾发展民营事业的政策取向 褚静涛（2004·3·111）
抗日战争时期中国兵器工业内迁初论 黄立人 张有高（1991·2·118）
抗战时期中国石油工业的建立 孔庆泰（1989·4·106）
抗战时期的西部公路建设 谭 刚（2007·1·101）
论 1937—1941 年国民政府的盐税政策 董振平（2007·1·115）
抗日根据地的物价管理 于松晶 薛 微（1999·1·125）
关于抗战期间广西矿业损失的调查 唐 凌（1999·4·128）
伪中国联合准备银行浅析 李安庆（1984·1·123）

伪蒙疆政权时期税收政策研究 丁晓杰（2010·4·116）
晋察冀边区的金融事业 贾秉文（1995·2·126）
抗日时期中日经济封锁与反封锁斗争 齐春风（1999·3·123）
抗战时期国民党政府开发西南的历史评考（上） 黄立人 周天豹（1986·2·113）
抗战时期国民党政府开发西南的历史评考（下） 黄立人 周天豹（1986·3·114）
抗战时期国民党政府西北投资活动述论 陈正卿 赵 刚（1989·1·114）
论抗战时期日本的对华经济战 齐春风（2002·3·121）
东亚经济恳谈会与日本对我国华北的经济统制 任云兰（1998·1·111）
沦陷时期的天津商会 宋美云（2001·3·125）
试谈汪伪政权的中央储备银行 李安庆（1982·4·130）
新旧交替时期（1945—1949年）天津工商界述论 任云兰（2004·3·117）
论抗战后期国民政府对国家与地方财政关系的重大调整 张神根（1997·1·127）
抗战胜利后南京政府财政状况剖析 孙宅巍（1992·1·126）
蒋介石与CC系在《中华民国宪法》下的权力之争 张 皓（2008·2·120）
解放前夕国共两区通邮办理概况 王玉文（1989·1·120）

军 事

明代京操制度 周致元（2002·2·85）
论明代京操班军的选补制度 彭 勇（2007·4·31）
明初戍守贵州的将士与“南京人” 聂 焱（2014·3·52）
明朝晋江的筑城防倭 程龙吟（2014·4·76）
明代弓兵述论 杜志明（2015·1·50）
明代镇戍将官的官阶与待遇 曹 循（2016·3·66）
明代军伴的产生及其社会化 程彩萍（2016·4·49）
明代广东海防分路新考 韩虎泰（2017·2·63）
明代民壮训练体制初探 杜志明（2017·3·62）
明代府军前卫侍从体制考 秦 博（2018·4·52）
明代海防同知初探
——兼论明代镇戍权力格局 黄友泉（2018·4·60）
明代南海区域陆海防御格局的演变 韩虎泰（2019·4·61）
明九边防御体系的崩溃与清初九边地区战略地位 邓 涛（2019·4·69）
明代卫所军妻相关问题探微 唐佳红 周致元（2021·3·64）
明代直隶九江卫考论 黄谋军 钟 声（2024·4·47）
明代武官会推制度的形成与演变 李小波（2021·4·59）
明代北边土兵的招募及其生存境况 程彩萍（2022·1·43）
壬辰战争中明朝的粮草海运开通考 董建民（2022·2·51）
新发现的王徵军事器械专著《守御器具图说》 毛瑞方（2009·4·59）
崇祯七年后金对代北地区的侵扰 沈一民（2023·1·70）
明清两朝红夷大炮的射程问题再析 刘鸿亮 宋 琳（2007·4·41）
皇太极与火炮 李鸿彬（1997·2·88）

一六三七年明清皮岛之战　刘建新　刘景宪　郭成康（1982・3・84）
从《西法神机》与《火攻挈要》看明末对铳炮弹道学的认识　徐新照（2002・1・80）
清代绿营将官军俸改革评析　万朝林（2006・3・22）
试论清代汉侍卫与绿营　黄圆晴（2014・1・74）
清代军功顶戴考略　吉　辰（2017・1・98）
顺治初年卫所制度的变革　杨园章（2020・2・101）
清代吉林地区卡伦概述　关克笑（1985・4・78）
吉林八旗军的兴衰　潘景隆（1989・3・96）
清初在拉发渡口制造战船概述　安双成（1995・2・82）
郑成功北征南京概述　张　玉（1988・2・90）
有关郑成功攻打南京的若干问题　安双成（1988・3・80）
清代养育兵的初建　安双成（1991・4・87）
论清代前期的卫所官制　毛亦可（2016・4・73）
略论福康安征剿廓尔喀　韩　茹（1994・3・97）
清代盛京围场处　赵　珍（2009・4・65）
康熙统一台湾期间清廷同荷兰的军事接触　李中勇（2005・3・76）
清前期长城以南沿边驻防八旗与边疆的关系　邓　涛（2022・4・88）
郎谈《九路图》与“九路”巡边考　吴雪娟（2009・1・56）
从崔应阶等三件奏折看天地会的军事组织色彩　刘伯函（1987・2・86）
康熙帝用兵噶尔丹期间军粮的来源与构成　刘锦增（2021・4・65）
康熙朝齐齐哈尔驻防八旗沿革考　王秀峰（2022・1・53）
雍乾时期布特哈八旗“博尔德地方官兵”考　金　鑫（2022・3・71）
雍正初年广西查禁箭毒述略　哈恩忠（2004・3・69）
雍正朝京北三镇的扩兵　张　建（2018・3・99）
乾隆朝江南军马的采买与牧放　王　刚（2014・2・66）
乾隆年间广东海上武装活动概述　叶志如（1989・2・96）
乾嘉时期米艇引入水师述略　段美欣（2023・1・99）
清代科布多西路的哈喇塔尔巴哈台卡伦设置考　周学军　白剑光（2007・2・53）
清朝健锐营概述　柳茂坤（1999・4・106）
清季总理海军事务衙门章京研究　徐笑运（2019・4・101）
清代八旗军政考选中的逾岁留任制度　黄治国（2020・1・68）
清朝京师稽察九处八旗驻防考　吕晓青　艾　虹（2024・3・88）
鸦片战争以前清朝水师战船的演变　祁　磊（2018・1・88）
试论清军在鸦片战争中失败的基本原因　张一文（1983・1・88）
也论清军在鸦片战争中失败的基本原因　杨　维（1985・4・89）
清王朝在鸦片战争中决非“绝对劣势”　张一文（1987・2・89）
第一次鸦片战争时期中英两军的武器及作战效能　吕小鲜（1988・3・86）
论鸦片战争中英军首先侵占舟山群岛的战略意图　王和平（1991・2・102）
晚清浙江海防战略地位的弱化及原因透视　方　壁　张　炜（1996・1・109）
1842 年吴淞之战新探　茅海建（1990・3・84）

论晚清传统士大夫刘锡鸿反对西方侵略的军事主张 张宇权（2011·4·73）
金田起义初期战役浅析 庄建平（1982·3·98）
凌十八起义及其历史作用 庄建平（1993·1·100）
太平军进军桂林决策的形成与实践考略 崔之清（1985·2·99）
太平军马队述论 徐伟民（1998·4·96）
论北伐太平军的马队 李惠民（2003·4·77）
太平天国北伐军若干史事考辨 舒　翼（1982·4·117）
太平天国北伐军出师人数辨 王卫平（1986·2·111）
北伐太平军“裹胁”问题述论 池子华　崔　岷（2001·3·89）
有关太平军永安突围后进军路线的几个问题 钟文典（1988·3·95）
豫胜营的兴亡和李昭寿的命运 池子华（1994·3·93）
1857年石达开进军江西的战略 朱谐汉（1990·1·87）
淮军非军阀论 谭文凤（1996·2·95）
试析左宗棠西征借款与协饷的关系 马陵合（1997·1·106）
苏元春与晚清陆路边防建设 刘　庆（2011·4·91）
薛福成援越抗法方策和在镇海战役中的实践活动 梁义群　陈九如（1995·4·101）
论刘铭传抗法保台最佳战略战术的选择 梁义群（1997·4·110）
近代海军作战的阵法与战法述论 杨志本　许　华（1988·2·102）
晚清南洋海军购造舰船述论 陈先松　焦海燕（2014·3·103）
晚清军事改革中的广州驻防八旗 何文平（2002·3·97）
论《北洋海军章程》 马骏杰（2000·4·102）
论甲午时期官僚士大夫的战备思想 于春梅（2007·3·77）
甲午年北洋舰队援旅问题新探 马骏杰（1999·1·109）
中国近代对日战争赔款述论 袁成毅（2000·1·106）
袁世凯组建武卫右军先锋队探源 郭丽萍（2012·2·104）
袁世凯练新军改军制及其历史地位 吴兆清（1987·1·105）
北洋六镇编练过程考 李学通（1993·3·111）
新建陆军、自强军营制饷章考误 宫玉振（2006·3·88）
1908年太湖秋操考实 彭贺超（2012·4·104）
宣统三年的永平秋操 彭贺超（2014·2·97）
清末陆军学堂 朱建新（1997·3·95）
萍浏醴起义二题 周育民（1993·2·109）
论保定军校的历史地位 孙思白（1993·4·125）
冯麟阁与东亚义勇军及其被收抚 李鹏年（1984·2·103）
1916年隆世储钦廉反袁护国起义 陈长河（2006·4·83）
北洋军阀统治时期兵变原因探析 冀满红（1997·3·109）
两次直奉战争之比较 郭剑林（1987·3·108）
孙中山平定广州商团叛乱述略 袁润芳（1984·1·109）
国民政府中央军事统御机关设置演变述略 李祚明（1993·1·115）
从档案看1924年的江浙战争 陈长河　殷　华（1995·2·119）
论一九二七年奉吴河南战争 刁五一（1988·4·105）

中央苏区红军兵工厂发展始末 李德成（2006·4·88）
抗战前国民政府的学校军事教育政策 宋艳丽 赵朝峰（2004·4·110）
论中国抗战在太平洋战争中的重要贡献 郭传玺（1995·3·117）
国民党政府参谋本部组织沿革概述 陈长河（1988·1·110）
马占山及江桥抗战研究述评 周 彦（2006·4·100）
抗战初期“萧振瀛工作”缘起 聂翔雁（2006·4·93）
吉鸿昌与察哈尔民众抗日同盟军 陈长河 丁思泽（1984·4·119）
略论长城抗战 徐友春（1984·4·117）
简评喜峰口战役 江绍贞（1985·4·113）
东北军第六十七军抗日史略 吴庆仁（1989·4·100）
朝鲜民族革命党在中国的抗日武装斗争 朴英姬（2000·1·123）
朝鲜义烈团的成立及抗日斗争 朴英姬（2006·4·96）
太平洋战争爆发前苏联对华军事援助述略 孔庆泰（1991·1·116）
抗战期间国民党政府的兵站组织 陈长河（1993·3·123）
八路军出师抗日的战略计划 张宏志（1997·1·122）
关于抗日战争时期敌后战场的几个问题 魏宏运（1985·3·110）
抗日战争中的太行军区 谢武申（1986·1·113）
论我党在抗战时期的军事战略转变 张宏志 陈 英（1987·4·116）
简论台儿庄战役 张宪文 陈 谦（1984·3·99）
抗战初期的国民政府军事委员会政治部第三厅 崔 莹（1989·3·126）
略论中国远征军的两次缅甸战役 李安庆（1985·3·117）
全面内战爆发前国民党整军析 江 英（1994·3·117）

文教卫生

史部目录的形成与确立 刘 蓉 王东维（2007·1·55）
传说、信仰与洪洞乡村社会——兼及大槐树移民的文化认同 郝 平（2006·3·3）
科举制度下的社会风气 杨随平（2007·3·23）
宋代皇族谱牒考述 王善军（1999·3·79）
论学术名流与徽州书院的兴盛 陈孔祥（2005·4·63）
元明清时期关帝信仰在河西地区的流播与演变 张 磊（2023·2·41）
八股文探源——《诗义集说》中元代“股体”诗义著者考略 张祝平（2012·1·80）
关于七千部西书募集若干问题的考察 毛瑞方（2006·3·10）
17—18 世纪俄国来华使臣眼中的北京城 叶柏川（2014·4·81）
明清时期徽州出家现象考论 康 健（2014·3·57）
徽商“好儒”新解 周致元（1997·2·81）
略论徽商对家乡士子科举的扶持与资助 李琳琦（2001·2·79）
徽商与徽州的学术思想 李琳琦（2005·2·54）
明清徽商妇在子孙择业方面的重要作用 宗 韵（2006·4·33）

明清时期京畿地区文体娱乐风俗变迁　　方立红（2006·3·16）
明清江南进士研究之二——人数众多的原因分析　　夏维中　范金民（1997·4·80）
明清澳门女性研究　　刘正刚（2001·2·84）
明清医疗中女性诊病的男女之防问题
——兼析“悬丝诊脉”之说　　杜家骥（2018·1·74）
明清官修书籍中紫禁城记载辨异　　李燮平　常　欣（2000·1·85）
紫禁城四门等级研究　　朱庆征（2009·2·34）
紫禁城内奉先殿修建概略　　刘鸿武（2009·3·53）
明清县衙建筑规制及建筑物功能考　　刘鹏九（1993·1·80）
明清来华天主教传教士北京墓地考略（上）　　王和平（2004·2·55）
明清来华天主教传教士北京墓地考略（下）　　王和平（2004·3·61）
明清时期方济会与耶稣会在华传教客体对比分析　　崔维孝（2007·2·16）
明清科场舞弊的防惩举措与科举制公平原则　　杨随平（2008·2·51）
明代提学官迁入来源考析　　郭文安（2020·3·66）
明代的医户与医籍　　马志超（2021·2·74）
明代科举会元的整体考察　　周　勇（2012·4·51）
明代南直隶鼎甲进士地域分布与社会流动　　管宏杰　郭培贵（2022·1·36）
明代两京武学的会举　　曹　循（2018·1·68）
明代武举乡试制度的确立及其影响　　黄群昂　郭培贵（2023·1·54）
明代会试考生路费资助制度考论　　刘明鑫（2020·4·62）
明代两京官署志的纂修及其政治文化解读　　吴恩荣（2015·2·52）
明代两京文思院考论　　崔继来（2023·4·66）
明中后期坊刻之流变与吴勉学的刻书特色　　秦宗财（2008·1·20）
明代《南京户部志》刻本考述　　陆　冰　黄阿明（2018·3·51）
《皇明条法事类纂》成书年代及作者考　　吴启琳（2010·3·52）
明嘉靖朝贵州首次开科问题综论　　王　力（2015·1·56）
王世贞《嘉靖以来内阁首辅传》考论　　孙卫国（2008·1·25）
明万历朝焦竑科场案始末考　　周文焰　陈冬冬（2020·2·68）
明代徽州珍稀族谱《程典》考论　　刘道胜（2012·3·66
浅论清代皇帝的朝服　　童永纪（1997·3·79）
清代乡会试的磨勘、复试与举人罚科　　王志明（2009·4·73）
清代翻译乡会试覆试制度研究　　邹长清（2011·2·45）
清代科场夹带作弊防惩研究　　李国荣（2002·1·84）
清代科举的官卷制度　　马　镛（2012·3·79）
清代武科乡试应试资格及考生来源　　李　林（2015·3·76）
清代武状元籍贯与地域分布　　王金龙（2017·4·92）
清代殿试阅卷标识符号释义　　王学深（2017·2·87）
清代对妈祖的敕封与祭祀　　杨永占（1994·4·92）
清代皇帝祭孔与衍圣公陪祀之制初探　　孔　勇（2017·1·90）
清代国子监的琉球官学　　秦国经（1993·1·86）
清代尊老优老礼制述论　　王彦章（2006·4·38）

故宫藏日本刀具与琉球贡刀考 毛宪民（2006·4·49）
西方园林艺术对清代中国古典园林的影响 关精明 张淑娴（2006·3·33）
满洲神杆祀神考源 阎崇年（1993·3·81）
论清廷对戏剧的管理 王 澈（2003·3·77）
清代民间宗教的民俗性与乡土性 梁景之（2003·4·62）
清代方略馆及其编纂活动述略 李金飞（2020·3·75）
清代绮春园沿革辨析 何 瑜（2020·3·85）
清代驻防八旗科举述论 陈尚敏（2021·3·83）
清代苏州府学修葺考略 朱春阳（2020·1·77）
清代山东书院的发展研究 马学强 赵树廷（2005·4·54）
清小金榜考述 江庆柏（2008·1·50）
也谈清代小金榜 王金龙（2010·3·59）
清代内务府万善殿官学考论 李立民（2018·4·84）
清代“重赴鹿鸣宴”制度 赵永翔（2012·2·65）
清代造办处的机构和匠役 吴兆清（1991·4·79）
盛京内务府建立时间再探 任玉雪（2003·1·77）
寅宣子系似丝棼 徐恭时（1985·2·78）
——新发现的曹雪芹家世档案史料初析
莱布尼兹与中国文化 何大进（2003·3·86）
康熙博学鸿儒考 杨海英（1996·1·97）
清初学术视野下的《山海经广注》 吴 超（2013·2·56）
礼仪之争与康熙皇帝（上） 安双成（2007·1·74）
礼仪之争与康熙皇帝（下） 安双成（2007·2·32）
康熙朝经筵次数及日期考 陈 东（2014·1·82）
清代官员子弟科举的制度设计 刘佰合（2014·3·69）
浅析影响康熙《皇舆全览图》绘制的几个因素 孙 喆（2012·1·87）
康熙年间殷扎纳奏折残档与《异域录》成书问题研究 赵卫宾（2024·1·72）
清代中俄交往的见证——钟表 郭福祥（2005·1·45）
清乐善园与继园变迁之研究 杨小燕（1999·2·79）
郎喀使华与早期中俄文化交流 阎国栋（2004·4·68）
大清一统志馆初探 王大文（2018·3·92）
方苞礼学的形成及其特点 冯 峰（2010·3·66）
清代两湖南北分闱再探 李 兵（2013·1·78）
清宫康雍时期铜活字印书述论 项 旋（2015·3·86）
雍正朝内府刻书概略 李士娟（2012·1·94）
雍正四年停浙江乡会试始末 夏卫东（2003·1·81）
1864年以前的俄国来华留学生 肖玉秋（2007·1·87）
从清朝档案看中国文化在琉球的传播 谢必震（1994·3·80）
清代档案与红楼梦的研究 胡文彬（1982·2·85）
《无圈点档》及乾隆朝抄本补絮 赵志强 江 桥（1996·3·91）
《满洲实录》满汉文本对勘研究 强光美（2015·4·72）

乾隆时期"经筵御论"思想探赜　胡晓明（2022·3·81）
《四库全书总目》对明代学者胡应麟的误读与误判　王嘉川（2012·1·99）
乾隆朝服务宫廷的西方传教士　陈　玮（2006·4·54）
乾隆朝《古今图书集成》之铜活字销毁考　杨　虎（2013·4·87）
乾隆年间方观承的《直隶河渠书》　宋开金（2016·2·98）
从清宫档案中探寻乾隆款"金胎绿珐琅嵌宝石靶碗"仿器的制作与流传　秦凤京（2007·4·68）
东院竹林西院笋　寅宜子系岂丝棼　徐继文（1987·2·80）
清修《四库全书》对《明文海》之抽删探考　武玉梅（2004·3·74）
乾隆敕修《钦定清汉对音字式》及其影响　春　花（2008·1·54）
清代《南部县档案》中"虫月"等名称考释　苟德仪（2008·2·74）
乾隆年间官办救生船浅述　顾川洋（2010·4·67）
巴县档案所见清代四川妇女改嫁判例　杨毅丰（2014·3·74）
浅析清代基层社会妻亲关系　李　君（2015·1·71）
乾隆后期查办戏剧违碍字句案述略　范金民（2012·4·68）
乾嘉时期地方书院山长课试日常蠡探——以周广业《广德书院试题考生录》手稿为中心　陆　冰（2022·1·81）
清代报纸浅述　夏宏图（2001·2·97）
清代义学生存困境分析　缪心毫（2006·2·55）
清朝最大的科场夹带作弊案　李国荣（2001·1·85）
御制四五体《清文鉴》编纂考　江　桥（2000·1·96）
清代宫廷的古董房　白珀畾（2003·1·89）
档案中的武科举：清代中后期重庆武童的备考生活　冯　俊（2023·4·102）
欧洲人第一次完整翻译中国法律典籍的尝试——斯当东与《大清律例》的翻译　侯　毅（2009·4·97）
从"花旗国"到"美利坚合众国"——清代对美国国名翻译的演变考析　梁　建（2013·1·105）
基督新教与中国近代女子教育　郭卫东（2001·4·98）
外国侨民与广州近代报刊的肇端　何大进（2008·3·78）
《中国丛报》考释　谭树林（2008·3·84）
教会报刊对晚清社会陋习的揭示与批判　杨齐福（2012·4·74）
清末尚武思潮述论　刘一兵（2003·4·68）
中国近代尚武思潮辨证——以《中国近代期刊篇目汇录》为中心　费志杰（2009·1·89）
近代士人文化心态的变化与科举制度的解体　杨齐福（2002·4·106）
嘉庆朝《文宗阁〈四库全书〉装函清册》考　琚小飞　王昱淇（2017·3·100）
嘉庆帝对一起宗室犯奸案件的审判　胡祥雨（2014·3·87）
试论道光年间的汉学　王惠荣（2014·1·90）
道光元年外学人数考——以《海国图志》和《瀛寰志略》为例　赵　杨（2009·3·57）
道光六年詹考祥著《灾赈刍言》　郑小春（2013·2·86）

1840 年代中国人的德国观 一　言（2012・3・92）
关于太平天国科举考试的若干问题 谭文凤（1994・1・116）
咸丰八年顺天乡试科场案概述 李国荣（1986・4・108）
从档案谈晚清欧洲人在华游历 胡忠良（2002・2・101）
晚清海军留学英法述析 屈春海（2004・3・88）
略论清同治年间的理学复兴 张晨怡（2006・1・88）
同光朝五局合刻《二十四史》考述 刘甲良　马学良（2018・2・102）
略论江南制造局翻译馆的西史译介活动 赵少峰（2011・4・66）
晚清民间知识分子的“交通”思想
——以上海格致书院为例 郝秉键（2007・4・79）
康有为与戊戌时期的科举制度改革 刘佰合（2007・3・82）
清末梁启超“国家”概念的演变 刘珊珊（2012・3・107）
京师大学堂派遣首批留学生考 冯立昇　牛亚华（2007・3・88）
清末留日热潮对近代中国法制现代化的影响 侯　强（2007・3・99）
清末留日政策演变述论 谢忠强（2011・4・100）
中国公学与清季革命 严海建（2014・3・111）
近代中国的职业教育（1866—1927） 谷小水（2000・2・93）
《钦定剿平粤匪方略》编纂研究 覃　波（1998・4・90）
从《申报》广告看近世上海社会生活的变迁 胡俊修（2003・4・91）
晚清陕甘分闱述论 陈尚敏（2012・4・81）
简论 19 世纪末教会教育的发展 姬　虹（1995・2・91）
应对鼠疫：1894—1895 年的港澳 郭卫东（2011・4・80）
冯桂芬学校改革方案及其戊戌反响 谢　乐（2023・4・111）
晚清科举经费研究
——兼论从“福利教育”到“缴费教育”的转变 徐　毅（2010・1・73）
论袁世凯创办的军事学堂 杨德才（1993・3・99）
袁世凯兴办军事学堂原因探析 刘　宏（2000・1・113）
晚清学部与近代教科书的审定 张运君（2011・1・84）
山西大学堂首批留日学生考 杨彩丹（2011・2・111）
清末山西大学堂留英学生考论 杨彩丹　魏春羊（2019・4・109）
清末“新政”与教育改革述评 马鸿儒（1993・4・113）
清末女学的兴办 杨永占（1992・2・110）
清末癸卯甲辰科会试述论 范沛潍（1993・3・105）
清末农学留学生人数与省籍考略 王国席（2002・2・111）
清末“新政”时期政府对教育捐款的奖励政策 张小莉（2003・2・113）
清末直隶地方官报的兴起及其政治表达 徐建平（2007・2・92）
清政府参加比利时万国博览会后的政策 尹淑梅　屈春海（2006・3・91）
论清末留学毕业生考试 谢　青（1995・2・100）
清末出国留学生的结构分析（1896—1911） 魏善玲（2013・2・102）
晚清南洋公学留学教育述论 欧七斤（2015・4・104）
清末留学欧美运动析论 周　棉　王荣国（2016・1・105）

梁启超出任湖南时务学堂总教习首荐人考　贾小叶（2013·2·109）
论严复与近代中国教育的现代化　周建超（2003·1·106）
清末提学使司制度建构及实施困境探析　张　寅（2019·3·11）
清末川滇边藏区的地方教育　刘严付　李泽民（2007·1·121）
晚清善会善堂的小说戏曲禁毁活动述略
——以江浙地区为例　张天星（2019·4·92）
晚清报刊检查程序述论　张运君（2012·2·121）
章太炎等反对日本政府封禁《民报》的斗争　李润苍（1983·4·105）
中西文化的交融与碰撞
——记晚清政府派员参加美国圣路易斯博览会　沈　原（2006·4·72）
近代妓女救助机构“京师济良所”考察　丁　芮（2012·4·96）
近代北京乞丐问题简述　王　娟（2008·2·94）
清末陆军贵胄学堂述略　王栋亮（2008·4·60）
天津商会与商业学堂教育　王兆祥（2008·3·96）
赵尔巽与奉天新式教育的崛起　李　皓（2009·2·104）
清末首善工艺厂初探　王　娟（2006·1·103）
略论1909年至1911年退款兴学　李守郡（2001·3·114）
第一批庚款留美学生的选派　李守郡（1989·3·100）
1910—1911年东三省鼠疫之疫源问题　管书合（2009·3·91）
《新青年》研究　张　涛（1993·1·108）
制定“国音”尝试：1913年的读音统一会　崔明海（2012·4·111）
从“施善教化”到“教育救济”
——20世纪上半叶京津善堂善举的转型　李少兵　高晓飞（2009·3·97）
近代天津官办救济事业探析　任云兰（2009·3·104）
中国第一历史档案馆藏“八月初十日戏单”年代考
——兼论溥仪小朝廷时期的宫廷演剧　王　岩（2024·4·114）
清末民初天津水供给系统的形成及其影响　刘海岩（2006·3·102）
清末民国时期的名片及其社会功能　窦　坤（2007·3·70）
从华西协合大学看中国文化在教会学校中的地位　张丽萍　郭　勇（2004·1·94）
革命图书出版与辛亥革命运动　陈　铮（1992·3·116）
孙中山的金融思想与民国初年金融业近代化　王业兴（2008·3·101）
民国时期的留美途径　孔凡岭（2003·3·125）
北洋政府时期留日经费筹措考察　刘功君　沈世培（2009·1·99）
民国民间传统礼俗文化研究
——地方志、田野调查的综合考察　李少兵（2003·2·119）
传教士与华洋义赈会　蔡勤禹（2006·3·73）
中华民国时期民国史撰修概述　孔庆泰（1982·1·110）
论五四运动前后的女子教育　张海梅（2001·1·101）
五四新文化时期妇女解放与实践　关　威（2003·3·112）
1912—1937年北京城墙的变迁：城市角色、市民认知与文化存废　李少兵（2006·3·113）

1927—1937 年的北京娱乐文化 李少兵（2005·1·109）
——官方、民间因素与新时尚的形成
略论 20 世纪上半叶中国的私塾改良 柳 琴 左松涛（2002·2·117）
20 世纪 30 年代前天津日侨社会与特征 张利民（2009·4·105）
20 世纪 30—40 年代广西的初等教育改革 曹天忠（2001·3·119）
民国时期的中华全国体育协进会 吕玉军 伯 亮（2001·4·105）
民国时期的中央国术馆 陈长河（2009·3·108）
民国上海的童子军教育及其影响 翟海涛 何 英（2009·4·112）
中国教育行政体制改革的尝试 戚如高 张庆军（1989·3·115）
——关于大学院和大学区制
论民国时期学校教育的弊病 杨才林（2010·1·117）
从顾颉刚学术旨趣的演变再析《禹贡》半月刊创办缘起 孙 喆（2009·1·111）
北京人力车夫研究 邱国盛（2003·1·119）
前中央研究院的组织机构和重要制度 孔庆泰（1984·3·109）
南京政府时期的留德教育 孔繁岭（2006·2·106）
《车王府曲本》的流失与鄂公府本事考 王政尧（2010·1·99）
伪满时期留日教育及其特点 孔凡岭（1998·1·103）
南京国民政府对抗战期间留日学生的甄审 王春南（1994·1·122）
民国时期中央研究院院士选举 王春南（1991·3·122）
抗战期间的疫病救治述论 张海梅（2006·2·119）
抗战时期的女子师范教育 任春艳 倪 敏（2009·4·118）
——以成都女子师范学校为例

民　族

论早期满族社会的首告问题 郭成康（1984·2·83）
从入关前档案看满族抱见礼俗 杜家骥（1998·2·81）
关于清代打牲乌拉东珠采捕业的几个问题 赵 雄（1984·4·79）
清太宗时期的“新满洲”问题 刘景宪 郭成康 刘建新（1981·4·102）
清前期满洲八“著姓”家族研究 常越男（2021·3·73）
《无圈点档》与八旗佐领根源清查 马金柱（2023·3·88）
《离主条例》刍议 姚念慈（1993·2·79）
清代外藩蒙古台吉爵位封袭制再探讨 宝音朝克图（2018·1·80）
清代八旗蒙古人母语教育探析 赫英忆（2022·2·61）
清代四川世袭土目考论 龙 圣（2015·3·81）
清代年班土司贡物考 黄 梅（2016·1·88）
清代回部地区年班贡赐研究 杨栋娟（2022·3·55）
从档案资料看清代八旗奴仆 孟昭信（1981·2·93）
八旗生计问题述略 李 乔（1985·1·91）
顺康雍三朝八旗丁额浅析 安双成（1983·2·100）
清代玉牒 屈六生（1984·1·83）

清代内务府世家高佳氏抬旗考　徐立艳（2019·1·75）
清代东北封禁政策下的旗民交往关系——以乾隆朝吉林珲春为例　马金柱（2020·1·97）
乾隆朝京旗移垦中的旗籍遣犯　德格吉日呼　刘小萌（2022·1·71）
乾隆朝京旗回屯述略　魏　影　王小红（2007·1·81）
清代回屯京旗社会保障述论　魏　影（2013·2·77）
六世班禅朝觐与清廷回赐文物存考　秦凤京（2008·3·68）
清代辽东地区的旗民关系　王　妍（2023·4·73）
吉林乌拉锡伯世管佐领源流考　赵志强　吴元丰（1983·4·94）
锡伯族南迁概述　赵志强　吴元丰（1981·4·108）
容美土司案发生的背景及其经过　张捷夫（1989·4·86）
从清代满文档案看“乌什事件”始末　赵玉梅（2001·4·93）
土尔扈特蒙古东返人户数考析　马大正（1983·1·84）
略述土尔扈特部回归　毛必杨（1986·1·101）
蒙文《甘珠尔经》与藏文《丹珠尔经》制版概述　安双成（1989·1·90）
嘉庆朝宗室人口迁移述评　高换婷（2003·3·91）
嘉道时期宗室移居盛京考述　刘　灿（2020·3·96）
“满洲根本”：清代中期驻防旗人的满语能力与满文官学教育　王　刚（2023·1·90）
关于东海恰喀拉人历史的检讨　董万峇（1984·2·90）
清后期中下层武官的满汉比例与出身构成　陈　俊　康文林（2024·3·104）
1900 年内蒙古西部的蒙旗教案　莎茹拉　苏　德（2002·4·114）
清末吉林旗务改革述略　邵士杰（1990·3·98）
北洋政府时期直隶旗地问题浅探　王立群（2005·3·107）

人　物

明代兵部尚书于谦佚文佚诗二则考释　刘利平（2023·3·76）
明代袁州府推官陈辂墓表墓志考释　刘利平　姚锦鸿（2021·2·83）
王徵著述考　毛瑞方（2008·3·25）
张居正治粤方略评析　颜广文（2000·4·82）
明末总兵黑云龙史迹新考　常虚怀（2013·4·67）
据清代档案考订郑成功史事十二则　陈在正（1983·2·82）
明末郑成功帐下忠靖伯陈辉考　王　昌（2015·3·48）
简评努尔哈赤　周远廉（1981·1·83）
袁崇焕死因解析　阎崇年（1995·4·85）
明末将领袁崇焕家庭考实　王荣湟（2016·2·70）
浅论佟养性　侯寿昌（1986·2·105）
清朝“佟半朝”祖源新探　杨海英（2023·4·84）
清初汉军将领石廷柱　江　桥（1989·1·81）
有关李自成的若干问题考辨　张治杰（1995·4·92）
清代档案确证李自成死于湖北通山　王戎笙（2000·1·93）

题目	作者（年·期·页）
皇太极留养张春史事考论	张玉兴（1986·4·88）
皇太极继嗣的几个问题	李鸿彬（1981·3·100）
汤若望在华传教之得与失	安双成（1996·3·78）
汤若望案始末	安双成（1992·3·79）
清初金陵文人周京考略	王　兵（2016·1·72）
清官贵人	于善浦（1999·4·99）
康熙母系考	侯寿昌（1982·4·100）
康熙帝与佛教	吴兆波（2005·1·38）
康熙十四子胤禵改名考释	冯尔康（1981·4·96）
康熙帝与噶礼	何孝荣（1997·4·88）
康熙十五年状元彭定求生平史实述略	黄阿明（2013·4·80）
萨布素革职案始末	吴雪娟（2003·2·90）
宁古塔将军巴海生平补考	许文继　李　娜（2008·4·37）
噶尔丹死亡考	（韩）赵柄学（2012·2·89）
戴名世家世考	钟　扬（2005·4·47）
从新发现的档案谈戴名世《南山集》案	张　玉（2001·2·91）
清代衍圣公世家联姻研究	孔　勇（2020·2·77）
清代苏州织造李煦的社会角色	张彭欣　范金民（2018·2·93）
康雍时期几任江宁织造的结局	张殿仁（1999·1·92）
年羹尧生平考实	张书才（1989·1·103）
略论雍正帝与年羹尧关系的演变	田露汶（1997·4·98）
年羹尧案述要	牛创平（1995·1·110）
三释阿其那与塞思黑	王钟翰（1998·4·77）
新发现的曹頫获罪档案史料考析	张书才（1983·2·89）
再谈曹頫获罪之原因暨曹家之旗籍	张书才（1986·2·80）
雍正第五子和亲王弘昼形象考辨	李文益（2021·4·72）
“弘历生辰立象安命图说”初考	王光越（2019·1·93）
乾隆朝臣工疑年录	白新良（2009·1·64）
乾隆帝恢复允禩允禟宗籍考	刘小萌（2019·2·95）
清朝名臣方观承	金卫国（2010·1·42）
毕沅、毕泷家世生平考	陈雅飞（2011·3·51）
户部档案中所见袁枚欠征案考	郑　幸（2009·2·40）
江永与戴震师生关系难定原因考	王惠荣（2009·1·69）
达瓦齐究竟如何夺取汗位	张羽新（1984·4·86）
徐继畬在福建	韩永福（1994·4·96）
蔡牵研究九题	季士家（1992·1·93）
王三槐是混进起义军的蛀虫吗？	李　建（1982·1·95）
禅治文与《中国丛报》	仇华飞（2006·3·46）
赵尔巽家族与泰安	田承军（2005·2·96）
李泰国与天津条约	蒋　耘（2006·1·84）
传教士眼中的清代君主	阚红柳（2009·2·48）

——以郭实腊《道光皇帝传》为中心
新发现的《刘氏宗谱》中有关刘铭传的史料　姚永森（1985·3·101）
冯克善出走考辨　冯佐哲　李尚英（1981·3·107）
关于刘之协在叶县被捕的考察　张书才（1982·3·106）
陈亚贵事迹考略　韩品峥　方久忠（1981·3·112）
曹廷杰生平活动年表　丛佩远　赵鸣岐（1985·4·98）
石达开在江西南安作出了怎样的决策　朱谐汉（1992·2·107）
也谈天京事变中的石达开　翟国璋（1984·1·105）
上海小刀会一些领导人述略　郭豫明（1992·1·102）
洪仁玕与马建忠的维新思想比较　谭群玉　曹又文（1998·4·101）
对将苗沛霖称作叛徒的一点看法　池子华（1988·3·104）
光绪帝的读书取向　赵少峰（2019·3·125）
再论光绪帝载湉之死　朱金甫（2010·4·96）
许钤身未能出使日本考　方　英（2009·1·85）
丁日昌治沪　杨宗亮（1996·3·108）
——兼论洋务运动的历史作用
试论梁鼎芬与张之洞的关系　武增锋　韩春英（2005·1·63）
张謇一生成败得失论　王敦琴（2008·3·113）
论斌椿的欧洲之行　张良俊（1996·1·116）
德璀琳与赫德的矛盾关系　张　畅（2010·3·87）
寇连材其人其事　春　才　精　武（1994·2·130）
严复与吴汝纶　梁义群（1998·4·109）
李鸿章在中法战争中的几个问题辨析　关　威（2001·3·95）
翁同和与中法战争　谢俊美（1996·1·120）
中法战争期间曾纪泽由主战转而主和原因初探　王　澈（1992·3·102）
论甲申易枢后清流党人任海疆三会办问题　陈勇勤（1992·1·121）
袁世凯与唐绍仪关系述论　张华腾（1998·2·105）
清末周福清科场舞弊案　张小锐（1998·1·94）
袁昶致许景澄手札考释　朱家英（2023·2·10）
甲午抗日将领马金叙生平述略　宋秀元（1990·1·92）
甲午威海抗日将领孙万林生平述略　宋秀元（1990·2·104）
中日甲午海战中的方伯谦是被诬陷致死　郑守正（1993·2·105）
再论方伯谦被杀是冤案　郑守正（1997·3·82）
邹凌瀚与《时务报》关系辨　黄细嘉（1999·2·103）
姚锡光与《东方兵事纪略》　舒习龙（2006·3·80）
康有为佚文《戒缠足会启》及其评价　董士伟（1992·1·117）
论梁启超的《新民说》　周建超（1997·3·88）
梁启超《烈宦寇连材传》考疑　戚其章（1987·4·110）
试论戊戌维新时期的杨度　阳信生（2005·2·72）
庚子时期李秉衡史实四考　高春花（2018·1·96）
盛京将军赵尔巽赴任准备述论　李　皓（2013·1·119）

赵尔巽籍贯与名号考辨 李　皓（2015·1·99）
章太炎地方政治思想论 王玉华（1999·2·106）
袁世凯警政思想初探 刘锦涛（2008·4·84）
翁同和略论 李　侃（1994·4·103）
清末驻美公使张荫桓 叶　葳（2009·2·84）
新见庄士敦档案整理与研究 程方毅（2023·3·112）
对张作霖研究中几个问题的辨析 刘玉岐（1987·4·131）
孙中山祖籍东莞说质疑 邓铭培　张　杰（1989·2·107）
为孙中山祖籍东莞说答疑 邱　捷（1991·2·108）
孙中山政治近代化思想评析 王玉祥（1994·2·106）
论孙中山心性文明思想 郭良婧（2005·2·65）
论孙中山的环境保护思想 胡惠芳　刘菊素（2005·4·74）
孙中山对待西方与中国传统文化的态度 史全生（2007·4·123）
孙中山与“中日盟约”的真相 王耿雄（1997·3·114）
再论孙中山与“中日盟约”的真相 王耿雄（2000·4·116）
论黄炎培职业教育思想的形成及特色 王春英（2006·2·88）
试论段祺瑞在北洋建军中的作用 莫建来（1991·1·111）
应恢复杨锐维新志士的历史地位 蒋懿菊（1995·4·119）
翁同和罢官缘由考辨 俞炳坤（1995·1·113）
慈禧西逃后的腐朽生活 叶秀云　叶志如（1982·1·98）
日本军国主义分子河本大作 张　志（1987·1·115）
康有为、谭张孝与琼彩楼 蔡惠尧（2000·2·99）
新发现的徐锡麟刺杀恩铭史料浅析 王道瑞（1991·4·100）
辛博悌清末活动概述 徐春峰（2008·4·70）
辛亥革命时期的李竟成 郭孝义（1985·1·107）
陈垣在辛亥革命时期的反清反帝活动与思想 孙邦华（2006·4·77）
评辛亥革命中的段祺瑞 莫建来（1993·2·112）
谁打响了辛亥首义第一枪 曹忠生（1992·4·105）
辛亥革命张作霖进驻奉天新论 郭建平（1995·1·122）
辛亥革命时期的邓实及其中西文化观 李占领（1995·3·111）
黄兴弃武昌辨 苏全有（2000·4·110）
赵尔巽与东三省辛亥革命活动 刘丽楣（1986·4·120）
袁世凯与民初国会 焦静宜（1996·2·108）
辛亥以后的袁世凯与康有为 张华腾（2003·3·107）
梁士诒与公民党 陈长河（1992·3·122）
论“五四”前廖仲恺对社会主义的探索 宋士堂（1991·4·112）
论段祺瑞三定共和 丁贤俊（1988·3·106）
孙中山与福建闽南地区护国军反袁起义 陈长河（1997·2·118）
蒋良篮与1917年宁波护法独立 陈长河（1994·2·111）
丁巳《复辟登极诏》是不是康有为拟定或修改 王隆平（1997·2·122）
包玉刚先生家世考 程如峰（1987·2·120）

陆征祥与巴黎和会 石建国（2003·1·114）
也论陆征祥在巴黎和会中的作用
——与石建国先生商榷 黄尊严（2003·4·97）
顾维钧与巴黎和会 虞宝棠 丁佐发（1991·2·112）
郑振铎是否参加过社会主义青年团 陈福康（1984·2·120）
冯玉祥与第十六混成旅 陈长河（2002·4·118）
第一次国内革命战争时期的柳亚子 孙彩霞（1989·2·114）
西安召开孙中山逝世追悼会始末 王自成（1997·1·117）
蒋介石反共清党自何时始 孔庆泰（1993·1·122）
“九·一八”前后的冯玉祥将军 陈兴唐 韩文昌（1982·3·110）
对杨永泰被刺案之探讨 孙彩霞（1996·3·115）
抗战时期于斌主教述论 徐 畅 牛淑萍（2005·3·116）
评唐生智在南京保卫战中的功过 孙宅巍（1985·4·118）
张锦湖规劝韩复榘经过 沈印骞（1997·1·119）
卫立煌与华北抗战 陈 清（1992·4·108）
谢晋元与八百壮士 虞宝棠（1985·1·119）
有关陶行知的几则史实的商榷 李祚明（1990·3·115）
闻一多与胡适 闻黎明（1994·1·124）
史迪威将军使华概论 陈 英（1991·2·126）
1942—1943 年宋美龄访美述论 梁 怡（2000·2·123）
论陈垣对明清历史档案事业的贡献 韦庆远（1991·3·125）
学习曾三档案学思想进一步促进明清档案事业的发展 秦国经（1992·2·79）

史 苑 杂 谈

中国历代档案保管制度述略 傅振伦（1990·3·125）
我国古代文书中的避讳 黄才庚（1987·2·128）
《史记》“小序”漫议 阎 静（2008·3·125）
谈《史记》中的画图地图档案 周 经（1985·2·135）
汉墓竹简本《晏子春秋》文献价值初探 车录彬（2012·1·120）
顾颉刚档案史料观探析 刘国华（2007·2·133）
历代起居注浅述 涌 泉（1983·4·123）
历代皇族谱牒述略 杨冬荃（1988·1·121）
一则重要的档案史史料 蒋卫荣（1989·1·135）
唐代甲库档案工作考述 窦晓光（1987·3·130）
唐代的修史和史料工作片断 于青来（1982·2·128）
外国档案馆里的古老档案 牛创平（1991·4·131）
两件敦煌书札浅释 王使臻（2011·2·129）
宋三朝史料工作、修史及其他 于青来（1983·1·133）
宋金时代的“留发不留头” 李 乔（2006·2·136）
西夏公文驿传探微 尚世东（2001·4·80）
元朝文书驿传机构简述 包桂芹（1990·1·126）
中统元宝交钞 陈国杰（1997·2·133）
元世祖与入祀明朝历代帝王庙 赵克生（2005·1·131）
洪武四年绩溪城市儒户葛善户帖探研 宋 杰 刘道胜（2021·2·122）
明代手敕考 马子木（2021·4·98）
明朝的公文驿传制度 肖 风（1982·1·122）
明代文书行移勘合制度 黄才庚（1981·3·129）
明代后湖黄册库 董 俭（1984·4·131）
明朝的“照刷文卷”和“磨勘卷宗”制度 黄才庚（1983·3·131）
明代同名异地考录 陈长文（2007·2·129）
明代兵部武选职方二司职掌分工考辨 曹 循（2011·4·129）
明代蓟州兵备道设立时间考 李鹏飞（2015·2·118）
明代雨泽奏报制度的实施 刘炳涛（2015·4·115）
明代翰林院庶吉士馆选试题析述 张婷婷（2017·1·119）
明代官员乘轿制度述论 龚世豪（2020·2·117）
明代浙江按察使任职人数考 王 顺（2023·1·123）
明代贵州进士数量、姓名考 王 力（2023·4·120）
《明史·职官志》留都南京官员补正九则 周 忠（2013·1·125）
《明史》中贵妃宝印记载考释 刘 玉（2016·4·110）
《明世宗实录》敬一碑亭史事辨误 宫 岩（2023·2·110）

明代经史学家朱睦㮮著作考 周翔宇（2016·3·104）
明代宫殿金砖的烧造 黄 泳 范金民（2022·1·103）
明代诤臣吴廷举二三事 邹壮云（2013·2·124）
明宫知识型宦官小考 高志忠（2013·3·118）
明新乐王名字考辨 李 森（2010·3·127）
于慎行史事三则 范知欧（2011·1·119）
明万历朝总兵吴广死因探析 陈 旭（2017·4·115）
利玛窦交游与士大夫赠诗 疏仁华 周晓光（2012·1·122）
北京故宫藏明代山西琉璃初探 徐超英（2009·3·125）
名目繁多的琉球来华使节 吴元丰（2004·2·131）
晚明出版商郑大经琐谈 张献忠（2016·1·114）
晚明南京周姓书坊及其族属关系考 吴德义 张献忠（2018·2·109）
浅析明崇祯时期的京营 曾 磊（2018·3·106）
崇祯年间宣云营田探略 张汉青（2023·3·122）
崇祯八年后金兵入晋与明宣大总督的应对 韩 帅（2018·1·104）
南明冯京第“日本乞师”史实 徐纯均（2024·4·123）
明清内阁票拟制度的来历与演变 朱金甫（1981·1·132）
明清时期的《诗经》应试书 张 蕊 俞启定（2009·4·127）
明清判牍的适用场合 姜金顺（2014·4·111）
明清时期册封使记载的琉球剧 孙 薇（2015·1·119）
明清时期徽州与江南刻书的文化互动 秦宗财（2016·4·115）
新获清吏部尚书马希纳墓志考 冯双元（2024·2·133）
第五世达赖喇嘛封号解义 李保文（2024·4·128）
《钦定理藩院则例》蒙汉文本及校勘 白玉荣 朝 克（2021·4·102）
释“卯” 魏启君（2009·2·128）
范文程“上摄政王启”别本小议 潘荣生（2009·2·129）
清代“信牌”律的归属考释 高 进（2010·2·117）
清朝历史上的巧合现象一瞥 曾景忠（2005·2·132）
绍兴师爷与封建法学 董纪林（2006·4·127）
清代彝族名称考 龙 圣（2017·3·108）
清朝皇帝对金朝陵寝的祭祀 邓 涛（2017·3·113）
清代盛京地区旗仓考索 庞润娟 穆崟臣（2018·4·105）
清代八旗进士人数考实 章 广（2020·2·122）
从“四格八法”看清代官吏的考察 金怡顺（1998·1·130）
清代北京地区满汉合璧传记类碑文体例 张 杰（2020·4·119）
清代满文碑刻功能 张 杰（2021·3·100）
清代江南科举的三次考棚之争 孟义昭（2017·1·125）
康熙时期黑龙江驻防八旗官医制度小考 金 鑫（2013·4·111）
南书房行走笔下的入直生活——新发现的几部南书房行走自撰史料 许文继 李 娜（2014·2·103）
康熙朝山西右卫八旗驻防时间考 陈 力（2015·3·121）

康熙帝学书沈荃考议 张万兴（2018·2·112）
康熙朝恪靖公主汤沐邑的经营管理 胡　哲（2019·1·118）
康乾南巡中的江宁召试 孟义昭（2021·3·107）
清代京城私酒考论 高福美（2022·3·102）
清代探监的弊端与应对措施 张　波　赵玉敏（2024·2·127）
清朝中央部院画诺乱象 薛　刚　翟少芳（2023·4·127）
清代题奏制度沿革考释 季士家（1984·3·85）
清代奏折制度探略 朱金甫（1981·2·131）
清代驿传制度概述 方裕谨（1982·3·130）
清代幕友制度与文书档案 吴爱明　夏宏图（1993·4·79）
清代河南农业土地利用与作物种植 李华欧（2015·2·122）
清代武英殿修书处成立时间考略 项　旋（2018·3·110）
清初庶吉士的隶属关系 邹长清（2015·4·119）
“阿咸状元”详考 张全海（2008·3·127）
《戴名世年谱》勘误二则 霍省瑞（2010·4·127）
雍正对文书档案制度的改革 刘耿生（1982·3·126）
图理琛《异域录》在西方世界的传播 侯　毅（2019·2·117）
雍正朝大学士蒋廷锡史书记载考辨两则 张　波（2013·4·115）
清代军机处档案的由来 单士元（1981·4·129）
雍正帝整顿八旗官学与满汉文化之调和 刘　盈（2022·2·114）
“大一统”与“华夷之辨”的理论对决——《大义觉迷录》解读 李治亭（2021·2·127）
雍乾时期贵州苗疆施治述论 谭志刚（2022·1·110）
清宫的妈妈里 沈　欣（2021·1·113）
乾隆朝“中正榜”探研 王学深（2019·4·117）
乾隆时期《四库全书》提要稿解析 张　升（2020·1·113）
文溯阁《四库全书》流传述略 王智汪（2008·2·130）
文渊阁《四库全书》本《管子补注》考略 郭　丽（2009·3·128）
乾隆时期万寿庆典《九九大庆》戏 梁宪华（2007·1·128）
乾隆朝军机处“公启”初探 宋希斌（2007·4·131）
乾隆皇帝生母的徽号 菲　楠（2008·3·124）
乾隆朝《西域闻见录》中库车“户口”记载辨析 王　耀（2015·3·124）
清代《间架结构摘要九十二法》作者小考 于海阔　潘培忠（2012·3·126）
中美最早的商业贸易 李怡然（2009·2·131）
清代“汉苏武”杨重英 王学深（2015·1·124）
《西域闻见录》著者新疆任职问题新探 张伯国（2022·2·121）
于敏中劾官及死因相关问题考述 刘贝嘉（2023·2·115）
李慈铭批校《乾隆府厅州县图志》考略 赵逸才（2019·2·112）
《清史稿》管同卒年勘误 霍省瑞（2011·2·133）
嘉庆十八年墨尔根遣奴起事考述 孙浩洵（2024·1·122）
道光十一年《重修河南贡院记》碑文辑述 吴朋飞（2020·1·120）

1832年《中国丛报》的创刊 邹朝春(2016·2·118)
道光十六年修补武英殿本《廿史》版片的流程 杨胜祥(2024·3·132)
近代美国传教士杜里时的反鸦片呼声 王 淼(2012·4·116)
太平天国革命运动的时间应为22年 徐修宜(2006·4·130)
徐广缙生卒时间辩误 刘家富 王 涛(2010·4·128)
对周祖培籍贯的考证 徐修宜(2008·4·109)
张印塘家世及生平 韩荣钧(2011·1·124)
从《福次咸诗草》新证圆明园初次被烧时间 王 珂(2017·4·118)
晚清的中西医汇通思想及其走向 艾智科(2010·2·120)
近代经学家廖平著述汇览 郑 伟(2014·1·118)
从《越缦堂日记》看李慈铭与晚清士人的书籍往来 岳爱华(2014·3·119)
吐鲁番、哈密二厅"咸丰五年升直隶厅说"辨误 鲁靖康(2017·2·118)
第二次鸦片战争期间英国对华交涉全权代表的称谓辨 梁 建(2008·4·108)
咸丰十年北京兵火记实
——记无名氏《十年都门竹枝词》 王慎之 王子今(1995·3·132)
咸丰十一年《热河密札》中若干隐语指代人物补证 张闻捷 刘会军(2020·3·105)
晚清地方书局经费来源考 王晓霞(2014·4·115)
清代官府对乡闱士子的饮食供给 曾志平(2022·1·116)
吴汝纶三辞保定莲池书院 周 宁(2012·2·127)
安维峻首请毁禁康有为《新学伪经考》补正 孟永林(2014·3·123)
晚清举人邱菽园对"公车上书"的两次追忆 张海荣(2014·1·113)
张荫桓与海外中西学堂的创办 王莲英(2014·2·114)
甲午战后日本对威海湾北洋海军沉舰的打捞 周 强(2022·3·107)
19世纪末档案文献对香港鼠疫的记载 黄雁鸿(2018·1·109)
庚子年北洋舰队南下始末 戴海斌(2011·3·133)
庚子事变中的北京城 贾 琳(2014·2·109)
使臣日记与清政府东南亚华侨政策的转变 焦海燕 陈先松(2020·3·115)
从一则文献资料解析驻美公使崔国因 周国瑞(2012·4·119)
寻找莫理循故居 窦 坤(2006·3·127)
蔡元培与清末教育会社史事小考四则 曾 荣(2013·1·129)
以科技手段探明光绪皇帝死因的启迪 宋桂芝 杨益茂(2009·1·123)
颐和园重建之谜 王道成(2007·3·128)
光绪末年张之洞与湖北农务学堂的创办 刘 成(2017·2·123)
光绪末年日本"二辰丸"号商船私运军火案 曾 荣(2018·4·111)
光绪朝最后一次经筵进讲 闵祥鹏 马屯富(2016·3·109)
库本《少室山房类稿》并非有录无书 王嘉川(2002·3·129)
恽毓鼎《崇陵传信录》辨误 欧阳跃峰(1990·1·94)
《吴趼人致商会函》小议 李 锋(2002·3·131)
1905年五大臣出洋考察:"政治"还是"宪政" 王太元(2009·3·132)
清末外交官与《史记》法译本的翻译及研究
——以法国吉美博物馆藏唐在复致沙畹未刊信札为基础 贺梦莹(2022·4·121)

清末北京最早的妇女报刊和团体 刘宁元（2016·1·117）
景梅九留学日本期间革命活动考略 谢忠强 刘转玲 黄红莲（2010·4·131）
《大江报》被封与辛亥革命的爆发 任 重（2005·2·133）
景耀月辛亥革命前后活动考略 杨彩丹 郎永杰（2012·2·131）
辛亥革命时期临时参议员的产生 严 泉（2013·3·122）
尚秉和《辛壬春秋》浅述 李周峰（2012·3·130）
民初《天坛宪法草案》起草委员会委员考 严 泉（2010·3·129）
袁世凯时期北洋政府文书工作制度 李祚明（1983·2·133）
袁世凯罢官期间政治心态试析 陈先松 陈 倩（2021·1·122）
袁世凯剥夺国人言论自由 侯宜杰（2010·1·121）
孙中山《致宫崎寅藏函》日期考 陈希亮（2009·2·133）
——兼谈天运纪年及其换算
章太炎与民国初年建都之争 丁守伟（2011·4·131）
南京临时政府的文书制度 李祚明 孔庆泰（1982·3·134）
1916 年北洋政府的文书制度 李祚明（1983·4·128）
民初安福国会三期常会时间考 严 泉（2009·1·129）
梁启超佚文《〈固安文献志〉序》小考 曾 荣（2016·2·123）
读北洋军政要员信札 来新夏（2007·4·133）
陈垣与明清档案 曾庆瑛（1982·2·129）
中央文库 费云东 潘合定（1985·1·133）
有关“中华世纪钟”铭文的商榷 丁进军（2004·2·135）
《论持久战》写作及出版的地点、时间新考 张敏卿（2004·2·133）
潘光旦先生和他的《中国民族史料汇编》 潘乃谷（2005·3·127）
费正清的第一篇论文 顾 钧（2011·1·129）

读 档 随 笔

古代计岁法略说　周国林（1988·4·135）
“春牛芒神图”及古代的迎春活动　王道瑞（1986·2·135）
“国”字始见于汉代　李乐毅（1994·1·121）
今天是否还有朱舜水的直系后裔？　诸焕灿（1993·2·129）
明代对忽鲁爱卫的管辖　杨　旸（1982·1·125）
明代章奏类法律档案中的“前件”　高　扬（2021·4·108）
明朝的女官制度　李庆勇（2016·3·114）
从吏部司官分省配额看明代地缘平衡政治　时　亮（2017·4·123）
明代锦衣卫千户所考　曹　循（2019·1·125）
奏本用印问题考辨　李盘胜（1995·3·129）
明永乐帝御制苏禄国东王碑文释注　朱兴泉（1998·4·130）
明永乐屯田“红牌事例”　宋上上（2023·1·133）
徽商的程途观念　吴晓萍　李琳琦（1997·2·131）
从历史档案看戚继光在山东的防倭活动　朱亚非（1991·4·128）
戚继光墨迹　张孟仁（1981·4·132）
明嘉靖年间君臣祷雪活动述论　余　焜（2021·1·129）
明代三则雨泽奏疏浅析　刘炳涛（2013·4·118）
明代《出书稿》作者与时间考　刘文华（2013·1·131）
孙应鳌《国子监祭酒司业题名记》与万历学政改革　赵广升（2019·2·122）
紫禁城的报警系统　黎　青（1993·3·23）
谈明代山东备倭都司的一组文件　裴燕生（1985·2·127）
《全浙诗话》中的“倭诗”　张静宇（2023·4·131）
新见明代浙江水军饷银文册考略　田　琳（2023·2·122）
——以上图藏《武安王灵签》纸背文献为中心
明末兵备道的职衔与选任　周勇进（2010·2·129）
——以明末档案为基本史料的考察
明末将领祖大寿改名问题探源　常虚怀（2015·2·126）
清初档案所见明季“宝渊局”考　郭　丛（2018·3·116）
“父汗”“汗父”辨　江　桥（2014·4·119）
——读《无圈点档》及其抄本札记
努尔哈赤时期八旗左右翼小考　白新良（1981·4·133）
卫拉特蒙古史实杂考　蔡家艺（1985·4·128）
皇太极兵分四路进攻明王朝腹地的时间　慎　甫（1981·3·134）
浅议清初皇太极的“禁狗令”　高志超（2016·2·126）
清入关前的满洲服装形制　王业宏（2015·3·126）
清初汉军八旗都统考　杜家骥（2000·4·126）

内阁大库档《高鸿中奏本》考辨　王荣湟（2023·3·127）
顺治帝废皇后下落考　王冕森（2022·1·121）
顺治初年黄河并未自复故道　宋秀元（1983·4·130）
顺治八年损毁多尔衮园寝事新证　张　建（2016·4·124）
清代边疆卡伦及卡伦侍卫来源　李　阳（2024·3·136）
清代大臣谥法　菲　楠（1993·1·134）
清代殿试抑文重字之弊　李国荣（1998·2·130）
清代的关帝崇拜　李宏坤（2004·2·123）
清代织染局染色方法及色彩　王业宏　刘　剑　童永纪（2011·2·125）
清代童生试中的“审音”制度　贺晓燕（2016·4·120）
清代内务府官房出售　张剑虹（2024·4·131）
清宫戏衣与神魔戏　曹连明（2008·3·120）
清实录馆人员的构成　杨立红　朱正业（2012·4·123）
谈清代的司法成案　高　进（2014·1·123）
从慎刑司奏案看清代内务府案件管辖权　张剑虹（2017·3·118）
清代历任江宁织造任期考述　王志强（2018·1·115）
平西王吴三桂藩下十营四镇变迁考　谢志宁（1992·1·133）
从档案看清政府对张献忠沉银的打捞　江晓成（2022·4·133）
《清代科举考试述录》勘误四则　王金龙（2011·3·125）
康熙用人得失散记　吴庆仁（1995·4·122）
康熙朝《查他山南斋日记》史实考证二则　陈玉兰（2017·1·135）
康熙朝呼伦贝尔军屯筹议始末　金　鑫（2019·3·131）
康熙朝“三朝国史馆”存续时间及成书问题举证　崔军伟（2012·3·134）
清代珲春驻防旗官补正　薛　刚（2013·2·126）
康熙帝塞外养病诗散议　杨　珍（2013·4·121）
清初卜魁族属姓氏考　金　鑫（2012·1·126）
孔元章关于收复台湾的奏本　无　非（1983·3·134）
清宫回族御医赵士英和刘裕铎　杨大业（1995·4·126）
清宫蒙古医士浅谈　张　莹（2015·3·132）
车布登札布生年小考　周学军　刘焕峰（2003·2·133）
据《清代文字狱档》考李骥的卒年　柯愈春（1983·2·129）
图理琛出使俄境小考　安双成（1989·4·134）
郎世宁何时来华　吕　坚（1981·1·134）
清代方略馆设立时间举证　夏宏图（1997·2·134）
《康熙朝汉文朱批奏折汇编》缺年补考　李盘胜（1991·1·129）
《清史列传·魏裔介》辨误四则　高　进（2011·1·104）
两江总督赵弘恩略考　蒋明宏（2003·4·103）
清征西将军祁里德生平钩沉　张　建（2011·1·106）
允禩足疾与西洋大夫的一篇满文史料　罗丽达（1993·3·129）
清代阿勒楚喀驻防考　徐立亭（1999·3·129）
清前期宫廷使用伽南香述略　万秀锋（2013·1·135）

从新见康熙朱谕看清前期皇权与太监的关系 杨 珍（2018・2・119）
雍正朝奏折文书运行轨迹 臧廷秋（2008・4・110）
雍正朝奏折制度对督抚权力的影响 郑小悠（2014・3・129）
雍正朝北路军营“鹿角兵”考 张 建（2015・4・125）
清帝遗念赏赐制度 杨春君（2013・3・126）
雍正帝严斥官员以“庸愚”自居 张书才（1993・3・131）
雍正帝反对不教而杀 张书才（1994・2・119）
雍正召见臣工纪实二则 华 风（1988・2・130）
雍正召见臣工纪实三则 华 风（1988・3・127）
雍正轶事三则 闻性真（1981・4・135）
清代台湾粤籍举人的由来 孔未名（2004・2・126）
雍正帝治理广东、福建的几项举措 李国荣（2001・3・130）
雍正朝《安南国陪介范谦益等奏呈庆贺诗三章折》具奏时间考 孙宏年（2005・1・124）
《清代中国与东南亚各国关系档案史料汇编》（第二册）勘误两则 王巨新（2010・3・126）
清代《上谕军令条约》《行军纪律》浅析 韩 伟（2014・2・118）
从档案看清代热河地区的“五行税” 许富翔（2021・3・113）
军机处录副奏折对朱批另有旨的处理 吕 坚（1995・3・131）
潘思榘奏请设立澳门同知时间考 杨继波（1999・2・126）
清代钟山书院的各项制度及其运作 孟义昭（2016・1・119）
清代内务府筹拨东三省八旗俸饷略析 刘文华（2017・1・130）
清代内务府管辖番役处 王 凯（2022・2・126）
乾隆年间织染局迁址缘由 菲 楠（1998・2・29）
盛京崇谟阁本《清实录》庋藏研究 杨立红（2011・4・120）
清代官员遗折价值浅析 李智萍（2011・4・124）
关于巴县档案起始时间 杨 林（1990・3・135）
锡伯族迁居云南考 吴元丰 赵志强（1982・2・125）
纪晓岚轶事 菲 楠（1993・1・94）
畴人张永祚探微 王光越（2022・1・126）
清代雩祭礼制与皇帝祈雨活动 傅育红（2022・4・126）
清乾隆帝的长寿与膳食 苑洪琪（1993・4・134）
乾隆生母的金质发塔 张世芸（1993・3・封三）
关于乾隆帝慧贤皇贵妃高氏的几点考辨 赵玉敏（2010・4・125）
乾隆朝《全国各省府县官缺表》考 （日）真水康树（1992・3・133）
乾隆十五年东北察访瑞树活动简述 王 钊（2020・1・123）
松筠生年考 马长泉（2009・2・116）
松筠出生日期考辨 周学军（2011・1・108）
避暑山庄供奉清帝圣容处所浅谈 赵文良（2005・4・102）
乾隆朝盐务“三案”对盐官和盐商的处理 孙 明（2012・2・135）
从印信变化看乾隆朝总理各回城事务参赞大臣的设立 王 超（2014・2・122）

乾隆三十六年热河六寺获颁《楞严经》述略　柴　冰（2021·2·133）
乾隆朝阿桂进鹭鸶尔史事　周　晟（2023·1·139）
乾隆年间《孔氏家仪》文字狱案　陈冬冬（2015·4·128）
《纂修四库全书档案》与四库类文献的校勘　江庆柏（2007·3·132）
乾隆朝浙江省向四库馆呈送图书的数目　江庆柏（2009·3·118）
《四库全书》撤出《国史考异》原因辨析　李士娟（2015·2·130）
《皇清职贡图》“合勒未祭亚省”再考　周天一（2018·4·115）
乾隆朝受赏《古今图书集成》之“马裕”考　汪杏莉（2024·1·128）
清大学士裕诚生年考　华　风（1997·3·57）
清大学士裕德麟书生年考　华　风（1997·4·129）
大学士敬信生年考　华　风（1998·2·9）
大学士全庆生年考　华　风（1998·4·108）
大学士福锟生年考　华　风（1999·2·125）
《清代职官年表》勘误一则　哈恩忠（1999·4·113）
《和珅犯罪全案档》考实　冯佐哲（1986·4·130）
《庸庵笔记》所录查抄和珅住宅花园清单辨讹　杨乃济（1981·2·133）
《随手档》中“御批”与“朱批”用法之区别　杨继波（1998·3·127）
御前大臣丹巴多尔济轶事　寒　瀑（1993·4·128）
从档案看玉牒自皇史宬移贮寿皇殿　金　路（2023·2·128）
“官民斗法”：清代匿名揭帖的日常运作　廖吉广（2020·4·128）
从李毓昌案看嘉庆朝的吏治　王开玺（2004·2·127）
清代档案记载的 142 岁“人瑞”　王　玲（2009·1·116）
嘉庆年间热河文庙的修缮　马林莹（2021·2·139）
嘉庆年间王树勋还俗捐官案　徐春峰（2021·4·114）
陈邦彦与《全唐文》初稿进呈考析　王文欣（2020·2·138）
大学士载龄生年考　华　风（1999·1·135）
嘉庆帝之死　冯亚平（1998·1·132）
养心殿透风戏单年代考　徐　琰（2022·3·115）
清中叶新疆驻防八旗军事医疗　李　彬（2020·3·121）
《清代职官年表》补正　慕　谨（1992·4·85）
清代大学士额勒和布出生日期考　白剑光　周学军（2009·3·122）
道光十年私盐贩黄玉林案　桑　甫（1999·2·127）
道光帝“玲常在”出身与名号考补　赵玉敏（2012·4·128）
有关清代七世察罕达尔汉呼图克图的两份满文档案　哈斯巴根　阿音娜（2017·2·127）
河南巡抚庆廉出身旗籍考　陈德鹏（2011·4·127）
清代涉台名人信札三通考释　赵　巍　谢必震　方宝川（2020·2·131）
徐建寅生平简介　宋秀元（1999·1·134）
关于上海第一号租地道契　郭　伟（1984·3·127）
关于赛尚阿生擒洪大全奏折时间　吕　坚（1988·1·132）
关于《审录林凤祥等人供词折》的具文时间　霍长全（1986·3·121）
曾国藩佚文浅议　宫玉振（2001·2·126）

懿嫔遇喜秘闻 张世芸（1994·1·131）
太平天国西王萧朝贵死亡考 刘 晨（2015·1·128）
有关石达开出走的几个问题 舒 翼（1981·3·132）
咸同年间太谷学派之“丹徒姚子”考 张 进（2016·3·118）
冯国璋生年正误辨 魏振民（1982·1·132）
策墨林诺门汗二世卒年辨析 周学军 白剑光（2006·4·124）
《蠡城被寇记》校补 李性忠（1997·4·123）
从《自奉天至广东海域图》谈钓鱼岛属权 李 强（2004·4·134）
同治初年筹建阿思本舰队始末 哈恩忠（1993·3·132）
关于曾纪泽和中俄伊犁谈判的补正 吴宝晓（2012·2·139）
车林齐密特生年小考 周学军 刘焕峰（2005·2·115）
舒永寿生年卒年地考订 韩建识（2003·3·封三）
曾国藩和他的《金陵房产告示》 张铁宝（2003·2·134）
希尔宁达木定籍贯、生年和史事考辨 周学军（2004·1·112）
从一张拈钱会约看近代钱会 刘 翔（2011·1·110）
重修圆明园与同治末年的政治风波 郑 艳（2001·4·119）
国字并非太平天国所造 王民权（1993·1·79）
四川新都“义和团”辨析 张永海（1987·3·134）
清末司法制度的几个问题 郑 秦（1988·3·130）
从新发现的史料看李鸿章与严复 戴 健（1988·2·133）
札哈沁部三等信勇公世系订误 周学军（2000·3·封三）
为《桂祥科布多奏稿》正名 周学军 姜向文（2001·2·127）
容闳请辞驻洋肄业局务考析 石 霓（2009·4·125）
清政府参加美国费城世界博览会 郝艳红（2010·3·117）
同光年间的苏州书坊小酉山房 郑 幸（2015·1·131）
光绪初年直隶兴办义仓活动 吴宝晓（2009·2·113）
《光绪朝朱批奏折》不应收录的两份文件 周学军 张帅锋（2000·4·128）
《光绪朝朱批奏折》一件清单的具奏人和日期订误 周学军 白剑光（2010·3·119）
光绪朝汉军机章京题名考 孙 冰（2011·3·114）
贵州巡抚曾璧光卒年月日考 方裕谨（2007·3·135）
光绪帝节日膳食一瞥 张桂素（2001·3·132）
光绪十一年展设珲春电报电线工程浅述 赵玉梅（2006·1·134）
关于左宗棠请驻台湾巡抚奏折之时间 吕 坚（1989·1·89）
清代吉林“旗户门牌”考释 刘厚生 关景和（1994·2·121）
从档案看牙行与晚清新疆税收 王启明（2016·1·124）
谈中法《天盛元亨合同》 唐 凌（1993·4·129）
珲春俄文书院 常嘉林（2005·4·104）
《清史稿·食货志》勘误二则 丁进军（2009·3·123）
光绪十六年海口罢市及其贸易背景 朱荣基（1982·3·124）
黄遵宪《总领事黄观察禀稿》考释 谢仁敏（2014·3·134）
“光绪十九年慈禧赏赐盛宣怀钓鱼台等三岛谕旨”之考证 丁进军 方裕谨（2001·1·113）

甲午年慈禧太后崇上徽号仪式 翟金懿（2016·2·131）
近代早期的官报《官书局汇报》 王晓霞（2018·4·119）
清末将领叶志超病死刑部监狱考 韩永福（2017·2·131）
《李鸿章为已革侍讲学士张佩纶剖辨奏折》浅议 张桂素（2002·1·127）
有关清代武举制度的两个问题 许友根（2003·3·134）
外国医生曾为光绪诊病 关精明（1984·3·132）
棍噶札拉参呼图克图卒年订误 周学军（2001·3·134）
南书房撤销时间考订 李　娜（2008·1·120）
京师大学堂与近代教科书的审定 张运君（2009·1·118）
戊戌变法失败后李鸿章对康梁的捕杀活动 叶亚廉　姚　亮（1988·1·130）
《清德宗实录》订误一则 周学军　白剑光（2002·2·130）
晚清重臣吴廷芬神道碑拓本考释 唐　宸（2017·4·129）
晚清长江巡缉考实 张建斌（2020·3·128）
晚清安徽始铸银元时间考订 丁进军（1997·1·133）
晚清四川卢比始铸时间考订 丁进军（2000·1·133）
昭信股票始末 杨永占（1990·1·134）
清末直隶农事实验场 苑朋欣（2004·1·118）
清末吉林新城地区学堂的鼠疫防控 吴忠良　吕　航（2024·2·139）
唐才常佚札与维新党人的湖南起义计划 杨天石（1988·3·133）
醇亲王载沣使德史实考 李学通（1990·2·134）
中国第一历史档案馆藏汤寿潜档案考 戴东阳　刘婧涵（2022·3·120）
聂士成朝觐及出生日期考 丁希宇　刘　奎（2014·4·122）
赵三多籍贯考 东泽民（2006·2·124）
清军抗击八国联军的紫荆关盘道寺石刻 王　玲（2003·4·105）
1900 年 5 月义和团杀害洋人之真相 侯宜杰（2007·3·136）
清代题本的式微 一　言（2011·2·128）
庚子赔款本息的计算方法及应付数额 周志初（1992·4·122）
李叔同两次参加乡试史实新考 欧七斤（2012·2·142）
晚清名臣张荫桓之死若干问题考 王莲英（2013·1·139）
晚清时期中国对外赈灾活动 王黎明　蔡晓荣（2005·4·108）
晚清京张铁路的修建经费问题 段海龙（2013·3·130）
清末何时颁布劝禁妇女缠足上谕 王守恩（1999·2·129）
《清史稿·列传》勘误六则 丁进军（1989·3·封三）
《中国近代货币史资料》补正十则 丁进军（2001·2·131）
有关刘师培一则早期反清史料 王　凌（1988·3·135）
西藏两处亚东地名之起源 刘武坤（1997·2·129）
北京协和医学堂的创建 王　玲（2004·3·128）
铁良何时奉命南下校阅各军 宫玉振（1993·3·50）
中国同盟会筹备会议与会者人数及省籍考略 李淑苹（2000·2·133）
北洋军河间会操兵力考订 张华腾（1998·4·132）
清末陆军部兴办军医学堂 哈恩忠（1999·1·136）

光绪朝派遣留学生的政策导向与管理　王日根（2021·3·120）
清末新政时期黑龙江禁烟　刘丽丽　何兢（2024·4·136）
清末米兰博览会给中国商民的启示　郭慧（2006·2·126）
日本法学家有贺长雄与五大臣考察报告　张学继（2008·4·112）
赵尔巽与晚清罪犯流配制度的改革　孙以东（2018·2·124）
清末审判厅设置考略　刘焕峰　郭丽娟（2009·2·117）
光绪三十三年京师上映电影之争论　菲楠（1995·3·99）
光绪三十四年八月初一日颁布开国会年限解读　陈照亚（2010·2·133）
杨度在宪政编查馆任职新考　彭剑（2007·2·110）
读《总署清档·议设邮政》随笔　傅贵九（1984·3·129）
御史赵炳麟何时奏请制定预算决算表以资参考　宫玉振（1993·3·38）
清末法官的培养、选拔和任用　刘焕峰　周学军（2008·1·124）
清末司法官制改革中的臬司甄别　史新恒（2012·3·136）
清末北京首座自来水厂水源问题　刘耿生（2001·4·121）
清末的军事图书馆　屈春海（1988·1·13）
清末民初俄国在库伦设领始末　姜向文　周学军（2000·2·130）
清末部院衙门的值日制度　冬烘刚（2018·3·122）
《宣统年间清廷遣派赴美留学生史料选》校补　胡坚（1998·3·128）
宣统年间学部有关教育统计奏折辑述　张海荣（2019·4·122）
《宣统政纪》订误一则　周学军（2009·1·121）
杨守仁蹈海日期考订　陈希亮（2002·2·131）
两件署黄帝纪年档案形成的时间之考证　王民权（1993·1·128）
中华民国国旗史话　赵友慈（1991·1·133）
《清季中外使领表》订误一则　丁进军（1998·2·97）
魏秀梅《清季职官表·布政使表》补正　乔治忠　刘文英（2010·3·112）
选举孙中山为临时大总统的代表及其人数　尹承瑜（1982·4·135）
黄远庸是否帝制派　张克明（1982·1·128）
孙中山让位时间考订　徐修宜（2000·4·132）
湖北革命的重要文献——《科学补习所之历史》　黄春华（2004·1·120）
袁世凯做皇帝的传统说法辨误　孙从远（1996·1·131）
陶行知在南京高师等校社任职情况　李祚明（1982·2·127）
第二次直奉战争冯王密议倒直的时和地　金声（1982·1·129）
北京政变后段祺瑞与孙中山会晤问题考辨　吴元康（2001·1·116）
汀泗桥之战北伐军的带路农民　陈大银（1994·1·133）
褚玉璞在天津罪行纪略　周利成（1997·3·128）
顺直省委的代称　王永煜（1989·4·114）
蒋冯矛盾导致晓庄学校被封　夏德清（1983·3·135）
王天培被害的时间与地点　孔庆泰（1985·1·123）
有关济南惨案几则史料的辨证　李祚民（1982·1·130）
关于“青天白日满地红”两个问题　徐公喜（1993·1·136）
蔡元培 1928 年 9 月 11 日辞职函前后　孔庆泰（1983·4·132）

吴俊升神道碑在沈阳发现　李凤民　尹德文（1984·2·135）
档案资料与南京大屠杀的研究　许华安　许书宏（2001·1·119）
西京筹备委员会成立时间订误　兰　璞（1989·1·80）
陈独秀编写《中国文字说明》的一则史料　韩　森（1983·4·134）
有关林森后裔史实之补正　李少咏（1992·2·封三）
关于塘沽协定的两种文本　肖　存（1991·3·130）
40 年代初推行新县制后的甘肃乡镇机关　高士荣（1997·2·135）
溥仪第三次称帝退位时间考析　徐修宜（1997·4·125）
在广岛、长崎原子弹爆炸中的中国受害者　潘银良（1995·4·127）
冀南与冀鲁豫两行署合并时间考　王永煜（1998·3·131）
共和国建立的鲜为人知的第一所政法院校　王立中（1994·2·120）
启功身世考订　丁进军（2003·4·107）

档房纪事

辽宁省档案馆积极开展档案史料编辑工作 （1981·2·104）
四川省档案馆所藏清朝档案已可提供利用工作 （1981·2·封三）
中央档案馆征集到一批革命历史文件资料 （1981·3·84）
茅以升同志赠送的钱塘江大桥档案发挥了作用 （1981·3·106）
辛亥革命档案史料展览在皇史宬开幕 （1981·4·51）
丁惟兴先生捐赠有关辛亥革命的档案史料 （1981·4·89）
芬兰档案工作简况 徐　平（1982·1·120）
加拿大的档案工作 余　君（1982·2·123）
中国第一历史档案馆所藏档案编辑出版情况一览表 （1982·2·134）
关于《亚洲史料指南》的编写工作 （1982·3·封三）
全国档案工作会议在北京召开 （1983·1·136）
谈清代吉林档案史料编纂问题 潘景隆（1983·2·120）
中国第一历史档案馆提供两种专题档案缩微胶片和复印件 （1983·2·136）
中国第一历史档案馆 1983 年档案史料编译工作综述 （1983·2·封三）
五个明清档案史料编译项目被列入国家计划 （1983·3·136）
中国第二历史档案馆欢迎黄季陆等来馆参观和查阅档案史料 （1984·2·20）
怀来县档案馆注意收集史料 （1984·2·82）
1983 年明清档案利用情况 （1984·2·封三）
本刊邀请首届中华民国史学术讨论会部分代表座谈 （1984·3·133）
我国派员出席亚洲史料指南地区协调委员会会议 （1984·4·78）
苏州市档案馆史料编研工作初获成效 刘耿生　叶万忠（1985·3·128）
中国第一历史档案馆获四项档案学优秀编研成果奖 （1987·2·135）
兰考县档案馆收集到明敕命一帧 （1987·4·130）
十年来我馆对外国学者提供利用档案的回顾 朱淑媛（1988·2·134）
嘉祥县档案馆征集到有关九一八事变的珍贵历史资料 （1989·4·131）
论明清及其以前档案目录中心的建立 赵　雄（1990·1·129）
《义和团档案史料续编》编纂思想概述 朱金甫　程　歗（1991·2·133）
1991 年我馆外事简讯 （1992·1·136）
《纪念辛亥革命 80 周年档案史料展览》在皇史宬开幕 （1992·1·封三）
荷兰王国驻华大使夫妇参观中国第一历史档案馆 （1992·2·43）
中国第一历史档案馆 1991 年业务工作总结 秦国经（1992·2·134）
1992 年 2 月至 5 月中国第一历史档案馆外事简讯 （1992·3·封三）
十年来国内读者利用中国第一历史档案馆馆藏回顾 朱淑媛（1992·4·129）
从国外学者对档案的利用看其对清史的研究 尹淑梅（1992·4·131）
《清宫佛事活动秘藏档案史料展览》在北京皇史宬展出 （1993·1·封三）
全国明清档案目录中心愿为中外广大用户竭诚服务 （1993·2·136）

中共中央办公厅领导同志莅临一史馆调查指导工作 明 玉（1994·2·封三）
中国佛教文化艺术展在皇史宬开幕 （1994·3·134）
清代巴县档案编研工作概述 刘 君（1995·2·134）
历史档案中电报的编辑 董慧云（1995·3·123）
清代档案在沈阳故宫研究中的作用 王爱华（1996·2·131）
努力开创高校档案工作新局面 佳 荣（1996·3·125）
《北平故宫博物院文献馆简介》译编 李宏为 陈宜耘（1996·3·127）
中国第一历史档案馆大事年表 张德泽（1998·1·117）
明清时期澳门档案的编纂及其珍贵价值 邢永福（2000·3·120）
清代档案整理工作与现代化技术应用刍议 孙以东（2001·1·122）
谈族谱档案的研究价值与收集工作 许华安（2001·4·134）
清代广州“十三行”档案首次系统公布 邢永福（2002·2·134）
——在“海上丝绸之路与广州港”研讨会上的讲话
大型电视纪录片《清宫秘档》专家座谈会综述 吕小鲜 王 澈（2002·4·132）
在大型电视纪录片《清宫秘档》首映式上的讲话 邢永福（2002·4·135）
沉寂数百年 一鸣传天下 李宏为（2004·1·133）
——《大明混一图》引起世人关注
我与中国第一历史档案馆 冯尔康（2005·1·127）
正统化的学术活动与地方性的知识积累 刘道胜（2005·4·127）
——以徽州方志编修为中心
短暂而有意义的工作 许恪儒（2006·2·128）
——记许宝蘅先生在文献馆
明清档案为清史纂修工程服务 刘若芳（2006·4·121）
陈垣为故宫文献馆购入端方档案时间考 庾向芳（2007·2·125）
中国古代文献中遗存的科技档案 丁海斌（2009·1·131）
蔡元培与明清档案史料 庾向芳（2010·1·123）
清入关前的档案制度 王爱华（2011·1·115）
民国时期中山大学对广东官厅档案的整理 王 传（2011·3·129）
对中国近代档案史研究的回顾与反思 苏全有 王海波（2012·1·136）
民国时期故宫明清档案文献的整理出版 陈 祺（2014·1·128）
《清实录》纂修程序述论 杨立红 朱正业（2014·2·125）
清代京内衙门档案中奏折的形成 刘文华（2014·4·133）
清代东北满洲旗人家谱的编纂 孙 明（2015·1·137）
清初鲁之裕的《台湾始末偶纪》 李国宏（2015·2·135）
清代广东按察使司的《六房须知册》 许起山 罗志欢（2015·3·137）
清代国史馆馆制考 崔军伟（2015·4·132）
清代旗人户口册的整理与研究 邱源媛（2016·3·129）
《内阁满票签部通本式样》概略及其价值 徐 莉（2016·4·133）
清内阁大库档案损毁流失述略 伍媛媛（2017·3·131）
明清档案在中央档案馆的十年岁月 伍媛媛（2019·4·130）
乾隆朝“清六通”成书时间考 韩李良（2021·1·136）

档 案 介 绍

汉代居延边塞生态保护纪律档案　王子今（2005·4·111）
研究中国审计史的主要文献　方宝璋（2004·4·129）
《国朝诸臣奏议》中所见的宋代贴黄　蒋卫荣（1992·2·122）
贴黄制度源流小考　李鸣飞（2013·2·132）
中国历史上的铁券文书　王大德（1992·2·120）
西藏是祖国不可分割的一部分　依　苏（1991·3·80）
——记西藏档案馆《历史的缩影和结论》档案陈列
一篇新公布的元代藏文帝师法旨　冯　智（1999·2·130）
中国第一历史档案馆所存西藏及藏族历史档案概述　郭美兰（2003·1·132）
中国第一历史档案馆藏满文档案　吴元丰（1988·3·121）
中国第一历史档案馆藏清末及民国时期英文书刊介绍　李宏为（1995·4·129）
中国第一历史档案馆藏林则徐奏折　赵文良（1998·2·133）
中国第一历史档案馆藏澳门问题档案评介　杨继波（1999·1·131）
中国第一历史档案馆馆藏明朝档案　郭美兰（1999·3·133）
中国第一历史档案馆藏《〈大学〉图解》　卢　溪（2019·1·129）
清代秘密宗教档案史料概述　刘子扬（1986·3·127）
《清代档案与历史展览》概述　朱金甫（1989·2·123）
清代内阁六科史书述评　刘子扬（2001·4·122）
清宫广州十三行档案的珍贵价值　覃　波（2003·4·117）
清代内务府奏案及其内容介绍　潘俊英（2005·2·116）
清代军机处电报档案综述　雁　旭（2005·3·123）
清代军机处满文档案综述　屈六生（1989·1·124）
清宫中正殿念经处满文呈稿　赵郁楠（2013·3·134）
清代内务府满文来文及其史料价值　赵郁楠（2020·1·127）
归化城副都统衙门满文档案　吴元丰（1990·1·123）
清代珲春副都统衙门及其档案　郭春芳（2004·3·125）
清代官员履历引见折　秦国经　刘丽楣（1986·1·130）
清代的外务部及其文书档案制度　秦国经（1981·2·119）
会议政务处档案内容介绍　秦国经（1982·3·116）
光绪大婚典礼档案　心　昊（1985·2·132）
清代玉牒装帧形制　褚若千（2021·3·127）
清末邮传部档案述略　苏全有（2008·4·114）
清代档案中的气象史料　张瑾瑢（1982·2·100）
清军机处《蔡牵反清斗争项》档案述略　季士家（1982·1·115）
略论康熙朝朱批奏折的史料价值　赵鸿飞（1989·4·127）
清代的户口循环册　刘　猛（2016·2·135）

清宫秘藏珍本医籍《种杏仙方》考　刘甲良（2017·2·133）
康熙朝满文人体解剖著作《钦定格体全录》探赜　杨奕望（2017·4·136）
清代升平署档案的经济史料价值　张林峰（2018·4·123）
明洪武四年户帖书影及释文　中国第一历史档案馆（1983·2·封二）
洪承畴密陈三路进取贵州揭贴卷轴书影　中国第一历史档案馆（1984·4·封二）
内务府为曹顺等捐纳监生事致户部咨文满文书影及载此档案之内务府行文档册封面照片　中国第一历史档案馆（1984·1·封二）
乾隆十六年河南巡抚鄂容安呈乾隆帝第一次南巡路程图及图说　中国第一历史档案馆（1989·3·封二）
《清实录》、《清玉牒》、《清帝圣训》书影　中国第一历史档案馆（1982·2·封三）
新发现的明代册封琉球国王诏书原件　朱淑媛（1995·2·128）
明清时期中琉关系史的珍贵档案——《历代宝案》　亚　平（1989·3·133）
明代的手本　李　萍　何朝晖（2013·4·129）
洪武四年祁门县僧张宗寿户帖的发现及其价值　郑小春（2014·3·137）
明洪武二十五年马整诰封考略　何　钰（1995·4·131）
明正统七年的沈清铁券　吕媛媛（2015·4·140）
明嘉靖年间《户部题稿》及其价值　韩健夫（2017·1·138）
景山“明思宗殉国三百年纪念碑”史料钩沉　刘小英（2005·4·122）
清初抄本《明太仓诸生谱》及其文献价值　郭文安（2018·1·126）
故宫博物院藏清内务府陈设档　李福敏（2004·1·127）
天地会档案史料概述　秦宝琦（1981·1·113）
乾隆十六年中日海上贸易史料照片两帧　（日）松蒲章（1989·2·封二）
乾隆御制《土尔扈特全部归顺记》满汉碑文辨析　李　刚（2023·3·134）
首都图书馆藏明清历史文献　李建德（1993·3·135）
反映明末赋税情况的重要碑文　张道来（1996·2·133）
国家图书馆普通古籍所藏清代及民国档案概况　刘家平（2008·4·119）
国家图书馆所藏徽州家谱的特点与价值　谈家胜（2009·2·121）
国家图书馆藏顺康缙绅册　马子木（2018·2·129）
中国社会科学院民族所藏中文古地图述略　王　耀（2017·3·124）
简谈家谱档案及其收集　邓绍兴（1983·4·111）
徽州文书的遗存及特点　刘伯山（2004·1·122）
安徽歙北文肃祖祠文书初识　方利山（2014·2·136）
晚清盐务官员之应酬书柬——徽州文书抄本《录稿备观》研究　王振忠（2001·4·129）
青海省档案馆馆藏明清档案概述　赵海林（1994·2·126）
东北地区的满族谱单形制　孙　明（2010·2·126）
清代东北流人方志版本简述　马　丽（2011·3·127）
辽宁省档案馆藏明代档案　潘国华　刘玉岐　张凤兰（1984·2·123）
黑龙江省肇东市档案馆收藏的民国档案　孙佰成（1996·4·131）
旅顺博物馆藏《明熹宗宝训》述要　韩行方（1996·3·132）
旅顺博物馆藏《宝箴堂秘籍》述要　韩行方（1996·4·128）

天津博物馆藏《清代乾隆漕运图》 尹学梅（2015·2·140）
明代孔府档案中的勘合文书 吴佩林 蒲凤莲（2022·1·133）
孔府档案的历史价值 骆承烈（1983·1·119）
孔府档案概述 张秀荣（1995·1·125）
孔子世家明代文书档案及其价值 鲁 凤 张 鹏（2018·3·127）
山东临邑“剿捻”清册考述 郭存孝（1989·1·130）
登州卫指挥使司戚继光申文书影 辽宁省档案馆（1984·2·封二）
戚继光墨迹书影 辽宁省档案馆（1981·4·封二）
陕西省档案馆征集的杨明轩史料 王 澄（1993·4·131）
西安交通大学所藏日本东亚同文书院档案 张小亚（2014·4·125）
宝鸡市档案馆征集的张载史料简介 郑爱莲 林乐昌（1992·2·126）
历史瑰珍——清代四川巴县档案 张仲仁 李荣忠（1986·2·123）
四川省康定县档案馆所藏历史档案 薛廷全（1995·3·128）
清代四川南部县衙门档案 王晓春（2007·1·131）
阿坝州部分藏族档案述评 曹智荣（1990·3·131）
清末川滇边务大臣衙门档案 文 夕（1992·4·123）
新都县档案馆藏清代地契档案 熊敬笃（1985·2·130）
纪昀的殿试卷 李永泉（2016·1·130）
上海图书馆藏《元音》纸背文书清初河南地丁钱粮奏销册 耿洪利（2023·4·136）
康熙五十六年《张渭瑞出卖熟荒山田契约》评介 易 云（1989·1·132）
清代河南巡抚衙门档案及其史料价值 段自成（2009·3·114）
岳阳市档案馆馆藏岳阳地方族谱 李湘建（1994·2·128）
福建省各级档案馆所藏历史档案 陈咏民（1995·3·126）
清道光年间萍乡的“业户门牌” 陈铁生（1989·4·132）
太平天国历史博物馆馆藏档案资料概述 张铁宝（1994·2·124）
同治年间的婚嫁记事账簿——《夫荣子贵》 马 路 马勇虎（2022·2·131）
中国历史照片档案的分布与特点 蔡 毅（1994·4·124）
近代中国海关及其档案 朱荣基（1988·1·112）
近代粤海关及其档案简析 陈永生 李娜娜（2016·4·127）
“锡良档案”及其史料价值 连振斌（2012·3·140）
清代吐鲁番档案概述 王煜（1990·2·132）
清末新疆乡土志及其史料价值 刘超建（2015·3·140）
甘肃平凉地区档案馆馆藏档案简介 崔永儒 冯天祥（1994·4·127）
光绪时期甘肃“省友”禀稿信件簿 包诗卿 裴丹青（2016·3·122）
光绪《壬午科浙闱第十房荐卷簿》及其价值 张秀玉（2015·1·141）
浙江省博物馆藏晚清捐纳文书解析 倪 毅（2023·2·138）
苏州商会档案介绍 叶万忠（1988·4·128）
国立中央大学档案介绍 黄丽辉（1981·4·122）
一份载有孙中山四篇佚文的史料简介 孔庆泰（1992·2·128）
中国第二历史档案馆藏有关民国时期气候史料 简慰民 袁凤华 郑景云（1993·2·126）
中国第二历史档案馆藏清海关赫德档案评述 许 茵（2007·2·112）

1909 年 7 月 21 日孙中山离巴黎赴布鲁塞尔登车时照片　中国第二历史档案馆（1985・1・封二）
1912 年 3 月 20 日孙中山颁发的整顿吏治令书影　中国第二历史档案馆（1981・3・封四）
1913 年 3 月 5 日孙中山离东京赴横滨前约见韩汝甲英文函件照片　中国第二历史档案馆（1985・1・封二）
1913 年孙中山在杭州秋瑾烈士祠致祭留影照片　中国第二历史档案馆（1981・3・封二）
1916 年 8 月鲁迅在教育部参事室说帖的签注书影　中国第二历史档案馆（1981・1・封二）
1919 年孙中山在山田良政建碑仪式及所撰写的建碑纪念词照片两帧　中国第二历史档案馆（1985・2・封二）
1921 年 2 月 8 日孙中山邀请易白沙赴粤函书影　上海市档案馆（1984・3・封二）
1923 年 1 月 8 日孙中山致张静江函手迹书影　中国第二历史档案馆（1985・4・封二）
1923 年 6 月 10 日孙中山致叶恭绰函书影　中国社会科学院近代史所图书资料室（1986・2・封二）
1923 年 11 月 25 日孙中山致张作霖函书影　中国社会科学院近代史所图书资料室（1986・2・封二）
1923 年孙中山致朱培德训令书影　上海市档案馆（1983・3・封三）
1923 年孙中山致朱培德函书影　上海市档案馆（1983・3・封二）
1924 年 6 月 15 日孙中山致张静江函手迹书影　中国第二历史档案馆（1985・4・封二）
1925 年上海公共租界工部局收存的带有中国人批语的《诚言》书影　上海市档案馆（1982・3・封二）
署四川巡按使陈宧撤销帝制告示照片　重庆市档案馆（1989・1・封二）
护国军第一军总司令蔡锷告示照片　重庆市档案馆（1989・1・封二）
纪念孙中山诞辰 120 周年照片三帧　中国社会科学院近代史所图书资料室（1986・4・封二）
北洋军阀时期的重要信函一通　孙慧珍（1997・3・126）
张隐韬烈士遗容及日记自序书影　河北省南皮县档案馆（1988・4・封二）
张隐韬烈士日记综述　河北省南皮县档案馆（1988・4・132）
新发现的孙中山手迹　四川省文史研究馆李殿元（1993・2・封二）
《吴本齐墓志铭》浅析　姚勤德（1994・3・123）
关于熊成基烈士的新史料　吕　鉴（1982・3・120）
国民党教育部档案介绍　韩　森（1981・1・120）
台湾所藏民国档案　庆　轩（1984・2・131）
1927—1949 年招商局组织概况　陈长河（1983・2・124）
老红军珍藏的革命根据地布币　傅彬彬　戴　健（1988・3・封二）
1934 年 2 月 26 日柳亚子致林森函书影　中国第二历史档案馆（1983・4・封二）
陕甘宁边区革命历史档案　张素慧（1986・4・127）
记载日军在南京进行大屠杀的美国人所著《暴行录》一书书影　（1986・3・封二）
庆祝陕甘宁边区政府成立五十周年照片三帧　陕西省档案馆（1987・3・封二）
陕甘宁边区第一届参议员合影
陕甘宁边区政府主席林伯渠与副主席李鼎铭合影
1943 年留守兵团政治部送给李鼎铭匾额
濮阳档案馆发现伪满洲国债券和储蓄证券　张满飙　张玉英（1995・2・131）

晋商商业文化的新解读——新发现的《生意论》介绍及研究　殷俊玲（2005·4·117）
重新发现胡适
——胡适档案文献的发掘、整理与利用　欧阳哲生（2007·2·118）
1909 年中葡澳门勘界会议史料述评　黄雁鸿（2012·1·130）

国 外 档 案

美国犹他家谱学会图书馆及所藏的中文资料 徐 文（1981·1·128）
丹麦档案馆中的中文原稿目录 余 君（1981·1·131）
英国公共档案馆所藏的中文档案 徐 文（1981·2·129）
美国务院有关中国内政文件缩微复制集 予 群（1981·3·127）
美国家档案和文件局所存的关于中国的文件 史 梅（1981·4·127）
法国档案馆有关英法联军侵略中国的史料 郁宗成（1983·1·123）
美国两所大学所藏清代中国问题的手稿档 吴建雍（1984·1·127）
美国一些部门收藏我国历史档案的情况 直 言（1984·3·125）
犬养毅纪念馆所见孙中山康有为等人手迹 杨天石（1986·1·126）
孙中山先生的一封重要佚函 孔庆泰（1986·2·129）
侵华日军制造南京大屠杀的铁证 明 玉（1986·3·122）
苏联《红色档案》介绍 王靖元（1987·1·127）
民主德国档案馆藏德中关系史的部分档案 （民主德国）汉·克·施蒂西勒（1988·2·121）
乾隆年间海上贸易商人的几件史料 （日）松浦章文 冯佐哲译（1989·2·133）
《美国外交文件》中有关中国问题史料评介 梁 怡（1990·4·129）
大英图书馆所藏中文档案与资料 沈丽华（1994·3·124）
珍藏二十世纪初中国风貌照片的法国爱伯特·肯恩博物馆 方裕谨（1996·2·封三）
境外中国明清档案文献目录一瞥 李宏为 刘兰青 陈宜耘（1998·3·133）
一位法国传教士眼中的圆明园 李宏为译（1999·2·118）
“吧国公堂”档案 聂德宁（2000·3·129）
日本东京所藏近代中日关系史档案 王宝平（2000·3·133）
日本东洋文库与中国历史文献 陈思玲 刘 厚（2001·3·135）
英国外交部档案及其与清代中国有关档案概述 赵 雄（2003·4·109）
法国所藏北宁之役档案史料述评 黄振南（2005·2·120）
《拉贝日记》北京卷 梁 怡（2005·3·131）
日本在伪蒙疆时期进行的畜产调查资料 丁晓杰（2008·4·125）
约翰·拉贝《我眼中的北京》及其史料价值 梁 怡（2010·3·131）
日本《法政大学速成科讲义录》学术价值评析 陈 健 李 冲（2012·4·131）
日本京都大学藏清末《重庆租界商埠图》 马 剑 孙 琳（2013·3·137）
17世纪来华耶稣会中国年报评介 董少新（2014·4·128）
美国哈佛大学燕京图书馆藏清代档案资料及其价值 徐 莉 李 阳（2017·2·136）
法国国家图书馆藏珍稀明清档案文献考述 陈恒新（2018·1·131）
从葡萄牙东波塔档案馆藏中文档案看清代澳门的借贷 刘景莲（2018·2·134）
法国外交部藏晚清驻津领事馆档案概述 吕 颖（2018·3·131）
日本早稻田大学清国留学生留言簿《鸿迹帖》释读 王格格 周 棉（2018·4·129）

加拿大阿尔伯塔大学博物馆藏散佚绢本《乾隆南巡图》第二卷　林存阳（2019·1·138）
日本文献中所见清代徽州商人　朱小阳（2019·2·131）
英国剑桥大学图书馆藏怡和洋行中文档案　冷　东　潘剑芬（2019·4·133）
美国海关档案与清末南洋公学留美生史实　郭晶萍　徐珊珊（2020·1·132）
琉球《历代宝案》的整理及启示　谢　忱（2020·4·136）
美国哥伦比亚大学藏清初“狂翰林”孙自式奏疏辑述　华建铭（2021·3·136）
《历代宝案》的版本演变与收藏　陈颖艳（2021·4·137）
法国外交部档案馆藏徐延旭致刘永福函概说　黄振南　覃　棉（2022·1·141）
法国国家图书馆藏《清道光二十六年广东告示》考述　刘正刚　韩育龙（2022·2·139）
不列颠图书馆藏珍稀晚清档案数种考述　张卓霖（2022·3·126）
日本宫内厅书陵部藏《景泰年间优免俞侍郎家匠役帖文》　张　恒（2022·4·137）
德国柏林国家图书馆藏清代法律档案《四季条例》考述　高　扬（2024·3·139）

档 案 业 务

2004年中国第一历史档案馆档案利用工作概述　葛会英(2005·2·128)

宫中履历折单片数据库的使用方法　栗维健(2006·3·130)

陈垣明清档案编纂思想简论　梁继红(2008·1·128)

中国第一历史档案馆“全文数字化清代档案文献数据库”建设成果《大清历朝实录》《大清五部会典》　王光越(2008·1·133)

中国第一历史档案馆数字化工程述要　王光越(2008·3·132)

家谱档案的历史沿革及研究现状　岳文莉(2008·4·122)

中国第一历史档案馆馆藏清代军机处上谕档全文数字化概述　王光越　栗维健(2010·1·130)

历史档案题名著录的实践与思考　屈春海(2013·2·136)

清代军机处满文录副奏折实现数字化检索　王金龙(2013·2·140)

明清档案整理数字化工作的若干思考　赵　雄(2013·4·126)

明清档案数字资源建设与利用的思考　高建勋(2014·1·131)

清代内务府陈设档的编纂出版及其珍贵价值　李国荣　覃　波(2014·2·131)

清宫甲午战争档案的系列开发和深度挖掘　李国荣(2014·4·138)

浅谈破损历史档案的修复　李国生(2015·4·137)

清代内务府呈稿及其史料价值　陈晓东(2016·3·139)

信息时代明清档案编研开发的探索与思考　伍媛媛(2016·4·138)

谈明清档案数字化工作的难点与对策　徐　杰　杨　永(2017·3·136)

谈明清数字化档案的存储管理方法与实践　胡芳芳(2018·2·139)

清代内阁满文黄册的整理与利用　赵郁楠(2018·3·140)

从整理馆藏档案谈清代内务府满文连报单　王景丽(2018·4·138)

满文档案图像识别软件系统研发及应用　中国第一历史档案馆项目组(2019·2·141)

皇史宬藏《清实录》的存放及补缮　王金龙　许杨帆(2020·3·134)

《历史档案》刊发档案史料综述　哈恩忠(2021·4·130)

明清档案知识图谱的构建探索　彭　晖(2022·3·134)

专 家 论 坛

祝《历史档案》创刊 曾　三（1981·1·3）
清史研究和档案 郑天挺（1981·1·5）
历史档案为历史科学服务 荣孟源（1981·1·14）
中华民国档案与中华民国史 彭　明（1981·1·16）
章学诚档案学思想借鉴 冯子直（1981·1·92）
明清史研究与明清档案 韦庆远（1981·2·82）
鲁迅与档案 冯子直（1981·4·90）
——纪念鲁迅先生诞生一百周年
地方志的编修与档案 施宣岑（1982·3·80）
把治史与治档更密切地结合起来 黄啸曾（1982·4·89）
——在全国第一次清史学术讨论会上的发言
马克思重视档案及其作用 吴宝康（1984·1·79）
热切期望海峡两岸学者为整理民国史文献共作贡献 施宣岑（1984·3·115）
——施宣岑同志在首届中华民国史学术讨论会上的发言
历史研究工作与档案馆工作的关系 赤　子（1984·4·127）
档案在编纂方志中的作用 傅振伦（1985·3·131）
谈谈修志如何利用档案的问题 傅振伦（1987·2·125）
档案馆要做些研究工作 裴　桐（1992·2·74）
——曾三同志档案学思想研究一题
梁启超读书于日本的启示 魏宏运（2004·1·108）
打破学术分割　促进学科交叉 李文海（2004·2·119）
——对历史学学科建设的一点思考
漫话治学 来新夏（2004·3·44）
东北史地研究二十年 郭毅生（2004·3·46）
报纸与历史研究 方汉奇（2004·4·31）
《澳门专档》的重要学术价值 韦庆远（2004·4·36）
辛亥前后孙中山建设现代国家的理论与实践 张宪文（2004·4·42）
谈档案和报刊 汤志钧（2005·1·35）
清代秘密社会研究中的档案使用和田野考查 秦宝琦（2005·3·35）
《文献通考》及其续编的封建考 冯天瑜（2006·2·22）
近代史研究和版本校勘、档案求索 汤志钧（2006·2·30）
——《戊戌政变记》最早刊发的两种期刊
关于近代史研究的几点思考 朱东安（2006·2·36）
《中国通史目录》和《新史学》 汤志钧（2007·1·28）
晚清满汉关系与辛亥革命 朱东安（2007·1·36）
《清史·报刊表》中有关古代报纸的几个问题 方汉奇（2007·2·10）

张伯苓与南开精神 魏宏运（2007・3・19）
历史发展过程中思想文化的作用 茅家琦（2008・2・38）
梁启超的《说常识》及其台湾之行 汤志钧（2008・2・44）
清律中有关惩处秘密会党的条款及其演变 秦宝琦（2009・1・28）
张伯苓蒋廷黻教育思想举例
——南开大学创办90周年之际 魏宏运（2009・3・31）

明 清 丝 路

明清国家记忆：15—19 世纪丝绸之路的八条线路　李国荣（2019·1·45）

明清丝绸之路与世界贸易网络　鱼宏亮（2019·1·51）
——重视明清时代的中国与世界

明清时期陆上西部丝绸之路再审视　吴四伍（2019·2·54）

16—17 世纪中拉海上丝绸之路的形成与发展　李德霞（2019·2·59）

《山东至朝鲜运粮图》与明清中朝海上通道　孙靖国（2019·3·61）

清末驻外使臣“出使报告”制度简述　刘文华（2019·3·66）

明清档案中的中朝交流　王　澈（2019·4·47）

明清时期海上西洋丝绸之路再探　李　娜（2019·4·53）

乾隆初年南洋米铅贸易探析　解　扬（2019·4·57）

明代万历援朝战争及后续的海运和海路　杨海英（2020·1·52）

清代新疆哈萨克马调拨内地考述　张　帅（2020·1·62）

明清时期的民间“海上丝路”　李立民（2020·2·53）

从荷兰文档案看晚清契约华工移民苏里南　徐晓东（2020·2·58）

清代新疆玉石内运路线考　郭　琪（2020·3·47）
——以乾隆朝高朴案为中心

从《尚家文书》看清末赵新使团在琉球的活动及其管理　李郭俊浩　赖正维（2020·3·53）

清末中国和阿根廷交往情况初探　王士皓（2020·3·61）

满文档案所见乾隆朝天山南路的新城修筑　王　耀（2020·4·45）

万国监狱大会与晚清中国　刘　洋（2020·4·53）

清代苏禄国聘任华商充当贡使考述　王守栋（2021·1·45）

晚清时期李希霍芬中国地理考察及其影响　鱼宏亮（2021·1·52）

明朝前期中日关系浅析　阎　瑾（2021·2·53）

清宫西洋贡品考略　伍媛媛（2021·2·58）

清末京师筹办自来水新探　朱琼臻（2021·2·65）

19 世纪中美蔗糖贸易变迁及其原因　杜　伟（2021·3·36）

晚清《中俄陆路通商章程》述略　王　征（2021·3·45）

内阁大库中朝鲜档案《迎接都监都厅仪轨》之由来　年　旭　王　澈（2021·4·42）

档案文献中的清代滇缅贸易　邹建达　吴剑锋（2021·4·50）

明代番薯入华多元路径再探　李昕升　崔思朋（2022·1·29）

清政府在古巴独立后的外交应对　王士皓（2022·4·44）

近代官儒交往中《海国纪闻》一书的流布　王元林（2023·1·46）

全球史视角下的《蒲安臣条约》与中拉招工谈判　王延鑫（2023·3·56）

“海上书籍之路”：清前期汉籍入琉与福建书籍的供销网络　孙　岩（2023·4·47）

《评定所科文》与琉球的科举制度　陈　刚（2024·2·46）

纂修清史工程

纂修清史工程与档案 邹爱莲（2003·4·3）

编纂清代档案　服务清史工程 李国荣（2004·1·3）

《清史稿》的编修过程 韩永福（2004·1·7）

纂修清史工程与清代档案的整理 唐益年（2004·2·3）

档案馆介绍

我国档案馆概述　赤　子（1981·3·119）
中国第一历史档案馆　单士魁（1981·1·125）
中国第二历史档案馆　陈兴唐（1981·2·125）
北京市顺义县档案馆简介　张振泉（1991·1·135）
天津市档案馆　金荡关（1987·2·127）
河北省档案馆　寇发光　杨广富（1988·1·120）
内蒙古自治区呼伦贝尔盟档案馆　包双全（1994·1·130）
内蒙古自治区哲里木盟档案馆　达福巴雅尔（1995·3·122）
内蒙古自治区通辽市档案馆　达福巴雅尔（2000·1·136）
辽宁省档案馆　孙景悦（1981·3·124）
吉林省档案馆　张向东（1986·4·126）
黑龙江省档案馆　关　维　卫　民（1984·2·133）
黑龙江省双城县档案馆　赵谦武　张国君（1988·4·126）
黑龙江省肇东市档案馆　孙佰威（1993·4·133）
上海市档案馆　张泽滔（1981·4·125）
江苏省南京市档案馆　浦治平（1984·1·132）
江苏省吴江县档案馆　吴建铭（1984·4·130）
江苏省南通市档案馆　肖正德（1994·4·129）
江苏省徐州市档案馆　倪训梅（1996·3·124）
江苏省溧水县档案馆　刘春兰（1996·4·127）
江苏省赣榆县档案馆　臧明宏　宋世瑛（1998·2·132）
安徽省档案馆　濮德祥（1984·3·123）
安徽省歙县档案馆　黄山水　吴爱季（1997·4·127）
福建省档案馆　罗炳行（1987·1·133）
江西省档案馆　周善之　顾开达（1986·2·130）
江西省龙南县档案馆　蔡菊晖（1991·3·131）
江西省樟树市档案馆　熊美英（1997·4·128）
山东省档案馆　云　海（1984·1·130）
山东省青岛市档案馆　单炳文（1989·1·123）
山东省宁阳县档案馆　程令水（1996·2·136）
河南省档案馆　李振华（1985·2·128）
河南省新乡市档案馆　张鸿升　郑福浩（1997·1·135）
湖北省档案馆　陈忠民　汪建先（1986·3·133）
湖北省武汉市档案馆　范良元　翟学超（1985·4·125）
湖北省宜都县档案馆　杨川燕（1988·2·127）
湖北省恩施土家族苗族自治州档案馆　张　农（1999·3·132）

湖南省档案馆 张叔复　杨武姿（1983·3·129）
湖南省保靖县档案馆 吴伯文（1987·4·134）
广东省档案馆 李扬程（1983·1·131）
四川省档案馆 程启昌（1983·2·130）
四川省阿坝州档案馆 刘　洪（1989·2·132）
四川省云阳县档案馆 云阳县档案馆（1990·2·130）
四川省内江市档案馆 杨修武（1990·3·134）
四川省宜宾地区档案馆馆藏历史档案 许晋平（1992·1·135）
四川省自贡市档案馆馆藏介绍 自贡市档案馆（1992·2·124）
四川省万县地区档案馆 范正银（1992·3·132）
四川省峨边彝族自治县档案馆 丁乐生　文　浩（1993·3·134）
四川省仁寿县档案馆 丁乐生　许卫中（1994·3·122）
四川省乐山市档案馆 于俊文　丁乐生（1997·2·127）
重庆市档案馆 王振声（1987·3·124）
贵州省档案馆 邵　斌（1985·3·124）
贵州省贵阳市档案馆 李筑宁（1997·3·125）
贵州省江口县档案馆 杨通芝（1998·3·132）
云南省档案馆 顾金龙（1985·1·131）
陕西省档案馆 王　澄　新　民（1986·1·133）
甘肃省档案馆 张步云　张克复（1983·4·120）
甘肃省临夏回族自治州档案馆 张士年（1993·2·124）
甘肃省永靖县档案馆 连　贯（1995·1·129）
新疆维吾尔自治区喀什地区档案馆 梁　明（1993·1·127）
香港历史档案馆 谢小华（2002·2·封三）

书 刊 评 介

《清代档案史料丛编》第一至第七辑简介 聿　曰（1981·1·135）
《五四爱国运动档案资料》 沈家五（1981·2·136）
《山东义和团案卷》 庄建平（1981·3·135）
《清代档案史料丛编》辛亥革命史料专辑简介 张书才（1981·3·136）
《吴煦档案选编》简介 苏　音（1983·2·52）
《广州起义前后的全国时局》简介 朱荣基（1983·2·69）
评《明代奴儿干都司及其卫所研究》 李治亭（1984·1·134）
《康熙朝汉文朱批奏折汇编》简介 叶　史（1984·1·封三）
一部颇具特色的人物"通史" 苏双碧（1985·3·134）
《西藏地方历史档案丛书》简介 林　祥（1985·4·77）
《孔府档案选编》读后 魏　娜　朱国斌（1986·2·132）
近期出版的《近代史资料》介绍 李学通（1986·2·封三）
以档证史　相得益彰 林永匡　王　熹（1987·1·131）
加藤直人对《锡伯族迁徙考记》的评介 王　凌摘译（1987·2·132）
《东京战犯审判》介绍 李宏为（1988·1·134）
《北洋军阀统治时期资料》丛书介绍 （1988·3·封三）
清代的实录 秦国经　胡启松（1989·4·117）
《清代六部成语词典》评介 张　莉（1991·4·132）
《国耻事典》述评 卞修跃（1993·1·130）
科举制度研究的新收获 王道成（1993·2·132）
——评肖源锦著《状元史话》
中国移民在俄国 （俄）亚历山大　G·拉宁著　李宏为译（1994·2·133）
《清代中琉关系档案选编》述评 傅　郎（1994·3·127）
《明清史事论集》简评 海　陵（1994·3·130）
简评《国民党政府政治制度史档案史料选编》 张崇贵（1994·4·128）
《满汉大辞典》评介 黎　青（1994·4·130）
评侯宜杰著《二十世纪初中国政治改革风潮》 任恒俊（1994·4·133）
民族精神的历史聚焦 庄建平（1995·1·130）
莫忘国耻　奋发图强 李　侃（1995·2·封三）
读《中法战争史热点问题聚焦》 周湖源（1995·3·封三）
评《中国档案文献辞典》 （美）白彬菊文　李建宏译（1995·4·133）
《清代八旗驻防制度研究》评介 奕　纬（1996·3·134）
评赫治清的《天地会起源研究》 薛瑞录（1996·4·133）
一本研究太平天国政权建设的力作 俞玉储（1997·3·133）
——评梁义群著《太平天国政权建设》

评《爱新觉罗家族全书》 桑 甫（1997·3·136）
《捻军史稿》评介 曹旅宁（1997·4·76）
读《西藏历史档案荟萃》 何开粹（1997·4·130）
评《太平天国与捻军、客家》 叶志如（1998·1·134）
值得一读的好书——《人生不是梦》 朱金甫（1998·1·135）
读张注洪著《中国现代史论稿》 殷叙彝（1998·2·135）
《雍正朝满文朱批奏折全译》序 邢永福（1999·1·封二）
《满族的社会与生活》简介 黎 青（1999·2·132）
《科场与舞弊》简评 白建新（1999·2·133）
《国民党政府政治制度史》评析 凌璘彝（1999·2·134）
评《中法战争诸役考》 杰 睿 义 群（1999·3·136）
据实唯物写信史 素墨白描绘巨人
——《洪秀全传》评析 杨星辰（1999·4·133）
《盛京八旗方位之谜》简介 桑 甫（2000·1·封三）
兼收并存 百家争鸣
——评《圆明园—历史·现状·论争》 方裕谨（2000·2·136）
《中国清代营房史》简介 吕小鲜（2000·4·134）
《纂修四库全书档案》的编纂及其史料价值 旅 见（2001·1·126）
读《郑天挺先生百年诞辰纪念论文集》 方裕谨（2001·1·129）
《中葡关系史资料集》评介 黎 青（2001·2·135）
关于《国外中国近现代史研究述评》的述评 殷叙彝（2001·2·136）
《明清地方行政制度研究》简评 何朝晖（2002·1·130）
《清政府镇压太平天国档案史料》述评 吕 坚（2002·1·132）
维护我国海疆领土主权的扛鼎之作
——评《日本国窃土源流／钓鱼列屿主权辨》 吕 坚（2002·3·133）
《满洲之路》——美国学者索解满族历史之谜的新著 刘小萌（2002·3·136）
《满族从部落到国家的发展》评介 方裕谨（2002·4·130）
评《中美文化关系的历史轨迹》 仇朝兵（2003·1·136）
《清宫热河档案》的编纂及其价值 李国荣 刘玉文（2003·4·124）
《张寿镛先生传》评介 张注洪（2003·4·129）
清代皇家庙宇研究的一部力作《普乐寺》 李国荣（2004·3·135）
《袁世凯与近代名流》评析 景东升（2004·3·136）
《清宫档案揭秘》评介 菲 楠（2004·4·133）
读窦坤著《莫理循与清末民初的中国》 来新夏（2005·2·136）
秦国经的《明清档案学》简评 王 征（2006·2·131）
一部独具特色的外债史研究成果
——评马陵合教授的《晚清外债史研究》 戴建兵（2006·2·133）
评徐广源《正说清朝十二后妃》 李国荣（2006·3·135）
铸民族英魂 显士林风范
——读《拍案颂——闻一多纪念与研究图文录》 张注洪（2008·2·134）

夯实中国近现代史研究的根基 赵书刚（2008·4·132）
——《中国近现代史史料学述论》评介
一本雅俗共赏的好书——《京华史迹揽胜》 朱金甫（2008·4·135）
“临渊羡鱼”还是“竭泽而渔” 来新夏（2009·2·135）
——读《1910，莫理循中国西北行》
《清代北京旗人社会》评介 菲 楠（2009·3·封三）
中国教育近代化起步阶段教育思想与实践 李琳琦 储常连（2009·4·134）
——读《中国教育近代化的起步》
一次成功的学术跨越 侯 杰（2010·2·封三）
——评《北洋集团崛起研究（1895—1911）》
从“新清史”研究看《乾隆朝满文寄信档译编》的史料价值 常建华（2011·1·132）
以史为据 客观严谨 胡海英（2011·2·135）
——评邵雍新作《中国近代会党史》
《清宫塘沽秘档图典》评介 张小锐（2011·4·135）
探寻兰台轨迹 厘正档房规制 伍媛媛（2013·1·143）
——评《中国古代档案管理制度研究》
中国传统出版业的近代转型 王智汪 余同元（2013·2·141）
——读章宏伟《16—19世纪中国出版研究》
说玉谈史 独辟蹊径 丁进军（2013·3·141）
——读李宏为的《乾隆与玉》
洪门史研究的集成之作 郑永华（2013·4·133）
——评秦宝琦著《中国洪门史》
评《清代军机处满文熬茶档》 吕文利（2014·1·135）
读杨珍的《历程 制度 人——清朝皇权略探》 关永礼（2014·2·142）
辨章学术 嘉惠学林 伍媛媛（2014·3·142）
——评翁连溪《清代内府刻书研究》
评卜键《国之大臣：王鼎与嘉道两朝政治》 李光伟（2016·1·136）
多棱镜下戊戌年 董佳贝（2016·2·141）
——《戊戌变法的另面：“张之洞档案”阅读笔记》读后
评何瑜主编的《清代三山五园史事编年》 王开玺（2017·1·143）
清代边疆民族史研究的一部力作 刘小萌（2017·2·142）
——读吴元丰《满文档案与历史研究》
《明清宫藏闽台关系档案汇编》评介 吴巍巍（2017·3·140）
《徽商会馆公所征信录汇编》评介 郭睿君 马勇虎（2017·4·142）
清代苏南望族众生相 张步东（2019·4·141）
——读《过云楼档案揭秘》
明清社会经济研究的新进展 张景瑞（2020·3·142）
——读《明清社会经济与江南地域文化》
清代驿传研究的新硕果 刘文华（2020·4·141）
——读刘文鹏《清代驿站考》

学 术 动 态

日本学者神田信夫撰文介绍中国第一历史档案馆 （1981·3·136）
中国现代史学会 1981 年学术与教学讨论会在大连召开 （1981·4·131）
中国地方史志协会成立 （1981·4·136）
锡伯语言学会召开首次学术会议 （1982·1·103）
中国档案学会成立 （1982·1·133）
中国档案学会首次学术讨论会部分论文综述 （1982·1·134）
明清档案在台湾整理利用与出版 （1982·2·133）
江苏省中国现代史学术讨论会在苏州召开 （1982·3·97）
华东地区地方志研究班圆满结束 （1982·3·119）
首都集会纪念圆明园罹劫 120 周年 （1982·4·40）
苏美联合出版历史文献集 （1982·4·84）
全国清史讨论会在北戴河召开 （1982·4·106）
档案史料在太平军北伐 130 周年学术讨论会上受到重视 （1983·4·28）
江苏省中国现代史学会举办中华民国史学术讨论会 （1984·3·56）
首届中华民国史学术讨论会在宁召开 （1984·3·133）
南京中华民国史研究会成立 （1985·1·135）
中国档案学会第二次会员代表大会暨全国第二次档案学术讨论会在宁召开 （1985·1·136）
近代中国教案学术讨论会在成都举行 （1985·3·16）
第三次全国清史讨论会在长春召开 （1985·4·136）
档案文献编纂学术委员会在京成立 （1986·3·136）
中国档案学会档案馆学术委员会成立 （1986·4·134）
档案学优秀成果授奖大会在京举行 （1987·2·136）
中国档案学会档案文献编纂学术委员会第二次会议在西安召开 （1987·3·封三）
《十九世纪中国教案——义和团学术讨论会》在安徽召开 （1988·1·封三）
国际清代区域经济史学术讨论会在深圳召开 （1988·2·封三）
中国近现代史史料学研讨会在烟台召开 （1989·4·91）
国际清史学术讨论会暨全国第五届清史学术讨论会在宁召开 （1990·1·136）
南斯拉夫档案展览在皇史宬举行 （1990·1·封二）
中法战争史研讨会在广西召开 （1990·4·60）
林则徐禁烟与鸦片战争 150 周年爱国主义教育展览在京举行 （1990·4·133）
鸦片战争 150 周年学术讨论会在北京召开 （1990·4·封三）
中国盐业史国际学术讨论会在四川自贡召开 （1991·1·136）
日本越南和三桂古钱在湖南益阳出土 （1991·2·132）
中国档案学会档案文献编纂研讨会在扬州召开 （1991·3·封三）

联合国教科文组织首次委派档案保护技术专家维纳斯先生来华讲学 （1991·3·封四）
清宫史第二次学术讨论会在承德召开 （1991·4·136）
1991年国际清史讨论会在四川崇庆召开 （1992·1·28）
太平天国史国际学术研讨会在广东茂名召开 （1992·1·57）
全国第三届国共两党关系史学术讨论会在南京召开 （1992·1·79）
全国档案期刊工作座谈会在威海市召开 （1992·3·135）
明清档案工作专业标准研讨会在北京召开 （1992·3·136）
中国档案学会中国第一历史档案馆分会举行颁发优秀成果奖大会 （1992·3·封四）
《（美国外交文件）中有关中国问题史料评介》一文荣获一等奖 （1992·4·93）
第一届中琉关系史研讨会在日本冲绳召开 （1992·4·135）
中国近现代史史料学学会通告 （1992·4·封三）
访台归来话见闻 徐艺圃（1993·1·132）
中日交流合作的道路越来越宽广 明　玉（1993·1·135）
台北故宫博物院巡礼——访台纪实 徐艺圃（1993·2·134）
第34届亚洲及北非洲研究国际研讨会在香港举行 （1993·4·封二）
第三届清代宫廷史学术讨论会召开 （1993·4·90）
第二届中国·琉球历史关系研讨论会在京召开 （1994·1·134）
意大利米莫·约第切摄影展在皇史宬开幕 （1994·3·126）
首届澳门历史与文化国际学术研讨会在澳门召开 （1994·3·132）
中国第一历史档案馆馆长徐艺圃赴日访问 （1994·3·133）
《甲午战争与翁同和》学术讨论会在常熟召开 （1994·3·136）
第三届中德关系国际学术研讨会在柏林召开 明　玉（1994·4·135）
中国近现代史史料学学会第一届二次理事会暨第三次学术讨论会在承德举行 （1994·4·封三）
第七届全国暨国际清史讨论会在沈阳召开 国　荣（1995·1·88）
访台纪行 秦国经（1995·1·132）
近代中国历史档案研讨会在美国召开 梅　仙（1995·1·136）
第五届中琉历史关系学术研讨会在福州召开 明　玉（1995·1·封三）
陈三井教授到中国第一历史档案馆参观访问 （1995·3·110）
中国档案代表团访日成功 慕　新（1995·4·134）
第三届中琉关系史学术研讨会在日本冲绳召开 慕　新（1995·4·135）
庆祝南开大学明清史研究室成立四十周年暨第三届明清史国际学术讨论会在天津召开 （1996·4·22）
第六届中琉历史关系学术研讨会在京举行 海　燕（1997·1·136）
中国近现代史史料学会第二次会员代表会暨第五次学术讨论会在张家界市举行 （1997·1·封三）
中国紫禁城学会第二届年会在北京召开 （1998·1·96）
第四届中国·琉球历史关系研讨会在北京召开 （1998·1·封三）

中国第八届清史讨论会在福建武夷山召开（1998·3·封二）

戊戌变法 100 周年纪念展览在故宫举办（1998·3·30）

纪念黄遵宪诞辰 150 周年学术研讨会在北京召开（1998·3·封三）

纪念戊戌维新运动百周年研讨会在京举行（1998·4·封二）

琉球国王印仿制品移交纪实 孙以东（1998·4·134）

“商会与近代中国”国际学术讨论会在津举行（1998·4·135）

第五届清宫史学术讨论会在清东陵召开（1999·1·6）

澳门回归祖国大型展览在澳门举办（2000·1·封二）

澳门档案汇编首发式在澳门举行（2000·2·封二）

清代琉球国王表奏文书展在日本冲绳举行（2000·4·封二）

纪念义和团运动 100 周年学术讨论会在邢台举行（2000·4·133）

纪念中国第一历史档案馆与日本冲绳县教育委员会合作交流 10 周年 邢永福（2001·1·132）

日本冲绳县教育委员会翁长良盛教育长一行访问中国第一历史档案馆 海　燕（2001·1·封三）

2001—2002 年日本清史学界研究动态述要 华　立（2003·4·132）

全国首届袁世凯与北洋人物研究学术讨论会综述 张华腾　丁进军（2004·3·131）

“中国近代文化研究的回顾与前瞻学术座谈会”在京召开（2005·1·136）

“中国徽学国际学术研讨会”在安徽黄山市召开（2005·1·封三）

“档案与抗战史研究学术研讨会暨《民国档案》创刊 20 周年纪念座谈会”纪要 丁进军（2005·3·135）

中国第一历史档案馆网站开通（2005·3·封三）

第五届中国暨国际满学研讨会召开（2005·4·126）

故宫博物院 80 华诞暨中国明清宫廷建筑国际学术研讨会举行 方裕谨（2006·1·封三）

“档案史料与现代城市发展学术讨论会暨《北京档案史料》创办 20 周年纪念座谈会”综述（2006·3·封三）

“第八届清宫史研讨会”综述 刘兰青（2006·4·132）

“第五次中华民国史国际学术讨论会”纪要 姜良芹（2006·4·134）

台湾文献史料出版工程汇报座谈会在京举行（2007·1·54）

第八届中国·琉球历史关系研讨会开幕词 邢永福（2007·1·133）

第八届中国·琉球历史关系研讨会总结报告 邹爱莲（2007·1·134）

第八届中国·琉球历史关系研讨会在京召开 刘兰青（2007·1·136）

《清代中哈关系档案汇编》工作会议在哈萨克斯坦阿拉木图召开 朱淑媛（2007·4·封三）

著名清史专家王锺翰教授逝世（2008·1·132）

第十一届琉球中国关系国际学术会议举行 高换婷（2008·2·封三）

中国第一历史档案馆成为首批全国古籍重点保护单位（2008·2·封四）

第 20 届全国档案期刊研讨会在哈尔滨举行（2008·3·24）

第九届清宫史研讨会在杭州举行（2008·4·封四）

东北地区日本侵华史学术研究特点及成果简述 黄志强（2009·4·131）

《明清宫藏台湾档案汇编》首发式在台北举行（2010·1·封二）

海峡两岸故宫第一届学术研讨会在台北召开 （2010·1·107）
《历代宝案》编委会暨第九届中琉历史关系学术研讨会在冲绳召开 （2010·1·136）
纪念隗瀛涛教授学术研讨会在成都召开 （2010·3·128）
2010年全国档案工作者年会在南宁举行 覃　波（2011·1·105）
第十届清宫史研讨会在沈阳召开 刘杜英（2011·2·80）
《历史档案》在全国“历史学”学术期刊中转载率位列第23名 （2012·2·封三）
回顾与思考：清宫史研究二十年 李国荣（2012·4·139）
第十届中琉历史关系研讨会在京召开 王　征（2012·4·143）
第十一届清宫史研讨会综述 伍媛媛（2013·3·143）
中国第一历史档案馆与哈萨克斯坦文化部门深化档案开发合作 宋　宇（2013·4·封二）
长芦盐业研究综述 夏秀丽（2013·4·139）
《历史档案》荣列中国期刊海外分类排行文化类第二名 哈恩忠（2013·4·封三）
浙江明清契约文书研究综述 倪　毅（2014·1·138）
中国第一历史档案馆藏《赤道南北两总星图》入选《世界记忆亚太地区名录》 胡忠良（2014·3·144）
清宫档案“再现”甲午战争 赵增越（2014·4·封二）
《清代军机处随手登记档》荣获全国优秀古籍图书一等奖 哈恩忠（2015·1·封三）
《历史档案》评为“中国人文社会科学综合评价AMI”核心期刊 哈恩忠（2015·2·封三）
中国第一历史档案馆成立90周年纪念会召开 （2015·4·封二）
《清宫颐和园档案·政务礼仪卷》获全国优秀古籍图书二等奖 （2015·4·48）
《历史档案》被评“2015年度中文报刊海外发行最受海外机构欢迎TOP50” （2015·4·封三）
明清档案工作服务社会回顾与展望——纪念中国第一历史档案馆成立90周年座谈会综述 哈恩忠（2016·1·142）
明清档案价值评定委员会召开第一次会议 李　展（2016·2·封二）
《历史档案》创刊35周年座谈会召开 （2016·3·封二）
中国第一历史档案馆微信公众号“皇史宬”开通 （2016·3·113）
中国第一历史档案馆与中国社会科学院历史所签署明清时期“一带一路”档案编研出版工程合作框架协议 王　征（2016·4·封二）
第十二届清宫史研讨会在沈阳召开 伍媛媛（2016·4·143）
第二届“一带一路”文献与历史学术研讨会在陕西榆林召开 朱琼臻（2017·3·144）
“清宫秘藏档案珍品展”在珠海开展 谢小华（2017·3·封三）
20世纪以来乡试研究的回顾与展望 程　伟（2018·1·135）
《明清时期丝绸之路档案图典》编纂工作研讨会召开 王　征（2018·1·封三）
第十二届中国琉球历史关系学术研讨会在北京召开 王　征（2018·4·封二）
2018年全国档案工作者年会在合肥召开 伍媛媛（2018·4·143）
第十三届清宫史研讨会在承德召开 伍媛媛（2018·4·封三）
第三届“一带一路”文献与历史学术研讨会在海口召开 王　征（2019·1·144）

"清代档案与清史研究"专题座谈会召开　王　征（2019·1·封三）
"广州十三行中外档案文献整理与研究"开题会在广州召开　刘文华（2019·2·封三）
清代新疆水利史研究综述　咸成海（2019·3·135）
中国第一历史档案馆赴荷兰莱顿大学东亚图书馆征集明清档案　孙以东（2019·3·144）
第十八届清史国际学术研讨会综述　张利锁（2020·1·141）
第四届"一带一路"文献与历史学术研讨会在杭州召开　伍媛媛（2020·1·144）
"第二届清代档案与清代社会学术研讨会"在天津举办　哈恩忠（2021·3·143）

专　　栏

中国第一历史档案馆正积极筹办馆庆 70 周年　（1995·1·3）

庆祝中国第一历史档案馆成立 70 周年筹委会举行首次会议　（1995·2·2）

中央领导同志为中国第一历史档案馆建馆七十周年题词　（1996·1·1）

在庆祝中国第一历史档案馆成立七十周年大会上中共中央办公厅副主任王刚的讲话　（1996·1·2）

中国第一历史档案馆馆长徐艺圃的讲话　（1996·1·3）

中国史学会会长戴逸的讲话　（1996·1·5）

日本明治大学文学部教授神田信夫的讲话　（1996·1·7）

在第二届明清档案与历史研究学术讨论会开幕会上中国第一历史档案馆馆长徐艺圃的讲话　（1996·1·8）

中外来宾发言摘要　（1996·1·10）

在第二届明清档案与历史研究学术讨论会闭幕会上中国第一历史档案馆成立七十周年馆庆筹委会学术组组长俞玉储的总结
——明清档案事业大有可为　（1996·1·13）

挖掘金匮石室瑰宝　发展明清档案事业
——第二届明清档案与历史研究学术讨论会概述　俞玉储　李国荣（1996·1·16）

积跬步已行千里　展宏图再上层楼
——庆祝《历史档案》出版百期　丁进军（2005·4·3）

中共中央政治局候补委员、中央书记处书记、中央办公厅主任王刚为中国第一历史档案馆建馆 80 周年发来的贺信（2005 年 9 月 15 日）　（2006·1·3）

第三届明清档案与历史研究学术讨论会上中国第一历史档案馆馆长邢永福的开幕词（2005 年 9 月 20 日）　（2006·1·4）

第三届明清档案与历史研究学术讨论会上国家清史编纂委员会主任戴逸的致辞　（2006·1·6）

第三届明清档案与历史研究学术讨论会上中央档案馆馆长、国家档案局局长毛福民的致辞　（2006·1·7）

第三届明清档案与历史研究学术讨论会上中国第一历史档案馆机关党委书记、学术讨论会学术组组长赵雄的总结报告（2005 年 9 月 21 日）　（2006·1·8）

上林春讯人间满　剪出红梅花万枝
——中国第一历史档案馆近 10 年明清档案开发利用综述　邹爱莲　李国荣（2006·1·12）

共创明清档案事业的美好未来
——在中国第一历史档案馆成立 80 周年庆祝大会上的讲话　邢永福（2006·2·3）

明清档案要为弘扬优秀传统文化发挥独特作用　胡旺林（2012·1·4）

在中国第一历史档案馆成立90周年纪念会上的讲话
中共中央政治局委员、中央书记处书记、中央办公厅主任栗战书（2015·4·4）
在中国第一历史档案馆成立90周年纪念会上的致辞
国家档案局局长、中央档案馆馆长李明华（2015·4·6）
创造明清档案事业新辉煌 胡旺林（2015·4·8）
——在中国第一历史档案馆成立90周年纪念会上的主旨报告
清代档案是国家清史纂修工程的基石 朱诚如（2015·4·11）
——在中国第一历史档案馆成立90周年纪念会上的发言
面向社会，努力把《历史档案》打造成明清档案事业的文化名片 胡旺林（2016·3·4）
——在《历史档案》创刊35周年座谈会上的讲话
坚守特色，传承创新，不断续写《历史档案》新篇章 李国荣（2016·3·6）
——《历史档案》创刊35周年的回顾与展望
《历史档案》创刊35周年座谈会综述 本刊编辑部（2016·3·11）

珍 档 撷 英

题目	作者	期次
金榜	王　澈	（2004·1·封二）
满文密本档	王　澈	（2004·2·封二）
玉牒	王　澈	（2004·2·封三）
秘密立储档	王　澈	（2004·3·封二）
殿试卷	王　澈	（2004·4·封二）
庄妃册书	王　澈	（2005·1·封二）
光绪皇帝关于签署《马关条约》的朱谕	王　澈	（2005·2·封二）
清末第一批庚款赴美留学生名单	王　澈	（2005·3·封二）
清末废科举兴学堂上谕	王　澈	（2005·4·封三）
清宫电报	雁　旭	（2006·2·封三）
咸丰帝关于设立总理衙门的上谕	王　澈	（2006·3·封二）
康熙帝进剿吴三桂敕谕	王　澈	（2006·4·封二）
秀女排单	王　澈	（2007·1·封二）
咸丰十一年内阁颁两宫皇太后垂帘上谕	王　澈	（2007·2·封二）
选秀女绿头牌	王　澈	（2007·4·封二）
乾隆平定西域战图	谢小华	（2008·1·封二）
成立京师大学堂上谕	王　澈	（2008·2·封二）
御茶膳房膳底档	王　澈	（2008·3·封二）
赛金花虐妓致死甘结	王　澈	（2008·4·封二）
庄士敦受聘为溥仪师傅合同	谢小华	（2009·1·封二）
胡林翼致都兴阿信札	谢小华	（2009·2·封二）
光绪皇帝临终脉案	王　澈	（2009·3·封二）
宝谱	哈恩忠	（2009·4·封二）
清政府致比利时国书	哈恩忠	（2010·1·封三）
满文木牌	王　澈	（2010·2·封二）
光绪二十七年改题为奏上谕	王　澈	（2010·3·封二）
乾隆皇帝颁赐六世班禅敕书	郭美兰	（2011·1·封二）
顺治皇帝礼葬多尔衮诏书	韩永福	（2011·2·封二）
清帝退位优待条件	赵增越	（2011·3·封二）
晚清宫藏辛亥革命珍档		（2011·4·封二）
乾隆皇帝的元旦开笔	哈恩忠	（2012·1·封二）
后金“告天七大恨”榜文	哈恩忠	（2012·2·封二）
开办大清邮政档案	哈恩忠	（2012·3·封二）
乾隆皇帝上皇太后徽号诏书	韩永福	（2012·4·封二）
俄美等五国公使为觐见清帝事照会	韩永福	（2013·1·封二）
慈禧太后“普天同庆”本宫班戏单	哈恩忠	（2013·2·封二）

明洪武年间绘制的《大明混一图》 哈恩忠（2013·3·封二）
皇太极时期的禁烟告示 哈恩忠（2014·1·封二）
乾隆皇帝的惩贪自警《久任》诗 哈恩忠（2014·2·封二）
中日甲午战争档案选 （2014·3·封二）
雍亲王申斥年羹尧密谕 赵增越（2015·1·封二）
宣统年间的请宝牌 哈恩忠（2015·2·封二）
顺治皇帝严禁太监干政的敕谕 哈恩忠（2015·3·封二）
慈禧太后“求七兄弟改写”的亲笔谕旨 高换婷（2016·1·封二）
清末庚款赴美留学学生清单 高换婷（2016·3·封三）
康熙帝宣布亲政诏书 褚若千（2016·4·封三）
崇祯七年的《赤道南北两总星图》 哈恩忠（2017·1·封二）
乾隆皇帝的即位诏书 赵增越（2017·2·封二）
英王乔治三世致乾隆皇帝的信函 褚若千（2017·3·封二）
清代宫中腰牌 郭　琪（2017·4·封二）
清宫春帖子 伍媛媛（2018·1·封二）
康有为“上清帝第三书” 王　征（2018·2·封二）
同治帝治疗天花用药底簿 朱琼臻（2018·3·封二）
光绪末年参加比利时黎业斯万国博览会获奖名单 哈恩忠（2019·1·封二）
清代官员引见档案 刘文华（2019·1·彩一）
康熙五十一年苏州织造李煦代曹寅请赐御药的奏折 郭　琪（2019·1·彩二）
崇祯十年张家口开市买马事揭帖 王　征（2019·2·封二）
大将军福康安等为金本巴瓶供奉于大昭寺事奏折 伍媛媛（2019·2·彩一）
盛京移居宗室官房图式 赵增越（2019·2·彩二）
清宫《同仁堂丸散膏丹配方》底簿 郭　琪（2019·3·彩一）
乾隆四十七年绘制的《黄河源图》 朱琼臻（2019·3·彩二）
雍正朝郎世宁绘制的《瑞谷图》 哈恩忠（2019·4·彩一）
末代皇帝溥仪迎娶婉容为皇后制文 郭　琪（2019·4·彩二）
清代《丝纶簿》 刘文华（2020·1·封二）
乾隆四十一年绘制的《黄河御坝图》 朱琼臻（2020·1·彩一）
1903 年旅美华商要求清政府废除华工条约禀文 赵增越（2020·1·彩二）
钦天监月食推算图 赵增越（2020·2·封二）
咸丰朝发行的大清宝钞 哈恩忠（2020·2·彩一）
福建马尾船坞图 郭　琪（2020·2·彩二）
俄国西伯利亚事务衙门为俄商赴北京贸易请优待事咨文 王　征（2020·3·封二）
广东巡抚杨琳为意大利画工郎世宁来华事奏折 朱琼臻（2020·3·彩一）
清代“四柱清册” 郭　琪（2020·3·彩二）
康熙帝练习数学的《圣祖算草》 哈恩忠（2020·4·封二）
同治光绪两朝功牌 郭　琪（2020·4·彩一）
光绪时期的户部京察册 伍媛媛（2020·4·彩二）
钦差大臣林则徐等为虎门销化烟土完竣事奏折 朱琼臻（2021·1·封二）
钦差大臣僧格林沁为大沽口重挫英法联军事奏折 赵增越（2021·1·彩一）

北洋大臣李鸿章为优恤黄海海战阵亡将士事奏折	伍媛媛（2021·1·彩二）
洪秀全亲笔诏书	刘文华（2021·2·封二）
前杭州将军国瑞为遵旨查明僧格林沁“剿捻”阵亡情形事奏折	王　澂（2021·2·彩一）
山东镇压义和团公文登记簿册	郭　琪（2021·2·彩二）
光绪十六年《中国电线地图》	郭子梦（2021·3·彩一）
戊戌政变后处斩六君子上谕	伍媛媛（2021·3·彩二）
宣统元年拟订资政院院章上谕	刘文华（2021·4·封二）
浙江巡抚张增敭为捕获秋瑾等革命党事奏折	王　征（2021·4·彩一）
驻檀香山领事梁国英为报孙文活动事致外务部禀文	赵增越（2021·4·彩二）
清政府镇压武昌起义上谕	哈恩忠（2021·4·封三）
康熙年间手本	刘文华（2022·1·封二）
康熙五十九年《五岳真形图》	哈恩忠（2022·1·彩一）
清代票签	郭　琪（2022·1·彩二）
驻外公使孙宝琦进呈的《欧洲名都胜景图》	王　征（2022·2·封二）
商约大臣吕海寰等所呈《上海万国红十字会图说》	郭　琪（2022·2·彩一）
两江总督岑春煊秘密调查孙文家世的咨呈	赵增越（2022·2·彩二）
清宫豢养宠物的记录——《猫册》《犬册》	哈恩忠（2022·3·彩一）
中国水师兵舰等旗帜图式	朱琼臻（2022·3·彩二）
清代内阁俄罗斯文馆学生翻译试卷	郭　琪（2022·4·封二）
光绪帝亲政前的习批奏折	刘文华（2022·4·彩一）
清末《北京内外城自来水管线图》	朱琼臻（2022·4·彩二）
乾隆朝绘制的《京城全图》	张路路（2023·1·封二）
光绪三十二年俄商在华贸易运货执照	王　征（2023·1·彩一）
宣统元年统计清华园房间树株清册	赵增越（2023·1·彩二）
咸丰帝亲笔“喜报红旌”匾额朱谕	哈恩忠（2023·2·封二）
光绪十四年绘制《颐和园东宫门外牌楼立样》	郭　琪（2023·2·彩一）
光绪二十年所绘《天津、武清、宝坻、宁河四县河图》	刘心怡（2023·2·彩二）
乾隆皇帝“经筵御论”	刘文华（2023·3·封二）
慈禧太后万寿节吃食盒进单	郑海鑫（2023·3·彩一）
军谘处致陆军部关于广州新军起义的函	郭　琪（2023·3·彩二）
同治年间西安府保甲门牌	赵增越（2023·4·封二）
光绪朝绘制的《南阿美利加洲图》	朱琼臻（2023·4·彩一）
光绪末年山东博山玻璃有限公司股票	哈恩忠（2023·4·彩二）
乾隆皇帝钦命会试试题	刘文华（2024·1·封二）
喀什噶尔参赞大臣铁保等为免收浩罕伯克艾玛尔贸易货物税银事奏折	郭　琪（2024·1·彩一）
西苑修建铁路尺寸图样	刘心怡（2024·1·彩二）
乾隆二十二年“一口通商”上谕	郭　琪（2024·2·封二）
嘉庆元年高宗皇帝千叟宴御笔诗	哈恩忠（2024·2·彩一）
光绪年间贺涛殿试卷	刘文华（2024·2·彩二）
乾隆帝赠与爱乌罕药品的清单	郭　琪（2024·3·封二）

同治十三年命沈葆桢办理台湾海防上谕　房福馨（2024·3·彩一）
光绪年间银铜元制造机器订购账单　朱琼臻（2024·3·彩二）
乾隆朝《皇后仪驾卤簿图卷》　赵增越（2024·4·封二）
道光二十四年《虎门各炮台图》　刘心怡（2024·4·彩一）
光绪十一年许景澄编译的《外国师船图表》　哈恩忠（2024·4·彩二）

典章制度辞解

二画

八旗满洲 （1989・2・68）
八旗汉军 （1989・2・95）
八旗蒙古 （1989・2・106）
八议 （1991・2・55）
九卿会审 （1991・2・55）

三画

小京官 （1983・4・135）
大官署 （1984・1・50）
大驾卤簿 （1984・2・132）
三通馆 （1984・3・20）
千秋宴 （1984・4・77）
大朝 （1985・2・77）
广储司 （1985・3・55）
大政殿 （1985・4・134）
下五旗 （1989・2・51）
上三旗 （1989・2・106）

四画

开缺 （1983・4・131）
文选清吏司 （1983・4・135）
巴牙喇章京 （1984・3・20）
公主下嫁宴 （1984・4・21）
牛录 （1985・2・64）
牛录额真 （1985・2・65）
太仆寺卿 （1985・3・55）
内务府 （1985・4・134）
长房官学 （1989・1・封三）
内火药库 （1989・2・封三）
王会清吏司 （1989・3・35）
内务府三旗前锋营 （1990・3・68）
内务府三旗骁骑营 （1990・3・68）
内务府三旗护军营 （1990・3・136）

五画

外官 （1983・4・73）
记名 （1983・4・97）
仪驾 （1983・4・119）

出缺（1983·4·131）
外藩宴（1984·4·77）
甲喇额真（1985·2·87）
册封（1986·2·64）
札付（1988·1·132）
札（1988·3·132）
申呈（1988·3·132）
申文（1988·3·132）
白片（1988·3·132）
印票（1988·3·132）
号纸（1988·3·132）
发抄（1988·4·136）
汇稿处（1989·2·封三）
宁古塔将军（1989·4·126）
札萨克（1991·1·70）
功牌（1991·2·55）

六画

当月处（1983·4·131）
吏部（1983·4·135）
考功清吏司（1983·4·135）
光禄寺（1984·1·50）
会典馆（1984·3·20）
伊勒希哈番（1984·3·20）
庆丰司（1985·1·80）
会计司（1985·1·80）
交片（1988·3·132）
关文（1988·3·132）
夹签（1988·4·136）
回缅官学（1989·1·封三）
伊犁将军（1989·4·126）
吉林将军（1989·4·126）
岁贡（1990·2·12）
年班（1990·3·83）
匠役（1990·4·13）
守兵（1990·4·13）
军功（1991·2·55）

七画

坊缺（1983·4·54）
卤簿（1984·1·28）
良酝署（1984·1·50）
阿里哈哈番（1984·4·98）

阿思哈尼哈番（1985·1·90）
阿达哈哈番（1985·1·90）
诏（1986·3·126）
呈文（1987·2·124）
状（1987·3·67）
步军（1990·1·80）
围班（1990·2·12）

八画

京官（1983·4·73）
官缺（1983·4·104）
采仗（1984·1·23）
法驾卤簿（1984·2·132）
凯旋宴（1984·4·98）
织造衙门（1985·1·90）
宗室宴（1985·2·77）
制（1986·3·126）
详文（1987·2·124）
知会（1988·3·132）
官房租库（1989·1·封三）
官市（1989·2·95）
驻防八旗（1989·2·95）
京师八旗（1989·2·122）
典属清吏司（1989·3·63）
披思（1990·1·91）
虎枪营（1990·3·91）
武乡试（1991·2·16）
武会试（1991·2·16）
武殿试（1991·2·16）

九画

皇贵妃（1983·1·11）
皇后仪驾（1983·4·119）
皇太后仪驾（1984·1·11）
珍馐署（1984·1·50）
拜纛（1984·2·132）
祝文（1984·3·20）
皇子婚礼宴（1984·4·21）
看女子（1985·2·35）
宫殿监正侍（1985·2·35）
诰（1986·3·126）
咨（1987·2·124）
咨呈（1987·2·封三）

奏本（1988・1・136）
封驳（1988・4・136）
咸安宫官学（1989・1・封三）
查核房（1989・2・封三）
养心殿造办处（1989・2・封三）
柔远清吏司（1989・3・35）
炮甲（1990・1・82）
养育兵（1990・1・91）
神机营（1990・3・136）
战兵（1990・4・13）
秋审（1991・2・16）

十画

验封清吏司（1983・4・135）
特简（1984・3・20）
宾礼（1985・2・77）
都虞司（1985・3・55）
难荫（1986・2・64）
恩荫（1986・2・64）
圆明园护军营（1988・2・封三）
徕远清吏司（1989・3・118）

十一画

铨政（1983・4・73）
骑驾卤簿（1984・1・67）
续文献通考馆（1984・3・20）
营造司（1985・1・80）
梅勒额真（1985・2・87）
崇谟阁（1985・3・55）
崇政殿（1985・4・134）
袭封（1986・2・64）
敕（1987・1・126）
敕书（1987・1・126）
敕命（1987・1・126）
移会（1988・1・107）
票拟（1988・4・94）
票签（1988・4・136）
盛京内务府（1989・1・封三）
商禁（1989・2・95）
理刑清吏司（1989・3・118）
盛京将军（1989・4・126）
随甲（1990・1・91）
理藩院（1990・2・12）

十二画

掌醢署 （1984・1・50）
掌仪司 （1984・3・55）
牌 （1988・1・136）
牌票 （1988・1・136）
牌缴 （1988・3・132）
景山官学 （1989・1・封三）
御鸟枪处 （1989・1・封三）
御药房 （1989・2・封三）
黑龙江将军 （1989・4・126）
善扑营 （1990・3・136）
朝审 （1991・2・55）

十三画

牒呈 （1987・2・封三）
禀 （1987・3・67）
照 （1988・1・107）
照票 （1988・1・107）
牒 （1988・1・136）
照会 （1988・1・136）
蒙古官学 （1989・1・封三）
盟长 （1991・1・30）

十四画

銮驾卤簿 （1983・4・54）
截缺 （1983・4・97）
銮仪使 （1983・4・119）
銮仪卫 （1984・2・132）
旗籍清吏司 （1989・3・63）

十五画以上

稽勋清吏司 （1983・4・135）
噶布什贤噶喇依昂邦 （1984・3・6）
噶布什贤 （1984・3・6）
题本 （1988・1・136）
藤牌兵 （1990・4・13）